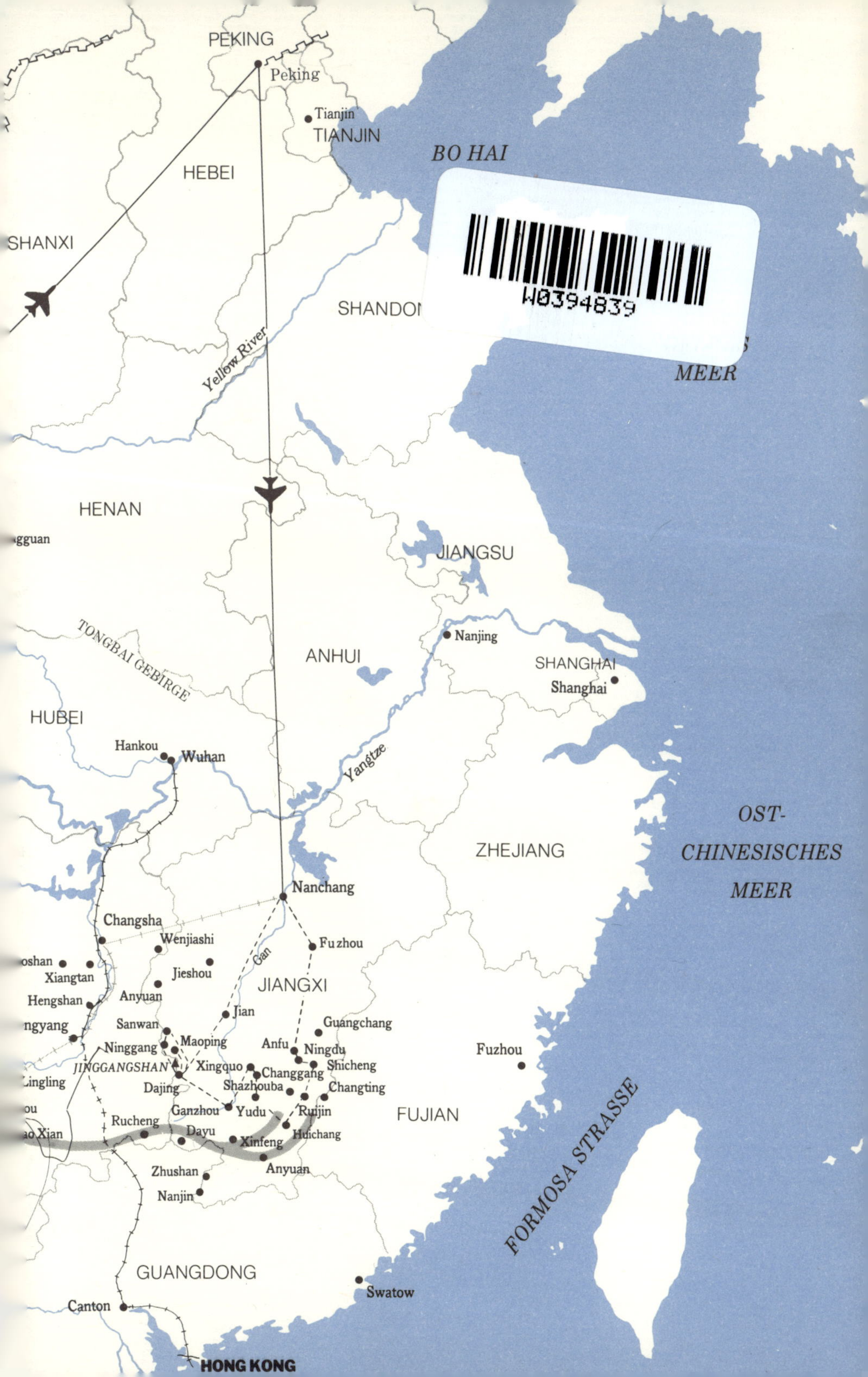
PEKING
Peking
Tianjin
TIANJIN
BO HAI
HEBEI
SHANXI
SHANDON
MEER
Yellow River
HENAN
gguan
JIANGSU
TONGBAI GEBIRGE
ANHUI
Nanjing
SHANGHAI
Shanghai
HUBEI
Hankou
Wuhan
Yangtze
OST-
CHINESISCHES
MEER
ZHEJIANG
Nanchang
Changsha
Wenjiashi
Fuzhou
oshan
Xiangtan
Jieshou
Gan
JIANGXI
Hengshan
Anyuan
Jian
ngyang
Sanwan
Guangchang
Ninggang
Maoping
Anfu
Ningdu
Fuzhou
JINGGANGSHAN
Xingquo
Changgang
Shicheng
Lingling
Dajing
Shazhouba
Changting
Ganzhou
Yudu
Ruijin
FUJIAN
Rucheng
Dayu
Huichang
ao Xian
Xinfeng
Anyuan
Zhushan
Nanjin
FORMOSA STRASSE
GUANGDONG
Swatow
Canton
HONG KONG

SFV

Harrison E. Salisbury

Der Lange Marsch

Aus dem Amerikanischen von
Elke vom Scheidt

S. Fischer

Die amerikanische Originalausgabe erschien 1985
unter dem Titel »THE LONG MARCH – The Untold Story«
im Verlag Harper & Row, New York.

Deutsche Ausgabe:

Umschlaggestaltung: Manfred Walch, unter Verwendung eines Fotos
von Harrison E. Salisbury
Herstellung: Dieter Kohler & Bernd Leberfinger, Nördlingen
Satz: Wagner GmbH, Nördlingen
Druck und Einband: Franz Spiegel Buch GmbH, Ulm
Printed in Germany
ISBN 3-10-071306-0

Den heroischen Männern und Frauen
von Chinas Langem Marsch und meinen Gefährten
auf unserem eigenen Langen Marsch von 1984 –
meiner geliebten Frau Charlotte,
meinem Freund Jack Service,
meinen beiden lieben chinesischen Genossen,
General Qin Xinghan und Zhang Yuanyuan.

Der Hintergrund

Jede Revolution hat ihre eigene Legende. Die amerikanischen Revolutionäre fochten mit Valley Forge im Herzen, jener Zerreißprobe, aus der George Washington und seine Männer für den Sieg gestählt herauskamen.

Die Franzosen erstürmten die Bastille; 1917 in Petrograd war es der Winterpalast. In der Bastille befanden sich lediglich sieben Gefangene; der Winterpalast wurde nur von einer Handvoll junger Leute und einigen Frauen verteidigt, als die Bolschewiki eindrangen. Doch das spielt keine Rolle. Sie wurden zu Symbolen der Revolution.

Chinas Langer Marsch von 1934 war kein Symbol. Er war ein großes menschliches Epos, eine Prüfung für Willen, Mut und Kraft der Männer und Frauen der chinesischen Roten Armee.

Er war kein »Marsch« im konventionellen Sinne, kein militärischer Feldzug, kein Sieg, sondern ein Triumph des menschlichen Überlebenswillens, ein mörderischer, endloser Rückzug aus den Klauen Chiang Kaisheks; ein Kampf, der immer wieder an den Rand von Niederlage und Vernichtung geriet. Am Ende gewannen Mao Zedong und seine Kommunisten mit diesem Kampf China.

Der Lange Marsch wurde ohne Plan durchgekämpft. Mao war von den Vorbereitungen ausgeschlossen und erfuhr erst in letzter Stunde davon. Kein Ereignis dieses Jahrhunderts hat die Phantasie der Welt so sehr gefesselt und ihre Zukunft so tief berührt. Es führte in gerader Linie vom seichten Yudu-Fluß in Südchina, den die Rote Armee am 16. Oktober 1934 überquerte, zur Proklamation der Volksrepublik China auf dem Tienanmen-Platz in Peking am 1. Oktober 1949 durch Mao Zedong, das heißt zum Triumph des Kommunismus in einem Land, das von einem Viertel der Erdbevölkerung bewohnt wird.

Dem war eine lange Geschichte vorausgegangen. Der Niedergang des Qing-Reiches war langsam und qualvoll gewesen. Es wurde durch die eigene Schwäche von innen ausgehöhlt und von außen durch die brutale militärische, technische und ökonomische Macht des Westens bedrängt. Die Revolution brauchte einhundert Jahre bis zu ihrem Sieg. Zuerst gab es die Taipings und ihren mystischen, pseudo-christlichen Aufstand von 1850. Dann kamen die »Himmlischen Fäuste«, die Boxer, im Jahre 1900. Schließlich stürzten 1911 Dr. Sun Yatsens demokratische, ideologisch verworrene Revolutionäre das alte Reich, und China fiel in ein Chaos, desgleichen es seit der Zeit der Kriegerischen Staaten 400 vor Christus nicht gesehen hatte.

Zwischen dem 16. Oktober 1934 und dem 1. Oktober 1949 war China Schauplatz von Heroismus, Tragik, Intrigen, Blutvergießen, Verrat, billiger Oper, militärischem Genie, politischem Betrug, moralischen Zielen, idealistischen Strebungen und menschlichem Haß. Nicht einmal Shakespeare hätte eine solche Geschichte schreiben können. Sie ist noch nicht zu Ende. Vielleicht wird sie es nie sein.

Die erste Nachricht von diesem bemerkenswerten Drama erreichte die Welt durch Edgar Snow, der 1936 Mao Zedong und die Kommunisten in ihrem Heiligtum in den Lößhügeln von Shaanxi besuchte. Sie waren ein Jahr zuvor nach rund zehntausend Kilometern Marsch dort eingetroffen; sie hatten in den rauhesten Winkeln des Erdballs gekämpft, gehungert und gefroren – im Hinterland Chinas; sie hatten 24 Flüsse überquert und, wie Mao ausrechnete, tausend Berge.

Den Hauptmarsch der Ersten Frontarmee sollen etwa 86 000 Männer und Frauen angetreten haben. Vermutlich waren es nur ungefähr viertausend, die ein Jahr später, am 29. Oktober 1935, mit Mao in Nordshaanxi eintrafen.

Zum ersten Mal las ich in Edgar Snows *Roter Stern über China* über den Langen Marsch. Die meisten Chinesen erfuhren durch die chinesische Ausgabe dieses Buches davon. Er fesselte meine Phantasie wie die Tausender anderer Menschen. »Eines Tages«, schrieb Snow damals, »wird jemand das ganze Epos dieser aufregenden Expedition schreiben.« Er hegte einmal die Hoffnung, das selbst zu tun, doch aus vielen Gründen kam es nie dazu.

Nach jahrelangen Bemühungen konnte ich 1972 zum ersten Mal nach China reisen. In jenem Jahr trug ich dem inzwischen verstorbenen Zhou Enlai den Plan vor, die Route von Maos Roter Armee nachzuziehen und die Geschichte des Langen Marsches zu schreiben. Jack Service, der alte China-Kenner, schloß sich diesem Vorschlag an; ein Dutzend Jahre lang legten wir ihn immer wieder vor.

Ohne Ergebnis. Es waren die letzten, turbulenten Jahre Mao Zedongs, die Jahre der Kulturrevolution und der Viererbande. Maos Genossen auf dem Langen Marsch, Männer, die Härten und Opfer eng verbunden hatten, waren in alle Winde zerstreut. Viele waren tot. Viele waren den Schrecken der Kulturrevolution erlegen. Einige waren ermordet worden. Viele schmachteten noch immer in den Gefängnissen. Wer in jenen Jahren ein Held des Langen Marsches gewesen war, wurde von denen, die Maos Macht erben wollten, als Erzbösewicht etikettiert.

Unter diesen Umständen waren die Aussichten, Geschichte zu schreiben, nicht sehr gut. Selbst nach Maos Tod 1976 und der Verhaftung und Verurteilung von Jiang Qing, Maos Witwe, und dem Rest der Viererbande führte kein schneller Weg zurück zum Langen Marsch. Erst mit dem allmählichen Aufstieg von Deng Xiaoping, der Rehabilitierung der alten Helden, ihrer Einsetzung in hohe Regierungsämter und, was am wichtigsten war, der Entwicklung einer neuen und (relativ) realistischen Einstellung zur Geschichte schien es allmählich möglich, die Spur des Langen Marsches nachzuziehen.

Viel war in diesen Jahren geschehen, doch es änderte nichts an meiner Entschlossenheit, die Geschichte des Langen Marsches aufzuzeichnen, wenn das irgend menschenmöglich war. Im August 1983 kam endlich Nachricht aus Peking: Das Tor zum Langen Marsch war offen! Die Hilfsmittel und Quellen, die Archive, die historischen Materialien sollten mir zur Verfügung gestellt werden. Ich konnte den *Chang Zheng* zurücklegen, die Reise der 25 000 *li*, jedes einzelne *li* davon.

Zwei Männer, so erfuhr ich später, waren für diese Entscheidung vor allem verantwortlich: General Yang Shangkun, Zweiter Vorsitzender der Zentralen Militärkommission, und Huang Hua, der frühere Außenminister.

Am 1. März 1984 flogen meine Frau Charlotte und ich nach Peking; wir begannen mit einer langen Reihe von Interviews mit überlebenden hohen Generälen, den Witwen verstorbener Parteifunktionäre (einige davon waren Opfer der Kulturrevolution), Archivaren und Historikern. Bald stieß Jack Service zu uns. Nach einem Monat in Peking machten wir uns auf zum Langen Marsch, begleitet von General Qin Xinghan, stellvertretender Direktor des Militärmuseums von Peking und Experte für den Langen Marsch, und Zhang Yuanyuan, Dolmetscher des Außenministeriums.

Wir flogen nach Nanchang, Hauptstadt der Provinz Jiangxi, wo der Lange Marsch begann. Wir erforschten die entlegenen Berge, wo die Kommunisten erste Wurzeln schlugen, interviewten Dutzende von Überlebenden des Marsches, Männer und Frauen, und machten uns mit den Krisen und Konflikten vertraut, die zu dem führten, was ebensogut der endgültige Rückzug hätte werden können.

Das war der Anfang. Dann verfolgten wir den weiteren Weg der Roten Armee. Wir gingen nicht jedem *li* des Weges nach – hier und da ließen wir etwas aus, vor allem einige der Zickzackwege in Guizhou; wir machten Abstecher in die Gegenden, durch die die Nebenarmeen gezogen waren, und bekamen einen Begriff davon, wie mühselig der Weg der Roten Armee gewesen sein mußte, indem wir die steilen Pfade erkletterten, die über Feuerberg und Löwenkopf zum Übergang über den Goldsandfluß führen, nicht weit von Tibet; wir verließen das Gebirge auf Pferden und Maultieren und erstiegen dann die Großen Schneeberge; noch Ende Mai führten die Straßen durch Schneefelder; wir setzten den Weg fort zu den schrecklichen Grasländern, wo wie in Passchendale Männer im grundlosen Sumpf versanken und jeden, der ihnen eine helfende Hand reichte, mit sich in die Ewigkeit zogen.

Die Reise führte über 11 840 km Straßen – in Jeep, Minibus und Kübelwagen – und dauerte zweieinhalb Monate. Danach folgten viele weitere Interviews und im Herbst 1984 noch eine Reise nach China.

Nur dadurch jedoch, daß wir der tatsächlichen Strecke folgten, bekamen wir ein Gefühl für das, was Mao und seine Männer und Frauen durchmachten. Das Land hier ist noch immer abgelegen. Keine großen Städte. Keine Ausländer. In keinem der aufeinanderfolgenden Orte konnte sich jemand daran erinnern, je den Besuch eines Ausländers erlebt zu haben.

Niemand, kein Chinese und kein Ausländer, war je diesem Weg gefolgt. Und wahrscheinlich wird es auch niemand so bald wieder tun.

Hier also ist der Bericht über den Langen Marsch vor fünfzig Jahren, Stück für Stück zusammengesetzt aus Hunderten von Interviews, Dokumenten, Archiven. Ich stellte den Chinesen alle schwierigen Fragen, die man erdenken kann. Sie bemühten sich nach Kräften um Antworten und suchten manchmal so lange in den Aufzeichnungen, bis sie die fehlende Tatsache ausgegraben hatten.

Die Geschichte ist ein Epos. Nicht nur wegen des Heroismus der einfachen Soldaten und ihrer Kommandeure, sondern weil sie tatsächlich zur Feuerprobe der chinesischen Revolution wurde. Sie schmiedete die Bruderschaft zusammen, die Chiang Kaishek Einhalt gebot und unter Maos Führung an die Macht kam.

Daß diese Bruderschaft im Wahnsinn der letzten Lebensjahre Maos zerfiel, macht ein heroisches Drama zur Tragödie. Doch die Überlebenden sind jetzt erstaunlicher- und unerwarteterweise an die Spitze gerückt. Unter der Führung von Deng Xiaoping haben sie China auf den Weg zum sogenannten »neuen Langen Marsch« gebracht, einem sehr anderen, aber ebenso schwierigen Langen Marsch wie dem ersten. Das und die Verheerungen der Kulturrevolution und der Viererbande aber ist eine andere Geschichte. Dies hier ist die Geschichte des Langen Marsches – alles, was ich mit Hilfe chinesischer Historiker und der Überlebenden selbst darüber zusammentragen konnte.

Da und dort werden noch immer neue Bruchstücke zutage treten. Doch das Vorliegende reicht aus, um zu zeigen, daß dieses menschliche Unternehmen nicht seinesgleichen hat. Es hat vielleicht ein wenig vom Exodus der Juden, von Hannibals Alpenüberquerung, von Napoleons Marsch auf Moskau und, zu meiner Überraschung, auch etwas von der Eroberung des amerikanischen Westens, der großen Kavalkade über Berge und Prärie.

Doch kein Vergleich trifft ganz. Der Lange Marsch ist einzigartig. Sein Heroismus hat die Träume einer Nation von 1,1 Milliarde Menschen entfacht und China auf den Weg zu einem Schicksal geführt, das noch niemand kennt.

Kapitel 1

Ein Spaziergang im Mondschein

Oktobersonne durchflutete das weißgetünchte Krankenhauszimmer; draußen im Hof unter den breitblättrigen Kampferbäumen herrschte unruhige Bewegung: Befehlsrufe, der Ton eines Signalhorns, Getrampel von Füßen; kleine Staubwolken stiegen in die stille Luft. Der ausgemergelte Patient drinnen im Zimmer, das Bein in Gips, reckte den Hals und versuchte zu sehen, was vor sich ging. Irgend etwas war im Gange, soviel war klar, irgendeine neue Bewegung der Roten Armee, über die er nicht informiert war. Eine Krankenschwester kam an seiner Tür vorbei, und er rief laut: »Was ist los?«

»Ich weiß nicht, Kommandant«, antwortete sie, während sie nach draußen schaute. »Man hat uns nichts gesagt.«

Chen Yi fluchte wie schon hundertmal, seit man ihn vor sechs Wochen mit einer Schußwunde in der Hüfte von der Front im Bezirk Xingguo weggetragen hatte. Die Wunde wollte nicht heilen. Immer wieder sonderte sie Knochensplitter ab, und als er eine Röntgenaufnahme verlangte, vertrösteten ihn die Ärzte mit Entschuldigungen: Der Röntgenapparat war außer Betrieb, es gab keinen Strom dafür, die Batterien waren zu schwach.

Chen Yi war ein sanguinischer Typ von 33 Jahren, gebürtig aus Sichuan, extravertiert, bekannt für seinen Humor, kommandierender Offizier der Roten Armee, doch heute war er krank, reizbar, ruhelos, besorgt. Irgend etwas ging vor, und er konnte sich nicht darüber klarwerden, was es war. Er wand sich in seinem Bett, behindert durch sein verwundetes Bein. Einige Minuten später erschien die Krankenschwester wieder. »Da ist jemand für Sie, Kommandant«, sagte sie und beeilte sich, seine Kissen aufzuschütteln und die Laken zu glätten. Chen Yi blickte über ihre Schulter und sah seinen alten Freund und Kameraden Zhou Enlai eintreten. Später würde sich Chen Yi an das Datum von Zhous Besuch erinnern. Es war der 9. Oktober 1934, der Tag, an dem er von dem erfuhr, was später der Lange Marsch heißen sollte.[1]

Yudu war ein verschlafenes Städtchen von weniger als 10 000 Einwohnern in Südjiangxi an den Ufern des Yudu-Flusses. Hier geschah nicht viel; es gab eine Fähre über den Fluß, einen Markt. Im Oktober 1934 störte eine Spur von Nervosität das Behagen des Ortes. Das Wetter war angenehm, die Tage warm, die Nächte kühler. Es regnete kaum. Man schrieb den neunten Monat des Jahres im chinesischen Mondkalender. Der größte Teil der Ernte war bereits eingebracht; nur der späte Reis, etwas Buchweizen und Süßkartoffeln mußten noch geerntet werden. Die Sojabohnen samt Ranken und Wurzeln trockneten auf den grauen Schieferdächern und hingen über die geschwungenen Dachränder. Rote Tonkrüge lehnten an den Wänden der Höfe, gefüllt mit Bohnenpaste. In den Ecken lagerten Stapel von Buttermelonen, grün mit roten Kernen, orangefarbene Kürbisse und Stränge von trocknenden roten Pfefferschoten. Die Bauern wußten jetzt, daß es bis zur nächsten Ernte genug Nahrung geben würde; trotzdem herrschte in Yudu leises Unbehagen. Im Sommer hatte die Rote Armee große Mengen Reis requiriert und ungewöhnlich energisch Rekruten angeworben. Die Ernte war reich gewesen; die Menschen genossen eine Ruhepause im ewigen Zyklus von Pflanzen und Ernten, Eggen und Umpflanzen, und doch schien etwas in der Luft zu liegen. Niemand wußte genau, was es war. Das Herbstmondfest war vorbei. Die roten, glücksbringenden Papiere über den Türbalken und die Abbildungen grimmiger und angsterregender Türhüter waren schon ein wenig zerfleddert. Die Menschen hofften, sie würden sie dennoch vor Unheil schützen.[2]

Liu Ying verbrachte ein paar Wochen in Yudu, um Rekruten für die Rote Armee anzuwerben; sie war eine der vielen jungen Frauen, die sich an der Arbeit beteiligten. Liu Ying war 26 Jahre alt und vermutlich die kleinste Frau in ganz Jiangxi – kaum 1,50 m groß, winzig wie eine Puppe. Helen Snow sagte einmal, sie könne sich nicht vorstellen, wie Liu Ying es geschafft habe, während des Langen Marsches nicht weggeblasen zu werden.[3] Als Liu Ying später den gutaussehenden Offizier der Roten Armee, He Long, heiratete, sagte er dasselbe.

Liu Ying war zwar klein, doch sie besaß eine stählerne Energie, und Mao Zedong hatte sie unter seine Fittiche genommen. Eines Tages kam er in Begleitung eines Leibwächters in das Büro der Jugendliga. Er sprach unter vier Augen mit der kleinen Rekrutenwerberin und sagte, sie müsse Yudu sofort verlassen und sich in Ruijin im Hauptquartier des zentralen Sowjetgebietes im südlichen Jiangxi zur Stelle melden, und zwar für eine ganz besondere Aufgabe.

»Ich sagte ihm, ich könne nicht weg«, erinnerte sie sich fünfzig Jahre später. »Ich hatte meine Aufgabe noch nicht beendet. Ich brauchte mehr Rekruten, um meine Quote zu erfüllen.«

Doch Mao blieb fest. Sie mußte zurückkehren. Man durfte keine Zeit verlieren. Liu Ying war verwirrt, doch sie schaffte den Weg zurück nach Ruijin. Es war ein Marsch von 60 km, und sie brauchte dafür zwei Tage. Im Vergleich zu dem, was noch kommen sollte, war es ein kurzer Spaziergang.[4]

Ein kleiner, eleganter Mann mit glattrasiertem Kopf saß hinter einem noblen Mahagonischreibtisch in einem imposanten Gebäude auf einem kleinen Hügel mit Blick über einen See in Nanchang, der Hauptstadt der Provinz Jiangxi. Ein zufriedenes Lächeln lag auf seinen schmalen Lippen, als er die nationalistische örtliche Tageszeitung *Minguo Ribao* aufnahm. Er überflog den Aufmacher über die Verträge für den Bau einer Eisenbahnbrücke, die Werbeanzeigen für potenzsteigernde Mittel, »Frauen«-Medizinen und Schmuckstücke, und konzentrierte sich dann auf den Leitartikel. Es war der 10. Oktober 1934, die Doppelte Zehn, der Jahrestag der Gründung der Nationalregierung, und der Leitartikel war den Tagesproblemen gewidmet. Er warnte vor den Katastrophen eines bevorstehenden Zweiten Weltkrieges. Kommunistische Banditen hätten sich Chinas Misere zunutze gemacht, um an Boden zu gewinnen. Die Menschen sollten an die Gefahren der Welt denken, moralisch werden, nicht mehr trinken und tanzen und für das Überleben der Heimat China arbeiten. Zum Glück bessere sich die Lage hier in Jiangxi rasch. Die kommunistischen Banditen würden innerhalb eines Jahres ausgerottet sein. Sie seien von allen Seiten umzingelt und müßten ihre Soldaten mit Seilen aneinanderbinden, damit sie nicht wegliefen. »Der Tag ihres Zusammenbruchs ist nicht mehr fern.«

Der Zeitungsleser leckte sich leicht die Lippen. Das waren Worte nach seinem Geschmack. Tatsächlich hatte er sie selbst diktiert. Sein Name war Chiang Kaishek. Er war 54 Jahre alt und nach Nanchang gekommen, um seine Nationalarmee bei der Beseitigung der »Roten Banditen« zu befehligen. Die Dinge liefen gut. Ein paar Tage später orderte Chiang sein persönliches Flugzeug herbei und bereitete sich auf eine kurze Inspektionsreise nach Shaanxi, Ningxia und Sichuan vor.[5]

Die Kommunistische Dritte Armee lag in der Gegend von Shicheng, etwas nördlich von Ruijin, der Hauptstadt des Zentralen Sowjetgebietes. Ein robuster, handfester Mann namens Kong, damals 23, der sein Leben lang ein freimütiger Revolutionssoldat bleiben würde, war Leiter des Kundschafterkommandos der Dritten Armee. Die Dritte Armee ruhte sich aus. Sie war zwei Wochen zuvor nach hartem und nicht sehr erfolgreichem Kampf von der Front abgezogen worden. Nun bereitete sie sich auf neue Operationen vor, die streng geheim waren. Kongs Kameraden wußten nur, daß sie bald wieder marschieren würden. (Später würde man diese Geheimhaltung als schändlich kritisieren.) Kong wußte sehr viel mehr, aber er sprach nicht darüber. Weil er Kundschafter war, sagte man ihm manchmal mehr von dem, was vor sich ging. Wie viele seiner Kameraden stammte Kong aus einer sehr armen Bauernfamilie. Er hatte vier Brüder und sieben Schwestern. Seine Familie war dagegen, daß er sich der Roten Armee anschloß. Seine Eltern hielten sich an die traditionelle chinesische Regel, daß man mit gutem Eisen kein Pferd beschlägt und einen guten Mann nicht zur Armee schickt. Aber Kong ging trotzdem. Er wollte Land; die Rote Armee versprach es ihm.

In Kongs erster Schlacht zerschlug die Rote Armee die 18. Division der Nationalarmee und nahm deren General gefangen, einen großen, rotgesichtigen, verhaßten Mann aus Huan namens Zhan Huihan. Noch fünfzig Jahre später erinnerte sich Kong an jedes Detail – die Versammlung am Berghang (kein Platz in der Stadt war groß genug), wo Zhan zur Verantwortung gezogen wurde vor einer Menschenmenge aus Bauern, armen Städtern, jungen Roten Garden mit rotbefransten Speeren und zornigen, kriegsmüden Soldaten der Roten Armee. Zhan stand auf der Plattform, die Arme hinter dem Rücken gebunden; er trug eine Narrenkappe, und die

Menge schrie nach seinem Kopf. Bald darauf wurde er ihm abgehackt; man steckte ihn auf ein Floß und ließ es den Fluß Gan hinuntertreiben, als Warnung für andere Generäle der Nationalarmee. Die Erinnerung an das Ereignis erregte Kong so, daß er, als er die Geschichte erzählte, plötzlich in die Knittelverse verfiel, die man damals aus diesem Anlaß gesungen hatte: »Wir sind so glücklich. Wir kämpften in Longshen und eroberten den Kopf des Tyrannen Zhan.«[6]

Es gab fast nichts, das der große, ziemlich elegante junge Mann mit der leisen Stimme namens Wu nicht wußte über das, was in jenem Oktober in der Roten Armee im Gange war, das geheimnisvolle Kommen und Gehen und die wachsende Erregung im Sowjetischen Basisgebiet und dessen Hauptstadt Ruijin. Das Basisgebiet war fünf Jahre zuvor von den kommunistischen Streitkräften unter Führung Mao Zedongs und seines Verbündeten Zhu De errichtet worden. Die Verbindung der beiden Männer war so eng, daß die Armee den Bauern als »Zhu-Mao-Armee« bekannt war, und viele von ihnen waren fest davon überzeugt, Zhu-Mao sei eine einzige Person. Das entbehrte nicht ganz der Logik. Tatsächlich hatte Zhu De, der große, robuste kommunistische General mit den langsamen Bewegungen, einmal erklärt, man könne Zhu nicht von Mao trennen. Das war ein ziemlich feines chinesisches Wortspiel, denn »zhu« bedeutet Schwein (in anderer Schreibweise), und »mao« bedeutet Borste.[7]

Wu wußte alles oder nahezu alles, was hinter den Kulissen vorging, denn er diente als Dolmetscher für einen Mann namens Li De, Vertreter der Komintern bei der Chinesischen Revolution. Seit mehr als einem Jahr schon leitete Li die Operationen der chinesischen Roten Armee, und zwar mit erschreckendem Mangel an Erfolg.

Wu Xiuquan war 28 Jahre alt. Mit neunzehn Jahren war er mit hundert anderen jungen Chinesen in die Sowjetunion gegangen und dort fünf oder sechs Jahre geblieben. Er hatte die Sprache, die Revolution und Militärwissenschaften studiert. Seit drei Jahren war er nun wieder in China und hatte seit Li Des Ankunft im Sowjetgebiet im Oktober 1933 als dessen Dolmetscher gedient.

Jetzt hatte Wu sich mit einem Problem herumzuschlagen, das weder militärischer noch strategischer, sondern kulinarischer Art war. Als Li De ins Sowjetgebiet gekommen war, hatten die Chinesen sich große Mühe gegeben, es ihm bequem zu machen. Zunächst wohnte er in einem ehemaligen Tempel, dann in einem eigens erbauten neuen Haus mit drei Zimmern, das inmitten von Reisfeldern etwa anderthalb Kilometer vom militärischen Hauptquartier und nicht ganz so weit vom Hauptquartier der Partei entfernt lag. Das Haus war ziemlich isoliert, und irgend etwas daran veranlaßte Wu und einige andere, es als »Ödes Haus« zu bezeichnen. Mit der Zeit wurde Ödes Haus auch ihr privater Spitzname für Li De selbst.

Wus Probleme hingen indirekt mit den Reisfeldern zusammen. Er und Li Des Leute hatten in diesen Reisfeldern, die reich an Fröschen waren, ein Dutzend Enten aufgezogen. Die Enten waren bei dieser reichen Kost fett geworden. Wu war nun um keinen Preis bereit, diese Enten beim Abmarsch zurückzulassen. Folglich gab es jeden Abend Ente. Bis ans Ende seiner Tage erinnerte sich Wu daran, daß am 10. Oktober 1934 die letzte Ente, knusprig gebraten, in saftigen Stücken serviert wurde. Wu assoziierte dieses Datum immer mit dem Abmarsch der Roten Armee, obwohl später allgemeine Übereinstimmung herrschte, daß der Lange Marsch offiziell erst am 16. Oktober 1934 begann.[8]

Während die Herbsttage vergingen, wurden die Gespräche unter den Parteikadern etwas offener. Für diejenigen, die zwischen den Zeilen zu lesen verstanden, gab es sogar einen gedruckten Hinweis auf das, was bevorstand. Luo Fu (Zhang Wentian) veröffentlichte am 29. September 1934 in der Parteizeitung *Hongse Zhonghua* (*Rotchina*) einen Leitartikel, in dem er sagte, zur Verteidigung der Sowjets und Vereitelung von Chiang Kaisheks Fünftem Einkreisungsfeldzug bleibe nichts anderes übrig, als »zeitweilig einige Sowjetdistrikte und -städte aufzugeben ... An einigen Orten (müssen wir) wegen der hintereinanderliegenden Reihen feindlicher Blockhäuser die Blockadelinie zerschlagen, den Distrikt verlegen und die Lebenskraft der Hauptmacht der Armee bewahren.«

Jedermann in den höheren Rängen wußte, daß ein Aufbruch im Gange war, aber sie wußten nicht wohin. Einige tippten auf Hunan, einige auf einen anderen Teil von Jiangxi, einige auf Guizhou und einige auf Yunnan oder Sichuan. Nur die oberste Führung wußte Bescheid. Wenn Kader einander innerhalb des Heiligtums von Yunshishan nördlich von Ruijin trafen, wohin die Hauptquartiere von Partei und Militär verlegt worden waren, um Chiang Kaisheks

Kampfbombern zu entgehen (er hatte inzwischen zwei- bis dreihundert davon), so pflegten sie wissend zu sagen: »Die Zeit zum Aufbruch ist gekommen.« Manchmal fragten sie auch: »Geht ihr?« Die Antworten waren unterschiedlich. Einige sagten: »Sicher.« Andere sagten: »Ich weiß nicht.« Gewöhnlich bedeutete »Ich weiß nicht«, daß sie nicht gingen. Man begann Listen anzulegen. Angehörige kehrten mit Koffern und Kisten in die Heimatdörfer zurück und erklärten: »Er geht fort.« (Doch sie sagten nicht, wohin.) Einige der Verwundeten wurden aus dem Hospital evakuiert und zu ihren Einheiten zurückgeschickt. Gerüchte kamen auf, wer gehen und wer bleiben würde. Zunächst hieß es, der alte Xu, also Xu Teli, der in der Lehrerbildungsanstalt in Changsha Maos Lehrer gewesen war, würde zurückgelassen; er sei zu alt für die bevorstehende schwere Prüfung. Dann wieder hieß es, er werde gehen und sei der Rekonvaleszentenkolonne zugeteilt; man habe schon ein Pferd für ihn gefunden, aber noch keinen Reitknecht.[9] Was die Gerüchte nicht wußten, war, daß man Mao eine Liste derer gezeigt hatte, die zurückbleiben sollten. Darauf befanden sich viele Namen von Menschen, die ihm nahestanden – sein Bruder Zetan, Zetans Frau He Yi, Maos zweifache Schwägerin (sie war die Schwester von He Zizhen, mit der Mao verheiratet war), He Shugeng, Maos Freund, ebenfalls aus Hunan und Mitbegründer der Kommunistischen Partei, Qu Qiubai, früher Generalsekretär der Kommunistischen Partei und nun abgesetzt (es hieß, mit seiner Tuberkulose sei er zu krank, um mitgenommen zu werden), der Kommandeur Chen Yi, He Chang, ein sehr frühes Mitglied der Kommunistischen Partei und ein Förderer von Mao, Liu Bojian, ein weiterer Anhänger Maos, und viele, viele andere. Es schien, als sei keine einzige von Maos Empfehlungen akzeptiert worden, nicht einmal seine Bitte, Qu Qiubai solle mitgenommen werden. Eine Verbindung zu Mao bedeutete, im Sowjetgebiet bleiben zu müssen, und das zu einer Zeit, als die Überlebenschancen dort nach Ansicht des zurückgelassenen Generals Chen Pixian etwa eins zu zehn standen.[10]

Mao Zedong war im Herbst 1934 41 Jahre alt, hohlwangig und hager. Sein glattes, dunkles Haar reichte fast bis auf die Schultern. Er war dünn, hatte brennende Augen, hohe Wangenknochen, und eine Aura von Schmerz umgab ihn. Monatelang hatte er an wiederkehrenden Malariaanfällen gelitten, und trotz der Bemühungen seines von Missionaren ausgebildeten Arztes Nelson Fu war er nur halb genesen, schwach und enttäuscht. Er wußte, was die Rote Armee tun würde. Zhou Enlai hatte ihn davon unterrichtet, nachdem die Entscheidung gefallen war. Zhou war Generalstabschef und nahm an Diskussionen teil, doch die Befehle wurden von Li De gegeben, der automatisch von Bo Gu, dem Parteisekretär, unterstützt wurde. Selbst wenn Zhou anderer Meinung war, überstimmten ihn die beiden. Als guter Offizier bestand seine Aufgabe also darin, die Entscheidungen des Oberkommandos durchzuführen.

Mao war nicht gefragt worden, und man hatte auch nicht um seinen Rat nachgesucht. Das war nicht überraschend. Innerhalb der dominierenden »russischen« Clique gab es eine starke Bewegung, die den Ausschluß Maos aus der Partei betrieb.[11] Zwei Jahre zuvor war Mao von der Macht über militärische und politische Entscheidungen entfernt worden. Man hatte ihm nur den quasi zeremoniellen Titel eines Vorsitzenden des Sowjetgebietes gelassen – er saß lokalen Treffen vor und hatte einige Wochen lang nominelle Untersuchungen der örtlichen Bedingungen in Yudu geführt, dem Marktstädtchen am Flußufer, wo er jetzt in einem bequemen grauen Ziegelhaus mit Innenhof in einer schmalen Gasse fast am Fuße des Nordtors von Yudu wohnte. Er lebte dort mit seiner Frau He Zizhen, 24, die zum vierten Mal schwanger war. Das Kind wurde im Februar erwartet.[12]

Damals lief das Gerücht um – es hielt sich jahrelang –, Mao habe in Yudu unter Hausarrest gestanden und nicht nach Ruijin gehen dürfen, um mit im Politbüro zu beraten, dessen Mitglied er noch immer war; er sei von jeglichem Kontakt mit der militärischen und politischen Führung abgeschnitten gewesen. Es scheint klar, daß dieser Hausarrest nicht den Tatsachen entspricht. Das wurde von allen wichtigen Überlebenden aus jener Zeit bestätigt, mit denen der Autor sprach, und auch von zeitgenössischen chinesischen Parteihistorikern und Archivaren. Doch daß Mao nach Yudu geschickt wurde, und zwar in den Wochen, in denen die Entscheidung zum Verlassen des Zentralen Sowjetgebietes getroffen und durchgeführt wurde, wirkt zumindest merkwürdig. Von Mao persönlich durchgeführte »Nachforschungen und Studien« in Yudu können kaum so dringend notwendig gewesen sein; nach Meinung von General Wu Xiuquan, der Li De als Dolmetscher diente und es wissen muß, gab es Personen, die nicht einmal wollten, daß Mao am Langen Marsch teilnahm. »Mao wurde absichtlich ausgeschlossen«, sagte Wu. »Es war nur ein Vorwand, um ihn draußen zu halten.«[13]

Das ist nicht überraschend, denn schon im Frühjahr 1934 war der Versuch unternommen worden, Mao zu »medizinischer Behandlung« in die Sowjetunion zu schicken. Ein diesbezüglicher Vorschlag wurde von Bo Gu und Li De nach Moskau geschickt. Offenbar war das Li Des Idee (obwohl er in seinen Memoiren nichts darüber sagt). Bo Gu schloß sich ihm an. Doch Moskau verwarf den Gedanken. Die Komintern meinte, trotz ihrer Schwierigkeiten mit Mao würden sein Prestige und sein Name gebraucht. Außerdem hatte, wie Wu Xiuquan, Li Des Dolmetscher, berichtet, Mao erklärt: »Ich werde nicht gehen. Ich werde das Land nicht verlassen.«[14]

Die Gefühle waren aufgeheizt. Mao soll einmal, als sie auf einer Straße in Baoan Bo Gu begegneten, zu Edgar Snow gesagt haben: »Dieser Mann hat einmal versucht, mich zu töten.«[15] Es wäre nicht sonderlich überraschend, wenn im Spätsommer oder Frühherbst 1934 ein Versuch unternommen worden wäre, Mao loszuwerden. Ein schlüssiger Beweis für eine Verschwörung, Mao zum Zurückbleiben im Sowjetgebiet zu zwingen, ist jedoch nicht erbracht worden.

Sobald er einmal in Yudu war, war es für ihn schwierig, Regierung, Partei und politische Büros aufzusuchen, die sich ein oder zwei Tagereisen entfernt im Norden von Ruijin befanden. Doch seine persönlichen Leibwächter verlor er nicht, und er konnte sich in Yudu und Umgebung frei bewegen.

Das Leben in Yudu war anders als das Leben im Wolkenstein-Gebirge, wo Mao sich aufgehalten hatte, ehe er im September 1934 nach Yudu kam. Sein Haus dort war ein hübscher kleiner Tempel gewesen, der zwei Steintreppen hoch auf einer Böschung lag. Er war nicht weiter als anderthalb Kilometer vom Hauptquartier entfernt. Luo Fu, Maos Kollege im Politbüro und bis dahin Förderer von Li De, lebte in einem Flügel. Es gab Gelegenheit zu behaglichen Gesprächen, und das stellte sich als sehr wichtig heraus. Mao konnte leicht das Generalhauptquartier aufsuchen (obwohl er es selten tat, weil man seine Ratschläge ignorierte). Häufig wurde er von Zusammenkünften des Politbüros nicht unterrichtet. Doch er besuchte seine Büros in der Zentralregierung, deren Vorsitzender er war. Diese lagen in der Nähe an einem Ort namens Shazhouba. Die Regierungsbüros befanden sich in einem ziemlich großartigen Ahnentempel, der 1922 von der Yang-Familie erbaut worden war. Mao lebte dort etwa ein Jahr lang. Der Yang-Tempel besaß einen eleganten, zweigeschossigen Versammlungsraum, feine Mahagonizimmer und Fußböden aus gehauenem Stein. Dies war auch der Wohnort von Zhu De und seiner Frau, Kang Keqing, von Chen Yi und Zhou Enlai. Zhu De und seine Frau waren jedoch gewöhnlich an der Front, ebenso wie Chen Yi (bis zu seiner Verwundung) und Zhou.[16]

Dieser absichtliche Ausschluß Maos vom Entscheidungsprozeß zeigt jedoch nicht das ganze Bild.[17] Zu jener Zeit war Mao krank, wie in einigen anderen besonders schwierigen Perioden auch. Vom Hochsommer bis zum Oktober 1934 lag er mit Malaria zu Bett oder war nur halb genesen. Sein Energiepegel war niedrig, und möglicherweise befand er sich in einer deprimierten Verfassung.

Das erscheint natürlich. Die revolutionäre Bewegung, die weitgehend seine Schöpfung war, die militärische Maschinerie, die er aufgebaut hatte, das Sowjetgebiet, das er fünf oder sechs Jahre zuvor etabliert hatte, der ganze Apparat, den er mit unendlicher Mühe und Phantasie und unter Opfern errichtet hatte, war in die Hände des rätselhaften Vertreters der Komintern, Li De, und von Lis chinesischem Sykophanten Bo Gu gefallen, einem kleinen Mann mit dicken Brillengläsern, den der britische Botschafter, Sir Archibald Kerr, einmal als Vogelscheuche bezeichnete. Mao war aller wichtigen Machtinstrumente entkleidet worden. Das Politbüro war stramm gegen ihn. Ebenso das Zentralkomitee, und aus den militärischen Kontrollmechanismen war er auf kaltem Wege entfernt worden. Meist war Mao äußerlich ruhig, doch innerlich kochte er. Verschiebungen der Kräfte entgingen ihm nicht, und er wußte, daß es starke Strömungen gegen Li De und Bo Gu gab. Er wußte, was es bedeutete, wenn zwei führende Generäle, Lin Biao, sein persönlicher Protegé, und Nie Rongzhen, einer seiner alten Getreuen, in seinen kleinen Hof in Yudu schlüpften, sich auf die Bänke setzten und sagten, sie seien gekommen, um seinen Rat einzuholen. Er wußte, was sie meinten, wenn sie ihn vorsichtig fragten: »Wohin sollen wir gehen?« Er wußte, was er ihnen mit den ebenso kryptischen Worten antwortete: »Geht, wohin eure Befehle euch führen.« Er kannte ihre Befehle, und er wußte, daß diese Befehle ein militärisches Geheimnis waren. Er verstieß nicht gegen die Geheimhaltung. Dies war nicht die Zeit zum Sprechen. Doch diese Zeit würde kommen, und sie würde nicht sehr lange auf sich warten lassen, dessen war er sicher.

Fast fünfzig Jahre später erinnerte sich Nie Rongzhen, wie sehr er und Lin Biao darauf aus gewesen waren, mehr Informationen über die neuen Bewegungen und wohin sie führen sollten zu bekommen, und wie fest Mao ihnen jede Auskunft verweigert hatte. Er wollte keine Spekulationen aufkommen lassen, daß es eine Verschwörung mit seinen alten Generälen gäbe. Er beendete die Unterredung und schlug vor, daß sie sich zusammen eine neueröffnete Universität ansähen.[18]

Kurz nach Mittag am 10. Oktober, einem sonnigen Tag, begann sich eine Menschenmenge an einer kleinen Straßenkreuzung direkt außerhalb von Meiking zu sammeln, wo sich das Zentrale Hauptquartier der Roten Armee befand. Es war ein warmer, angenehmer Tag. Die sich da versammelten, sahen nicht militärisch aus. Es waren hundert oder mehr Männer und zwanzig bis fünfundzwanzig Frauen. Sie waren der Rekonvaleszentenkolonne zugeteilt worden – Alte, Schwache, Verwundete, Kranke, Frauen. Jeder hatte eine Decke, einen Proviantbeutel, ein *jin* Reis, der hoffentlich zehn Tage reichte, einen Ranzen mit Kleidung zum Wechseln, Kamm, Bürste, ein Notizbuch, eventuell eine Taschenlampe (die waren am schwersten zu finden), ein paar Reservebatterien, Seife, ein oder zwei Bücher und anderes Notwendige. Jeder trug am Gürtel eine große Emailletasse mit hineingestopftem Handtuch und Zahnbürste. Der älteste der Gruppe war Xie Juezai, Vorsitzender des Zentralkomitee-Sekretariats. Er war über sechzig, und man hatte ein Pferd für ihn beschafft. Dong Biwu, wie Mao Gründungsmitglied der Kommunistischen Partei, war 48 Jahre alt und hätte es nach Meinung seiner Kameraden niemals überlebt, wenn man ihn zurückgelassen hätte. Xu Teli, Maos früherer Lehrer, war 57. Er hatte ein Pferd. Auch für Cai Chang, eine furchtlose Genossin, und für He Zizhen, Maos schwangere Frau, die der Gruppe als Politische Kommissarin zugeteilt war, gab es ein Pferd.

Bald gruppierte sich die formlose Menge zu Trupps und Abteilungen, und jedes Mitglied, Mann oder Frau, erhielt einen Speer mit einer festlichen roten Quaste. Das waren keine Schaustücke; sie dienten zur Verteidigung, wenn der Zug angegriffen wurde. Unmittelbar vor Sonnenuntergang erschien Deng Fa, der Sicherheitschef der Partei, Chef der Geheimpolizei und Befehlshaber der gesamten nicht kämpfenden Verwaltungskolonne, ein ehemaliger Matrose. Er war nicht so ernst wie gewöhnlich, sondern scherzte mit den Versammelten. Er sprach Mandarin mit starkem kantonesischen Akzent. Er versuchte sie aufzuheitern. »Das ist eine große Gesellschaft«, sagte er. »Wir haben Musiker, Stückeschreiber, Autoren. Wenn wir eine Vorstellung geben wollen, haben wir alles, was wir brauchen.« Die Atmosphäre hellte sich auf, und die Kolonne machte sich in einer Staubwolke auf den Weg nach Yudu. Sie gehörte zur Brigade Roter Stern; auf ihrem Weg waren in Abständen rote Sterne angebracht, damit sie sich nicht verirrte.[19]

Mao machte sich erst später auf. Zuerst hatte er noch Aufgaben zu erfüllen. Eine der schwierigsten war eine Rede vor den Parteikadern in Yudu, den Leuten, die zurückblieben. Mao mußte ihnen sagen, daß die Rote Armee aufbrach, ihnen einen Begriff von dem geben, was zu erwarten war und wie sie sich verhalten sollten, wenn die Hauptstreitkräfte fort waren. Inzwischen konnte niemand in Yudu mehr daran zweifeln, daß etwas Außerordentliches im Gange war. Tausende von Kampftruppen kamen nach Yudu und verließen es wieder über den Fluß oder südwärts in Richtung auf Anyuan.

Natürlich hatte man den meisten jungen Männern in der Roten Armee nichts gesagt. Sie glaubten, sie zögen in eine große Schlacht. Sie verstanden, daß sie aus der Umzingelung ausbrachen. Vielen von ihnen hatte man wattierte Kleidung für den Winter ausgehändigt (zu ihrer Überraschung), und von allen wurde erwartet, daß sie in ihren Reisbeuteln eine Ration für zehn Tage mitführten. Man hatte es jedoch sorgfältig vermieden, sie über den wirklichen Zweck der Operation aufzuklären.

Mao, krank und blaß, noch immer bei Dr. Nelson Fu in Behandlung, sprach vor der Parteiversammlung mit soviel Zuversicht, wie er aufbringen konnte. Seine genauen Worte sind nicht erhalten, doch es besteht kein Zweifel, daß er die Anweisungen des Zentralkomitees weitergab. Die Truppen verließen das Zentrale Sowjetgebiet, um die Einkreisung zu durchbrechen, einen neuen sowjetischen Stützpunkt zu errichten und Chiangs Pläne für einen Sechsten

Feldzug zu durchkreuzen. Die Kader sollten ihren Aufgaben nachgehen wie üblich. Die Armeen würden geteilt. Die Rote Armee würde beträchtliche Streitkräfte zurücklassen, um das Sowjetgebiet zu schützen. Sie würde nicht wirklich fortgehen. Sie würde zurückkommen. Mao vertraue auf den Endsieg der Revolution.

Während Mao zu den Kadern sprach – man nannte das eine Drei-Stufen-Versammlung, hoch, mittel und niedrig –, waren Zhou Enlai, Zhu De, Bo Gu, Li De, die Befehlshaber aller Armeen und die gesamte Spitze des Parteiapparats bereits unterwegs. Die Zentralorgane hatten Yudu am 12. Oktober erreicht. Im Schutz der Nacht zogen sie durch. Es gab Tausende von Trägern (für einen Dollar pro Tag)[20], die die weltlichen Güter der Sowjets schleppten – die Druckpressen, die Gravierplatten für Papiergeld, die Geräte zur Herstellung von Granaten, die Presse zum Nachladen und Scharfmachen verbrauchter Patronen, das Röntgengerät, Kisten mit wichtigen (und unwichtigen) offiziellen Papieren und Dokumenten, die Reserven an Silberdollars, Goldbarren, Reis, Medikamenten, Ersatzgewehre, Geschütz-, Radio- und Telephonausrüstung, große Rollen Telephondraht. »Es war wie ein Umzug«, sagte Mao später. Edgar Snow nannte es »Völkerwanderung«. Das war übertrieben. Maos Worte trafen die Sachlage genau.

Am späten Nachmittag des 18. Oktober versammelten sich Mao und etwa zwanzig weitere Personen einschließlich Leibwächtern, Sekretär und übrigem Personal in dem kleinen, steinernen Hof des Hauses neben dem Nordtor von Yudu. Sie rückten aus dem Hof aus und schlossen sich anderen Einheiten der Zentralkolonne an. Mao hatte ein Bündel Bücher, einen zerbrochenen Regenschirm, zwei Decken, einen abgetragenen Mantel und eine Regenhaut bei sich. Seinen neunfächrigen Tornister ließ er zurück.

So begann der, wie Mao wußte, gefährliche und möglicherweise tödliche Rückzug aus der komfortablen Basis, in der es den Kommunisten in den letzten paar Jahren recht gut gegangen war. Sie marschierten in aller Heimlichkeit, in der Hoffnung, Chiang Kaiheks Flugzeuge würden sie nicht ausmachen und Bomben über den langen und komplizierten Kolonnen abwerfen, die sich von einem Ende zum anderen über hundert Kilometer dahinschlängelten. Es war eine Zeit grimmiger Gesichter, kalter Entschlossenheit und beträchtlicher Zweifel. Niemand wußte, wohin es ging oder wohin das alles führen könnte. Nicht Mao, nicht Bo Gu, nicht Li De und auch nicht Zhou Enlai. Niemand konnte wissen, wie lange es dauern würde, bis Chiang Kaisheks Leute die langsam dahinziehenden Kolonnen entdeckten. Keiner der Kommandeure konnte unbesorgt sein angesichts der überlasteten Träger, von denen viele, die die schwersten Lasten trugen, ein Tempo von zwei Kilometern pro Tag kaum mithalten konnten.

Ein Pionierbataillon hatte fünf Pontonbrücken über den Yudu-Fluß geschlagen. In dieser Jahreszeit war sein Wasserstand niedrig. In Yudu betrug die Breite nicht mehr als achtzig bis hundert Meter, und wo der Fluß breiter war, war er so flach, daß Menschen und Pferde ohne Schwierigkeiten hindurchwaten konnten. Die fünf Pontons waren flußaufwärts und flußabwärts in beiden Richtungen von Yudu aus auf einige Kilometer verteilt.

Mao und seine Gefährten gingen eine kurze Strecke am Ufer entlang. Der Mond ging auf. Der Fluß war friedlich, die Luft ruhig. Bald erreichten sie die Brücke und tappten über die breiten Planken. Die Überquerung war nicht schwer, und bald zog die Gruppe auf der anderen Seite des Flusses westwärts. Die Stille, der Mondschein und das Plätschern des Wassers an den Pontons machten den Männern und Frauen Mut, und bald begannen sie leise alte Lieder der Roten Armee zu singen, während sie einzeln oder in Zweierreihen hintereinander über die schmalen Pfade ihres unbekannten Weges einem Ziel entgegengingen, das keiner von ihnen erraten konnte.[21]

Kapitel 2

Der Aufstieg der Roten Banditen

Alles lief gut, sehr gut, muß Chiang Kaishek gedacht haben, als er am 15. Oktober 1934 an Bord seines Flugzeugs ging und startete, um sich aus erster Hand einen Überblick über die Lage im unbequemen Nordwesten Chinas zu verschaffen. Wie immer war seine Frau Meiling, die schöne jüngste Tochter von Charlie Soong, bei ihm. Sie war kaum je von seiner Seite gewichen seit der Hochzeit am 1. Dezember 1927 im Majestic Hotel in Shanghai vor 1500 geladenen Gästen, einem methodistischen YMCA-Pastor, der sie zu Mann und Frau erklärte, einer russischen Kapelle, die den Hochzeitsmarsch spielte, und einem chinesischen Tenor, der »O Promise Me« sang. Chiangs erste Zwischenlandung würde in Xi'an erfolgen, der Hauptstadt der Provinz Shaanxi.

Chiang hatte viel Zeit in Nanchang verbracht in den vier Jahren seines Ersten, Zweiten, Dritten, Vierten und nun Fünften »Vernichtungs«-Feldzugs gegen die »Roten Banditen«. Er glaubte, dank der neuen Taktik seiner deutschen Militärberater seien die Kommunisten endlich in die Ecke gedrängt.

Chiang hatte die Deutschen geholt, nachdem die Russen abgezogen waren, als er sich 1927 in Shanghai gegen seine kommunistischen Verbündeten gewandt hatte. Chiangs Schlächter hatten so viele kommunistische Köpfe abgeschlagen, daß ihre müden Arme kaum noch die großen Krummsäbel heben konnten.

Die russischen Berater waren zu Zeiten des Dr. Sun Yatsen ins Land gekommen, des Begründers der Chinesischen Republik, dessen Mantel Chiang sich über die schmalen Schultern zu hängen versuchte. General Galen und die anderen hatten an der Whampoa-Militärakademie in Canton seinen Respekt gewonnen, als er dort Kommandant gewesen war.[1] Dennoch hätte er sie 1927 sämtlich getötet, auch Michail Borodin, Stalins Spezialagenten in China, wenn er ihrer nur hätte habhaft werden können. Chiang war in seinem Drang, die Macht für sich zu gewinnen, bereit, jeden Kommunisten in China hinzuschlachten.

Doch das war eine andere Geschichte. Chiang hatte einen gewissen professionellen Respekt für die kommunistischen Befehlshaber, die ihn in Jiangxi bekämpften. Er kannte viele von ihnen aus den Tagen, in denen sie Seite an Seite unter dem Banner von Dr. Sun marschiert waren. Einer der führenden »Banditen«, Zhou Enlai, war in Whampoa Chiangs Nummer Zwei gewesen, der politische Führer. Viele andere hatten die Akademie absolviert. Nicht Mao Zedong. Chiang war Mao nie begegnet, aber er wußte eine Menge über ihn, und natürlich kannte er den anderen führenden »Roten«, den zähen alten Zhu De. Zhu De war General eines Kriegsherren und Opiumraucher gewesen, bis er sich den Kommunisten anschloß.

Chiang hatte keinen Grund, diese Männer zu unterschätzen, so sehr er sie auch als »Banditen« schmähte. Sie hatten trotz aller seiner Bemühungen sieben Jahre überlebt. Mehrmals hatte er verkündet, sie seien vernichtet, und zweimal während des Zweiten und Dritten Feldzuges hatte er das wirklich geglaubt. Dank Adolf Hitler hatte er nun das Gefühl, das Ende sei nahe. Es war Hitler, der einen seiner besten Generäle, Hans von Seeckt, nach China entsandt hatte; von Seeckt hatte die Blockhaus-Strategie entwikkelt, die die Kommunisten strangulierte. Es war so einfach, daß Chiang nicht verstand, wieso er nicht selbst darauf gekommen war.

Von Seeckt führte die Nationalarmee sehr langsam und sehr vorsichtig voran; auf diesem Vormarsch bauten sie Blockhäuser und Unterstände (dreitausend im letzten Jahr), die jede Straße und jeden Weg kontrollierten. Langsam, aber sicher legten diese Blockhäuser eine Kette um die Kommunisten. Von Seeckt zog diese Kette enger und enger. Er lähmte ihren Handel. Sie konnten ihren Reis oder Mais nicht verkaufen. Niemand gelangte in ihr Territorium. Niemand kam heraus. Die Bauern hatten monatelang kein Salz, kein Petroleum, keinen Baumwollstoff.

Noch etwas hatte sich verändert. Bis zu Chiangs Fünftem Feldzug hatten die Kommunisten mit ihnen Fangen gespielt. Sie lockten die Nationalarmee tief in ihr Gebiet und machten sie in tödlichen Hinterhalten nieder. Die Kommunisten gingen aus jedem Feldzug gestärkt hervor. Sie erbeuteten große Mengen von Gewehren und

Munition, und mit den Tausenden von Gefangenen aus der Nationalarmee füllten sie die Verluste in ihren Reihen auf.

Doch so war es nicht mehr. Chiang brachte nicht heraus, warum das geschah, doch nun stellten sich die Kommunisten ihm zu kostspieligen Mann-gegen-Mann-Schlachten; sie verteidigten ihr Territorium, als sei jeder Zentimeter kostbar. In der Schlacht von Guangchang im April hatten sie standgehalten und die Nationalisten zum Stehen gebracht. Das hatte sie Verluste von mindestens 8000 Mann gekostet, vielleicht mehr. Chiang hatte denselben Preis bezahlt. Doch Chiang konnte seine Verluste durch die Aushebung weiterer Männer ausgleichen. Die Kommunisten konnten das nicht. Selbst wenn sie derartige Kämpfe gewannen, erlitten sie Verluste, die sie sich nicht leisten konnten.[2]

Während Chiang in seiner dreimotorigen Ford-Maschine mit den glänzenden Aluminiumtragflächen nach Norden flog, konnte er mit einiger Zufriedenheit in die Zukunft blicken und die Fragen überdenken, vor denen er stehen würde, wenn die Kommunisten erst einmal ausradiert wären. Sie hatten ihn daran gehindert, seine Stärke gegenüber den regionalen Kriegsherren zu festigen, die sich ständig gegen ihn verschworen. Wenn die Kommunisten aus dem Weg wären, könnte er einen besseren Handel mit den Japanern abschließen, die 1931 die Mandschurei erobert hatten und nun über die Große Mauer in das eigentliche China vorgedrungen waren.

Vielleicht würde er sogar einen ausländischen Verbündeten gewinnen, der ihn gegenüber den Japanern in eine stärkere Verhandlungsposition brächte. Hitler half ihm gegen die Kommunisten – vielleicht würde er ihn in aller Stille auch gegen die Japaner unterstützen. Vielleicht würden auch die Russen das tun. Stalin half ihm nicht, solange Chiang die Kommunisten bekämpfte, aber er war Realist. Ein geeintes China unter Chiang mußte für Stalin angesichts der Bedrohung des Fernen Ostens durch die Japaner allerhand wert sein.

Chiang flog von Nanchang aus nach Norden, hoch über dem Yangtze, über die großen Reisfelder des Südens, auf denen nun die Ernte des Spätherbstes reifte, und über die gelblichen Hügel des Lößlandes. Hinter ihm in jener schwierigen Ecke von Südjiangxi blieben die Kommunisten, festgehalten in der immer enger werdenden Schlinge von von Seeckts Befestigungen. Sollten sie kämpfen! Diesmal würden sie nicht davonkommen. Wie *Minguo Ribao* es ausdrückte: »Dieses Jahr werden sie erledigt. Sie sind umzingelt. Der Tag ihres Zusammenbruches ist nicht fern.« Wenn Chiang zurückkehrte, würde er den Befehl zum letzten und endgültigen Angriff geben.

Niemand in Nanchang hätte Chiang Kaisheks Überzeugung, daß die Tage der Kommunisten in Jiangxi gezählt waren, ernstlich in Frage gestellt. Für das übrige China mochten die Kommunisten eine vage Erscheinung sein, die man nur aufgrund von Chiangs düsteren Kommuniqués undeutlich wahrnahm, doch in Nanchang wußte man es besser. Dort kannte man die Kommunisten aus erster Hand. Man kannte sie seit dem 1. August 1927, als sie die Stadt erobert hatten und dann südwärts marschiert waren in der Hoffnung, die Revolution wiederzubeleben, der Chiang Kaishek in Shanghai in den Rücken gefallen war.

Die Schlüsselfigur beim Aufstand von Nanchang war ein gutaussehender, brillanter, außergewöhnlich überzeugender junger Mann von 29 Jahren, der sein ganzes Leben in den hohen Rängen der Kommunistischen Partei Chinas verbringen sollte. Es war Zhou Enlai. Er beschrieb sich selbst einmal als das Produkt einer »bankrotten Mandarinfamilie«, und wie viele junge Chinesen seiner Generation hatte er die erste Gelegenheit ergriffen, sich der radikalen Studentenbewegung anzuschließen, nach Europa zu reisen und dort zu arbeiten (bei Renault in Frankreich), zu studieren (Paris und Berlin) und Gründungsmitglied (in Europa) der Kommunistischen Partei Chinas zu werden.

Das Jahr 1927 war eine Wasserscheide in Chinas politischer Entwicklung. Es war das Jahr der großen Nordexpedition der von Chiang Kaishek geführten Nationalarmee von Kanton aus, bei der die Kommunisten als Alliierte mitmarschierten. Das Ziel war Shanghai und dann, hoffentlich, Peking. Zhou Enlai eilte den Kolonnen voraus, um einen Arbeiteraufstand in Shanghai zu fördern. Zwei Erhebungen erwiesen sich als verfrüht und wurden von der Polizei und ihren Gangstergehilfen zerschlagen. Beim dritten Mal hatte Zhou Erfolg. Hunderttausende von Arbeitern gingen auf die Straßen, ergriffen die Macht und bereiteten sich darauf vor, Chiang und die nationalistischen Truppen willkommen zu heißen.

Als jedoch in Shanghai am Morgen des 12. April 1927 ein einzelnes Signalhorn ertönte, blies es nicht das Zeitalter des revolutionären Triumphs ein, auf das Zhou und seine Kameraden gewartet hatten, sondern ein »Fest der Köpfe«. Die Arbeiter hatten Fahnen gehißt, auf denen es hieß: »Heil der Nationalen Revolutionären Armee« und »Heil Chiang Kaishek«, doch Chiang hatte mit seinen alten Untergrundverbindungen einen Handel geschlossen. Das Horn war ein Signal für die Gangster von Shanghai. Die Bande des pockennarbigen Huang Chingyuan, der gleichzeitig Geheimpolizeichef von französischen Gnaden und Oberhaupt der Grünen Bande war, schlug los. Chiangs Truppen standen Gewehr bei Fuß, als die Banden auf die Arbeiter in den Distrikten Chapei, Nantao, Woosong und Pootung losgingen. Breitschwerter wurden geschwungen. Maschinengewehre knatterten.

Tausende kamen um. Einige wurden erschossen, einige enthauptet, einige lebend in die glühenden Kessel von Dampflokomotiven geschleudert. Chiang setzte einen Preis von 80 000 Dollar auf Zhous Kopf aus. Die kommunistische Kommandantur hatte ihr Hauptquartier in dem labyrinthischen Gebäude der Handelspresse an der Baoshan-Straße aufgeschlagen. Gu Shunzhang, der Gewerkschaftsführer, entkam eine oder zwei Minuten, bevor die Türen eingetreten wurden.[3]

Viele Jahre lang schilderten veröffentlichte Berichte, wie Zhou von den Kuomintang-Streitkräften verhaftet wurde und entkommen konnte, möglicherweise als Frau verkleidet. Eine Variante dieser Geschichte fand ihren Weg bis in André Malraux' Roman über die Tragödie von Shanghai, *Conditio humana*, aber schon 1936 sagte Zhou Edgar Snow: »Es war alles ganz anders.«[4]

Es geschah so: Am Tag nach dem Massaker ging Zhou, von sechs Leibwächtern und Gu Shunzhang begleitet, zur Zweiten Division der 26. KMT-Armee. Kommandierender General der Armee war Bai Chougxi.

Die Zweite Division hatte den Auftrag, »die Ordnung wiederherzustellen« und entwaffnete die Arbeitermiliz. Zhou wußte, daß es unter den Offizieren der Division Kommunisten und Sympathisanten der Kommunisten gab, und er und Gu gingen dorthin, um zu protestieren. Er und seine Leibwache wurden sofort entwaffnet und festgenommen.

Der Kommandeur der Division, Zhao Shu – ein Politischer Kommissar der KMT, der mit den Kommunisten sympathisierte und dessen Tochter Parteimitglied war – war abwesend. Zhou wurde vom Stellvertretenden Kommandeur Si Lie empfangen, von dem man annahm, er sei ihnen freundlich gesinnt. Sein jüngerer Bruder lebte als Parteimitglied im Untergrund und war Zhous Assistent an der Whampoa-Akademie gewesen. Aber Si Lie erwies sich als feindselig. Ein hitziger Streit brach aus, und es war deutlich, daß er nicht die geringste Absicht hatte, Zhou freizulassen. Schließlich kam Zhao Shu, der Politische Kommissar, zurück und zog Si Lie in ein benachbartes Zimmer. Erregte Worte waren zu hören. Dann erschienen die beiden wieder, entschuldigten sich bei Zhou Enlai, gaben ihm und seinen Leuten die Waffen zurück und ließen sie gehen. Zhou berichtete dem Parteihauptquartier und wich dann nach Wuhan aus. Ohne die Intervention des Politischen Kommissars hätte Zhous Karriere wie die so vieler seiner kommunistischen Mitstreiter ein blutiges Ende genommen.[5]

Vor diesem Hintergrund ist der junge Mann im grauen Anzug, eine schwarze Aktenmappe in der Hand, zu betrachten, der sich in der letzten Juliwoche 1927 in Zimmer 25 des Grand Hotel in Nanchang einschrieb. Unter welchem Namen Zhou Enlai sich eintrug, ist nicht bekannt. Das Grand Hotel war das beste von Nanchang.[6] Es wurde 1923 erbaut und stand und steht noch 1984 im geschäftigen Zentrum der Stadt, umgeben von Läden, Büros, Restaurants und Banken an einer Kreuzung, an der damals zahllose Rikschas warteten, die Bankiers in ihre Kontore und wohlhabende Damen in die diskreten Anprobezimmer eleganter Geschäfte brachten.

Das Grand Hotel war ein Monument provinzieller Chinoiserie mit einem Innenhof, der auf beiden Seiten von luxuriösen Zimmern flankiert wurde, und einem prachtvollen Bankettsaal im hinteren Teil, höflichen, leichtfüßigen Bedienten, einem talentierten Koch, exquisiten Gerichten und einer Atmosphäre von Reichtum, Ruhe und Tradition, wo selbst in den zwanziger Jahren der Anblick von Zöpfen und eingebundenen Füßen nicht fehl am Platz erschienen wäre.

Zhou Enlai war in jener Woche nicht der einzige ungewöhnliche Gast des Grand Hotel. Tatsächlich war das Hotel insgesamt übernommen worden, gemietet vom örtlichen Militärkommando für seine speziellen Zwecke. Wieviel das kostete und ob die Rechnung jemals bezahlt wurde, ist nicht überliefert. In Zimmer 20 wohnte He Long, Kommandeur der 20. Nationalarmee, ein etwas exzentrischer

Sympathisant, aber noch kein Mitglied der Kommunistischen Partei. Zimmer 24 wurde von Ye Ting bewohnt, Vollmitglied der Kommunistischen Partei und General der regionalen Zweiten Frontarmee; Zimmer 9 hatte Liu Bocheng inne (Einäugiger Drache genannt, weil er ein Auge verloren hatte), der später ein berühmter kommunistischer Kommandeur werden sollte. Lin Biao, der später in den politischen und militärischen Angelegenheiten Chinas eine spektakuläre Rolle spielen würde, und Chen Yi, Befehlshaber über einen Teil des 73. Regiments, hatten keine Einzelzimmer. Sie waren noch zu neu. Es gab auch keine Reservierung für Zhu De. Er hielt sich in seinem eigenen Hauptquartier auf. Zhu war Mitglied der Kommunistischen Partei geworden, von Zhou Enlai in Deutschland angeworben, doch diese Tatsache wurde geheimgehalten. Im Augenblick war er Chef des Amtes für öffentliche Sicherheit der Nationalisten in Nanchang und Kommandeur des KMT-Ausbildungskorps. Das war einer der Gründe, warum das Zentralkomitee der Partei Nanchang für die Revolte ausgewählt und Zhou Enlai zu deren Leitung entsandt hatte.

Die Erfolgschancen des Unternehmens von Nanchang schienen gut. Zhou organisierte 20 000 Mann, um den Coup gegen 10 000 Mann zu führen, die regierungstreu waren.

Doch für Revolutionäre ist nichts einfach. Ein neuer Vertreter der Komintern war gerade in China eingetroffen. Er hieß V. V. (Besso) Lominadze, war 29 Jahre alt, Georgier wie Stalin, und Stalin hatte eine Vorliebe für ihn. Lominadze wußte nichts über China, doch Stalin meinte, er könne sich darauf verlassen, daß er seine Befehle ausführte, und tatsächlich brachte er eine Anweisung mit, eine persönliche Botschaft Stalins, in der dieser kategorisch anordnete, die Vorbereitungen für Nanchang sollten eingestellt werden. Lominadze kündigte an, wenn das Vorhaben trotzdem durchgeführt werde, würde die Komintern ihren Beratern (ein paar waren noch immer in China versteckt) die Teilnahme untersagen und auch keine Mittel für das Unternehmen bereitstellen.[7]

Dieser Erlaß wurde Zhou Enlai 24 Stunden vor der angesetzten Operation überbracht. Er trotzte ihm, und der Coup brach los. Die einzige Veränderung bestand darin, daß man den Termin von vier Uhr früh auf zwei Uhr früh vorverlegte, nachdem Zhu De erfahren hatte, daß die Nationalisten gewarnt worden waren.

Der Aufstand verlief nahezu reibungslos. Das Wetter war schön. Man leerte große Goldfischgläser und füllte sie mit abgekochtem Wasser für die durstigen Truppen. In Nanchang ist es im August heiß. Es gab keinen Regen, und die Soldaten schliefen im Freien in Höfen oder auf den Straßen. Damals war Nanchang noch nicht die quirlige Metropole mit mehr als einer Million Einwohnern, die es heute ist. Es war eine Provinzhauptstadt mit etwa 120 000 Einwohnern.

Noch vor Tagesanbruch war die Stadt genommen. Die Nationalisten hatten achthundert Tote und Verwundete, die Kommunisten dagegen kaum Verluste. Ob Zhou ursprünglich vorgehabt hatte, Nanchang zu halten, ist nicht klar, doch es konnte nicht gehalten werden, weil General Zhang Fakui, Kommandeur der Zweiten Frontarmee, sofort auf Nanchang vorzurücken begann. Die Rebellen hatten auf seine Neutralität, vielleicht sogar seine Unterstützung gehofft.

Innerhalb von drei Tagen begannen die Kommunisten nach Süden zu ziehen, und am 5. August war Nanchang wieder in den Händen der Nationalisten. Zhu De tröstete seine Truppen: »Das ist wie in Rußland im Jahre 1905«, sagte er; er meinte den erfolglosen russischen Aufstand von 1905, den Lenin als »Kostümprobe« für 1917 bezeichnet hatte.

Trotz dieses militärischen Ausgangs sollte Nanchang in der Chinesischen Revolution große Bedeutung gewinnen. Es brachte nämlich jene Gruppe brillanter Männer zusammen, die später führende Rollen spielen würden – Zhou Enlai, Zhu De, Chen Yi, He Long, Liu Bocheng, Ye Ting, Lin Biao, Xiao Ke, Ye Jiangying, Nie Rongzhen – viele der berühmten »Zehn Marschälle«, die ernannt wurden, als am 1. Oktober 1949 die Volksrepublik ausgerufen wurde. Als Anerkennung für Nanchang wird in China der 1. August als Gründungstag der Roten Armee gefeiert.[8]

Keine Provinz Chinas sollte mehr von den Kommunisten sehen als das entlegene Jiangxi mit seinen Bergzügen und dem großen Fluß Gan, der von Süden her zum Nordrand von Jiangxi fließt und sich dort im Poyang-See verliert, durch den sein Wasser den Yangtze erreicht.

Seine Entlegenheit, seine weitgehende Armut, die Schwierigkeiten, die die Behörden hatten, der zerklüfteten Gegend ihren Willen aufzuzwingen – es gab keine Straßen (wie bis in die späten dreißiger Jahre im größten Teil Chinas), nur Gebirgspfade, auf denen Menschen mit Bündeln auf dem Rücken und Pferd- und Maultierkarawanen hintereinander gehen mußten, denn selbst für Karren waren sie zu schmal –, all das machte Jiangxi zu einem Sammelbecken der Rebellion. Der Fluß Gan war die große Straße Jiangxis, die einzige Arterie für den Handel. Es gab auch keine Eisenbahn. Überall herrschten Analphabetismus, Krankheit, Armut und Unwissenheit. (Die Bevölkerung betrug 13 761 000 im Jahre 1943 und stieg bis 1980 auf 33 100 000.)

Mao Zedong spielte keine Rolle in Nanchang, weil er auf Befehl des Zentralkomitees seine eigene Operation vorbereitete, den »Herbsternte-Aufstand«, eine ländliche Revolte, die auf Changsha zielte. Mao war in einer wohlhabenden Bauernfamilie in Shaoshan zur Welt gekommen, nicht weit von Changsha entfernt, und ein großer Teil seiner frühen revolutionären Laufbahn hatte dort ihren Mittelpunkt. Er kannte die Gegend gut. Hier hatte er seine eigene revolutionäre Philosophie entwickelt, die von der Kenntnis des chinesischen Bauern und des Landes geprägt war. Oft brachte ihm das Schwierigkeiten mit der konventionelleren kommunistischen Führung, vor allem den Lehren, die von der Moskauer Komintern für China entwickelt wurden, und den russisch ausgebildeten und russisch indoktrinierten jungen Chinesen, von denen viele Absolventen der Moskauer Sun-Yatsen-Universität waren, zuerst unter dem Einfluß von Karl Radek und Nikolai Bucharin, später unter dem eines sehr jungen und sehr eigensinnigen Russen, Pavel Mif, der im Alter von 26 Jahren Stalins Hauptbevollmächtigter für chinesische Angelegenheiten wurde; er konnte kein Wort Chinesisch und war ein junger Parteikarrierist aus der Ukraine.[9]

Maos Herbsternte-Aufstand begann am 8. September 1927 unter einer neuen Flagge, die er selbst geschaffen hatte, Hammer und Sichel in einem roten Stern. Der Aufstand breitete sich aus, und am 20. September führte Mao eine Truppe von vielleicht tausend Mann, alle, die er noch hatte, in das Dorf Wenjiashi an der Straße in die Jinggang-Berge. In Wenjiashi sprach Mao von einer improvisierten Tribüne auf dem schlammigen Schulhof der Li-Ren-Mittelschule aus zu seinen Männern und rief ihnen zu: »Wagen wir es, die Revolution fortzusetzen, oder nicht?« Die Männer antworteten: »Wir wagen es.«[10]

Der Jinggangshan ist ein steiniger Gebirgszug von 1200 bis 1500 Metern Höhe, der Maos Heimatprovinz Hunan von Jiangxi trennt. Es gibt in China nur wenige noch entlegenere Gegenden. Die Berge verlaufen am Rand zweier Provinzen, ragen in beide hinein, haben keine Straßen und sind dicht bewaldet; daher war der Jinggangshan jahrhundertelang ein Schlupfwinkel der Gesetzlosen. Keine Behörde gab sich sonderliche Mühe, herauszufinden, was im Jinggangshan vor sich ging.

Mao wußte einiges über Jinggang, und es entsprach seinen augenblicklichen Bedürfnissen – eine Zuflucht, wo man Kraft schöpfen konnte, ein Platz, um seine entstehende Theorie über den Einsatz militärischer Macht zum Vorantreiben der Revolution auszuprobieren, ein Ort, wo die Bauern in der Praxis des Kommunismus unterwiesen werden konnten.

Wie man in Hunan sagt, war Mao ein Mann, der »Himmel und Erde kannte«, das heißt, der mit der Gegend um Changsha gut vertraut war. Der Name Jinggangshan war nicht neu für ihn. Es war weit außerhalb der normalen Reichweite der Regierung und beherrscht von zwei Banditengruppen, der Bande von Wang und der von Yuan. Yuans Bande, genannt die Breitschwerter, operierte von einer Stadt Maopang aus, die am Fuß der Berge lag. Wang hatte seine Stellung in höhergelegenem Gebiet.

In letzter Zeit, so berichtete man Mao, hätten die Banditen gewisse Zeichen politischen Bewußtseins erkennen lassen. Anfang 1927 hatten sie einer kommunistischen Truppe gestattet, ihr Territorium zu durchqueren, um sich in Shanghai der Nordexpedition anzuschließen. Im Januar 1927 hatten sie sich einem Angriff auf die Kreisstadt Yongxin angeschlossen, und vermutlich unter dem Einfluß der Spaltung zwischen Kommunisten und Nationalisten hatten sie mitgeholfen, Kommunisten zu befreien, die im Gefängnis von Yongxin eingesperrt worden waren. Wenn es Mao gelänge, die Banditen auf seine Seite zu ziehen, wären sie ein nicht zu unterschätzender Trumpf. Wenn sie sich gegen Mao wandten, konnten sie seine Stellung in den Bergen unhaltbar machen.

Jinggangshan war ein Hasardspiel – keine Straßen, keine Fahrzeuge auf Rädern, nicht einmal Karren, arme Bergbauernhäuser, kaum Handwerk, keine Industrie, keine Schulen oben auf den Bergen, kaum Wohlstand und nur wenige Grundherren, die man enteignen konnte, um Maos Leute zu ernähren. In den Bergen herrschten Unwissenheit und Aberglaube. Die Menschen glaubten an Geister und den als *feng-shui* bekannten chinesischen Zauber, der voraussagen konnte, ob Menschen einander heiraten sollten, der Frauen zur Geburt von Söhnen verhelfen, den Platz für Hausbau und Brunnen zeigen, Kranke heilen und Feinde oder Rivalen verfluchen konnte. Wenige Menschen wagten sich in die Berge des Jinggangshan. Wenige verließen sie. Die Ignoranz war so groß, daß eine Nationalisteneinheit einen Kopfpreis für den Kommunisten Su Weiai aussetzte. Das aber heißt »Sowjet«.

In den Bezirksstädten praktizierten zwei oder drei Ärzte die traditionelle chinesische Medizin mit ihren Tränken und Kräutern; hier und da wußte ein Arzt ein wenig über westliche Medizin; es gab keine Zeitungen und keine Buchhandlungen. Jedes Übel – Sklaverei, Unterdrückung, Prostitution, Syphilis, Wucher – und jede Rückständigkeit, unter der China litt, ließ sich in Jinggang finden. Die Hügel waren rot von blutigen Fehden, manche so alt, daß ihre Ursprünge in Vergessenheit geraten waren.

Später sollten die russisch ausgebildeten Marxisten Mao wegen Jinggangshan kritisieren. Sie behaupteten, Mao habe gegen die marxistische Doktrin verstoßen; seine Bewegung habe sich nicht auf das Proletariat gestützt, d.h. die städtische arbeitende Klasse; er hätte große Städte angreifen sollen, statt eine Armee zu bilden aus dem, was sie als deklassierte Elemente bezeichneten – Banditen, Bettler, Prostituierte, die Verlorenen und Vergessenen der Gesellschaft. Sie sagten, Mao sei kaum besser als ein Banditenhauptmann, weil er ein Gewehr in der Hand hatte und nicht den Text von *Das Kapital*.

Tatsächlich war Mao schon, bevor er Jinggang erreichte, kritisiert und diszipliniert worden, wie es bereits in der Vergangenheit vorgekommen war (und in Zukunft vorkommen würde). Es ging um den Mißerfolg des Herbsternte-Aufstands: er hatte Changsha nicht erobert! Er war aus dem Politbüro des Zentralkomitees ausgeschlossen und von seinen Provinzposten in Hunan entfernt worden. Es würde jedoch Monate dauern, bis diese Nachricht zum Jinggangshan vordrang, und es ist ohnehin unwahrscheinlich, daß sie Maos Entscheidung beeinflußt hätte, diese Berggipfel zu ersteigen, die so sehr den Guerilla-Lagern ähnelten, von denen er in »Die Räuber vom Liang-Shan-Moor« gelesen hatte, jenem chinesischen Klassiker, der ihn sein Leben lang faszinierte.

Maos Aufgabe würde nicht leicht sein. Doch Härte und Gefahr waren ihm nicht unbekannt. Erst vor Wochen war er von den örtlichen Mintuan-Truppen gefangengenommen worden, als er Truppen für den Herbsternte-Aufstand sammelte. Die Soldaten hatten ihm seine Schuhe abgenommen (als Beute und auch, damit sein Geist sie nicht jagen könne) und ihn ins Hauptquartier geführt, wo er erschossen werden sollte. Später erinnerte er sich, daß er sich »einige Dollar« von einem Mitgefangenen borgte und durch Bestechung zu entkommen versuchte. Als das nicht klappte, floh er ins Unterholz, versteckte sich bis zur Dunkelheit und verwandte am nächsten Tag sein Geld, um neue Schuhe, einen Regenschirm und Nahrung zu kaufen und sich in Sicherheit zu bringen. Selbst als er den Jinggangshan zu ersteigen begann, planten einige seiner Offiziere, ihn zu töten, wie Han Suyin erfuhr.[11]

Der Jinggangshan war kein steiles Gebirge. Mao kletterte nicht (wie ich lange gedacht hatte) auf einen gezackten Gipfel und errichtete dort ein Lager wie einer von Sir Walter Scotts Hochland-Häuptlingen. Das Gebiet, das Mao besetzte, umfaßte etwa 10 000 Quadratkilometer und eine Bevölkerung von vielleicht 900 000 Menschen. Es war etwa hundert Kilometer lang und dreißig Kilometer breit und umfaßte ganz oder teilweise sechs Bezirke. Es gab fünf mittelgroße Städte, in den tieferen Regionen des Massivs gelegen, und etwa ein Dutzend kleine Dörfer. Auf dem Gipfel, einer Anhöhe, die der Sierra Madre in Ernest Hemingways *Wem die Stunde schlägt* glich, errichtete Mao eine befestigte Stellung, bewacht von fünf Stützpunkten. Jeder war mit steinernen Schießscharten und steinernen Barrikaden ausgestattet, hinter denen Mao einige schwere Maschinengewehre und seine drei Mörser in Stellung brachte, von denen nur einer funktionstüchtig war. Es gab drei steile Bergpfade, die zu der Festung führten, und kleine Steinbaracken für Wachtruppen, die selten mehr als eine Abteilung zählten. Diese Berghöhe war nahezu uneinnehmbar, Luftangriffen aber schutzlos ausgeliefert. Zum Glück hatten damals weder Chiang Kaishek noch die Provinzstreitkräfte Flugzeuge.

Am meisten interessierte sich Mao für die Städte an der Basis des Plateaus. Dort hatte er sein Hauptquartier, und dort machten er und seine Männer sich an die Organisation lokaler Sowjets, predigten den Kommunismus, warben neue Männer für die Armee an und erweiterten den Stützpunkt.

Zuerst jedoch mußte Mao sich mit den Banditen einigen. Die Banden von Yuan und Wang bestanden mindestens schon seit 1921, und es hatte Banditen gegeben, solange man sich erinnern konnte. Jede Bande umfaßte zwei- oder dreihundert Männer und hatte fünfzig bis sechzig Gewehre. Mao befaßte sich zunächst mit Yuan, der theoretisch bereits Kommunist war. Yuan war vor Mao auf der Hut. Wie jedermann in dieser entlegenen Gegend war er Fremden gegenüber argwöhnisch. Die Bevölkerung war beim ersten Erscheinen Maos und seiner Leute geflohen, doch Neugier und das anständige Verhalten der Männer begannen sie zurückzubringen. Mao, der mit seinem langen, verfilzten Haar mehr wie ein Indianer als wie ein Chinese aussah, gab sich den Menschen gegenüber leutselig. Mit Bauern konnte er gut umgehen. »Wie ist dein Name, Vetter?« pflegte er zu sagen und auf einen Mann zuzutreten. »Wie heißt du, Schwester?« fragte er Frauen. Die Angst verflog schnell. Doch Yuan war auf der Hut. Vielleicht plante Mao, ihn zu beseitigen und seine Männer zu übernehmen.

Mao traf Yuan am 6. Oktober 1927 im Dorf Dacang in der Nähe von Maoping. Mao erklärte, er sei ein Kommunist, seine Truppen seien nicht da, um Yuan zu berauben oder zu behindern, sondern dazu, um mit dem Volk zu arbeiten und dessen Los zu verbessern. Seine Armee sei nicht die KMT. Sie unterdrücke die Menschen nicht. Schließlich stimmte Yuan zu, Mao zu unterstützen – und verlangte einen Preis dafür. Mao gab ihm hundert Gewehre. Yuan bezahlte Mao dafür ein paar Silberdollar und erklärte sich bereit, ein kleines Hospital in der früheren Ban-Lun-Schule in Maoping einzurichten, wo Mao sein Hauptquartier errichtete.

Maoping war eine hübsche kleine Stadt am Fuß der Berge. Seine Bevölkerung umfaßte »mehr als hundert Familien«, vermutlich also etwa 700 Menschen. Mao fand ein schönes altes Haus mit einem Innenhof, den Ahnentempel der Familie Xie (fast jeder in Maoping gehörte der Familie Xie an), und bezog dort Quartier. Dieses Haus hatte eine ungewöhnliche, achteckige Kuppel, in der Mao sein Arbeitszimmer einrichtete; im Laufe der Monate sollte er dort zwei Aufsätze schreiben: *Warum die Rote Politische Macht in China existieren kann* und *Der Kampf im Jinggangshan*, sein erster Versuch, seine Theorien über den Einsatz militärischer Macht und die Errichtung revolutionärer Basisgebiete zu erklären.

Wang erwies sich als schwierig. Mao hielt sich am 23. Oktober in Zhushan (Bambushügel) auf und traf einige von Wangs Leuten. Wang erklärte sich einverstanden, Mao am nächsten Tag in Dajing zu treffen, das heißt Großer Brunnen, dem Dorf in der Nähe des Berggipfels. Jinggangshan verdankte seinen Namen den fünf »Jings« oder Brunnen, fünf Dörfern, die eine Art Kreuzmuster bildeten. Sie hießen Großer Brunnen, Kleiner Brunnen, Mittlerer Brunnen, Oberer Brunnen und Unterer Brunnen; jedes war von schierem Fels umgeben. Einige phantasievolle Chinesen fanden, sie sähen von oben betrachtet wie Brunnen aus.

Wang war launisch, und schließlich schickte Mao einen verläßlichen Mann, He Changgong, um mit ihm zu arbeiten und zu versuchen, ihn auf seine Seite zu ziehen.[12] Er stellte fest, daß Wang ein Problem hatte – einen rivalisierenden Bandenchef namens Yin Daoyi, der drei Bezirke um Ganshou herum kontrollierte. Wang bot an, wenn die Kommunisten ihm hülfen, Yin loszuwerden, würde er ihnen seine Kräfte zur Verfügung stellen. Im Februar 1928 führte He Changgong zwei Armee-Einheiten und einige von Wangs Männern an; sie legten einen Hinterhalt und nahmen in Nashan Yin und einige seiner Männer gefangen. Ein zeitgenössischer Historiker erzählte die Geschichte so: »Wangs Männer waren so glücklich, daß sie Yin den Kopf abhackten und noch am gleichen Abend zu Wang brachten.« Auch Wang war glücklich. Dieser Akt überzeugte ihn von der Ehrlichkeit und Fähigkeit der Kommunisten, und er schloß sich ihnen an. Im April 1928 trat er in die Partei ein.

Doch im Jinggangshan gab es sehr viel Wichtigeres als Banditen und Hinrichtungen. Hier brachte am 4. Mai 1928 in Ninggang Zhu De seine Kräfte an Maos Seite, und die beiden verkündeten die Bildung der Vierten Arbeiter- und Bauernarmee. Chen Yi begleitete Zhu als Repräsentant der Partei. Mao und Zhu trafen sich auf einem offenen Platz in der Nähe des Drachenflusses (Long). Dann gingen sie auf das Dach eines nahe gelegenen Hauses, von dessen offenen Seiten aus man die grauen Ziegeldächer mit den geschwungenen Dachtraufen überblickte, setzten sich hin und begannen mit der Zusammenarbeit, aus der die Zhu-Mao-Armee und die militärische Macht hervorging, die ein zentraler Faktor der kommunistischen Revolution Chinas werden sollte.

Zhu brachte eine Truppe von knapp unter tausend Mann ein.

Mao hatte, einschließlich der »Banditen« und neuer Rekruten, 1200 oder 1300 Leute. Mit ihren vereinten und wachsenden Kräften erweiterten Zhu und Mao ihre Basis stetig und schufen den Rahmen für ein unabhängiges Sowjetgebiet, das Maos ursprünglichen Beitrag zu Chinas Revolution bilden sollte. Er sollte im zentralen Sowjetgebiet in Südjiangxi ausgearbeitet und in Yanan in Nordshaanxi verfeinert werden; später sollte er als Modell für den revolutionären Staat China dienen.

Die Frühzeit von Jinggangshan war nahezu friedlich gewesen. Die regionalen Kriegsherren balgten sich miteinander und waren zu beschäftigt, um sich darum zu kümmern, was in dieser Wildnis vor sich ging. Aber dann begann der Druck zu wachsen. Li Zongren, der Kriegsherr von Guangxi, und Tang Shengzi aus Hunan hatten sich ausgesöhnt und brachten ihre Truppen zurück, um die »roten Banditen« zu bekämpfen. Und noch ein weiteres Problem tauchte auf. Die Zhu-Mao-Armee war für ihren Stützpunkt zu groß geworden. Sie umfaßte nun die Vierte Armee mit 4100 bis 4200 Männern und die Fünfte mit 800. Auf dem Massiv gab es nicht genug Nahrung, um eine so große Truppe zu versorgen. Sie mußte eine andere Heimstatt finden.

Am 14. Januar 1929 zog die Zhu-Mao-Armee ab und ließ die Fünfte Armee unter Peng Dehuai (der einer der größten Kommandeure der Roten Armee werden sollte) und Tang Daiyuan zurück.[13] Ihr Auftrag lautete, die Basis so lange wie möglich zu verteidigen und dann wieder zu ihren Kameraden zu stoßen. Diese Phase war schnell vorüber. Unter schweren Angriffen brach die Fünfte Armee zusammen, und der junge Sowjet wurde überrannt. Im März 1929 waren von den etwa zweitausend Personen, die in den roten Dörfern auf dem Gipfel des Berges gelebt hatten, tausend hingerichtet. In einigen Dörfern waren sämtliche Häuser abgebrannt. Die Übeltäter waren Wu Shang und seine Hunan-Truppen.

Dazu gab es eine Fußnote. Wie Mao Edgar Snow berichtete, nahmen nach dem Abzug der Roten Armee die Bandenchefs Yuan und Wang »ihre Banditengewohnheiten wieder auf« und wurden von den Bauern getötet. Der Rückfall kam nach weniger als einem Jahr. Ein spezielles Untergrund-Komitee des Grenzgebietes von Hunan und Jiangxi beschloß, die beiden müßten getötet werden, nachdem sie wieder raubten und brandschatzten und Dorfbewohner und Bauern töteten. Die Entscheidung fiel Mitte Januar 1930, und Ende Februar, wahrscheinlich am 25. Februar, wurden die beiden zu einem Treffen des Sonderkomitees des Bezirks Yongxin geladen. Sie erschienen mit einer Gruppe von Gefolgsleuten und legten sich im örtlichen Hotel schlafen. Um Mitternacht umstellten die Exekutionsabteilungen den Ort, drangen in das Hotel ein und töteten Yuan. Wang sprang aus einem rückwärtigen Fenster, schwang sich auf ein Pferd, ritt in der Dunkelheit davon, fiel in einen Teich und ertrank – so jedenfalls erzählte man.

Die örtlichen Banden zerstreuten sich daraufhin, und einige schlossen sich den kommunistischen Streitkräften an. Aber nicht alle. Einige gingen in die Berge zurück, und zwar unter der Führung von Wang Yunlung, Wangs Bruder; wieder regierten Banditen Jinggangshan. Von da an konnte kein Kommunist und kein Mann der Roten Armee mehr einen Fuß in dieses Heiligtum der Revolution setzen – zwanzig Jahre lang nicht, bis die Volksbefreiungsarmee triumphiert hatte. Erst dann konnten wieder Kommunisten auf die Berghöhe zurückkehren, wo Mao den ersten ländlichen Sowjet in China gegründet und den langen Kampf begonnen hatte, Chinas Geschichte seinen Stempel aufzuprägen.[14]

1949 war Wangs Bruder schon lange tot, aber sein Sohn herrschte im Jingganshan, bis die Rote Armee ihn gefangennahm und hinrichtete. Es gibt immer noch widersprüchliche Meinungen über Yuan und Wang und besonders über ihr Ende. Maos Bemerkung zu Snow deutet ein eher beiläufiges Erschlagen der beiden durch wütende Bauern an. Die Version, die heutige Offizielle im Jingganshan darlegen, ist weit formeller – da ist von Treffen besonderer Komitees die Rede, von offiziellen Erlassen für die Hinrichtung etc. Während der Kulturrevolution kam noch eine weitere Version auf. Wandzeitungen beschimpften Peng Dehuai wegen der »Ermordung« Wangs und Yuans, wie Han Suyin anmerkt, der allerdings den Behauptungen der Roten Garden keinen Glauben schenkt.[15]

Kapitel 3

Der Vorabend

Die Neuigkeit, die Zhou Enlai in Chen Yis Krankenzimmer mitbrachte, war nicht erfreulich. Zhou erzählte ihm, das Zentralkomitee (ein Euphemismus für Li De und Bo Gu) habe beschlossen, die Hauptmacht der Roten Armee solle in ein paar Tagen abziehen, Chiang Kaisheks Einkreisung durchbrechen und nach Westen marschieren, um eine neue Basis zu errichten.

Chen Yi hatte in der bitteren Kälte des Winters von 1929 vom Jinggangshan aus mit Mao und Zhu De den Zug nach Süden mitgemacht. Er hatte an ihrer Seite gekämpft, um in Südjiangxi und der benachbarten Provinz Fujian das Zentrale Sowjetgebiet zu errichten. Er hatte erlebt, wie sich der Bereich ausdehnte, bis er 35 Bezirke, eine Bevölkerung von drei Millionen Menschen und ein Gebiet von der Größe Israels und des Libanon zusammen umfaßte. Er hatte zugesehen, wie Ruijin zur »Roten Hauptstadt« und die Basis im November 1932 in die »Sowjetrepublik China« umgewandelt wurde.

Nun ging all das zu Ende, und keine fröhlichen Worte und keine Phrasen konnten verbergen, was geschehen war. Chen Yi hatte es gesehen – ein Jahr und mehr schrecklicher Verluste, eine verheerende Schlacht nach der anderen während Chiangs ganzem Fünftem Feldzug. Chen Yi war Realist. Er versuchte nicht, Kohlsuppe als Himmlische Brühe zu umschreiben. Die Rote Armee stand vor einer grausamen und harten Niederlage und einem gefährlichen Rückzug.

Zhou hatte noch eine Botschaft. Das Zentralkomitee hatte entschieden, Chen Yi solle nicht mit der Hauptarmee gehen. Er würde zurückbleiben und in der sowjetischen Zone militärische Operationen leiten. Er solle die militärische Seite handhaben, und Xiang Ying, ein alter politischer Genosse, habe die Gesamtleitung. Beide würden zusammenarbeiten. Xiang Ying stand, wie Chen Yi genau wußte, Bo Gu und Li De nahe und war ein Befürworter der »russischen« Linie.

Chen Yi würde eine Armee von 25 000 bis 30 000 Mann haben, von denen mindestens 10 000 ebenso schwer verwundet waren wie er selbst – also kampfunfähig. Wie viele kampftüchtige Leute er hatte, war schon damals schwer abzuschätzen und ist es heute erst recht. Zahlen bis zu 16 000 wurden genannt, doch nicht mehr als 6000 bis 7000 Mann waren ausgebildete reguläre Soldaten. Die übrigen waren Milizsoldaten, und viele von ihnen hatten noch nie ein Gewehr in der Hand gehabt. Chiang Kaishek konnte 200 000 Mann gegen sie aufbieten – und noch mehr, wenn er Armeen aus der Umgebung zuzog. Chen Yi fragte nicht, welche Waffen und Munition sie haben würden. Er wußte, daß es nicht genug sein würde. Es war nie genug.[1]

Zhou Enlai war zu vernünftig, um nicht zu verstehen, daß die Befehle, die er erteilte, Chen Yi nicht gerade begeisterten. Zhou unterstrich die Bedeutung von Chen Yis Rolle, seine erprobte Kampftüchtigkeit, seine intime Kenntnis der Gegend. Er hatte seit Jahren dort gekämpft. Es gab keinen Bergpaß und keinen gewundenen Flußlauf, den er nicht besser gekannt hätte als seinen eigenen Namen. Und, wie Zhou erläuterte, Chen Yi war verwundet. Der Lange Marsch würde sehr schwierig werden.

»Wie geht es deiner Wunde?« fragte er. Zhou wußte eine Menge über Chen Yis Zustand, weil er mit ihm auf einer Rundreise an der Front in Xingguo am 24. August 1934 gewesen war, als Chen Yi in Gaoxingxu verwundet wurde.[2]

Chen Yi sagte, die Wunde wolle nicht heilen. Die Ärzte hatten noch nicht alle Knochensplitter entfernt. Er hatte eine Röntgenaufnahme verlangt, aber sie hatten keine gemacht. Zhou Enlai handelte auf der Stelle. Das Problem bestand darin, daß der Röntgenapparat und die Platten bereits zum Transport verpackt waren. Sie wurden ausgepackt. Es gab keinen Strom, also ließ Zhou den benzinbetriebenen Generator für das Funkgerät in das Krankenhaus bringen und neue Aufnahmen machen.

Befehl war Befehl. Chen Yi war ein guter Soldat und ein guter General. Er akzeptierte seinen Auftrag, doch er fühlte sich nicht wohl dabei. Ihm wurde auch nicht wohler, als er entdeckte, daß sein Kollege Xiang Ying eine ganz andere Vorstellung von dem hatte, was zu tun sei. Xiang wollte standhalten und kämpfen. Chen Yi wollte sich in die Berge aufmachen und einen Guerillakrieg führen, einen Krieg des Zuschlagens und Untertauchens. Das war, wie er dachte, die einzige Überlebenschance. Er wurde überstimmt.[3]

Chen Yi hatte sehr dezidierte Ansichten über seine Befehle. Er sagte nicht öffentlich, daß er glaubte, Politik, und zwar anti-maoistische Politik, sei in diesen Befehl eingeflossen, obwohl viele seiner Freunde diese Ansicht vertraten. Er akzeptierte die Tatsache, daß es legitime Gründe für seine Beauftragung gab; er kannte das Territorium besser als jeder andere Kommandeur; er war ein erfahrener Führer; seine Berufung würde die Moral jener heben, die zurückbleiben mußten. Sie würde ihnen das Gefühl geben, daß die Rote Armee das Zentrale Sowjetgebiet nicht im Stich ließ. Doch Chen Yi hatte so dezidierte Ansichten, daß er 1957, mehr als zwanzig Jahre später, eine Rede hielt, in der er in vorsichtigen, aber klaren Worten sagte, es sei falsch gewesen, einen Offizier mit einer so verantwortungsvollen Aufgabe zu betrauen, ohne ihn vorher dazu zu hören.[4]

Es war keine enthusiastische Gruppe, die in jenen schönen Oktobertagen von Yudu aufbrach. Chen Yi war nicht der einzige, dem Zhou die Entscheidungen mitteilte. Ehe er mit Chen Yi sprach, hatte er Mao aus Yudu zum Hauptquartier in Meikeng bestellt, um ihm zu sagen, was das Zentralkomitee beschlossen hatte. Es gibt keine Aufzeichnungen über Maos Antwort, doch ihn irritierte der militärische Kurs mehr und mehr. Zweimal hatte er Vorschläge gemacht, die von Li De und Bo Gu zurückgewiesen worden waren. Beide Vorschläge empfahlen, die Rote Armee solle aus ihrer Verteidigungsstellung ausbrechen, hinter die Linien der Nationalisten gelangen, also auf die andere Seite der Blockhäuser, und den Feind von hinten angreifen. Einmal schlug Mao einen Vorstoß nach Hankou und weiter nach Nanjing vor, später eine Offensive nach Hunan hinein. Es war in den Wind gesprochen. Niemand hörte auf ihn. »Bei uns heißt es, wenn eine Strategie einmal begonnen wurde, muß sie auch zu Ende geführt werden«, sagte Wang Yanjian, der Experte für den Langen Marsch aus Peking.

Der neue Plan, den Zhou erläuterte, sah vor, daß die Rote Armee nach Westen zog, die vier Blockhauslinien durchbrach, die Chiang Kaishek unter der Anleitung des Generals von Seeckt errichtet hatte, und dann einem Stützpunktgebiet zustrebte, das He Long im

Nordwesten der Grenze zwischen Hunan und Hubei eingerichtet hatte.[5] Zhou gab den Befehl an Lin Biao und Nie Rongzhen weiter, den Kommandeur und den Politischen Kommissar der Ersten Frontarmee, sowie an die Kommandanten und politischen Kommissare der anderen Frontarmeen – der Dritten, der Fünften, der Achten und der Neunten. Unterhalb dieser Ebene wurde niemand eingeweiht, wie Nie Rongzhen sagte.[6] Außer dieser Handvoll sehr hoher Offiziere hatte niemand der rund 80 000 Mann (der »wirklichen Zahl«, wie der Dolmetscher Wu Xiuquan sagte. »Aus Propagandagründen sprachen wir von 100 000.«) – eine Ahnung, zu was man aufbrach.[7]

Die tatsächliche Stärke der Roten Armee am 8. Oktober 1934 nach den Musterrollen war 86 859. Sie setzte sich wie folgt zusammen: Erste Armeegruppe 19 880, Dritte Armeegruppe 17 805, Fünfte Armeegruppe 12 168, Achte Armeegruppe 10 922 und Neunte Armeegruppe 11 538. Es gab zwei unabhängige Brigaden: die Brigade der Militärkommission mit 4695 und die Zentralbrigade, manchmal auch Zweite Brigade der Militärkommission genannt, mit 9853 Mann. Die Gesamtzahl schloß bezahlte Träger, die manchmal nur für einen oder zwei Tage verpflichtet wurden, nicht ein.[8]

Die 80 000 waren ein bunt zusammengewürfelter Haufen. Unter ihnen war auch die Frau Wei. Mit 74 ist sie eine kleine, verschrumpelte Person mit braunen Wangen, faltiger Nase, einer Art Maomütze auf dem grauen Haar, in grauer Jacke, grauer Hose, weißer Bluse und sehr kleinen, schwarzen chinesischen Schuhen an den winzigen Füßen. Wei Xiuying hat ihr halbes Leben in der Roten Armee verbracht; sie war eine der dreißig Frauen, die den Langen Marsch mit der Ersten Frontarmee machten. Sie beginnt das Gespräch mit der Mitteilung, sie sei im Alter von fünf Jahren, oder vielleicht auch von sechs, von ihren Eltern als Kindsbraut verkauft worden. Wieviel ihre Familie für sie bekommen hat, hat sie nie herausgefunden.

Die Frau Wei erinnert sich noch daran, was geschah, als ihr Vater ihr sagte, sie werde verkauft. Sie sammelte einen Haufen Steine und versteckte sie hinter der Tür, und sie besorgte sich eine Sense, die sie ebenfalls dort aufbewahrte. Als am nächsten Morgen ein Mann kam, um sie abzuholen, warf sie Steine nach ihm und griff ihn mit der Sense an. Doch er war zu stark. Er überwältigte sie und versuchte, sie wegzutragen. Sie trat und kratzte und biß in seine Ohren, bis sie bluteten. Er gab auf. Dann brachten sie den Bruder ihres Vaters herbei, ihren Lieblingsonkel. Ihn konnte sie nicht beißen. Er trug sie fort, und schließlich schlief sie ein und wachte in Ruijin wieder auf, wo die Familie, die sie gekauft hatte, einen kleinen Laden führte.

Als sie größer wurde, arbeitete sie auf den Feldern und trug Lasten von hundert Pfund auf den Schultern. Sie arbeitete als Sklavin in Xingguo, als die Rote Armee in die Stadt kam. Sie wurde oft geschlagen und bekam wenig zu essen. Sie versorgte einen Wasserbüffel und sammelte Holz. Es brauchte nicht viel, um Wei für die Rote Armee zu gewinnen. Sie schnitt sich ihr langes Haar ab, verbarg ihr Gesicht unter einem Tuch, damit die Familie sie nicht erkannte (und schlug), und ging zum Hauptquartier der Roten Armee, um aufgenommen zu werden. Man schickte sie wieder nach Hause. Doch sie war beharrlich. Schließlich kam die Familie dahinter, was sie vorhatte. Eine Freundin warnte sie, man wolle sie umbringen. Als sie das bei der Roten Armee erzählte, nahm man sie auf. Sie erinnert sich noch an ihre erste Schlacht in Jian. Sie verbrachte die Nacht in einer Hütte. An der Decke hing eine nackte Glühbirne, die brannte. Sie hatte so etwas noch nie gesehen und wußte nicht, wie man sie ausschaltete. Schließlich nahm sie ihr Gewehr, hob es hoch und zerbrach die Birne mit ihrem Bajonett. Das Gewehr mit dem Bajonett war sechzig Zentimeter größer als sie selbst.[9]

Wei war eine von Zehntausenden aus dem »Modellbezirk« der Roten Zone, die sich der Roten Armee anschlossen. Eine Division wurde aus Rekruten aus Xingguo gebildet. Die Bevölkerung umfaßte 240 000 Menschen, und 80 000 verarmte Bauern wie Wei schlossen sich der Partei und der Roten Armee an. Kein anderer Bezirk Chinas gab der Revolution mehr Leben – 42 399. Der Blutzoll für die Provinz Jiangxi betrug 230 000 – neunzig Prozent derer, die während der Revolution umkamen.[10]

Rekrutieren, rekrutieren, rekrutieren – das war das Schlagwort des letzten Jahres der Roten Armee in Südjiangxi. Das tat die winzige Liu Ying in Yudu, als Mao Zedong sie zurück nach Ruijin schickte. Das tat auch Zeng Xianhui. Mit seinen 74 Jahren sieht Zeng ein bißchen aus wie ein ältlicher Chruschtschow; seine Kappe hat er weit zurückgeschoben; er hat ein breites, (chinesisches) ukrainisches Gesicht, Schlitzaugen und eine gewisse Bauernschläue. Seine Eltern waren arme Bauern in Yudu. Seine Schwester wurde als Kindsbraut verkauft. Als die Rote Armee kam, schloß Zeng sich sofort den Kommunisten an. Im Mai 1934 war er bereits Parteisekretär von Yudu und verbrachte seine ganze Zeit mit Rekrutieren. Die Verluste in Guangchang waren schwer gewesen, und sie brauchten jeden Mann, den sie bekommen konnten. Nachdem er tausend Rekruten angeworben hatte, trat er selbst auch in die Armee ein und wurde Mitglied einer der neuen Divisionen, der 15. oder Internationalen Abteilung der Kommunistischen Jugendliga der Ersten Frontarmee, deren Politischer Kommissar Xiao Hua war, damals achtzehn Jahre alt. Das Durchschnittsalter dieser Division betrug achtzehn Jahre. Der älteste Mann war 23. Er war der Kommandeur.

Zengs Marsch begann am 16. Oktober 1934 um 18 Uhr. Er trug fünf Pfund Reis in seinem Proviantbeutel, hundert Patronen, zwei Handgranaten, ein Gewehr, wattierte Kleidung (das Wetter war noch zu warm, um sie zu tragen) – insgesamt eine Last von etwa 65 Pfund. Soweit er wußte, verschoben sie ihre Basis. Er wußte nichts von einem Langen Marsch, doch er würde daran teilnehmen, bis er am 19. Oktober 1935 in Wuqizhen zu Ende ging.[11]

Die Rekruten strömten herbei. Die neue Achte Armee wurde gebildet, die 34. Division, die zusammengeschmolzenen Reihen der Dritten Armee wurden wieder zu Gefechtsstärke aufgefüllt. Die Bezirke verloren ihre männliche Bevölkerung; in Changgang schlossen sich 1933 320 von 407 jungen Männern der Roten Armee an; nur Frauen und alte Männer blieben zurück. Im Bezirk Ruijin traten von Maos erstem Kommen bis zum Oktober 1934 beinahe 50 000 Menschen in die Rote Armee ein. 1933–34 kamen etwa 20 000 oder mehr dazu. Im Mai 1934 schlossen sich 2000 an. Die meisten der Rekruten von 1933–34 gingen mit auf den Langen Marsch.[12] Der Bezirk bezifferte seine Verluste während der Revolution auf 17 600, nicht mitgezählt die vermutlich 50 000, die bei nationalistischen Vergeltungsaktionen umkamen. Professor Hu Hua, Spezialist für den Langen Marsch, schätzte, daß etwa die Hälfte derer, die den Langen Marsch antraten, neue Rekruten waren. Die Verluste an Offizieren waren bis hin zur Bataillonsebene schwer gewesen.

Man tat alles, um junge Männer in die Armee zu bringen. Familien, aus denen jemand Soldat wurde, erhielten einen Preisnachlaß von fünf Prozent in den Geschäften. Manchmal wurden Steuern erlassen. Familien, die der Roten Armee einen Sohn gegeben hatten, erhielten Hilfszusagen für die Bearbeitung ihres Landes; wenn der Sohn fiel, erhielten sie Vergünstigungen in Bargeld und kostenloser Arbeitskraft. Man verschenkte Plaketten und Ehrengaben und rotes Papier, um die Türen der Häuser zu schmücken. Man verschenkte Salz, das seltenste aller Konsumgüter, Brennholz und Reis. Massenversammlungen wurden durchgeführt, und Familien, die Männer an der Front hatten, wurden aufs Podium geholt, gelobt und zum Reden aufgefordert. Man gab ihnen das Gefühl einer besonderen Bindung an die Rote Armee.[13]

Die Geschenke an Salz, Brennstoff, Baumwollstoffen und Streichhölzern waren unbezahlbar. Die Kommunisten taten alles, was sie konnten, um Schmuggel und Handel zu fördern. Die Händler waren ausdauernd und einfallsreich. Sie waren gewohnt, Bestechungsgelder zu zahlen. Es war gewinnbringend, mit dem Sowjet zu handeln, und so ging der Handel weiter, geölt mit Silberdollar. Hohe Preise förderten das Brechen der Blockade. Immer war Verkehr auf dem Fluß Gan, und unter doppelten Böden wurden Petroleum und Salz (zu einem Dollar pro *jin* – das Dreizehnfache des draußen üblichen Preises) hereingebracht. Es gab Wolframminen in der kommunistischen Zone, und intensive Verschiffungen hörten trotz der Blockade nie auf. Maos Bruder Zemin war in Yudu stationiert, um den Handel zu überwachen.[14]

Die Kommunisten sorgten dafür, daß das Überleben nicht durch marxistische Prinzipien erschwert wurde. Sie ermutigten die Händler, im Geschäft zu bleiben, selbst die raffgierigen Salzhändler. Sie drückten beide Augen zu bei Hausierern, die sich als Händler von Abtrittsdünger verkleideten und Taschenlampen, Batterien und Salz unter ihrer stinkenden Last hereinschmuggelten. Grobschmiede, Kornhändler und Reiskaufleute, ja sogar Geldverleiher durften weitermachen, doch man hielt ein wachsames Auge auf sie. Die Kommunisten erwarben sich in den umliegenden Gegenden einen guten Ruf wegen des anständigen Betragens ihrer Truppen.

Zwar enteigneten sie die Reichen, doch die mittleren Händler wurden geschont, und viele zogen die Kommunisten Chiangs Truppen vor.[15]

Es gab gute Gründe für die außerordentliche Unterstützung, die die Bauern der Roten Armee zuteil werden ließen. Südjiangxi war voller Armut, Sklaverei und Krankheit. Kriegsherren verlangten 50 bis 60 Prozent Zinsen für Land, 30 Prozent für Gelddarlehen, 50 Prozent für Korn, 75 Prozent für Ochsen, 20 bis 200 für Öl und 150 für Salz. Ein armer Bauer hatte keine Chance, aus seinen Schulden herauszukommen. Jedes Jahr versank er tiefer und tiefer darin. Im Oktober und November 1930 zog Mao durch den Bezirk Xingguo und sechs weitere, in denen ländliche Sowjets errichtet wurden. Er stellte fest, daß reiche Bauern und Landbesitzer sechs Prozent der Bevölkerung ausmachten und 80 Prozent des Bodens besaßen; die armen Bauern stellten 80 Prozent der Gesamtbevölkerung dar und hatten nur 20 Prozent des Bodens inne. Er befahl, daß die Ländereien der Reichen den Armen gegeben wurden. Sein Programm sah vor, daß den Bauern die Wucherschulden erlassen wurden, daß das Land verteilt wurde und daß kostenlos Land auf den unbebauten höheren Bergen abgegeben wurde. Er rief dazu auf, mit dem Spielen, dem Opiumrauchen und der Räuberei Schluß zu machen. Die Kommunisten, so sagte er, errichteten eine Ordnung, in der keiner seine Tür zu verschließen brauchte. Selbst die Verkrüppelten und die Blinden würden Land erhalten. Die Gesunden würden es für sie bebauen.[16]

Wu Xing war aus jener Armut Jiangxis hervorgegangen, die der Roten Armee so viel von ihrer Stärke gab. Er stammte aus demselben Dorf Wu im Bezirk Huichang wie Maos Leibwächter Wu Jiqing. »Meinem Stammbaum nach müßte ich Wu mit ›Großvater‹ anreden«, erklärte er, als die beiden in Nanchang interviewt wurden. Jeder – fast jeder – im Dorf Wu trug den Namen Wu. Das war 1930 so, als Wu im Alter von vierzehn Jahren in die Rote Armee eintrat, und das war auch noch 1984 so. Wu verbrachte sein Leben in der Roten Armee. Eine Schule hatte er nie besucht. Seine Familie hatte dafür kein Geld. »Ich habe mein Leben an der Front verbracht«, bemerkte er. Er meinte, er sei ein typischer Mann der Roten Armee. Als der Lange Marsch vorüber war, hatte er es zum Zugführer gebracht; dann besuchte er die Schule in Yan'an und wurde Divisionskommandeur. Als Junge hatte er Bambusflechten gelernt, aber sehr wenig verdient. Er hatte erwogen, sich der Nationalarmee anzuschließen, doch er hielt sie für eine Räuberbande. Wenn man einen anständigen Regenschirm besaß, stahlen sie einem den. Als Zhu De und seine Armee kamen, hörte er, sie seien gerechte, ehrliche Männer. Jemand aus den Reihen rief: »Komm zu uns, Bruder!« Er kam und war von diesem Tag an ein Rotarmist.

»Ich dachte an all das«, erinnerte er sich fünfzig Jahre später, »als wir zu den Schneebergen kamen. Wir kamen hin und überquerten sie, einen nach dem anderen. Ich dachte, wir würden sie niemals alle überqueren, es niemals schaffen. Doch wenn wir es nicht schafften und untergingen – nun, dann würde die nächste Generation uns nachfolgen und da weitermachen, wo wir aufgehört hatten.«

Der Soldat Wu war mit diesen Gedanken nicht allein. Viele seiner Kameraden fühlten sich ängstlich und einsam, als sie ihre Heimat verließen. Doch die anderen machten mit demselben Glauben weiter, den auch Wu besaß.[17]

Es war nicht leicht für die Männer der Roten Armee, die Sowjetische Zone zu verlassen, die jahrelang ihre Basis gewesen war. Die Mehrheit kam aus Jiangxi, und die Mehrheit dieser Mehrheit aus dem Sowjetgebiet, dem Modellbezirk von Xingguo, der Gegend von Ruijin, dem Bezirk Yudu, aus Ningdu und den benachbarten Regionen von Fujian. Ihre Heimat zu verlassen, war für sie eine schmerzliche Erfahrung.

»Das Sowjetgebiet war so freundlich«, schrieb Yang Chengwu, Kommandeur des Vierten Regiments der Zweiten Division der Ersten Armeegruppe. »Die Menschen waren uns so lieb; all das aufzugeben, an einen fremden Ort in weiter Ferne zu gehen – wie können wir daran denken, diese Hügel und Bäche zu verlassen, die wir jahrelang gekannt haben, und die Menschen zu verlassen, mit denen wir jeden Tag vom Morgen bis zum Abend gelebt und gearbeitet haben?«

Yang kam aus Westfujian direkt jenseits der Grenze von Jiangxi, einem Teil des kommunistischen Stützpunktes. Als das Gerücht sich verbreitete, die Rote Armee ziehe ab, kamen die Dörfler die Soldaten besuchen, um ihnen Lebewohl zu sagen. Sie kamen aus Yangs

Heimatbezirk Changting. Sie machten Popcorn, sammelten Eier, brachten Säcke mit getrockneten Süßkartoffeln, strickten Socken, fertigten Strohsandalen an. Sie wählten ein Dutzend Delegierte, darunter Yangs Vater und die Frau von Yangs Vetter Yang Nengmei, der Schatzmeister des Regiments war. Die Delegation legte hundert *li* über Berge und Flüsse zurück, um drei Tage mit den Soldaten zu verbringen, ehe diese abmarschierten. Als sie sich zur Rückkehr fertigmachten, legten Yang und seine Kameraden alles Geld zusammen, das sie besaßen (es war nicht viel; Yang hatte nur fünf Zehn-Fen-Stücke), um ihnen den Rückweg zu erleichtern. Yangs Vetter Nengmei war fort, und seine Frau war schon im Begriff wegzugehen, ohne ihn gesehen zu haben, als er im letzten Augenblick erschien. Sie verbrachten einige Augenblicke zusammen, dann mußte Nengmei fort. Es sollte fünfzehn Jahre dauern, bis sie – 1949 – ihren Mann wiedersah.[18]

Die Frau Wei erinnerte sich noch an den Abmarsch aus Ruijin in der Kaderkompanie der Sanitätsabteilung der Ersten Frontarmee in einer schönen Mondnacht. Sie trugen als Tarnung Büschel von Blättern auf den Köpfen und machten bei Tagesanbruch halt. In den ersten Tagen gab es keine Bombardierungen. Der Feind hatte sie nicht ausgemacht. Dann eines späten Nachmittags in der Dämmerung, als sie sich an einem Hügelabhang versammelten, erschien ein Flugzeug der Nationalarmee und warf eine Bombe ab. Sie landete in etwa sechs Metern Entfernung von ihnen. Dong Biwu, mit 48 Jahren schon als älterer Mann angesehen und Kommandeur der Einheit, sprach gerade. Dong blickte hinüber zu der Stelle, wo die Bombe niedergegangen war; einige der in der Nähe Stehenden waren mit Erde bespritzt worden. Er sah zum Himmel auf, dann wieder zurück zu den Marschierern, und sagte: »Genosse Marx verwirrt den Feind. Die Bombe ist nicht explodiert.« Und setzte seine Rede fort.[19]

Kapitel 4

Der Mann im Öden Haus

Der Mann, der die Befehle für die Rote Armee ausgab, das Zentrale Sowjetgebiet zu verlassen, war einer der letzten, die sich auf den Weg machten. Ein Packpferd war mit seinen Vorräten beladen worden einschließlich einer kostbaren Ration Kaffee und einiger Pakete Zigaretten; sein schönes, weißes Kavalleriepferd stand bereit, doch Li De zögerte. Er hatte noch etwas zu erledigen, ehe er endlich davongaloppierte, während die Abendnebel über dem Yudu-Fluß aufstiegen.

Li De verbrachte die Stunden von Mitternacht bis kurz vor Sonnenaufgang mit Xiang Ying, der als Verantwortlicher für das Sowjetgebiet zurückgelassen wurde. Wieder betonte Li De das, was, wie er wissen mußte, nicht stimmte – daß das Sowjetgebiet nicht aufgegeben, daß die Rote Armee bald zurückkehren würde, daß ihr Abmarsch nach Westen Chiang Kaisheks Truppen mitziehen und so den Druck auf die belagerten kommunistischen Linien verringern müsse. Xiang würde mit der Unterstützung seines militärischen Kommandeurs Chen Yi in der Lage sein, sich zu halten.

Xiangs letzte Worte, so sollte sich Li De später erinnern, waren eine Warnung vor Mao Zedong. Mao, so sagte Xiang, sei zwar im Augenblick ruhig, aber Li De solle sich nicht täuschen lassen. Mao würde die erste Gelegenheit ergreifen, die Kontrolle über Partei und Armee an sich zu reißen, unterstützt von seinen Gefolgsleuten unter den Militärs. Li De teilte diese Befürchtung, doch er erinnerte sich, daß, als er ein paar Tage später diese Warnung an seinen Partner Bo Gu weitergab, Bo Gu zuversichtlicher war, daß alles gutgehen würde. Li Des Gespräch mit Xiang dauerte so lange, daß er die Kommandokolonne erst am nächsten Tag einholte.[1]

Li De war eine achtunggebietende Erscheinung; er maß mehr als einen Meter achtzig und überragte seine chinesischen Kollegen. Er hatte ein steifes, preußisches Benehmen und wurde von Helen Snow als »rein arisch, blauäugig und blond« beschrieben. Er hatte ein hitziges Temperament. Als er in das Sowjetgebiet geschmuggelt wurde, hielt er sich sein Taschentuch vors Gesicht, um seine lange Nase zu verbergen. Ein enger Mitarbeiter nannte ihn einen »typischen Deutschen, rigide und pedantisch«. Er sagte den Chinesen, sein wirklicher Name sei Otto Braun, und Deutsch seine Muttersprache. Als er schließlich in Pension ging, ließ er sich in Ost-Berlin nieder, wo er 1974 starb.[2] Ob er tatsächlich Deutscher oder aber Österreicher war, läßt sich heute nicht mehr feststellen. Die Chinesen haben es nie herausgefunden. Sie wußten 1984 nicht, ob Otto Braun sein richtiger Name oder ein Deckname war, den ihm die Komintern in Moskau gegeben hatte, als sie ihn als internationalen Agenten nach China schickte. Die Berichte der Komintern über Geheimagenten werden wahrscheinlich nie veröffentlicht.

Was man in China von Otto Braun oder Li De wußte, ist widersprüchlich. Zu den Namen, die er nachweislich benutzt hat, gehören: Otto Braun (in seinem Paß); Karl Wagner; Li De, sein üblicher chinesischer Name (Braun glaubte, er bedeute Li, der Deutsche) und Hua Fu, wie normalerweise seine Artikel in chinesischen Veröffentlichungen signiert waren (Braun meinte, das heiße China-Mann). Gewiß hatte er noch andere *noms de guerre*, doch es gibt keinen Grund zu der Annahme, einer davon sei sein wirklicher Name gewesen. Viele Jahre lang war seine Existenz nur einem sehr kleinen Kreis bekannt.

Über seine Vergangenheit erzählte er variierende Geschichten. Diejenigen, die man als offizielle Version bezeichnen könnte, weil sie in seinen Memoiren veröffentlicht wurde, beschrieb ihn als Deutschen namens Otto Braun, geboren 1900, der im Ersten Weltkrieg im deutschen Heer gekämpft und sich in Bayern revolutionären Kräften angeschlossen hatte; im April 1919 nahm er in München an Straßenkämpfen teil, wurde 1920 als Funktionär der Deutschen Kommunistischen Partei verhaftet und ins Gefängnis gesteckt, wo er acht Jahre blieb. 1928 gelang ihm eine spektakuläre Flucht, und er entkam in die Sowjetunion. Die Russen schickten ihn zur Frunse-Militärakademie, wo er in Taktik und Strategie ausgebildet und dann der Komintern zum Einsatz in China zugeteilt wurde.

Gerüchte wollen wissen, Braun sei für China wegen seiner Sprachkenntnisse (Deutsch, Russisch und Englisch) und seiner wertvollen Erfahrung im Straßenkampf während der Deutschen

Revolution ausgewählt worden. Manchmal hieß es, er habe in München gekämpft, manchmal war von Berlin die Rede.

Seine Erfahrung als Straßenkämpfer soll der Schlüssel gewesen sein. Die Komintern erwartete, die chinesische Revolution werde eine Wiederholung der russischen sein. Zwar waren die Kommunisten und Arbeiter 1927 in Shanghai von Chiang Kaishek massakriert worden, doch wenn 1927, den Worten von Zhu De zufolge, das »1905« der Chinesischen Revolution war, dann stand »Petrograd 1917« noch bevor. Moskau nahm zweifellos an, Shanghai werde wieder an die Reihe kommen, und »Otto Braun«, der Straßenkämpfer aus Deutschland, wäre zur Stelle, um seine Sache besser zu machen, als es Zhou Enlai 1927 in Shanghai gelungen war.

Daß solche Überlegungen hinter der Entsendung dieses autoritären, diktatorischen und oft arroganten Mannes nach China standen, kann nicht ganz belegt werden. Doch dies war der Eindruck der sogenannten »russischen« Fraktion der chinesischen Bewegung, der Clique, die gegen Mao Zedong opponierte.

Braun verließ Moskau 1932 und legte einen gefährlichen Weg ostwärts mit der transsibirischen Eisenbahn in die Mandschurei zurück, wo er die Grenze mit dem, was er später als einen sauberen »österreichischen Reisepaß« auf den Namen Braun beschrieb, überschritt.[3]

Wie er in seinen Memoiren erzählt, traf Braun im Frühjahr 1932 in Harbin ein, unternahm »mehrere Reisen«, um sich zu »informieren« (wohin, sagt er nicht), begab sich dann per Eisenbahn nach Dairen und per Schiff nach Shanghai, wo er sich im Herbst 1932 im Hotel Astor anmeldete, einem Lieblingshotel englischer Kolonialherren. Nach einigen Wochen zog er in »ein amerikanisches Appartementhaus«. Er sprach kein Wort Chinesisch und besaß auch nicht die mindesten Hintergrundkenntnisse über China – politisch, sozial, historisch. Wie die meisten nach China entsandten russischen Agenten war er in bezug auf China ein unbeschriebenes Blatt. Doch er war vollkommen zuverlässig in der Ausführung von Aufträgen. Das zählte in Moskau. Moskau besaß damals kein großes Verständnis für China und sollte dies auch nie gewinnen, doch man versprach sich viel von der chinesischen Revolution. Moskau hatte eine Menge Geld in die Kommunistische Partei Chinas gesteckt und sandte noch immer beträchtliche Summen durch eine Berliner

Bank an die sogenannte Internationale-Rote-Hilfe-Gesellschaft in Shanghai.[4]

Braun arbeitete hart an seiner Aufgabe, wenn ihn auch später einige Ausländer als eine Art Bonvivant beschreiben sollten. Er reiste nach Peking, ausgestattet mit einem Empfehlungsschreiben von Agnes Smedley, der glühenden, aber anarchistischen Amerikanerin, die sich zuerst auf Gedeih und Verderb mit der russischen Revolution verbunden hatte, dann mit der indischen und nun mit der chinesischen. Smedleys Brief führte ihn zu Edgar und Helen Snow. Edgar lehrte an der Yenching-Universität und Helen studierte. Beide waren Sympathisanten von Revolution und Reform und gut bekannt mit jungen, revolutionären chinesischen Studenten. Die Snows trauten dem 32jährigen Deutschen nicht. Er traute ihnen ebenfalls nicht. Er scheint gedacht zu haben, die Snows und Smedley könnten amerikanische Spione sein, doch als er seine Memoiren schrieb, räumte er widerwillig ein, daß Edgar Snow in *Roter Stern über China* zumindest einen ehrlichen und wertvollen Bericht gegeben habe. Helen Snow überwand ihre Abneigung gegen Braun, den sie für einen Schürzenjäger hielt, nie (wie viele Chinesen ebenfalls).[5]

Zur Zeit von Brauns Ankunft zerfiel der brüchige kommunistische Untergrundapparat in Shanghai unter den Schlägen von Chiang Kaisheks Geheimpolizei. Die ersten Katastrophen hatten sich ereignet, ehe Braun eingetroffen war – viele Kommunisten der höheren Ränge waren bereits von Spitzeln verraten, verhaftet und hingerichtet worden.

Für einen Kommunisten gab es in China keinen sicheren Ort. Am wenigsten gefährlich war noch das Zentrale Sowjetgebiet Zhus und Maos in Südjiangxi. Im Frühjahr 1933 begannen die Parteiführer von Shanghai nach Jiangxi in die Rote Hauptstadt Ruijin zu ziehen. Braun sollte folgen, so schnell er konnte. Zunächst mußte er noch die Ankunft eines neuen militärischen Chefberaters abwarten, der sein Vorgesetzter sein würde und der täglich erwartet wurde. Im Spätfrühling schließlich traf Braun auf einer Straße in Shanghai seinen neuen Chef. Es war Manfred Stern, bekannt unter dem russischen Decknamen oder *klichka* Fred. Später wurde er berühmt als »General Kléber« der spanischen Loyalisten während des Bürgerkrieges. Fred war um die halbe Welt gereist – durch Europa, die

Vereinigten Staaten, den Pazifik und Japan, aber als er nach Shanghai kam, konnte er seine vorher arrangierten Kontakte nicht auffinden.

Shanghai war ein Zentrum sowjetischer Untergrundaktivitäten. Viele sowjetische Agenten kamen aus Deutschland oder Amerika. Amerikaner wurden bevorzugt, weil sie, wie Steve Nelson, ein prominenter amerikanischer Kommunist, der dort arbeitete, »goldene Pässe« hatten – Pässe der USA – und vor Festnahmen ziemlich sicher waren. Als Braun ankam, war der führende Agent der Komintern Arthur Ewald oder Ewart, den Braun aus Deutschland kannte.[6] Earl Browder, der später die Kommunistische Partei der USA anführen sollte, war ein Agent der Komintern in Shanghai, bevor Braun dort eintraf. Kurz nachdem Braun abreiste, kam Eugene Dennis, später der Führer der amerikanischen Partei. Harry Gannes, später Redakteur am *Daily Worker*, dem kommunistischen Blatt in New York, arbeitete dort eine Zeitlang.[7]

Richard Sorge kam im Januar 1930 in Shanghai an, um dort seinen bemerkenswerten Spionagering aufzubauen. Er war in der Komintern gewesen und kannte Braun mit Sicherheit. Trotz strikter konspirativer Regeln stolperten die Agenten aus Deutschland und Österreich immer wieder übereinander. Sorge hatte eine eigene Radioverbindung mit Moskau und auch mit Harbin, einer weiteren sowjetischen Untergrundbasis, aber seine militärische Verbindung stand der Komintern nicht zur Verfügung.[8]

Steve Nelson und seine Frau brachten 1933 als Kominternkuriere Instruktionen Wang Mings, des chinesischen Repräsentanten in Moskau, in das Shanghai-Büro. Er brachte Instruktionen und sie Geld. Ewart war der Bürochef. Wie Nelson sich erinnert, wurde die Frage, ob man Jiangxi verlassen sollte, schon 1933 diskutiert, und die Instruktion von Wang Ming lautete, daß sie sich selber entscheiden sollten. Ewart war dafür zu bleiben, die chinesischen Repräsentanten sagten, sie müßten dort raus.[9]

»Fred« hatte wie Braun in der österreichisch-ungarischen Armee des Ersten Weltkriegs gedient. Er war von den Russen gefangengenommen worden, hatte sich den Bolschewiki angeschlossen, im russischen Bürgerkrieg gekämpft und dann die Frunse-Akademie besucht.[10]

Brauns Bericht zufolge stritten sich Braun und Stern sehr bald, doch Sterns Anwesenheit ermöglichte Braun, sich in die »Rote

Hauptstadt« zu begeben, was er Anfang Oktober 1933 tat; er wurde in einem Schlupfwinkel unter den Planken einer Frachtdschunke den Fluß Gan hinaufgeschmuggelt. Im Sowjetgebiet wurde er von Deng Fa willkommen geheißen, dem Chef der kommunistischen Sicherheitskräfte, begleitet von Leibwächtern mit Krummsäbeln, die mit roten Quasten geschmückt waren. Deng Fa lächelte breit. Er und Braun sollten, wie Braun dachte, gute Freunde werden.[11]

Braun wußte bereits, wen er in der Kommunistischen Partei Chinas unterstützte. Es war die Fraktion unter Bo Gu, dem nominellen Parteiführer, und die »28 Bolschewiki« genannte Gruppe, junge Chinesen, die in Moskau studiert hatten und die sowjetische Linie unbeirrt unterstützten. Ihr Führer war Wang Ming in Moskau. Der »Bösewicht«, gegen den sich alle wandten, war Mao.

Braun besaß großes Prestige und Autorität. Er konnte beredt, klar und überzeugend über militärische Strategie und Taktik reden. Er hatte zahllose Beispiele auf Lager, die sich auf Cäsar, Tacitus, Napoleon, Friedrich den Großen, Clausewitz und von Moltke bezogen. Er zeigte niemals Zweifel.

Seine eigene, persönliche Geschichte, die nach und nach durch Gespräche mit dem Dolmetscher Wu Xiuquan und anderen im engen Kreis von Brauns Vertrauten zutage trat, unterschied sich in vieler Hinsicht von der Geschichte des »Straßenkämpfers«.

Wie Wu sich erinnerte, sagte Braun, er sei gebürtiger Österreicher. Er sei zu Beginn des Ersten Weltkrieges in die österreichisch-ungarische Armee eingezogen und an die Ostfront geschickt worden.[12]

Im Jahre 1916 war Braun gefangengenommen worden (oder desertiert wie so viele seiner Kameraden), und man hatte ihn in ein Internierungslager in Sibirien geschickt, wo viele österreichische Gefangene – Tschechen, Ungarn, Ukrainer und Slowaken – festgehalten wurden.

Als 1917 die Revolution in Rußland ausbrach, schloß sich Braun, wie er sagte, der Roten Armee an. (Fast alle österreichischen Kriegsgefangenen stellten sich *gegen* die Russische Revolution.) Braun berichtete von seinem Aufstieg in den Rang eines Stabschefs oder Kommandeurs eines Kavallerieregiments oder einer Brigade (Ränge und Einheiten variierten in den Erinnerungen der verschiedenen Zeugen). Er kämpfte drei Jahre lang im Bürgerkrieg in der Ukraine und in Weißrußland. Dann wurde er wegen seiner ausgezeichneten militärischen Leistungen zur Frunse-Militärakademie geschickt, wo er drei oder vier Jahre studierte.

Für China wurde er wegen seines Wissens und seines Hintergrundes ausgewählt. Er hatte eine besondere Aufgabe: bei den chinesischen Kommunisten eine Kavallerie aufzubauen, die sie zu diesem Zeitpunkt noch nicht besaßen (und auch kaum brauchten angesichts der zerklüfteten Berggegend, der engen Pfade und der Bewegungsschwierigkeiten für berittene Abteilungen).[13]

Weder Wu noch einem anderen Chinesen kam es je in den Sinn, Brauns Feststellungen anzuzweifeln. Braun sagte Wu, die Komintern habe ihm den österreichischen Paß gegeben, da er als Österreicher seine Tarnung bei Gefahr leichter aufrechterhalten könne. Seine Kampferfahrung wirkte zu professionell, als daß Bo Gu oder seine Mit-»Bolschewiki«, von denen keiner militärische Kenntnisse besaß, sie hätten in Frage stellen können.

Wu erinnerte sich, daß Braun, als er zum ersten Mal mit Mao zusammentraf, dessen Ideen hochmütig abtat. »Das goldene Zeitalter des Guerillakrieges ist vorbei«, sagte Braun. Nun sei für die Rote Armee die Zeit gekommen, standzuhalten und einen konventionellen Krieg zu führen. Kein Zentimeter Boden dürfe aufgegeben werden. Braun stand unter dem Einfluß der deutschen Militärtheorie, die an der Frunse-Akademie dominierte. Er bot beinahe ein Spiegelbild von Chiang Kaisheks Berater von Seeckt. Braun war der Ansicht, die Rote Armee müsse von Seeckts Blockhäuser mit Roten Blockhäusern bekämpfen.

Es stimmte nicht, wie einige chinesische Kommandeure später sagten, daß Braun nur den Grabenkrieg kannte und ständig den Stellungskrieg bevorzugte. Doch es stimmte allerdings, daß Braun sich hartnäckig allen Bemühungen Maos oder der Kommandeure der Roten Armee widersetzte, ihr freies Operationssystem fortzusetzen oder wiederaufzunehmen. Braun beschränkte seine Angriffstaktik auf das, was er »kurze, scharfe Schläge« nannte, Stöße gegen die angreifenden nationalistischen Streitkräfte, die selten zur Zerstörung der KMT-Einheiten führten, von der Mao abhängig gewesen war, um deren Waffen, Munition, Vorräte und Männer zu gewinnen. Mao hatte einen einfachen bäuerlichen Vergleich für die Rote Armee und Chiang Kaisheks Armee. Die Rote Armee, sagte Mao, sei ein Bettler, die KMT ein Drachenkönig. Die Rote Armee befriedige ihre Bedürfnisse mit dem, was sie vom Tisch des Drachenkönigs erhaschen könne.[14]

Die Parteidisziplin war streng. Braun hatte das Prestige der Komintern im Rücken. Er besaß die volle Unterstützung der »Bolschewiki«, und die Bolschewiki beherrschten die chinesische Partei. Aus Shanghai hatten sie um ihr Leben laufen müssen, doch nun kontrollierten sie die »Sowjetrepublik China«. Aber als der Herbst 1933 dem Winter 1934 gewichen war, brach Chiang Kaisheks Fünfter Feldzug immer größere Stücke aus dem kommunistischen Territorium heraus. Die Sowjetrepublik wurde enger und dann nochmals enger. Bis Herbst 1934 hatten die Kommunisten 58 Prozent ihres Territoriums eingebüßt und verfügten nur noch über sechs Bezirke.[15]

Bei der Kontroverse zwischen den Kommunisten ging es natürlich nicht nur um die militärische Doktrin, sondern um den Kern der Unterschiede zwischen Mao und Moskaus Komintern. Brauns Ödes Haus in den Reisfeldern war klein – nur ein Schlafzimmer für Braun, ein größeres Zimmer für Zusammenkünfte und ein dritter Raum für Dolmetscher und Wachen. Es gab kaum etwas, das der hellhörige junge Dolmetscher Wu nicht mitbekam. Hinter Maos Rücken nahmen Braun und Bo Gu (er war im Alter von 25 Jahren 1932 Sekretär der chinesischen Partei geworden) bei ihren rüden Angriffen auf Mao kein Blatt vor den Mund.[16] Er sei nur ein »unwissender Bauer«. Er verstehe nichts von Marxismus. Seine Betonung der Bauernschaft sei oberflächlich. »Der Marxismus kann nicht aus den ländlichen Hügeln kommen«, pflegte Bo Gu zu Braun zu sagen. »Aus rückständigen Bezirken kann keine marxistische Gesellschaft hervorgehen.«[17] Diese Ansichten spiegelten die Auffassungen Moskaus wider. Pavel Mif, Stalins junger Chinaexperte, und Wang Ming, der ebenfalls junge chinesische »Bolschewik«, der der russischen Fraktion der chinesischen Partei vorstand (und den größten Teil seiner Zeit in Moskau verbrachte), vertraten die Ansicht, weder Mao noch Zhu De wüßten viel über den Marxismus. Mif und Wang meinten, Zhu und Mao seien verherrlichte Banditenhäuptlinge in der alten chinesischen Tradition der klassischen »Räuber vom Liang-Shan-Moor«.[18]

In dieser Atmosphäre reiften die Pläne, Mao seiner Macht zu berauben, seinen Einfluß zu beschränken, ihn nach Moskau zu schicken oder ihn aus der Kommunistischen Partei auszuschließen. Mit ziemlicher Sicherheit wären sie gelungen, wenn nicht rapide Veränderungen eingetreten wären, die die internationale Situation beeinflußten. Moskau war schon immer empfindlicher für das Kräftegleichgewicht in der Welt gewesen als für die Realitäten Chinas.

Die japanische Aggression im Fernen Osten und die Hitlergefahr in Europa veranlaßten Moskau, die Lage in China neu zu überdenken. Man sah die Notwendigkeit, Maos Prestige zur Stärkung der Roten Armee und der chinesischen Kommunisten zu nutzen. Also wurde Mao bei der Fünften Vollversammlung des Sechsten Parteikongresses im Januar 1934 wieder Vollmitglied des Politbüros (nahm an dem Kongreß jedoch nicht teil). Die Komintern dämmte die Kritik an Mao ein und veröffentlichte eine stark redigierte und revidierte Version seiner Rede beim Zweiten Kongreß des Sowjetgebietes im späten Januar 1934.[19]

Auf Brauns totale Kontrolle über die chinesische Militärpolitik hatte das keinerlei Auswirkungen. Entscheidungen lagen in den Händen der Troika Braun, Bo Gu und Zhou Enlai. Obwohl Braun bis ans Ende seiner Tage behauptete, er sei nur als Berater nach China geschickt worden, und obwohl zeitgenössische Analytiker in China darin übereinstimmen, daß er recht hat, ist es eine Tatsache, daß die Chinesen ihre Autorität an ihn abtraten. In seinen Memoiren schreibt Braun, obwohl er die (chinesischen) Kader wiederholt daran erinnert habe, daß seine Stellung nur die eines Beraters sei, habe man ihm mit der Zeit große Macht eingeräumt.

Wu Xiuquan, der Dolmetscher, stimmte dieser Einschätzung zu. »Ich glaube«, sagte er, »daß Braun sich seine Stellung nicht nahm, sondern daß sie ihm von Bo Gu gegeben wurde und daß die Verantwortung für den Mißerfolg bei den Chinesen liegt.« Wu glaubte, Brauns Ankunft sei, um den chinesischen Ausdruck zu verwenden, so gewesen, als »gebe man dem Tiger Flügel«.

»Wir nannten ihn *Tai Shang Huang*, das heißt Kriegsgott«, erinnerte sich Wu. »Bo Gu hat seine Ratschläge niemals zurückgewiesen.«

Wu räumte ein, daß auch Zhou Enlai Verantwortung für diese Situation trug. Ob Zhou mit Braun übereinstimmte oder nicht – und es gibt überzeugende Hinweise darauf, daß er dahin kam, Braun zu mißtrauen und seine Ratschläge abzulehnen –, er wollte oder konnte sich ihm nicht wirksam widersetzen.[20]

All das wäre nicht entscheidend gewesen, wenn Brauns Vorschläge zum Erfolg der Roten Armee geführt hätten. Sie taten es nicht. Sie kosteten die Rote Armee einen Verlust nach dem anderen und brachten keine Vorteile, keine Beute, keine Männer. Ihr Territorium und ihre Macht schrumpften immer weiter zusammen.

In der Anfangszeit genoß Braun die volle Unterstützung der militärischen Befehlshaber. Selbst Zhu De kam fast jeden Tag in das Öde Haus, um Braun zu konsultieren. Die Einstellung anderer Generäle war dieselbe. Braun hatte die volle Rückendeckung des einflußreichen Luo Fu (früher in San Francisco Herausgeber einer Chinatown-Zeitung) und Wang Jiaxiangs, des verwundeten militärischen Führers.

Es gab Armeekommandeure, vor allem den freimütigen Peng Dehuai, die schon sehr früh anderer Meinung waren als Braun. Nie Rongzhen, Politischer Kommissar der Ersten Frontarmee, dachte ganz ähnlich wie Peng Dehuai. Der Befehlshaber der Ersten Armee, Lin Biao, war unentschieden. Er konsultierte Braun, nahm ihn ernst und schien manchmal, wie ihm später vorgeworfen wurde, ein Speichellecker zu sein.[21]

Über die Einstellung von Kommandeuren wie Liu Bocheng, dem einäugigen Drachen, besteht kein Zweifel. Er stritt offen mit Braun, manchmal über geringfügige Dinge, wenn etwa Braun auf dem Schlachtfeld einen seiner Männer schlug und degradierte.

Eines Tages putzte Braun Liu Bocheng wegen schlechter Kampfführung herunter. Liu Bocheng hatte wie Braun in Moskau an der Frunse-Akademie studiert. Er war ein harter, aber gebildeter General. »Wie können Sie in Frunse studiert haben?« fragte Braun. »Sie kommen mir vor wie ein gewöhnlicher Stabsoffizier. Sie haben Ihre Zeit in der Sowjetunion verschwendet.« Wu Xiuquan übersetzte das nicht alles. Er hielt es für seine Pflicht, die Beziehungen einigermaßen zu glätten. Doch Liu Bocheng verstand trotzdem sehr gut; er beherrschte die russische Sprache ausgezeichnet.

Die Kommandeure klagten über die Zunahme der Verluste. Jede Schlacht schien zwei- bis dreitausend Männer zu kosten. Ein Bezirk nach dem anderen fiel dem Feind in die Hände. So waren die Dinge unter Mao nicht verlaufen. Wie Zhou Enlai Edgar Snow sagte, verlor die Rote Armee während des Fünften Feldzuges 60 000 Mann. So etwas hatte es vorher nicht gegeben. Am schlimmsten war die Schlacht von Guanchang (11.–28. April 1934), bei der 4000

Mann getötet und 20 000 verwundet wurden, der schlimmste Schlag, den die Rote Armee je erlitten hatte. Er eröffnete für Chiang Kaishek früher oder später den Weg zur Einnahme der Roten Hauptstadt Ruijin, die nur 80 km entfernt war. Tatsächlich waren während des Kampfes die Feld-Hauptquartiere der Roten Armee bis nach Ruijin zurückverlegt worden.[22]

Die Hauptlast des Kampfes trug Peng Dehuais Dritte Frontarmee. Peng war sehr wütend über die Führung der Schlacht. Otto Braun und Bo Gu kamen an die Front, um die Operationen zu beobachten und zu lenken. Peng berichtete bitter, er habe am ersten Tag der Schlacht mehr als tausend Mann verloren, darunter sämtliche Männer eines Bataillons, das dazu eingeteilt war, eine »feste« Linie von Befestigungen zu halten, die auf Brauns Befehl gebaut worden war. Sie wurden von KMT-Flugzeugen und Artilleriebeschuß niedergemacht. Die Rote Armee hatte weder Flugzeuge noch Artillerie.

An jenem Abend gab es einen heftigen Streit. Braun sagte, Peng hätte einen Gegenangriff unternehmen sollen. Peng fragte, wie er das hätte anstellen sollen, wenn seine Truppen keine Munition hatten. Peng schrie, Brauns Anordnungen seien von Anfang an falsch gewesen; seit dem Ende des Vierten Feldzuges habe die Rote Armee keine einzige gute Schlacht mehr erlebt (das hieß, unter Brauns Führung).

»Ihr Dogmatiker«, rief Peng, »seid nur auf Landkarten und Papier taktische Experten.«

»Wenn die Soldaten der Roten Armee nicht so stark motiviert gewesen wären«, sagte Peng, »dann wären die Truppen der Ersten und Dritten Armee völlig verloren gewesen.«[23] »Ihr Plan hat schwere Opfer gefordert«, schrie Peng. »Verspüren Sie keine Schuld in Ihrem Gewissen? Fühlen Sie keinen Schmerz in Ihrem Herzen?«[24] Peng verglich Braun mit einem Sohn, der ohne Skrupel das Land seines Vaters verkauft. Wu Xiuquan übersetzte Pengs Ausfall, verstand aber die Bedeutung der Geschichte über den Sohn nicht. General Yang Shangkun erklärte, dies sei eine hunanesische Ausdrucksweise, Braun wegen der achtlosen Opferung von Truppen der Roten Armee zu kritisieren.

Peng war überrascht, weil Braun daraufhin nicht wütend wurde; dann merkte er, daß Wu Xiuquan seine Bemerkungen in der Übersetzung abgeschwächt hatte. Er bat General Yang Shangkun, zu übersetzen. Das hatte die von Peng erhoffte Wirkung. Braun begann zu fluchen und nannte ihn einen »Feudalkopf«. Peng antwortete ihm in gleicher Form, packte dann einen Tornister und erwartete, nach Ruijin abkommandiert, degradiert, vor Gericht gestellt, verurteilt, aus der Partei ausgeschlossen und erschossen zu werden. »Ich war bereit«, erinnerte er sich, »mir war alles gleich.« Zu seiner Überraschung geschah nichts.[25]

Peng Dehuai und Liu Bocheng waren offene und freimütige Männer. Viele Kommandeure zögerten, ihre Meinung zu sagen, weil sie fürchteten, angeklagt zu werden. Braun war rasch mit Strafen bei der Hand für Dinge, die er als Versagen oder Fehler ansah. Xiao Jingguang, der später Befehlshaber der chinesischen Marine werden sollte, war ein hoher Offizier. Er war schon 1921 zum ersten Mal in die Sowjetunion gegangen, lange vor den »28 Bolschewiki«. 1927 war er dorthin zurückgekehrt und hatte an der Lenin-Militär- und Politakademie studiert. Seine Leistungen in den Kämpfen waren ausgezeichnet, und er befehligte während des Fünften Feldzugs die Siebte Armee. Viele seiner Truppen waren roh, unausgebildet, neu. Unter dem Angriff einer überwältigenden nationalistischen Streitmacht von zwei oder drei Divisionen fielen sie verwirrt zurück. Braun stellte Xiao vor Gericht und erreichte seine Verurteilung zu fünf Jahren Haft. Mehrere hohe Kommandeure, darunter Mao Zedong, protestierten. Wang Jiaxiang, einer aus der pro-russischen Clique, weigerte sich, den Befehl zu unterschreiben; Xiao kam nicht ins Gefängnis, sondern erhielt einen Auftrag als Lehrer. Braun versuchte, sich gegen die Offiziere durchzusetzen, indem er sich an Bo Gu wandte, doch Bo Gu weigerte sich, einzuschreiten.[26]

Es war nicht ungewöhnlich, daß die Kommunisten schwere Strafen verhängten. Zhang Qilong, Vorsitzender der Hunan-Jiangxi-Sowjet-Grenzzone, wurde als Konterrevolutionär und Rechtsabweichler angeklagt. Er wurde zum Lastenträger degradiert. Sein Vorgesetzter, Parteisekretär Wang Shoudao, wurde abgesetzt, gelangte aber schnell wieder auf seinen Posten zurück.[27]

Deng Xiaoping, damals ein junger Soldat der Roten Armee, wurde einem Bericht zufolge nicht viel besser behandelt. Er machte sich bei der russischen Fraktion wegen seiner Unterstützung für Luo Ming mißliebig, den Parteisekretär der Provinz Fujian. Luo Ming diente in dem innerparteilichen Konflikt als Ersatzzielscheibe für

Mao, den die pro-russische Clique nicht offen anzugreifen wagte. Deng Xiaoping, Maos Bruder Mao Zetan, Yie Weijun, Gu Bo und einige andere wurden als Mitglieder der »Luo-Ming-Fraktion« kritisiert. Deng verlor seine Ämter und begann den Langen Marsch als einfacher Soldat oder, wie es in einigen Berichten heißt, als einer in einer Kolonne von Tausenden von Lastenträgern. Mehrere zeitgenössische chinesische Historiker bestreiten, daß Deng zum Lastenträger gemacht wurde, doch es besteht kein Zweifel daran, daß er unter dieser Affäre zu leiden hatte.[28]

Die Offiziere der Roten Armee waren allgemein auf der Hut davor, wegen Trotzkismus oder Abweichung von der Parteilinie angeklagt zu werden. Derartige Anklagen kamen nicht selten vor. Die Erinnerung an Säuberungen hatten sie noch lebhaft im Gedächtnis – die Kampagne gegen die ABs (angebliche anti-bolschewistische Agenten, die von den Nationalisten in die Rote Armee eingeschleust worden waren, wie bei dem Vorfall von Futian, bei dem 1930–31, wie es hieß, einige tausend Männer unter Maos Kommando Säuberungen zum Opfer gefallen waren); gegen Trotzkisten (vor allem unter jungen Studenten, die aus Rußland zurückkehrten, wo sie, wie man sagte, unter den Einfluß trotzkistischer Agenten geraten waren); und gegen alle Arten von Rechtsabweichlern, Kapitalisten, Kapitulanten und andere Abweichler. Einige dieser Kämpfe repräsentierten interne politische Streitigkeiten. Einige waren Nebenprodukte jener Paranoia, die konspiratorische Organisationen ergreift, wenn sie lange Zeit unter isolierten, angespannten und gefährlichen Bedingungen existieren müssen.

So selbstgewiß er nach außen hin auch erschien, es ist unwahrscheinlich, daß Braun am Morgen des 17. Oktober, als er über die rüttelnden Planken der Pontons über den Yudu-Fluß ging, besonders hochgestimmt war.

Er stand vor einem potentiell verheerenden Rückzug durch unbekanntes Land, das Angriffen eines Feindes offenstand, der Hunderttausende von Soldaten hatte; der Zeitbombe eines komplexen politischen Streites innerhalb der Partei, der ihn die Kontrolle (und sogar das Leben) kosten könnte.

Und es gab noch ein Problem, von dem niemand sprach und gegen das nichts unternommen werden konnte. Das war Brauns Verbindung nach Shanghai und damit nach Moskau. Die Kommunikation war schon unsicher genug gewesen, als Braun ein Jahr zuvor aus der chinesischen Metropole herausgeschlüpft war. Und sie war immer schlechter geworden. Brauns Verbindung zu Moskau lief über Shanghai. Die Rote Armee hatte Funksender und -empfänger, doch die waren nicht stark genug, um die vielen tausend Kilometer zwischen der Roten Hauptstadt Ruijin und der Roten Hauptstadt Moskau zu überbrücken. Alle Botschaften mußten via Shanghai und dem Geheimsender der Shanghaier Parteibüros übermittelt werden.

Im Frühjahr 1934 war Manfred Stern, Brauns Vorgesetzter in Shanghai, nach Moskau zurückgerufen worden, um von dort nach Spanien zu gehen. Er wurde nicht ersetzt. Die Radiorelaisstation war in den Händen des Untergrundbüros des chinesischen Zentralkomitees, was buchstäblich hieß, in den Händen zweier Chinesen, die beide in Moskau ausgebildet worden waren. Einer trug den Namen Li Dhusheng und hatte in Moskau den Decknamen Slavin bekommen. (Jeder Chinese, der nach Moskau ging, bekam einen russischen Untergrundnamen: der des Übersetzers Wu Xiuquan war Pyatakov.) Der andere Chinese war Sheng Zhongliang oder Zheng Yie. Sein Untergrundname war Mitskevich. Chiangs Geheimpolizei verhaftete Li im Juni und drohte, ihn umzubringen; er verriet die Stelle, an der sich der Sender befand, und die Identität von Sheng. Der Sender und Sheng wurden ergriffen, und das war das Ende des Shanghai-Büros und der Kommunikation zwischen Moskau und den chinesischen Kommunisten. Die letzte Botschaft aus Moskau, die noch empfangen wurde, kam am 16. September 1934 an. Es war die Benachrichtigung, daß Maos Januarbericht über die »Chinesische Sowjetrepublik« veröffentlicht worden war.[29]

Braun war auf sich gestellt. Ebenso wie Bo Gu. Moskau konnte nicht mehr konsultiert werden. Die Autorität der Komintern war nicht mehr anzuführen. Es sollte zwei Jahre dauern, bis die Verbindung wiederhergestellt wurde. Jetzt mußte jeder für sich selbst sorgen. Wie Braun fast vierzig Jahre später niederschreiben sollte, kam das Mao Zedong »sehr gelegen«.[30]

Kapitel 5

Erste Schritte

Leibwächter Wu war ein Ausreißer. Er war aus dem Dorf Wu weggelaufen, um sich der Roten Armee anzuschließen, zur gleichen Zeit, zu der auch sein Verwandter Wu Xing eintrat. Man schrieb das Jahr 1930, und der zukünftige Leibwächter Wu Jiqing hatte für einen Landbesitzer als Kuhhirte gearbeitet. Er hatte keine Schule besucht. Er konnte weder lesen noch schreiben – kein Hindernis für den Eintritt in die Rote Armee, in der die meisten Soldaten Analphabeten waren.

Der 74jährige Leibwächter Wu ist ein distinguierter Mann von militärischer Haltung; er trägt den römisch geschnittenen Kopf hoch, hat eine breite Stirn, ein starkes Kinn, gerade Schultern. Er ähnelt auffallend dem verstorbenen William L. White aus Kansas, hat aber nicht Whites schelmischen Humor. Bo Gu war derjenige, der Wu überredete, in die Rote Armee zu kommen, und vielleicht diente Wu aufgrund seiner körperlichen Kraft bald in einer Wachkompanie. Innerhalb eines Jahres wurde er einer von Mao Zedongs persönlichen Leibwächtern. Ein weiterer Leibwächter namens Wang Yatang wurde um dieselbe Zeit aufgenommen. Sie wurden von Deng Fa ausgewählt, dem kommunistischen Sicherheitschef, der sie gründlich überprüfte. Die Hauptqualifikation bestand darin, daß beide arm und verbittert genug über das herrschende System waren, um mit fliegenden Fahnen überzulaufen. Leibwächter Wu sollte fast sieben Jahre bei dem Vorsitzenden Mao bleiben.

Manchmal erhielt Leibwächter Wu auch andere Aufträge. Einmal mußten er und Wang mit Maos Bruder Zemin, dem Präsidenten der Staatsbank, arbeiten. Das geschah im Jahre 1932. Zemin, damals 26 oder 27, war für das Vermögen der Kommunisten verantwortlich – ein Vorrat an Gold, Silber, Goldbarren, Silberdollar, Juwelen und Wertgegenständen, den die Rote Armee durch Enteignungen, Vermögenskonfiszierungen bei Landbesitzern, Händlern, Wohlhabenden zusammengerafft hatte. Die Armee stellte in ihrer eigenen kleinen Münze Silberdollars her. Der Silberdollar war die Standardwährung in China. Die Armee hatte auch Formen zum Gießen von Goldspangen, Knöpfen, Haarnadeln und Schuhlöffeln. Man trug Gold gewöhnlich in diesen Formen statt in Münzen bei sich, weil solcher Schnickschnack leichter zu verstecken war.

Wie Leibwächter Wu sich erinnert, war dieser Schatz sehr umfangreich, und es war beschlossen worden, ihn hoch in den Bergen in der Nähe von Ruijin zu verstecken. Die Leibwächter waren dazu eingeteilt worden, Mao Zemin bei dieser Aufgabe zu helfen. Angeheuerte Träger schleppten den Schatz die steilen, gewundenen Pfade hinauf. Das war nicht leicht. Silber und Gold sind schwer. Sechs Träger waren nötig, um tausend Silberdollar zu tragen. Sie hatten hundert oder noch mehr Träger. Als sie dem Gipfel nahe waren, setzten die Träger ihre Lasten ab, wurden ausbezahlt und weggeschickt. Nur die beiden Leibwächter und Mao Zemin blieben zurück. Sie trugen den Schatz in eine geheime Höhle – keine leichte Aufgabe. Wie Leibwächter Wu sich erinnert, waren es mehr als eine Million Silberdollar. Zemin verschloß die Höhle, und die drei Männer stiegen wieder abwärts. Niemand sonst im Roten Bezirk wußte, wo das Geld versteckt war.

Innerhalb des Sowjetgebietes waren keine Münzen im Umlauf. Papiergeld der kommunistischen Regierung und der nationalistischen Regierung war konvertibel. Silber und nationalistische Banknoten wurden für den Handel außerhalb der Zone und zum Bezahlen von Schmugglern gebraucht. Die Rote Armee kam an Banknoten und Silber, indem sie die Tresore der Landbesitzer aufbrach und die Tongefäße ausgrub, in denen sie ihr Geld versteckten. Das Glitzern in den Augen irgendeines Bauern zeigte gewöhnlich das Versteck des Geldes an.

Der Rote Schatz blieb bis zum Frühjahr 1934 in der Höhle, als die Operation in umgekehrter Richtung wiederholt wurde. Wieder wurde Leibwächter Wu Zemin zugeteilt, wieder wurden Träger angeheuert, die Höhle geöffnet, die Wertgegenstände zurück nach Ruijin gebracht. Dort wurde das Vermögen aufbewahrt bis zum Langen Marsch; dann wurden Gold, Silber und Banknoten unter den Armeen aufgeteilt, damit jede nach dem Verlassen des Sowjetgebietes die Mittel hatte, Dinge zu erwerben. Die Armee hatte eine eiserne Regel – gewöhnliche Leute und Bauern mußten für jedes

Huhn, jeden Sack Reis, jeden Pfirsich aus einem Obstgarten bezahlt werden. Beutezüge und Plünderungen waren nicht gestattet – außer bei Grundherren.[1]

Warum wurde im Frühjahr 1934 der Schatz vom Berg geholt? Die Antwort scheint klar. Zu diesem Zeitpunkt war sich die Troika aus Li De, Bo Gu und Zhou Enlai, die die Entscheidungen traf, der verfallenden militärischen Situation bewußt. Sie begann, das Verlassen des zentralen Sowjetgebietes vorzubereiten.

In den kommenden Jahren würden heftige Polemiken darüber entstehen, wann beschlossen wurde, das Sowjetgebiet aufzugeben, und wann der Lange Marsch zum ersten Mal erwogen wurde. In den Streitigkeiten zwischen Mao Zedong und der pro-russischen Gruppe behaupteten Maos Anhänger, der Lange Marsch sei ein hastiges, schlecht vorbereitetes Unternehmen, hektisch und in Panik unternommen, nicht geplant.

Der Augenschein spricht dagegen. Die Bewegung der »100 000« Soldaten war keine Sache der letzten Minute. Vorkehrungen waren schon Wochen und Monate zuvor getroffen worden. Ob der Lange Marsch befohlen werden würde oder nicht, seine Einzelheiten mußten lange zuvor ausgearbeitet werden, sonst konnte er zu einer wilden Flucht werden. Die Entscheidung, den nationalen Schatz vom Berg zu holen, paßt in das Muster einer langfristigen Planung.

Nach Ansicht von Wu Xiuquan »begannen die Vorbereitungen ein halbes Jahr vor dem Langen Marsch«. Der erste Akt war die Erweiterung der Roten Armee und die Verstärkung ihrer Zahl. Allein das Auseinandernehmen und Verpacken schwerer Ausrüstung dauerte fast ein halbes Jahr.

Wus Erinnerungen stimmen mit denen Brauns überein, der behauptete, daß die Vorbereitungen schon im Mai 1934 begannen, zur Zeit der Guangchang-Niederlage.

»Darin stimme ich mit ihm überein«, sagte Dolmetscher Wu, »selbst wenn wir in vielen anderen Dingen nicht übereinstimmen.« Wu erinnerte sich, daß die Planung auf den engsten Kreis beschränkt war – Bo Gu, Li De, Zhou Enlai, Luo Fu und Wang Jiaxiang.[2]

Die ungewöhnlich energischen Rekrutierungen im Frühjahr und Sommer 1934 waren ein integraler Bestandteil dieses Plans, die Rote Armee wieder zu stärken, alle verfügbaren Menschen im Bereich von Jiangxi zu mobilisieren. Eine parallele Kampagne wurde in Gang gesetzt, um Nahrungsmittel zu sammeln. Man ordnete größere Requisitionen an; die Bauern wurden aufgefordert, Beiträge zu leisten. Man bemühte sich um Darlehen. Mehr Silberdollar wurden geprägt, Winterkleidung genäht. Werkstätten begannen Geschütze und Waffen zu reparieren. Neue Granaten wurden hergestellt. Man suchte Schlachtfelder nach verbrauchten Geschoßhülsen ab. Die Messinghülsen wurden mit Pulver und Blei gefüllt. Als das Blei ausging, wurden hölzerne Köpfe geschnitzt. Li De beteiligte sich an der Überwachung der Vorbereitungen. Dolmetscher Wu erinnerte sich, daß er eines Tages mit ihm ging, um das Abfeuern der neuen Granaten zu inspizieren. Nicht alle zündeten.

Es lag auf der Hand, daß etwas Großes im Gange war. Ein Propagandaaufruf wurde erlassen, um die Bauersfrauen dazu zu veranlassen, Strohsandalen für die Soldaten herzustellen. Sandalen nutzten sich rasch ab. Die Soldaten bemühten sich, einen Marsch mit zwei Reservepaaren im Tornister anzutreten. Den Frauen wurde gesagt, sie sollten die neuen Sandalen besonders dick machen; das war ein gewisser Hinweis auf einen langen Marsch.

Bislang haben die chinesischen Historiker noch keine spezifischen Direktiven, Memoranden oder Befehle entdecken können über das, was vorbereitet wurde. Oft scheinen die Diskussionen auf Bo Gu und Li De beschränkt gewesen zu sein. Nicht einmal Zhou Enlai war bei allen diesen Gesprächen zugegen. Später hieß es, das sei aus Sicherheitsgründen so gewesen, aus Angst, Chiang Kaisheks Agenten würden von den Plänen der Roten Armee erfahren. Auch bei gründlichster Untersuchung der nationalistischen Presse findet sich kein Anzeichen für ein Leck, und es sind auch keine KMT-Offiziere hervorgetreten mit der Behauptung, sie hätten das Geheimnis des Langen Marsches aufgedeckt. Die nationalistischen Kommentare enthüllen eine unglaubliche Unwissenheit über die Rote Armee. Noch Jahre, nachdem Mao durch Bo Gu und Li De kaltgestellt war, schrieben die Nationalisten ihm das Kommando über Armeen zu; sie schienen die kommunistische Schlachtordnung nie verstanden zu haben.

Einer der sorgfältigsten kommunistischen chinesischen Historiker gestand: »Wann und wo die Entscheidung fiel, den Langen Marsch zu beginnen, können wir nicht feststellen.«[3]

Im Sommer 1934 kamen Bewegungen in Gang, die man später als Vorbereitungen für den Langen Marsch erkennen würde, Ausbrüche oder Ablenkungsmanöver verschiedener Roter Armeen. Der erste Schritt wurde von der Siebten Armee getan, die aus Westfujian ausbrach und sich der Zehnten Armee unter Fang Zhimin anschloß, einem fähigen Kommandeur und alten Kameraden von Mao Zedong, der den Yi-Heng-Aufstand von Januar 1928 geführt hatte. Die Siebte Armee wurde von einem anderen erfahrenen Kommandeur namens Su Yu angeführt, der bis 1983 lebte.

Sie hatten eine Streitmacht, die von einigen auf 10000 Mann geschätzt wurde, vermutlich aber viel kleiner war. Sie zogen nach Jiangxi hinein. Die Armee wurde Anti-Japanische-Vorhut-Kolonne getauft und hatte neben der militärischen auch eine propagandistische Aufgabe. Sie sollte versuchen, nationalistische Truppen zum gemeinsamen Vorgehen gegen die Japaner auf ihre Seite zu ziehen. Das funktionierte nicht. Die Nationalisten zerschlugen die Kolonne. Fang wurde gefangengenommen, in einen Bambuskäfig gesteckt, zur Schaustellung über Land gefahren und schließlich Anfang 1935 in Nanchang enthauptet. Su Yu und eine kleine Gruppe überlebten als Guerillas und schlossen sich schließlich 1938 der neuen Vierten Armee an.[4]

Ein weiterer Ausbruch folgte bald. Diesmal war es die Sechste Armeegruppe unter Xiao Ke. Die Sechste lag im Grenzgebiet von Hunan-Guandong. Xiao Ke erhielt seinen Marschbefehl am 25. Juli und brach, wie er sich erinnerte, am 7. August auf. Seine Instruktionen lauteten, sich durch Hunan durchzuschlagen und zu He Longs Zweiter Armee zu stoßen, die sich in der entlegenen Ecke von Guizhou–Hunan–Hubei–Sichuan eingerichtet hatte. Xiao hatte eine gut ausgebildete Streitmacht von 9000 Mann. Er hatte wenig Waffen und Munition und erklärte fünfzig Jahre später, der Befehl, seinen vollen Troß einschließlich einer schweren Druckpresse mitzubringen, habe seine Bewegungen behindert.

Xiao Ke mußte Guizhou durchqueren, um sein Ziel zu erreichen. Wie sich herausstellte, verlief ein großer Teil seiner Route ungefähr an dem Weg entlang, den der Hauptteil der Roten Armee bald darauf am Beginn des Langen Marsches zurücklegen würde. Das vielleicht schwerste Problem, so erinnerte sich Xiao Ke, war die Unwissenheit der Bevölkerung. Manche lebten wie die Tiere, von

Opium berauscht, halbnackt, ohne jegliche Kenntnis der Geographie der Gegend.

Xiao Ke, ein nachdenklicher, gebildeter Mann (seine Truppe galt als eine der härtesten der Roten Armee; die Nationalisten fürchteten, haßten und respektierten ihn), der ein halbes Jahrhundert später Chef der Akademie für Militärwissenschaft in Peking war, schien noch immer bestürzt, als er sich an die Zustände erinnerte, die er in Ghuizhou antraf. Die Sechste Armee hatte keine Landkarten außer einer Generalkarte von China, die aus einem Schulatlas herausgerissen worden war. Sie war etwa 30 mal 36 cm groß und zeigte nur Provinzhauptstädte, sehr wichtige Bezirksstädte, große Gebirgszüge und Flüsse. Für Kämpfe im Hinterland war sie kaum zu gebrauchen. Ortsansässige Bauern konnten ihnen noch nicht einmal sagen, wo sie sich in dem Labyrinth von Bergen befanden, vom Weg in die nächste Stadt ganz zu schweigen.

Am 22. Oktober war die Sechste Armeegruppe mit He Longs Zweiter Armeegruppe vereint. Ihre Stärke war auf 4000 Mann gesunken, doch Xiao Ke erinnert sich, daß sie einige gute Schlachten geschlagen hatten. Dafür, daß sie irgendwelche feindlichen Kräfte aus dem Sowjetgebiet abgezogen hätten, gibt es keine Hinweise.[5]

Worum ging es wirklich bei diesen Truppenbewegungen? Heute ist das schwer zu beurteilen, nicht nur für Ausländer, sondern sogar für Chinas eigene Experten. Wie konnten Truppenbewegungen im Hochsommer eine massive Verschiebung der Roten Armee gegen Ende Oktober unterstützen? Die Zeiteinteilung ergab keinen Sinn. Es gab keine Verbindung zwischen ihnen.

General Qin Xinghan vom Revolutionären Museum der Roten Armee in Peking sagte: »Es ist eine verwirrende Frage.«

Qin war überzeugt, die Bereitstellung von Vorräten und neuen Rekruten habe früh und rechtzeitig begonnen, so daß die Rote Armee auf alle Notfälle vorbereitet war. Wenn sie das Gebiet des Stützpunkts verlassen mußte, so war sie dazu in der Lage. Der Zeitpunkt der Ausbrüche der Siebten und Sechsten Armee jedoch war eine andere Frage. Es schien keine mögliche Beziehung zwischen ihnen und dem Langen Marsch von Mitte Oktober zu geben. Selbst wenn sie starke nationalistische Streitkräfte abgezogen hätten – was nicht der Fall war –, gab es keine Beweise dafür, daß Bo Gu und Li De im Hochsommer erwogen, das Gebiet aufzugeben.

Der Dolmetscher Wu Xiuquan, ein geschickter und kenntnisreicher Offizier, der vermutlich besser über die Entscheidungen der Führung aus dem Jahre 1934 informiert war als jeder andere Überlebende, weil er den Diskussionen zwischen Li De und Bo Gu (und auch Zhou Enlai) zugehört hatte, konnte die Fragen nicht erhellen. »Ich habe selbst Schwierigkeiten«, sagte er, »eine angemessene Antwort zu finden. Diese Fragen müssen Sie selbst beantworten.«

Er glaubte, daß die Bewegungen der Siebten und Sechsten Armee dazu bestimmt waren, die Aufmerksamkeit der Nationalisten abzulenken, und zwar in einem Moment, in dem die Rote Armee Verluste durch energische Rekrutierungen ersetzte. Als ich ihn fragte, wie Ablenkungsmanöver im Juli und August den Marsch, der Mitte Oktober stattfand, unterstützen konnten, antwortete er: »Ihre Skepsis ist durchaus begründet.«

Der Spezialist für den Langen Marsch Wang Yanjian bezeichnete die vorbereitenden Bewegungen von Einheiten der Roten Armee als »Ouvertüre der Symphonie«. Doch die Ouvertüre schien nicht in der gleichen Tonart komponiert zu sein wie die Symphonie.

Noch rätselhafter ist die Verlegung der 25. Armee. Die 25. war eine Reststreitmacht, die in dem entlegenen Hubei-Henan-Anhui-Grenzgebiet zurückgelassen worden war. Sie hatte der Vierten Frontarmee angehört, die nach Nordsichuan marschiert war. Ursprünglich hatte die 25. 7000 Mann umfaßt, doch im Herbst 1934 waren es nur noch 2900.

Im Mai 1934 wurde Chen Zihua, Politischer Kommissar der Roten Armee, wie er sich fünfzig Jahre später erinnerte, von Zhou Enlai zu einer Unterredung bestellt. Mit 74 Jahren trägt Chen Zihua tiefe Narben aus seiner Laufbahn in der Roten Armee. Er wurde an beiden Händen und Armen schwer verwundet, und seine rechte Hand ist eher eine Klaue als eine Faust. Er schreibt mit der linken Hand, die ebenfalls von einer Kugel verletzt und nie angemessen behandelt wurde.

Wenn Chen Zihuas Erinnerungen korrekt sind, so stützt seine Unterredung mit Zhou die Theorie einer langen Vorbereitungszeit für den Langen Marsch. Wie Chen Zihua sich erinnerte, sagte ihm Zhou Enlai, die Rote Armee befinde sich in einer schwierigen Lage (das war direkt nach der verheerenden Schlacht von Guangchang;

etwa um diese Zeit wurde auch der Schatz vom Berg geholt). Die Nationalarmee, sagte Zhou Enlai, sei unendlich viel stärker als die Rote Armee. Die kommunistische Basis werde immer kleiner. Das wiederum verringere die potentiellen Reserven an Männern und Hilfsquellen. Die Rote Armee stehe vor einer »akuten Gefahr« – wenn sie sich nicht selbst versorgen könne, würde die Basis verlorengehen. Was war die Lösung? Diese Frage stellte Zhou, und als Antwort sagte er, die Rote Armee sei bereit, eine gewaltige Reise anzutreten, um eine neue Basis zu schaffen, wo sie neue Versorgungsmöglichkeiten und Leute finden und wieder zu wachsen beginnen könne.

Wenn die Rote Armee diesen Kurs verfolgte, so sagte Zhou Enlai, würden die Nationalisten ihre Blockadekräfte abziehen, und dies würde einen radikalen Effekt auf die Situation haben, die er mit Chen Zihua besprechen wolle – den schlechten Zustand der 25. Armee. Die Armee stehe unter Druck, sie habe keine professionelle Führung, und die regionale Partei bitte um Hilfe. Zhou entsandte also Chen Zihua, um sie zu übernehmen und die 25. zu einer neuen Basis zu führen. Die bevorstehende Verlegung der Hauptmacht der Roten Armee sollte diese Aufgabe erleichtern.

Chen Zihua verließ eilends Ruijin, doch es war nicht einfach, die 25. Armee zu erreichen. Er begab sich in den Südteil des Sowjetgebietes, schlüpfte über die Grenze in das »weiße« Gebiet von Guangdong und zum Hafen Swatow, wo er einen Dampfer nach Shanghai nahm. Von Shanghai aus fuhr er den Yangtze hinauf nach Hankou und kam schließlich im September im Grenzgebiet an, nicht lange vor dem Langen Marsch, doch davon sollte er erst Monate später erfahren. Chen Zihua und die örtlichen Führer entschieden, die 25. in die noch entlegeneren Berge von Nordhubei, nach Tongbai und Funiu, zu verlegen, westlich von Henan. Die Armee wurde umbenannt in Zweite Vorhut der Anti-Japanischen Streitkräfte. Die erste waren die verlorene Siebte und die Zehnte Armee gewesen. Am 16. November 1934 brach Chen Zihua mit 2900 Männern unter seinem Befehl auf.[6]

Die Bewegung der 25. Armee mit anderen als den lokalen Umständen in Verbindung zu bringen, ist schwierig. Die Annahme, Zhou Enlai habe schon im Mai 1934 konkrete Pläne für die große Verlegung der Roten Armee gehabt, ist ebenso unwahrscheinlich.

Dies war eine Zeit der Widersprüche und der Ungewißheit. Da war der verwirrende Mißerfolg im Falle der 19. Armee, einer in Fujian in der Nähe der Kommunisten stationierten nationalistischen Armee. Die 19. war in der ganzen Welt wegen ihres heroischen Widerstandes gegen die Japaner in Shanghai bekannt. Sie war unabhängig und überaus patriotisch und von Chiang Kaishek nach Fujian verbannt worden, weil er ihren anti-japanischen Patriotismus und eine Herausforderung seiner Politik fürchtete. Im November 1933 rebellierte ihr Kommandeur und rief eine unabhängige Regierung aus. Das war eine Situation ganz nach dem Geschmack der Kommunisten, eine Chance, sich mit einer mächtigen militärischen Kraft zu verbinden und China zu einen, um gegen Japan zu kämpfen – das Hauptthema der kommunistischen Propaganda. Das war die Art von Gelegenheit, in deren Ausnutzung sich Mao Zedong und seine Genossen als geschickt erwiesen hatten.

Als sich im Dezember 1931 die nationalistische 26. Armee, die in Ningdu lag, gegen Chiang erhob, war die Rebellion mit den Kommunisten abgestimmt. Sie wurde sogar um einen Tag auf den 14. Dezember verschoben, damit eine Schiffsladung von Winterkleidung und Vorräten, die die Kommunisten brauchten, in Empfang genommen werden konnte. Am Abend des 14. Dezember lud Liu Bojian, der Stabschef, seine Offiziere zu einem Abendessen in der säulengeschmückten Lutheranischen Mission an den Ufern des Mei-Flusses in Ningdu ein, die sein Hauptquartier war. Die Offiziere aßen im ersten Stock, ihre Leibwächter unten. Als das Essen serviert wurde, ließ Liu Bojian das Gebäude von ihm treu ergebenen Soldaten umstellen und verkündete die Rebellion. Zwei Offiziere sprangen vom Balkon des ersten Stocks und versuchten zu entkommen, aber die übrigen schlossen sich dem Coup an. Am Ende liefen neun der elf Regimenter, insgesamt 17 000 Mann, zu den Kommunisten über. Diese Regimenter wurden zur Fünften Kommunistischen Armee, einer der verläßlichsten und diszipliniertesten in der Roten Armee; sie dienten als Nachhut und retteten die Hauptkolonne viele Male vor der Vernichtung.[7]

In Ningdu waren die Kommunisten sicher und selbstbewußt aufgetreten, doch bei der nationalistischen 19. Armee verhielten sie sich denkbar ungeschickt. Die ersten Kontakte verliefen gut. Peng Dehuais Dritte Frontarmee operierte Anfang August in Westfujian, als er einen Besuch von einem »Chen« erhielt, hinter dem sich Cai

Tingkai verbarg, der Kommandeur der 19. Armee. Peng lud »Chen« zum Essen ein, das er in einer großen Waschschüssel aus Zinn servierte, eine Mischung aus Schweinefleisch und Eiern, »bei einem dort ansässigen Despoten konfisziert«, wie Peng später schreiben sollte. Der Abend verlief gut; es wurde viel über ein Zusammenlegen der Kräfte gesprochen, um die Japaner zu bekämpfen. Mit dem Kommunismus würde man sich später befassen. »Chen« ging nach Ruijin und führte dort Gespräche, doch dann gab es offenbar verwirrende Widersprüche, und das Zentralkomitee beschloß, man wolle nichts mit ihm zu tun haben. Peng Dehuai wurde getadelt – nicht, weil er mit »Chen« gesprochen hatte, sondern weil er es an Etikette hatte fehlen lassen, indem er ein Festessen in einer Waschschüssel serviert hatte.[8]

Das war für eine Weile der Stand der Dinge. Dann wurden zwei Männer ausgesandt, um erneut mit Cai Tingkai zu verhandeln. Es waren Wu Liangping, später Wirtschaftsminister der Volksrepublik (und damals manchmal Dolmetscher für Otto Braun), und Pan Hannian. Sie wurden von Mao selbst als Vorsitzendem der Sowjetregierung und von Luo Fu geschickt, dessen Stellung der eines Premiers entsprach. Die Verhandlungen, so hieß es, waren erfolgreich. Die beiden kehrten zurück und berichteten Mao, Luo Fu und Zhou Enlai; dieser sagte, er sei sehr froh, daß nun alle zusammen gegen Chiang Kaishek kämpfen könnten. Die beiden erstatteten in Shazouba Bericht, zu der Zeit, als Luo Fu und Mao dasselbe Gebäude bewohnten.

Die Entscheidung über die 19. Armee war von großer Bedeutung. Mit ziemlicher Sicherheit hätte sie die Kommunisten in die Lage versetzt, Chiangs Blockhausumzingelung zu durchbrechen. Sie hätte ihre Sache national oder sogar international gefördert und die Rote Armee aus der Obskurität gehoben. Die meisten Menschen in China (und die wenigen außerhalb Chinas, die von der Roten Armee wußten) hielten die Rote Armee für eine kleine Bande von Rebellen irgendwo in entlegenen Bergen.

Es ging sogar um noch mehr. Der Kriegsherr von Guangdong stand Chiang Kaishek feindlich gegenüber. Hätten die Kommunisten sich mit der 19. Armee verbündet, so hätte er seinerseits sich dieser neuen Verbindung angeschlossen. Mit der Unterstützung von Guangdong hätten sich vielleicht auch andere Kriegsherren angeschlossen. Fujian besaß den Meereshafen Fuzhou. Es wäre möglich gewesen – wenn auch realistischerweise nicht allzu wahrscheinlich –, daß die Sowjetunion eine Versorgungslinie über Fuzhou errichtet hätte.

Die Gelegenheit wurde verpaßt, weil die Kommunisten untereinander zerstritten waren. Manfred Stern, hoher Komintern-Berater, war noch immer in Shanghai. Er war heftig gegen die Zusammenarbeit mit der 19. Armee, die er als »bloße Kriegsherrenarmee« bezeichnete. Braun scheint in dieser Angelegenheit unschlüssig gewesen zu sein und meinte nur in Übereinstimmung mit Sterns Anweisungen handeln zu können. Später sollte er behaupten, Bo Gu und Zhou Enlai hätten die Zusammenarbeit befürwortet, doch die anderen, einschließlich Mao, seien dagegen gewesen. Der heftigste Widersacher, sagte er, sei das »Shanghaier Büro des Zentralkomitees« gewesen, was immer er damit meinte. Zu jener Zeit nämlich war das »Büro« ein wildes Durcheinander, geführt von ein paar Handlangern; es sollte bald von Chiang Kaisheks Geheimpolizei ausgehoben werden.[9]

Während die Kommunisten noch diskutierten, zerschlug Chiang die 19. Armee.

1934 bot die kommunistische Führung alle Anzeichen interner Verwirrung. Von der resoluten und oft gewagten Strategie Zhu-Maos war nichts mehr zu bemerken. Entscheidungen wurden von Männern mit geringer oder keiner Kampferfahrung und noch weniger Erfahrung im Umgang mit Menschen (den Massen, hätten sie gesagt) getroffen. Moskau und Shanghai, Tausende von Kilometern entfernt, versuchten, die Dinge zu lenken. Braun hatte kaum mehr als ein Jahr in China hinter sich. Noch immer kannte er das Land nicht, kannte er die Chinesen nicht, sprach ihre Sprache nicht und lernte sie nicht einmal; er kannte die Topographie nicht, er wußte weder etwas über die Geographie noch über die tiefgreifenden Unterschiede zwischen einem Mann aus Jiangxi und einem Mann aus Guizhou. Er kannte die Psychologie nicht, die ins Spiel kam, wenn ein Mann aus Jiangxi sich in Fujian wiederfand oder umgekehrt, und wegen des lokalen Dialekts unfähig war, die Menschen um sich herum zu verstehen, Hunderte von *li* von der Heimat entfernt und ohne eine Ahnung, wie und ob er überhaupt je dorthin zurückkehren würde.

Er hätte den Soldaten nicht antworten können, die zwei Tage nach Beginn des Langen Marsches zum Politischen Kommissar

Yang Chengwu geeilt kamen. Die Kolonne bewegte sich auf einem engen und gewundenen Bergpfad. Niemand sprach; die Soldaten trotteten schweigend, mit gesenkten Köpfen, vorwärts. Zwei Männer aus Jiangxi holten Yang ein, heftig atmend.

»Politischer Kommissar!« rief einer. »Seit zwei Tagen sind wir schon unterwegs. Wohin in aller Welt gehen wir? Wie viele Tage werden wir noch so weitermarschieren?«

Die beiden Soldaten hatten Angst. Wohin gingen sie? Was taten sie? Würden sie je ihre Heimat und ihre Familien wiedersehen? Was konnte Yang antworten? Er wußte es auch nicht. Alles, was er wußte, war, daß sie nach Nordwesten marschierten; sie würden die feindliche Blockade durchbrechen, den Nationalisten einen schweren Schlag versetzen und die sowjetische Basis verteidigen.[10]

Braun kam überhaupt nicht auf die Idee, daß die Männer der Roten Armee eine gewisse Vorstellung von dem haben mußten, was sie taten, wenn sie gut kämpfen sollten. Sie waren keine Automaten.

Braun war ein Mann preußischer Disziplin. Er war Europäer, ein europäischer Militär. Er hatte seine eigenen Werte und Vorstellungen. Sie hatten wenig gemeinsam mit denen der Männer, die er aufgrund einer zufälligen Anordnung irgendwelcher Fremder in Moskau befehligte. Solange er in China blieb, versuchte Braun nie, die Chinesen zu begreifen. Er trank immer Kaffee und rauchte Zigarren (sofern er sie bekommen konnte). Er aß Brot statt Reis, selbst wenn er es selbst backen mußte. Die Chinesen der »russischen« Clique wußten im großen und ganzen nur wenig mehr über ihr Land als Braun. Sie waren Intellektuelle, die eine Tünche aus Moskauer Marxismus erworben hatten, und diese Tünche isolierte sie vom wirklichen China. Was sie in Moskau vor allem gelernt hatten, war Geschick im bürokratischen Nahkampf. Mao und seine Pragmatiker, vorwiegend Männer, die kampferprobt waren, die die schmalen Pfade gegangen waren und mit den Bauern gelebt hatten, die häufig aus Bauernfamilien stammten wie Mao, kannten China, selbst wenn sie nicht immer in der Lage waren, die richtigen Absätze aus Marx oder Lenin zu zitieren. Im Augenblick waren sie Außenseiter, unfähig, den Lauf der Ereignisse zu beeinflussen. Mao war während eines großen Teils seiner Laufbahn als Revolutionär und Kommunist Außenseiter gewesen. Nun spürte er, daß seine Stunde gekommen war.

Kapitel 6

Kriegslisten

Zuerst gab es nichts als Nachtmärsche. Bei Tag streckten sich die Männer aus und schliefen im Schatten der Kampferbäume oder zusammengerollt unter Gruppen von Maulbeerbüschen. Sie nahmen schmale Pfade. Es gab in Südjiangxi und im benachbarten Guangdong keine Straßen, und wenn es welche gegeben hätte, so hätten sie die gemieden. Die Rote Armee verließ ihre Basis auf Zehenspitzen, und es gab kein Anzeichen dafür, daß das »große Manöver«, wie die Politischen Kommissare es später vor den Männern nannten, entdeckt worden wäre.

Die Nachtmärsche waren nicht unangenehm. Wie ein Offizier zu Agnes Smedley sagte: »Es ist wundervoll, wenn der Mond scheint und ein leichter Wind geht. Wo keine feindlichen Truppen in der Nähe waren, sangen ganze Kompanien, und andere antworteten.« In den frühen Tagen gab es keinen nennenswerten Feind ringsum, der Mond schien, und der Wind wehte leicht.

Wenn Wolken den Mond verdunkelten, machten die Truppen sich Fackeln, manchmal aus Pinienzweigen oder hohlen Bambusröhren, gefüllt mit Petroleum, meist aber aus zusammengebundenen, gespaltenen Bambuszweigen. Es war ein schöner Anblick, wenn man vom Fuß eines Berges auf eine Schlangenlinie von Lichtern sah oder von einem Felsabhang herunter auf die flackernden Feuer blickte.[1] Doch nicht immer war es schön oder leicht. In der Dunkelheit banden sich die Männer manchmal weiße Tücher auf den Rücken, damit ihre Kameraden sie sehen und ihnen folgen konnten. Manchmal marschierten sie mit auf die Schultern des Vordermannes gelegten Händen, um den engen Pfad nicht zu verlieren. Oft war der Boden schlüpfrig. Wenn ein Mann fiel, stolperte auch der ganze Zug, der ihm folgte; manchmal fielen sie sechzig Meter hohe Abhänge herunter und kamen um.

Normalerweise waren die Männer der Roten Armee hochmotiviert. Propagandaarbeiter feuerten sie an. Man sagte ihnen, was sie tun würden, wie sie es tun würden und warum sie es tun würden. Diese wichtige Grundlage der Motivation fehlte zu Beginn des Marsches. Zhang Shengji stieß aus dem Modellbezirk Xingguo in Jiangxi, seiner Heimat, zur Roten Armee. Das war im Jahre 1931, und er war fünfzehn Jahre alt. Er kämpfte während des ganzen Marsches. Er erinnerte sich, daß im September 1934 seine Gruppe noch in Xingguo war; er sah, wie zwei Flugzeuge der Nationalarmee in der Luft zusammenstießen und brennend abstürzten. Das war sehr aufregend. Eine Woche später erhielten sie den Befehl zum Aufbruch; sie dachten, es ginge nach Hunan, um eine neue Basis zu errichten. »Wir wußten nicht, daß die Dinge für die Rote Armee schlecht gelaufen waren«, erinnerte er sich fünfzig Jahre später, ein gutaussehender Mann von 68. »Wir waren hochgemut. Wir wußten nicht, daß wir so lange würden marschieren müssen. Man mußte hochgestimmt sein, wenn man 80 km in einer Nacht marschieren und drei Kreisstädte einnehmen sollte.«[2] Peng Haiqing, der ebenfalls aus Jiangxi stammte, ein kleiner Mann von 75 Jahren mit schütterem Bart, halbverkrüppelt durch Arthritis, sagte ebenfalls, die Truppen hätten weder erfahren, daß die Rote Armee Niederlagen erlitten hatte, noch, daß sie sich auf den Langen Marsch machte. Er hatte alle Feldzüge gegen Chiang Kaisheks Einkreisungen mitgemacht und mit der Dritten Frontarmee in Guangchang gekämpft, die heißeste Schlacht seines Soldatenlebens, aber er wußte nicht, daß es eine verlorene Schlacht gewesen war. Wie der Lange Marsch wurde das »im dunkeln gelassen«.[3]

Es sollte böse Auswirkungen haben, daß es dem Führungsdreigespann aus Li De, Bo Gu und Zhou Enlai nicht gelang, die Motivierungspropaganda fortzusetzen, die der Roten Armee auf früheren Feldzügen so gute Dienste geleistet hatte.

Die Armee marschierte in seltsamer Formation los. Liu Bocheng, der einäugige Drache, verglich sie mit der Sänfte eines Kaisers. Es gab zwei Hauptkolonnen, eine angeführt von der Ersten Armee, die andere von der Dritten. Sie bildeten eine lange Kastenformation, in deren Mitte sich die Kommandokolonne und die 5000 Träger befanden, die alle Arten von Lasten schleppten.

Die Kommandostruktur war kompliziert. Unter der Troika der Zentralen Militärkommission, bestehend aus Otto Braun, Bo Gu und Zhou Enlai, standen Oberbefehlshaber Zhu De, der Stellvertretende Befehlshaber und Direktor der Allgemeinen Politischen Abteilung Wang Jiaxiang und Stabschef Liu Bocheng.

Die beiden Marschsäulen im Zentrum des Kastens waren die Erste Militärkommission, befehligt von Ye Jianying, später Befehlshaber der Roten Armee und viele Jahre Verteidigungsminister, sowie die Zweite Zentrale Kolonne, die von Lo Man (Li Weihan) befehligt wurde. Sein Stellvertreter war Deng Fa, der Sicherheitschef der Kommunisten.

Bevor der Lange Marsch begann, bekam jede Einheit einen Codenamen. Die Erste Militärkolonne wurde Hongan genannt; die Zweite Hongzhang. Die Erste Armeegruppe hieß Nanchang; die Dritte Fuzhou.[4]

Die Kolonne der Militärkommission wurde in vier Abteilungen aufgeteilt. In der ersten marschierten Bo Gu, Otto Braun, Zhou Enlai, Zhu De, Liu Bocheng. Kommandiert wurde sie von Deng Yuefeng. Die zweite Abteilung bestand vor allem aus Logistik; die dritte schloß das Pionierbatallion ein, die Artillerieeinheit und ein Sanitätskorps. Die vierte war das Kaderregiment, angeführt von Cheng Geng, dessen Stellvertreter Xong Renqun war. Die Zentrale Kolonne war ebenfalls in vier Abteilungen geordnet. Die erste Abteilung bestand aus einer Ausbildungsdivision, geführt von Zhang Jingwu; die zweite enthielt Nachschub, Werkstatt, Nachrichtenverbindungen, Ausbildung und die Träger; die dritte war eine Sanitätsabteilung; und die vierte bestand aus Regierungs- und Parteibürokraten und einem Sicherheitsregiment. Dieses wurde von Yao Zie kommandiert, dem Kopf des Sicherheitsbüros. Zhang Nansheng war sein Politischer Kommissar.

Die Zentrale Kolonne, der Teil, den Liu Bocheng als Kabine der »Sänfte« betrachtete, konnte sich nicht so rasch vorwärtsbewegen wie die Kampfkolonnen und die Achte und Neunte Armee an den Flanken. Sie wurde von den Tausenden von Trägern mit ihren Lasten und von den Alten, Kranken und Verwundeten aufgehalten.

Mit der Zeit erwies sie sich als Treibanker für die schnelleren Militärkolonnen, und es war unvermeidlich, daß schwerere Lasten (die Träger schleppten sogar Büromöbel und Akten) abgeworfen wurden.

Die Zentrale Kolonne war gut geschützt. Es kam selten vor, daß hier Verluste entstanden, und diese waren meist Folgen von Bombardierungen oder Unfällen – wenn etwa ein Pferd scheute und einen Reiter in den Abgrund warf –, nicht von Kämpfen.

In dieser Kolonne waren natürlich Li De, Bo Gu und Zhou Enlai zu finden, die die Operationen leiteten, und andere wie Mao und Wang Jiaxing, der unter seiner jahrealten Bauchwunde litt. Hier waren auch die dreißig weiblichen Kader, die meisten von ihnen Ehefrauen höherer Offiziere oder Kader und viele auch selbst höhere Kader.

Schwerfällig wie ein Elefant bewegte sich die Rote Armee zur Südwestecke der sowjetischen Zone und schlüpfte über die Grenze in »weißes« Territorium.

Am 21. Oktober hatte sie die erste von Chiangs Blockhauslinien durchstoßen, und zwar ohne auf nennenswerten Widerstand zu treffen. Diese Linie befand sich in der äußersten Südwestecke von Jiangxi am Fluß Tao, einem Nebenfluß des Gan. Sie zogen in die Provinz Guangdong und bewegten sich noch immer leicht südwestwärts. Einigen kam das merkwürdig vor, weil ihr erklärtes Ziel in nordwestlicher Richtung lag; sie sollten dort zur Vierten Armee stoßen.

Der Marsch begann mit dem bestmöglichen Omen – einem Sieg an der ersten Blockhauslinie –, und die Truppen stießen rasch vor zur zweiten Linie und überschritten sie am 3. November ebenso schnell und ohne größere Schwierigkeiten. Sie hatten etwas an Schwungkraft verloren, aber am 10. November hatten sie das noch nicht fertiggestellte Schienenbett für die neue Wuhan-Kanton-Eisenbahn überschritten.

Es war ein rascher und geschickt ausgeführter Feldzug gewesen, wenn auch Otto Braun von Streitereien unter den Kommandeuren berichtete, bei denen es um Einzelheiten ging, vor allem um den Zeitverlust der Ersten Armee, weil sie mangels Landkarten steckenblieb und so Zeit verlor.

Dieser frühe Erfolg war kein Zufall. Zhou Enlai hatte einen geheimen Handel mit dem Kriegsherrn von Guangdong Chen Jitang abgeschlossen. Heimliche Kontakte zwischen gegnerischen Kommandeuren waren während des Langen Marsches nichts Ungewöhnliches.

Dafür gab es viele Gründe. Es lag in der chinesischen Militärtradition. Die Chinesen, unerhört vernünftige Menschen, glaubten nie an Blutvergießen durch Kriegshandlungen, wenn man zu angemessenen Arrangements gelangen konnte. Die Ideologie hat diese Sitte nicht ganz beseitigt. Viele der auf beiden Seiten kämpfenden Männer hatten lange und enge Kontakte gehabt, vor allem in den frühen Jahren der revolutionären Bewegung, als sie zusammen unter der Flagge von Dr. Sun Yatsen kämpften. Jahrelang hatte es Kollaboration zwischen den Kommunisten und den Nationalisten gegeben.

Im komplexen Spiel der chinesischen Politik war Chiang Kaishek nicht allmächtig. Er hatte es mit einem sich ständig verschiebenden Feld regionaler Kriegsherren und Machtmakler zu tun. Laufend veränderten sich die Kombinationen. Allianzen wurden geschlossen und gebrochen. Die Kriegsherren fürchteten, wenn Chiang Kaishek zu mächtig würde, könnten ihre Lehnsgüter (und Einkünfte) verlorengehen. Sie wollten weder Chiang Kaishek noch die Kommunisten allzu stark sehen. Sie scheuten sich nicht, mit den Kommunisten zu verhandeln, wenn ihnen das einen Vorteil einbrachte. Einige hießen den patriotischen Appell der Kommunisten willkommen, eine vereinte Front gegen die Japaner zu bilden, und nahmen Chiang Kaishek sein Taktieren mit dem Feind übel.

Dies waren die Faktoren, die Chen Jitang dazu bewogen, im September 1934 eine geheime Botschaft an Zhou Enlai zu senden und geheime Unterredungen vorzuschlagen. Otto Braun meinte, Chen Jitang fürchte vielleicht, daß die Nationalisten die kommunistische Abwehr durchbrächen und an die Grenzen von Guangdong marschierten, das in einem gewissen Sinne durch die Präsenz der Kommunisten geschützt wurde. Was auch immer seine Motive waren, der Kriegsherr schickte einen geheimen Abgesandten zu Zhou. Zhou reagierte sofort und positiv. »Wir können General Chens Einstellung gegen Chiang Kaishek nutzen«, sagte er. »Wir müssen unsere Lehren aus dem Vorfall mit der 19. Armee ziehen.«

Zhou entsandte zwei verantwortungsvolle Genossen, He Changgong (der den Banditen Wang überredet hatte, sich im Jinggangshan den Kommunisten anzuschließen, indem er ihm den Kopf seines Feindes brachte) und Pan Hannian (der später wichtige Geheimmissionen in Moskau durchführen sollte), in ein Dorf in Nordguangdong, wo ein Abkommen geschlossen wurde, das vorsah, keine der beiden Seiten werde die andere angreifen. Sie würden Nachrichten austauschen, und der Gouverneur von Guangdong würde die Rote Armee mit Funkgeräten und medizinischer Ausrüstung versorgen. Sie marschierte durch Guangdong und das benachbarte Territorium beinahe wie Touristen auf einem Spaziergang. Es gab wenig nationalistische Kräfte in der Gegend. Die Guangdong-Truppen schlossen beide Augen. Die Rote Armee wurde ausgezeichnet unterrichtet. Sie wußte, was sie erwartete und wo der Feind sein würde.[5]

Es ist möglich, daß der Neutralitätspakt einen Einfluß auf den Zeitpunkt für den Beginn des Langen Marsches hatte, wenn auch im September die Vorbereitungen so weit fortgeschritten waren, daß keine großen Veränderungen mehr möglich schienen. Er kann jedoch die kommunistische Führung in ihrer Wahl bestärkt haben, den Ausbruch in der Guangdong-Ecke zu unternehmen. Es gibt Hinweise darauf, die allerdings nicht sicher zu untermauern sind, daß es eine Verständigung mit den Kriegsherren von Guangxi gegeben haben könnte, in Nordostguangxi einen »Korridor« einzuräumen, um den Kommunisten ein möglichst schnelles Verlassen der Gegend zu ermöglichen.

Die Vereinbarung, aufgrund derer der Kriegsherr von Guangdong der Roten Armee Funkgeräte verschaffte, war kein Einzelfall. Als die Vierte Frontarmee unter Zhang Guotao ihre Grenzbasis in Sichuan errichtete, besaß sie ein ziemlich starkes Funkgerät. Es wurde noch verstärkt durch Geräte, die General Yang Huchen, Stabschef und Divisionskommandeur der Provinzarmee, heimlich beschaffte. General Yang war insgeheim Sympathisant der Kommunisten, einer von vielen, die in Chiang Kaisheks Armee verstreut waren. Er starb jedoch zu früh, um den Sieg der Volksbefreiungsarmee noch zu erleben. Er war in den Zwischenfall von Xian im Jahre 1936 verwickelt (die Entführung von Chiang Kaishek), wurde von der KMT verhaftet und bis ganz kurz vor dem Machtantritt der Kommunisten festgehalten, dann richtete die KMT ihn hin.[6]

Mit oder ohne die Nachrichtenbeschaffung, die der Kriegsherr von Guangdong versprach, die Rote Armee besaß einen außerordentlichen geheimen Trumpf. Sie konnte den Funkverkehr der Nationalarmee abhören und entschlüsseln. Sie hatte denselben Vorteil gegenüber Chiang Kaishek wie die Alliierten gegenüber den Nazis im Zweiten Weltkrieg durch ihre Fähigkeit, streng geheime deutsche Funksprüche abzuhören. Für diese Leistung war weitgehend Zhou Enlai verantwortlich.[7] Von 1930 an, als Zhou für die Sicherheit der Partei zuständig war und auf vertrautem Fuße mit Moskau stand, sorgte er dafür, daß chinesische Spezialisten in der Sowjetunion in Elektronik und Verschlüsseln und Entschlüsseln ausgebildet wurden. Damals veranlaßte er sogar, daß Parteimitglieder in den Tricks des Entfesselungskünstlers Houdini unterwiesen wurden, damit sie sich, wenn sie gefaßt wurden, von Handschellen und Fußeisen befreien konnten. Wo sie diese Ausbildung erhielten, ist nicht überliefert.

In den Anfangstagen in Jiangxi besaß die Rote Armee keine Sender, die stark genug waren, um Shanghai zu erreichen. Im Mai 1931 erbeuteten sie zwei Hundert-Watt-Sender von Chiang Kaisheks Truppen. Bald kam Liu Ding, der erste wichtige Entschlüsselungsexperte für Funkverkehr, der in Rußland ausgebildet worden war, aus Shanghai. Er hatte das gesamte Codebuch auswendig gelernt, und von diesem Zeitpunkt an war Mao Zedong in der Lage, über Funk mit Shanghai und über Shanghai mit Moskau Nachrichten auszutauschen.

Liu Ding baute ein Abhör- und Entschlüsselungsprogramm des Funkverkehrs der Nationalisten auf, und solange die Rote Armee und die Nationalisten kämpften, scheint die KMT nie geahnt zu haben, was da vor sich ging.

In dieser Anfangszeit benutzten die Nationalisten meist einfache oder überhaupt keine Codes. Während des Ersten Feldzuges scheinen sie ihre Funksprüche im Klartext abgesetzt zu haben. Beim Zweiten und Dritten Feldzug waren die Codes so einfach, daß keine besonderen Fachkenntnisse nötig waren. Inzwischen war die Rote Armee mit ihrem Abhörprogramm ziemlich weit vorangekommen. Wang Zheng, der später Minister für Elektronik werden sollte (ursprünglich Viertes Ministerium für Maschinenbau), war darin führend. Er konnte den gesamten Funkverkehr der Nationalisten mit der Front entschlüsseln und tat dies während Chiangs Viertem und Fünftem Feldzug und während des Langen Marsches. Es gab kaum einen Augenblick, in dem die Rote Armee die Stellungen von Chiangs Streitkräften und deren Befehle nicht kannte; sie empfing und entschlüsselte die Funksprüche oft schneller als die Nationalisten selbst.[8]

Die Vierte Frontarmee unter Zhang Guotao arbeitete an derselben Aufgabe. Nach dem Beginn des Langen Marsches übermittelte

Zhang der Ersten Armee eine Flut von abgehörten Funksprüchen der Nationalisten. In seinen Memoiren beschreibt Zhang, wie er Nacht um Nacht wach saß und den Funkverkehr mithörte und wichtige Informationen an die Erste Frontarmee weitergab – oft ohne zu wissen, ob seine Sendungen empfangen wurden, weil er während langer Zeiträume den Aufenthaltsraum der Ersten Armee nicht kannte. Die Erste Armee dagegen besaß keinen Sender, der stark genug war, um Funksprüche an die Vierte Armee durchzugeben.[9]

Die Kommunisten waren so emsig im Abhören des feindlichen Funkverkehrs, daß Otto Braun, als er sich noch in Shanghai aufhielt, oft besser über die Nationalisten und deren Truppenverschiebungen informiert war als über die Rote Armee, weil er fast jeden Tag Niederschriften der neuesten nationalistischen Funksprüche erhielt.

Es herrschte chronischer Mangel an Funkern und Funkgeräten, und die Rote Armee gab sich größte Mühe, Funker und ihre Ausrüstung in die Hand zu bekommen. (Sie hatte auch ein Spezialprogramm zum Einfangen von Ärzten mit ihren Geräten und Medikamenten.) Den gefangenen Funkern wurden Anreize zur Arbeit mit der Roten Armee geboten, Sonderzahlungen, gute Rationen. Viele Funker wurden auf diese Weise gewonnen. Einige gefangengenommene Funker kannten die Codes der Nationalisten. Das war ein zusätzliches Geschenk.

Wegen des Mangels an Geräten wurde Funk beim Langen Marsch nur für die Kommunikation zwischen den Frontarmeen benutzt. Kontakt auf niedrigerer Ebene erfolgte über Feldtelephon oder durch Kuriere. Riesige Rollen Telephondraht wurden von den Meldekompanien mitgeschleppt, die vor dem Oberkommando herzogen und die Leistungen zwischen von Erkundungstrupps bestimmten Plätzen verlegten. Das war beschwerlich und ineffizient und führte oft zu Verlusten unter den Meldern.

Soweit der Roten Armee bekannt ist, haben die Nationalisten ihren Funkverkehr nie abgehört.

Eines war offenkundig, als die Rote Armee auf ihrer langen Reise voranschritt. Der Nachrichtenaustausch würde für das Oberkommando den Lebensrhythmus diktieren. Den ganzen Tag marschierten und/oder kämpften die Armeen. Für Berichte war keine Zeit, außer für dringende Botschaften von der Front. Erst mit Einbruch der Nacht und der Errichtung von Lagern begannen die Funkgeräte zu plärren, die Kuriere auszuschwärmen. Erst dann konnte sich die Führung ein Bild von der Kampfsituation machen.

Viele hohe Kommandeure der Roten Armee hatten sich als revolutionäre Verschwörer an Nachtarbeit gewöhnt. Nun zwangen kriegsmäßige Bedingungen sie, die ganze Nacht zu arbeiten, und zwar Nacht für Nacht. Die Soldaten erzählen zahllose Geschichten über Mao und Zhou, die lange nach Mitternacht noch arbeiteten. Wie konnten sie Ruhe und Schlaf finden? Die Armee brach jeden Morgen um sechs Uhr auf. Soldaten und Offiziere standen eine Stunde eher auf, um das Lager abzubrechen, ihren Frühstücksreis zu essen und eine Tasse Tee oder heißes Wasser zu trinken. Die Führer erhoben sich um acht oder neun Uhr. Ihre Köche oder Leibwächter waren dann schon drei Stunden unterwegs. Sie gingen voraus, um Feuer zu machen und das Frühstück für Mao oder Zhou Enlai zu kochen, und erwarteten sie nach drei Wegstunden. Normalerweise wurden die Männer an der Spitze während der ersten drei Stunden in einer Sänfte getragen, bis sie den Frühstücksplatz erreichten. Sie schliefen wie Kinder in der Wiege in der von kräftigen Trägern beförderten Sänfte.

»Sie wußten, daß es keine Verfolger gab«, sagte dazu Li Yimang, Vorsitzender der Gesellschaft für internationale Verständigung, der den Langen Marsch in der Kaderkolonne mitmachte und Mao und Zhou oft sah. »Das Schlafen in den Sänften schadete ihnen nicht, außer, daß sie alle die Gewohnheit entwickelten, Schlaftabletten zu nehmen.«[10]

Erst Ende Oktober bekamen die Nationalisten Wind davon, daß die Rote Armee in Bewegung war. Aber es sollte noch einen Monat dauern, bis sie herausbekamen, was vor sich ging.

Das spiegelte sich in den nationalistischen Zeitungen wider. Die Zeitung von Nanchang veröffentlichte am 18. Oktober einen Glückwunschbericht über den am 14. erfolgten Fall des »sogenannten Modelldistrikts« von Xingguo, von dem es hieß, er sei seit Juli eingekreist gewesen. Chiang Kaishek war in Xi'an und traf dann am 23. Oktober in Chengdu ein. Am 27. berichtete die Zeitung, die »Roten Banditen« versuchten durchzubrechen und nach Süden zu entkommen. Sie hätten Yinfeng und Anyuan angegriffen und seien mit hohen Verlusten, schätzungsweise 10000, zurückgeschlagen worden. Mao und Zhu De hätten das Kommando. In dem Artikel hieß es, die Roten Streitkräfte hätten sich nach Ruijin zurückgezogen. Am nächsten Tag wurden weitere falsche Details über diese Schlacht veröffentlicht, und am 28. wurde der Fall von Ningdu verkündet. Am 31. Oktober schrieb die Zeitung, die »Basis der Roten Banditen« sei zerschlagen und ihre Hauptstadt aus Ruijin verlegt.[11]

Eine andere nationalistische Zeitung schrieb am 8. November, die Kommunisten hätten Niederlagen erlitten, erwiesen sich aber »als außergewöhnlich störrisch. Es kann noch einige Monate dauern, bis sie völlig ausradiert sind.«

Keiner dieser Berichte lieferte einen Hinweis auf das, was wirklich vorging. Zwar hieß es, die Roten versuchten zu entkommen, doch das Schwergewicht lag auf Schlachten um Städte, an denen die Rote Armee natürlich kein Interesse hatte. Einen Monat später, am 1. Dezember, war ein Leitartikel in der Zeitung von Nanchang überschrieben: »Abrechnung in früheren Roten Gebieten«. Es hieß, die Kommunisten hätten 10000 Mann Verluste gehabt, 4000 seien gefangengenommen worden. In Nanchang wurde eine Massenversammlung abgehalten, um den großen Sieg zu feiern und Chiang Kaishek zu preisen.

In Wirklichkeit hatten die Nationalisten in bezug auf ihre Aufklärung ein verheerendes Fiasko erlitten. Viellicht lag das daran, daß Chiang Kaishek nicht in Nanchang war, vielleicht auch an der extremen Vorsicht von Seeckts, der die nationalistischen Truppen von stürmischen Verfolgungen abhielt – in der Angst, die Kommunisten könnten sie in einen Hinterhalt locken. Die Nationalisten errichteten zuerst Blockhäuser und rückten dann ängstlich und zögernd vor. Frühestens am 30. Oktober, so die Meinung von General Qin Xinghan, begannen sie zu erkennen, daß eine größere Truppenbewegung der Kommunisten im Gange war.

Die Rote Armee sah keine Bomber und kaum Aufklärer bis November, als der Angriff auf die vierte Blockhauslinie bevorstand. Erst am 28. November, als die Rote Armee den Xiang-Fluß erreichte, setzte die KMT einen größeren Teil ihrer Flugstaffeln ein. Es handelte sich um etwa zweihundert Jagdbomber, die gewöhnlich in Dreiergruppen angriffen. Noch lange nach dem Abzug der Roten Armee bombardierte die KMT Ruijin.

Das Versagen von Chiang Kaisheks Nachrichtendiensten war bemerkenswert, aber nicht bemerkenswerter als das der übrigen Welt.[12] Keinerlei Nachricht über China, keine Erwähnung Chiang Kaisheks, kein Wort über die Rote Armee, keine Meldung über Silberkäufe oder auch nur Eisenbahnunfälle erschienen während des Oktobers 1934 in der *New York Times*.

Die großen Themen in der *Times* in jenem Oktober waren die Baseball-Endspiele und Dizzy Dean, Adolf Hitler, die wachsende Krise in Spanien und Tag für Tag der Entführungsfall Lindbergh. In China geschah nichts, was einer Nachricht in einer Zeitung von Ruf wert gewesen wäre.

Am 9. November berichtete die *Times*, 40 000 Kommunisten seien auf dem Marsch aus Jiangxi und Fujian, wo sie viele Monate lang eingeschlossen gewesen seien. Nun zögen sie nach Westen und plünderten ein Gebiet von 160 km Länge und 20 km Breite an der Grenze von Hunan beiderseits der Kanton-Hankou-Eisenbahnlinie. Es war ein Artikel von vier Absätzen auf Seite sechs. Dies war der erste Hinweis in der westlichen Welt, daß der Lange Marsch im Gange war.

Drei Wochen später beruhigte die *Times* ihre Leser. Die Kommunisten seien in Jiangxi von den Nationalisten besiegt worden.

Kapitel 7

Die Sänften-Verschwörung

Nachdem der Yudu-Fluß überschritten war, begann Mao Zedong den Langen Marsch in einer Sänfte. Das lag nicht daran, daß Mao Fußmärsche über Land nicht gewohnt gewesen wäre. Wohl kaum ein anderer Führer der Roten Armee hatte mehr *li* im Hinterland Chinas, in den Bergen und Tälern zurückgelegt als er. Als Junge machte er alle Wege zu Fuß. Es gab kein anderes Transportmittel für einen Landburschen. In seinen Schülertagen verbrachten er und sein Freund Xiao Yu sechs Wochen auf einer Wanderung durch sechs Bezirke von Südhunan. Diese Wanderung war eine Betteltour; die Idee stammte von Xiao. Die beiden hatten kein Geld bei sich, trugen abgetragene Kleider und abgenutzte Regenschirme sowie kleine Bündel für ihre Notizbücher und etwas Wäsche zum Wechseln. Sie lebten von den Früchten des Landes, der Mildtätigkeit der Bauern und manchmal auch Städter. Diese Wanderung war ein Abenteuer und eine Entdeckungsreise. Sie stellten fest, daß sie von ihrer Schlauheit und der Großzügigkeit der Menschen leben konnten, und zum ersten Mal begann Mao das Land mit analytischen Augen zu sehen.

Die Wanderung mit Xiao war in gewisser Weise ein Vorläufer einer anderen, die Mao im Januar und Februar 1927 unternahm. Damals, als die chinesische Revolution anfing, Schwungkraft zu gewinnen, und Kommunisten und Nationalisten unter der ungewissen Flagge Chiang Kaisheks nordwärts marschierten, zog Mao sich aufs Land zurück und brach zu einer fünfwöchigen Reise auf, die ihn durch fünf Distrikte von Hunan führte. Auf der Grundlage dieser Reise schrieb er seinen berühmten *Bericht über eine Untersuchung der Bauernbewegung in Hunan,* den er einem skeptischen und antagonistischen Zentralkomitee der Kommunistischen Partei vorlegte.

Er sagte voraus: »In sehr kurzer Zeit werden sich mehrere hundert Millionen Bauern erheben wie ein mächtiger Sturm, wie ein

Hurrikan, eine so plötzliche und heftige Kraft, daß keine Macht, wie groß auch immer, sie wird aufhalten können.«

Der Bauer, so schrieb er, werde alle Imperialisten, Kriegsherren, korrupten Beamten, lokalen Tyrannen und bösen Adeligen hinwegfegen und ins Grab bringen. »Es gibt drei Möglichkeiten: An ihrer Spitze zu marschieren und sie zu leiten; gestikulierend und kritisierend hinter ihnen herzugehen; oder im Weg zu stehen und sich ihnen zu widersetzen.«

Für ihn gab es keinen Zweifel: Nur die erste Möglichkeit war annehmbar. »Jeder Revolutionär«, sagte er, »sollte wissen, daß die nationale Revoluton eine große Veränderung auf dem Land erfordert.« Über Exzesse brauche man sich keine Sorgen zu machen. »Eine Revolution ist keine Einladung zu Tisch, ist nicht wie das Schreiben eines Aufsatzes oder Malen eines Bildes oder wie Sticken; sie kann nicht so verfeinert, so gelassen und sanft, so mäßig, freundlich, höflich, zurückhaltend und großmütig sein. Eine Revolution ist ein Akt der Gewalt, ein Aufstand.«

Auf der Basis dieser Feststellungen machte Mao die Sache der Bauern zu der seinen und sollte später zu Edgar Snow sagen: »Wer immer den Bauern gewinnt, wird China gewinnen; wer immer das Landproblem löst, wird den Bauern gewinnen.«[1]

Mao und Xiao wanderten 480 km; Mao wanderte fünf Wochen bei seiner Untersuchung über die Bauern. Das waren nur Aufwärmübungen gegen das, was der Lange Marsch bringen würde. Beginnend mit dem Herbsternte-Aufstand hatte Mao auf dem Land gelebt, war manchmal geritten, manchmal zu Fuß gegangen. Seine Muskeln wurden hart und stark. Doch nun war sein Körper geschwächt von seinem langen Malariaanfall. Dr. Nelson Fu besaß das beste Chinin und hatte es geschafft, den Anfall zu kontrollieren, doch beim Wiederaufbau von Maos Kräften war er weniger erfolgreich.[2] Fu hatte versucht, Mao zu ermutigen, mehr zu essen. Eines Abends brachte er seinem Patienten ein gekochtes Huhn, doch Mao bezeichnete das als Sonderbehandlung und brachte Fu dazu, die Hälfte des Huhns zu essen.

Jetzt und noch für einige Zeit reiste Mao in einer Sänfte. Sie bestand aus zwei langen, hohlen Bambusstangen, stark und flexibel, und einem Mittelteil aus gewebten Fasern. Sie war leicht und schwankte auf und ab und hin und her wie die Hängematte eines Seemanns. Maos Körper – er war sehr dünn und volle einsachtzig groß – sank tief in die Sänfte ein, so daß nicht die Gefahr bestand, im Schlaf herauszufallen; er mußte sich nicht festbinden. Zwei kräftige junge Soldaten trugen die Sänfte, indem sie sich die Stangen über die Schultern legten. Die Stangen waren lang genug, daß die Soldaten ihre Füße sehen konnten – was auf den engen Pfaden sehr wichtig war.[3]

Einige Sänften hatten Wachstuch- oder Ölpapierdecken, um die Insassen vor Regen zu schützen, was in den feuchten Berggegenden nützlich war. Mao konnte auch bei Regen weiterschlafen, was er oft tat.

Eine Aufzählung der Sänften war fast wie ein *Who's Who* der hohen kommunistischen Führung. Zhou Enlais Frau Deng Yingchao, die an Tuberkulose litt und Blut spuckte, verbrachte den größten Teil des Langen Marschs in einer Sänfte.[4]

Hu Yaobang, 1984 Generalsekretär der Kommunistischen Partei Chinas und 1934 Führer der Jugendliga, erkrankte drei Tage nach Beginn des Langen Marsches an Malaria und erholte sich einen Monat lang nicht. Er schrieb sein Überleben der Sänfte und ausgezeichneter medizinischer Versorgung zu.[5]

Die Sänften wurden Schauplatz politischer Diskussionen, die den Weg für Mao Zedongs Rückkehr an die Macht bahnten und ihn in die Lage versetzten, das Kommando über den Marsch zu übernehmen und ihn vor einer Katastrophe zu bewahren.

Diese Gespräche fanden statt zwischen Mao und Luo Fu, dem ehemaligen Zeitungsredakteur in San Francisco, sowie Wang Jiaxiang, Politbüromitglied und wichtiger »Bolschewik«. Wang Jiaxiang sollte während des ganzen Langen Marsches in einer Sänfte getragen werden. In der ersten Zeit reiste er Seite an Seite mit Mao. Bei Nacht kampierten sie zusammen und redeten, redeten, redeten.

Der verwundete Wang war ein sehr dünner Mann. Er hatte eine breite Stirn, war ein guter Redner, nicht so erdverbunden wie Mao, aber mit Humor. Sein Lieblingsbuch war der chinesische Klassiker *Der Traum der roten Kammer,* aber er las alles. Nachdem er aus Rußland zurückgekehrt war, liebte er besonders Gorki und Tolstoi.

Die Gespräche in den Sänften und am Lagerfeuer gaben Mao und Wang Gelegenheit, das zu analysieren, was in Jiangxi geschehen war und was auf dem Marsch passierte. Mao zählte die taktischen Fehler auf, vor allem die des Debakels von Guangchang. Seine

Argumente machten auf Wang einen starken Eindruck. Binnen eines Monats war er auf die Seite Maos getreten. In späteren Jahren schrieb Mao ihm die bedeutendste Rolle in seinem Sieg über Li De und Bo Gu zu.[6]

Luo Fu war schon seit einigen Monaten Maos Parteigänger. Ihre Gespräche in den Wolkenstein-Bergen im Sommer hatten ihn von Maos Sache überzeugt. Nach der Aprilniederlage von Guangdong kritisierte Luo Fu Bo Gu in aller Schärfe. Er sagte, die Verluste seien zu hoch, Blockhäuser mit Blockhäusern zu bekämpfen, mache keinen Sinn. Er sagte, die Rote Armee könne nicht gewinnen, wenn sie diesen Kurs fortsetze.

Li De war aufgrund seiner mangelnden chinesischen Sprachkenntnisse nicht in der Lage, dem Gespräch zu folgen, doch er erriet das Wesentliche und machte den beiden Männern Vorwürfe. »Ihr seid beide aus der Sowjetunion zurückgekommen«, sagte er. »Ihr müßt zusammenarbeiten. Die chinesische Revolution erfordert, daß ihr zusammenarbeitet.«

Li Des Aufforderung zur Einigkeit hatte keinen Erfolg. Luo Fu entfremdete sich ihm immer mehr. Er veröffentlichte einen Artikel, in dem es hieß, sie müßten nicht nur Chiang bekämpfen, sondern auch linken Opportunismus und einseitiges Eintreten für die Sowjetunion. Das war eine Spitze gegen Bo Gu und Li De.[7]

Mao, Luo Fu und Wang Jiaxiang brauchten nicht lange, bis sie sich darauf einigten, bei nächster Gelegenheit eine Zusammenkunft zu verlangen, um das Problem der militärischen Führung zu lösen. Als sie soweit waren, war das Urteil über Li De und Bo Gu gesprochen.[8]

Li De wußte nichts von der »Sänften-Verschwörung«. Er wußte nicht, mit wem Mao sprach, und er kannte auch den Inhalt der Gespräche nicht, aber er wußte, daß Mao sprach, und er wußte, daß das seiner Sache nur schaden konnte. In seinen Memoiren beklagte er sich, Mao sei herumgegangen und habe mal mit diesem Kommandeur, mal mit jenem gesprochen, und aus diesen Gesprächen sei mehr und mehr Kritik an Bo Gu und ihm selbst erwachsen.

Das Trio Mao, Luo und Wang wurde als »Zentralmannschaft«[9] oder, in Brauns Worten, als »Zentrale Dreiergruppe«[10] bekannt. Unter welchem Titel auch immer, die drei Männer waren jedenfalls dabei, das Kommando über den Langen Marsch zu übernehmen.

Der Mao Zedong, der aus seiner schwankenden Sänfte heraus argumentierte, war nicht der Bauerntölpel, als den ihn die Russen und die chinesischen »Bolschewiki« so oft beschrieben. Das zeugte nur von ihrer Ignoranz. Die Bolschewiki, fast alle noch in den Zwanzigern, waren in Moskau wie Pekingenten mit marxistischem Geschwafel vollgestopft worden, und zwar von dem ebenso jungen Pavel Mif und seiner Kohorte an der Sun-Yatsen-Universität, inzwischen umgetauft in »Universität der Arbeiter des Ostens«.

Erst nach Maos Tod im September 1976, der Verhaftung und Zerschlagung der Viererbande und dem Aufkommen einer neuen und realistischeren geschichtlichen Einstellung unter Deng Xiaoping wird es möglich, den wirklichen Mao unter der Karikatur zu entdecken, die die Hagiographen aus ihm gemacht haben.

Mao war eine Generation älter als die Bolschewiki. Wang Jiaxiang, Leiter der Allgemeinen Politischen Abteilung der Roten Armee und Mitglied des Politbüros mit drei- oder vierjähriger Ausbildung in Moskau, war 1934 27 Jahre alt. Bo Gu war zu Beginn des Langen Marsches 26. Er hatte vier Jahre, von 18 bis 22, in Moskau zugebracht. Wang Ming, der »Bolschewiki«-Resident in Moskau, der Bo Gu führte, war 28. Luo Fu war etwas älter, 34.

Mao war nicht im Ausland ausgebildet worden. Er ging während des Exodus der chinesischen Studenten nach dem Ende des Ersten Weltkrieges nicht wie Zhou Enlai und Zhu De nach Europa. Er hatte sich auch nicht vor den Altären Moskaus verbeugt.

Mao war in einem bäuerlichen Haushalt in dem Dorf Shaoshan geboren und aufgewachsen, weniger als 60 km von Changsha, der Hauptstadt Hunans, entfernt. Diese 60 km waren eine so große Entfernung, daß Mao sie erst zurücklegte, als er fast zwanzig war. Die meisten der zweitausend Einwohner von Shaoshan trugen den Namen Mao. Es war ein Clandorf wie die meisten Dörfer in China. Maos Vater war ein zäher, aufstrebender Bauer von der Art, die man in Rußland »Kulaken« (Fäuste) nannte, hart, ehrgeizig, gierig, ein Geldraffer. Maos Großvater hatte den winzigen Bauernhof der Familie an Geldverleiher verloren. Maos Vater gewann ihn zurück und schaffte es, vier Morgen Land mit einer jährlichen Reisproduktion von sieben Tonnen anzusammeln – keine schlechte Lebensgrundlage für die damalige Zeit.[11]

Maos Vater war entschlossen, seinem Erstgeborenen eine gute Erziehung zu geben, teilweise aus Eigennutz – er vergrößerte seine

Tätigkeit rasch auf Kornhandel und Geldverleihen und brauchte, da er selbst Analphabet war, einen Sohn, der lesen und schreiben und die Bücher führen konnte –, aber auch aus dem glühenden Ehrgeiz, dem Namen Mao in der Welt Geltung zu verschaffen.

Mao ging im Alter von sieben Jahren zur Schule. Schon mit vier Jahren hatte er, wie alle Bauernkinder, auf den Feldern gearbeitet. Es war eine Dorfschule, doch in fünf Jahren lernte er die chinesischen Klassiker kennen, die *Analekten* von Konfuzius, Menzius und Zuozhuan und den Kommentar von Zuo Qiuming zu den *Frühjahrs- und Herbstannalen* (Zuozhuan).

Viele Jahre später sprach Mao verächtlich über sein Studium der chinesischen Klassiker. Er erzählte Robert Payne: »Ich haßte Konfuzius vom Alter von acht Jahren an«[12], aber in Wirklichkeit nahm er die fünf Klassiker in sein Denken auf und benutzte während eines ganzen Lebens in seinen Schriften Zitate von Konfuzius und Menzius. Im letzten Jahrzehnt seines Lebens wurde er beim Empfang illustrer Besucher stets in seinem Studierzimmer photographiert, dessen Wände von oben bis unten mit alten chinesischen Texten vollgestellt waren. Das klassische chinesische Denken steckte tief in ihm und in der komplexen persönlichen Philosophie, die er entwikkeln sollte. Er stellte, wie er es ausdrückte, »die Vergangenheit in den Dienst der Gegenwart«.[13]

Die Durchsicht von Maos Schularbeiten an der Ersten Lehrerbildungsanstalt von Changsha, einer von Chinas besten Schulen, die erst seit kurzem voll zugänglich sind, enthüllt die Art und Weise, wie er das Denken von Konfuzius und Menzius in seine eigene Philosophie integrierte. Konfuzius und Menzius sagten, man solle die Wirklichkeit verändern, statt vor ihr zu fliehen, und das sollte einen zentralen Platz in Maos Denken gewinnen.

In sein Notizheft schrieb Mao die Bemerkung von Menzius: »Wenn es der Wille des Himmels ist, heute im ganzen Land Frieden und Ordnung zu schaffen, wer außer mir ist da, das zu erreichen?«

An dieses Zitat fügte Mao ein anderes von dem Staatsmann Fan Zhengyan aus der Song-Dynastie (989–1050) an, das lautet: »Bedenke dieses Problem vor allen anderen.«

Diese Prinzipien sollten Maos gesamtem politischen Leben zugrunde liegen.[14]

Mao stürzte sich in die Lektüre von Chinas bemerkenswerten Abenteuerromanen – *Die Romanze von den Drei Reichen, Die Räuber vom*

Liang-Shan-Moor[15] *und Die Reise im Westen*, auch als »Affe« bekannt.

Mao lernte die Geschichten von den »Drei Reichen« und den »Räubern« auswendig und las bis ans Ende seines Lebens diese Sammlungen mit dichterischer Freiheit erzählter Episoden aus Chinas Geschichte immer wieder. Er kommentierte sie wiederholt und benutzte sie als Lehrbücher für den Guerillakrieg. Als seine Feinde ihm vorwarfen, er kämpfe im Jinggangshan oder auf dem Langen Marsch so, wie er es aus den »Räubern« gelernt habe, hatten sie recht und machten ihm damit ein großes praktisches Kompliment.

Mao las Sun Wu Zis *Traktat über die Kriegskunst*, das vor 2400 Jahren geschrieben wurde, den Klassiker der chinesischen Militärstrategie, und die Kommentare von Zeng Guofan und Hu Linyi aus der späten Qing-Dynastie. Diese Männer arbeiteten so eng zusammen, daß sie als Zeng-Hu bekannt waren, ebenso wie man Mao Zedong und Zhu De Zhu-Mao nannte.

Auf dieser soliden chinesischen Grundlage baute Mao seine umfassendere Erforschung der Welt auf. Er entdeckte die Reformer und Kritiker des verfallenden Qing-Reiches, vor allem Zheng Guanyings »Warnungen an ein blühendes Zeitalter«. Zheng rief China auf, sich in Richtung auf den Kapitalismus und ein modernes westliches System zu bewegen. Mao war ungeheuer beindruckt. Seine Studien gingen in einer Atmosphäre der Spannung weiter. Sein Vater verlangte, der Sohn solle sich auf Mathematik und Buchhaltung konzentrieren. Für philosophische Untersuchungen hatte er keine Verwendung.

Maos Mutter war der starke Einfluß seiner frühen Jahre. Er verehrte sie und sprach immer wieder hingebungsvoll von ihr. Sie war eine schwer arbeitende, freundliche, nachdenkliche Frau, die bereit war, Bedürftigen zu helfen. Manchmal gab sie den verhungernden Bauern Reis – aber nur, wenn ihr harter Ehemann nicht in der Nähe war. Sie war eine gläubige Buddhistin, und durch sie wurde auch Mao gläubig; als seine Mutter krank war, betete er zu Buddha um ihre Genesung, und mit fünfzehn Jahren unternahm er eine Pilgerreise zum großen Tempel im Hengshan-Gebirge, mehr als 160 km von Shaoshan entfernt. Wie alle buddhistischen Pilger warf er sich auf dem Weg zum Tempel immer wieder in den Staub.

Bald legte Mao seinen Glauben an Buddha ab, doch der Buddhismus hinterließ machtvolle Spuren in seinem Denken. Li Rui, ein

Gelehrter und ein Mann, der Mao als Privatsekretär diente, bis Mao ihn zu zwanzig Jahren Exil und Gefängnis verurteilen ließ, glaubt, der Buddhismus habe Mao die Überzeugung vermittelt, daß soziale Veränderung zuerst Zerstörung und dann Neuaufbau erfordert.

»Die Vernichtung der Welt«, schrieb Mao in sein Notizheft an der Lehrerbildungsanstalt, »ist keineswegs die endgültige Vernichtung. Auf die Niederlage folgt gewiß Erfolg. Das steht außer Zweifel. Wir sehen freudig dem Untergang der alten Welt entgegen. Ihre Zerstörung wird schließlich zur Errichtung einer neuen führen.«[16]

Den nächsten Schritt seiner Erziehung tat Mao nicht ohne eine Auseinandersetzung mit seinem Vater, der wollte, daß er bei einem Getreidehändler im nahe gelegenen Xiangtan arbeite und sich damit auf eine Teilhaberschaft im wachsenden Familienunternehmen der Maos vorbereite. Zu dieser Zeit war der Haushalt der Familie nach den Maßstäben von Shaoshan eindrucksvoll; es gab getrennte Zimmer für Mao, seine beiden Brüder und die adoptierte Schwester, ein Zimmer für die Eltern, eine Sommer- und eine Winterküche und ein geräumiges Wohnzimmer. Das Haus hatte einen zweiten Flügel, der von Verwandten bewohnt wurde. Es war, wie heute jeder Besucher sehen kann, durchaus keine ärmliche Bauernhütte. Es gab einen hübschen Teich für Karpfen, Gänse und Enten, große Lagerhäuser für Getreide – in der näheren Umgebung fand sich kein schöneres Haus.

Mao setzte sich durch und trat Anfang 1910 in die Mittelschule von Dongshan ein, wo er Naturwissenschaften und Englisch und die chinesischen Klassiker studierte. Er sollte nie eine fremde Sprache meistern, doch fast bis ans Ende seiner Tage plagte er sich mit dem Englischen und versuchte, sich dessen rauhe Silben in den Kopf zu hämmern. Mao bewies großes Talent zum Schreiben und Sprechen und gewann zwei gute Freunde, die Brüder Xiao, Xiao San (manchmal als Emi Xiao bekannt) und Xiao Yu.

Hier erweiterte Mao erneut die Grenzen seiner Welt. Xiao San lieh ihm ein Buch mit dem Titel *Biographien der Helden der Welt.* Darin las Mao zum ersten Mal über George Washington, Abraham Lincoln, Napoleon, Jean-Jacques Rousseau, Peter den Großen, Montesqieu. Von Washington war er fasziniert. Jahre später sagte er Edgar Snow: »Das erste Mal hörte ich von Amerika durch einen

Artikel, der von der Amerikanischen Revolution berichtete und einen Satz enthielt wie: ›Nach acht schwierigen Kriegsjahren errang Washington einen Sieg und erbaute eine Nation.‹« Damals sagte er zu Xiao: »China sollte große Männer wie Washington haben.« Man darf wohl annehmen, daß er in jenen Jahren daran zu denken begann, in Washingtons Fußstapfen zu treten.[17]

Jetzt machte Mao auch Bekanntschaft mit zwei Führern der chinesischen Reformbewegung, die nach der Niederlage gegen Japan 1894 und dem Boxeraufstand von 1900 an Schwungkraft gewann. Die Reformer waren Kang Youwei und Liang Qichao; beider Einfluß war schon im Schwinden, als Mao sie entdeckte. Es dauerte immer eine ganze Weile, bis Gedanken in das ländliche Hunan vordrangen. Erst zwei Jahre nach dem Tod der Kaiserwitwe und des Marionettenkaisers erfuhr Mao von deren Ableben.

Doch Maos Tempo beschleunigte sich. Nach einer Periode des Lesens und Nachdenkens kam er in Changsha zu der Zeit an, als die chinesische Revolution des Dr. Sun Yatsen von 1911 ausbrach. Mao schnitt sich seinen Zopf ab, symbolischer Akt der Revolte gegen das Alte, und stürzte sich in den Aufruhr. Er schrieb einen Essay, der die wirre Mixtur seines Denkens enthüllte. Er rief nach einer neuen Regierung, geführt von Dr. Sun Yatsen als Präsident, Kang Youwei als Premier und Liang Qichao als Außenminister – ein bißchen wie Ronald Reagan als Regierungschef mit Walter Mondale als Premier und George McGovern als Außenminister. Dann borgte er sich ein Paar Gummistiefel, um nach Wuchang zu eilen, wo es, wie er hörte, viel regnete, und sich dort der Revolution anzuschließen. Ehe er noch seine Stiefel anziehen konnte, kam die Revolution nach Changsha, und er meldete sich freiwillig bei der Neuen Revolutionären – aber nicht sehr revolutionären – Armee.

Nach sechs Monaten verließ er, überzeugt, die Revolution sei vorbei, die Armee, sah sich nach einer Ausbildung um (er zog eine Polizeischule, eine juristische Schule, eine Handelsschule und sogar eine Schule in Erwägung, in der die Herstellung von Seife gelehrt wurde) und beschloß dann, auf eigene Faust in der Provinzbibliothek zu studieren. Dort verschlang er Adam Smiths *The Wealth of Nations,* Darwins *Origin of Species,* John Stuart Mill, Rousseau, Spencers *Logic,* Montesquieus *De l'esprit des lois,* Werke über Geschichte und Geographie der Vereinigten Staaten und Europas. Er las chinesische Lyrik und griechische Klassiker in chinesischer

Übersetzung, stürzte sich in die Lektüre wie ein Hungriger auf eine Festtafel. Von der chinesischen Tradition arbeitete er sich durch die europäischen Philosophen des 18. und 19. Jahrhunderts bis zu den zeitgenössischen Sozialkritikern vor. Viele der europäischen Werke waren von Yan Fu übersetzt, einem chinesischen Reformer. Mao las jedes Buch, das Yan Fu übersetzt hatte.

Gewappnet mit seiner reichen Mischung aus chinesischem und westlichem Denken trat Mao in die Erste Lehrerbildungsanstalt von Changsha ein. Es war das Jahr 1913. Über Maos Einführungsaufsatz schrieb der Leiter: »Wie viele unter meinen Kollegen können einen so guten Aufsatz schreiben?«

Die Erste Lehrerbildungsanstalt in Changsha war das Frühbeet für Maos reife Philosophie. Er verbrachte dort fünfeinhalb Jahre. Den größten Einfluß auf ihn übte Yang Changji aus, Professor für Ethik, der zehn Studienjahre in England und Japan verbracht hatte und wegen seiner Gelehrtheit als »Konfuzius von Changsha« bekannt war. Hier traf Mao auch den »verehrungswürdigen Xu«, Xu Teli, der ihn auf dem Langen Marsch begleiten sollte, Professor Fang Weixia und einige Studenten, die mit ihm in die kommunistische Bewegung eintreten sollten – Cai Hesen, He Shuheng, Chen Chang, Luo Xuezan und Zhang Kundi; alle sollten in der Revolution ihr Leben verlieren.[18]

Li Rui fand es, nachdem er die Notizbücher Maos aus jener Zeit untersucht hatte, schwer, zwischen Maos eigenen Ideen und denen von Professor Yang zu unterscheiden. Die beiden schienen zu verschmelzen. Mao begann die unterschiedlichen Ideen, die er kennengelernt hatte, zu einer mehr oder weniger zusammenhängenden Lehre zu verbinden. Das ging klar aus den etwa 12 000 chinesischen Schriftzeichen hervor, die er mit Tinte in sein Exemplar von Friedrich Paulsens *System der Ethik* schrieb.

In diesen Notizen heißt es: »Es gibt Menschen auf der Welt und materielle Gegenstände auf der Welt, einfach, weil ich existiere. Wenn ich die Augen schließe, existieren sie nicht mehr.« Später formulierte er daraus den Grundsatz: »Wissen erwirbt man durch Erfahrung.«

Über dem Außentor der Lehrerbildungsanstalt war die Inschrift in den Stein gemeißelt: »Suche die Wahrheit durch die Tatsachen.« Der »verehrungswürdige Xu« hatte das anbringen lassen. Mao sollte diesen Aphorismus zur Grundlage seiner politischen Philosophie machen.

Mao saugte Wissen auf wie ein Schwamm. Nie zuvor hatte er eine Zeitung gelesen. Er hatte sogar noch nie zuvor eine *gesehen.* Jetzt las er jede gedruckte Seite, die er in die Hände bekommen konnte.

Paulsen war ein Nachfolger Kants, und Mao begann die Deutschen zu entdecken. Im Juni 1918 machte er sein Abschlußexamen an der Lehrerbildungsanstalt als Drittbester seiner Klasse, bewundert von seinen Mitschülern, die ihn zum Ersten der Klasse in Ethik, Mut und Intellekt wählten.[19] Einigen Professoren war er zu unabhängig, zu herausfordernd, zu sehr geneigt, die Regeln zu brechen.

»Wie«, erklärte er eines Abends im Haus von Cai Hesen, seinem Klassenkameraden und zukünftigen Mitbegründer der Kommunistischen Partei, »soll China zu einem großen Philosophen und ethischen Revolutionär kommen wie Rußlands Tolstoi? Wer wird die alten Gedanken der Menschen reinigen und ihr neues Denken entwickeln?«[20]

Mao war 25 Jahre alt, als er sein Schlußexamen ablegte. Er kannte Konfuzius, Menzius und Chinas große Literatur. Er kannte Buddhismus und westliche Philosophie. Er hatte sich selbst in der politischen Geographie der Vereinigten Staaten und Europas unterwiesen. Er hatte Chinas militärische Weisheit und die reformistischen Ideale von Dr. Sun Yatsen in sich aufgenommen. Er war ein guter Redner geworden, Poet, Patriot, ein junger, aber schnell reifender Philosoph. Er kannte Chinas Erbe, und er hatte nahe genug an chinesischer Erde gelebt, um ihre Menschen, ihre Bauern, ihre Probleme, ihr eigenwilliges Erbe, ihre politischen Krankheiten zu kennen. Er wußte, daß China sich verändern mußte, und er bereitete sich darauf vor, diese Veränderung anzuführen.

Er hatte sich selbst die Außenwelt bewußt gemacht. Er hatte das Fortschreiten des Ersten Weltkrieges verfolgt. Er kannte die Namen von Hindenburg, Kaiser Wilhelm II., Woodrow Wilson, Clémenceau und Foch. Er hatte über die Russische Revolution gelesen, und er hatte in George Washington ein persönliches Vorbild gefunden.[21]

Doch soweit sich das feststellen läßt, hatte er im Juni 1918 noch keine Zeile Marx oder Lenin gelesen. Er wußte, daß Lenin und Trotzki bei der Russischen Revolution von 1917 eine Rolle gespielt hatten, doch er hatte nicht eine Seite der kommunistischen Klassiker gelesen. Das Wort »Kommunist« kam in keinem seiner Notizbücher vor, und keiner seiner Freunde, Lehrer oder Bekannten konnte sich später erinnern, daß er zu jener Zeit das *Kommunistische Manifest* oder *Das Kapital* kannte oder davon gehört hatte.

Doch Mao stand am Rande einer radikalen Veränderung. Nach dem Abschluß in der Lehrerbildungsanstalt in Changsha machte er sich auf nach Peking; den größten Teil des Weges legte er zu Fuß zurück. Binnen Wochen steckte er mitten in seiner ersten Begegnung mit dem Marxismus durch die Schriften und Gespräche von Li Dazhao, dessen Zeitschrift *Neue Jugend* er bereits las. Das *Manifest* konnte er erst 1919 studieren, denn erst in diesem Jahr wurde es ins Chinesische übersetzt. Aber geistig war er bereits auf die Russische Revolution fixiert. Wie er später sagen sollte: »Drei Bücher haben meinen Geist besonders tief geprägt und mir den Glauben an den Marxismus gegeben.« Diese drei Werke waren das *Manifest,* ferner ein Werk von Karl Kautsky (Lenins großem Opponenten, dem Begründer der Sozialdemokratie in Deutschland), an dessen Titel er sich nicht mehr erinnern konnte, und die Brotarbeit eines Mannes namens Thomas Kirkup unter dem Titel *Eine Geschichte des Sozialismus.* Mao wußte nicht viel über den Marxismus, aber er wußte, daß er das war, woran er glaubte. Er war nicht unähnlich den jungen radikalen Amerikanern von 1960, die sich zu »Maoisten« erklärten, ohne eine Zeile von Maos Schriften gelesen zu haben.

Mao begann sich selbst als Marxisten zu bezeichnen, doch das erklärte nicht seine Philosophie. Er glaubte noch immer an die Monroe-Doktrin, hatte seine Vorstellung von George Washington als Vorbild und den Glauben an die fortschrittliche Natur der Vereinigten Staaten und der Amerikanischen Revolution nicht verloren. Er fühlte sich stark zum Anarchismus und zu Kropotkin hingezogen – wie viele junge Chinesen.

Mao war im Alter von 25 und 26 Jahren – wie er es später mit 41 in seiner Sänfte auf dem Langen Marsch auch sein würde – ein Mann von einem außergewöhnlich reichen und umfassenden intellektuellen Spektrum. Die Worte von Marx und Lenin fielen auf den fruchtbaren Boden eines enzyklopädischen und durchdringenden Geistes.

Kein einziger von Maos Gefährten beim Langen Marsch besaß die Vielfalt und Breite seines Intellekts. Vor allem die »Bolschewiki« kamen fast ausschließlich aus der chinesischen Mittelklassen-Intelligenz. Sie wußten wenig über die sozialen Bedingungen in China, nichts über das Leben der Dörfer, wo 96 Prozent des Volkes lebten. Sie hatten die eigennützige Dialektik verschlungen, die in den Treibhäusern Stalins für post-leninistische Politroboter verabreicht wurde. Stalin und seine Komintern hatten kein Interesse an jungen Chinesen mit eigenem Kopf. Sie wollten menschliche Werkzeuge, für die Rußland und seine Interessen an oberster Stelle standen.

Maos intellektuelle Kraft, die Synthese, die er aus Marxismus, chinesischer Philosophie, gesundem Menschenverstand und den Besonderheiten von Chinas rückständigem Bauernstaat zusammengesetzt hatte, erwies sich als nahezu unwiderstehlich, wenn er sie konzentriert darbot, ob nun einem 26jährigen Bolschewiken, einem General in den Vierzigern wie Zhu De oder einem ehrgeizigen jungen Mann wie Lin Biao.

Für jeden, der verstand, welche Art Mensch Mao war, konnte der Ausgang der »Sänften-Verschwörung« keine Überraschung sein.

Kapitel 8

Die Frauen

Maos Frau He Zizhen ging während des Langen Marsches nicht neben ihrem Mann. Zusammensein war nicht üblich, und die Regeln für Ehemänner und Ehefrauen waren streng. Am Langen Marsch der Hauptarmee nahmen nur dreißig weibliche Kader und einige Krankenschwestern und Ordnerinnen teil. So war es nicht bei allen Armeen. Die Vierte Frontarmee umfaßte 2000 Frauen und hatte ein weibliches Kampfbataillon, das einige grimmige und tödliche Schlachten ausfocht.

Eine Ausnahme gab es von der Regel über das Zusammensein von Eheleuten. Diese betraf Zhu De und seine 23jährige Frau Kang Keqing. Sie waren auf dem Marsch nicht einen Tag getrennt, aber dafür gab es einen besonderen Grund. Sie war eine Kampfsoldatin, eine Meisterschützin, die zwei Pistolen und eine Mauser trug. Manchmal lud sie sich drei oder vier Gewehre auf die Schultern, um erschöpften Soldaten zu helfen und ein Beispiel zu geben.

Kang Keqing war eine robuste Bauersfrau, Tochter eines Fischers. Sie hatte Zhu De im Januar 1929 im Jinggangshan geheiratet, kurz bevor Zhu-Mao von den Bergen herunterstiegen. Sie war erst siebzehn, er 43; seine erste Frau, Wu Ruolin, eine Revolutionärin, war 1928 von den Nationalisten hingerichtet worden. Kang Keqing hatte in den Bergen gekämpft, seit sie fünfzehn war.

Wie die meisten der Frauen erhielt sie ein Pferd, ritt es aber selten. Sie marschierte zu Fuß mit ihren zusätzlichen Waffen und empfand dieses Marschieren, wie sie Helen Snow sagte, nachdem alles vorüber war, als gar nicht so große Sache. »Es war einfach so, als machte man jeden Tag einen Spaziergang«, sagte sie.[1]

»Ja«, bestätigte Madame Kang Keqing fast fünfzig Jahre später, »ich habe das zu Helen Snow gesagt.«

Im Jahre 1984 war Kang Keqing eine kraftvolle, selbstbewußte Führerin in der Kommunistischen Partei Chinas. Seit vielen Jahren schon war sie eine der Leiterinnen ihrer Frauenaktivitäten gewesen.

Sie war eine öffentliche Rednerin, eine Politikerin, eine Staatsfrau, die ihr Leben nicht militärischen Dingen, wie sie es auf dem Langen Marsch erwartete, gewidmet hat, sondern Dingen von sozialer und politischer Bedeutung. Sie hatte ihre Meinung über den Langen Marsch nicht verändert. »Ich bin gut zu Fuß und reite gut«, sagte sie. »Ich ging einige Dutzend Meter vor einer Gruppe her, zu der Cai Chang (eine weitere weibliche Parteiführerin) und eine ganze Reihe anderer Parteileute, die im Ausland studiert hatten, gehörten. Sie sprachen den ganzen Tag von ihren Erfahrungen, von ihren Studien dort, von dem guten Essen und von den Orten, die sie besucht hatten.

Wir redeten jeden Tag, lachten und machten Witze. Ihre Gegenwart ermutigte uns. Sie lachten und waren lustig. Manchmal sangen sie die ›Marseillaise‹. Ja, ich habe Helen Snow erzählt, daß es wie ein Spaziergang auf dem Lande war. Mit all diesen wunderbaren Leuten, die damals dabei waren, was sonst sollte ich sagen?«[2]

Wegen ihrer Schwangerschaft verbrachte He Zizhen ihre Zeit in der Rekonvaleszentenbrigade, der sie und die meisten Frauen zugeteilt waren. Sie sah Mao nur an Wochenenden oder bei den in der ersten Zeit seltenen Gelegenheiten, wenn sie für mehrere Ruhetage lagerten. Vielleicht haben sie einander ein wenig häufiger gesehen als andere Paare, aber nicht viel häufiger.[3] Die »Samstagsnacht«-Regel war seit den Tagen des Jinggangshan in Kraft. Ausnahmen kamen vor, wenn im Krankheitsfall Frauen ihre Männer betreuten, doch die Regel sollte während des Marsches nicht geändert werden.

In der Roten Armee herrschte ziemlicher Puritanismus, obwohl die Führer im Prinzip mit der sogenannten feudalistischen Auffassung von den Geschlechtern gebrochen hatten. Soldaten und Offiziere durften nicht ohne offizielle Erlaubnis heiraten, und viele Jahre später, als sich zwischen Mao und He Zizhen die Frage einer Scheidung stellte, mußte die Partei ihre Genehmigung dazu geben. In der Roten Armee gab es ungewöhnlich viele Jugendliche und sehr junge Erwachsene. Etwa 54 Prozent der Soldaten waren jünger als 24. Dr. Nelson Fu schätzte, daß neunzig Prozent noch keine sexuellen Erfahrungen hatten.[4] Die Frau Wei Xiuying, die als Kindsbraut verkauft worden war, erinnerte sich an die Bestürzung eines jungen Soldaten, als sie und er einen Fluß durchwateten und sie ihren Rock hochgeschürzt hatte. Der Junge schrie: »Bist du verletzt?« Sie verstand, daß er ihr Menstruationsblut gesehen hatte.

Er wußte nicht, daß Frauen menstruieren. Diese Unwissenheit teilte er mit vielen Kameraden.[5]

Nicht nur Unwissenheit und strenge Regeln bestimmten die Beziehungen zwischen Männern und Frauen. Sie waren Gesinnungsgenossen und teilten alle Härten miteinander. Die kleine Liu Ying, damals noch nicht mit Luo Fu verheiratet, sagte, Männer und Frauen hätten ohne jegliche sexuellen Gefühle zusammen gearbeitet.

»Manchmal«, sagte Liu Ying, »lebten wir fast ein Jahr lang zusammen und schliefen in denselben Betten. Wir zogen unsere Kleider nicht aus. Der Feind war so nahe, und wir waren so müde. Wir konnten keine Türen finden, die wir hätten abnehmen können, um darauf zu schlafen. Wir sanken einfach erschöpft ins Stroh und schliefen ein.«[6]

Deshalb herrschte unter den Führungskadern, Männern wie Frauen, so großes Unbehagen wegen Otto Brauns sexueller Forderungen. Als er im Oktober 1933 eintraf, schien er zu denken, die Rote Armee sei so wie andere Armeen. Er erwartete, weibliche Marketenderinnen zu finden, um seine Bedürfnisse zu befriedigen. Doch in der Sowjetenklave gab es keine Prostituierten. Man bemühte sich, Sexualpartnerinnen für Braun zu finden, doch das klappte auch nicht.[7] Die chinesischen Frauen wiesen ihn sofort ab, sagten, er sei groß und brutal und verletze sie körperlich.[8]

Brauns Ödes Haus lag nur eine kurze Wegstrecke vom Sitz der Liga Junger Kommunisten entfernt. Einer der Führer der jungen Kommunisten hatte eine sehr hübsche Frau. Braun gefiel diese Frau besonders gut, und er wünschte sie sich als Bettgenossin. Er machte ihr Geschenke. (Eine der Klagen, die die Chinesen gegen Braun vorbrachten, war, daß er bessere Nahrung und Vorräte hatte als irgend jemand sonst.) Braun war in seinen Annäherungsversuchen nicht sonderlich taktvoll, und der Ehemann merkte bald, was vor sich ging. Einige Kameraden, möglicherweise auch Dolmetscher Wu, unternahmen Schritte, um die Situation zu retten. Sie machten eine kräftig gebaute junge Bauersfrau ausfindig, Xiao Yuehua, die zu der Zeit für Hu Yaobang arbeitete, damals Führer der Kommunistischen Jugendliga.

Xiao Yuehua war nicht hübsch, aber sie war zugänglich, und sie wurde Brauns »Feldzugsehefrau«. Sie lebten zusammen, solange die Rote Armee das Sowjetgebiet hielt, doch als der Marsch begann, wurde Xiao Yuehua wie die meisten Frauen der Rekonvaleszenten-Einheit zugeteilt. Das führte zu Schwierigkeiten. Weder Xiao Yuehua noch Braun schätzten die Situation sonderlich. Sie stritten sich, und Xiao Yuehua stritt sich mit ihren Kameradinnen. Einige Frauen wie Deng Yingchao, die Frau Zhou Enlais, und Kang Keqing verbrachten viel Zeit mit dem Versuch, die Dinge zu glätten, doch das führte zu nichts.[9]

»Wie konnten sie miteinander auskommen?« fragte Kang Keqing fünfzig Jahre später. »Er sprach kein Chinesisch, und sie sprach nur Chinesisch.«[10]

Ding Ling, Chinas berühmte Autorin, bezeichnete Xiao Yuehua als unbedeutend. »Sie war nur ein Bauerntrampel«, sagte sie. »Sie arbeitete als Gehilfin von Dr. Norman Fu. Sie besaß nicht viel Geschick.« Die Rote Armee, sagte Ding Ling, sei für Brauns angemessene Versorgung verantwortlich gewesen. Er brauchte eine Frau, also verschaffte die Rote Armee ihm eine. »Er wurde sehr gut behandelt«, sagte sie.[11]

Xiao Yuehua kam mit Braun nach Yan'an. Sie lernte unter seiner Anleitung sogar, Brot zu backen, und sie gebar ihm einen Jungen. Das Kind war sehr dunkel, und Mao machte sich über Braun lustig, sagte, das sei nun kein Nachweis der Überlegenheit der teutonischen Rasse. Schließlich reichte Xiao Yuehua, wie Helen Snow berichtet, die Scheidung ein. Es war ein skandalöser Vorgang. Sie forderte 600 chinesische Dollar als monatliche Alimente. Die Scheidung wurde gewährt – ob sie ihre Alimente bekam, ist nicht bekannt. Sie ging nach Changsha und arbeitete dort viele Jahre lang. Sie starb 1983. Als sie verschieden war, sorgte Hu Yaobang persönlich dafür, daß ihr letzter Wunsch erfüllt wurde: der Sarg wurde mit der roten Fahne Chinas und der Fahne der Kommunistischen Partei bedeckt.[12]

Die meisten der Ehefrauen befaßten sich nicht mit häuslichen Aufgaben. Kang Keqing erklärte, sie habe nie für Zhu De gesorgt. Er hatte Leibwächter, die seine Mahlzeiten kochten und ihm die Knöpfe annähten. Sie kochten auch für sie. Kang Keqing hatte keine hausfrauliche Erfahrung. Ihr Vater, der Fischer, war so arm, daß die Familie alle weiblichen Kinder weggab; eines nach dem anderen wurde einem anderen armen Bauern gegeben – sie verkauften sie nicht einmal. Die kleinen Mädchen wurden Dienerinnen, Mägde oder Küchensklavinnen; Kang Keqing war im Alter von einem Monat weggegeben worden und arbeitete als Sklavin bis zu ihrem fünfzehnten Lebensjahr. Dann lief sie fort und schloß sich der Roten Armee an. Zhu De stammte aus ebensolchen Verhältnissen. Fünf Babys seiner Familie wurden ertränkt, weil man keine Möglichkeit hatte, sie zu ernähren. Er wurde zu kinderlosen Verwandten gegeben und in eine Schule für Söhne von Landbesitzern gesteckt. Wäre er ein Mädchen gewesen, hätte man ihn nach der Geburt ertränkt. Vielleicht war es die Gleichartigkeit ihrer Vergangenheit, die Zhu De und Kang Keqing so zueinander hinzog. Sie war gewöhnliche Soldatin, bis sie ihn heiratete; dann sollte sie politische Arbeit leisten, aber das hinderte sie nicht daran, weiter zu kämpfen. Unmittelbar vor dem Langen Marsch war sie gerade bei einem Bataillon von 800 Männern. Der Kommandeur wurde bei einem Angriff getötet, und die Männer übertrugen ihr die Führung. Sie schlugen den Feind in die Flucht. Bei den Männern der Roten Armee hieß sie »die Kommandantin«. Sie hatte nicht die Absicht, seßhaft zu werden und Kinder zu bekommen, und als der Lange Marsch vorüber war, stürzte sie sich in Studien in der Hoffnung, einen Offiziersrang zu erwerben.[13]

He Zizhen war ganz anders. Sie sorgte gern für Mao und tat das auch, wenn sie die Gelegenheit dazu hatte. Sie war eine gute Köchin und bereitete ihm die würzigen Gerichte von Hunan zu, die er liebte. Mao mochte sehr gern scharfe Chilischoten und vor allem He Zizhens scharfe Chilisuppe. Man könne kein guter Revolutionär sein, wenn man keine scharfen roten Chilis möge, sagte Mao gern zu Otto Braun, der mehr für handfesten Sauerbraten und Sauerkraut schwärmte. Braun haßte Mao dafür.[14]

He Zizhen war eine schöne Frau, temperamentvoll, eine leidenschaftliche Revolutionärin. Sie war zu Beginn des Langen Marsches 24 Jahre alt und erst siebzehn oder achtzehn, als Mao und sie einander im Jinggangshan trafen.[15]

He Zizhen war nicht Maos erste Frau. Im Alter von fünfzehn Jahren war er von seinem Vater gezwungen worden, eine für ihn ausgewählte Braut zu heiraten, die vier oder fünf Jahre älter war als er selbst. Er unterzog sich der Zeremonie mit ritueller Höflichkeit, weigerte sich aber, die junge Frau anzurühren. Ihr Name wurde nie enthüllt (wegen des Skandals einer nicht vollzogenen Ehe.[16])

He Zizhen war auch nicht Maos erste Liebe. Seine erste Liebe und seine erste wirkliche Frau war die Tochter seines Mentors

Professor Yang Changji gewesen, dem Mao nach Peking folgte. Dort warf sich Mao nahezu gleichzeitig dem Marxismus und Yang Kaihui in die Arme, einer graziösen, brillanten jungen Frau, acht Jahre jünger als er, die sich der Sache eines neuen China verschrieben hatte. Beide sahen die Revolution mit denselben Augen und arbeiteten Hand in Hand.

Junge Menschen wie Mao und Kaihui verletzten Chinas gesellschaftliche Sitten bewußt. Sie machten sich über die traditionelle Ehe lustig. Maos bester Freund und Genosse, Cai Hesen, und Xiang Jingyu, eine junge Frau aus Hunan, die viele später als den Geist der Revolution betrachteten, verliebten sich ineinander, als sie mit dem Schiff nach Frankreich reisten. Sie heirateten – auf ihre Art. Sie riefen eine Heiratsversammlung in Paris zusammen und machten ein Heiratsphoto, das das junge Paar mit einem *Kapital* von Karl Marx im Vordergrund zeigte und die chinesischen Buchstaben »Xiang« und »Cai« darunter – ein schönes Wortspiel. Die Buchstaben ihrer Namen konnte man auch als »aufwärtsweisende Verbindung« lesen. Alle Anwesenden bemerkten überrascht und erfreut, daß der Namenszug der Frau dem des Mannes vorausging.[17] Niemand in der Revolution fand ein tragischeres Ende als dieses Paar. Xiang wurde auf französischem Gebiet in Hankou festgenommen und der KMT übergeben, die sie um vier Uhr morgens am 1. Mai 1928 hinrichtete. Cai wurde 1931 in Hongkong verhaftet und ebenfalls der KMT übergeben. Man nagelte ihn mit ausgestreckten Gliedern an die Wand, zerschlug ihm mit Säbelhieben Brust und Magen, bis er starb.[18]

Maos und Kaihuis Geste gegen die traditionellen Heiratsriten war zurückhaltender als die ihrer Freunde. Sie kündigten einfach an, daß sie eine »Ehe auf Probe« eingingen. Sie sollte viele Jahre halten. Kaihui gebar drei Söhne: Mao Anying, geboren 1922, war ein gutaussehender, talentierter Mann, den eine amerikanische Bombe 1950 in Korea tötete; Mao Anching, geboren 1923, lebte 1984 noch in Peking und war mit einer Frau namens Shao Hua verheiratet. Ein dritter Sohn, Mao Anlang, wurde 1927 in Wuhan geboren.[19]

Mao ließ Kaihui in Changsha, als er zum Herbsternte-Aufstand von 1927 aufbrach, und sie sahen einander nie wieder. Kaihui wurde im Januar 1930 in Changsha, wo sie bei einem ihrer Brüder lebte, von KMT-Truppen gefaßt. Sie und der älteste Sohn, Mao

Anying, wurden ins Gefängnis gebracht; die KMT versuchte sie dazu zu bringen, daß sie sich von Mao lossagte. Sie weigerte sich und wurde gefoltert. Möglicherweise geschah das in Gegenwart von Anying. Am 14. November 1930 wurde sie vor dem Liuyan-Tor von Changsha erschossen. Eine Krankenschwester, Chen Yuting, brachte den Jungen nach Hause. Maos Stiefschwester (eigentlich seine Kusine), Mao Zejiang, die im Untergrund arbeitete, war schon vorher festgenommen und am 20. August 1929 in Hengshan hingerichtet worden. Es gab zwischen den beiden Hinrichtungen keinen Zusammenhang, außer der Beziehung beider Personen zu Mao. Der Tod von Kaihui hing indessen direkt mit einem fehlgeschlagenen Angriff auf Changsha zusammen, den Mao unter Instruktionen der Komintern im September 1930 unternahm. Nachdem Maos Streitkräfte aus der Stadt getrieben worden waren, ließ der KMT-Gouverneur viele Kommunisten und vermeintliche Kommunisten in Changsha ergreifen und erschießen, Yang Kaihui war unter ihnen.[20]

Maos Söhne kamen in die Obhut einer Tante, wie eine Wandzeitung berichtete, die während der Kulturrevolution ausgehängt wurde. Die Kinder wurden nach Shanghai gebracht und traten in eine Schule ein, die insgeheim unter dem Schutz der Kommunistischen Partei stand. Doch die Schule wurde entdeckt, und die Polizei trieb die Kinder auf die Straße. Die Mao-Jungen lebten auf den Bürgersteigen und erhielten sich durch Betteln und den Verkauf von Zeitungen. Sie schliefen in Hauseingängen und einem alten Tempel, wo sie ein Schild mit der Aufschrift »Wir erzählen Geschichten – ein Penny« anbrachten. Schließlich wurden die Jungen gerettet und nach Yan'an gebracht.

In den Jahren vor ihrer Trennung hatte Mao Kaihui nicht oft gesehen. Sie arbeiteten häufig an verschiedenen Orten – doch mit den Jahren brannte sich die Erinnerung an Kaihui tiefer und tiefer in Maos Bewußtsein ein. 1957 veröffentlichte er ein eindringliches Gedicht unter der Überschrift »Die Unsterblichen«, das Kaihui gewidmet war: »Ich verlor meine stolze Pappel ... Tränen fließen herab aus der großen, umgedrehten Schüssel des Regens.«[21]

Mao und He Zizhen trafen sich 1927 im Jinggangshan. Sie war eine lebhafte Revolutionärin – gerade aus der Fu-Yin-Missionsschule entlassen (Fu Yin bedeutet gute Nachricht), schlank, energisch, eine gute Schülerin, die ihr Leben der Revolution widmete. Sie hatte bereits im Aufstand von Nanchang gekämpft, ehe sie sich im Gebirge Mao anschloß.

Nicht nur He Zizhen war Revolutionärin (sie trat 1926 im Alter von sechzehn Jahren in die Kommunistische Partei ein)[22]; ihre ganze Familie engagierte sich für die Sache, angeführt von ihrem Vater, einem kleinen Geschäftsmann, Inhaber eines Teehauses, Patriot und Verfechter des Wandels. Als die Kommunisten Jiangxi aufgaben und zum Langen Marsch aufbrachen, war He Zizhens Vater unter den ersten, die bei den nationalistischen Vergeltungsmaßnahmen hingemetzelt wurden. Die Familie He lebte in Yongxin, einem Bezirk nördlich des Janggangshan und innerhalb des Operationsgebiets der Roten Armee. He Zizhens Mutter, eine intelligente, tüchtige Frau, führte den Haushalt. Von 1927 an widmete sich der Rest der Familie revolutionärer Arbeit. He Zizhens vier Brüder übernahmen Aufgaben für die Revolution. Einer wurde getötet, als er als Untergrundkurier mit einer Botschaft gefaßt wurde. Eine jüngere Schwester, He Yi, schloß sich 1927 der Partei an und heiratete Maos jüngeren Bruder Zetan, der bei Guerillaoperationen in Jiangxi getötet wurde. Sie kam 1950 bei einem Autounfall ums Leben, als sie in Fujian nach Xiao Mao suchte, dem Sohn von Mao und He Zizhen, der 1930 in Ruijin geboren und bei He Yi und Zetan zurückgelassen worden war. Nach Zetans Tod brachte He Yi den Jungen bei einer Bauernfamilie in Fujian unter. Das Kind wurde nie gefunden.

Die Eltern von He Zizhen gaben ihr den delikaten Namen Guiyuan, was Drachenauge bedeutet, der Name einer Litschiähnlichen Frucht. Als sie heranwuchs, fand sie diesen Namen zu »sanft« für sich und änderte ihn in Zizhen, was »kostbares Kind« bedeutet. Sie wuchs zu einer der Schönheiten des Bezirks heran, hatte helle Haut und klare Augen, war lebhaft und kannte sich in den Klassikern und alten chinesischen Dichtern gut aus. Sie war eine der ersten Frauen in der Schule, die für die revolutionäre Sache eintraten, und veranlaßte ihre Klassenkameradinnen, ihre langen Zöpfe abzuschneiden und die Buddhafigur aus dem Tempelschrein zu stürzen. Sie hatte eine starke, volle Stimme, und niemand im Bezirk konnte besser reden als sie. Sie gehörte zu den ersten Personen von Yongxin, die von der KMT auf einen Steckbrief gesetzt wurden. Das verschaffte ihr bei Gleichaltrigen ein ungeheures Prestige. Mit zwei anderen Schülern übernahm sie eine führende Rolle beim Aufstand dreier Bezirke am 27. Januar 1927, bei dem 28 in Gefängnissen einsitzende Kommunisten, unter denen auch ihr älterer Bruder war, vor der sicheren Hinrichtung gerettet wurden. He Zizhens Kameraden besaßen nur ein paar alte Gewehre, doch sie machten so viel Lärm, daß sie den Sieg davontrugen. (Wangs Banditengruppe aus dem Jinggangshan beteiligte sich an dieser Operation.)

He Zizhen hielt sich im Jinggangshan auf und folgte Mao in die Berge. Bald war sie mit gefährlichen Missionen hinter den Linien betraut; einmal rettete sie sich vor der Verhaftung, indem sie sich in einem Bauernhaus als sterbende Kranke ausgab. Ein anderes Mal rettete sie Mao und Zhu De bei einer Erkundungsmission aus einem Hinterhalt. Sie sprang auf ein Pferd, in jeder Hand eine Pistole, und galoppierte etliche Kilometer weit; so lenkte sie den Feind ab und verschaffte Mao und Zhu die Chance zur Flucht.

Solche Taten machten sie in Guerillakreisen berühmt. He Zizhen kämpfte bei vielen der frühen Gefechte im Jinggangshan Schulter an Schulter mit ihren männlichen Genossen.[23]

Mao und He Zizhen begannen schon kurz nach ihrer Begegnung 1927 in Jinggangshan zusammenzuleben, aber die formelle Hochzeit fand erst nach dem Tod von Yang Kaihui im Jahre 1930 statt. Ihr erstes Kind, eine Tochter, wurde in Fujian jenseits der Grenze der Provinz Jiangxi geboren, wo Mao von Juli bis Oktober 1929 mit einem seiner periodischen Malariaanfälle auf einem Berggipfel festsaß. Das genaue Datum und der Ort der Geburt sind nicht bekannt. Es mag Gutian im Longyandistrikt gewesen sein.

Maos Stützpunkt in Südjiangxi und Südwestfujian war noch nicht gut befestigt, und sobald Mao sich von der Malaria erholt hatte, war er rasch wieder unterwegs. Das Kind wurde zu Bauern in Pflege gegeben. Als Mao 1932 kurz in der Gegend war, suchte er nach dem Mädchen, konnte es aber nicht finden. Das war um die Zeit der Schlacht der Oberschule von Zhangzhou, südlich von der Gegend, wo das Kind zurückgelassen worden war. Ein weiteres Kind wurde 1932 in Ruijin geboren, der Junge Xiao Mao, der beim Langen Marsch zurückgelassen wurde. 1933 wurde He von Dr. Nelson Fu, Maos Arzt, von einem zu früh geborenen Jungen entbunden. Das Kind überlebte nicht.

Nun zog He Zizhen nach Westen, erneut schwanger. Mao tat sein

Bestes, um sie unter den harten Bedingungen des Marsches zu schützen. Nachdem die Rote Armee sich einen Weg durch die erste und zweite von Chiang Kai-sheks Blockadelinien gebahnt hatte, stellte Mao seine obersten Leibwächter, Wang Jiqing und Wang Yatang, für He Zizhen ab, damit sie sich um sie kümmerten. Mao war nicht in der Lage, zu He Zizhen zu gelangen, obwohl sie in der Kolonne nicht allzu weit voneinander entfernt waren, sie in der Rekonvaleszenteneinheit, er in der Kadereinheit.[24]

Mao war seit seinen frühen Tagen als radikaler Student ein eifriger Verfechter der Rechte und der Gleichstellung der Frau gewesen. Einer seiner ersten wichtigen Artikel befaßte sich mit dieser Frage. Er prägte den Ausdruck: »Die Frauen halten die Hälfte des Himmels hoch.« Doch er war nicht mit der Leitung des Langen Marsches betraut, und das Leben der dreißig weiblichen Kader der Hauptstreitmacht ließ sich an wie eine Reise in eine Art Hades. Wer immer die Führung hatte, brachte alle Dinge durcheinander. Alles ging schief. Es gab Streit unter den Frauen und Streit zwischen Männern und Frauen. Viele frühe Probleme betrafen Grundfragen – Verteilung und Transport von Nahrungsmitteln, wer den Reis tragen und wer ihn kochen sollte und wieviel. Die Frauen waren jung, doch nicht alle waren kräftige Bäuerinnen wie Kang Keqing. Sie hatten im Zentralen Sowjetgebiet hart gearbeitet, aber um den ganzen Tag oder die ganze Nacht zu marschieren, steinige Bergpfade hinunter, dann tausend Meter aufwärts, dann 700 Meter abwärts, dann wieder tausend Meter aufwärts und fünf Kilometer weit über einen schweren Paß, um anschließend dasselbe noch einmal zu tun, hatten sie einfach nicht die nötigen Muskeln.

Bo Gus Frau meinte, ihre Erfahrungen seien typisch gewesen. Sie war 27, als der Marsch begann, eine Frau aus der Arbeiterklasse, deren Großvater menschliche Exkremente sammelte und sie an Bauern verkaufte. Sie war als Kindsbraut an einen Ingenieur verkauft worden, der eine Frau für seinen Sohn haben wollte. Sie war elf. Mit vierzehn lief sie weg und fand eine Stellung in einer Fabrik, sechs Tage pro Woche und sechzehn Stunden pro Tag. Sie trat vor dem Massaker von Shanghai von 1927 in die Kommunistische Partei ein, wurde nach Rußland geschickt, verbrachte dort vier Jahre, heiratete Bo Gu und arbeitete danach ein Jahr im Sowjetgebiet.

Sie hatte zwei Kinder, einen Jungen, der in Moskau geboren war, und ein Mädchen, in Shanghai geboren, und war erneut schwanger. Ein Splitter von einem Schrapnell traf etwa einen Monat vor dem Marsch bei einem Luftangriff ihren Kopf. Sie hatte eine Fehlgeburt und war am 14. Oktober 1934, als sie mit den andern aus Ruijin abzog, mehr oder weniger genesen.

Die frühen Stadien des Marsches waren alles andere als schön, wie sie sich drei oder vier Jahre später erinnerte.

»Das Marschieren war sehr schwer«, sagte sie. »Meine Füße waren so wund, daß ich sie jeden Tag in heißem Wasser waschen mußte.«

Aufgrund schlechter Organisation bekamen die Frauen nicht genug zu essen. Sie waren die ganze Zeit hungrig. Die Männer behaupteten, die Frauen würden besser behandelt als sie und trügen nicht ihren Anteil an den Reissäcken. »So gab es Streit zwischen den Geschlechtern«, kommentierte Bo Gus Frau.

Man versuchte es mit einer Umorganisation. Die Frauen wurden in eine eigene Einheit eingeteilt, Bo Gus Frau war die Kommandantin, Li Bochao, die Frau von General Yang Shangkun, war Kommissarin. Strikte Disziplin wurde befohlen, jede Verzögerung untersagt. Nun liefen die Dinge besser.[25] Doch, wie die zierliche Wei Xiuying schloß: »Es war viel härter für Frauen. Jeden Tag waren wir in Schwierigkeiten. Jeden Tag hatten wir eine schwere Zeit.«

Die kleine Liu Ying, die von Mao Zedong aus Yudu mit zurückgebracht worden war, wurde der Dritten Staffel der Zentralkolonne zugeteilt (die Rekonvaleszenteneinheit, in der die meisten Frauen marschierten, war Staffel Zwei).

Staffel Drei war die logistische Einheit. Hier waren die 5000 Männer, die die schweren Lasten von Druckpresse, Geräten zur Geldherstellung, Prägemaschinen und Werkzeugen zur Herstellung von Patronen und Gewehren schleppten. Die Männer in Staffel Drei waren zum größten Teil Rekruten oder nicht einmal das. Einige von denen, die die Lasten trugen, waren in der Armee, andere nicht. Ihre Aufgabe war fast unlösbar. Selbst wenn die Pressen und Maschinen in ihre Bestandteile zerlegt waren, erforderte es oft sechs Männer, ein Getriebe, eine Verkleidung oder eine Bohrmaschine zu tragen. Die Wege waren selten breit genug für mehr als zwei Menschen. Ein großer Teil des Marsches erfolgte nachts. Es regnete. Die Wege waren schlüpfrig. Taschenlampen konnten nicht benutzt werden, weil die feindlichen Truppen zu nahe waren.

Immer wieder stürzten Träger mit ihren Lasten die hohen steilen Abhänge hinunter und kamen um.

Schon ein oder zwei Tage nach dem Abmarsch begannen Träger sich davonzumachen, um nach Hause zu gehen. Sie hatten keinen Mut mehr. Tiefer und tiefer drangen sie in fremde und gefährliche Gebirge vor. Niemals würden sie den Weg zurück nach Jiangxi finden. Wenn es dunkel wurde, verschwanden sie in aller Stille. Dieses Ausbluten mußten die kleine Liu Ying und die anderen irgendwie stoppen. Aber das überstieg ihre Kräfte.

Fünfzig Jahre später räumte Liu Ying mit einem herben Lächeln ein: »Es war eine sehr harte Sache.«[26]

Die Lasten waren so schwer und die Wege so gewunden und schwierig, daß die Träger in einem Nachtmarsch kaum mehr als zwei bis drei Kilometer zurücklegen konnten. Die Kolonne blieb weiter und weiter zurück. Kampftruppen einschließlich des Vierten Regiments, der Angriffstruppe, die wegen ihrer unerhörten Leistungen berühmt werden sollte, mußten den zurückhängenden Troß vor Chiang Kaisheks Truppen schützen. Es war wie eine Szene aus einem schlechten Western. Die Indianer kamen näher und näher, und es gab keine US-Kavallerie, die zu Hilfe eilen konnte.

Liu Ying marschierte mit den Trägern und versuchte ihnen während der Ruhepausen wieder Mut und Zuversicht zu geben. Sie sollte den erschöpften, heimwehkranken, schlecht ernährten und oft verwirrten Männern revolutionäre Glut vermitteln.

»Es war hart, Träger zu rekrutieren«, erinnerte sie sich. »Sie waren schwer anzuheuern und schwer zu rekrutieren. Viele von ihnen hatten Verletzungen an Rücken und Schultern, wurden krank und schwach. Wenn sie mit uns gingen, hatten sie Angst, sie oder ihre Familie würden Vergeltungsmaßnahmen erleiden.«

Nicht einmal die stählerne Energie von Liu Ying konnte die Erschöpfung und Agonie der Träger wettmachen. Schwere Lasten wurden allmählich abgeworfen. Es gab nicht genug starke Rücken, um alles zu tragen. Etwas mußte geschehen, und zwar bald.[27]

Keine der dreißig weiblichen Kader starb auf dem Langen Marsch, doch man kann nur schwer die von Li Yimang geäußerte Meinung teilen, die weiblichen Kader hätten auf dem Langen Marsch wenig geleistet. Die Einschätzung von Li Bozhao, selbst Teilnehmerin und

Überlebende, scheint der Sache näherzukommen. Im Alter von 73 Jahren sprach sie ehrfürchtig von ihren Genossinnen, den Heldinnen und Märtyrerinnen der Revolution.

Sie erzählte von Cai Chang. Cai Chang war die Tochter einer vornehmen chinesischen Familie. Sie stammte von dem berühmten Militärkommandanten Zeng Guofang ab, der die Rebellion von Taiping am 1. Juni 1864 zerschlug und in Nanking 100 000 Taipinger hinmetzelte. Cais Mutter war eine Frau von bemerkenswerter persönlicher und politischer Entschlossenheit. Im Alter von 56 Jahren ließ sie sich von ihrem Mann scheiden und trat in eine Grundschule ein, um sich zu bilden. Sie begeisterte ihre Kinder für den Kommunismus. Cai Chang trug einen zerfledderten Schnappschuß von ihrer Mutter wie eine Ikone auf dem ganzen Langen Marsch bei sich.[28]

Es gab keine revolutionärere Familie in China als die von Cai Chang. Sie besuchte die berühmte Frauenschule von Zhounan, die von Zhu Jianfan, einem sehr reichen Grundbesitzer, finanziert wurde. »Heute würde man ihn ›einen demokratischen Menschen‹ nennen«, sagte Li Rui. Er war recht radikal und verwandelte mehrere seiner Häuser in Schulgebäude. Seine Tochter, Zhu Zhongli, sollte später den verwundeten Wang Jiaxiang heiraten, und eine andere Tochter wurde die Frau von Xiao Jingguang, dem ersten Befehlshaber der Roten Marine. Eine weitere Schülerin war Xiang Jingyu, die Cai Changs Bruder Hesen heiratete.

Cai Chang und ihr Bruder gingen im März 1919 nach Paris, um an dem ersten Arbeitsstudienprogramm teilzunehmen, das Cai Hesen und Mao ins Leben gerufen hatten. Ihr Programm war es, »mit aller Kraft zu lesen und mit aller Kraft zu übersetzen«. Ihre Mutter fuhr ebenfalls nach Paris. Sie hatte sich 600 Dollar von einem Nachbarn geliehen, um die Reise finanzieren zu können. Cai Hesen könnte der erste Student gewesen sein, der sich für den Kommunismus entschied. Er war stark beeinflußt von der sich entfaltenden französischen kommunistischen Bewegung. Er und Zhou Enlai gründeten den europäischen Zweig der chinesischen kommunistischen Partei. Cai Chang trat ihr 1923 bei. Ihr Bruder übte großen Einfluß auf Mao Zedong aus. Sie waren beide aus Hunan und Klassenkameraden. Cai Hesen und Mao führten eine intensive Korrespondenz, als Cai in Paris war und Mao in China. Cai Chang, Cai Hesen und Mao waren sehr enge Freunde. Sie schwuren einmal einen dreifachen Eid, nicht zu heiraten; keiner der drei hielt ihn.[29]

Als Helen Snow Cai Chang 1937 in Yan'an traf, waren drei ihrer Angehörigen von Chiang Kaishek hingerichtet worden, zwei weitere im Gefängnis. Sie hatte Untergrundaufgaben auf nationalistischem Territorium übernommen, wo Entdeckung den sicheren Tod bedeutete. Sie war damals wie während ihres ganzen weiteren Lebens eine sehr zarte Frau mit lebhaftem Gesicht und leicht lispelndem Akzent, wenn sie Französisch sprach. Nur, wenn man tief in ihre braunen Augen schaute, sah man die Traurigkeit.[30]

Cai Chang ertrug den Langen Marsch klaglos. Sie hatte, wie Li Bozhao sagte, einen starken Willen. Das Pferd, das man für sie zur Verfügung gestellt hatte, ritt sie nur selten. Meist gab sie es anderen, von denen sie meinte, sie hätten es nötiger, Verwundeten und Kranken. Sie war 24 Jahre alt und zierlich, doch sie kletterte ohne Klagen die Fünf Bergzüge hinauf und wieder hinunter. Sie und Liu Ying marschierten zusammen, und sie versuchte wie Liu Ying, den Männern auf den gewundenen Pfaden des *Chang Zheng,* des Marsches der 25 000 *li,* Mut zuzusprechen. Kang Keqing nannte Cai Changs Erzählungen und Witze »geistige Nahrung«.

»Warum ich von Cai Chang spreche?« fragte Li Bozhao. »Weil sie den Respekt und die Liebe der Frauen besaß – und von uns allen.«

1984 lebte Cai Chang 84jährig in Peking. Ihre Gesundheit war angegriffen, und sie hatte das Augenlicht verloren. Doch sie tat ihre Arbeit weiter, so gut sie konnte. Wenn es auf dem Langen Marsch eine Heilige gab, dann war sie es.

Kapitel 9

Die erste große Schlacht

Die Rote Armee gewann die ersten drei Schlachten des Langen Marsches ohne größere Schwierigkeiten. Sie durchbrach die drei Befestigungslinien, die Chiang Kaishek errichtet hatte, um ihr den Auszug aus der »roten Ecke« von Jiangxi unmöglich zu machen. Doch wie General Qin, Direktor des Militärmuseums von Peking, sagte, war der Lange Marsch nicht nur eine Sache von Geschützen und Kugeln, sondern gewissermaßen ein Kampf an drei Fronten gleichzeitig; einmal gegen Chiang und seine regionalen Kriegsherren; dann gegen die Natur und ihre Elemente; und schließlich und vor allem war da noch der Kampf innerhalb der Kommunistischen Partei, der Kampf von Führer gegen Führer und Politik gegen Politik.

Es ist nicht immer leicht zu bestimmen, welches Element für Sieg oder Niederlage entscheidend war, vor allem, weil »noch heute vieles nicht klar ist«, wie General Qin einräumte. Auf dem Langen Marsch gab es keinen Augenblick, in dem Berge, Abhänge, reißende Flüsse, gefährliche Schneestürme, eisige Regengüsse, Schnee, Nebel, sengende Wüsten, bodenlose Sümpfe, Hunger und endlose Märsche die Soldaten nicht mit größeren Gefahren konfrontierten als Chiangs Bomben und Kugeln. Und hinter diesen Drangsalen, den meisten der Kämpfer gar nicht sichtbar, spielte sich im Oberkommando der tödliche Kampf um Politik, Macht und Persönlichkeiten ab.

Die Kommandanten der Roten Armee waren Männer von Tüchtigkeit und Härte. Sie hatten jahrelange Erfahrungen im Guerillakrieg. Sie hatten einen Feldzug nach dem anderen zusammen durchgekämpft. Sie kannten das Land, und sie kannten die Menschen. Sie kannten den Feind. Sie kannten ihre eigenen Stärken und Schwächen. Lin Biaos Erste Armeegruppe war unübertrefflich in Überraschungsangriffen und Hinterhalten. Niemand tat es Peng Dehuai und seiner Dritten Armee in frontalen Angriffen und im

Nahkampf gleich. Sie kannten alle Tricks, Täuschungen, Kriegslisten und Manöver, mit denen sie einen überlegenen Feind übertölpeln konnten. Sie bewegten sich unglaublich rasch voran und erschienen auf der Bildfläche, wenn der Feind sie weit entfernt glaubte. Sie marschierten ohne großes Gepäck und lebten von den Früchten des Landes. Sie waren jung, von kräftiger bäuerlicher Rasse, ungewöhnlich stark und ausdauernd. Sie erklommen die Fünf Bergzüge wie Bergziegen. Sie konnten nach wenigen Stunden Schlaf – oder überhaupt ohne Schlaf – den ganzen Tag und die halbe Nacht marschieren und dann dem Feind eine Schlacht liefern und sie gewinnen.

Die Männer der Roten Armee waren außergewöhnlich motiviert. Sie kämpften für eine Sache, der sie sich total hingaben, und setzten sich ohne Zögern jeder Gefahr aus. Doch die neuen Rekruten, die bei der intensiven Rekrutierungskampagne im Frühjahr und Sommer 1934 für die Rote Armee gewonnen worden waren, waren aus anderem Holz geschnitzt. Sie waren so rasch und so kurz vor dem Langen Marsch angeworben worden, daß sie wenig militärische Vorbereitung oder Indoktrination erfahren hatten. Man hatte ihnen nicht gesagt, wohin sie gingen oder was sie dort machten, teilweise vielleicht deshalb, weil das Oberkommando es selbst nicht so genau wußte.

Aus welchem Grund auch immer, das kostete seinen Preis. Von Anfang an gab es unmotivierte Männer, die irgendwann zurückblieben. Einige Nachzügler konnten das Tempo nicht mithalten. Mehr noch stimmten mit den Füßen ab, wie es von der russischen Armee am Vorabend der Revolution von 1917 hieß, als die Bauernsoldaten nach Hause gingen. Sie begannen einfach, in ihre Heimat zurückzuwandern, ehe sie so weit marschiert waren, daß sie nicht mehr hoffen konnten, den Rückweg zu finden.

An ihren eigenen Maßstäben gemessen war die Rote Armee recht gut bewaffnet. Am 8. Oktober 1934 hatte sie insgesamt 33 243 Waffen, bestehend aus Gewehren, Karabinern, Pistolen, Maschinenpistolen und 651 leichten und schweren Maschinengewehren. Sie besaß 38 Mörser und ein paar Artilleriegeschütze, vorwiegend Gebirgsgeschütze. Die Artillerie war sehr früh aufgegeben worden. Die Rote Armee führte einen Vorrat von 1 801 640 Patronen, 2523 Mörsergeschossen und 76 526 Handgranaten mit sich.[1]

Das war eine beträchtliche Streitmacht, doch ihr stand ein um ein

Vielfaches stärkerer Gegner gegenüber. Die Kommandanten der Roten Armee nahmen an, daß Chiang Kaishek etwa hundert Regimenter, zwischen 300 000 und 400 000 Mann, gegen sie mobilisiert hatte. Liu Bocheng, der »einäugige Drache«, nannte die Zahl 400 000. Mo Wenhua von der Achten Armee nannte als »grobe Schätzung« eine Zahl zwischen 300 000 und 400 000. Hu Yaobang, 1984 Generalsekretär der Kommunistischen Partei, 1934 ein achtzehnjähriger Jugendführer der Roten Armee, schätzte die Hauptmacht der KMT auf 300 000.[2]

Sobald Chiang Kaishek den Umfang der Bewegung der Roten Armee erkannte, begann er eine Streitmacht zu organisieren, um sie einzudämmen. Am 30. Oktober befahl er zweien seiner verläßlichsten Zentralarmee-Generäle, Xue Yue und Zhou Hunyuan, vier Divisionen zum Angriff gegen die Rote Armee zu führen, und zwar koordiniert mit einer südlichen Kolonne aus Guangdong und einer westlichen Kolonne, geführt von dem Kriegsherren von Hunan, He Jian.

Zwei Wochen später verfeinerte er seine Pläne. Er ernannte He Jian zum Oberbefehlshaber und schlug vor, er solle gemeinsam mit Xue Yue und Zhou Hunyuan einen Angriff zur Einkreisung und Vernichtung der Roten Armee führen. Und zwar am Xiang-Fluß, der von Süden nach Norden durch Guangxi nach Hunan fließt. Die Generäle verfügten zusammen über fünfzehn Divisionen oder etwa siebzig Regimenter. Chiang wandte sich an die Kriegsherren von Guangxi und Guangdong, die weitere dreißig Regimenter hatten; sie sollten mithelfen, die Rote Armee in ein Dreieck vor dem Xiang-Fluß zu treiben, etwa 130 mal 50 km groß, das die Städte Quanzhou, Xingan und Guanyang umfaßte.

Dies war einer von Chiangs besseren Plänen – falls er funktionierte. Die regionalen Kriegsherren würden sich auf heftige, verlustreiche Kämpfe mit der Roten Armee einlassen müssen und würden dadurch geschwächt; Chiang hätte dann größere Chancen, ihre Gebiete selbst zu kontrollieren.

Die Rote Armee hatte keine Möglichkeit, ihr Ziel zu verbergen. Sie mußte weiterziehen und den Xiang-Fluß überqueren. Es gab keinen anderen Weg. Kurz nach der Überquerung des Xiang mußte sie sich nach Norden wenden, um in Westhunan zu He Long und der Zweiten Frontarmee zu stoßen. Ein Blick auf die Karte verriet

Chiang Kaishek die Route der Roten Armee. Sie folgte der Strecke, die erst zwei Monate zuvor die Sechste Armee genommen hatte, als sie auf demselben Weg zu He Long geeilt war.

Wie sich Yu Qiuli erinnerte, der 1984 politischer Direktor der Volksbefreiungsarmee und 1934 ein zwanzigjähriger Bauernsoldat in der Sechsten Armee war, mußte die Sechste Armee einen Bogen nach Dao Xian schlagen und dann geradeaus nach Westen marschieren, um den Fluß in der Nähe von Xingan zu überqueren. »Es gab kaum Schwierigkeiten«, erinnerte sich Yu Qiuli. »Nach einigen Kämpfen besetzten wir die Kuppe eines Hügels. Wir überschritten den Hügel und kamen an den Fluß. Dort gab es eine Pontonbrücke. Wir überquerten sie und waren in der Dämmerung über den Fluß. Ich erinnere mich, daß die Soldaten sehr gute Moral hatten.«[3]

Hatte man in aller Stille den Kriegsherren von Guangdong und Guangxi ein Wort zukommen lassen? Es gibt keine Beweise dafür, aber die Sechste Armee hatte nicht die geringste Feindberührung von der Guangxi-Seite. Es war, als habe jemand gesagt: »Wir möchten nur für eine kurze Weile eure Straßen ausleihen.« (Und vielleicht hatte jemand genau das gesagt.)

Die vierte Blockhauslinie am Xiang-Fluß lag innerhalb des Gebietes, das Bai Chongxi kontrollierte, der grimmig antikommunistische Kriegsherr von Guangxi. Doch sosehr Bai Chongxi auch die Kommunisten haßte, sein vordringlichstes Anliegen war seine Selbstverteidigung. Er wollte sich nicht von Chiang Kaishek in eine Lage bringen lassen, in der Chiang die Möglichkeit hätte, seine Herrschaft über Guangxi zu unterminieren und ihn hinauszuwerfen.

Gab es hier eine weitere stille »Vereinbarung«, der Roten Armee den Weg über den Xiang-Fluß und hinauf auf die direkt dahinter liegenden, abweisenden Fünf Bergzüge der Grenze zwischen Hunan und Guizhou zu ebnen?

Niemand hat bisher detailliert bewiesen, daß es Geheimverhandlungen zwischen Zhou und dem Diktator von Guangdong, Chen Zitang, gab, aber das Material spricht dafür, daß ein Einverständnis mit den Kriegsherren von Guangxi, Bai Chongxi und Li Zongren, bestand. Xu Mengqiu, der erste Historiker der Roten Armee, stellte dies 1938 fest. Er sagte, die Führer von Guangxi hätten versprochen, einen »Freiraum zu lassen«, einen 20 km breiten Korridor zwischen Jieshou und Quanzhou am Xiang-Fluß, etwa 100 bis 110 km westlich von Dao Xian. »Die Korridor-Theorie ist wasserdicht«, sagte Hu Hua, der führende Parteihistoriker in Peking. Seiner Meinung nach ist die Existenz dieses »Korridors« entscheidend für das Verständnis der Schlacht am Xiang-Fluß. Die Rote Armee hielt die Übergänge eine Woche lang. Das hätte sie nicht gekonnt, wenn Guangxi ernsthaften Widerstand geleistet hätte. Hu Huas Ansicht wird in gewissem Maße von Yan Jingtang gestützt, dem Forscher aus dem Verteidigungsministerium, sowie von seinem Chef, General Qin Xinghan. Sie benutzen nicht das Wort »Korridor«, stimmen aber darin überein, daß bei den ungewöhnlichen Bewegungen der Guangxi-Truppen ein »Bereich« ausgespart wurde, der der Roten Armee die Flußüberquerung ermöglichte.[4]

Am 14. November 1934 übernahm He Jian das Oberkommando über Chiang Kaisheks Streitkräfte. Xue Yue, der wichtigste General der KMT, zog weiter an der rechten oder nördlichen Flanke der Kommunisten entlang, und zwar parallel zu ihnen, während sie nach Westen marschierten. So schnitt er ihnen den Weg nach Norden ab. Hinter den Kommunisten marschierte Zhou Hunyuan und trieb sie vor sich her.[5]

Die Rote Armee hastete in ihrer vertrauten Kastenformation auf den Xiang-Fluß zu. Die Erste Armeegruppe, geführt von Lin Biao, und die Dritte Armeegruppe unter Peng Dehuai rückten auf fast direktem Kurs vor. Die Neunte Armee befand sich unmittelbar vor den schwerfälligen Zentralkolonnen, die sich nun etwas gelichtet hatten. Träger waren desertiert. Lasten waren zurückgelassen worden, darunter Theaterkostüme und Bühnenbilder.

Die Achte Armee, erst im September gebildet, in der viele Rekruten aus der Sommerkampagne konzentriert waren, marschierte links von der Zentralkolonne der Militärkommission, wo die meisten der wichtigsten militärischen Führer zu finden waren – Bo Gu, Otto Braun, Zhou Enlai, Zhu De, Luo Fu, Mao Zedong.

Hinter der Kommandogruppe kam die zusammengewürfelte Trägerkompanie; sie bestand aus einigen Rotarmisten, die ihr aus disziplinarischen Gründen zugeteilt worden waren, darunter auch ein paar degradierte Offiziere und möglicherweise einige Gefangene.

Am Schluß folgte die treue, ausdauernde Fünfte Armee, die Nachhut, deren Aufgabe nach den Worten des Dolmetschers Wu

Xiuquan darin bestand, die »Hofhunde« der KMT abzuwehren, die Schakale, die dem langsamen Troß zu schaffen machten.

»Der Feind drängte, kreiste uns ein, sperrte und störte«, erinnerte sich Wu Xiuquan.[6]

Drei oder vier von Chiangs Divisionen marschierten mit der Roten Armee um die Wette auf die Stadt Quanzhou am Xiang-Fluß zu, einen Überquerungspunkt am nördlichen Rand des »Korridors«. Quanzhou war eine alte, ummauerte Stadt an der Grenze zwischen Guangxi und Hunan. Als Späher der Roten Armee sich ihren Mauern näherten, sahen sie, daß die Nationalisten (He Jians Truppen) sie bereits besetzt hatten.

Das führte zu einem Streit im Oberkommando – sollte man Quanzhou angreifen oder sich nach Süden wenden, um den Xiang-Fluß an einer anderen Stelle zu überqueren?[7]

Die Rote Armee näherte sich dem Xiang-Fluß innerhalb des eisernen Dreiecks, das – obwohl sie das nicht wußte – von Chiang Kaishek zum Ort ihres Untergangs bestimmt worden war. Es begann südlich direkt oberhalb von Guilin, der eigenartigen Gegend kegelförmiger Steine und des Nebels, die bei den chinesischen Malern so beliebt ist, ein Heiligtum der Schönheitsliebenden und Poeten.

Die Landschaft wurde beherrscht von einem Wald aus Steinen, großen, kahlen Felsen, die durch die Wolken himmelwärts strebten. Das Tal des Xiang war immer der Hauptweg von Guangxi nach Hunan gewesen. Seine geologische Formation ist Kalkstein, in den Wind und Wasser im Laufe der Jahrtausende tiefe Flüsse und magische Täler gegraben hatten.

Die steinernen Geister von Guilin ziehen sich am Xiang-Fluß entlang nach Lingchuan, direkt südlich von Xingan, der südlichen Grenze des Korridors der Roten Armee. Dann werden die Flußufer zu hartem Granit, und die gnomenhaften Felsen verschwinden bis auf wenige, die hier und da plötzlich inmitten der scharfrandigen Kliffs und der Granitlandschaft auftauchen wie wandernde Geister auf der Suche nach einem Ruheplatz.

Dies ist historischer Boden. Hier befindet sich der Kanal namens Ling, 200 Jahre vor Christus unter Chinas erstem Kaiser erbaut, um die Flüsse Xiang und Li zu verbinden und so eine bemerkenswerte, ununterbrochene Inlandswasserstraße von Shanghai am

Yangtze nach Canton am Perlfluß zu schaffen. Noch 1984 herrschte auf dem Kanal lebhafter Verkehr.

In diesem Mondtal nahm die erste große Schlacht des Langen Marsches Gestalt an.

Mit ziemlicher Sicherheit hätte die Rote Armee sich ihren Weg durch die vierte und letzte Blockhauslinie Chiang Kaisheks ohne große Schwierigkeiten gebahnt, wenn nicht der schwerfällige, törichte, unnötige Lastentroß 80 km zurückgehangen hätte. Obwohl das Wettrennen nach Quanzhou verloren war, überschritt die Vorhut der Roten Armee den Xiang am 25. November südlich von Quanzhou. Einheiten der Ersten und der Dritten Armee waren bis zum 26. November am anderen Ufer. Genau um diese Zeit bewegte der Kriegsherr von Guangxi, Bai Chongxi, seine Truppen südlich von Xingan, vorgeblich, um Guilin zu schützen, doch in Wirklichkeit ließ er dabei für die Rote Armee den Korridor von Xingan nach Quanzhou offen. Am Abend des 27. November überquerten Vorauseinheiten der Vierten Division der Dritten Armeegruppe und der Ersten Division der Ersten Armeegruppe den Xiang ungehindert. Die Dritte Armeegruppe war am Nordrand, die Erste im Süden; die Neunte hinter der Ersten und die Achte hinter der Dritten. Die Zentralkolonnen befanden sich dazwischen und dahinter. Die Hauptüberquerungspunkte waren Jieshou und Juezhanpu. Der Fluß war so seicht, daß die meisten Soldaten einfach hinüberwateten.

Unter den normalen Operationsbedingungen der Roten Armee hätte die gesamte Streitmacht den Fluß binnen zwei oder drei Tagen ohne nennenswerte Verluste überschreiten müssen. Doch die Schwerfälligkeit des Trosses und die Ungeschicklichkeit der vielen neuen, untrainierten Soldaten veränderten das ganze Bild.

In den Anfangsstadien lief alles gut, wie der junge Politkommissar des Vierten Regiments der Zweiten Division von Lin Biaos Erster Armeegruppe bestätigen konnte. Yang Chengwu war noch ein ganz junger Mann, als der Lange Marsch begann. Er hatte gekämpft, meist mit Guerillas, seit er mit siebzehn sein bäuerliches Zuhause in der Provinz Fujian verlassen hatte, um sich der Roten Armee anzuschließen. Die Rote Armee sollte seine Ausbildung, seine Karriere, sein Leben werden.

1984, mit siebzig Jahren, wirkte Yang wesentlich jünger als sein

Alter. Er hatte schwarzes Haar mit einigen grauen Strähnen, trug eine dunkelblaue Jacke und Hose von militärischem Schnitt und konnte sich genau und mühelos an alles erinnern. Er brauchte nicht nach Worten zu suchen; sein rundes Gesicht glich vage dem des verstorbenen Vorsitzenden Mao. Er begann seine Geschichte mit den Worten: »Ich war zwanzig, als ich den Langen Marsch begann, und 21, als wir das Ende erreichten. Für mich dauerte er genau ein Jahr und zwei Tage.«

Die erste große Schlacht des Vierten Regiments fand am Xiang-Fluß statt. Yangs Regiment machte in einer kleinen Stadt namens Decitang halt, 80 km östlich von Dao Xian, einer Bezirksstadt, direkt westlich vom Xiang-Fluß, als es eine dringende Botschaft erhielt. Der Befehl lautete, so schnell wie möglich weiterzumarschieren und vor der KMT Dao Xian und den Flußübergang einzunehmen. Die Stadt beherrschte einen Gebirgspaß, der für das Erreichen des Xiang-Flusses entscheidend war. Sie mußte bis zum nächsten Morgen gesichert sein.

»Die Zeit war erdrückend kurz«, erinnerte sich Yang. »Noch während wir die Befehle gaben, setzten sich die Truppen in Marsch.« Unterwegs trafen sie auf eine Gruppe von Bauern, die sagten, bei Dao Xian gebe es eine Pontonbrücke über den Xiang-Fluß; sie bestünde aus zusammengebundenen Fischerbooten. Wenn sie ans gegenüberliegende Ufer gezogen sei, könne das Vierte Regiment Schwimmer hinüberschicken und sie herüberholen.

Acht Kilometer vor Dao Xian erschienen drei KMT-Flugzeuge. Die Männer gingen so schnell in Deckung, daß die Flugzeuge sie nicht ausmachten. In der Dämmerung hatten sie die Außenbezirke von Dao Xian erreicht. Eine hohe Mauer und ein tiefer Wassergraben schützten die Stadt. Um Mitternacht wurde eine Schwimmergruppe über den Fluß geschickt. Sie sicherte die Boote, und bei Tagesanbruch hatte die Vorhut die Stadt betreten und die katholische Kirche eingenommen.

Kommissar Yang Chengwu ging durch die Hauptstraße, die sich nun mit Menschen füllte, und hörte zwei alte Männer reden. Einer, der einen Bart trug, fragte seinen bartlosen Gefährten: »Wie haben sie die Schlacht gewonnen? Sie haben so wenig Kugeln.« Der andere antwortete: »Sie können 1000 *li* am Tag und 800 in der Nacht zurücklegen. Ihre Körper sind kugelsicher. Sie brauchen keine Kugeln, um zu kämpfen.«

Yang ging weiter zum Tempel der Stadt, einem Daoistischen Heiligtum. Propagandisten der Roten Armee bereiteten eine Massenversammlung vor. Reden sollten gehalten werden. Nahrung und Kleidung, den Reichen weggenommen, sollten an die Armen verteilt werden. Einfache Leute, so bemerkte Yang, hätten der Roten Armee geholfen. Ohne sie hätte die Stadt nicht eingenommen werden können.[8]

Noch vor der Morgendämmerung des nächsten Tages eilten Yang Chengwu und sein Stoßregiment weiter zum Xiang-Fluß. Sie überquerten ihn ohne Schwierigkeiten.

Von hier an aber teilten sich die Geschicke der verschiedenen Truppenteile. Die Berichte von Yang Chengwu und vielen anderen sprachen von einer einfachen Überquerung mit geringen Verlusten. Aber für die langsameren Elemente in der Kolonne stand eine blutige Schlacht bevor. Mo Wenhua, Propagandadirektor in der Politischen Abteilung der Achten Armeegruppe, die jenseits von Dao Xian zum Xiang-Fluß vorrückte, kam vermutlich 24 Stunden nach den schnellen Stoßtruppen am Ufer an. Für Mo Wenhua ergab sich bald eine kritische Situation. Der Feind kreiste ihn von allen Seiten ein, KMT-Flugzeuge bombardierten die Kolonnen und warfen Flugblätter ab, auf denen stand: »Kommunistische Banditen! Das Oberkommando hat uns befohlen, auf euch zu warten. Wir warten. Beeilt euch! Wir bitten euch. Wir haben eine nette kleine Falle für euch aufgestellt.«

Mo wußte, was das bedeutete – eine weitere bittere Schlacht. Die Achte hatte den Befehl, von Dao Xian aus in einem Gewaltmarsch den Xiang-Fluß zu erreichen. Sie sollte nicht anhalten, um zu kämpfen, sondern sich einfach so schnell wie möglich ihren Weg bahnen. Der Xiang-Fluß war noch rund 110 km entfernt. Eine KMT-Kolonne eilte parallel zur Achten Armee und nur etwa acht Meilen weiter nördlich in dieselbe Richtung. Die KMT ließ einen »Bleiregen« auf die Achte niedergehen, aber die drängte weiter voran.

Direkt nach Einbruch der Dunkelheit auf dem Weg ins Gebirge machte die Achte Armee halt in Shuiche, einer der Oasen der Berglandschaft von Guilin, in ganz Südchina für ihre Schönheit bekannt. Vor der Morgendämmerung waren die Truppen schon wieder weitergezogen. »Leider«, schrieb Mo Wenhua, »hatten wir weder die Zeit noch die Möglichkeit, uns an diesen Ausblicken zu erfreuen.«

Die Achte eilte im Kielwasser der Neunten Armee dahin, gefolgt von der 34. Division, die mehr und mehr in Schwierigkeiten geriet. Die Vorauseinheiten durchbrachen die letzte der Blockhauslinien. KMT-Blockhäuer waren nicht leicht einzunehmen. Es waren starke Befestigungen, nach deutschen Plänen gebaut, aus Beton und verstärktem Stahl, unempfindlich gegen Maschinengewehrfeuer. Die Blockhäuser der Roten Armee dagegen waren aus Holz, mit Lehm verstärkt und verwundbar durch nahezu alles, einschließlich eines starken Regens. Sie hatten aber einen Vorteil. Sie waren von Gräben, Stacheldraht und versetzten Reihen angespitzter Bambuspfähle umgeben, die im Boden steckten und den schlechtbeschuhten Soldaten die Füße durchbohrten. (Die gleiche Waffe wurde von den Nordvietnamesen gegen amerikanische Soldaten benutzt.)

Um ein Blockhaus auszuschalten, mußten die Männer der Roten Armee sich an die Wände heranschleichen und Granaten durch die Schießscharten werfen. Die Aufgabe der Vorhut bestand darin, diese Befestigungen unschädlich zu machen und dann den Xiang zu überqueren. Der Fluß war kein großes Hindernis. An den Furten, von denen es mehrere gab, war er knapp hundert Meter breit, aber nicht mehr als taillentief. Das Wasser war in der Novemberkälte eisig und wild, doch entschlossene Soldaten konnten es durchqueren.

Während die Achte Armee vorrückte, konnten die Männer das Feuer der 34. Division hinter sich hören, die Shuiche verteidigte. Vor ihnen ertönten die Kampfgeräusche von der Stelle, an der die Hauptstreitmacht den Xiang überquerte. Ein paar Stunden später hörten sie wieder Schlachtenlärm von der 34. Division. Es war das letzte Mal, daß sie etwas von ihr hörten. Die ganze Division bis auf den Befehlshaber und ein paar Nachzügler wurden in dieser Schlacht aufgerieben.

Eine Weile marschierte die Achte in verwirrender Stille weiter; sie folgte noch immer den Spuren der Neunten. Dann wurde die Stille von Maschinengewehrfeuer durchbrochen, nicht mehr als hundert Meter vom Weg entfernt. Mo Wenhua marschierte an der Spitze der Kolonne. Beim ersten Geräusch verharrte der Kommandeur reglos. Der Feind stand im dichten Wald auf den Hügeln zu beiden

Seiten. Die Neunte Armee hatte zuvor denselben Weg genommen, ohne auf feindliches Feuer zu stoßen. Offenbar waren die Guangxi-Truppen angekommen und hatten binnen einer Stunde ihre Positionen bezogen. Vor sich konnte Mo Wenhua schweres Feuer hören. Es war drei Uhr nachmittags. Eine Staffel KMT-Flugzeuge erschien keine 300 m über der Kolonne. Die Truppen marschierten weiter. Die Flugzeuge brachten ihre Maschinengewehre in Stellung, doch die Soldaten blieben nicht stehen. Die Flugzeuge flogen so niedrig, daß die Männer die leeren Bombenschächte sehen konnten. Es dämmerte. Die Soldaten stolperten vor Erschöpfung und schliefen beinahe im Stehen. Es war fast Morgen, als Mo Wenhua flackernde Lichter sah – ein Biwak der Nachhuttruppen der Roten Armee auf einem Deich am Fluß.

So sah es aus. Doch Mo sah keine Pflöcke, keine Wachposten, hörte keine Losungsrufe. Es war eine Phantomabteilung aus ein paar Spähern, die die KMT täuschen sollte. Die Lagerfeuer sollten dem Feind weismachen, eine große Streitmacht schütze den Übergang. Mo hörte ein Pferd wiehern. Es war sein eigenes. Seine Ordonnanz hatte dort auf seine Ankunft gewartet.

Als die Sonne aufging, sah Mo sich um. Überall verstreut lagen Bücher und Papiere – Militärhandbücher, Landkarten, Bücher über Strategie, die Agrarfrage, Probleme der Chinesischen Revolution, Werke über politische Ökonomie, Marxismus, Leninismus, Pamphlete, Bücher auf Englisch, Französisch, Deutsch. Die Bibliothek, mit der sich die Träger der Roten Armee den ganzen Weg von Ruijin abgeschleppt hatten, lag da, zerrissene Seiten, schmutzige Bücher, zerdrückte Einbände, einige halb verbrannt, andere frisch wie aus der Druckerei. »Unser ganzes ideologisches Arsenal, unsere gesamte Militärliteratur«, erinnerte sich Mo, »war weggeworfen worden.«

Wenn Mo Wenhua genau hingesehen hätte, hätte er vielleicht die Leseexemplare der Stücke gefunden, die Li Bozhao, die Frau von General Yang Changkun, fortwarf, als sie beim Erreichen des Xiang-Flusses ihre Last erleichterte. Alles ging dahin. Von nun an würden die einzigen Stücke, die die Rote Armee aufführte, entweder brandneu sein oder ihre Dialoge würden aus dem Gedächtnis rekonstruiert werden müssen. Li Bozhao, eine kleine Frau, hatte Schwierigkeiten, den Xiang zu überqueren. Sie war nicht groß genug, um hinüberzuwaten. Das Wasser reichte über ihren

Kopf. Liu Bocheng, der »einäugige Drache«, hatte ein Maultier. Er ließ Li Bozhao sich an dessen Schwanz hängen und hinüberpaddeln.[9]

Ohne Schlaf und ohne Nahrung marschierten die Männer weiter. Um acht Uhr morgens tauchten Flugzeuge auf. Die KMT hatte ihre Basis nach Hengyang vorverlegt, nur 160 km entfernt und überzog die Kommunisten mit beinahe ununterbrochenen Angriffen. Die Kolonnen der Roten Armee marschierten unter Bordwaffenbeschuß. Es gab keine andere Möglichkeit. Wenn sie anhielten, konnten sie die Überquerung nicht rechtzeitig schaffen – die Truppen würden getötet oder gefangengenommen werden. Sie konnten jetzt getötet werden oder später. Also marschierten sie weiter. »Es gibt nichts Schwierigeres, als unter Flugzeugbeschuß zu marschieren«, bemerkte Mo. »Aber wir konnten nicht mehr an uns oder unser Leben denken. Wir sahen unsere Kameraden unter dem feindlichen Feuer fallen. Die Flugzeuge konnten einige von uns töten und verwunden; sie konnten unseren Fortschritt erschweren; sie konnten einigen von uns das Leben nehmen; doch sie konnten die Schlacht nicht gewinnen.«

Sie marschierten weiter. Doch als sie den Xiang erreichten, durften sie den Fluß nicht überqueren. Die Rote Armee war in größter Gefahr, und eine neue Schlacht – eine ums Überleben – stand bevor.[10]

In späteren Jahren erinnerte sich Nie Rongzhen, Politkommissar der Ersten Frontarmee, an den 30. November und den 1. Dezember 1934 als an die gefährlichsten Tage des Langen Marsches.

Die erstklassigen Einheiten der Ersten und Dritten Armeegruppen hatten den Xiang-Fluß erfolgreich überquert. Selbst die Vorhut der Achten und Neunten hatte es einigermaßen geschafft. Doch nun war die Zeit abgelaufen. Und die große Masse der zweitklassigen Kampfeinheiten und die langsame Kommandokolonne, die Kranken, die Verwundeten und Frauen und natürlich der monströse Troß hatten den Fluß noch nicht überschritten.

Der rechtzeitige Rückzug von Bai Chongxi und seiner Guanxi-Armee war enorm wertvoll gewesen, weil er die Furten des Xiang-Flusses für die Rote Armee freimachte. Doch nun veränderte sich alles in plötzlicher, dramatischer, gefährlicher Weise. He Jian hatte seine vier Divisionen aufgeboten, um die Nordflanke der Roten

Armee anzugreifen. Während Xue Yue sich in großartiger Verachtung der Schlacht westwärts zu bewegen schien, hatte sein Partner Zhou Hunyuan sich der Roten Armee von hinten genähert und griff die Nachhut an.

Das Alarmierendste aber war dies: Jetzt, da die Elitetruppen der Ersten und Dritten Armee den Xiang überquert hatten, schaltete sich Bai Chongxi in den Kampf ein – mit Elan. Offenbar ging es ihm darum, Chiang Kaishek zu beweisen, daß er seine Pflicht erfüllte.

Diese Entwicklungen ergaben sich in einem Augenblick großer Gefahr für die Rote Armee und in einer klassischen militärischen Risikosituation. Ihre Kräfte waren geteilt, je zur Hälfte auf verschiedenen Ufern des Flusses. He Jians Attacken begannen am 28. November. Die Kämpfe der nächsten drei Tage waren die härtesten, die die Rote Armee während des ganzen Langen Marsches zu bestehen hatte.[11]

Es gab keinen zuverlässigeren, verantwortungsvolleren und fähigeren Kommandeur in der Roten Armee als Nie Rongzhen. Diese Eigenschaften sicherten ihm einen Platz unter den heldenhaften zehn Marschällen, die von der Volksbefreiungsarmee nach der Gründung der Volksrepublik ernannt wurden. 1934 war er 35 Jahre alt, »ein alter Mann«, ein Veteran der Roten Armee, der aus einer reichen Bauernfamilie aus der Nähe von Chongqing gekommen war, um sich in Frankreich 1920 einer Arbeitsstudiengruppe anzuschließen. Dort geriet er unter den Einfluß von Zhou Enlai, arbeitete in einer Munitionsfabrik Schneider in Belgien und studierte mit Maos engem Freund Li Fuchun den Marxismus. Nie Rongzhen war an der Roten Militärakademie Moskaus gewesen und zu Zeiten von Zhou Enlai und Chiang Kaishek an der Whampoa-Akademie in Canton.

Nie Rongzhen war kein Mann, der leicht in Panik geriet. Er war ein kühler und ruhiger Kopf. Mit der Ersten Armeegruppe kam er den Xiang-Fluß herauf, überschritt ihn am 26. November, nachdem die Vorhut auf das Westufer gegangen war, beobachtete die gefährliche Verteilung der Truppen auf beide Seiten des Flusses und verstand die Implikationen, als er den Befehl erhielt, die Übergänge zu sichern und die KMT fernzuhalten, bis die beiden Zentralkolonnen und der Hauptteil der Truppen der Roten Armee den Fluß überquert hätten.

Die Schlacht tobte während des ganzen 30. November. Die gesamte Armeegruppe war verwickelt, und allmählich wurde sie auf ihre zweite Verteidigungslinie zurückgezwungen. Zu den Verwundeten gehörte auch Yang Chengwu, Kommandeur des Vierten Vorhut-Regiments. Zum Glück war seine Verwundung nicht schwerwiegend, nach zehn Tagen hatte er sich erholt.

Nie Rongzhen konnte in dieser Nacht nicht schlafen. Er konnte an nichts anderes denken als an die Sicherheit der Hauptstreitmacht der Roten Armee. Er, Lin Biao und die anderen Kommandeure verbrachten Stunden mit der Analyse der Situation. Es lag auf der Hand, daß die Hauptstreitmacht in Gefahr war. Etwas vor Mitternacht am 30. November telegraphierten sie an das Zentrale Militärkomitee:

»Vorsitzender Zhu [De]:

... Wenn der Feind morgen angreift, können wir bei seiner überlegenen Stellung nicht garantieren, daß wir mit unserer verfügbaren Ausrüstung und den gegenwärtig bestehenden Möglichkeiten der Truppe die Stellung halten werden. Das Zentrale Militärkomitee muß heute alle Truppen auf der Ostseite über den Xiang-Fluß bringen. Die erste und zweite Division werden morgen dem Feind weiter Widerstand leisten.«

Die Antwort kam am 1. Dezember um drei Uhr dreißig morgens. Sie wurde im Namen des gesamten Militärkommandos geschickt. Die Instruktion war eindeutig. Die Erste Armeegruppe mußte aushalten:

»Die Schlacht vom 1. Dezember wird unsere gesamte Armee beeinflussen. Die Möglichkeit, nach Westen zu ziehen, öffnet den Weg für zukünftige Entwicklungen. Jede Verzögerung wird dazu führen, daß unsere Armee durch den Feind abgeschnitten wird. Die Führer und Kommandeure der Ersten und Dritten Armee müssen zu den Kompanien gehen, um sie vor dem Kampf zu mobilisieren. Macht allen Soldaten und Offizieren die Bedeutung des heutigen Kampfes klar: Entweder wir gewinnen, oder wir verlieren ...«

Die Erste Armee hielt sogar während der noch heftigeren Kämpfe am 1. Dezember ihre Positionen. Gegen Mittag erhielt sie die Nachricht, die Hauptkräfte und vor allem die Zentralen Kommandokolonnen hätten endlich den Xiang überquert.

Nie in ihrer Geschichte war die Erste Armee in einer solchen

Gefahr gewesen. Zum ersten Mal seit vielen, vielen Jahren wurde das Hauptquartier der Ersten Armee beschossen. Das Hauptquartier war an einem Berghang errichtet worden, und die Kommandeure bemühten sich, ihren nächsten Schritt zu erarbeiten, als ein Leibwächter namens Qiu Wenxi herbeigeeilt kam und berichtete, der Feind rücke näher.

Nie Rongzhen glaubte das nicht. Der Leibwächter mußte sich geirrt haben. Es mußte sich um Truppen der Roten Armee handeln. Er nahm die Sache kurz in Augenschein. Der Wächter hatte sich nicht geirrt. Eine KMT-Abteilung mit aufgepflanzten Bajonetten erkletterte den Abhang in Richtung auf das Hauptquartier. Nie Rongzhen übernahm persönlich das Kommando. Er befahl den Funkern, ihre Ausrüstung zu zerlegen und sich davonzumachen. Er sammelte eine Gruppe vom Stab des Hauptquartiers, um die Angriffstruppe der KMT zurückzuschlagen und befahl Liu Huishan, der später Chef des Wachregiments des Zentralkomitees werden sollte, Liu Yalou, der sich weiter unten am Hügel befand, von dem Angriff zu unterrichten. Während Liu Huishan mit schlappenden Strohsandalen den Hügel hinunterrannte, durchschlug eine Kugel die Sohle der Sandale, ohne seinen Fuß zu berühren.

»Das war der seltsamste Anblick, den ich je gesehen habe«, erinnerte sich Nie Rongzhen fünfzig Jahre später.

Das Problem der Ersten Armeegruppe, so sagte Nie, sei dadurch kompliziert worden, daß sie nicht nur den langsamen Zentralkolonnen Deckung geben mußte, sondern auch den neugebildeten Armeegruppen, die am Vorabend des Langen Marsches zusammengestellt worden waren – insbesondere der Achten und der Neunten.

»Wir mußten eigene Aufgaben erfüllen und sie außerdem noch schützen«, sagte er.[12]

Dieses Problem teilte er mit vielen Einheiten. Als die Kommandogruppe der Achten Armee (zu der Mo Wenhua als Propagandaoffizier gehörte) auf der Ostseite des Xiang-Flusses aufgehalten wurde, mußte sie die Verantwortung der Nachhut übernehmen, die ursprünglich der 34. Division zugeteilt gewesen war und die, wie Mo es ausdrückte, »einen anderen Weg genommen hatte«. Tatsächlich war das der Weg in die Zerstörung gewesen. Die 34. wurde von der KMT überrannt und zerschlagen. Wie die Erste Armee mußte die

Vorhut der Achten Armee am Xiang-Fluß warten, bis die anderen drüben waren. Dann stürzte sie sich in das taillentiefe, eisige Wasser und überquerte selbst den Fluß. Bis dahin hatte sie schreckliche Verluste erlitten.[13]

Als Nie Rongzhen am späten Nachmittag des 1. Dezember an das Westufer des Xiang zurückkehrte, kam ein Kommandeur der Achten Armee zu ihm und bat dringend um Hilfe für einen Teil der Achten, der abgeschnitten am anderen Flußufer zurückgeblieben war. Nie Rongzhen war gezwungen, ihm zu sagen, daß im Augenblick nichts zu machen sei. Es wurde dunkel.

Am 2. Dezember erfuhr Nie Rongzhen, daß die Internationale Abteilung der Kommunistischen Jugendliga unter Xiao Hua und Peng Shaohui ebenfalls auf der Ostseite des Flusses gestrandet war. Das Kommando der Ersten Armee sandte eine Hilfsexpedition zurück über den Fluß. Sie scheiterte.

»Wir waren zu langsam und der Feind zu schnell«, schloß Nie Rongzhen. Die Internationale Abteilung der Kommunistischen Jugendliga ging verloren, das 18. Regiment der Dritten Armeegruppe ging verloren, und auch wichtige Teile der Achten Armee. Die Verluste in der Ersten Armeegruppe selbst waren schwer. Die Erste Division war zu Beginn des Marsches 2800 Mann stark. Nach Xiang waren es nur noch 1400.[14]

Die Schlacht am Xiang-Fluß dauerte eine Woche – etwa vom 25. November 1934 bis zum 3. Dezember. Den meisten Berichten zufolge war sie verheerend. »Obwohl (die Rote Armee) schließlich den Xiang-Fluß überquerte«, schrieb Liu Bocheng, »war der Preis entsetzlich hoch. Mehr als die Hälfte der Truppen ging verloren.« General Qin sagte, die genauen Verluste an jeder der Befestigungslinien seien nicht bekannt. »Am schlimmsten waren die Verluste an der Linie am Xiang-Fluß«, sagte er. »Als die Rote Armee Zunyi erreichte (etwa einen Monat später), waren kaum mehr als 30 000 Mann übrig.«

General Xiao Hua war der Politische Kommissar der Internationalen Abteilung der Kommunistischen Jugendliga, die am Xiang-Fluß zerschlagen wurde. Mit 68 im Jahre 1984 war er ein stämmiger, lebhafter Mann mit rasiertem Kopf, was ihm eine leise und sicher unerwünschte physische Ähnlichkeit mit Chiang Kaishek verlieh. Er trug eine maßgeschneiderte Jacke und Hose im Uniformstil, entschuldigte sich jedoch: »Ich habe meine Uniform nicht an.« Darin fühlte er sich offenbar am wohlsten.

Die Internationale Abteilung der Kommunistischen Jugendliga hatte zusammen mit Peng Dehuais Dritter Armee Nachhutaufgaben und verlor gut die Hälfte ihrer 10 000 jungen Soldaten (Durchschnittsalter unter zwanzig). Die Überlebenden gingen schließlich in der Vorhut des Vierten Regiments auf.[15]

Die fragmentarischen und oft widersprüchlichen Berichte zeigen, daß die Eliteteile der Roten Armee den Xiang relativ mühelos überquerten. Das Problem war, die Furten für die langsameren Elemente zu halten, insbesondere für die schneckenähnlichen Zentralkolonnen, die sich noch immer mit ihren unmöglichen Lasten abmühten. Nun wurde ein großer Teil davon in den Xiang geworfen – das Röntgengerät und die Platten, mit denen Chen Yis Wunde aufgenommen worden war, der größte Teil der wenigen verbleibenden schweren Geschütze, für die es keine Munition mehr gab. Vermutlich gingen hier auch die schweren Sender und der Generator verloren.

Der Troß wurde bei der Überquerung des Xiang-Flusses erheblich gelichtet; die Anzahl der Träger hatte sich verringert, und die Mobilität der Armee wurde besser.

Peng Dehuai stellt in seinen Memoiren die »harten Kämpfe« und »vielen Schwierigkeiten«, die seine Dritte Armee im Gefecht mit den Guangxi-Truppen erlebte, dem »leichteren Schicksal« der Ersten Armee »auf dem rechten Flügel« mit den Hunan-Truppen gegenüber.[16] Die Berichte weisen zahlreiche Widersprüche auf, und chinesische Spezialisten sind sich nicht einmal darüber einig, ob die Erste und die Dritte Armee sich an der rechten oder an der linken Flanke befanden. Tatsächlich wurden an der Überquerungsstelle die Truppen der Roten Armee eng zusammengedrängt, und die normale Marschordnung geriet durcheinander.

Die zeitgenössischen Parteihistoriker Chinas sind auch darüber unterschiedlicher Meinung, wie viele Soldaten am Xiang-Fluß fielen und wie viele desertierten. Niemand kann genaue Zahlen nennen. Wenn die Rote Armee in den ersten zehn Wochen des Langen Marsches 40 000 bis 50 000 Mann verlor – und das ist der Durchschnitt der Schätzungen –, kann man wohl annehmen, daß die Kampfverluste mindestens 15 000 Mann ausgemacht haben müssen, die meisten davon am Xiang-Fluß.

Die schwersten Verluste waren in den neuen Abteilungen der Armee zu verzeichnen. General Wu Xiuquan schätzte, daß in den Monaten vor dem Verlassen des Zentralen Sowjetgebietes 50 000 Mann dazugekommen waren.

Otto Braun schätzt, die Hälfte der neuen Rekruten sei verloren gewesen, als die Rote Armee die Grenze von Guizhou überschritt, ebenso wie 75 Prozent der »Reserven«, womit er die Träger meinte, die man einzugliedern gehofft hatte, nachdem sie ihre Trägerpflichten erfüllt hatten. Braun sagt, die 21. und 23. Division der Achten Armee und die 22. der Neunten Armee seien vernichtet worden. In den Veteranendivisionen, so behauptet er, seien die Verluste dagegen mäßig gewesen.[17]

Nach Xiang wurde Brauns absolute Kontrolle über militärische Entscheidungen allmählich schwächer. Zhou Enlai nahm die Dinge stärker in die Hand. Doch Braun gab seine Vorrechte nicht so leicht auf. Zhou Zikun, der Kommandeur der 34. Division, entkam aus der feindlichen Umzingelung und erstattete im Hauptquartier Bericht. Braun ließ ihn in sein Büro kommen und überschüttete ihn mit Beschimpfungen; wie habe Zhou Zikun entkommen können, während seine Männer verloren waren; warum habe er seine Befehle nicht ausgeführt; warum sei seine Frau noch immer bei ihm, wo doch seine Division untergegangen sei?

Braun sagte, Zhou Zikun solle vor ein Kriegsgericht gestellt und erschossen werden. Er befahl den Leibwächtern, Zhou Zikun zu binden und zum Militärgericht zu bringen. Die Wächter weigerten sich, Brauns Befehlen zu gehorchen.

Bo Gu war im Zimmer anwesend. Er saß da und schwieg. Mao war ebenfalls da. Als Braun in seinen wilden Wutausbruch geriet, trat Mao auf Zhou Zikun zu und führte ihn aus dem Raum. Er sagte: »Darum kümmere ich mich.«[18]

Otto Brauns Memoiren widmen der Schlacht am Xiang-Fluß wenig Aufmerksamkeit. Tatsächlich deutet er an, die Rote Armee sei trotz ihrer Verluste durch diesen Kampf gestärkt worden. Ihre Kampfkraft sei gestiegen. Er gibt die Hauptschuld Zhou Enlai, der, wie er behauptet, den Evakuierungsplan vorbereitete, der die Mitnahme der ungeheuren Mengen an schwerer Ausrüstung aus dem Zentralen Sowjetgebiet verlangte und so die Armee belastete und ihr

Marschtempo verringerte. Was er verschweigt, ist, daß er mit seinem Einfluß auf Bo Gu die Möglichkeit hatte, gegen alle Organisations- und Schlachtpläne der Roten Armee sein Veto einzulegen.[19]

Die kampferprobten Befehlshaber der Roten Armee gingen aus der Katastrophe von Xiang mit Entrüstung und Zorn hervor, und daraus ergab sich ein mächtiges Drängen auf Veränderung.

In naher Zukunft sollte es heißen, das Ende der Herrschaft von Bo Gu und Otto Braun sei von den letzten Schüssen bei der Auslöschung der 34. Division durch die KMT eingeläutet worden und markiert gewesen von den Trümmern des großen Trosses, die den Pfad der Roten Armee über 160 km säumten.

Kapitel 10

Die Rote Armee ändert den Kurs

Als die Rote Armee in die Provinz Guizhou überwechselte, hatte der Späher Kong es schwer. Jeden Tag mußte er mit seiner Abteilung weit vor der Roten Armee herziehen, das Land ausspähen, die Dispositionen des Feindes in Erfahrung bringen, die schwierigen Berge und Flüsse taxieren. Manchmal trug der Späher Kong seine Uniform, häufiger aber Zivilkleidung, um nicht von der Bevölkerung unterschieden werden zu können. Kong Xianquan war in Jiangxi geboren und aufgewachsen. In dem Augenblick, in dem er im benachbarten Guizhou den Mund aufmachte, wußte jeder, daß er ein »Fremder« war. In Jiangxi trug er sein Bündel an einer Tragestange wie jedermann. Nun mußte er lernen, eine geflochtene Kiepe auf dem Rücken zu tragen, wie es die Leute von Guizhou taten. Wenn er sich verriet, würde er sofort erschossen werden.

Es war schwer genug gewesen, über den Xiang-Fluß zu kommen. Aus verschiedenen Gründen war es der Roten Armee schlecht ergangen. Einer davon, so meinte der Späher Kong, war die Verwendung von Pontons gewesen. Die Pferde und Maultiere liebten Pontons nicht. Sie fürchteten sich vor ihnen. Viele waren verlorengegangen. Der Zug hatte sich verlangsamt, und die KMT hatte schwere Bombardements durchgeführt, während die Hälfte der Roten Armee auf der einen Flußseite war und die andere Hälfte auf der anderen.[1]

Und es war auch kein Spaziergang gewesen, den Laoshan zu erklettern, den »Alten Berg« (*lao* heißt alt, *shan* heißt Berg), wie die Anwohner ihn nannten, gut 3000 m hoch, ein langer, steiler Aufstieg, und ein kurzer, steiler Abstieg. Der Weg war so schmal, daß die Soldaten einer hinter dem anderen klettern mußten. Es ginge, so wurde ihnen gesagt, 30 *li* aufwärts und 15 *li* abwärts – fast 13 km bergauf und fünfeinhalb bergab. Jetzt verstanden sie auch die »flexible« Maßeinheit *li*. Das chinesische *li* ist die einzige Maßeinheit, die je nach Schwierigkeit differiert. Bergauf ist ein *li* nur halb so lang wie bergab. Doch wie groß ein *li* auch immer war, der »Alte Berg« war eine harte Kletterpartie. Es wurde dunkel, als die Männer ein Viertel der Steigung zurückgelegt hatten, wie sich Lu Dingyi erinnerte. Sie waren hungrig. Sie hatten keine Trockenrationen mehr. Eine Möglichkeit, Essen zu kochen, bestand nicht. In der Dunkelheit brachte irgend etwas die Kolonne zum Stehen. Die Zeit verging. Männer schliefen im Stehen ein. Endlich kam von vorn die Nachricht, man befinde sich vor einem gefährlichen Abgrund. Einige Männer und Tiere waren abgestürzt. Man würde das Tageslicht abwarten müssen. Lu Dingyis Einheit marschierte direkt hinter der Brigade Roter Stern, in der viele ältere und wichtige Kader waren. Nach einer dürftigen Nachtruhe ging der Zug weiter. Es hatte kein Abendessen gegeben, und es würde auch kein Frühstück geben.

Die Anzahl der Verwundeten hatte wegen der Kämpfe am Xiang-Fluß stark zugenommen. Viele mußten auf Bahren getragen werden. Doch als die Männer den Pfad am Abgrund erreichten, mußten die Verwundeten, wie schwer ihre Verletzungen auch sein mochten, von den Tragbahren gehoben und einen Fuß breite Steinstufen hinaufgetragen werden. Die Wand hieß Leigong Yai, Donnergott-Felsen, und ragte steil auf, für die Träger zu steil. Pferde mit gebrochenen Beinen lagen in stöhnenden Haufen am Fuß der Wand. Langsam und mühselig wurden die Männer hinauftransportiert, einer nach dem anderen. Manche wurden mit Seilen gezogen. Nicht alle schafften es. Die Pferde hinaufzuführen, war noch schwieriger. Einige stürzten ab und mit ihnen ihre Pferdeknechte. Niemand war tapferer als die Frauen der Brigade Roter Stern, dachte Lu Dingyi. Ohne ihre kräftigen Schultern hätte man viele der Verwundeten verloren.[2]

Zeng Xianhui hatte noch nie so etwas gesehen – die Armut in diesen Bergen. Zeng war ein Bauer aus Jiangxi, doch als die Rote Armee in die Nähe von Guizhou kam, betrat sie Gegenden, die nicht mehr von Han bewohnt wurden, also Chinesen wie den Soldaten. Sie waren in das Land der Miao gekommen, einer Minderheitenrasse, die älter war als die Han und die in diese entlegenen Gebirge getrieben worden war; dort führte sie ein so ärmliches Leben, daß die Frauen ihre Hütten nicht verlassen konnten, weil sie keine Kleider hatten. Sie hockten nackt und zusammengekauert neben

Strohfeuern, deren Rauch durch ein Loch im Dach abzog. Siebzehn- und achtzehnjährige Mädchen arbeiteten nackt auf den Feldern. Viele Familien hatten nur eine Hose, die sich drei oder vier erwachsene Männer teilen mußten. Die Miao hatten Angst vor der Roten Armee, rannten aus ihren Hütten und versteckten sich im Nebel der Berge. Für sie bedeutete eine Armee Räuberei, Vergewaltigung, Mord, Niederbrennen der Häuser, Diebstahl von Reis und Hirse.

Dies war Opiumland. Wie der Bauer Zeng beobachtete, rauchte fast jeder, der älter war als fünfzehn Jahre, Opium. Sie saßen vor ihren Hütten und sogen mit glasigen Augen an ihren Pfeifen, Männer, Frauen und Jugendliche. Die Männer und Jungen trugen oft nur Lendenschurze, die Frauen nicht einmal das. Das Opium wurde in braunen Stapeln in den Hütten aufbewahrt wie zum Trocknen gelegter Kuhdung.[3] Hier war nicht das Land der friedlichen Wasserbüffel, die geduldig die Pflüge durch die Reisfelder zogen. Die Bauern zogen die Pflüge selbst oder waren auf knochige »gelbe Kühe« angewiesen, die sogenannten *huangniu*, teilnahmslose Kreuzungen, die manchmal von jungen Mädchen geritten wurden, während sie stockend den Pflug durch den zähen Schlamm zogen. Hier lebten die armen Bauern – und sie waren alle arm – in schlammbeworfenen Lattenhäusern mit Strohdächern. Bessere Häuser bestanden aus dunklem Holz und hatten graue Ziegeldächer mit geschwungenen Firsten. Hier waren die *cao dui*, Heuschober, spitz zulaufend wie Zipfelmützen, und an die Stelle der Kampferbäume von Jiangxi traten Schirm- oder Tungölbäume.

Nichts war so schlimm wie das Opium. Ganz Guizhou war voll davon. Es stumpfte die nackten Armen ab, betäubte sie und machte sie unbeweglich, und die regionalen Armeen waren davon durchtränkt. Die Kriegsherrentruppen von Guizhou waren als »Zwei-Rohr-Männer« bekannt – das eine Rohr war der Lauf eines Gewehrs, das andere das Rohr der Opiumpfeife.

Bei den Beratungen darüber, wohin die Rote Armee gehen sollte, spielte Opium eine bedeutsame Rolle. Die Qualität der meisten Regionalarmeen war niedrig, doch das Opium machte die Armeen von Guizhou noch schlechter.

Von Guizhou hieß es, dort gebe es keine drei *li* ohne einen Berg, keine drei Tage ohne Regen und keinen Mann, der drei Silberdollar besitze. Das stimmte beinahe. Die Bauern waren keine Sklaven im gesetzlichen Sinne, doch in vieler Hinsicht waren sie noch schlimmer dran als Sklaven. Sie besaßen kein Land. Sie standen von der Geburt bis zum Tod in der Schuld des Grundherrn. Es gab kein Entkommen. Sie verkauften ihre Kinder, wenn irgend jemand sie haben wollte. Neugeborene Mädchen wurden erstickt oder ertränkt. Das war eine Routinesache. Die Jungen wurden ebenfalls getötet, wenn es keinen Markt für sie gab. Die Preise für Kinder schwankten. 1983 kam ein Überseechinese, der in Guizhou geboren war, in seine Heimat zurück. Er war als Siebenjähriger für fünf Silberdollar, einen sehr guten Preis, an einen Händler verkauft worden. Der Händler exportierte ihn nach Hongkong, wo er für das Vierfache verkauft wurde. Schließlich entkam er, schlug sich in den Vereinigten Staaten durch und kehrte im Alter von 75 Jahren nach Guiyang zurück.

Die Kindersterblichkeitsrate im Jahre 1934 betrug etwa fünfzig Prozent. Sie war so hoch, daß die Geburt eines Kindes erst gefeiert wurde, wenn es mindestens einen Monat alt war. Die Lebenserwartung belief sich auf ungefähr dreißig Jahre. Die Armut war so groß, daß zwischen einem Landbesitzer und einem Bauern nur geringe Unterschiede bestanden, zumindest bei Minderheitsvölkern wie den Miao und den Dong. Der Analphabetismus war total.[4]

Zhu De schrieb ein Tagebuch, in dem er seine Eindrücke von der Landschaft festhielt. Über Guizhou schrieb er nieder: »Mais und ein wenig Kohl, Hauptnahrung der Leute. Bauern zu arm, um Reis zu essen. . . . Bauern nennen sich ›trockene Menschen‹ – ausgesogen, ausgetrocknet. . . . Drei Arten von Salz: weiß für die Reichen; braun für die Mittelklasse; schwarze Salzreste für die Massen. . . . Ärmliche Hütten mit schwarzen, verrottenden Reetdächern überall. Kleine Türen aus Maisstengeln und Bambus. . . . Habe keine Decken gesehen außer in Grundbesitzerhäusern in der Stadt. . . . Leute graben sich verrotteten Reis aus dem Boden unter dem alten Vogelhaus des Grundbesitzers. Mönche nennen das ›heiligen Reis‹-Geschenke des Himmels für die Armen.«[5]

Die Armut des ländlichen Guizhou brachte für den Bauern Zeng Xianhui Probleme mit sich. Zu seinen Aufgaben als Parteikader gehörte unter anderem die Enteignung reicher Landbesitzer und wohlhabender Bauern. Er fand nicht viele in Ostguizhou, und die Rote Armee hatte strenge Bestimmungen im Hinblick auf nationale Minderheiten. Sie waren mit Samthandschuhen anzufassen, weil sie von den Han-Landbesitzern und -Kriegsherren so rücksichtslos ausgebeutet worden waren. Zeng erinnerte sich noch immer an Menschen, die in Lumpen, halbnackt, an den Straßenrändern hockten, und an die Ausgabe von Kleidung, die er von den wenigen Landbesitzern konfisziert hatte. Was das Opium betraf, so erinnerte sich Zeng, wie die Scheunen geöffnet worden waren, in denen das Opium lagerte, und wie man die Leute aufgefordert hatte, zu kommen und es sich zu holen. Die Armee brauche kein Opium, sagte Zeng. Zengs Erinnerungen waren vielleicht nicht völlig korrekt. In diesem rückständigen Land bedeutete Opium Reichtum. Andere Rotarmisten erinnerten sich an Opium als Währung, um Vorräte einzukaufen. Es zirkulierte in Guizhou traditionell als Geldersatz. Zeng blieb fest bei seiner Erinnerung, die Rote Armee habe kein Opium vernichtet. »Wir öffneten die Lagerhäuser der Landbesitzer und luden die Bauern ein, es zu nehmen, weil es mit ihrem Schweiß und ihrer Arbeit hergestellt worden war und folglich ihnen gehörte«, sagte er.[6]

Von dem Augenblick an, in dem am Yudu-Fluß der Lange Marsch begann, hatte sich in der Führung der Roten Armee eine langsame und subtile Verschiebung bemerkbar gemacht. Seit der verhängnisvollen Schlacht am Xiang-Fluß debattierten die Befehlshaber hitziger. Die Beratungen zwischen Mao Zedong, Wang Jiaxiang und Luo Fu wurden verstärkt, und einige der Generäle begannen in aller Stille, Mao zu Rate zu ziehen. Mehr und mehr Kommandeure niederer Ränge äußerten sich betroffen und sogar alarmiert. Es lag auf der Hand, daß eine Reorganisation erforderlich sein würde; die Verluste waren zu schwer gewesen.

Zhou Enlai war ein überaus disziplinierter, ruhiger und gewissenhafter Kommunist, und man hatte noch nie erlebt, daß er eine anerkannte Entscheidung der Partei in Frage stellte. Nun aber schien er die Geduld mit Braun zu verlieren, und Braun, der normalerweise für solche Dinge völlig unsensibel war, begann diese Veränderung zu bemerken.[7]

Nachdem die Rote Armee den Xiang überquert hatte und in den Bergen war, ließ der militärische Druck nach. Die Armeen von Guangdong und Guangxi kehrten um, nachdem sie sich vergewissert hatten, daß die Kommunisten nicht in Richtung auf ihr Gebiet marschierten. Die nationalistischen Streitkräfte unter Xue Yue bewegten sich weiterhin parallel zur Roten Armee, achteten aber sorgfältig darauf, nicht in Kampfhandlungen verwickelt zu werden. Die Hunan-Truppen schienen damit zufrieden, die Nachhut in Atem zu halten.

Ein eigenartiger Vorfall ereignete sich eines Nachts in Longshungjie, einer Miao-Bezirksstadt in den Fünf Rücken. Gegen Mitternacht erwachte Wei Guolo, Zhou Enlais Leibwächter, von Schreien: »Feuer!« Er hörte das Tosen von Flammen und sprang aus dem Bett; das Haus, in dem Zhou wohnte, brannte lichterloh. Der Leibwächter half Zhou aus dem Gebäude. Menschen strömten auf die Straße. Andere Führer erschienen, darunter der Sicherheitschef Deng Fa. Es schien kein Zweifel möglich, daß es sich um Brandstiftung handelte. Drei Männer wurden festgenommen und auf der Stelle hingerichtet, doch Nacht für Nacht brachen in den Miao-Städten und -Dörfern, in denen die Rote Armee lagerte, geheimnisvolle Feuer aus.[8] Ob die Brände von KMT-Agenten gelegt wurden, ließ sich nie klären. Beide Seiten nutzten die Brände für ihre Propaganda und beschuldigten sich gegenseitig.

An die Stelle der Gefahren durch die Waffen der Feinde traten nun die physischen Hindernisse des Hunan-Guizhou-Plateaus, gefährliche Berge und Flüsse, die Erschöpfung der Truppen, die knappe Ernährung, die Feindseligkeit der Minderheiten. Die von der Roten Armee abgehörten Funksprüche offenbarten, daß die Kolonnen, wenn sie sich nordwärts wandten, um zu He Long und Xiao Ke zu stoßen, wie es ursprünglich geplant war, sich durch eine 250 000 Mann starke KMT-Truppe hindurchschlagen müßten, von denen 100 000 Mann bereits in Hunan bereitstanden. Man hatte zwar keine vollständige Zählung durchgeführt, wußte aber, daß die eigene Streitmacht gefährlich nahe an die 30 000-Mann-Marke heruntergerückt war; einschließlich der nicht kämpfenden Truppen waren es nicht mehr als 35 000 Mann.[9]

Für eine organisierte Diskussion dieser Dinge war keine Zeit, doch als die Truppen die Bezirksstadt Tongdao erreichten, die in der Nähe der Grenze von Guizhou liegt, wurde ein hastiges, informelles Treffen der führenden Militärs und Politiker einberufen.

Als Datum des Treffens von Tongdao wird gewöhnlich der 11. Dezember genannt. Es wurde außerhalb der Stadt Tongdao irgendwo in der ländlichen Umgebung im Flügel eines Bauernhauses abgehalten, in dem gerade eine Hochzeit stattfand, wie Zhou

Enlai sich erinnerte.[10] Braun beschreibt es als Notsitzung der Militärkommission, der Parteikörperschaft, die die Armee leitete. Mao war mehr als zwei Jahre zuvor aus der Kommission entfernt worden. Nun wurde er eingeladen, an der Sitzung teilzunehmen, und übernahm sofort die dominierende Rolle.

Die Frage war, ob die Rote Armee ihren vereinbarten Kurs einhalten und nach Norden vorstoßen sollte, um sich mit He Long zu vereinigen. Es gibt keine schriftlichen Protokolle über das Treffen von Tongdao – zumindest sind bisher noch keine gefunden worden. Ein großer Teil der schriftlichen Aufzeichnungen des Marsches der Roten Armee ging unterwegs verloren oder wurde verbrannt oder in Flüsse geworfen, um die Traglasten zu erleichtern. Darum werden die Erinnerungen derer, die dabei waren, selbst wenn die Ereignisse ein halbes Jahrhundert zurückliegen, immer wertvoller.

Xu Mengqiu, der dem Sekretariat der Politischen Abteilung der Roten Armee während des Langen Marsches vorstand, wurde in Yan'an von Mao Zedong angewiesen, eine Dokumentation vorzubereiten. Xu Mengqiu sagte 1936 zu Helen Snow, er habe es geschafft, 700 Dokumente zu sammeln, doch beinahe alles übrige sei verloren. Auf der Grundlage dieses Materials und von Erinnerungen aus erster Hand veröffentlichte er 1938 in Shanghai die erste Sammlung persönlicher Berichte vom Marsch. Bei der Überquerung der Schneeberge im Jahre 1935 waren Xu Mengqiu beide Beine erfroren; sie mußten amputiert werden. Nach einer Reise in die Sowjetunion im Jahre 1938, wo er behandelt wurde, entfremdete er sich allmählich der Bewegung und ging nach 1945 zu den Nationalisten über. 1949 wurde er von der Roten Armee in Nanjing gefaßt und ins Gefängnis geworfen, wo er starb.[11]

Das Fehlen von Aufzeichnungen, wechselhafte politische Situationen und sich verschiebende Einstellungen gegenüber den militärischen und politischen Persönlichkeiten des chinesischen Kommunismus haben bis jetzt eine wirkliche Geschichtsschreibung des Langen Marsches verhindert.

Obwohl es kein einziges Schriftstück über Tongdao gibt (daß das Treffen überhaupt stattgefunden hatte, wurde erst in den letzten Jahren allmählich bekannt), herrscht kein Zweifel an der Bedeutung der dort gefaßten Entscheidungen. Mao sprach zum ersten Mal seit 1932 in einem Militärrat und schlug vor, die Rote Armee solle den Versuch aufgeben, zur Zweiten Armee zu stoßen, ihren Kurs ändern und südwärts nach Guizhou marschieren. Dort seien die Aussichten sehr viel besser. Die Streitkräfte von Guizhou seien relativ schwach, und die Gefahr, in Zangen zu geraten, wie sie sich im Korridor von Guangxi entwickelt hatten, seien minimal. Es bestehe also die Chance, eine Atempause zu gewinnen, um die zerschlagenen Armeen zu reorganisieren und über die Zukunft nachzudenken. Wenn sie andererseits am ursprünglichen Kurs festhielten, würden sie mit Sicherheit in ihr Verderben laufen, wenn sie auf die machtvollen Armeen stießen, die Chiang Kaishek in Stellung gebracht hatte, um ihre Vereinigung mit He Long zu verhindern.

Es gab keine oder kaum Diskussionen. Zhu De und die anderen militärischen Führer akzeptierten Maos Vorschläge sofort. Die übrigen schlossen sich an – Zhou Enlai, Wang Jiaxiang, Otto Braun und, nachdem Braun seine Zustimmung erklärt hatte, auch Bo Gu. Es war das erste Mal seit langer Zeit, daß sich die Chefs der Roten Armee in einer Einzelfrage geeinigt hatten, noch dazu auf einen Vorschlag, der von Mao kam. Doch die Alternative war, wie Mao ihnen sagte, der fast sichere Untergang.

Am Morgen des 12. Dezember war die Rote Armee wieder unterwegs in Richtung auf Liping, ein regionales Zentrum in Guizhou, etwa zwei Tage entfernt. Man hatte eine wesentliche Entscheidung getroffen, und die Früchte der »Sänften-Verschwörung« waren sichtbar geworden. Die Chinesen sammelten sich um Mao und stellten sich gegen ihren deutschen Komintern-Berater. Braun bemerkt, daß er Schwierigkeiten hatte, den Diskussionen zu folgen, bei denen formlos und sehr schnell gesprochen wurde. Als er am nächsten Tag Zhou Enlai nach Einzelheiten fragte, reagierte Zhou gereizt und sagte, die Rote Armee sei müde, brauche eine Ruhepause und werde sie vermutlich in Guizhou bekommen. Er hatte noch nie so scharf mit Braun gesprochen.[12]

Liping ist eine recht wohlhabende Kreisstadt direkt an der Grenze zu Hunan in Südostguizhou. Der Bezirk hatte etwa 200 000 Einwohner (1984 waren es 370 000), als die Rote Armee ihn Mitte Dezember 1934 fast kampflos einnahm. Der Angriff wurde vom Sechsten Regiment der Zweiten Division der Ersten Frontarmee geführt. Die Hauptkräfte und die Zentrale Militärkommission trafen am 15. und 16. Dezember ein. Mao, Wang Jiaxiang und Luo Fu hatten sich vorher darauf geeinigt, daß bei nächster »passender

Gelegenheit« eine Zusammenkunft stattfinden sollte, um Strategie und Marschrichtung zu erörtern. Diese Entscheidung war bei der überstürzten Diskussion in Tongdao stillschweigend vereinbart worden. Der militärische Druck war zunächst einmal gewichen. Die schlimmsten Berge und Flüsse waren überschritten (das heißt, die schlimmsten in diesem besonderen Teil Chinas; weit schlimmere standen noch bevor). Es gab genug Vorräte in Liping, so daß jeder eine richtige Mahlzeit bekam.

Am Abend des 18. Dezember wurde eine erweiterte Sitzung des Politbüros abgehalten.[13] Sie fand im militärischen Hauptquartier der Roten Armee statt, das in einem recht ansehnlichen Haus und Geschäft eingerichtet worden war; es gehörte einem Kaufmann namens Xu und lag im Herzen von Liping, direkt neben einer deutschen Lutherischen Kirche.[14] Xu hatte die Stadt verlassen, als er hörte, die Rote Armee sei im Anmarsch. Es war eine spannungsgeladene Sitzung, die Stimmen wurden laut. Zhou Enlai hatte den Vorsitz, Bo Gu, Wang Jiaxiang, Luo Fu, Mao Zedong, Zhu De und Lin Biao waren Beisitzer. Vermutlich nahmen Otto Braun und andere Militärs teil. Zhou sprach mehrmals und kritisierte Braun offen. Mao erweiterte seine Ausführungen von Tongdao. Er machte den formellen Vorschlag, der Plan, nach Norden zu ziehen und sich mit He Long vereinigen, solle aufgegeben werden. Statt dessen solle die Rote Armee nach Westen und nach Guizhou hinein marschieren; sie solle nach Zunyi gehen, Guizhous zweitgrößter Stadt, und in dieser Gegend ein neues Sowjetgebiet als Stützpunkt errichten. Mao merkte an, sie würden von den Hunan-Truppen nicht mehr angegriffen, und betonte die Schwäche von Guizhous opiumbetäubten Soldaten. Er regte an, in Zunyi solle eine formelle Sitzung abgehalten werden. Braun, so heißt es, brachte wieder seine Idee vor, man solle die Option offenhalten, nach Norden zu gehen, wenn man die KMT-Kräfte aus ihrer Position manövrieren könnte. Braun selbst behauptet, er sei krank gewesen und habe an dem Treffen von Liping nicht teilgenommen. Statt dessen, so schreibt er, habe er seine Meinung vor der Zusammenkunft Zhou Enlai mitgeteilt und vorgeschlagen, die Rote Armee solle Guiyang hinter sich lassen, wo sich, wie die Nachrichtendienste berichteten, »sechs bis sieben zum Teil motorisierte« KMT-Divisionen sammelten. Er riet dringend, die Rote Armee solle den Fluß Wu überqueren und Zunyi zeitweilig als Basis benutzen, um von dort aus Chiangs Kräfte in Kämpfe zu verwickeln. Der Unterschied zwischen Brauns Plan (wie er ihn dreißig Jahre später darstellte) und dem Maos war nicht sehr groß. Nach einigen Einwänden von Bo Gu wurde Maos Formel angenommen. Die Rote Armee würde den Wu-Fluß überqueren, auf Zunyi vorrücken und einen neuen Stützpunktbereich errichten.[15]

Mindestens zwei Umgruppierungen wurden in Liping ausgeführt. Die Reste der Achten Frontarmee wurden in die Nachhut der Fünften eingegliedert, und die »Sonder-Armeegruppe«, Reserven und Hilfsdienste, weitgehend der Zentralkolonne zugehörig, wurde aufgelöst; die Männer wurden auf die schwer dezimierten Einheiten einschließlich der Dritten Armee aufgeteilt.[16]

Am 19. Dezember gingen Funkbotschaften an die Zweite, Sechste und Vierte Armee hinaus, die diese von den beiden Resolutionen (die Richtung zu ändern, nach Guizhou zu marschieren und sich in Zunyi zu treffen) unterrichteten. Die Armeen wurden angewiesen, ihre Aktionen entsprechend zu koordinieren. Die Zweite und die Sechste sollten nach Südhunan vordringen, um die Hunantruppen von der Hauptarmee abzulenken. Die Vierte Frontarmee sollte in Sichuan angreifen, um die Sichuan-Truppen nach Norden und damit von den geplanten Operationen in Nordwestguizhou wegzuziehen. Information darüber wurde an Chen Yi geschickt, der in seiner rapide schwindenden Basis nahe Ruijin operierte.[17]

Am 19. um sechs Uhr morgens machte sich die Rote Armee mit ihren neuen Direktiven auf den Weg, und am 20. hatten alle Truppen die Gegend von Liping verlassen; sie kamen leicht voran und näherten sich fast ungehindert dem Fluß Wu, dem Haupthindernis auf dem Weg nach Zunyi.

Das Treffen von Liping war beendet, seine bündigen Entscheidungen wurden ausgeführt. Es gibt kein Anzeichen dafür, daß Otto Braun bemerkt hätte, daß seine Tage als Führer der revolutionären Kräfte Chinas zu Ende waren; vielleicht war seine Erkrankung ein psychologischer Hinweis darauf, daß das, was er gefürchtet hatte, eingetreten war. Es ist zweifelhaft, ob Mao Zedong erkannte, daß er nun dabei war, das Kommando über die Chinesische Revolution zu erringen, und es bis zu seinen letzten Lebenstagen behalten würde. Gewiß konnte sich das niemand sonst vorstellen. Tatsächlich sollte viele Jahre lang niemand außerhalb des kleinen inneren kommunistischen Zirkels überhaupt wissen, daß die Zusammenkunft von Liping je abgehalten worden war.

Kapitel 11

Zunyi

Die Entfernung von Liping nach Zunyi beträgt etwa 320 km, doch es gibt keine hohen Berge oder großen Flüsse, bis man den Fluß Wu etwa 65 km südöstlich von Zunyi erreicht. Auf dem Weg nach Westen wird das Land wohlhabender, die Häuser sind immer häufiger keine reetgedeckten Hütten mehr, sondern Fachwerkhäuser, die an das alte England erinnern. Die Bauernhöfe sehen besser aus, kegelförmige Heuschober weichen Heuballen mit einem Baumstamm als Mittelpfeiler, das Heu hängt um den Baum herum wie ein riesiger Hula-Rock. Hier ist wieder Han-Land; die Minderheiten bleiben in den Bergen zurück.

Der Wind war eisig im Dezember 1934, als die Rote Armee sich dem Fluß Wu näherte, dem größten in Guizhou; er fließt in einem Schieferbett durch dunkelgraues Basaltgestein; es gibt wenige Fährpunkte, noch weniger Brücken, keine Furten, und das Wasser ist tief und reißend. Die Rote Armee marschierte in gnadenlosem Tempo praktisch ungehindert voran. In den Bezirksstädten gab es kleine Garnisonen von *Mintuan*, lokaler Miliz, die oft floh, ohne einen einzigen Schuß abzugeben.

Am Neujahrsabend (westlicher Zeitrechnung) erreichten die kommunistischen Streitkräfte die geschäftige Marktstadt Houchang, etwa 50 km vor dem Wu. Houchang bedeutet »Affenstadt«. Es gab Affen in den Wäldern in der Nähe von Houchang, und im Mittelalter hatte es noch viel mehr gegeben. Am Silvesterabend tagte das Politbüro; Mao war anwesend, und die Sitzung dauerte so lange, daß Maos Leibwächter (er hatte nun vier zusätzlich zu den beiden, die sich um He Zizhen kümmerten) sich Sorgen wegen des Neujahrsfests zu machen begannen, das sie vorbereitet hatten. Das Politbüro stritt wieder einmal, möglicherweise um einen neuen Vorschlag von Braun. Der Nachrichtendienst hatte berichtet, drei feindliche Divisionen seien im Anmarsch. Braun schlug vor, die Rote Armee solle anhalten und sich zum Kampf stellen. Mao widersprach Braun und bestand darauf, schnellstmöglich nach Zunyi zu marschieren. Der Tagesbefehl an die Truppen lautete: »Rückt nach Nordguizhou vor. Nehmt Zunyi und Tongzi in Überraschungsangriffen und stachelt die Massen auf.«[1]

Mao war das nach Ansicht von Leibwächter Cheng Changfeng beste Haus zugewiesen worden, das er während des Langen Marsches bewohnte, schöner als die im Zentralen Sowjetgebiet (und diese Häuser, das kann ich bezeugen, waren prachtvoll, viele davon alte Adelssitze). Das neue Quartier war ein Symbol für Maos bemerkenswerten Statusgewinn. Das Haus hatte einen großen Innenhof mit Zimmern auf allen Seiten. Jemand hatte zwei eindrucksvolle Schneemänner gebaut und sie an den Eingang gestellt; die Platten des Innenhofes waren so sauber, daß man davon hätte essen können. Drei Südzimmer waren Mao zur Verfügung gestellt worden. Eine Kerosinlampe hing in der Mitte des mittleren Zimmer. An einer Seite stand ein antiker chinesischer Tisch, und an der Wand hing ein Gemälde mit einem lachenden buddhistischen Mönch, der die Hände über seinem ansehnlichen Bauch faltete. Die Wächter hatten Vorräte für ein Festessen erhalten und erwarteten, daß die Generäle und Führer mit dem Vorsitzenden äßen.

Es schneite, als die Politbürositzung schließlich endete und die Wächter Mao zurück zu seinem Quartier geleiteten. Sie erzählten ihm von ihren Plänen. Mao brummte, daß es ein Festessen nicht geben würde. Sie mußten in Eilmärschen zum Wu, ehe die drei feindlichen Divisionen eintrafen. Er lief zurück in sein Haus und sagte den untröstlichen Wachen, er habe bereits während der Politbürositzung gegessen. Als er seine eleganten Zimmer betrat, betrachtete er das, was sie vorbereitet hatten, und sagte: »Das sieht wirklich nach Neujahr aus.« Dann wandte er sich seinem Schreibtisch und seinen Papieren zu. Einer der Wächter konnte sich nicht beherrschen und sagte: »Aber wir haben dein Lieblingsessen – süßen Reis.« Mao ließ sich erweichen. Er setzte sich mit den Leibwächtern hin und nahm einen Imbiß. Dann ging er wieder an die Arbeit. Um vier Uhr morgens erhielt er die Nachricht, daß die ersten Truppenteile der Vorhut im Begriff waren, den Wu zu überqueren. Mao und das Hauptquartier packten zusammen und machten sich auf den Weg. Alle hofften, ein Erfolg am Wu würde sich als gutes Omen für das neue Jahr erweisen.

Wie gewöhnlich war es das Vierte Regiment der Zweiten Division der Ersten Armeegruppe, Lin Biaos Armee, dem die Aufgabe zugeteilt war, den Übergang über den Wu zu sichern. Liu Yalou, Politischer Kommissar der Zweiten Division, erhielt seine Befehle direkt von Lin Biao und dem Politkommissar Nie Rongzhen. Zunyi war das Hauptquartier von Bai Huizhang, dem örtlichen Kriegsherrn. Er war ein Strohmann von Wang Jialie, Guizhous Kriegsherrn, und trug die Verantwortung für alles, was man als »Nordwestreich« bezeichnen könnte, Guizhous Schatztruhe, reich durch Opiumerzeugung, Opiumverteilung und Opiumschmuggel, vor allem nach Sichuan; durch die Herstellung alkoholischer Getränke (in der Gegend um Maotai); durch zahlreiche Sklaven und Leibeigene. Das Gebiet war ein Kronjuwel in Guizhous primitiver Lehensherrschaft.

In den Frühstunden des Neujahrstages erreichte die Vorhut des Vierten Regiments, geführt von Geng Biao und Yang Chengwu, den Wu. Die Kommandanten erkundeten das Gebiet. Der Fluß war etwa 225 m breit und floß mit einer Geschwindigkeit von anderthalb Metern pro Sekunde. Der Pfad hinunter zum Fluß war steil und felsig und etwa drei Kilometer lang. Auf der gegenüberüberliegenden Seite sah es ähnlich aus. Beide Ufer erhoben sich steil aus dem Wasser. Eine Fähre fuhr hin und her. Lokale Truppen hatten die Hütten entlang der Pfade verbrannt, um den Angreifern keine Deckung zu bieten, und waren eifrig mit dem Bau von Befestigungen beschäftigt. Das Vierte Regiment machte den Versuch, sich der Fähre zu bemächtigen, hatte aber keinen Erfolg.

Mehr als 48 Stunden harter Kämpfe waren nötig, um den Übergang zu sichern. Eine Abteilung unter dem Kompaniekommandanten Mao erreichte das Nordufer, saß aber dann unter einem Felsüberhang direkt unter den örtlichen Verteidigern fest. Sie warteten 36 Stunden auf die Hauptangriffsmacht und eröffneten dann aus nächster Nähe das Feuer auf den Feind. Der Kampf wogte hin und her, bis das Erste Bataillon einen oder zwei Züge über den Fluß und einen sehr steilen Abhang hinaufbrachte, um die Verteidiger von der Seite anzugreifen.

Während das Feuergefecht im Gange war, baute eine Pionierkompanie des Kaderregiments eine Schwimmbrücke aus Bambus in etwa hundert Abschnitten und setzte sie zusammen wie ein Kinderspielzeug. In der starken Strömung war es fast unmöglich, sie zu handhaben. Die Truppen versuchten, die einzelnen Abschnitte an Felsen von bis zu einer Tonne Gewicht zu verankern, doch die Steine waren zu schwer zu bewegen. Feindliches Feuer verwundete eine Anzahl Pioniere, beschädigte aber den leichten Bambusrahmen nicht. An einem Punkt wurde ein Segment von knapp hundert Metern von einem kleineren Stück, das abbrach und wegtrieb, beinahe gerammt und zerstört. Ein Soldat der Roten Armee namens Xi Changchieh rettete die Brücke um den Preis seines Lebens.

Am 3. Januar oder am Morgen des 4. hatten die Einheiten der Roten Armee begonnen, die schwimmende Brücke zu überschreiten. Der Rest war einfach. Das Sechste Regiment der Zweiten Division wurde von Liu Yalou angewiesen, Zunyi sofort zu nehmen. Unter Kommandeur Zhu Shuiqiu und Politkommissar Wang Jicheng stürmte die Sechste unter strömendem Regen voran. Etwa 15 km vor Zunyi trafen sie auf ein lokales Bataillon und nahmen es bis auf den letzten Mann gefangen. Mit einer Mischung aus List und Überredung gewannen sie die Leute zur Mitarbeit. Jeder erhielt aufmunternde Worte, ein paar Drohungen und drei Silberdollar. Nach Mitternacht erreichten sie die Tore von Zunyi. Die Kommunisten und ihre neuen Verbündeten schrien und sangen, bliesen ihre Hörner, machten großen Lärm und verkündeten, sie seien die Überreste eines Abwehrbataillons, das von der Roten Armee verfolgt werde. Binnen einer halben Stunde waren sie innerhalb der Stadtmauern. Bei Tagesanbruch des 4. Januar war Zunyi genommen. Am nächsten Tag war die Besetzung vollendet, und am 8. Januar trafen das Oberkommando, Mao und die Führungsstaffel ein. Es war ein feierlicher Einmarsch. Es hatte geregnet, und die Truppen waren mit Schlamm bedeckt. Sie hielten außerhalb von Zunyi inne, wuschen sich Gesichter und Hände und zogen mit dem Marschlied ein: »Die drei Hauptregeln der Disziplin und die acht zu beachtenden Punkte.« Das waren die Zhu-Mao-Regeln für soldatisches Verhalten zu Musik gesetzt.

Die Regeln:

Gehorche bei allem, was du tust, den Befehlen
Nimm dem Volk keine Nadel und kein Stück Garn
Liefere alles ab, was du erbeutest

Die zu beachtenden Punkte:

Sprich höflich
Bezahle angemessen für das, was du kaufst
Gib alles zurück, was du borgst
Bezahle alle Schäden
Schlage und beschimpfe die Menschen nicht
Beschädige die Ernte nicht
Nimm dir keine Freiheiten Frauen gegenüber heraus
Mißhandele Gefangene nicht

Propagandaarbeiter hatten rote Banner und Spruchbänder aufgehängt. Menschen säumten die Straßen. Zu diesem Zeitpunkt waren das Vierte und das Sechste Regiment bereits in Eilmärschen auf dem Weg, Tongzi einzunehmen.[2]

Zu Beginn der dreißiger Jahre, etwa ein Jahr vor der Ankunft der Roten Armee, baute Bai Huizhang, ein umtriebiger Geschäftsmann und Bankier aus Guizhou, der seine Hände in allen gewinnbringenden (und oft illegalen) Unternehmungen rund um Zunyi, damals eine Stadt von etwa 50 000 Einwohnern (1984: 300 000), hatte, für sich eine eindrucksvolle Residenz im Zentrum der Stadt. Bai Huizhang war einer von mehreren Brüdern, die gemeinsam die Familienunternehmen betrieben. Bais neuer Wohnsitz markierte seinen weltlichen Aufstieg in den Rang eines kleineren Kriegsherrn. Er war von Guizhous Oberhaupt, Wang Jialie, zum regionalen Kriegsherrn und Kommandeur der Truppen in Nordwestguizhou ernannt worden.

Das Haus, das Bai errichtete, war *à la mode* für einen chinesischen Kriegsherrn von 1930. Es war ein zweistöckiges Gebäude aus grauem Ziegelstein mit Säulen, leicht überhängendem Dach und einem umlaufenden Balkon im ersten Stock, ein Stil, den man als »Kriegsherren-Moderne« bezeichnen könnte, eine Mischung aus chinesischer Tradition und hauchdünner westlicher Tünche. Natürlich war es von Außenmauern und einem hübschen Torhaus geschützt, das von einer der Hauptstraßen Zunyis aus in das Grundstück führte. Der Außenhof war mit Ziegelsteinen gepflastert, und neben dem Haus war ein Leguminosenbaum gepflanzt, der noch 1984 dort stand.

Innen in diesem Hort provinzieller Eleganz war alles aus dunklen

Hölzern, schwere Möbel in traditionellem chinesischem Stil, chinesische Wandschirme, chinesische Rollbilder, ziemlich kleine und dunkle Räume. Überraschenderweise gab es keinen Innenhof.

Bais Haus war natürlich das feinste in Zunyi und wurde prompt als Hauptquartier der Roten Armee besetzt. Hier hatten die Zentrale Militärkommission und die Erste Frontarmee ihre Büros, hier hatten Zhou Enlai und seine Frau Deng Yingchao ein hübsches Zimmer hinter dem Balkon im ersten Stock, von wo aus, wie Deng Yingchao sich erinnert, sie Blätter von dem Leguminosenbaum pflückte. Sie war noch immer krank, litt noch immer unter Tuberkulose, spuckte noch immer Blut, doch Zunyi gab ihr die seltene Möglichkeit, mit ihrem Mann zusammen zu sein. Auch Zhu De und seine Frau Kang Keqing lebten im Bai-Haus, ebenso Liu Bocheng und Truppenführer wie Zhang Yunji und Peng Xuefeng. Peng Dehuai, Liu Shaoqi und Li Zhuoran hielten sich für kürzere Zeiträume in dem Haus auf.

Mao Zedong wohnte nicht in der prunkvollen Bai-Residenz, sondern im Haus eines anderen Kriegsherrn. Es handelte sich um das Haus eines von Bais Brigadekommandeuren namens Yi Huaizhi. Es war ebenfalls aus Ziegeln und hatte im ersten Stock einen umlaufenden Balkon. Hier wohnten Wang Jiaxiang und Luo Fu, die mit Mao das bildeten, was als »Zentrale Mannschaft« bekannt wurde.

Maos Frau He Zizhen lebte mit anderen Frauen aus der Rekonvaleszenteneinheit in der Mittelschule Nr. 3 von Zunyi, einer damals berühmten Schule, zu deren Absolventen Yong Zhentao, später Forstwirtschaftsminister, und Han Nianlong gehörten, später ein stellvertretender Außenminister.

Bei diesen Arrangements ist das Fehlen von Quartieren für Bo Gu und Otto Braun auffällig. Sie wurden getrennt von den anderen in einem anderen Stadtteil untergebracht, und zwar in einem schönen alten chinesischen Haus mit Innenhof gegenüber der großen römisch-katholischen Kirche, die als Hospital beschlagnahmt und für öffentliche Versammlungen benutzt wurde. Hier hielt Zhu De am 15. Februar eine Gedenkrede für die ermordeten deutschen Kommunisten Karl Liebknecht und Rosa Luxemburg.[3]

Die Geographie dieser Anordnungen sagt alles. Bo Gu und Otto Braun waren draußen – lebten isoliert von den anderen –, während Mao und die »Mannschaft« im Zentrum standen.

Es wurde beschlossen, am 15. Februar eine erweiterte Politbürositzung einzuberufen. Man würde im Haus von Bai Huizhang zusammentreten, um die Ergebnisse des Fünften Einkreisungsfeldzuges sowie das bisherige Fehlschlagen des Langen Marsches zu erörtern und geeignete militärische Maßnahmen zu ergreifen.

Auf beiden Seiten wurde intrigiert. Bo Gus wichtigster Mann bei dem Versuch, Unterstützung zu gewinnen, war He Kequan (Kai Feng), der Führer der Kommunistischen Jugendliga. Er sprach mehrmals mit Nie Rongzhen, einmal einen halben Tag lang, und versuchte, diesen zur Unterstützung von Bo Gu und Braun zu gewinnen – ohne Erfolg.[4]

Die Zeit wurde nicht nur mit politischen Diskussionen verbracht. Die ersten Tage wurden dem Ausbau der militärischen Position gewidmet. Die Erste und Dritte Armee schwärmten aus, um das Gebiet zu sichern, und man unternahm intensive Anstrengungen, die Region auf die Errichtung eines neuen Sowjet vorzubereiten, wie in Liping vereinbart worden war.

Ein Revolutionäres Komitee Zunyi wurde gebildet, und man begann, Revolutionäre Komitees in den Bezirken von Tongzi und Meitan zu gründen. Die Zeitung *Roter Stern*, herausgegeben von Deng Xiaoping, veröffentlichte einen Leitartikel, der zur Verstärkung der revolutionären Propaganda aufrief.[5]

Doch die Wirklichkeit unterlief rasch den frohen Optimismus der Entscheidungen von Liping. Die Nachrichtendienste der Roten Armee hatten, als sie Liping verließen, berichtet, Guizhou werde nur von vier schwachen, opiumbetäubten Divisionen Wang Jialies verteidigt. Die Rote Armee hielt nicht viel von diesen Divisionen. Doch kaum hatte sie Zunyi erreicht, da begann sich die militärische Lage radikal zu verändern. Am 8. Januar, dem Tag, an dem Mao in Zunyi eintraf, zogen zwei sehr fähige Befehlshaber der KMT, Zhou Hunyuan und Wu Qiwei, mit Truppen von ausgezeichneter Disziplin in Guizhou ein und übernahmen rasch die Hauptstadt Guiyang. Das ermunterte den Kommandeur von Guizhou, Wang Jialie, zum Handeln. Er führte seine Dritte Division, die aus sieben Regimentern bestand, zum Angriff auf Peng Dehuais Dritte Division.

Der Abhördienst der Roten Armee war über diese Bewegungen bestens unterrichtet. Man wußte, daß Chiang Kaishek jetzt von

Chongqing aus die Operationen leitete und daß er vier Divisionen aus Hunan aktiviert hatte, zwei Brigaden in Südsichuan und drei Brigaden der Yunnan-Streitkräfte. Chiang hatte 150 Regimenter mit etwa 400 000 Mann, die gegen die verbleibenden 30 000 Mann der Roten Armee geführt werden konnten.

Die rosigen Aussichten von Liping auf die Errichtung eines neuen Sowjetgebietes zerfielen rasch. Es gab noch weitere unangenehme Entdeckungen. Die Gegend von Zunyi war wirtschaftlich rückständig. Sie produzierte eine Menge Opium, aber nicht viel Nahrungsmittel. Es würde schwer werden, hier eine wachsende Rote Armee zu versorgen.

Auch geographisch gab es Nachteile. Die Region wurde von drei großen Flüssen begrenzt – dem Wu, dem Chishui oder Roten Fluß, der eine zickzackförmige westliche Begrenzung bildete, und dem mächtigen Yangtze im Norden. Wenn die Rote Armee sich in diesem Gebiet niederließ, konnte sie umzingelt und erdrückt werden. Soweit sich feststellen läßt, wurde keine formelle Entscheidung zur Aufgabe des Zunyi-Sowjetgebietes getroffen. Die Idee löste sich angesichts der Realitäten einfach auf.[6]

Nach dem Abendessen am 15. Februar um sieben Uhr versammelten sich zwanzig Männer im Bai-Haus in einem rechteckigen Raum mit einfachen weißen Wänden und mahagonifarbenen Boden und Türen. Der Raum war nicht groß, und er war leer bis auf eine an der Decke hängende Petroleumlampe, einen ziemlich abgestoßenen, schweren Mahagonitisch in der Mitte und etwa 25 achtlos aufgestellte Stühle verschiedener Formen und Größen, einen kleinen Eisenofen (es war dem Januar entsprechend kalt), einige strategisch plazierte emaillierte Spucknäpfe und ein paar Aschenbecher. Ab und an brachten Leibwächter heißes Wasser und Tee herein.

Die zwanzig Männer hatten sich versammelt, um eine tiefgreifende Veränderung in Kommando und Führung des Langen Marsches und darüber hinaus der revolutionären kommunistischen Bewegung in China offiziell abzusegnen. In der Zukunft sollten viele Stimmen sagen, daß dies der wichtigste Wendepunkt der gesamten Chinesischen Revolution war.

Drei Männer saßen in der Mitte des Raumes und behielten ihre Plätze während des ganzen Treffens bei, das drei Tage dauern sollte. Einer war Bo Gu, 26, Sekretär und nomineller Führer der

Kommunistischen Partei Chinas; er trug dicke Brillengläser, die ihm den Spitznamen Vogelscheuche eingetragen hatten, war intellektuell, gebildet, sprach nach vier Jahren an der Sun Yatsen-Universität in Moskau fließend Russisch, beherrschte Englisch aufgrund einiger Jahre, die er in einer kommunistisch geförderten Universität in Shanghai zugebracht hatte, ein schmaler Mann, der völlig under dem Einfluß der von Russen geführten China-Abteilung der Komintern stand, engster Verbündeter des deutschen Militärberaters Otto Braun und dessen unerschütterlicher Fürsprecher. Der zweite war Mao Zedong, der dritte Zhou Enlai. Andere Teilnehmer gingen herum, setzten sich einmal auf diesen Stuhl, einmal auf jenen, wie es sich während jeder Sitzung gerade ergab. Die Stühle standen in keiner bestimmten Ordnung, sondern waren einfach im Raum verteilt, einige am Tisch, die anderen in seiner Nähe. Es gab immer mehr Stühle als Teilnehmer.

In der Nähe der Tür saß Otto Braun. Er saß mit seinem Dolmetscher Wu Xiuquan bei der Tür, in »der Position eines Angeklagten« auf einem ungünstig plazierten Stuhl. Wus Position war auch nicht bequemer. Er war aufgeregt und wurde immer zorniger, während die Verhandlung ihren Lauf nahm. Wie er fünfzig Jahre später gestand, übersetzte er nicht so gut wie gewöhnlich.

Bis zum Frühjahr 1984 herrschte Ungewißheit über Einzelheiten des Treffens von Zunyi – die Daten, die Identität der Teilnehmer. Über die Resultate jedoch gab es nie Zweifel. Am 4. März verlautbarten die Historiker der Parteizentrale, ein altes Memorandum sei in den Akten aufgetaucht, das die fehlenden Daten liefere.

Die Teilnehmer, so wurde nun festgestellt, waren:

Zehn Mitglieder des Politbüros: Mao Zedong, Zhu De, Chen Yun (dessen lange verlorenes Memo viele fehlende Details lieferte), Zhou Enlai, Luo Fu (Zhang Wentian), Bo Gu (Qin Bangxian) und die Alternierenden Mitglieder Wang Jiaxiang, Deng Fa (der Sicherheitschef), Liu Shaoqi (der Jahre später Hauptopfer der Kulturrevolution werden sollte), und He Kequan (auch als Kai Feng bekannt), Führer der Kommunistischen Jugendorganisation.

Sieben Kommandeure der Roten Armee: Liu Bocheng, Li Fuchun (stellvertretender Direktor der Politischen Abteilung der Roten Armee anstelle des verwundeten Wang Jiaxiang und langjähriger Verbündeter Maos), Lin Biao, Nie Rongzhen (Lins Politischer

Kommissar und treuer Anhänger Maos), Peng Dehuai (der harte, gegen Braun eingestellte Befehlshaber der Dritten Armeegruppe), Yang Shangkun (Kommandeur der Vorhut der Dritten Armeegruppe) und Li Zhuoran (Politkommissar der Fünften Frontarmee).

Deng Xiaoping, Herausgeber der Armeezeitung *Roter Stern* und neuernannter Sekretär des Zentralkomitees, war anwesend, ebenso Otto Braun und der Dolmetscher Wu Xiuquan. Ihr Status war der von Beobachtern. Zwanzig Männer insgesamt, zwanzig Männer, von deren Entscheidungen die Zukunft Chinas abhängen würde.[7]

Bo Gu sprach als erster.

Er sprach von Chiangs Fünftem Einkreisungsfeldzug und schrieb den Mißerfolg der Kommunisten der überwältigenden zahlenmäßigen Überlegenheit der Nationalisten sowie der schlechten Koordination der Bewegungen der kommunistischen Armeen außerhalb des Sowjetgebietes zu. Bo Gu sprach frei, er hatte keinen geschriebenen Text vor sich, und seine Bemerkungen konzentrierten sich auf die objektive Seite der Situation. Nach Meinung des Dolmetschers Wu schätzte er die gegenwärtige militärische Lage ziemlich realistisch ein und übte Selbstkritik wegen einiger Fehler in der militärischen Linie, aber er versuchte, seine Fehler zu verteidigen und hinwegzuerklären.[8]

Sekretäre durften bei der Zusammenkunft nicht zugegen sein, und die Teilnehmer, mit der möglichen Ausnahme Deng Xiaopings durften sich keine Notizen machen. Die meisten Reden wurden aus dem Stegreif gehalten, und noch heute ist nicht der gesamte Inhalt bekannt und kann auch nicht aus den Erinnerungen der wenigen noch lebenden Anwesenden rekonstruiert werden.

Bo Gu gewann seine Zuhörer offenbar nicht. Seine Genossen sagten, er versuche sich vor der Verantwortung zu drücken. Otto Braun, kaum ein objektiver Beobachter, vertrat eine andere Meinung. Er fand, Bo Gu habe recht. Er hatte betont, daß Chiang Darlehen, Waffen und Militärberater von den »imperialistischen Mächten« erhalte (offenbar nannte Bo Gu von Seeckt nicht bei Namen). Bo Gu vertrat, wie Braun sich erinnerte, die Ansicht, die kommunistische Strategie sei richtig, doch es sei zu Fehlern bei ihrer Durchführung gekommen.

Zhou Enlai war der zweite Redner. Er akzeptierte den Vorwurf einer falschen Politik, insbesondere der Bekämpfung von Befestigungen durch Befestigungen. Dies, so sagte er, sei die Ursache des Mißerfolgs der Roten Armee bei der Fünften Einkreisung. Er übte freimütig Selbstkritik und versuchte nicht, anderen die Schuld zuzuschieben. Seine Bereitschaft, die Verantwortung zu übernehmen, kam bei seinen Genossen gut an.[9]

Braun war durch Zhous Rede irritiert. Er fand, Zhou betone subjektive Faktoren, distanziere sich auf subtile Weise von Bo Gu und Braun und eröffne Mao so die Möglichkeit, einen Keil zwischen Zhou auf der einen und Bo Gu und Braun auf der anderen Seite zu treiben.

Nun ergriff Mao das Wort, entgegen seiner üblichen Gewohnheit zu warten, bis alle anderen vor ihm gesprochen hatten. Er hielt eine lange Rede, die mehr als eine Stunde dauerte, wesentlich länger als die aller anderen. Er kritisierte Braun und Bo Gu offen, nannte Namen, warf ihnen vor, sie hätten die Betonung auf die Verteidigung gelegt und sich nicht an die traditionelle Politik der Roten Armee gehalten, die auf Bewegungskrieg abzielte. Die »kurzen, scharfen Schläge« Brauns hätten die Zhu-Mao-Taktik ersetzt, ganze KMT-Einheiten in die Falle zu locken und zu vernichten. Mao wies Bo Gus These zurück, die Mißerfolge seien durch zahlenmäßige Unterlegenheit verursacht. Die Rote Armee habe im Ersten, Zweiten, Dritten und Vierten Einkreisungsfeldzug ebenso großen KMT-Armeen gegenübergestanden und sie besiegt. Es war nicht die Zahl, es war die Taktik. Die militärische Richtung sei falsch, beharrte er, wie sich Wu Xiuquan erinnerte. Die Politik von Bo Gu und Braun sei begründet gewesen auf »Konservativismus in Verteidigung«, »Abenteurertum im Angriff« und »Panik im Rückzug«.

Mao erklärte, die wichtigste Aufgabe der Zusammenkunft sei, das Problem der Militärpolitik zu lösen. Bo Gu und Braun berücksichtigten nicht die Tatsache, daß Soldaten menschliche Wesen seien, auf ihren Füßen laufen, Mahlzeiten zu sich nehmen und schlafen müßten. Wenn ein Kommandeur nur auf der Basis von Landkarten verstehe, Positionen festzulegen, ohne das tatsächliche Terrain und seine Geographie zu kennen, so sei seine Strategie »zum Scheitern verurteilt«.[10]

Mao griff das Mißlingen der Vereinigung mit der 19. nationalistischen Armee scharf an. Das, so sagte er, habe die Rote Armee eine ausgezeichnete Chance gekostet, hinter die nationalistischen Linien zu gelangen und in ihrem Rücken anzugreifen. Zhou Enlai, Luo Fu und er selbst hätten sämtlich das Zusammengehen mit der 19. gewollt.[11]

Mao erhielt eine Ovation. Er hatte das ausgesprochen, was die meisten der Kommandeure schon lange dachten.

Braun war von Maos Bemerkungen schwer getroffen. Dreißig Jahre später äußerte er sich überaus kritisch darüber, daß die Konferenz von Zunyi es versäumt habe, neben den militärischen auch politische Fragen zu diskutieren – die Sowjetunion und die Weltpolitik seien nicht einmal erwähnt worden. Die Chinesen hatten jedoch vorher beschlossen, ihre Diskussion auf das Militärische zu beschränken, da sie wußten, daß die Konferenz wahrscheinlich auseinanderfallen würde, wenn sie sich auf politische Fragen einließen.[12]

Braun war in einer schwierigen Situation, und er wußte das. Auf seinem entfernten Platz an der Tür des Raumes war er bewußt aus dem Rat der Chinesen ausgeschlossen. Er konnte das, was sie sagten, nur mit Hilfe der Übersetzungen des Dolmetschers Wu Xiuquan verstehen, und Wu wurde im Laufe des Abends zunehmend müde und verstört. Seine Übersetzungen wurden kürzer und hörten manchmal ganz auf. Brauns Miene war normalerweise undurchdringlich. Er hielt sich gerade und saß gewöhnlich wie ein Felsblock da, bis er bereit war zu sprechen. Nun zeigte er seinen Zorn in wechselnder Gesichtsfarbe. Er wurde rot, als er Bo Gu zuhörte, und weiß, als Mao begann, ihn anzugreifen. Zu keiner Zeit verlor er die Beherrschung, aber er rauchte eine Zigarette nach der anderen und griff den Vorrat, den er aus neuen Beschlagnahmungen in den Geschäften von Zunyi hatte, gewaltig an. Er sah immer deprimierter und düsterer aus.[13]

Nach Mao ergriff Wang Jiaxiang das Wort. Er hatte Nie Rongzhen bereits gesagt: »Wir wollen sie aus der Konferenz hinauswerfen. Li De [Braun] von der Bühne treiben.« Daß er Mao und Maos Position unterstützte, war für niemanden eine Überraschung, der den Fortschritt ihrer Diskussion in den Sänften verfolgt hatte. Bo Gu und Braun müßten gehen, sagte er, und Mao müsse das Kommando der Roten Armee übernehmen.[14].

Braun behauptet in seinen Memoiren, er habe in Zunyi nichts gesagt, weil er das Gesagte nur unvollkommen verstand, und beschlossen abzuwarten, bis er die Protokolle oder zumindest die zusammenfassende Resolution geprüft hätte. Es scheint jedoch keine Protokolle gegeben zu haben, und die Resolution wurde erst 1948 veröffentlicht. Bei Snows langen Gesprächen mit Mao und den kommunistischen Führern im Jahre 1936 in Bao'an wurde Zunyi von niemandem erwähnt.

Brauns Erinnerung, sich nicht beteiligt zu haben, widerspricht der anderer. Der Dolmetscher Wu weiß noch, daß Braun zu seiner eigenen Verteidigung sprach und (völlig korrekt) darauf beharrte, er sei nur in der Rolle eines von der Komintern geschickten Beraters in China. Er verteidigte die Generallinie der Operationen, bestand aber darauf, alle Schuld treffe die chinesische Führung; sie sei es, die alles durcheinanderbrächte; die Schuldigen seien Chinesen, das Zentralkomitee und andere. Er gestand keinerlei Fehler ein. Wu meinte, Braun habe ein schlechtes Gewissen, doch auf diesen Gedanken kommt wahrscheinlich kein Leser seiner Memoiren. Noch dreißig Jahre nach den Ereignissen schien er sich seiner Sache so sicher wie damals in Zunyi.

Braun sagte, er sei nur ein Agent. Er habe zwar verschiedene Vorschläge gemacht, doch deren Annahme oder Verwerfung sei »euer Problem«.[15] Professor Hu Hua, der sich auf die chinesischen Archive stützte, sagte, Braun habe kategorisch jede Kritik zurückgewiesen.

Das Kreuzfeuer der Kritik dauerte drei Tage. Die Sitzungen wurden abends abgehalten, begannen gewöhnlich um sieben und dauerten vier oder fünf Stunden. Die Rhetorik wurde scharf, und Dolmetscher Wu stand unter immer stärkerer Belastung.

Die Tagesstunden waren mit militärischen Angelegenheiten ausgefüllt. Eine größere Umgruppierung war im Gange. Die Zentralkolonne mit ihrer großen Zahl schwer bepackter Träger wurde aufgelöst. Ein Teil des verbleibenden schweren Geräts wurde zerstört oder vergraben, damit man es später möglicherweise wieder hervorholen könne. Was mitgebracht worden war, wurde auf die militärischen Einheiten verteilt. Die jungen Männer der Zentralkolonne und die verbleibenden Träger wurden soweit wie möglich in Kampfabteilungen eingegliedert. Die kleine Liu Ying war mit einem großen Teil dieser Arbeit befaßt, und zwar stellvertretend für Li Linkai, Politkommissar der sogenannten Staffel Nr. 3, der erkrankt war.[16]

Die Rekrutierungen wurden aktiv fortgesetzt und erbrachten 4000 zusätzliche Männer. Eine Mannschaftszählung bestätigte, daß die Rote Armee nun knapp 30 000 Mann umfaßte.

Während die Zusammenkünfte weitergingen, schlossen sich mehr und mehr Sprecher Mao an. Viele Kommandeure warfen die Frage mangelnder ideologischer Vorbereitung auf. Sie behaupteten, schwere Verluste, vor allem durch Desertion, seien darauf zurückzuführen, daß die neuen Rekruten nicht angemessen vorbereitet worden seien. Entgegen der Tradition hätten sie nicht gewußt, wohin sie gingen, wofür sie kämpften und warum Opfer nötig seien. Das Sicherheitsdenken, meinten die Kommandeure, sei übertrieben worden. Selbst viele von ihnen hätten nicht gewußt, was vorging. Dies habe den Kampfgeist beeinträchtigt und die Moral von Soldaten und Offizieren geschwächt.

Luo Fu und Zhu De versicherten Mao ihrer Unterstützung. Zhou Enlai sprach erneut und erkannte die Richtigkeit von Maos Kritik an der »linksabweichlerischen« Linie von Bo Gu und Braun an.[17] Er schlug vor, Mao zum Oberbefehlshaber der Roten Armee zu ernennen.

Dolmetscher Wu war beeindruckt von den Bemerkungen Li Fuchuns, Maos altem Verbündeten aus Hunan, der mit der brillanten Cai Chang verheiratet war, selbst eine von Maos ältesten Freundinnen. Wu war auch bewegt von Nie Rongzhen, der Zorn äußerte über die Art, wie Braun sich verhalten hatte. Wu konnte diese Kritik verstehen. Er hatte wiederholt unter Brauns Grobheit gelitten und einmal einem Abteilungschef gesagt: »Li De (Braun) ist ein Imperialist. Wenn ich die Wahl hätte, wäre ich niemals sein Dolmetscher. Aber ich bin ihm als Dolmetscher zugeteilt, und folglich muß ich es tun.«[18]

Nie Rongzhen sprach von seiner Bahre aus. (Er hatte sich noch nicht von der Wunde am Fuß erholt, die er nach der Überquerung des Xiang-Flusses erlitten hatte.) Er war erzürnt. Wann immer er Braun sah, geriet er außer sich. Brauns Anblick erinnerte ihn an Brauns Kommandomethoden, seine minutiösen Instruktionen, wo genau jede Kanone aufzubauen und wo Wachtposten aufzustellen seien – Details, mit denen sich nicht einmal Armeegruppen-Kommandeure aufzuhalten pflegten.[19] Wu erinnerte sich gut an die Schärfe von Nie Rongzhens Kritik. Die Erste Frontarmee, deren Politkommissar Nie war, hatte sich nicht immer an Brauns Befehl gehalten, der Feind dürfe nur frontal angegriffen werden. Sie hatte den Feind gelegentlich nach der alten Zhu-Mao-Tradition in Hinterhalte gelockt und so einige Erfolge erzielt.[20]

Peng Dehuai hielt eine eindrucksvolle Rede, in der er Mao unterstützte und Bo Gu und Braun kritisierte. Dasselbe tat Liu Bocheng. Überraschenderweise empfand Braun die Bemerkungen von Zhu De, Peng Dehuai und Liu Bocheng als »gemäßigt, ja zurückhaltend« im Ton im Gegensatz zu denen der anderen.[21]

Lin Biao scheint in der Diskussion keine führende Rolle gespielt zu haben, obwohl die Erinnerungen durch sein Verhalten in der Kulturrevolution und seinen versuchten Staatsstreich nicht unbeeinflußt sein mögen. Die meisten der Militärs, mit denen ich sprach, waren zu irgendeiner Zeit seine Opfer gewesen. Wu versichert, Lin Biao habe kein Wort gesagt, da er ein Anhänger von Bo Gu und Braun war und deswegen kritisiert wurde. Nie Rongzhen stimmt darin Wu zu.[22] Andere jedoch erinnern sich, Lin Biao habe Maos Forderung nach der Entfernung von Bo Gu und Braun unterstützt. Lin Biao soll die beiden nach der Schlacht am Xiang-Fluß und den Verlusten der Ersten Frontarmee offen kritisiert haben. Nun sei er sehr deutlich und feindselig geworden.[23]

Von allen Versammelten trat nur He Kequan, der in Moskau studiert hatte und anerkannter »Bolschewik« war, eindeutig für Bo Gu und Braun ein. Er räumte ein, sie hätten Fehler gemacht, widersetzte sich aber ihrer Entfernung. Nie Rongzhen empfand He Kequan als »ziemlich arrogant«. Er sagte zu Mao: »Du weißt nichts über Marxismus-Leninismus. Alles, was du gelesen hast, ist Sun Wu Zis ›Kriegskunst‹.« Trotz allem, was in Zunyi geschah, hielt er an seiner Meinung fest und gab erst später zögernd zu, daß er unrecht hatte.[24]

Sowohl Nie Rongzhen als auch Liu Bocheng schlugen vor, die Rote Armee solle den Kurs ändern, sich den Weg über den Yangtze erkämpfen und in Nordwestsichuan eine neue Basis errichten. Sie meinten, die Bedingungen dort seien sehr viel besser als in Guizhou – die Provinz war reicher, die Transportwege waren schlecht, was der schnellen, zu Fuß marschierenden Roten Armee einen Vorteil verschaffte, die lokalen Kriegsherren waren eher gegen Chiang Kai-shek eingestellt, und die Bevölkerung, aus der man rekrutieren konnte, war größer.[25]

Schließlich schlug Zhou Enlai vor, die gegenwärtige militärische Führung aus Bo Gu, Braun und ihm selbst solle abgesetzt werden. Das wurde durch allgemeine Zustimmung angenommen. Es heißt, es habe keine Abstimmung gegeben, überhaupt keine formellen

Abstimmungen während der Zusammenkunft. Die militärische Führung wurde nun zwei Männern anvertraut, Zhu De und Zhou Enlai. Mao wird in diesem Zusammenhang nicht erwähnt, aber in einer anderen Resolution wurde Mao zum Mitglied des Ständigen Komitees des Politbüros gewählt, des inneren Führungszirkels. Doch was auch immer auf dem Papier stand, jeder wußte, wer die Führung hatte. Eine weitere Resolution enthielt Luo Fus Zusammenfassung von Maos Kritik, und eine abschließende Resolution hielt fest, über die Verteilung von Arbeit und Verantwortung innerhalb des Ständigen Komitees würde später entschieden.

Peng Dehuai hatte Zunyi bereits verlassen, um sich der Bedrohung seiner Sechsten Division durch den KMT-General Wu Qiwei zu stellen.[26] Kisten und Säcke wurden gepackt. Das Lager wurde abgebrochen. Am 19. Januar verließen Mao und das Oberkommando Zunyi, doch vorher hatte in der römisch-katholischen Kirche noch ein Treffen der Militärkommandeure stattgefunden, bei dem Bo Gu (einen politischen Bericht), Zhou Enlai und Mao Reden hielten. Die Texte der Ansprachen sind leider nicht erhalten.

Zunyi war vorbei. Der Lange Marsch ging weiter, und Mao hatte die Führung. Chinas Kurs für mindestens ein halbes Jahrhundert war bestimmt.[27]

Kapitel 12

Mao übernimmt die Führung

Am Morgen des 19. Januar 1935 zog die Rote Armee unter der de facto-Führung von Mao Zedong aus Zunyi aus. Sie war kaum mehr als ein Überrest der Streitmacht, die drei Monate zuvor den Yudu-Fluß überschritten hatte.

Sie hatte fast zwei Drittel ihrer Mannschaften und alle schweren Geschütze eingebüßt. Sie besaß keinerlei Artillerie mehr, abgesehen von ein paar alten Mörsern und zwei Berggeschützen. Sie zählte nur noch siebzehn Regimenter in vier aus propagandistischen Gründen so bezeichneten »Armeen« – der Ersten, Dritten, Fünften und Neunten. Selbst nach hektischen Rekrutierungen bestand die Streitkraft aus weniger als 35 000 Mann. Der große Troß existierte nicht mehr.

Von ihren Zielen war die Rote Armee weiter entfernt denn je. Sie war tiefer im entlegenen Landesinneren. Sie hatte Zunyi genommen, die zweitgrößte Stadt von Guizhou, doch kaum jemand in China hätte gewußt, wo sie sich befand, und sie machte sich auf in die endlosen Berge und Ödflächen von Chinas entfernten Grenzen. Sie besaß nur wenige Landkarten, und ein großer Teil des Territoriums war überdies noch nie auf Landkarten verzeichnet gewesen.

Gewiß, sie war Chiang Kaisheks Falle in der Roten Ecke von Jiangxi entgangen. Sie hatte die Überquerung des Xiang-Flusses überlebt. Doch sie war Chiang und seinen Armeen noch keineswegs entkommen. Chiang war in Chongqing, direkt im Norden, damit beschäftigt, mehr Truppen auszuheben, und unnachgiebig bemüht, die »Roten Banditen« einzukreisen. Er hatte 400 000 Mann in Stellung gebracht, um der Roten Armee jeden Weg abzuschneiden, den sie einschlagen mochte. In Jiangxi und am Xiang war ihm der Todesstoß nicht gelungen, in Guizhou aber wollte er Ernst machen. Die Armee von Guizhou hatte sich als so aufgelöst und opiumgeschwächt erwiesen, wie es die Rote Armee erwartet hatte, doch jetzt hatte Chiang die Truppen von Sichuan, Hunan und Yunnan und seine eigenen nationalistischen Streitkräfte aufgeboten, um die Rote Armee in dem Augenblick zu blockieren, in dem sie sich der Grenze von Guizhou näherte – insbesondere dann, wenn sie sich in Richtung auf den mächtigen Yangtze direkt im Norden bewegte.

Zweimal war die Rote Armee gezwungen gewesen, die Richtung zu ändern – zuerst hatte sie auf den Plan verzichten müssen, sich mit He Long und Xiao Ke und ihrer Zweiten und Sechsten Armee in Hunan-Hubei zu vereinigen, und dann hatte sie den Gedanken an eine Basis in der Gegend um Zunyi aufgeben müssen. Am Tag nach dem Auszug aus Zunyi – am 20. Januar – bestätigte ein Politbürotreffen in dem verschlafenen Dorf Sidu auf dem nordwestlichen Weg nach Tongzi die jüngste Kursänderung – diesmal zur Vereinigung mit der Vierten Frontarmee von Zhang Guotao.[1] Wo genau die Vierte Armee sich befand und in welchem Zustand sie war, wußten sie nicht. Sie mußten blindlings drauflos marschieren. Mao meinte, die Vierte Armee habe eine blühende Basis in Nordwestsichuan und eine Truppe von 100 000 Mann oder mehr. Er wußte nicht, daß die Vierte Armee gezwungen gewesen war, die Flucht zu ergreifen, und sich in Richtung auf Chinas »Wilden Westen« bewegte, wo Sichuan und das tibetanische Gebiet sich überschneiden. Die Verbindungen zwischen der Ersten und Vierten Armee waren schlecht gewesen. Keine wußte genau, wo sich die andere befand. Otto Braun meinte, Mao habe nach Zunyi Kuriere an die Vierte und andere Armeen ausgeschickt, doch es gibt keine Nachweise dafür, daß irgendwelche Boten zur Vierten Armee durchkamen.[2]

Aber die Lage war nicht ganz schwarz. Wegen der schweren Verluste hatte die Rote Armee nun fast genügend Gewehre und Maschinengewehre für alle Truppenteile. Sie hatte in Zunyi etliche Mauser erbeutet. Die Rote Armee benutzte alle möglichen Waffen, doch Mauser waren der Standard, weil sie in den Arsenalen der Regierung hergestellt wurden und die nationalistische Armee natürlich die Hauptversorgungsquelle der Roten Armee war. Die verbleibenden Truppen waren kampferprobt und zäh. Durch das Aufgeben des Trosses hatte die Rote Armee die Geschwindigkeit und Beweglichkeit zurückgewonnen, die ihr größter Trumpf gewesen war. Sie war schneller als jede Truppe, die Chiang gegen sie aufbieten konnte. Sie legte zu Fuß ungeheure Entfernungen zurück, 60 bis 80 km pro Tag. Manchmal hielt sie dieses Tempo mehrere Tage hintereinander durch. Und das bergauf und bergab und über Flüsse hinweg. Die Fünf Bergrücken lagen schon lange hinter ihr, doch Guizhou und die benachbarten Provinzen Yunnan und Sichuan boten eine Bergkette nach der anderen, und jedesmal lag ein Fluß in der Falte zwischen ihnen. In Südjiangxi hatte es keine Straßen gegeben. Auch hier gab es nur wenige, mit einer Ausnahme – einer echten, wenn auch ungepflasterten Straße, die sich für Karren und Motorfahrzeuge eignete; diese verlief nördlich von Guiyang durch Zunyi und über den Loushan-Paß zum Roten Fluß (Chishui) an der Grenze zwischen Guizhou und Sichuan.

Im übrigen marschierte die Rote Armee wie immer auf Pfaden, die selten mehr Platz boten als für zwei Mann nebeneinander bergauf und bergab – keine der heutigen Asphaltstraßen mit sanften S-Kurven, die auf und ab führen, so weit das Auge sehen kann. Die Pfade verliefen gewöhnlich direkt und ohne Umwege, egal, wie steil sie waren. Noch 1984 wurden sie von den Bauern benutzt, weil sie oft eine Fahrstrecke von 16 km durch einen Kletterweg von drei Kilometern ersetzten. Die heutigen Telephon- und Stromleitungen folgen den alten »Straßen«, den Pfaden. In Nordguizhou heißt es, jede *lao taipo,* jede alte Frau, könne schneller als ein Auto im Marktflecken sein, weil sie die Fußpfade benutze und doppelt so schnell vorankomme.[3]

Maos Führung verbesserte die Moral der Truppe. Endlich konnte der Politkommissar den Soldaten sagen, warum sie marschierten und wohin. Die Stimmung war gut. Es gab keine Streitmacht in China und auf der ganzen Welt, die fähig gewesen wäre, diese Berge so schnell zu überwinden wie die Rote Armee. Stadt um Stadt war verblüfft über das Erscheinen der Kommunisten. Keiner hatte gewußt, daß sie sich irgendwo in der Nähe befanden. Die Männer der Roten Armee waren zum größten Teil kleingewachsen, aber sehr sehnig. Sie verließen Zunyi in besserer Verfassung als je seit Beginn des großen Rückzuges. Die meisten hatten zehn Ruhetage gehabt. Sie hatten gut gegessen. Als die Armee nach Zunyi kam, hatte jeder Soldat einen oder zwei Silberdollar erhalten. Es gab in Zunyi ein großes Sichuan-Restaurant, wo man für einen Dollar ein Festessen bekam. In einem oder zwei Tagen hatte die Rote Armee die meisten von Zunyis Delikatessen aufgegessen. Viele taten sich an Maos Lieblingsgericht gütlich – einem Gemisch, das sich Mond und vier Sterne nannte –, abwechselnden Schichten von Lammfleisch, Fisch, Huhn, Gemüsen, vor allem Wasserbrotwurzel (*tian ma* genannt), mit Reismehl bestreut und über Nacht gedünstet. Die Brühe gilt als Heilmittel für Benommenheit und Kopfschmerzen.[4] Einige kauften ein seltenes Kraut, *tiana (gastrodaelata)*, ein örtliches, legendäres Heilmittel gegen körperliche Schwäche.

Die Männer hatten neue Strohsandalen. Einige hatten Sandalen mit Ledersohlen, neue Kleidung, Regenumhänge aus geflochtenem Bambus und neue Regenhüte aus Stroh. Ihre Reisbeutel waren gefüllt, die Sanitätseinheiten hatten ihre mageren Jod- und Chloroformvorräte aus den Apotheken von Zunyi aufgefüllt, hatten Kräutermedizinen und chirurgische Geräte. Es gab sogar neue Taschenlampen und Batterien, Petroleum und Vorräte an Zucker und Salz.

Mao hatte einigen Grund zum Optimismus. Die Rote Armee marschierte wieder unter dem Banner des Zhu-Mao-Credos voran – den sechzehn chinesischen Schriftzeichen, die in Form eines Gedichts geschrieben waren und sie in den erfolgreichen Jahren vor dem Aufkommen der 28 Bolschewiki und Otto Brauns geleitet hatten:

> Der Feind nähert sich, wir ziehen uns zurück
> Der Feind hält inne, wir schreiten voran
> Der Feind ermüdet, wir greifen an
> Der Feind zieht sich zurück, wir verfolgen ihn.

Dies war die Essenz des Guerillakrieges und hatte die Zhu-Mao-Armee stark gemacht. Nun mußte es sie vor der Vernichtung retten.

Nichts würde nach Zunyi noch sein wie vorher. Es war die Wasserscheide – nicht nur hatte Mao Zedong die Führung fest in der Hand, sondern es handelte sich auch um eine Unabhängigkeitserklärung der chinesischen kommunistischen Bewegung, eine Unabhängigkeit von der Herrschaft Moskaus, die die Welt ein Vierteljahrhundert lang nicht bemerken würde, die Stalin aber schon seit langem mit dem Namen Mao Zedong assoziierte.

Zunyi signalisierte die Bildung einer großen politischen Partnerschaft zwischen Mao Zedong und Zhou Enlai, die beider ganzes Leben bis auf die letzten ein oder zwei Jahre überdauern würde.

Vor Zunyi war Zhou Maos Rivale gewesen. Es war Zhou, der im Dezember 1931 in das Zentrale Sowjetgebiet gekommen war und die Position des Sekretärs des Parteibüros übernommen hatte, aus der Mao im Dezember entfernt worden war. Im Oktober 1932 zur Zeit der Konferenz von Ningdu ersetzte Zhou Mao als Politkommissar der ersten Frontarmee.

Zwar hatte Zhou gegen Maos Entfernung protestiert und verlangt, man solle ihn halten, aber er hatte sich der Entscheidung gefügt, und im Mai 1933 wurde er Politkomissar der ganzen Roten Armee. Er war Mitglied der regierenden Troika – zusammen mit Bo Gu und Otto Braun. Auch hatte Mao in den Angelegenheiten der Roten Armee nach Ningdu keine Rolle mehr gespielt. Zur Zeit von Ningdu war er krank gewesen und angewiesen worden, »sich auszuruhen«, doch er kam nicht mehr zur Armee zurück.[5]

Zhou hatte mit den anderen in der Troika zusammengestanden und Maos Strategie blockiert sowie seine Vorschläge überstimmt. Eine Zusammenarbeit fand nicht statt, und wenn es keine Nachweise dafür gibt, daß Zhou Bo Gu und Otto Braun in ihren Machenschaften unterstützte, so gibt es ebensowenig Indizien dafür, daß er sich ihnen widersetzte.

Jahre später bekannte Zhou traurig, seit der Zeit des Ningdu-Treffens im Oktober 1932 bis zum Beginn des Langen Marsches im Oktober 1934 habe er sich bei keiner einzigen Gelegenheit mit Mao beraten.[6]

Der Grund darin mag in Zhous fast übertriebenen Begriffen von Disziplin und Anstand gelegen haben. In Ningdu ließ er keinen Zweifel daran, daß er meinte, Mao solle weiter an den militärischen Angelegenheiten mitwirken, doch als die Parteiführung der Bolschewiki gegen Mao entschied, stellte er diese Entscheidung nicht in Frage, wenn er auch Mao weiterhin Respekt erwies, einen Teil des Weges mit ihm ritt, als Mao Ningdu verließ, und die Hoffnung äußerte, er möge wieder gesund werden und zur Roten Armee zurückkehren. Eine Zeitlang nannte sich Zhou »Handelnder Politkommissar«, womit er andeutete, Mao werde auf den Posten zurückkehren. Ab und zu schickte er Mao Papiere, die dieser lesen sollte, »wenn er Zeit finde«.[7] Zhous Frau Deng Yingchao teilte die gewissenhafte Einstellung ihres Mannes zur Parteidisziplin. Sie erhob ihre Stimme nicht, als die Viererbande die Pro-Zhou-Demonstration auf dem Tienanmen-Platz im Frühjahr 1976 verurteilte und äußerte sich erst, als Hua Guofeng und die Partei den offiziellen Standpunkt nach Maos Tod und der Verhaftung der Viererbande revidierten. Als sie von General Yang Changkun gebeten wurde mitzuhelfen, die Einstellungen ihres Mannes zu klären, sagte sie kurz: »Er sagte mir nie irgend etwas, von dem er meinte, ich habe kein Recht, es zu hören.«[8]

In bezug auf Parteientscheidungen war Zhou ganz anders als Mao. Mao ließ keine Entscheidung unangezweifelt stehen. Er versuchte seine Ansicht durchzusetzen – wie in seinen Gesprächen mit militärischen und politischen Führern in der Zeit vor und nach dem Beginn des Langen Marsches. Zhou erhob nur gelegentlich Einwände. Er schlug im Sommer 1934 den Ausbruch aus dem Zentralen Sowjetgebiet vor, fügte sich aber der gegen ihn stimmenden Mehrheit Bo Gus und Otto Brauns.[9]

Vor und nach seinem Machtantritt hatte Mao nicht selten Meinungsverschiedenheiten mit Stalin. Manchmal beugte er sich Stalin aufgrund der Macht der Umstände oder aus Notwendigkeit – vor allem in den Jahren um 1930, als er und andere chinesische Kommunisten das Gefühl hatten, sie müßten die sowjetischen Prioritäten über ihre eigenen stellen, weil es gelte, die Sowjetunion als Zitadelle der Weltrevolution zu erhalten.

Das änderte sich, als sich die Gewichte der Macht veränderten. Stalin hatte sich Maos Krieg gegen Chiang Kaishek nach dem Zweiten Weltkrieg heftig widersetzt. Er hatte Mao gedrängt, eine Koalitionsregierung zu akzeptieren. Mao verwarf den Gedanken. Ende 1948, als Mao den Bezirk Pingshan in der Provinz Hebei erreicht hatte und sich darauf vorbereitete, Peking einzunehmen und nach Süden weiterzuziehen, wurde Anastas Mikojan mit einer besonderen Botschaft Stalins zu ihm geschickt, in der es hieß, er solle nicht südlich des Yangtze operieren und Chiang überleben lassen. Mao weigerte sich. Statt dessen legte er Mikojan so starke Argumente vor, daß er, wie er meinte, Stalins Emissär von der Richtigkeit seines Kurses überzeugte. Er schickte Mikojan nach Moskau zurück und veröffentlichte am 1. Januar 1949 einen Leitartikel: »Führt die Revolution bis zum Ende«. Eine persönliche Antwort an Stalin: »jene, die dem Volk raten, den Feind zu bemitleiden und die Kräfte der Reaktion zu erhalten ... sind Freunde des Feindes.«[10]

Zhou war, wie die meisten in der Führungsgruppe, ein »Ausländer«. Er hatte viele Jahre in Frankreich und Deutschland verbracht und länger in Moskau gelebt, als den meisten bekannt war. Er war ein kosmopolitischer Mensch, kulturell vielleicht in Paris mehr zu Hause als an irgendeinem anderen Ort. Er war nicht mit Kuhdung zwischen den Zehen seiner nackten Füße aufgewachsen wie Mao. Er sprach nicht wie Mao die Sprache der Bauern, besaß auch nicht dessen Instinkt für die chinesische Landbevölkerung. Zhou und seine Frau waren intellektuelle Gefährten, verbunden durch gemeinsame Erfahrungen in Europa und den großen Städten Chinas. Zhou Enlai und Deng Yingchao standen einander näher als irgend jemandem sonst auf der Welt.

Zhou war für sein staatsmännisches Geschick, seinen diplomatischen Takt und seinen brillanten Intellekt bekannt. Er hatte einen guten militärischen Hintergrund, da er als Direktor der politischen Fakultät der Whampoa-Militärakademie gedient hatte. Er studierte in Moskau Militärwissenschaften und praktizierte sie in den blutigen Tagen von Shanghai und bei dem kühnen Aufstand von Nanchang. Nun hatte er seit mehr als drei Jahren in Südchina gekämpft. Er war ein in jeder Hinsicht bemerkenswerter Mensch, ein Mann mit einem Talent und einem Hintergrund, die ihn berechtigten, sich selbst als einen Führer aus eigenem Recht zu sehen.

Nun stellte Zhou seine Kraft ganz Mao zur Verfügung. Niemals bis zum Ende ihrer Tage im schicksalhaften Jahr 1976 würde Zhou Maos führende Rolle in Frage stellen. Die komplexen Faktoren, die Zhous Entscheidung zugrunde lagen, können nicht erschöpfend erforscht werden. Über seine Beweggründe ist nicht genügend bekannt. Von Zunyi an sollte er, unter welchem Titel auch immer, faktisch als Stabschef für Mao Zedong wirken. Es war eine Partnerschaft ohne Beispiel in der chinesischen Politik.

Es liegt auf der Hand, daß es in politischer Haltung und politischem Stil Unterschiede zwischen Zhou und Mao gab und immer geben würde. Mao war ein richtiger »Eingeborener« (der Ausdruck stammt von Botschafter Wang Bingnan), ein Mann vom Lande, der an einem Apriltag im Jahre 1919 zu einem Kai in Shanghai gegangen und zum Abschied gewinkt hatte, als seine besten Freunde sich nach Frankreich zu dem Arbeitsstudienprogramm einschifften, an dessen Zustandekommen er selbst zutiefst beteiligt gewesen war. Er schloß sich ihnen nicht an.

Historiker haben lange über Maos Handeln spekuliert. Einige glauben, er sei aus Geldmangel zurückgeblieben; vielleicht auch, weil er Schwierigkeiten hatte, Französisch zu lernen; oder weil er sich in Gesellschaft derer, die besser gekleidet und reicher waren als er selbst, unwohl fühlte.

Keine dieser Erklärungen scheint durchschlagend. Li Rui, der chinesische Historiker, der dem Studium Maos einen großen Teil seines Lebens gewidmet hat, glaubt, daß Mao nie die Absicht hatte, ins Ausland zu gehen. Mao sah seinen Platz in China. Er glaubte, seine Freunde sollten an der westlichen Kultur teilnehmen, Elemente mit zurückbringen, die China nutzen könnten. Das war sehr wichtig. Aber Mao hatte das Gefühl, nach China zu gehören. Wäre er ins Ausland gegangen, so wäre die Kerngruppe in China selbst zerfallen.

Li Rui glaubte, daß Mao bereits zu dem Schluß gelangt war, China müsse reformiert und neu erbaut werden, und er sei der Mann, das zu erreichen, er müsse der Führer sein. Daher sah er es als seine Verantwortung an, in China zu bleiben. Mao bewies nicht ganz das Interesse am Westen, das die anderen hatten. Li Rui hielt das für einen Mangel.[11]

Dieser Umstand spielte in Maos gesamter Laufbahn eine Rolle. Konflikte und Spannungen zwischen den Emigranten und den »Eingeborenen« sind unvermeidlich. Einige glauben, Mao sei immer eifersüchtig gewesen auf Zhous Gewandtheit und später auf seinen weltweiten Ruf. Doch wie auch immer, die Allianz dieser beiden ungleichen Partner erwies sich als unzerbrechlich. Die beiden Männer ergänzten einander; Mao war dabei der Philosoph, der Dichter, der Mann, der den unmöglichen Traum träumte, der Mann von glühendem Geist, bereit zu jedem Opfer, jeder Strategie, die seine Vision verwirklichen würde, unflexibel in seinen Zielen, aber flexibel in den Wegen, sie zu erreichen, und (bis in seine letzten Jahre) ein Genie in der Führung von Menschen, ein Mann, der immer wieder seine Feinde und Rivalen zu nützlichen Alliierten machte. Zhou war Pragmatiker, Diplomat, Humanist, der Mann, der sich um die »Kleinigkeiten« kümmerte.

Viele Jahre später, als Zhou Enlai und Mao schon längst die höchste Macht in China erreicht hatten und Zhou den Wahnsinn der Kulturrevolution dank der Geschicklichkeit seines gewandten Geistes, seiner blendenden Beredsamkeit und seines unerschrockenen Mutes überlebt hatte (während Mao keinen Finger rührte, um ihn zu retten), konnte Zhou von Mao sagen: »Wir alle sind seine Schüler, aber wir können ihm nicht gleichkommen.« Ich glaube, er sagte diese Worte mit vollkommener Ehrlichkeit. Damals wie heute, ein Dutzend Jahre später, denke ich, daß Zhou genau das meinte, was er sagte, und zwar ohne Einschränkung. Aber wie er in seinem Denken diesen *luan*, den großen Aufruhr von Maos letzten Jahren, löste, der beinahe ihn und ganz China hinweggeschwemmt hätte, kann ich mir nicht vorstellen.

Oft haben Ausländer und auch einige Chinesen gesagt, Zhou sei der perfekte Höfling, der zuverlässige und gehorsame Ausführer von Politik, der pragmatische Verwalter, der das Staatsschiff trotz Maos anarchistischen Höhenflügen auf Kurs hielt – beispielsweise beim Großen Sprung Nach Vorn und bei der Kulturrevolution. Zhou war all das und noch viel mehr, wie jeder weiß, der von Chinesen die Geschichten über seine kleinen und großen Freundlichkeiten gehört hat: über den verwundeten Soldaten auf dem Langen Marsch, den er eigenhändig in eine Sänfte legte, aus Angst, andere würden ihn nicht so vorsichtig berühren; über seinen heftigen Zorn, als er seine alte Freundin Anna Louise Strong sterbend in einem Krankenhaus fand, ohne daß ein Verwandter an ihrem Bett saß. Kein Wunder, daß sich in der Epoche nach Mao ein Personenkult um Zhou gebildet hat.

Mit Zunyi lösten sich manche Rätsel um den Langen Marsch. Als die Rote Armee am 5. Februar im Länderdreieck von Guizhou, Yunnan und Sichuan eintraf, in einer kleinen Stadt namens Jimingsansheng*, wurde Bo Gu in aller Stille als verantwortlicher Sekretär des Zentralkomitees für die täglichen Angelegenheiten abgelöst, und Luo Fu übernahm die Aufgabe. Mao wurde formell dazu bestimmt, Zhou Enlai bei militärischen Entscheidungen »beizustehen«. Am 11. März wurde Mao zusammen mit Zhou Enlai und Wang Jiaxiang in die Militärkommission berufen. Natürlich war Maos Einfluß der entscheidende.

Einer von Maos ersten Schritten bestand in dem Versuch, mit Moskau in Verbindung zu treten und von Zunyi zu berichten. Es gab keine Möglichkeit, eine Botschaft zu schicken, außer durch

* Der Name bedeutet: »Das Krähen des Hahns kann in drei Provinzen gehört werden.«

Kuriere. Der erste Kurier war Pan Hannian. Er erreichte Shanghai, fand dort aber keinen kommunistischen Apparat mehr vor. Er war durch Chiangs Geheimpolizei ausgehoben worden.[12]

Im Mai 1935 schickte Mao einen zweiten geheimen Emissär, Chen Yun, Autor der kürzlich entdeckten Zunyi-Notizen. Er verkleidete sich als Händler und machte sich auf den Weg, nachdem die Rote Armee den Dadu-Fluß überquert hatte. In Shanghai setzte er sich mit Soong Chingling in Verbindung, die die Schiffsreise nach Wladiwostok arrangierte. Am 5. August 1935 fuhr eine Gruppe, der Chen Yun, He Shichu (Tochter von Maos Freund und Mitbegründer der Kommunistischen Partei Chinas, He Shuheng, der im Zentralen Sowjetbereich zurückgelassen worden war, und Frau von Chen Geng, einem Beamten von Sichuan, der jetzt tot ist), Pan Hannian, Yang Zhihua (die Witwe des früheren Parteiführers Qu Qiubai) und Chen Tanqiu nach Wladiwostok. Qu Qiubai war von der KMT nur sechs Wochen vorher hingerichtet worden. Die Witwe Yang Zhihua stand in Verbindung mit der Internationalen Roten Hilfe, einer Komintern-Organisation, die festgenommene Kommunisten unterstützte. Chen Tanqiu war 1921 neben Mao und He Shuheng einer der Mitbegründer der Partei gewesen.

Chen Tanqiu war einer der in Fujian »Zurückgelassenen«. Er war Luo Mings Nachfolger als Parteisekretär dieses Bereichs und war auch selbst kritisiert worden, weshalb er wahrscheinlich nicht mit auf den Langen Marsch genommen wurde. Mit viel Glück gelang es ihm, herauszukommen und sich der Gruppe auf dem Weg nach Moskau anzuschließen. (Er starb 1943 zusammen mit Maos Bruder Zemin, hingerichtet von dem Kriegsherren von Xinjiang, Sheng Shicai, der seine Allianz mit den Kommunisten aufkündigte und zu Chiang Kaishek überging.)

Die Gruppe zählte, sagte Chen Yun später, sieben oder acht Köpfe. Es war eine Gruppe von hohem Rang, und es mag sein, daß es ihre formelle Absicht war, die Chinesische Partei auf dem Siebenten Kongreß der Komintern zu vertreten, der zu der Zeit in Moskau stattfand. Die Komintern hatte die Chinesen 1934 aufgefordert, zu diesem Treffen eine Delegation von sechzig Mitgliedern zu schicken. Später wurde die Konferenz auf den Sommer 1935 verschoben.[13]

Die Delegation traf nicht rechtzeitig ein. Sie kam am 20. August an, dem letzten Tag der Konferenz. Es war zu spät, um über Zunyi zu berichten oder über irgend etwas anderes. Der Siebente Kongreß hätte ein wenig Information gebrauchen können. Die Komintern hatte in Abwesenheit der chinesischen Delegation eine Rede von Wang Ming über die steigende Flut der Revolution in China gehört. Schließlich veröffentlichte im Februar 1936 die Zeitschrift der Komintern einen Artikel unter dem Titel: »Der heroische Marsch nach Westen« von Chen Yun (unter dem Pseudonym Shi Ping, das niemandem etwas sagte; der Artikel wurde völlig ignoriert). Er erwähnte Zunyi nicht. Zunyi war hochgeheim.

Chen Yuns Artikel sagte nichts über die Veränderung der militärischen und politischen Führung. Die Verlegung aus dem Zentralen Sowjetgebiet heraus wurde erwähnt, aber Chiang Kaisheks Fünfte Einkreisung wurde als Fehlschlag bezeichnet. Das »Große Manöver« schreite erfolgreich voran (die Rote Armee hatte inzwischen längst Nordshaanxi erreicht, aber das wurde nicht erwähnt). Die Rote Armee habe nichts von ihrer Kraft verloren und halte weiter an dem Ziel fest, sich auf eine Million Mann zu erweitern. Das einzig Negative an dem Artikel war die Bemerkung, daß die Truppen beim Auszug aus dem Zentralen Sowjetbereich zu sehr von schweren Lasten behindert gewesen seien.[14]

Hinter den Kulissen ergriff die Komintern sofort Schritte, um die Nachrichtenverbindungen mit China wiederherzustellen. Pan Hannian wurde zurückgeschickt und kam im November oder Dezember in Shanghai an. Er führte Codebücher mit sich, so daß der Austausch geheimer Nachrichten wieder aufgenommen werden konnte. Es ist nicht klar, ob er einen Sender mitbrachte. Wahrscheinlich nicht. Es wurden indessen Vorkehrungen getroffen, so heißt es, einen Sender zu gebrauchen, der sich in Soong Chinglings Haus im französischen Konzessionsgebiet befand, dem Haus an der Rue Molière, in dem sie und Dr. Sun Yatsen gewohnt hatten.

Die Frage, ob ein Sender von Madame Soongs Haus aus arbeitete, ist seit Jahren umstritten. Viele ihrer engen Freunde, darunter Rewi Alley, haben dies entschieden bestritten. Sie fragen, wie das hätte möglich sein können angesichts von KMT-Wachen, die Tag und Nacht vor dem Haus standen. Zwei der wichtigsten chinesischen Parteihistoriker indessen, Hu Hua und Xiang Qing, erklärten, daß der Sender dort betrieben wurde.

Pan Hannian wurde als Liaison zwischen der Partei, der Komintern und Madame Soong installiert, zur Tarnung wurde er ihr Sekretär. Pan, ein gebildeter und kultivierter Mann, wurde zu einem von Madame Soongs engsten Mitarbeitern, bis er 1953 unter dem Vorwurf, für Japan zu spionieren, verhaftet wurde. Er verbrachte zwanzig Jahre im Gefängnis, erst nach dem Tod Maos und dem Sturz der Viererbande wurde er voll rehabilitiert.[15]

Kapitel 13

Eine in Watte verpackte Nadel

Deng Xiaoping trat den Langen Marsch unter einer dunklen Wolke an. Er war von seiner Armee und seinen politischen Posten entfernt worden, war hart »bekämpft« und unter bewaffneter Bewachung gehalten worden, man hatte ihn öffentlich denunziert, und seine Frau hatte sich von ihm scheiden lassen. Es war nicht der tiefste Punkt seiner Karriere, aber ein Tiefpunkt. Einige der Geschichten, die über diese Zeit erzählt werden, sind mit ziemlicher Sicherheit nicht wahr. Es scheint keine Beweise dafür zu geben, daß er tatsächlich – wie einige behaupten – zur Zwangsarbeit geschickt wurde. Er begann den Langen Marsch als Arbeiter in der Politischen Abteilung der Armee und trug seine eigene Ausrüstung wie Tausende anderer Männer der Roten Armee. Er war nicht – wie einige behauptet haben – einer der 5000 menschlichen Packesel, die die Gerätschaften der Roten Armee auf ihren Schultern schleppten. Aber diese Geschichten sind typisch für die Legenden, die sich um Deng Xiaopings frühe Tage gerankt haben.

Zunyi veränderte Dengs niedrigen Status. Wie mehrfach in den langen Jahren seiner Laufbahn stieg Deng aus der politischen Tiefe auf und gelangte zu Mao in die höheren Ränge.

Nicht alle Erinnerungen an Dengs Fall und Wiederaufstieg sind klar in den Gedächtnissen jener, die auf den Langen Marsch gingen. Doch an seinem Aufstieg besteht kein Zweifel. Deng war dreißig Jahre alt, als der Marsch begann, Sohn eines unbedeutenden Beamten des Bezirks Guangan in Sichuan, etwa 80 km nördlich von Chongqing.

Als Parteigänger Maos hatten ihm sein heftiges Temperament und seine offene Redeweise geschadet. Die Menschen aus Sichuan sind für ihr Feuer bekannt, und Deng war da keine Ausnahme. Er stammte aus einer traditionellen chinesischen Familie. Sein Vater, einer der Hakka oder »Gastvölker«, die in Guangdong so häufig waren, war nordwärts nach Sichuan gezogen.

Dengs Vater diente als Führer örtlicher Verteidigungskorps, die vom Adel des Bezirks von Guangan aufgestellt wurden. Er befahl etwa 100 Mann. Deng verließ seine Heimat früh. Er besuchte eine weiterführende Schule und absolvierte dann einen Sonderkurs in Chongqing als Vorbereitung für ein Arbeitsstudienprogramm in Frankreich. Mit sechzehn schloß er sich einer Gruppe von 92 chinesischen Studenten an und fuhr nach Frankreich.[1]

In Paris arbeitete Deng zuerst bei Renault und dann als Lokomotivheizer. Er hatte wenig Geld und nicht viel zu essen. »Ich war immer sehr froh, wenn ich es mir leisten konnte, ein Croissant und ein Glas Milch zu kaufen,« sagte Deng General Yang Shangkun. Deng glaubte, daß seine geringe Körpergröße (er ist nicht viel größer als 1,50) auf seine schlechte Ernährung zurückzuführen sein könnte. Seine Pariser Tage begründeten eine lebenslange Liebe zu französischem Essen und besonders zu Croissants. Als er 1974 nach New York geschickt wurde, um China bei der Wirtschaftskonferenz der Vereinten Nationen zu vertreten, bekam er etwas Taschengeld – dreißig *yuan*, ungefähr sechzehn Dollar. Er entschloß sich, sie für Croissants auszugeben. Huang Hua, der ständige Delegierte bei den UN, schlug vor, daß Deng warten solle, bis er auf dem Weg nach Hause über Paris flog – die Croissants würden in China frischer eintreffen. Deng nahm den Rat an; er kaufte hundert und gab Zhou Enlai und anderen, die sich ebenfalls seit ihrer Zeit in Frankreich nach Croissants sehnten, davon ab. Prinz Sihanouk, der nach seiner Niederlage in Kambodscha viel Zeit in Peking verbrachte, bereitete manchmal französisches Essen und schickte es Deng mit seinen Komplimenten. Deng lernte in Frankreich kochen, bereitete Mahlzeiten für sich und andere chinesische Studenten, die in einem alten Haus zusammenlebten.[2]

Wie Deng 1936 Edgar Snow sagte, verbrachte er den größten Teil seiner Zeit im Ausland mit Arbeit und nicht mit Studieren. Er lernte Marxismus von seinen französischen Arbeiterkollegen und schloß sich der Kommunistischen Partei Frankreichs an, ehe er in den europäischen Zweig der chinesischen Partei eintrat, den Zhou Enlai und andere Chinesen gegründet hatten.[3] Darin folgte er dem Vorbild eines anderen asiatischen Revolutionärs, der etwas älter war und ebenfalls in Frankreich arbeitete, Ho Chi Minh. Die beiden trafen sich in Paris, und ihre Wege sollten sich im Laufe der Jahre nicht selten kreuzen. Deng lernte Zhou Enlai in jenen Tagen gut kennen. Er war in der Jungen Sozialistischen Liga aktiv, die Zhou ins Leben gerufen hatte. Er verteilte Flugblätter und machte Matrizen für die Vervielfältigungsmaschine.

1926 kam Deng über die Mongolei und Ningxia nach China zurück; vorher war er noch einige Monate in Moskau gewesen und hatte dort an der Sun-Yatsen-Universität studiert. Ein weiterer Student war Chiang Kaisheks Sohn, Jiang Jingguo. In späteren Jahren erinnerte sich Deng, daß Jiang Jingguo in der Universität »recht gut vorankam«; sie wurde damals sowohl von KMT-Chinesen als auch von kommunistischen Chinesen besucht. In China arbeitete Deng eine Weile für Feng Yuxiang, den »christlichen General«, der zu jener Zeit den Kommunisten nahestand. Deng errichtete für ihn eine militärische Ausbildungsstätte in der Nähe von Xi'an. Nach Chiang Kaisheks Terrorherrschaft in Shanghai wurde Deng nach Wuhan und dann in den Untergrund von Shanghai geschickt, wo er eine Zeitlang als Generalsekretär des Zentralkomitees diente, ein administrativer Posten.

Sein erster großer Parteiauftrag kam 1929, als er nach Südguangxi gesandt wurde, um eine Guerillaoperation zu organisieren, die sich um die sogenannte Siebte und Achte Armee drehte. Er wurde Politkommissar.[4]

Deng hatte einen jüngeren Bruder, Deng Ken, der in späteren Jahren Bürgermeister von Wuhan wurde. 1984 war er bereits pensioniert. Eine jüngere Schwester Dengs arbeitete noch 1984 in einem wissenschaftlichen Institut in Peking. Dengs Mutter starb, als die Kinder noch klein waren; sie wurden von einer Stiefmutter aufgezogen.

Die Siebte und die Achte waren keine richtigen Armeen – sie umfaßten bestenfalls ein paar tausend Männer. Deng hatte große Schwierigkeiten, seinen Befehl auszuführen, weil die Achte Armee ihre Basis in Longzhou an der Grenze von Guangxi und Indochina hatte. Um sie zu erreichen, mußte Deng per Schiff von Hongkong nach Saigon reisen, seinen Weg durch Indochina nehmen und dann über die Grenze nach Longzhou gehen. Dabei half ihm der indochinesische Untergrund, der einen Aufstand im indochinesischen Grenzgebiet jenseits von Longzhou durchführte. Ob Ho Chi Minh persönlich an dieser Operation beteiligt war, ist nicht klar.[5] Die Kommunistische Partei Indochinas als solche wurde erst im Mai

1929 gegründet, und Ho arbeitete im Untergrund von Shanghai, Hongkong und Canton eng mit den Chinesen zusammen.

Dengs Laufbahn bei der Siebten Armee wurde schnell durch Kämpfe an der Spitze der Kommunistischen Partei Chinas beeinflußt. Er wurde als Sekretär des Frontkomitees abgesetzt und durch einen Mann namens Deng Gang ersetzt – der manchmal mit ihm verwechselt wird. Deng Xiaopings wirklicher Name lautete Deng Bin. (In Frankreich war er als Deng Xixian bekannt.)[6] Zu der Zeit, als die Siebte Armee angewiesen wurde, aus Guangxi fort und nach Hunan zu ziehen, hatte Deng Xiaoping seinen Posten wieder, doch die Siebte Armee war wenig mehr als ein Schatten. Sie rühmte sich dreier »Divisionen« – der 19., der 20. und der 21. Das Skelett der 21. wurde unter dem Kommando von Wei Baqun zurückgelassen. Deng übernahm die 19. und Chen Haoren die 20., die nun realistischerweise als 55. und 58. Regiment bezeichnet wurden. Bald wurde Deng nach Shanghai geschickt, um der Untergrund-Parteiführung von den Vorgängen in Guangxi zu berichten. Er traf dort im Februar 1931 ein.[7]

Mindestens zweimal stieg Deng mit der Siebten Armee auf und ab. Jahre später, als Deng nach Maos Tod schließlich Chinas Führer geworden war, wurde ein kluger Chinese gefragt, was das Volk von Freimut und Hartnäckigkeit Dengs halte, die ihn in einen Parteistreit nach dem anderen stürzten. »Deshalb vertrauen wir ihm«, sagte der Chinese.

Als Deng im August 1931 in das Zentrale Sowjetgebiet zurückkam und den Posten des Parteisekretärs des Bezirks Ruijin übernahm, geriet er in ein Durcheinander. Der Bezirk steckte mitten in einer »anti-reaktionären« Kampagne, einer jener periodischen Säuberungen, die revolutionäre Geheimbewegungen immer wieder erschüttern. Sie hatte ihre Wurzeln in einer nahezu unbegreiflichen Folge von Ereignissen.

Im Jahre 1926 gründeten ein paar radikale chinesische Nationalisten in Nanchang eine Pro-KMT-Organisation, die AB-Gruppe genannt wurde. Das war in den Tagen der kommunistisch-nationalistischen Zusammenarbeit. Die ABs waren eine unbedeutende Gruppe, die sich bald wieder auflöste. Viele junge chinesische Patrioten schlossen sich ihr indessen zunächst einmal an.

Als 1930 junge Chinesen aus der Sowjetunion heimzukehren begannen, um sich der kommunistischen Bewegung anzuschließen, wurden sie von den Sicherheitsagenten der Partei gebeten, die Organisationen anzugeben, denen sie angehört hatten. Nicht wenige sagten, sie hätten den ABs angehört.

Eine Reihe paranoider Schlußfolgerungen veranlaßte die Sicherheitsagenten zu der Annahme, die ABs seien Agenten, die die KMT in die Reihen der Kommunisten einzuschleusen versuchten, und die Initialen stünden für »Anti-Bolschewik«. Ehe dieser gefährliche Unsinn seinen Lauf genommen hatte, waren etwa 3000 bis 4000 verdächtige ABs beim sogenannten Futian-Zwischenfall verhaftet und viele erschossen worden.[8]

Die Angst wuchs durch von der KMT ausgestreute Gerüchte über ihre angebliche Untergrundorganisation. Die Sicherheitsagenten der Partei erzwangen Hunderte von »Geständnissen« der Mitgliedschaft in der Phantomorganisation AB. Es gibt keine verläßlichen Schätzungen, wie viele Menschen in den Gefängnissen von Ruijin ihre Hinrichtung erwarteten, als Deng Xiaoping seinen Posten übernahm, doch ihre Zahl ging vermutlich in die Hunderte.

Deng machte der Hexenjagd ein Ende. Er ordnete detaillierte Untersuchungen über alle Verhafteten an. Die meisten wurden an ihre Arbeit zurückgeschickt. Wenn sie irgendwelcher Mißbräuche oder Fehler schuldig befunden wurden, warf man sie hinaus. Zhou Enlai unterstützte einen oder zwei Monate später, als er im Sowjetgebiet eintraf, dieses Vorgehen. Xie Weijun und andere Parteifunktionäre von Ruijin halfen Deng, dem Wahnsinn ein Ende zu machen. Damit war die Sache erledigt. Das Töten hörte auf.[9]

Die Verhafteten waren als »in den Reihen der Partei verborgene Feinde« betrachtet worden. Die Episode hatte in kleinem Maßstab eine gefährliche Ähnlichkeit mit dem, was während der Kulturrevolution und der Ära der Viererbande passieren sollte, deren denkwürdiges Opfer Deng dreißig Jahre später sein würde. Wie 1931 in Ruijin sollte Deng 1977–78 in Peking schließlich der Hysterie ein Ende machen und die Unschuldigen befreien.

Deng Xiaoping behielt den Sekretärsposten des Bezirks Ruijin nicht sehr lange. Am 7. November 1931 wurde die Einsetzung der chinesischen »Interims«-Sowjetregierung verkündet, und Ruijin wurde »Rote Hauptstadt«. Ein paar Monate später – Deng erinnert sich nicht an das genaue Datum – wurde er von Ruijin auf den geringeren Posten des Sekretärs des Bezirks Huichang versetzt, und bald danach erhielt er auch die Bezirke von Xunwu und Anyuan. Das klang eindrucksvoller, als es war. Die Bezirke waren erst vor ganz kurzer Zeit und auch nur teilweise befreit worden. Die Rote Armee hatte die drei Bezirkshauptstädte nie einnehmen können.

Im Winter 1932–33 geriet Deng wieder in Bedrängnis. Er war bekannt als offener Anhänger Maos, und nun begannen Bo Gu und seine Anti-Mao-Clique das Zentrale Sowjetgebiet zu übernehmen und Mao seine verbleibende Macht abzujagen.

Wie Deng Xiaoping sich 1984 erinnerte, hatte er den Posten für die drei Bezirke etwa ein halbes Jahr lang inne. Obwohl Deng seine Kollegen über die Notwendigkeit korrekter Geschichtsschreibung und -forschung belehrte, hat er selbst sich geweigert, seine Memoiren zu schreiben, und alle Vorschläge einer offiziellen Biographie abgelehnt, vielleicht aufgrund seines Abscheus vor einem Personenkult, wie er sich um Mao entwickelte.[10]

Die Kampagne gegen Mao wurde eingeleitet durch einen unsignierten Artikel im internen Parteibulletin, vermutlich von Bo Gu oder Luo Fu verfaßt. Mao wurde darin nicht beim Namen genannt. Statt dessen wurde in der gewundenen Form chinesischer Politik Luo Ming kritisiert, der Parteisekretär der Provinz Fujian und treue Anhänger Maos. Deng Xiaoping wurde in dem Bulletin nicht erwähnt, aber es war wohlbekannt, daß er Luo Mings Ansichten teilte und Mao unterstützte.

Fast sofort wurde Luo Ming aus dem Amt entfernt. Deng wurde auf den Posten des Leiters der Propagandaabteilung des Parteikomitees von Jiangxi versetzt.

Am 15. April wurde die Kampagne gegen Deng publik, als Luo Fu einen Artikel in *Rotchina* veröffentlichte. Luo nannte Namen, an erster Stelle Deng Xiaoping, der als Anhänger der »Luo-Ming-Linie« bezeichnet wurde. Der nächste Name war der von Mao Zedongs Bruder Zetan, gefolgt von Xie Weijun, der Deng gegen die »AB«-Hysterie unterstützt hatte, und Gu Bo, ein alter Anhänger von Mao. Alle vier wurden von ihren Posten entfernt.[11] Zwei von ihnen sollten zurückbleiben und umkommen, als die Rote Armee den Langen Marsch begann.

Deng wurde nun in die Allgemeine Politische Abteilung der Roten Armee geschickt, um »bekämpft zu werden«. Die Berichte darüber, was während dieser »Bekämpfung« geschah, sind widersprüchlich. Man ging nicht mit Samthandschuhen miteinander um. Körperliche Gewalt war keine Seltenheit. Der Betreffende wurde inhaftiert, und es scheint klar, daß Deng da keine Ausnahme war. Ein Artikel von Lo Man (Li Weihan) in der Zeitung des Zentralbüros der Partei, *Kampf*, vom 6. Mai verlangte »einen gnadenlosen Angriff und einen brutalen Kampf« gegen Deng und die anderen Anhänger der »Luo-Ming-Linie«. Lo Man war Sekretär des Partei-Organisationsbüros. Er führte die Polemiken gegen Deng und verlangte energisch seine Bestrafung. Um diese Zeit ließ sich Dengs Frau A Jin (Jin Weiying) von Deng scheiden und heiratete Lo Man. Ob das Lo Mans Härte gegen Deng beeinflußte, läßt sich nicht feststellen. A Jin war Cantonesin, und man erinnert sich an sie als an eine begabte Frau. Sie war wie Deng in Ruijin Parteisekretärin gewesen und als eine Art Individualistin bekannt. A Jin und Lo Man vollendeten den Langen Marsch gemeinsam, wurden aber in Yan'an geschieden.[12]

Deng wurde beschuldigt, eine »reiche-Bauern-Linie« zu verfolgen, weil er der Meinung war, man solle die mittleren Bauern in Ruhe lassen, die reichen Bauern enteignen und ihr Land den armen Bauern geben. Er war auch dafür, in den Bezirken regionale Streitkräfte zu unterhalten, statt sie alle unter zentraler Leitung zu vereinigen, wie es die Bolschewiki wollten. Und Deng unterstützte Maos Strategie, den Feind in kommunistisches Territorium eindringen zu lassen, ihm dann Fallen zu stellen und zu vernichten.[13]

Deng schrieb zwei oder drei Selbstkritiken. Er gestand, er habe die »offensive Linie« unterschätzt, doch das stellte seine Ankläger nicht zufrieden. »Ich kann nicht mehr sagen«, beharrte Deng. »Was ich schreibe, ist wahr.« Deng beugte sich nicht. Weiter wollte er nicht gehen.[14]

Eines Tages, als Deng von seinen Wächtern in seine Arrestzelle zurückgebracht wurde, traf er Tang Yizhen. Sie war die Frau von Lu Dingyi, dem stellvertretenden Ministerpräsidenten des Sowjetgebietes und Propagandachef, dem später während der Kulturrevolution von den Roten Garden so übel mitgespielt werden sollte.

»Ich bin so hungrig«, sagte Deng zu ihr. »Ich bekomme nicht genug, um meinen Magen zu füllen.«

Sie hatte Mitleid mit ihm und kaufte für einen Silberdollar zwei Hühner. Nachdem sie sie gekocht hatte, schickte sie eine Botschaft an die Wächter, Deng zum Essen in ihr Haus zu bringen. Deng kam, aß ein Huhn und nahm das andere mit, um es später zu essen.

Tang Yizhen wurde gezwungen, im Sowjetgebiet zurückzubleiben. Ihr Mann machte den Langen Marsch mit und überlebte.[15]

Dengs Verhalten im »Kampf« entsprach seinem Verhalten im späteren Leben. Er war bereit, Fehler zuzugeben, doch er wollte keine Fehlurteile gestehen, wenn er sich im Recht glaubte. Er unterstützte Maos Strategie und blieb in diesem Punkt unbeirrbar bei seiner Meinung.

Über das, was als nächstes geschah, gibt es ein halbes Dutzend Berichte. Einige Versionen sagen, Deng sei aufs Land geschickt worden, um Zwangsarbeit zu verrichten.[16] General Yang Shangkun sagte: »Er wurde hinuntergeschickt zu den Graswurzeln«, doch was er dort tat, wußte Yang nicht.[17] Der genaueste Bericht teilt mit, er sei nach Nancun im Bezirk Le'an geschickt worden, weit von Ruijin entfernt, und zwar als »Inspektor«. Was er inspizierte, scheint niemand zu wissen. Alle stimmten darin überein, daß es sich um einen niedrigen Posten handelte. Deng blieb dort nur kurze Zeit, möglicherweise nicht länger als zehn Tage. Es war ein Gebiet, in dem Guerillakrieg herrschte. Kommunisten und KMT-Truppen durchstreiften ein Niemandsland, und alles »ging durcheinander«, wie Yan Jingtang, der Militärforscher, es ausdrückte. In Ruijin meinte man, es könne »etwas passieren«, das heißt, Deng könne vielleicht zur KMT überlaufen. Also wurde er zurückgeholt.[18]

Deng kam nun als Sekretär der Allgemeinen Politischen Abteilung, deren Direktor Wang Jiaxiang war, zur Roten Armee. Er behielt diesen Posten zwei oder drei Monate lang, wurde dann, angeblich auf eigenen Wunsch, von seinen Pflichten entbunden und gewöhnlicher politischer Arbeiter. Ein anderer Bericht will wissen, daß Deng, als der Lange Marsch begann, einen Posten als Herausgeber des *Roten Stern* hatte, der Armeezeitung. Li Yimang wies jedoch darauf hin, daß es während des Langen Marsches nicht möglich war, den *Roten Stern* zu veröffentlichen; Deng hatte also nicht viel zu tun, als Seite an Seite mit Li Yimang in der Allgemeinen Politischen Abteilung zu marschieren. Li Yimang korrigierte das später insofern, als er sagte, daß sie geritten seien, da jeder ein Pferd bekommen hatte.[19]

Wie auch immer, all das veränderte sich in Zunyi oder sogar schon vorher. Deng Xiaoping war bei den Sitzungen in Zunyi als Herausgeber des *Roten Stern* zugegen, und es ist möglich, daß er kurz vor Zunyi, zur Zeit des Treffens von Liping, zum Generalsekretär des Zentralkomitees oder, wie Liu Ying es nannte, der »Zentralmannschaft«, ernannt wurde.

Dieser Posten hört sich eindrucksvoller an, als er war. Die Funktion des Sekretärs, soweit sie sich nach den heutigen Erinnerungen rekonstruieren läßt, bestand in Buchführung, Ordnen von Dokumenten, Schicken und Empfangen von Botschaften und Aufsetzen von Befehlen. Botschaften oder Dokumente mit Dengs Unterschrift als Generalsekretär sind nicht entdeckt worden.

Dengs Anwesenheit in Zunyi und seine Rolle dort sind erst in jüngster Zeit historisch erforscht worden. Deng selbst erinnerte sich, dort gewesen zu sein, und General Yang Shangkun führte eine persönliche Befragung durch. Er war dort gewesen, konnte sich aber nicht an Dengs Anwesenheit erinnern. Anfang der siebziger Jahre befragte er den verstorbenen Premier Zhou Enlai darüber. Zhou sagte, Deng sei tatsächlich dort gewesen. Später erinnerte sich Yang, Deng in einer Ecke sitzend gesehen zu haben, wie er eifrig Notizen machte – entweder für den *Roten Stern* oder in seiner Eigenschaft als Sekretär; es ist nicht klar, was. Jedenfalls sind die Notizen, wie fast alles schriftliche Material über Zunyi, verlorengegangen.

Unmittelbar bevor die Rote Armee im April 1935 die Schneeberge erreichte, ordnete Mao an, alle Männer im Hilfsapparat müßten militärische Posten an der Front übernehmen. Deng Xiaoping ging zur Ersten Armeegruppe, um die politische Propaganda zu leiten, und die kleine Liu Ying übernahm seinen Posten als Generalsekretär, bis die Armee im Grasland eintraf. Als die Rote Armee Nordshaanxi erreichte, war Deng an einer Art typhoidem Fieber schwer erkrankt und längere Zeit nicht in der Lage, seine Arbeit wiederaufzunehmen.[20]

Niemand warf Deng Xiaoping mehr auf und nieder als Mao Zedong. Einmal grollte Mao, weil Deng absichtlich hinten im Raum saß, als Mao sprach, da Deng schwerhörig war und nicht würde hören können, was Mao sagte. Doch als 1975 Zhou Enlai sterbenskrank war und Mao Deng aus dem Fegefeuer der Kulturrevolution zurückholte, sprach er mit warmen Worten von ihm als einem »seltenen und begabten Mann«, als einer »in Watte verpackten Nadel«, womit er meinte, Deng sei scharf, aber auch zart. »Sein Geist«, sagte Mao, »ist rund, und seine Handlungen sind gerade.«

Als die Rote Armee aus Zunyi auszog, marschierte Deng nicht mehr unter den Mannschaften. Er hatte sein Pferd und hatte von Mao neue Aufgaben zugewiesen bekommen. Doch während Dengs Stern stieg, sank der eines anderen. Als die Rote Armee ihren neuen Kurs nach Nordwesten verfolgte, fehlte im Oberkommando die berittene, hochgewachsene Gestalt von Otto Braun. Schon vor den Sitzungen von Zunyi hatte Otto Braun gebeten und die Erlaubnis erhalten, sich Lin Biaos Erster Armeegruppe anzuschließen, damit er, wie er sagte, »die von Mao so sehr hervorgehobenen Besonderheiten des chinesischen Bürgerkrieges in der unmittelbaren Frontpraxis besser kennenlernen könne«. Er belud sein Pferd mit besonderen Vorräten vom Quartiermeister, was ihm erneut einige häßliche Bemerkungen der Chinesen einbrachte, und eilte davon, um sich Lin Biao anzuschließen. Er brauchte drei oder vier Tage, und als er Lin Biao schließlich traf, wurde er, wie er behauptet, mürrisch empfangen. Dennoch machte er sich daran, Maos Art der Kriegführung zu studieren, und verzichtete auf eine seiner liebsten Freizeitbeschäftigungen – Poker, womit er zusammen mit Bo Gu und seinen beiden Dolmetschern manchen Abend zugebracht hatte. Als die Rote Armee erneut kurz durch Zunyi zog, nachdem sie es zum zweiten Mal eingenommen hatte, kam Dolmetscher Wu Xiuquan vorbei, um Braun zu besuchen. Wu war selbst als stellvertretender Stabschef der Dritten Frontarmee an die Front geschickt worden. Braun saß an einem Tisch, knackte mit methodischer Ruhe Walnüsse und aß sie. Wu setzte sich und begann ebenfalls, Walnüsse zu knacken. Braun blickte auf und sagte: »Die Beziehung zwischen uns ist eine militärische Beziehung, und diese Beziehung hat mit dem Knacken von Walnüssen nichts zu tun.«[21]

Für den Rest des Langen Marsches sollte Brauns Rolle die eines Zuschauers sein.

Kapitel 14

Mao am Rande der Katastrophe

Zum ersten Mal seit Beginn des Langen Marsches bewegte die Rote Armee sich auf einer richtigen Landstraße voran, und zum ersten Mal ritt Mao Zedong auf einem großen, weißen Pferd* an ihrer Spitze. Maos alter Kamerad Zhu De ritt zu seiner Rechten, und sein neuer Kamerad, Luo Fu, zu seiner Linken. Der Einzug der kampfesmüden Truppen in Tongzi unter dem Jubel von 2000 erregten Menschen war ein schönes Schauspiel. Tongzi war ein paar Wochen zuvor von Lin Biao eingenommen worden.[1]

Die Rote Armee betrat ein mystisches Reich, ein Land der Legende, der Poesie und Tradition. Dies war die Gegend der großen unterirdischen Höhlen, der Feenhöhle und des Himmelstors, ausgedehnte Kalksteinhöhlen, die sich endlos in Gänge verzweigten, die noch niemand ganz erforscht hatte. Einige sagten, Himmelstor sei die größte Höhle Chinas oder vielleicht der Welt. Zehntausend Menschen konnten in der Haupthöhle Zuflucht finden.

Tongzi war eine kleine Stadt, aber sie war berühmt für ihre Generäle. Mehr Generäle waren im Bezirk von Tongzi geboren worden als in jedem anderen in ganz China. Hier war der Lebensraum kleinerer Kriegsherren, von denen sich jeder das Standardhaus der Kriegsherren mit dem unvermeidlichen umlaufenden Balkon im ersten Stock errichtete. Draußen war vor den meisten ein Auto geparkt.[2] Jeder besaß einen Goldvorrat und Konkubinen. Tongzi und das benachbarte Maotai, 80 km südwestlich, waren bekannte Zentren des Wohlstands (Opium und Alkohol). Das erste, was die Rote Armee tat, als sie Tongzi erreichte, war die Entsendung von Abteilungen in die Kalksteinhöhlen, um die Vorräte an Gold, Silber und Wertsachen zu holen, die fliehende Generäle und Landbesitzer dort hastig versteckt hatten. Wochenlang schwamm

* Heute ausgestopft und präpariert im Museum von Yan'an zu besichtigen.

die Rote Armee in Silberdollar, die sie enteignete (doch an Reis und Nahrungsmitteln fehlte es; außer Gold und Opium brachte die Gegend nicht viel hervor).

Das Wunderland von Feenhöhle und Himmelstor sollte im Zweiten Weltkrieg berühmt werden, als die KMT Waffenfabriken und unterirdische Kraftwerke in diesen entlegenen Verstecken einrichtete, um den japanischen Bombardierungen zu entgehen. Hierher sollte auch der »Junge Marschall« Zhang Xueliang, Entführer Chiang Kaisheks in Xi'an im Jahre 1936, als Gefangener gebracht werden; man führte ihn unterirdisch durch endlose Gänge, bis er jedes Gefühl für die Richtung verloren hatte, und dann wieder ans Tageslicht, wo man ihn in einem Miniaturpalast neben dem hübschen See namens Kleiner Westsee (in Anspielung auf den berühmten Westsee in Hangzhou) unterbrachte. Dort lebte er allein, bedient von nur einer Frau, Sekretärin und Spionin, die Zhao hieß. Die beiden verliebten sich ineinander und verbrachten ihr Leben zusammen. Als Chiang das Festland verließ, um nach Taiwan zu gehen, nahm er die beiden mit. Sie heirateten 1964.[3]

1949 kam die Rote Armee noch einmal in diese romantische Ecke. Wieder brachten die Kriegsherren ihre Schätze in den Höhlen unter. Wieder holte die Rote Armee sie hervor. So viele Kommandeure und Truppen der KMT flohen in die Berge, daß es Jahre dauerte, bis alle ausgelöscht waren.[4]

Einer der Generäle des Langen Marsches, Luo Binghui, sagte Helen Snow, der ganze Feldzug in Guizhou sei etwa so gewesen, »als spiele ein Affe in einem Hohlweg mit einer Kuh«.

Ich glaube nicht, daß Mao das so beschrieben hätte. Sein Ziel war klar – einen Weg nach Norden über den Yangtze-Fluß zu finden, damit er sich mit der Vierten Frontarmee vereinigen konnte, die von Zhang Guotao befehligt wurde. Chiang Kaishek hatte eine ziemlich genaue Vorstellung davon, wohin Mao ziehen wollte, und hatte erstklassige Truppen geschickt, um ihm den Weg zu versperren.

Schon bevor er selbst Zunyi verließ, hatte Mao Lin Biao in der Hoffnung vorausgeschickt, er könne einen Weg über den Yangtze freimachen, möglicherweise zwischen Luzhou und Yibin, einem Flußabschnitt 150 bis 250 km südwestlich von Chongqing, wo Chiang saß und Operationen leitete, die darauf abzielten, die Rote

Armee in dem Kessel Guizhou–Yunnan–Sichuan zu fangen, genauso, wie er es früher in der »roten Ecke« von Jiangxi versucht hatte.

Mao hatte seine Streitkräfte geteilt. Lin Biao an der Spitze der gefürchteten Zweiten Division und des Vierten Stoßregiments versuchte eine Überquerung des Roten Flusses bei Chishui, ehe er den Yangtze in Angriff nahm. Mao führte die Erste Division der Ersten Armeegruppe und die anderen Eliteeinheiten von Tongzi aus westwärts; er stellte fest, daß die Straße in miserablem Zustand war, nicht zu vergleichen mit der Landstraße von Zunyi aus. Chen Yun schrieb unter dem Pseudonym Dr. Lian Chen, es sei die schlechteste Straße, die er auf dem Langen Marsch gesehen habe. Er beobachtete, wie Mao einen Hügel erkletterte, den Stock in der Hand. Es hatte geschneit, und Mao stand bis zu den Knien im Schlamm. Offenbar war er ausgerutscht und war von Kopf bis Fuß mit Schmutz bedeckt.[5]

Mao führte seine Kolonne westwärts in Richtung auf den Roten Fluß; er hoffte, nach Norden abdrehen und Lin Biaos Spuren folgen zu können, sobald Lin ein Durchbruch gelungen war. Peng Dehuais Dritte Frontarmee – all diese »Armeen« waren kaum mehr als Divisionen – marschierte unabhängig davon auf einem Westkurs etwas nördlich von Mao. Die Neunte Armee war mit Aufklärungsaufgaben beschäftigt, und die Fünfte hatte, wie gewöhnlich, die Nachhut zu bilden, fast auf den Fersen der Dritten. Ob es klug von Mao war, seine kleine Streitmacht in so viele Kolonnen aufzuteilen, war hinterher umstritten, aber sein Ziel war es, Chiang Kaishek über den Ort seines Übergangs über den Yangtze zu täuschen; er glaubte, diese Überquerung an einer Stelle durchführen zu können, die noch nicht von Chiangs Truppen gesichert war. Dabei hoffte er, die schlechten Beziehungen zwischen Chiang und den Kriegsherren von Sichuan würden sich zu seinen Gunsten auswirken.

Doch Krieg erweist sich oft als Summe von Fehlkalkulationen. Lin Biao, gewöhnlich klug und sicher im Umgehen des Feindes, geriet in Schwierigkeiten. Er war ohne Probleme nach Tucheng am Roten Fluß gelangt. Die Menschen begrüßten ihn mit roten Fahnen, und die Truppen von Guizhou flohen in Panik über den Fluß. Dann machte er sich auf nach Chishui, einer weiteren Stadt am Roten Fluß, etwas nördlicher gelegen, wo er erwartete, ähnlich empfangen zu werden. Die Arbeiter einer kleinen Munitionsfabrik der Regierung in Chishui hatten am 16. Januar eine Demonstration veranstaltet, und Lin meinte, das würde helfen. 4000 Männer unterstanden seinem Kommando. Sie waren aufgeregt über die Aussicht, Chishui zu sehen, weil es elektrisches Licht hatte. Die meisten der Männer hatten noch nie elektrisches Licht gesehen. Doch als Lin in Huangpidong, einem Dorf nicht weit von Chishui, ankam, stellte er fest, daß der Feind ein starkes Blockhaus auf der einen Seite der Straße und eine machtvolle Stellung oben auf einem kleinen Berg auf der anderen Seite besaß. Die feindlichen Streitkräfte deckten Lin und seine Männer mit schwerem Maschinengewehrfeuer ein. Lins Drittes Regiment tat sein Bestes, konnte aber das Sperrfeuer nicht durchdringen. Lin schickte die Truppe um einen kleinen Berg herum, um nach einer Möglichkeit der Annäherung von hinten Ausschau zu halten. Es gab keine. Die Truppen kämpften den ganzen Tag und erreichten nichts. Sie konnten die Hauptstraße in etwa einer Meile Entfernung sehen, wo Staubwolken ankündigten, daß die KMT Verstärkung nach Chishui schickte. Lin kämpfte bis zur Dunkelheit; dann zog er seine Männer über die Hauptstraße hinweg zurück, legte noch einige Entfernung zwischen sie und den Feind und schickte über Nacht widerstrebend eine Botschaft an Mao, um ihn von seiner Erfolglosigkeit zu unterrichten.[6]

Ein paar Tage lang war eine feindliche Streitmacht Maos Hauptkolonne auf den Fersen geblieben. Man beachtete sie nicht sonderlich. Schon vorher hatten Guizhou-Regimenter die Kolonne verfolgt, und man ging davon aus, daß es auch diesmal »Zwei-Röhren-Männer« aus Guizhou waren. Am 27. Januar lagerte Mao am Rande von Tucheng am Roten Fluß. Peng Dehuais Dritte Armee war nicht weit entfernt, ebenso die Fünfte. An diesem Abend wurde beschlossen, daß am nächsten Morgen Pengs Dritte Armee die verfolgende feindliche Truppe, deren Stärke man auf zwei Regimenter schätzte, vielleicht 2000 oder 3000 Mann, angreifen und vernichten sollte. Für derartige Operationen waren Zhu und Mao berühmt. Sie würden so die Verfolger los und könnten der Roten Armee die Freiheit verschaffen, rasch in Lin Biaos Fußstapfen weiterzumarschieren, sobald dieser – womit sie zu der Zeit noch rechneten – meldete, daß er einen Weg zum Yangtze gefunden hatte. Sie wären dann frei von Verfolgern und sollten auf die Nordseite des Yangtze gelangen, ehe Chiang merkte, was los war. Es war ein gewagter Plan, aber durchaus einleuchtend.[7]

Im Morgengrauen des 28. Januar griff die Dritte Armee an. Mao errichtete einen Kommandostand in einem Dorf namens Qinggangpo, ein paar Meilen östlich von Tucheng. Sein Quartier wurde auf einem runden Hügelkamm jenseits des Dorfes errichtet und ermöglichte einen guten Rundblick – fast 360 Grad. Alles schien auf einen raschen Sieg hinzudeuten. Gewöhnlich war eine Schlacht dieser Art in ein paar Stunden vorüber. Die Fünfte Armee war so postiert, daß sie der Sache schnell ein Ende machen konnte.

Irgendwann ziemlich früh am Vormittag erhielt Mao die schlechte Nachricht, daß Lin Biao der Durchbruch nach Chishui nicht gelungen war. Lin hatte über Nacht an einem Punkt etwa 30 km nördlich von der Stelle haltgemacht, an der Maos Schlacht sich entwickelte. Lin war etwa einen halben Tagesmarsch von Mao entfernt. Seine schnellen Männer bewegten sich normalerweise mit einer Geschwindigkeit, die man heute als Laufschritt bezeichnen würde.

Nicht lange nach Empfang der Botschaft Lin Biaos begann Mao zu merken, daß mit seinem Überraschungsangriff gegen die Zwei-Röhren-Männer etwas schiefging. Um die Mitte des Vormittags wurde offenkundig, daß der Feind nicht in Panik vom Schlachtfeld floh. Die Rote Armee kämpfte gut, aber der Feind kämpfte ebenfalls gut. Beide Seiten hatten Verluste, aber der Feind gab nicht nach. Tatsächlich wurde er stärker und stärker. Gegen Mittag wußten Mao und seine Kommandeure, daß sie in einen gefährlichen Kampf verwickelt waren. Der Feind war keine müde Guizhou-Truppe, sondern eine erstklassige Sichuan-Armee, auf dem Schlachtfeld befehligt von Guo Xungqi mit dem Spitznamen »Panda«. Es handelte sich auch nicht, wie sie gedacht hatten, um nur zwei Regimenter. Es waren zwei Brigaden – also vier Regimenter. Und das war noch nicht alles. Als die Schlacht heftiger wurde, erschienen weitere Sichuan-Regimenter, bis es insgesamt acht waren, mindestens 10 000 Mann, gut ausgebildet, diszipliniert und gut geführt. Mao war in eine der kritischsten Schlachten hineingestolpert, die die Rote Armee während des ganzen Langen Marsches ausfechten sollte. Die Berichte seiner Aufklärung hätten nicht falscher sein können.

Zahlenmäßig waren die Sichuan-Truppen etwa gleich stark wie die Kräfte, die Mao aufgeboten hatte – keine Rede von dem Vier-zueins-Vorteil, mit dem er gerechnet hatte. Mann kämpfte gegen Mann. Zwar sollen in nicht allzu großer Entfernung noch weitere 10 000 bis 15 000 Soldaten der Roten Armee gewesen sein, doch irgendwie griffen sie nicht in den Kampf ein. Lin Biao mit wahrscheinlich 4000 Soldaten der Roten Armee war 30 km entfernt. Alle Signale verhießen Gefahr, und der Tag war kaum zur Hälfte vergangen.

Zweimal begaben sich hohe Kommandeure hinunter auf das Schlachtfeld. Sowohl bei Zhu De als auch bei Liu Bocheng waren das Verlassen des Hauptquartiers und die persönliche Inspektion der Operationen Zeichen äußerster Dringlichkeit. Als sichtbar wurde, daß der Sichuan-Kommandeur acht Regimenter auf das Schlachtfeld gebracht hatte, war der Ausgang völlig ungewiß.

Die Situation war so kritisch, daß Mao, Zhou Enlai und Zhu De persönlich das Kommando übernahmen.[8]

Die Rote Armee hatte noch zwei Berg-Artilleriegeschütze. Ziemlich spät im Verlauf des Kampfes brachte Zhu De eines der beiden verbliebenen Geschütze in Stellung. Man hatte nur noch zwei oder drei Geschosse. Diese wurden auf eine Ausbildungsbrigade der Sichuan-Armee abgefeuert, die sich besonders hervortat. Nachdem die Geschosse abgefeuert waren, ließ Zhu De das Geschütz in den Roten Fluß werfen. Es gab keine Verwendung mehr dafür.[9]

Um zwei Uhr nachmittags kam ein weiteres Signal höchster Spannung. Lin Biao – 30 km entfernt – wurde schnellstens nach Qinggangpo befohlen, um die schwer bedrängte Dritte Armee von Peng Dehuai zu verstärken. Da Lin Biao erst nach Einbruch der Dunkelheit eintreffen konnte, verriet dies die Besorgnis, die Rote Armee könne vor Morgengrauen in noch größere Bedrängnis geraten.

Eine Stunde später, um drei Uhr, während die Schlacht noch tobte und die Verluste größer und größer wurden – an einem Punkt war Kang Keqing, die Frau von Zhu De, um ihr Leben geflohen und einem Überraschungsangriff in einem Kugelhagel entkommen[10] – wurde eine Notsitzung der Militärkommission einberufen, die einzig bekannte Notsitzung der Roten Armee mitten in einer Schlacht. Aber dies war keine gewöhnliche Schlacht. Es war nun klar, daß möglicherweise das Schicksal der Roten Armee auf dem Spiel stand. Wenn noch weitere feindliche Brigaden erschienen, würde die Rote Armee in der Lage sein, sie aufzuhalten? Niemand wußte es. In der Mitte des Nachmittags wurde die Reserve der Reserven, das Elite-Kaderregiment der Militärkadetten, die Schutztruppe des Oberkommandos, in die Schlacht geworfen (und hielt sich gut). In der Notsitzung wurden außerordentliche Schritte beschlossen. Man befahl, die Schlacht in der Dämmerung abzubrechen. Unverzüglich mußten Brücken über den Roten Fluß geschlagen werden. Der Feldzug nach Norden über den Yangtze wurde abgesagt. Wann sich die Hauptmacht mit der Vierten Frontarmee vereinigte, würde die Zukunft erweisen. Sichuan wurde aufgeschoben. Die Rote Armee würde in Yunnan Zuflucht suchen. Neue Befehle wurden hastig an Lin Biao abgesandt. Er mußte sich der Evakuierung anschließen, ehe der Feind die Überschreitung des Roten Flusses verhinderte. Alle Anstrengungen sollten dem Entkommen gelten, der Bewahrung der Roten Armee als Kampftruppe. Mao hatte seit zehn Tagen das Kommando, und nun hing das Schicksal der Roten Armee an einem seidenen Faden.

Da half Mao ein Glücksfall. Als Lin Biao ein paar Tage zuvor in Tucheng angekommen war, hatte er eine schwimmende Brücke über den Roten Fluß erobert. Die Brücke war noch da. Um sechs Uhr abends erhielten die Pioniere den Befehl, diese Brücke in Ordnung zu bringen und zwei weitere zu errichten. Dreimal während der Nacht begab sich Zhou Enlai hinunter ans Ufer, um die Arbeit zu inspizieren und die Pioniere zu noch größerer Eile anzuspornen. Die Brücken mußten vor Sonnenaufgang an Ort und Stelle sein.

Das Wetter war günstig. Die bittere Kälte der Fünf Bergrücken von Guizhou hatte nachgelassen. Es schneite nicht mehr. Der Fluß war breit und flach und zu dieser Jahreszeit ruhig. Die Pioniere machten ihre Arbeit gut. Die Pontonbrücken waren so breit wie eine Landstraße. Lin Biao traf mit seinen Truppen rechtzeitig ein. Vor der Morgendämmerung des 29. Januar zog die Rote Armee rasch über den Roten Fluß. Wie viele Verluste sie gehabt hatte, ist nicht überliefert, doch sowohl kommunistische als auch KMT-Quellen stimmen darin überein, daß sie auf beiden Seiten schwer waren. Einige KMT-Berichte gehen von 2000 oder mehr toten oder verwundeten Kommunisten aus. Keine zeitgenössische kommunistische Quelle wollte eine Schätzung wagen. Man wollte nicht einmal die KMT-Zahlen nennen, da sie »zu hoch und irreführend« waren.

Als die Rote Armee nach Zhaxi (heute Weixin) in Yunnan gelangte, hieß es, die Gesamtzahl der Soldaten betrage etwa 30 000. Wenn diese Zahl stimmte, mußten die Verluste so schwer gewesen sein, daß der größte Teil des Zugewinns an etwa 4000 in Zunyi und Umgebung angeworbenen Rekruten wieder verloren war.

Als die Rote Armee nach Yunnan einzog, drehten die Sichuan-Truppen und die Streitkräfte von Guizhou ab. Die Rote Armee – und Mao – war für den Augenblick in Sicherheit. Es war sehr knapp gewesen. In seiner ersten Schlacht seit der Kommandoübernahme hatte Mao am Rand der Katastrophe gestanden. Qinggangpo war keine Schlacht, die in die Geschichtsbücher eingehen würde. Tatsächlich ist dies der erste jemals im Druck erscheinende Bericht darüber.[11]

Noch vor dem Tageslicht strömte die Rote Armee über die drei Pontonbrücken, und um zehn Uhr vormittags war die ganze Armee, einschließlich der Truppen Lin Biaos, auf der anderen Seite, die Brücken waren eingezogen und zerstört worden, und Mao war auf dem Weg nach Gulin im ausgestreckten Finger Sichuans und dann nach Zhaxi (Weixin), wo die Rote Armee sich sammeln, neue Rekruten anwerben und neue Pläne entwerfen würde.

An einem Punkt unmittelbar vor oder nach der Überquerung des Roten Flusses ereignete sich erneut eine Tragödie im Leben von Maos Frau He Zizhen. Um neun Uhr abends gebar sie, unterstützt von Dr. Nelson Fu, Maos Leibarzt, ihr viertes Kind, ein Mädchen. Die Rote Armee war auf der Flucht. Das Hauptquartier und Mao brachen um vier Uhr morgens auf. Es gab keine Möglichkeit, das Kind angemessen zu versorgen, und man konnte es auch nicht mitnehmen. Ein paar Stunden nach der Geburt wurde das Kind He Zizhen weggenommen und einem Bauernpaar überlassen. Dem Kind einen Namen zu geben war keine Zeit. Es wurde in ein Stück feinen schwarzen Stoff gewickelt und den Bauern ausgehändigt. Sie erhielten dazu 16 bis 24 Silberdollar. Die Bauern erboten sich, für das Mädchen zu sorgen. Vor Tagesanbruch waren Mao, seine Frau und die Rote Armee unterwegs; der Feind war ihnen dicht auf den Fersen. Von dem Kind wurde nie eine Spur gefunden.

So wurde die Geschichte von Wu Jiqing erzählt, Maos Leibwächter, der sich zu dieser Zeit um He Zizhen kümmerte. Zuerst sagte er, das Kind sei in einem Ort namens Baisha geboren worden, doch Baisha liegt rund 200 km vom Roten Fluß entfernt. Später sagte er, vielleicht sei es auch in Fengxiangba nördlich von Zunyi oder auch in Weixin drüben in Yunnan gewesen. Keiner dieser Orte entspricht genau einem Zeitpunkt, zu dem die Rote Armee sich auf der Flucht befand – obwohl sie natürlich immer unter starker Anspannung marschierte.[12]

He Zizhens Tragödie war die Tragödie aller Frauen auf dem Langen Marsch. Sie hatte wirklich keine andere Wahl, als das Kind zurückzulassen. Wie die kleine Liu Ying erklärte, verstand sie, obwohl sie selbst Luo Fu erst nach dem Ende des Langen Marsches heiratete, die elende Lage der Frauen sehr gut.

»He Zizhen war bereits schwanger, als der Lange Marsch begann«, erinnerte sich Liu Ying. »Sie gebar ihr Kind und mußte es zurücklassen. Es gab keine Alternative. Die Truppen brachen auf. Es war sehr traurig, doch unter diesen gefährlichen Umständen konnten wir keine Rücksicht auf persönliche Gefühle nehmen.«

Die Frauen auf dem Langen Marsch waren nicht in der Lage, Kinder aufzuziehen. Es klinge vielleicht brutal, sagte Liu Ying, doch sie mußten die Kinder einfach weggeben oder in Stich lassen. Dann fühlten sie sich besser. Es war wie das Aufgeben von Ausrüstungsgegenständen.

He Zizhen war nicht die einzige Frau auf dem Langen Marsch, die vor diesem schrecklichen Dilemma stand. Da war noch Zhang Qinqiu, später Ministerin für Textilindustrie, die während der Kulturrevolution zu Tode gehetzt wurde. Sie kommandierte ein Frauenregiment in der Vierten Frontarmee. Ihr Mann war Chen Changhao, Politkommissar der Vierten. Auch sie gebar ein Kind und ließ es zurück. Ebenso Liao Siguang, die Frau des Jugendführers He Kequan (Kai Feng), der in Zunyi auf Bo Gus Seite stand. Dieses Kind wurde bei einer Bauernfamilie zurückgelassen. Zuerst weigerten sich die Bauern, es zu nehmen, doch schließlich ließen sie sich überreden. Die schöne Frau von Xiao Ke, dem Kommandeur der Sechsten Armee, war im Winter 1936 schwanger, während die Sechste Armee auf dem Weg zum Zusammentreffen mit der Vierten Frontarmee war. Anfang Juli 1936 gebar sie im Grasland einen Jungen, und zwar unter freiem Himmel in einer Umzäunung von drei Metern im Quadrat, anderthalb Meter hoch, die die Truppen für sie gebaut hatten.

»Die Geburt ging ziemlich glatt«, erinnerte sich Xiao Ke, »und nach ein oder zwei Tagen setzte sie den Marsch zu Pferde fort.«

Sie kam heil mit dem Baby nach Yan'an. Es wurde das »Grasland-Baby« genannt und Ende 1936 zu seiner Großmutter in Hunan gebracht. Doch dort, in der Nähe von Changde, berichtete Xiao Ke, »wurde der Junge eines der etwa zehntausend Todesopfer des Angriffs, bei dem die Japaner Krankheitserreger freisetzten«.[13]

Die meisten der zurückgelassenen Kinder starben. Ein paar wurden gefunden; einige Mütter holten ihre Kinder zu sich; andere stellten fest, daß die Kinder nichts von ihren wirklichen Eltern wußten, und ließen sie in den Familien, in denen sie aufgewachsen waren.

»Die Frauen mußten sich entscheiden«, sagte Liu Ying. »Liebten sie die Revolution, oder liebten sie ihr Kind? Sie liebten die Revolution mehr, und das war ihre schwere Entscheidung.«[14]

Nach Überzeugung von Ding Ling, Chinas berühmter Schriftstellerin, einer Revolutionärin, Romantikerin, einer großen Gestalt der Literatur, Moral und Politik, war es auf dem Langen Marsch äußerst schwierig, eine Frau zu sein. Sie selbst machte den Langen Marsch nicht mit, kam aber kurz nach der Roten Armee in Yan'an an. Sie kannte sie alle. Sie war eine der feurigsten Rebellinnen Chinas gewesen; Chiang Kaishek hatte sie ins Gefängnis geworfen, ihren Liebhaber, der auch Dichter war, hingerichtet; sie war eine Vorkämpferin der Frauenrechte, wandte sich zu einer Zeit gegen Mao, als sie ihn als männlichen Chauvinisten empfand, und sie war natürlich Opfer der Kulturrevolution.

Die Frauen auf dem Langen Marsch, sagte sie, seien »Damen, aber auch zähe Frauen gewesen, sonst hätten sie niemals 25 000 *li* zurücklegen und zu Fuß von Jiangxi nach Nordshaanxi marschieren können«. Gewiß, sie hatten Pferde, doch oft ritten sie nicht. Viele von ihnen hatten Ehemänner, doch sie pflegten zu scherzen, daß »Maultiere besser seien als Ehemänner – Ehemänner konnte man entbehren. Maultiere nicht«.

Schwangerschaft war hart, sie war nach Meinung einiger Frauen das größte Unglück, das ihnen passieren konnte. Tag für Tag mit ständig wachsendem Leib zu marschieren, war kein Spaß. Reiten war genauso schwer. Und dann nach der Geburt das Kind aufgeben zu müssen ... Sie mußten trotz allem ihre Arbeit tun.[15]

Ein Gegenstück zu den Prüfungen von He Zizhen und anderen

Frauen auf dem Langen Marsch findet sich in einem anderen denkwürdigen Marsch – dem Zug der amerikanischen Pioniere westwärts durch die Prärie. Die Tagebücher dieses Zuges spiegeln dasselbe grausame Dilemma wider wie bei den chinesischen Frauen, den Konflikt zwischen dem Kindergebären und den Gefahren des Weges nach Westen. Nicht wenige amerikanische Frauen standen vor derselben Wahl: das Kind zu behalten und die Familie in Gefahr zu bringen oder das Kind aufzugeben.

Mao führte seine Armee rasch aus der gefährlichen Begegnung mit den Sichuan-Truppen heraus. Immer wieder auf dem Langen Marsch geschah es, daß die Provinzstreitkräfte, sobald sie sicher waren, daß die Rote Armee aus ihrem Gebiet abzog, in ihren Angriffen nachließen. Mao begann das chinesische neue Jahr, das Jahr des Schweines, in Zhaxi in Nordyunnan. Die Vorhut traf unmittelbar nach dem 4. Februar 1935, dem Beginn des neuen Jahres, dort ein, Mao etwa am 6. Februar. Es gab kein Neujahrsfest. Man hatte nichts zu feiern. Es gab auch keine Lebensmittel für ein Fest. Einige der Truppen hatten seit zwei Tagen nichts zu essen gehabt. Es war kaltes, rauhes, scheußliches Wetter. Mao inspizierte seine Truppen und stufte ihre Bezeichnungen herunter. Die Truppen bekamen einen Ruhetag. Chen Yun notierte lakonisch: »Es war sehr kalt. In der Nacht schneite es.«[16]

Die Rote Armee hatte vorgehabt, westwärts zu ziehen und dann nach Norden zu schwenken, um auf einem anderen Weg nach Sichuan einzudringen. Mao änderte die Pläne. Die Aufklärung und die abgehörten Funksprüche ließen erkennen, daß Chiang seine Truppen westwärts bewegte, um die Rote Armee zu zerschlagen, wenn sie sich wieder dem Yangtze näherte. Mao beschloß eine unerwartete Taktik wie aus dem Lehrbuch von Zhu-Mao. Am 11. Februar in Zhaxi wurde Maos Entscheidung gebilligt. Man würde kehrtmachen, denselben Weg zurückgehen nach Guizhou und erneut in Zunyi eindringen. Sein Feldzug ähnelte mehr und mehr einem Kapitel aus »Die Räuber vom Liang-Shan-Moor«. Einen Unterschied gab es. Die Rote Armee lernte lesen. Auf ihren Rücken trugen die Soldaten Leinentücher mit Schriftzeichen, die der Hintermann lernte.

Kapitel 15

Chiang Kaishek wird an der Nase herumgeführt

Der Tagesbefehl für den 16. Februar 1935 könnte als Losung des Langen Marsches dienen:

Wir müssen bereit sein, auf breiten und auch auf schmalen Wegen zu marschieren.
Wir müssen bereit sein, geradeaus oder im Zickzack voranzugehen.
Wir dürfen kein Eigentum beschädigen, weil wir vielleicht wieder denselben Weg nehmen.

Er wurde von der Militärkommission ausgegeben, ist aber typisch Mao. Während der nächsten sechs Wochen sollte diese Losung das Leben der Roten Armee bestimmen. Nie wieder würde sie in so verwirrendem Kurs hin- und hermarschieren. Der Kurs verwirrte Chiang Kaishek und seine Kommandeure. Manchmal blieben die KMT-Berichte über die Rote Armee um fast eine Woche hinter dem tatsächlichen Aufenthaltsort der kommunistischen Kräfte zurück.[1] Manchmal waren sogar Maos eigene Generäle verwirrt, vor allem sein Protegé Lin Biao, der klagte, die Truppen würden zu schnell bewegt, zu hart angetrieben, bräuchten Ruhe. Seine Einwände wurden übergangen.

Chiang Kaishek hatte seine Truppen in Erwartung eines neuen Vorstoßes der Roten Armee durch Westguizhou zum Yangtze verlegt. Bis er seine Männer an Ort und Stelle hatte, bewegte sich die Rote Armee in entgegengesetzter Richtung. Sie überquerte den Roten Fluß zum zweiten Mal bei Taiping und Erlangtan, marschierte rasch in ihren eigenen Spuren zurück und eroberte am 24. Februar nochmals Tongzi auf dem Rückweg nach Zunyi. Eine Kompanie der lokalen Truppen floh, als sich die Rote Armee näherte.

Nun gab es ein weiteres Tauziehen zwischen den Kommandeuren der Roten Armee. Lin Biao, so erinnerten sich wenigstens die meisten Kommandeure der Volksbefreiungsarmee, die Lin Biao nicht gerade wohlgesonnen waren, hatte Einwände gegen den Zickzackkurs. Er wollte den Druck verringern und schlug einen geruhsamen Anmarsch auf den Loushan-Paß vor, den Schlüssel zu Zunyi. Es gab keine schweren Einheiten des Feindes in Loushan – das sagte die Aufklärung –, und Lin trat für einen Aufschub von einem Tag ein, um den Truppen eine Ruhepause zu verschaffen. Der zähe Peng Dehuai war dafür, die Schwäche des Feindes zu nutzen und am nächsten Morgen, dem 26. Februar, einen Angriff zu unternehmen. Die Militärkommission schlug sich auf Pengs Seite – eine von zahlreichen Meinungsverschiedenheiten, die Peng während des Langen Marsches mit Lin Biao haben und gewinnen sollte.

Die Truppen rückten mit halsbrecherischer Geschwindigkeit vor. Sie waren vom ständigen Marschieren erschöpft, wie sogar Peng Dehuai einräumte, doch sie bekamen keine Ruhe. Um acht oder neun Uhr am Morgen des 26. zog Wang Jialie, der Kriegsherr von Guizhou, aus Zunyi aus, um der Roten Armee den Weg abzuschneiden, ehe sie den Loushan-Paß erreichen konnte. Peng wurde davon um 11 Uhr vormittags unterrichtet. Die Streitkräfte waren etwa 45 *li*, das sind 17 bis 19 km, auseinander. Peng ließ seine Truppen die Geschwindigkeit verdoppeln (was sie seit mehreren Tagen immer wieder hatten tun müssen).[2]

Es war ein Wettrennen gegen die Zeit. Pengs Dritte Armeegruppe stand für diese Operation unter Lin Biaos Kommando, doch Peng führte sie zum Erfolg, besetzte den steilen Paß um drei Uhr nachmittags am 26. Februar in letzter Minute. Als seine Männer den Gipfel des Berges erreichten und in Richtung Zunyi hinunterblickten, sahen sie die feindlichen Truppen in nur 200 bis 300 Meter Entfernung. Es war knapp gewesen. Peng berichtet, er habe nur einhundert Mann verloren.[3]

Heute wirkt der Loushan-Paß wie eine breite, ziemlich sanfte Steigung, auf der schwere Lastwagen und Busse in einem endlosen Strom den schwarzen Gipfel erklimmen. Vor fünfzig Jahren waren die Wege über den Paß zerklüftet und mündeten in eine breite, ungepflasterte Straße ein, die von Lastwagen, Automobilen und Karren benutzt wurde. Die Rote Armee nutzte die Landstraße nicht, um mit Fahrzeugen weiterzuziehen. Es handelte sich nur um einen kurzen Ausflug weg von den schmalen Pfaden, von denen der Tagesbefehl gesprochen hatte.[4]

Der fünfminütige Vorsprung, mit dem Peng Dehuais Truppen die Höhen von Loushan erreichten, brachten der Roten Armee und Mao Zedong den ersten Teil des größten Siegs während des Langen Marsches. Der Paß war nur von einem Regiment verteidigt worden, das Pengs Truppen zerschlugen. Vor Einbruch der Dunkelheit war er gesichert, aber zwischen dem Paß und Zunyi stand Wang Jialie mit acht Regimentern, und General Wu Qiwei marschierte mit zwei Divisionen heran.[5]

Am 27. Februar stürmte die Dritte Armee vom Loushan-Paß herunter und marschierte zusammen mit der Ersten rasch in Richtung auf Zunyi; unterwegs schlugen sie die feindlichen Kräfte. Innerhalb der nächsten paar Tage besiegten sie zwei feindliche Divisionen und acht Regimenter, töteten etwa 3000 Nationalisten oder trieben sie in die Berge und machten 2000 Gefangene. Sie erbeuteten 1000 Gewehre und 100 000 Schuß Munition. Die nationalistische Presse gestand »extrem hohe Verluste« ein.[6]

Aber auch die Rote Armee hatte Verluste. Deng Ping, Stabschef der Dritten Armee, leitete persönlich den Angriff auf Zunyi. Durch seinen Feldstecher beobachtete er von einem Hügelkamm in knapp 400 m Entfernung, wie das 11. Regiment vergeblich versuchte, die Stadtmauern zu erklettern. Er befahl seinem Kommissar Zhang Aiping (1985 Verteidigungsminister), einen neuen Versuch anzuordnen.

Während die Kommandeure zusahen, kam ein Späher zu ihnen, um zu berichten, eine innere Stadtmauer verursache Schwierigkeiten. Feindliche Kanoniere, deren Aufmerksamkeit durch die Bewegung des Spähers geweckt worden war, beschossen den Beobachtungsposten, und Deng Ping wurde tödlich getroffen.[7]

Der knorrige alte Späher Kong führte seine Mannschaft als Stoßtrupp in die Schlacht von Loushan. Sie war mit leichten und schweren Maschinengewehren bewaffnet, und Kong trug seine lange Mauser-Pistole. Alle Männer waren in Zunyi neu ausgestattet worden, doch es reichte noch immer nicht aus. Kong hatte nur vier wattierte Jacken für jeweils ein Dutzend Männer. Sie trugen sie abwechselnd. Im Bezirk Suiyang südlich vom Loushan-Paß, auf halbem Wege nach Zunyi, explodierte eine Bombe der KMT in Kongs Nähe, und Splitter zertrümmerten seine Hüfte. Er wurde auf einer Bahre nach Zunyi gebracht und in die römisch-katholische

Kirche getragen, wo ein Chirurg ihn operierte, nachdem er ihm zur Betäubung der Schmerzen »Opiumwasser« gegeben hatte.[8]

In dieser Nacht war die alte Kathedrale voll von Verwundeten. KMT-Luftstaffeln versuchten, den Vormarsch der Roten Armee aufzuhalten. Hu Yaobang, 1984 Generalsekretär der Kommunistischen Partei, damals ein achtzehnjähriger Führer der Jugendliga, war beim 13. Regiment von Peng Dehuais Dritter Armeegruppe, einer Vorhuteinheit. Hu Yaobang war eines von 32 Mitgliedern der Jugendliga, die den Langen Marsch mitmachten. Nur vierzehn oder fünfzehn überlebten bis Nordshaanxi. Hu, klein, energisch und drahtig, hatte sich von der Typhuserkrankung erholt, die ihn zu Beginn des Marsches niedergestreckt hatte. Er war Mitglied der Zentralen Arbeitsmannschaft der Armee und sehr stolz auf seine Position.[9]

Am Nachmittag des 27. Februar wartete Hu Yaobang mit seiner Propagandaabteilung nicht weit von Zunyi. Sobald die Truppen den Hauptwiderstand gebrochen hatten, sollte Hu Yaobang Zunyi betreten und mithelfen, die Ordnung wiederherzustellen. Eine Staffel niedrig fliegender KMT-Flugzeuge dröhnte über die Männer hinweg, und ein Bombensplitter traf ihn in die rechte Hüfte und fügte ihm eine schwere Wunde zu.

Hu Yaobang wurde auf einer Bahre nach Zunyi getragen und in die katholische Kirche gebracht. Dort wurde er von Dr. Wang Bin operiert, der 1984 noch am Leben und über achtzigjährig war; Hu Yaobang betrachtete ihn als den besten Chirurgen der Roten Armee. Später auf dem Langen Marsch pflegte Dr. Wang Bin Zhou Enlai, der an einer schweren Hepatitis erkrankt war. Dr. Wang Bin war einer der KMT-Chirurgen, die die Rote Armee gefangengenommen und durch gute Behandlung für sich gewonnen hatte. Er hatte den Rang eines Majors. »Es war die Politik der Roten Armee, technische Spezialisten für unsere Seite zu gewinnen, vor allem Funker, medizinisches Personal und Männer, die mit schweren Maschinengewehren umgehen konnten«, erinnerte sich Hu Yaobang.[10]

Hu Yaobang wurde nach der Operation einige Tage lang auf einer Bahre getragen und ritt dann auf einem Pferd. Das Auf und Ab beim Reiten war mit der Wunde sehr schmerzhaft. Er ritt acht oder neun Tage lang und gab dann sein Pferd jemandem, der es nötiger brauchte.

»An den Tod habe ich nie viel gedacht«, erinnerte sich Hu Yaobang an diese Zeit. »Es gab keine Alternative. Wir kämpften einfach weiter. Wenn wir nicht kämpften, würden wir ohnehin getötet werden.«

Hu Yaobang erinnerte sich gut an den Späher Kong Xianquan. Eine Reihe wichtiger Leute der Roten Armee war bei Zunyi verwundet worden. Einer war Luo Ming, Urheber des »Luo-Ming-Kurses« und ehemaliger Parteisekretär der Provinz Fujian. Auch er wurde von einem Bombensplitter getroffen, ebenso wie Zhong Chibing, Politkommissar der Dritten Armee.

»Kong hielt uns die ganze Nacht wach«, erinnerte sich Hu Yaobang. »Er schrie dauernd: *Sha! Sha! Sha!* (Tötet! Tötet! Tötet!) Das schrien die Männer der Roten Armee, wenn sie den Feind angriffen.«

Der Späher Kong erlitt seine Verwundung in dem kleinen Dorf Heishenmiao direkt südlich des Loushan-Passes. Nachdem er in Zunyi operiert worden war, trug man ihn auf einer Bahre. Sein Hüftknochen war zersplittert, und die Wunde heilte nicht. Er wurde bis zum Bezirk Qianxi in der Präfektur Bijie am Roten Fluß getragen, ein Marsch von vierzehn Tagen oder mehr. Er war zwanzig Monate lang ans Bett gefesselt.

Doch die Lage des Spähers Kong war nicht allzu schlecht. Ein Arzt und eine medizinische Hilfskraft waren zurückgelassen worden, um die Soldaten der Roten Armee zu pflegen. Späher Kong erhielt mehr als 300 Silberdollar für seinen Lebensunterhalt (die Rote Armee besaß ja die in der Feenhöhle und im Himmelstor ausgegrabenen Dollar der Kriegsherren). Kong und die anderen wurden bei einem Gutsherren untergebracht, dem man gesagt hatte: Du bist für die Sicherheit dieser Männer verantwortlich. Wenn du sie gut beschützt, werden wir dir dankbar sein. Wenn irgend etwas passiert, bist du verantwortlich. Der Arzt und die Hilfskraft wurden mit Silberdollar für ihren Lebensunterhalt und zum Kauf von Medikamenten ausgestattet. Kong erhielt eine Liste der Medikamente, die für seine Behandlung nötig waren.[11]

Das war eine Sonderbehandlung. Die Regeln der Roten Armee sahen damals vor, daß Offiziere von Regiments- oder höherem Rang, wenn sie krank oder verwundet waren, auf einer Bahre getragen wurden, wenn nötig bis zum Ende des Langen Marsches.

Kong hatte nur Bataillonsrang. Für ihn wurde eine Sonderregelung getroffen, weil er für seine Tapferkeit und seinen Wagemut so bekannt war. Gewöhnliche Verwundete der Roten Armee, die zurückgelassen wurden, erhielten normalerweise zehn oder 15 Silberdollar.[12]

Der Grundherr, bei dem Kong zurückgelassen wurde, war der Roten Armee freundlich gesonnen. Er war abergläubisch und dachte, die rote Flagge sei ein gutes Omen. Die Männer, die Kong und die anderen zu ihm brachten, sagten ihm, sie hätten ein Bild von ihm und eines von seinem Haus aufgenommen. »Vergiß es nicht«, warnten sie ihn. »Wir haben Bilder. Wir werden zurückkommen und prüfen, wie du dich verhalten hast.«

Kurz nach dem Xi'an-Zwischenfall vom Dezember 1936, als Chiang Kaishek entführt und eine Einheitsfront der KMT und der Kommunisten gebildet wurde, rief der lokale Gouverneur alle Männer der Roten Armee auf, aus ihren Verstecken zu kommen, und versprach ihnen Straffreiheit. Doch Kongs Grundherr wollte ihn nicht gehen lassen. »Nimm an«, sagte er, »daß in drei oder vier Jahren die Rote Armee kommt, und du bist nicht hier – wie kann ich beweisen, daß ich dich vor Schaden bewahrt habe?«

Kong erholte sich schließlich und arbeitete als Steinmetz; in der Umgegend wurde er als der »lahme Steinmetz« bekannt. Er heiratete 1940. Seine Frau starb, und 1950 verheiratete er sich wieder. 1984 hatte er sieben Kinder, vier Jungen und drei Mädchen. »Wenn ich das heute täte«, sagte er, »würden sie mich ins Krankenhaus bringen und kastrieren.« Als die Kommunisten an die Macht kamen, bekam er einen kleinen Verwaltungsposten. 1966 während der Kulturrevolution wurde er verhaftet, auf einen Lastwagen gestellt und als Verräter durch die Gegend gefahren, beschimpft und verteufelt.[13]

Der nationalistische General Wu Qiwei floh mit seinen beiden geschlagenen Divisionen ostwärts zum Fluß Wu. Die Erste und Dritte Armee wollten ihm den Garaus machen. Die roten Truppen aßen den ganzen Tag nicht. Sie waren zu sehr damit beschäftigt, die Reste der Divisionen anzugreifen und in Stücke zu schlagen. Am Wu-Fluß fand der KMT-General Wu eine Pontonbrücke und begann, seine Truppen hinüberzuschicken. Ehe er alle Männer drüben hatte, kam die Rote Armee. Er ließ die Seile kappen, die die

Brücke am südlichen Ufer festhielten. Sie drehte sich sofort und wurde von der starken Strömung zerstört. Mehr als 1800 von General Wus Männern blieben am Nordufer zurück. Sie ergaben sich und händigten ihre Waffen aus.[14]

Der Sieg am Loushan-Paß war begeisternd. Er stärkte die Moral der Soldaten, die nach wochenlangen Eilmärschen, Nahrungs- und Schlafmangel und einer Schlacht nach der anderen vollkommen erschöpft waren. Wie Peng Dehuai sagte, waren es in Wirklichkeit zwei Siege, zuerst bei Loushan und dann vor dem Fluß Wu. Und die Siege brachten die dringend nötige Verstärkung. Aus den Gefangenen, Offizieren und Mannschaften, die bei den Kämpfen gemacht worden waren, wurde eine neue Division gebildet. Die Gefangenen wurden versammelt, kommunistische Agitatoren sprachen zu ihnen, und dann wurden sie eingeladen, sich der Roten Armee anzuschließen. Etwa 80 Prozent schrieben sich ein. Jeder der Eingeschriebenen erhielt drei Silberdollar. Sie wurden mit Gewehren ausgerüstet, die man von den geschlagenen KMT-Divisionen und -Regimentern erobert hatte. Wer sich nicht anschließen wollte, bekam Reisegeld und konnte gehen, wohin er wollte – nach Norden, Osten, Süden oder Westen. Höhere Offiziere wurden zu persönlichen Gesprächen mit Zhu De eingeladen, der über die Ziele der Roten Armee sprach, nämlich Japan zu bekämpfen und das Land zu retten, und der die Hoffnung äußerte, alle kämpfenden Männer Chinas würden eines Tages eine vereinigte Front bilden.[15]

Peng Dehuai hatte einen neuen Politkommissar für die Dritte Armee. Das war Liu Shaoqi, der später berühmt werden sollte als Präsident Chinas und Hauptzielscheibe der Kulturrevolution. Liu, groß für einen Chinesen, wenn auch nicht so groß wie Mao, war 35. Er war Sohn einer recht wohlhabenden Bauernfamilie, die nur sieben oder acht Kilometer von Maos Geburtsort in Shaoshan lebte. Die Liu-Familie war eine Generation hinter der Mao-Familie in ihrem Aufstieg aus dem gewöhnlichen Bauerntum her. Lius Vater und Onkel waren mittlere Bauern geworden, als Maos Vater bereits ein reicher Bauer war. Liu Shaoqis Bruder wurde ein reicher Bauer und stellte Bauern als Arbeiter ein, ähnlich wie Maos Vater.

Liu Shaoqi ging zur Normalschule in Changsha und zog dann nach Peking, wo er Mao traf. Liu hatte gehofft, im Rahmen des Arbeitsstudienprogramms nach Frankreich gehen zu können, aber es war nicht genug Geld da, also ging er statt dessen 1919 nach

Moskau und wurde 1921 Kommunist. Er und Mao wurden enge Freunde, nachdem sie bei der Organisation des großen Kohlebergarbeiterstreiks in Anyuan zusammengearbeitet hatten. Liu war ein energischer Mann, sehr diszipliniert, gewissenhaft, ein guter Redner, aber privat sehr zurückgezogen. Er liebte es, mit seinen Kindern zu spielen. Unter anderem brachte er ihnen Poker bei.[16]

Liu begann den Langen Marsch als Repräsentant des Zentralkomitees bei der Achten Armee. Er überlebte das Xiang-Desaster und ging dann zur Fünften Armee. Nun begann er, mit Peng Dehuai zu arbeiten. Er machte fast den ganzen Langen Marsch mit, bis er mit einem geheimen und gefährlichen Auftrag nach Nordchina geschickt wurde.[17]

Liu hatte an der Konferenz von Zunyi teilgenommen. Er und Peng führten lange Gespräche. Peng sagte Liu Shaoqi, seine Männer fürchteten keine Gewalt- oder Nachtmärsche, sondern nur die Krankheiten, die sie zwingen könnten zurückzubleiben.[18]

Ohne Pause eilte die Rote Armee nun wieder nach Westen. Mao war seit dem 11. März formell Mitglied der Militärkommission, zusammen mit Zhou Enlai und Wang Jiaxiang. Es sollte eine Zeit der Finten und Täuschungen werden, die alles übertraf, was die Rote Armee bis dahin in dieser Hinsicht getan hatte. Das Ziel war einfach – man wollte nach Norden entkommen. Chiang Kaishek hatte Zhou Hunyuan mit einer ausgezeichnet ausgerüsteten nationalistischen Armee südlich von Zunyi stationiert. Zhou und die anderen KMT-Generäle hatten Befehl, sich unter keinen Umständen zu bewegen, bis Chiang direkte Anweisungen gab. Solange es Mao nicht gelang, diese Truppen aus ihren Verschanzungen zu locken, würden sie eine tödliche Bedrohung für jeden Versuch sein, den Yangtze zu überqueren.[19]

Inzwischen aber hatte Mao in Wirklichkeit die Pläne zu einer direkten Überquerung des Yangtze aufgegeben. Jetzt wollte er, daß die Nationalisten *dachten,* er habe diese Absicht. Tatsächlich hatte er beschlossen, einen westlichen Nebenarm des Yangtze zu überqueren, der Goldsandfluß hieß.

»Die Rote Armee hatte die Initiative«, erinnert sich Liu Bocheng, der einäugige Drache, »und bewegte sich machtvoll unter den verwirrten KMT-Truppen. Einen Augenblick lang schien es, als ziehe die Rote Armee ostwärts, während sie in Wirklichkeit westwärts marschierte. Der verblüffte Feind dachte, wir wollten nach Norden vordringen, indem wir den Yangtze überquerten, dabei hatten wir in Wirklichkeit vor, umzukehren und ihm einen weiteren Schlag zu versetzen.«[20] Eines Tages zog Mao auf der Landkarte eine Linie und sagte: »Der Sieg hängt davon ab, ob es uns gelingt, die Yunnan-Truppen aus Yunnan herauszuziehen.« Nur wenn er die Yunnan-Truppen aus Yunnan weglockte, konnte er den Goldsandfluß überqueren.

Die Rote Armee machte sich auf nach Maotai. Sie marschierte eilig über gute Straßen, an denen Maulbeerbäume wuchsen; die Rapsfelder begannen gelb zu werden, der Weizen zeigte sich grün, Zuckerrohrstengel schoben sich durch die schwarze Erde; in den Reisfeldern sprossen die jungen Pflänzchen. Für die dicken Zitrusfrüchte, die aussehen wie große, mißgebildete Grapefruits und mehr Kerne haben als ein Drachen Zähne, war es noch etwas zu früh, zu früh auch für das Abernten der großen Felder, auf denen die Mohnblüten bereits ihr pastellfarbenes Weiß, Blau und Rosa zeigten.

Die Moral der Männer war trotz des grausamen Tempos gut. Die Truppe hatte einen großen Sieg errungen und die Düsternis abgeschüttelt, die seit Beginn des Marsches am 16. Oktober 1934 wie eine Wolke über ihr gehangen hatte. Mao war nach den bitteren Erfahrungen von Qinggangpo wieder zuversichtlich. Er schrieb sein erstes Gedicht auf dem Langen Marsch, um Loushan zu feiern:

> Sie prahlen, der Paß sei eine Wand aus Eisen,
> Wir werden seinen Scheitel überqueren,
> Die Hügel sind blau wie das Meer,
> Und wie Blut ist die sterbende Sonne.[21]

In den Dörfern zogen die Truppen an kleinen Zuckerpressen vorbei. Hier und da ergriffen sie Zuckerrohrstücke und zerbissen sie, erfrischten ihre Kehlen mit dem süßen, klebrigen Saft. Frauen saßen im warmen Sonnenschein vor ihren Häusern und zerstießen in großen, roten Tonschalen Weizenkörner zu Mehl. Halbnackte Kinder spielten im Staub. Als die Männer sich Maotai näherten, kamen sie an kleinen Schnapsbuden vorbei mit Kupfer-Destillierapparaten, gebogenen Rohren und Fermentierbottichen, in denen ein farbloser, starker Schnaps erzeugt wurde.

Maotai war ein schmutziges Dorf von 3000 oder 4000 Einwohnern am zwanzig Meter hohen Steilufer des Roten Flusses, mit engen, morastigen Straßen, Häusern aus Gipsmörtel oder Lehm und Flechtwerk, einige mit Strohdächern, andere mit rötlichen Ziegeldächern. Über allem hing der durchdringende Geruch fermentierender Maische, einer Mischung aus Zuckerrohr und Weizen. Das war das Gewerbe von Maotai, das Brauen eines Schnapses, der fast aus reinem Alkohol bestand, und die Verschiffung dieses Schnapses und Opiums nach Sichuan. Maotai war das Handelszentrum für beides. Es war auch ein wichtiger Umschlagplatz für Salz, das aus Sichuan kam. Die Händler luden ihre Fracht ab und nahmen Schnaps und Opium mit zurück. Die Leute von Maotai waren arm, aber den Schnapsbrennern und Händlern ging es gut. Die Reichen flohen, als die Rote Armee plötzlich erschien.[22]

Heute ist die Produktion von Maotai im wesentlichen auf eine kilometerlange Reihe von staatseigenen Werken an den Ufern des Roten Flusses entlang konzentriert, der heute wie damals ein morastiges, träges, unschön aussehendes Gewässer ist.*

Die Legende berichtet, daß die jungen Soldaten der Roten Armee, die vom Land kamen und noch keine zwanzig Jahre alt waren, nicht wußten, was Maotai war; sie strömten in die Schnapsbuden an der einzigen Straße und gossen Maotai auf ihre müden, blasenbedeckten Füße, bis der Alkohol in Strömen aus den Läden und in die morastigen Abflüsse lief. Dieser Unsinn wurde vermutlich erfunden, um den Puritanismus der Roten Armee zu betonen. Tatsächlich war es den Truppen verboten, die Maotai-Buden zu betreten, aber natürlich taten sie es doch, mit dem unvermeidlichen Ergebnis. (Es gab drei große Brennereien mit dreißig bis vierzig Arbeitern und viele kleine Familienbetriebe.) Es ging das Gerücht, Otto Braun habe so viel Maotai getrunken, daß er eine Woche bewußtlos war. Das war typisch für die häßlichen Geschichten, die man sich über den ehemaligen Lenker der Roten Armee erzählte.[23] Fast alle probierten den Maotai, und was nicht getrunken wurde, wurde aufgeladen und von der Roten Armee mitgenommen.[24]

Maotai wurde fast ohne jeden Schuß genommen. Die tüchtige Zweite Division der Ersten Armee eroberte die Stadt und hatte nur zwanzig Tote oder Verwundete; am 16. und 17. März überquerte

* Die Maotai-Destille war der einzige Ort auf der ganzen Strecke des Langen Marsches, zu dem mir der Zutritt verweigert wurde. Fragen Sie mich nicht warum.

die Rote Armee den Roten Fluß zum dritten Mal an der Fähre von Maotai; sie tat dies so auffällig wie möglich. Die Überquerung erfolgte Tag und Nacht an einem einzigen Punkt, als solle die KMT aufmerksam gemacht werden, und genau das war Maos Absicht. Nach kürzester Zeit hatte die KMT mitbekommen, was vorging, und schickte einige Flugzeuge, um die Truppen zu stören. Eine Bombe fiel in der Nähe von Zhou Enlai und traf das Haus neben dem, in dem er arbeitete. Man versuchte ihn zu überreden, Schutz zu suchen. Er weigerte sich. Die Bombardierung war leicht. Einige der Flugzeuge warfen große Steine ab, die weiß aufgemalte Waffennummern trugen. Vielleicht fehlte es der KMT zeitweilig an Munition.[25]

Es sah wie ein merkwürdiges Manöver aus. Als die Rote Armee über den Fluß war, befahl Mao den Männern, anzuhalten. Nur ein Regiment wurde auf schnellstem Wege etwa 160 km nordwärts nach Gulin geschickt, einem großen, dünn besiedelten Bezirk direkt jenseits der Grenze in Sichuan. Das Regiment zog nördlich nach Zhenlongshan und machte viel Lärm, um Aufmerksamkeit zu erregen. Einige KMT-Zeitungen berichteten fälschlicherweise, Guiyang sei erobert worden. Chiang Kaishek sollte denken, die Rote Armee sei auf dem Weg zur Überquerung des Yangtze, und das sollte ihn veranlassen, seine Truppen westwärts in diese Richtung zu ziehen. Während alle Aufmerksamkeit auf die Kolonne konzentriert war, die sich auf den Yangtze zubewegte, brachte Mao seine Hauptstreitmacht in aller Stille wieder an den Roten Fluß, und in der Nacht vom 21. zum 22. März und am frühen Morgen schickte er seine Truppen an drei verschiedenen Übergängen wieder über den Fluß zurück.

Maos Strategie funktionierte. Chiang Kaishek hatte von Chongqing aus aufmerksam zugesehen. Nun glaubte er aufgrund der ziellosen Manöver der Roten Armee an eine Truppe im Todeskampf, die umherirrte und unfähig war zu entkommen. Am 24. März flog er von Chongqing nach Guiyang und richtete sein Hauptquartier in einem geräumigen, neuen Gebäude mit schönem Blick über einen kleinen Fluß ein. Heute dient es als Ministerium von Guizhou für Wasserkraft und Forstwirtschaft. Chiang war in Begleitung seines australischen Beraters W. H. Donald und seiner Frau Soong Meiling. Er und seine Umgebung bewohnten den ersten Stock; an der

Treppe standen doppelte Wachen zusätzlich zu den persönlichen Leibwächtern, die er aus Chongqing mitgebracht hatte. Außerdem hatten ihn ein Dutzend Generäle begleitet.

Die Aufgabe, wie Chiang sie definierte, bestand darin, den Ring um die verzweifelten roten Streitkräfte enger zu ziehen und sie auszulöschen. Er hatte zwischen 500 000 und 750 000 Mann auf dem Schachbrett, die eng postiert waren, so daß Mao nicht nach Norden über den Yangtze entkommen konnte (was er für Maos Absicht hielt), nicht westwärts nach Sichuan oder Yunnan, nicht südwärts durch Guizhou nach Guangdong und Guangxi und nicht ostwärts zurück nach Hunan und Jiangxi. Gefangen. Mao saß in der Falle. Diesmal war Chiang seiner Sache ganz sicher.

Tatsächlich waren nicht viele Truppen in Guiyang. Alle hochrangigen Offiziere der 25. KMT-Division waren an der Front. Wang Tianxi, Direktor für Öffentliche Sicherheit von Guiyang, war der höchstrangige Mann am Ort. Chiang ließ sich von ihm über die Lage unterrichten, ernannte ihn zum Standortkommandanten und plauderte liebenswürdig mit ihm.

Wang Tianxi war jung und leicht zu beeindrucken, wie er später eingestehen sollte. »Ich wurde von Chiangs Freundlichkeit getäuscht«, sagte er. Chiang lud ihn ein, ins Hauptquartier zu ziehen und dort zu wohnen. Chiang machte sich Sorgen über die rätselhaften Bewegungen der Roten Armee, und als sein Kommandeur Xue Yue drei Tage hintereinander nicht in der Lage war, Luftaufklärungsberichte zu liefern, beschimpfte ihn Chiang am Telefon. Einer von Chiangs Leibwächtern sagte Wang Tianxi, wenn Chiang wirklich wütend sei, werfe er den Hörer auf den Boden und stampfe fluchend umher wie ein kleiner Stier.

Nach ein paar Tagen gingen Berichte ein, die Rote Armee bewege sich ostwärts durch die Bezirke Xifeng und Kaiyang und habe anscheinend die Absicht, den Fluß Wu zu überqueren und Guiyang anzugreifen. Am 30. März war der Fluß überschritten, nicht ohne einige harte Kämpfe, und in Guiyang begann die Angst zu wachsen. Chiang hatte seine Truppe in vier oder fünf Richtungen verteilt, um die Rote Armee zu blockieren, doch in Guiyang selbst hatte er nur eine Handvoll.[26]

Einigen Berichten zufolge hatte Chiangs Frau Soong Meiling solche Angst, daß sie Telegramme in China herumzuschicken begann, in denen sie verlangte, die Truppen sollten schleunigst nach

Guiyang gebracht werden.[27] Chiang befahl Wang Tianxi, die Verteidigung von Guiyang zu verstärken. Wang stellte ein Bataillon Militärpolizei und zwei Kompanien aus Feuerwehrleuten und Polizisten auf – 400 Mann insgesamt – und hatte binnen 24 Stunden ein neues System von Befestigungen entlang der Stadtmauer fertiggestellt. Chiang glaubte nicht recht, daß die Arbeit so schnell vollendet worden sein könnte. Am Morgen ging er mit Soong Meiling und Donald hinaus, um eine Inspektion vorzunehmen. Als sie an den Stadtmauern waren, eilte General Gu Zhutong herbei und berichtete, die Rote Armee stehe nur zwölf oder dreizehn Kilometer nordöstlich. (In Wirklichkeit zog sie zu diesem Zeitpunkt durch Zhazuo, fast vierzig Kilometer entfernt.)

Chiang hatte bereits den Befehl gegeben – wenn er sich auch über dessen Folgen nicht klar war –, der den Erfolg von Maos ungewöhnlicher Täuschungsstrategie sichern sollte. Der KMT-Führer hatte dem Kommandeur von Yunnan, General Sun Du, telegraphiert, er solle mit seinen drei Elitebrigaden schnellstens zur Verteidigung von Guiyang herbeieilen. Das würde ausreichen, um jeden Angriff Maos abzuwehren. Doch Mao hatte überhaupt nicht die Absicht, Guiyang anzugreifen; er wollte lediglich, daß Chiang es glaubte. Indem er Sun Du nach Guiyang in Marsch setzte, hatte Chiang tatsächlich für Mao den Weg zum Goldsandfluß geöffnet.

Natürlich wußten das zu diesem Zeitpunkt weder Chiang noch Mao. Sun Du war noch in einiger Entfernung von Guiyang, und Maos Truppen konnten binnen ein oder zwei Stunden an den Stadtmauern sein.

»Wie weit ist es zum Flughafen?« fragte Chiang besorgt. Wang Tianxi begann zu rechnen. Ehe er antworten konnte, traf ein weiterer Bericht ein: Abteilungen der Kommunisten in Zivil seien bereits in der Nähe des Flughafens gesehen worden. Es war zu spät, um an ein Entkommen per Flugzeug zu denken.

Chiang Kaishek ging schweigend auf und ab und kam zu einem abrupten Entschluß. Er wandte sich an Wang Tianxi und sagte: »Besorgen Sie mir zwanzig verläßliche Führer, einige große, starke Pferde und zwei gute Sänften – so schnell wie möglich.« Wang Tianxi eilte davon, um die Fluchtkarawane zusammenzustellen. Gegen Mitte des Vormittags hatte er sie beisammen und erstattete Chiang Bericht. Währenddessen kam eine neue Botschaft: Die Rote

Armee umgehe Guiyang und ziehe in Richtung auf Longli, etwa vierzig Kilometer westlich.

Chiang dachte nach, betrachtete sorgfältig die Landkarte, einen Rotstift in der Hand, und sagte dann: »Ich glaube, sie wollen zurück nach Hunan und Jiangxi.« Während er diese Möglichkeit mit seinem Stab diskutierte, traf der Yunnan-General Sun Du ein. Er meldete, seine drei Brigaden zögen in die Stadt ein. Chiang fragte Sun Du nach seiner Ansicht über die Lage. Sun Du antwortete taktvoll: »Ich vertraue Ihrer Meinung.«

»Ich weiß, daß Sie sehr müde sein müssen«, entschuldigte sich Chiang, »aber ich muß Sie bitten, mir einen großen Gefallen zu tun und Ihre Truppen in Richtung Longli zu führen.«

Chiang erklärte, er habe Xue Yue angewiesen, von Zunyi aus ostwärts vorzudringen und die Rote Armee abzufangen, und habe He Jian telephonisch befohlen, seine Kräfte in Westhunan zu entfalten.

»Ihre Offiziere und Mannschaften«, sagte Chiang, »müssen sehr müde sein. Ich werde ihnen ein paar Tausend *Juan* schicken, um sie zu ermutigen.«

Am nächsten Morgen gab es neuen Alarm – heftiges Feuer südlich der Stadt. Es war die Rote Armee, die nach Yunnan eilte.

General Chen Cheng, ein weiterer Kommandeur der KMT, bemerkte zu Wang Tianxi: »Unser Feind ist sehr, sehr schlau. Er macht eine plötzliche Wendung nach Westen, und jetzt ist er auf dem Weg nach Yunnan. Was können wir dagegen tun?«

Wang Tianxi schloß: »Diese militärische Operation war sehr geschickt. Sie führten Chiang Kaishek an der Nase herum.«[28]

Kapitel 16

Maos große Täuschungen

Maos große Täuschung funktionierte. Chiang Kaishek und seine Generäle waren verwirrt. Sie konnten nicht erraten, wohin die Rote Armee sich wandte. Sie sahen sie hier, sie sahen sie da, sie sahen sie schließlich überall.

Und tatsächlich *war* die Rote Armee überall. Vermutlich nie zuvor und nie wieder war sie so zersplittert und bewegte sich gleichzeitig in so viele Richtungen.

Oft wußten die Männer der Roten Armee selbst nicht, was sie taten oder warum sie einen bestimmten Auftrag erhalten hatten. Einige murrten, daß Mao selbst nicht wußte, wohin sie ziehen sollten, daß er keinen Plan habe, daß seine Truppenbewegungen spontane Einfälle seien. Daran mag etwas sein. Wie auch immer, diese Strategie ließ Chiang Kaishek nicht zur Ruhe kommen. Rückblickend trägt der Feldzug das Zeichen des Genies. Die Spur Maos überzog Guizhou kreuz und quer, sie ist nicht einfach nachzuvollziehen, und dem Leser wird es nicht einfacher, ihr zu folgen, als es damals für Chiangs Befehlshaber war.

Nichts war rätselhafter als die Befehle, die Mao seiner Neunten Armee erteilte, die in Eilmärschen Zentralguizhou durchquert hatte. Als sie auf das Nordufer des Flusses Wu vorgestoßen war, befahl ihr Mao, dort anzuhalten, ohne den Fluß zu überqueren. Er hielt sie dort für Tage fest, bereit, so schien es, für einen Vorstoß nach Norden auf das Gebiet von Hunan.

Der Kommandeur des Neunten, ein außerordentlich kompetenter Mann namens Luo Binghui, führte Maos Befehle getreulich aus, auch wenn er ihre Absicht nicht ergründen konnte. Er war ein erfahrener Guerilla-Kämpfer aus Fujian, der zum Kommandeur der Zwölften Armee aufgestiegen war (die es seit der Reorganisation längst nicht mehr gab).

Nun stand er an der Spitze der Neunten Armee. Mao lobte ihn in späteren Gesprächen mit Edgar Snow sehr. Luo sollte sein Leben im

Krieg gegen die Japaner verlieren. Seine Frau begleitete ihn auf dem Langen Marsch, die einzige »lilienfüßige« Frau (deren Füße eingebunden worden waren, als sie ein Kind war) auf dem Marsch. 25 000 *li* auf grausam verstümmelten Füßen zurückzulegen, war eine härtere Prüfung als alle, vor denen die Männer standen. Außerdem war sie schwanger und gebar während des Marsches ein Kind.

Die Neunte Armee blieb zurück, abgeschnitten vom Rest ihrer Kameraden, und wußte nicht, welche Befehle als nächste kommen und ob sie jemals wieder zur Hauptstreitmacht stoßen würde. Wang Shoudao, später Minister für das Fernmeldewesen der Volksrepublik China, erinnerte sich, daß einer seiner Kameraden gesagt hatte, er sei sicher, sie würden keines einsamen Todes fern von ihrem Kommandanten Zhu De sterben. Diese Bemerkung spiegelt die Angst wider, genau das könne doch passieren. Die Neunte blieb im Gebiet des Wu-Flusses und führte mit beträchtlichem Erfolg Operationen gegen You Guocai durch, einen Guizhou-General, bis sie am 29. April den Befehl erhielt, südwärts zu marschieren, den Fluß Beipan zu überqueren und sich nach Westen zu wenden.[1]

Mao teilte seine Hauptmacht, die Erste und Dritte Armeegruppe, und schickte sie auf die Straßen und Wege um Guiyang herum. Einige gingen weit nach Osten, ehe sie nach Süden und dann nach Südwesten abdrehten. Die KMT schien den Vorstoß nach Osten als größte Bedrohung anzusehen, wahrscheinlich, weil Chiang so sicher war, die Rote Armee strebe zurück zu ihren alten Aufenthaltsorten in Hunan und Jiangxi. Andere Einheiten machten in der Nähe von Guiyang kehrt und bewegten sich rasch südwärts und dann westwärts in Richtung Yunnan.

Xue Yue, einer der fähigsten von Chiangs Kommandeuren, störte die Rote Armee auf der Nordseite und tat das den ganzen Weg durch Guizhou hindurch. Die Yunnan-Truppen schlossen sich an, sobald Chiang sicher war, daß die Rote Armee Guiyang nicht bedrohte.

Wenn das Wetter gut war – und es wurde besser, als der Frühling voranschritt, Guizhous schlechtem Ruf als regnerischer nebliger Gegend zum Trotz –, bombardierten Chiangs Flugzeuge die Kommunisten jeden Tag. Oft gab es keinen Ort, an dem sie hätten

Deckung finden können. Es war schwer, Plätze zu finden, wo man sich nachts hinlegen konnte. Chen Shiju, Kommissar des Ausbildungsbataillons der Ersten Armee, marschierte von der Gegend um Longli aus südwärts. Nirgends gab es Quartiere. Die Nacht war schon halb vorüber, als er bei einem zusammengebrochenen Gebäude ankam, das bereits voller Soldaten der Roten Armee war, einige schlafend, einige beim Auskleiden, andere beim Wasserkochen. Alles war still. Das einzige Geräusch war das Tap-Tap-Tap der Taste eines Funkgeräts. In einer kleinen Hütte fand Chen Shiju Mao, Zhou Enlai und Zhu De, die an Operationsplänen für den nächsten Tag, den 10. April 1935, arbeiteten. Sie sagten ihm, er solle auf der Straße weiterziehen, bis er einen anständigen Platz für seine Leute finde. Die Sterne beleuchteten den Weg, und eine leise Frühlingsbrise wehte. Die Truppen marschierten ein paar Kilometer weiter und fanden einige Hütten. Chen Shiju brachte seine Männer darin unter, und sie teilten sich zwei fette Schweine, die sie von einem Landbesitzer konfisziert und über offenem Feuer gebraten hatten. Danach schliefen sie ein. Es war ein Uhr nachts, und sie waren seit sechs Uhr früh marschiert.

Am Morgen verschlang das Bataillon die Reste der Schweine und machte sich auf nach Dingfan, sechzehn Kilometer entfernt, ca. dreißig Kilometer südlich von Guiyang. Es war ein schöner Morgen. Die Männer marschierten an einem Fluß entlang; das Geräusch uralter Wasserräder vermischte sich mit dem Gesang der Soldaten. Die Felder waren weit, der Weizen grünte. Ein leichter Wind kam über den Fluß und ließ die Blätter der Weiden rascheln. Chen Shiju fühlte sich glücklich und friedlich. Er konnte kaum glauben, daß nur ein paar Kilometer weiter Männer kämpften und starben.

Das Ausbildungsbataillon marschierte im hellen Sonnenschein und vergaß alle Härten. Man näherte sich Dingfan (jetzt Huishui) und verjagte die *mintuan,* die örtlichen Verteidiger. Während das Ausbildungsbataillon sich in Dingfan einen Tag ausruhte, bewegten sich andere Einheiten südwestlich voran.[2]

Die KMT-Zeitungen zeichneten das Bild einer ungeordneten, chaotischen Flucht der Roten Armee. Die Berichte der KMT-Kommandeure wie Xue Yue und Long Yun sprachen von schrecklichen Verlusten der Kommunisten, die tausend Mann oder mehr pro Tag erreichten. Zu jener Zeit war die Rote Armee vermutlich kaum noch mehr als 20 000 Mann stark. Bei dieser Verlustrate mußte sie bis zum 1. Mai am Ende sein. Sie war es nicht.[3]

Nichts in den nationalistischen Presseberichten weist darauf hin, daß Chiang Kaishek oder sein Kommando eine Ahnung von den Entschlüssen von Zunyi und der Rückkehr Mao Zedongs an das Kommando gehabt hätten. Soweit die Nachweise reichen, gibt es tatsächlich nicht einmal Anzeichen dafür, daß die KMT überhaupt wußte, daß Mao zeitweilig entmachtet gewesen war. Dasselbe gilt für Zhu De. Von Anfang bis Ende glaubte Chiang, die Rote Armee von Zhu-Mao zu bekämpfen. Die Kommunisten behielten ihre politischen Auseinandersetzungen für sich, einige bis heute.

Der Korrespondent der britischen Nachrichtenagentur Reuter Thomas Chow berichtete in einer Depesche vom 9. April 1935, Zhu De sei bei der Schlacht von Zhutoushan (Schweineköpfiger Berg) bei dem Versuch, Guiyang zu erobern, getötet worden. Zhu Des Körper sei in rote Seide gehüllt gewesen, und seine Kameraden von der Roten Armee hätten ihn auf ihrem Weitermarsch getragen. Die Rote Armee, so berichtete die Depesche, sei auf 10 000 Mann zusammengeschrumpft. Zhu De schnaubte verächtlich, als Agnes Smedley, seine amerikanische Biographin, ihn einige Jahre später nach diesem Bericht fragte. Er sagte, er sei auf dem Marsch nie verwundet worden, obwohl die KMT mehrmals seinen Tod meldete. Fast fünfzig Jahre später bestätigte Zhu Des Witwe, Kang Keqing, die Aussage ihres Mannes. »Er wurde in seiner ganzen militärischen Laufbahn nie verwundet«, sagte sie, »und ich auch nicht.«[4]

Etwa um diese Zeit las Zhu De in einer KMT-Zeitung von einem Angriff auf das Heim seiner zweiten Frau und seines Sohnes in Nanchi. Seine Frau war verhaftet worden, sein Sohn geflohen, doch man habe ihn »eingefangen«. Er hörte nie wieder von ihnen.[5]

Den nationalistischen Presseberichten zufolge hatte im Norden von Guiyang der Guizhou-Kriegsherr Wang Jialie den Kampf wieder aufgenommen. Er behauptete, die Kommunisten in einer Serie von »zehn wilden Schlachten« zerschlagen zu haben. Er berichtete, die Rote Armee versuche sich nach Norden durchzukämpfen, um zu He Long und Xiao Ke zu stoßen. Es gibt keine Anzeichen dafür, daß dies stimmte. Im Gegenteil, Veteranen der Roten Armee (und sogar einige Zeitungsberichte der KMT) zeichneten ein Bild von Wang Jialie in Panik; in den Städten und Dörfern seien die Leute auf die Straßen gegangen, um gegen ihn zu demonstrieren und die Rote Armee zu begrüßen, und Wang Jialies Truppen seien lieber davongerannt, als zu kämpfen. Zhang Aiping, der zukünftige Verteidigungsminister, sagte, Wang Jialie habe »Todesangst« vor dem Näherkommen der Roten Armee gehabt.[6]

Verwirrung überall. Die Einheiten der Roten Armee und der KMT kreuzten einander westlich, südlich und östlich von Guiyang. Doch inmitten all dieser Bewegungen gelang es der Roten Armee, mehrere tausend Männer zu rekrutieren, um die durch Kampf und Erschöpfung in ihre Reihen gerissenen Lücken aufzufüllen.

Nur eines konnte Wang Jialie für sich in Anspruch nehmen. Am 19. April berichtete er zutreffend, die Rote Armee sei nach Yunnan unterwegs. Das war der erste präzise KMT-Bericht. Doch er rettete ihn nicht. Sobald das Durcheinander in Guizhou vorüber war, versetzte ihn Chiang an eine Militärschule und ernannte einen neuen Kriegsherrn, der seinem Willen gehorchte.

Der Beipan-Fluß fließt durch die südwestliche Ecke von Guizhou, und zwar von Nordwesten nach Süden, und mündet schließlich in den großen West-Fluß, der durch eine Vielzahl von Armen im Delta um Canton ins Meer fließt. Der Beipan wird manchmal auch »kleiner Yangtze« genannt, was eine beträchtliche Übertreibung ist.

Maos Taktik machte die KMT-Kommandeure schwindlig. Doch sie beruhte auf härtestem Realismus. Durch bittere Erfahrung wußte Mao, daß es für die Rote Armee keine Möglichkeit gab, den Yangtze zu überqueren. Er wurde zu stark verteidigt. Die Zugangswege waren von machtvollen KMT-Formationen bewacht. Chiang Kaishek konnte seine Armee an den breiten Ufern des Yangtze rasch hin und her schieben.

Die einzige vernünftige Möglichkeit, die Mao blieb, um nach Norden zu kommen, war der Goldsandfluß. Und auch hier war seine Wahl begrenzt. Der Goldsandfluß war einer der Flüsse mit starker Strömung, die ihre Quelle im Himalaya haben. Es gab nicht viele Furten. Wenn es Mao nicht gelang, die Überquerung an der großen Flußbiegung durchzuführen, wo die Strömung sich verlangsamte und der Fluß die Grenze zwischen Yunnan und Sichuan bildete, würde er weiter und weiter nach Westen in die gefährliche Nähe Tibets gedrängt, einer Region mit unzugänglichen Bergen und wenigen, oft äußerst feindseligen Bewohnern, wo man kaum

Nahrung fand und keine Chance bestand, Rekruten zum Auffüllen der unvermeidlichen Verluste zu gewinnen.

Mao mußte ungeheure Risiken eingehen. Er hatte kaum eine andere Wahl. Ob es gelang, den Goldsandfluß zu erreichen, hing von zwei Umständen ab: Chiang Kaishek mußte seine Absichten erneut verkennen, und die Rote Armee mußte schnell genug sein, damit ihr Zeit blieb, ungehindert einen Fluß zu überqueren, der auf jeden Fall ein erhebliches Hindernis war.

Xiao Hua, ein zwanzigjähriger Bauernjunge aus Jiangxi, der zum Kommandeur der Elitetruppe der Zweiten Division von Lin Biaos Erster Armeegruppe aufstieg, verfaßte ein episches Gedicht über den Marsch, das, wie er sagte, Mao Zedong und Premier Zhou Enlai sehr liebten. Ein Vers, den Zhou Enlai besonders lobte, schilderte den Vorsitzenden Mao, wie er während des Guizhou-Feldzuges »Wunder an militärischen Entscheidungen* vollbrachte«. So mag es den KMT-Kommandeuren oft vorgekommen sein. Nicht aber Otto Braun. Braun hatte nun seinen Posten bei Lin Biao und der Ersten Armee verlassen und sich wieder der Zentralen Kommandokolonne angeschlossen. Er verwarf den Gedanken, daß Mao sich von einem Plan oder einer Strategie leiten ließ, und behauptete: »Der Marsch wandelte sich immer mehr in einen Rückzug und artete zeitweise in eine regelrechte Flucht aus.« Die Truppen, so sagte er, seien so erschöpft gewesen, daß sie kaum noch wußten, wo sie sich befanden; er selbst sei während eines Nachtmarsches eingeschlafen und erst wieder aufgewacht, als er sich, von Kopf bis Fuß durchnäßt, in einem eisigen Bach wiederfand.[7]
In gewissem Sinne sollte der Beipan-Fluß so etwas wie eine Generalprobe für das werden, was sie am Goldsandfluß erwartete.

Stoßtruppen wurden vorausgeschickt, um die Übergänge zu sichern. Eine war das Vierte Regiment der Zweiten Division der Ersten Armee, zu dessen Politkommissar der Bauernjunge aus Fujian, Yang Chengwu, aufgestiegen war. Das Regiment war bereits berühmt, als er 1933 zu ihm kam. Es war aus Männern gebildet worden, die am Aufstand von Nanchang am 1. August 1927 teilge-

* Als Zhou im Januar 1976 krebskrank im Sterben lag, wünschte er, Xiao Huas Gedicht (das in Musik gesetzt worden war) möge für ihn gespielt werden. Wie Xiao Hua sagte, wurde ihm das durch eine Anordnung der Viererbande verweigert (Xiao Hua, persönliche Mitteilung, Peking, 16. 3. 1984).

nommen hatten, und aus anderen, die am Jinggangshan mit Mao Zedong gekämpft hatten. Kommissar Yang Chengwu sollte durch alle schweren Schlachten hindurch bei der Vorhuteinheit bleiben – die Einkreisungsfeldzüge, der Ausbruch über den Yudu-Fluß, die vier Blockhauslinien, der Xiang-Fluß, die großen Schlachten von Guizhou und alle, die noch folgen sollten. Wie er sagte, erwies sich das als sehr hilfreich beim Verfassen seines Buches, weil er während des ganzen Marsches beim gleichen Regiment blieb. Zweimal während des Marsches wurde Yang Chengwu verwundet, war aber nie lange von seiner Einheit entfernt.[8]

Das Vierte Regiment begann seinen Zug zum Beipan-Fluß mit einem Überraschungsangriff auf die Marktstadt Ziyun. Das Regiment marschierte 100 *li* zu der Stadt und traf gegen vier Uhr morgens dort ein; die überraschten Verteidiger waren schnell geschlagen. Man gewann einen unerwarteten Preis. Die örtlichen Schneider teilten den Männern mit, sie hätten 200 KMT-Uniformen angefertigt, doch die Soldaten seien geflohen, ehe sie sie hätten abholen können. Das Regiment bezahlte die Schneider, nahm die Uniformen und fand sie sehr nützlich, um örtlichen nationalistischen Kräften Streiche zu spielen. Die Menschen hängten rote Begrüßungsflaggen auf, öffneten alle Läden und schenkten dem Vierten Regiment am Abend 2000 Silberdollar.

Das Vierte Regiment marschierte weiter durch eine von Yi-Stämmen bewohnte Gegend. Es gelang den Soldaten, die Yi, die den Han-Chinesen überaus feindlich gegenüberstanden, zu überreden, sie durchziehen zu lassen, indem sie ihnen versicherten, sie würden keinen Schaden anrichten und sich nicht aufhalten. Die Yi brachten ihnen sogar Nahrung, eine nahezu beispiellose Geste. Das Regiment erreichte den Beipan-Fluß, fand große Bambushaine an seinem Ufer, fällte Bäume und baute in aller Ruhe eine schwimmende Brücke; am Abend begann die Überquerung des Flusses.[9]

Das Elfte Regiment diente als Vorhut für das Dritte Armeekorps unter Kommandeur Peng Dehuai und Politkommissar Yang Shangkun. Sie wiesen den Regimentskommandeur Zhang Aiping an, einen Übergang über den Beipan-Fluß zu sichern. Das Regiment mußte bis zum Fluß achtzig bis hundert Kilometer marschieren. Es brach bei für die Jahreszeit ungewöhnlicher, nebliger Kälte auf, legte den Marsch aber ohne große Schwierigkeiten zurück, wobei ihm die Tatsache half, daß die lokalen Truppen darauf erpicht waren, einen friedlichen Durchzug durch ihre Territorien auszuhandeln. Der Führer der lokalen *mintuan*-Kräfte gewährte der Roten Armee freien Durchgang und überreichte ihr sogar ein Geschenk von Reis und Schweinefleisch. Auf dem ganzen Weg zum Fluß hatte das 11. Regiment keine Schwierigkeiten. Als die Männer zum Beipan-Fluß kamen, stellten sie fest, daß sie ihn durchwaten konnten. Das erste Bataillon stieß dann 25 km flußabwärts nach Baiceng vor und nahm die Hauptfurt dort für einige der Haupteinheiten ein – die Kommandoeinheiten und die Fünfte Armee. Auch hier schlossen sie einen Handel mit den lokalen Verteidigern. »Wir wollen nur den Fluß überqueren und sonst nichts«, sagten die Kommunisten. Die örtliche Führung erklärte sich bereit, nicht einzugreifen und ihnen Boote zum Übersetzen zu überlassen.[10]

Es gibt keine Aufzeichnungen darüber, was Mao Zedong sagte, als er in Baiceng den Fluß überquerte, doch er muß Chinas Vergangenheit und seine eigene, tiefe Identifikation mit seiner Geschichte stark empfunden haben. Hier in Baiceng war Mao nur wenige Kilometer von Kongminggang entfernt, der Gegend, wo Zhuge Liangs Grab lag – ein legendärer Stratege und großer Volksheld aus der Periode der Drei Reiche. Zhuge Liang lebte von 181 bis 234 nach Christus. Unsterblich wurde er mit den »Geschichten aus den Drei Reichen«, Maos Bibel von Kindheit an und auch sein militärisches Lehrbuch für den Langen Marsch. Die Tricks, Haken und Winkelzüge des Feldzuges in Guizhou, die Strategie, südwärts nach Yunnan zu ziehen, um den Weg nach Norden zu öffnen, hätten von Zhuge Liang erfunden sein können (und waren es vielleicht auch). Tatsächlich bezeichneten viele Kommandeure der Roten Armee Mao als Zhuge Liang. Nahm Mao sich eine oder zwei Stunden Zeit, um zum Schrein dieses großen Helden zu pilgern? Es gibt keinen Bericht darüber, daß er es tat, aber man kann sich unmöglich vorstellen, daß er es nicht tat.[11]

Die nationalistische Luftwaffe umschwirrte die Rote Armee wie eine Wolke aus stählernen Moskitos. Jeden Tag gab es Verluste. Die Dritte Armee hatte gerade die Grenze nach Yunnan überquert. Das Hauptquartier war in einer offenen, flachen Gegend etwa acht Kilometer außerhalb der Stadt Baishui im Bezirk Zhanyi errichtet worden, als sich eine Staffel von Tieffliegern der KMT mit Bordwaffen näherte. Die einzige Deckung war eine kleine Baumgruppe. Yang Shangkun, Politkommissar der Dritten Armee, ritt mit dem Dolmetscher Wu Xiuquan, Wu hatte ein großes, weißes Pferd. Die anderen saßen auf unauffälligen braunen oder schwarzen Pferden. Der Schimmel hob sich deutlich von der roten Erde ab. Die Flieger sahen ihn und warfen Bomben ab. Yang Shangkun wurde durch Splitter in der Wade verletzt. Er hatte Wu gegenüber immer über das Pferd geklagt. Es war ein geringer Trost, daß das Pferd durch die Bomben getötet wurde. Wu war unversehrt. Yang mußte einige Tage lang in einer Sänfte getragen werden. Doch die Straße war so schlecht, daß er, als sie sich dem Goldsandfluß näherten, eine Strecke zu Fuß zurücklegen mußte. Er hatte drei Bombensplitter im Bein. Einer davon war 1985 noch immer darin.[12]

Eine Kolonne der Roten Armee näherte sich Yunnan nördlich der Hauptübergänge. Sie erreichte Yangchang im Bezirk Panxian an der Grenze zwischen Guizhou und Yunnan am späten Nachmittag. Die Rekonvaleszenteneinheit, in die He Zizhen zurückgekehrt war, nachdem sie in der Nähe des Übergangs über den Roten Fluß ihr Kind geboren hatte, machte an einem Hügel eine Ruhepause. Jemand hielt eine Propagandarede. Die Verwundeten und Kranken lagerten an dem grünen Hang und entspannten sich in der Sonne, als man das Geräusch von Flugzeugmotoren hörte. Viele Genesende waren nicht fähig, sich von ihren Bahren zu erheben.

»Beeilt euch!« schrie He Zizhen. »Bringt die Verwundeten in Deckung.«

Ehe jemand handeln konnte, kam ein Flugzeug heran, warf kleine Bomben ab und belegte die Gruppe mit Maschinengewehrfeuer. Mehrere Träger wurden getötet; He Zizhen sah einen verwundeten Offizier, der von seiner Bahre aufzustehen versuchte. Es war Zhong Chibing, Politkommissar der Dritten Armee, der am Loushan-Paß verwundet worden war. Als das Flugzeug im zweiten Anflug zurückkam, warf He Zizhen sich über ihn. Sie wurde von zahlreichen Splittern getroffen und erlitt siebzehn Wunden, einschließlich einer schweren Kopfwunde. Bewußtlos lag sie in einer Blutlache. Mehrere Tage lang kam sie nicht wieder zu sich. Als sie aufwachte, sagte sie den Pflegerinnen, man solle Mao nichts von ihrer Verwundung berichten. »Er hat zu tun, und ich will nicht, daß er sich Sorgen macht«, sagte sie. Sie bat die Ärzte, sie in einer Bauernhütte zurückzulassen, damit sie sich erholen könne. Doch die taten nichts dergleichen. Sie legten sie auf eine Bahre und trugen sie an schwierigen Stellen manchmal auf dem Rücken.[13]

Das Unglück verfolgte He Zizhen bis ans Ende ihrer Tage. Sie erreichte Yan'an bei schlechter Gesundheit und gebar dort eine Tochter, Li Min, zärtlich Jiaojiao genannt. Sie stritt mit Mao über dessen Flirt mit einer hübschen Schauspielerin aus Shanghai namens Lily Wu.[14] 1935 verließ sie Yan'an, um nach Xi'an zu gehen. Sie hoffte, sie könne weiter nach Shanghai reisen und sich dort medizinisch behandeln lassen, aber die Japaner hatten die Stadt besetzt. Sie erbat und erhielt Maos Zustimmung zu einer Reise nach Moskau, wo sie das sechste und letzte Kind, einen Sohn, gebar. Sie war selig. Sie war glücklich gewesen auf der Eisenbahnreise nach Moskau, wie sich die kleine Liu Ying erinnerte. Liu Ying war mit von der Partie, ebenso der ältliche Xu Teli, Maos Lehrer aus Changsha, Xu Mengqiu, der Parteihistoriker, der in den Schneebergen beide Beine verloren hatte, Zhong Chibing, der Politkommissar, dem He Zizhen auf dem Langen Marsch das Leben gerettet hatte, und Cai Shufan, ein Kommandeur, der einen Arm verloren hatte.[15]

Mao war für die Reise gewesen. Er meinte, He Zizhen habe so viel Zeit mit Schwangerschaften verbracht, daß sie nie eine wirkliche Gelegenheit zum Studieren gehabt habe. Vielleicht könne sie in Moskau medizinische Pflege erhalten und gleichzeitig studieren. Doch das klappte nicht. Ihr Sohn steckte sich im Kindergarten an und starb an Lungenentzündung. Es gab kein Penicillin. He Zizhen begann an psychischen Traumata zu leiden. Sie blieb länger und länger in Moskau. Mao schickte die gemeinsame Tochter Jiaojiao, um ihr Gesellschaft zu leisten. Dann brach der Zweite Weltkrieg aus. Sie und Mao wechselten durch Jiaojiao einige Briefe. Sie schickte ihm Geschenke – frische Senfblätter, die er liebte, einen Winterbambusableger, Melonen. Mao sandte ihr chinesische Früchte.

Erst 1948 kehrte He Zizhen nach China zurück. Mao hatte sich schon längst von ihr scheiden lassen (mit Erlaubnis der Partei) und Jiang Qing geheiratet, deren Zuneigung zu He Zizhen äußerst gering war. Es hatte kein Zusammenhang bestanden zwischen der Ankunft von Jiang Qing in Yan'an und He Zizhens Abreise nach Moskau, wie im Westen spekuliert wurde. »Jiang Qing machte sich einfach Maos leeres Bett zunutze«, wie sich Liu Ying ausdrückte.

He Zizhen wollte nach Peking zurückkehren, doch Jiang Qing sorgte dafür, daß sie nicht näher kam als bis Tianjin. 1950 traf He Zizhen Mao einmal in Shanghai und noch einmal in Lushan. Eine Weile war ihre Gesundheit nicht schlecht, aber sie blieb labil. Manchmal litt sie unter Halluzinationen und paranoiden Ängsten. In Shanghai bewohnte sie ein kleines Zimmer in einem gewöhnlichen Appartementhaus. Chen Yi, der alte Kommandeur, nun Bürgermeister von Shanghai, erfuhr von ihrer Anwesenheit und kam ihr zu Hilfe. Sie war einsam, und er besuchte sie. Als er 1960 Shanghai verließ, brachte er sie in dem einstöckigen Haus unter, in dem er gewohnt hatte, aber sie führte weiter ein Eremitendasein. Der lange Schatten von Jiang Qing hing über ihr. Sie konnte nur ihre Tochter und enge Verwandte sehen. Eine Zeitlang gelang es Jiang Qing sogar, ihr die Tochter zu entfremden. Alten Genossen wurde die Erlaubnis verweigert, sie zu besuchen.

Als Mao Zedong 1976 starb, bat He Zizhen um Erlaubnis, nach Peking kommen zu dürfen, um sich ärztlich behandeln zu lassen, in Wirklichkeit aber, um ihm die letzte Ehre zu erweisen. Sie durfte Mao in dem gläsernen Sarkophag sehen, in dem er aufgebahrt war – Jiang Qing und die Viererbande waren verhaftet.* Einige der Frauen, die den Langen Marsch mit He Zizhen gemacht hatten, besuchten sie in dem Armeekrankenhaus, in dem sie sich aufhielt. Sie empfing sie im Rollstuhl. Tränen traten ihr in die Augen. Man sprach nicht viel. Im Juni 1979 wurde sie als Delegierte zur Politischen Konsultativkonferenz gewählt, und ihr Name erschien zum ersten Mal in den Zeitungen.

Am 19. April 1984 starb He Zizhen in Shanghai. Als Todesursache wurde Schlaganfall genannt. Sie war mehrere Jahre lang halbseitig gelähmt gewesen. Sie war natürlich ein Opfer des Langen Marsches, und zwar genauso sehr, als hätte die Bombe in Westguizhou sie 1935 direkt getötet, womit sie die fünfzehnte von den dreißig jungen Frauen gewesen wäre, die auf dem Marsch mit der Ersten Frontarmee fiel.

»Sie war«, sagte Liu Ying, »nur ein einfaches Mädchen vom Land.« »Sie war«, sagte Maos Leibwächter Wu Jiqing, der sich auf dem Marsch um sie kümmerte, »eine tapfere und mutige Frau.«

* Nach unbestätigten Gerüchten, die in Peking umliefen, sagte He Zizhen in der Untersuchung gegen Jiang Qing aus.

Kapitel 17

Der Goldsandfluß

Der *Cercle Sportif Français* befand sich in einer kleinen, stuckverzierten Villa in einer schmalen Gasse nahe der Eisenbahnstation in dem kleinen französischen Viertel der schläfrigen Provinzhauptstadt Yunnanfu, heute als Kunming bekannt. Zwei zementierte Tennisplätze waren vor dem Haus angelegt; die Zuschauer konnten auf einer hübschen Veranda sitzen und einen Pernod oder Whisky-Soda schlürfen, während sie darauf warteten, an die Reihe zu kommen.

Der *Cercle* war der Mittelpunkt dessen, was es in der Hauptstadt Yunnans an gesellschaftlichem Leben der Ausländer gab. Er hatte keine Bar, doch ein chinesischer Kellner kannte jeden und brachte einen Cassis oder Pink Gin, ohne daß ein Wort gesagt wurde. Kein Bourbon. Der Whisky war schottischer Whisky. Man konnte auch Wein bestellen, doch das geschah selten.

Die Ausländer trafen sich nachmittags im *Cercle*. Sie spielten Tennis, Bridge oder Mahjong, tranken und tauschten den Klatsch des Tages aus. Man konnte die Ausländer beinahe an den Fingern beider Hände abzählen – den französischen Generalkonsul und seine beiden Vizekonsuln, den britischen und den amerikanischen Konsul und ihre Mitarbeiter, den amerikanischen Vorsteher des chinesischen Zolldienstes, den französischen Vorsteher des Postdienstes und den mit dem Salzmonopol befaßten Franzosen. Es gab einen im Jahre 1935 neu eingetroffenen japanischen Konsul, doch er sprach weder Französisch noch Englisch und erschien selten.

Noch ein paar weitere Ausländer wohnten in dieser obskuren Südwestecke Chinas – ein YMCA-Mann namens Roger Arnold, ein amerikanischer Naturforscher und Exzentriker namens Dr. Joseph F. Rock, einige französische Geschäftsleute, vier griechische Hotelbesitzer und einige amerikanische Missionare, viele von kleinen bibelgläubigen Gruppen. Eine zwölfköpfige Missionarsfamilie erhielt sich selbst durch Betteln auf den Straßen.[1]

Anfang der dreißiger Jahre war Kunming eine Stadt von 150 000 Einwohnern. Eine Schmalspur-Eisenbahn war in den Jahren zwischen 1900 und 1910 gebaut worden, die die Stadt mit Hanoi und Haiphong in Tonkin verband, wie Nordvietnam damals hieß. Einige Boulevards im Stadtzentrum waren mit »französischen« Bäumen bepflanzt, wie die Chinesen noch immer sagen, das heißt, mit Platanen. Ein französisches »Viertel« war um den Bahnhof herum entstanden, ein paar kleine Hotels, von Griechen geführt, und eine Handvoll Läden, die französischen und griechisch-französischen Geschäftsleuten aus Hanoi und Saigon gehörten. Yunnan war das, was man damals eine französische »Einflußsphäre« in China nannte.

Am Abend des 29. April 1935 dinierte der junge englische Vizekonsul Cy Carney mit seinem jungen amerikanischen Kollegen John S. Service und dessen Frau Caroline. Seit vierzehn Tagen hatten sie Gerüchte über die Kommunisten gehört. Die Rote Armee war im benachbarten Guizhou aktiv gewesen. Chinesische Reisende aus Guiyang berichteten von den Kämpfen, und in den letzten Tagen waren ausländische Missionare aus Guizhou abgezogen und kamen herunter nach Kunming, in Schrecken versetzt von den herannahenden »Roten Banditen«.

Es war die Rede davon gewesen, die Ausländer zu evakuieren, und Caroline Service hatte einen Koffer mit Wertsachen gepackt – die Babykleidung, die sie aus Montgomery Ward mitgebracht hatte (sie erwartete im Juli ihr erstes Kind), ihr Hochzeitssilber und Jacks goldene Uhr. Sie hatte das Packen nicht beendet, weil die Gerüchte sich wieder etwas gelegt hatten. Doch am Abend des 29. April hatte Vizekonsul Carney große Schwierigkeiten, zum Haus der Services zu gelangen. Alle Rikschas waren von den lokalen Militärs beschlagnahmt worden, um Sandsäcke und Munition zu befördern, und Soldatenpatrouillen hielten Carney ein dutzendmal an und sagten ihm, er müsse die Straße verlassen. Sie errichteten Barrikaden und Sandsackbarrieren in den Hauptstraßen und am Piccadilly Circus, wie die Ausländer den zentralen Platz des modischen Vororts im Süden der Stadt nannten. Carney beschloß, über Nacht bei den Services zu bleiben, weil er nicht noch einmal durch das Durcheinander in sein Quartier zurückkehren wollte.

Um zwei Uhr morgens ertönte lautes Klopfen am Tor zum Grundstück der Services. Ein Bote brachte eine Nachricht des amerikanischen Konsuls Arthur Ringwald, in der die Warnung stand, angeblich stünden 3000 Kommunisten etwa dreizehn Kilometer östlich der Stadt an einem Ort namens Dabangqiao und weitere 7000 in etwas größerer Entfernung. Von den Franzosen war ein Sonderzug bereitgestellt worden, um ausländische Frauen und Kinder von Kunming nach Tonkin zu bringen. Er würde um 7.44 Uhr morgens abfahren.

Service und Carney liefen in den Stunden vor der Morgendämmerung in der Stadt umher und warnten die Missionare und die wenigen anderen Ausländer. Am Morgen bestieg Caroline Service mit ihrem Koffer (Jacks goldene Uhr sah sie nie wieder) und zwei siamesischen Kätzchen in einem Katzenkorb, die sie unbedingt an ihre Schwiegermutter in Shanghai schicken wollte, den Zug. Der Zug war voll. Noch eine andere schwangere Frau war da, außerdem alle ausländischen Frauen und Kinder aus Kunming und Dr. Rock, der beschlossen hatte, wegen seiner zarten Gesundheit und des unschätzbaren Wertes seiner Bücher und Reliquien besser mit dem abzureisen, was er tragen konnte. In strömendem Regen dampfte der Zug nach Tonkin ab.[2]

Die Angst in Kunming vor den »Roten Banditen« war der in Guiyang nicht unähnlich, nur war Kunming noch wehrloser. Es gab nur 500 Milizsoldaten in der Stadt. Hätten die Kommunisten Kunming einnehmen wollen, so hätten sie das fast kampflos tun können.

Doch sie wollten die Stadt nicht. Sie wollten nur, daß Chiang Kaishek und der Kriegsherr von Yunnan, Long Yun, weitere Truppen zurückzogen, um Kunming zu schützen, ebenso wie Chiang die Yunnan-Truppen zurückgezogen hatte, um Guiyang zu schützen. Es war eine Variation des Streiches, den Mao Zedong Chiang schon einmal gespielt hatte, und Chiang reagierte, fast einem Pawlowschen Hund ähnlich, genauso, wie Mao gewollt hatte. Er zog drei Regimenter aus der Umgebung des Goldsandflusses ab, ließ den Fluß buchstäblich offen und verlegte die Truppen in Richtung Kunming.[3]

Chiang eilte nicht persönlich nach Kunming, wie es in vielen chinesischen und ausländischen Berichten hieß. Er blieb in Guiyang und berief eine Sondersitzung seiner obersten Militärführer ein. Entgegen vielen Berichten fürchteten Chiang und seine Frau Soong

Meiling sich in Kunming nicht zu Tode und machten sich auch nicht mit der französischen Eisenbahn nach Hanoi davon. Als Chiang tatsächlich aufbrach, ging er nach Chengdu.[4]

Mao bereitete den Schauplatz für seinen Ausbruch nach Norden über den Goldsandfluß mit äußerster Sorgfalt vor. Die Rote Armee näherte sich Yunnan von Guizhou aus in drei Hauptgruppen, teilweise deshalb, weil Chiangs bester General, Xue Yue, es mit einer gut ausgebildeten nationalistischen Streitmacht geschafft hatte, in Westguizhou einen Sperriegel aufzubauen.

Die Rote Hauptstreitmacht, die Zentralkolonne, die Erste, Dritte und Fünfte Armee marschierten über 190 km verteilt in Yunnan ein, und zwar vom Nanpan-Fluß im Süden bis in die Nähe von Panxian im Norden, wo He Zizhen verwundet wurde.

Einmal in Yunnan, bewegte Mao seine Truppen so, daß sie die Nationalisten und vor allem Long Yun, den Kriegsherrn, verwirrten; dieser war in Kunming und beobachtete besorgt die roten Manöver. Er hatte seine besten Truppen nach Guizhou geschickt, und es gab keine Möglichkeit, sie schnell genug wieder zurückzuholen, um sie bei der Verteidigung von Kunming einsetzen zu können. Hastig begann er, die Bezirksmilizen oder lokalen Verteidigungskräfte zusammenzuziehen, die *mintuan,* obwohl er gewußt haben muß, daß sie für die kampferprobte Rote Armee kaum ein Gegner waren.

Mao brachte den Hauptteil der Ersten und Dritten Armee nach Yunnan hinein, und zwar direkt östlich von Kunming; dann begannen sie nach Norden abzudrehen. Sie bewegten sich mit der gewohnten Geschwindigkeit. Die Kolonne des Hauptquartiers rückte in Richtung auf Malong vor, etwa 95 km östlich von Kunming, als eine Staffel von KMT-Flugzeugen sie überflog. Sie warfen keine Bomben ab und verschwanden im Osten. Die Kommandeure der Roten Armee waren verblüfft, bis sie merkten, daß die KMT keine Ahnung hatte, daß die Rote Armee schon so tief nach Yunnan eingedrungen war. Etwas später erblickten Zhou Enlai und seine Leibwächter drei Lastwagen, die aus Richtung Kunming kamen und eine Staubwolke aufwirbelten. Sie fuhren direkt auf die Kolonne der Roten Armee zu und hielten überrascht an, als Zhou seiner Abteilung befahl, sie zu umstellen. Der Konvoi war von Long Yun, dem Kriegsherrn von Yunnan, an Xue Yue geschickt worden, den nationalistischen General. Er enthielt auch eine Sammlung topographischer Karten von Yunnan, die Xue Yue angefordert hatte. Long Yun hatte sie per Flugzeug schicken wollen, doch der Pilot war krank, und so sandte er sie per Lastwagen. Er füllte die Lastwagen mit Proviant – Yunnan-Schinken, der als bester in China galt – und mit Medikamenten, die er seinem Generalskollegen als Geschenk zukommen lassen wollte.

Mao konnte die Karten gut gebrauchen, um die Details für seine Überquerung des Goldsandflusses auszuarbeiten. Es war, so sagten seine Gefährten, wie eine Seite aus seinem Lieblingsbuch über den Krieg der Drei Königsreiche. Der große Held Liu Bei eroberte Yunnan mit Hilfe einer Landkarte, die ihm der Herrscher von Yunnan, Zhang Song, gegeben hatte.[5]

Die Neunte Armee, die endlich von dem Auftrag frei war, das Nordufer des Flusses Wu halten zu müssen, nahm nun eine neue Stellung direkt unterhalb der Landenge von Yunnan ein und versperrte so den Nationalisten jeden direkten Zugang zu den Übergängen über den Goldsandfluß. Wie der größte Teil der Roten Armee in Yunnan hatte auch die Neunte Armee bemerkenswert wenig Schwierigkeiten; das lag an der Herzlichkeit, mit der die Einwohner sie aufnahmen. Die Neunte eroberte eine Reihe von Kreisstädten, zuerst Xuanwei und dann Dongchuan, etwa 170 km nördlich von Kunming und 30 km vom Goldsandfluß entfernt. Die *mintuan* wollten hier wie anderswo keinen Kampf mit der Roten Armee, doch der Magistrat der Stadt, Yang Maozhang, wollte die Hauptstadt der Präfektur verteidigen. Die Einwohner erhoben sich gegen ihn. Ihnen war die Rote Armee willkommen. Magistrat Yang und ein lokaler »Tyrann« wurden vor eine Massenversammlung von zehntausend Menschen geführt, zum Tode verurteilt und erschossen. Die Rote Armee verteilte Yunnan-Schinken, Weizen und Hirse an die Armen. Sie erbeutete 60 000 Silberdollar von Kriegsherren und rekrutierte mehrere hundert Mann.[6] Die Neunte Armee bekam so viele Silberdollar, daß sie sie kaum transportieren konnte. Sie lud sie auf Maultiere, und sobald sie auf die Erste Armee stieß, teilte sie ihren Schatz mit ihr, kaufte Petroleum, Taschenlampen und Batterien, Baumwollstoff und neue Waffen. »Es war ein Glücksfall, ein unerwarteter Gewinn«, bermerkte Xu Jitao vom Provinzmuseum Yunnan.[7]

Die Hauptmacht der Ersten und Dritten Armee zog mit der Fünften Armee, die wie gewöhnlich die Nachhut bildete, nach Norden. Mao schickte die Elite-Kaderregimenter voran, um den ersten Übergang über den Goldsandfluß an der großen Biegung südlich nach Yunnan zu sichern.

Die Schlüsselrolle jedoch fiel Lin Biao zu, dem jungen Adler der Roten Armee. In jenem glorreichen Frühling 1935 – die Felder von Yunnan erblühten in Pastellfarben, Perlweiß, Rosa und Lavendel, die Opiumernte des Jahres wiegte sich im Sonnenschein – gab es keinen helleren Stern am Firmament der Roten Armee als Lin Biao.

Er hatte von Mao eine Aufgabe bekommen, die alle seine Fähigkeiten erforderte. Er sollte Long Yun, Xue Yue und Chiang Kaishek davon überzeugen, daß es das Ziel der Roten Armee wäre, Kunming zu erobern. Lin Biao mußte so nahe wie möglich an die Stadt heranmarschieren, damit die Drohung realistisch wirkte. Er erhielt eine Division erstklassiger Truppen, sechs Regimenter, einer Schätzung zufolge fast 10 000 Mann.[8]

Lin Biao zog von Xingyi in Guizhou aus nach Yunnan, bewegte sich etwas südlich und marschierte dann von Südosten her auf Kunming zu. Am 29. April hatte er Dabangqiao erreicht, nur dreizehn Kilometer östlich von Kunming. Von den hohen Hügeln aus konnten seine Späher Kunming im hellen Sonnenschein sehen. Das war die Annäherung, die in Kunming Panik auslöste und die ausländischen Frauen in das sichere Tonkin trieb. Lin Biao machte hier halt, um die Befürchtungen in Kunming zu verstärken, und gestattete seinen Truppen, sich nach dem halsbrecherischen Tempo der letzten Wochen auszuruhen. Am gleichen Tag hatte Maos Elite-Kaderregiment den Goldsandfluß erreicht und teilweise überquert, um einen guten Landeplatz zu finden. Noch am selben 29. April vervollständigte Mao seine Pläne für die Überquerung des Goldsandflusses. Landeplätze wurden zugeteilt; die Erste Armee sollte in Longjie übersetzen, dem südlichsten Übergang; die Dritte Armee in Hongmen, fünfzig oder sechzig Kilometer stromabwärts und nordöstlich gelegen, und das Kaderregiment in Jiaopingdu, wo es bereits das Terrain erkundete.[9] Am 1. Mai hatte das Kaderregiment die Furt von Jiaopingdu gesichert. An diesem Tag erhielt Lin Biao ein Telegramm von Mao. Er wurde angewiesen, die vorgetäuschte Bedrohung Kunmings abzubrechen und so schnell wie möglich zum Goldsandfluß zu kommen. Wenn er es nicht bis zum 7. Mai schaffte, konnte das Oberkommando nicht dafür garantieren, daß der Übergang noch offengehalten würde.[10]

Nie waren Lin Biaos Truppen schneller marschiert – immer noch vermeintlich Kunming bedrohend. Sie umgingen die Stadt nördlich und westlich und eroberten die Bezirksstadt Fumin dreißig Kilometer nordwestlich von Kunming. Die Panik in Kunming hielt an. Long Yun zog weitere Verstärkung heran. Die KMT eilte südwärts nach Kunming statt westwärts zum Goldsandfluß.[11]

Es gab keine Landstraßen, keine der heutigen Teerstraßen, gesäumt von großen Eukalyptusbäumen (ursprünglich von den Briten aus Australien importiert). Die hohen Berggipfel waren auch noch nicht mit Eukalyptuswäldern bewachsen. Doch als die Soldaten über die Hügel und auf die Plateaus kamen, die heute im Frühling golden von Weizen sind, sahen sie unglaublich schöne Opiumfelder, soweit das Auge reichte. Mohnblumen waren Yunnans Reichtum. Die Rote Armee konfiszierte enorme Mengen. Das waren Brot und Butter der Gegend. Die Rote Armee benutzte Opium als Währung, tauschte es gegen Proviant ein oder verteilte es einfach freigebig an die Bauern, wobei sie sich mit dem Gedanken tröstete, daß es schließlich das Produkt ihrer Mühen und ihres Schweißes war. Später, nach der Befreiung, erbte die Volksrepublik ein beängstigendes Opiumproblem. Der Anbau von Mohn wurde verboten. Man unternahm alle Anstrengungen, um Süchtige zu rehabilitieren. Propaganda, Überredung, medizinische Behandlung und harte Strafen wurden angewandt, aber das Problem ließ sich nicht über Nacht beseitigen. Ebensowenig wie die »Banditen« – die Überreste der KMT in den entlegenen Hügeln und Bergen, die bis Anfang der fünfziger Jahre überlebten und sich mit Opiumhandel ihren Lebensunterhalt verdienten.[12]

Lin Biao schüttelte alle Verfolger durch seine Schnelligkeit leicht ab und eilte stracks nach Norden. Am Abend des 3. Mai traf er im Bezirk Yuanmou unweit vom Goldsandfluß ein; er hatte die 160 km von Dabangqiao in wenig mehr als 48 Stunden zurückgelegt. Lin Biao und seine Truppen marschierten so schnell, daß sie viele Nachzügler verloren. Die Männer konnten das Tempo einfach nicht mithalten. Sie blieben zurück, und viele wurden von der KMT gefangen und auf der Stelle erschossen.[13] In der Nähe des Flusses wird die Gegend immer zerklüfteter. Selbst heute gibt es dort keine Straße, die von Süden her näher als dreißig Kilometer an die große

Biegung des Flusses herankommt. Veteranen des Langen Marsches, die den Schauplatz ihrer Kämpfe besuchen wollen, müssen zu Fuß gehen oder ein Maultier nehmen.

Am nächsten Tag rückte Lin Biao zu der ihm zur Überquerung bezeichneten Stelle bei Longjie vor und geriet in Schwierigkeiten. Es gab keine Boote. Der Fluß war breit und reißend. Er ließ eine schwimmende Brücke aus Bambusstangen bauen. Die Strömung riß sie fort. Am 6. Mai wurde Lin Biao von Mao aufgefordert, zum Übergang Jiaopingdu zu kommen, 80 bis 100 km am weglosen Flußufer entlang, über gefährliche Abhänge und Felssimse. Der 7. Mai als letzter Überquerungstermin blieb bestehen.[14]

Jiaopingdu (*du* ist das chinesische Wort für Übergang) war seit alter Zeit ein bekannter Übergang für Karawanen, die mit Ladungen von Salz oder Silber oder Fellen und Getreide von Sichuan nach Nordyunnan kamen oder mit Kräutern und tibetanischen Geheimmedizinen und Filigranarbeiten aus dem nicht allzuweit entfernten Tibet. Von der Seite Yunnans kamen Karawanen mit Opium, Gold (aus den Goldwäscherein am Ufer des Goldsandflusses, der schon im Altertum für Goldstaub und Nuggets bekannt war), reichen Stickereien aus Gold- und Silberfäden und anderen exotischen Gütern.

Am Nordufer – oder Westufer (der Fluß macht eine Biegung, so daß die Richtungsbestimmung etwas willkürlich ist) – des Flusses Jinsha, wie er im Chinesischen eigentlich heißt, befand sich eine Karawanserei. Als der April in den Mai überging, warteten dort etwa dreißig Händler mit ihren Packpferden und Maultieren. Sie hatten ihre Güter an die Flußgrenze gebracht und warteten auf die Ankunft einer Karawane aus Yunnan. Wenn sie ankam, würden sie mit der Fähre den Fluß überqueren, um ihren Handel mit den Männern aus Sichuan fortzusetzen.

Die Karawanserei wurde vom ältesten der vier Zhang-Brüder aus dem Dorf Hongmenchang geführt. Sein jüngerer Bruder Zhang Chaoman war 1984 noch ein kräftiger Mann von 71 mit elastischem Körper, sehnigen Muskeln und kahlem Schädel. Er sprach von seinen Erfahrungen vor fünfzig Jahren und saß dabei auf dem Balkon eines Gästehauses, das den Fluß von der Sichuan-Seite her überblickt. Er erinnerte sich ganz genau an den Frühling 1935.

Eines Tages kamen einige Männer zu ihm. Es stellte sich heraus, daß sie ein Propagandatrupp des Kaderregiments waren und Boote suchten. »Hab keine Angst«, sagte einer von ihnen, »wir sind Männer der Roten Armee, und wir sind hier, um die Grundbesitzer und die bösen Adligen zu töten. In zehn Jahren werden wir wiederkommen und dir das Land geben.«

Zhang sagte ihnen, daß sie keine Boote finden würden. Alle seien versteckt. Sie wiederholten, sie bräuchten Boote und auch Bootsleute. Zhang ging zu seinem Bruder, der sagte, es gebe keine Möglichkeit, Boote zu bekommen. Sie fanden eines, das halb versunken am Flußufer lag, und die Männer der Roten Armee versuchten, es wasserdicht zu machen, indem sie die Löcher mit Tüchern verstopften, die sie von den Händlern kauften. Sie fanden ein paar Boote auf der anderen Seite des Flusses. Auf die eine oder andere Weise bekamen sie fünf Boote zusammen, zwei auf der Sichuan-Seite, drei auf der Yunnan-Seite. Ein fähiger Fährmann, Yang Menzhi, erklärte sich bereit, neun Männer der Roten Armee zu einem Überfall auf die Sichuan-Seite zu bringen. Die Männer trugen Mauser-Pistolen und Taschenlampen und erschreckten die lokalen Soldaten mit den Lichtern, so daß sie wegliefen. In dieser Nacht erbeuteten sie fünf Boote.

Sie setzten ein paar weitere Fuhren Soldaten über auf die Sichuan-Seite, wo sie einen Angriff auf das örtliche Zollgebäude unternahmen. Sie schlugen an die Tür, und die Bootsleute riefen im Sichuan-Dialekt, den die Männer der Roten Armee nicht sprachen: »Wenn ihr die Tür nicht aufmacht, ziehen wir weiter, ohne unsere Steuern zu bezahlen.« Daraufhin wurde ihnen sofort geöffnet. Die Soldaten der Roten Armee stürmten hinein. Mehrere Männer hatten Mahjong gespielt und Opium geraucht. Sie waren rasch entwaffnet. Die Soldaten fanden 5000 Silberdollar Steuereinnahmen, die sie mitnahmen und in den sogenannten »Reservefonds für den Widerstand gegen die Japaner« steckten. Sie faßten etwa sechzig Männer, die Hälfte von ihnen lokale KMT-Soldaten. Am nächsten Tag fanden sie zwei weitere Boote. Nun waren es insgesamt zwölf. Inzwischen hatten sie 26 Bootsleute, und es sollten noch zehn hinzukommen.

Sobald man mit der Durchsuchung des Zollbüros fertig war, begann das Übersetzen der Soldaten in den Booten. Das sollte neun Tage und neun Nächte dauern. Für jedes Tagwerk erhielten die Bootsleute einen Silberdollar Bezahlung und einen Silberdollar Bonus. Wenn sie wollten, konnten sie ihre Bezahlung auch in

Form von Opium erhalten, fünf Unzen pro Tag. Die größeren Boote faßten sechzig Mann, die kleinsten zwanzig. Die Überfahrt dauerte drei Minuten. Jedes Boot erhielt eine Nummer und einen Kapitän.

Die Ufer am Flußübergang sind steil aufragende Felswände, und der Zugang von der Yunnan-Seite ist ein langer, schmaler Pfad, der etwa drei Kilometer weit den Abhang hinunter und zu einem schmalen, sandigen Ufer führt. Etwa fünfzehn Meter vom Flußrand entfernt stand (und steht) ein ungefähr drei Meter hoher Felsblock. Von diesem Felsblock aus leitete Liu Bocheng, der einäugige Drache und Stabschef der Ersten Armee, neun Tage und neun Nächte lang das Übersetzen. Er wurde unterstützt von Ye Jianying, der beim Flußübergang Politkommissar war.[15]

Zweimal überflogen Aufklärungsflugzeuge den Fluß, doch für Bombardierungen ist die Stelle zu eng. Die Pferde hatten Angst, die Boote zu besteigen; also wurden sie schwimmend an ihren Halftern neben den Booten hergezogen. Das Übersetzen ging ununterbrochen weiter. Nachts wurden große Feuer entzündet, damit die Boote ohne Unterlaß fahren konnten. Frauen und Verwundete wurden in eigenen Booten übergesetzt. Von Anfang bis Ende verlief der Fährverkehr reibungslos.

Mao Zedong, Zhou Enlai und das Oberkommando überquerten den Fluß in der Dunkelheit vor der Morgendämmerung des 1. Mai. Sie waren an diesem Tag gut achtzig Kilometer geritten. Auf der Sichuan-Seite fehlte der goldene Strand von Yunnan. Damals (und noch heute) legten die Boote an einem schräg abfallenden Felsen und einem engen Schieferstrand an, der steinig ist und etwa sechs Meter hoch bis zu einem Sims ansteigt. Dort oben führt ein schmaler Pfad am Ufer entlang zu einem weiteren, höheren Sims. Für die Dislozierung von Truppen und Nachschub ist hier wenig Platz. Am zweiten Sims entlang befinden sich elf Höhlen, die von Generationen von Flußfahrern in die Felsen geschlagen worden sind. In diesem Höhlenkomplex wurde das Hauptquartier errichtet. Mao hatte eine Höhle, eine bekam Zhou Enlai, in den anderen waren die übrigen Kommandeure, die Funker, die Sicherheitswachen und der Rest des zentralen Apparats untergebracht.

Mao machte seinem Leibwächter Chen Changfeng gelinde Vorwürfe, weil er so lange brauchte, um ein Brett zu finden, das sich als

Schreibtisch benutzen ließ. Als Bett für Mao legte der Leibwächter ein Wachstuch auf den Boden und darauf eine Decke. Er konnte keine Nägel in die Wände schlagen, also konnte er Maos Landkarten nicht aufhängen.

Die Höhlen existierten 1984 noch immer, kaum verändert in fünfzig Jahren, verbunden durch einen ausgehauenen Durchgangsweg am Kliff entlang, klein, dämmrig, bedrückend. Sie boten Schutz vor Luftangriffen, doch die Führung hätte sicher ein Zeltlager auf dem Sims, wo heute das Gästehaus steht, angenehmer gefunden.[16]

Das Wetter war drückend heiß. Das Kaderregiment litt schwer unter der Hitze bei seinem Eilmarsch nach Norden zum Goldsandfluß. Die gewundenen Pfade bei Maisonnenschein zu erklimmen, kann entsetzlich anstrengend sein, wie der Autor selbst erfahren hat. Die Geschwindigkeit der Roten Armee ist kaum glaublich. Sie spiegelt sich in den Presseberichten der KMT wider, die fünf bis sieben Tage hinter den Ereignissen herhinkten. Am 5. Mai beispielsweise vermutete die Tientsiner Zeitung *Ta Kung Pao* verspätet, das Ziel der Roten Armee »scheint Sichuan zu sein«. Zu diesem Zeitpunkt war die Rote Armee bereits seit sechs Tagen dabei, den Goldsandfluß nach Sichuan hinein zu überqueren, und würde die Operation in weiteren drei Tagen beendet haben.

Die Dritte Armee hatte Schwierigkeiten mit ihrem Übersetzen bei Hongmen (Xincun) südlich von Jiaoping. Die Männer legten eine Schwimmbrücke über den Fluß und schickten das 13. Vorhutregiment hinüber, doch die Strömung zerstörte die Brücke. Zhou Enlai befahl, den Übergang der Ersten Armee in Longjie zu benutzen, doch diese Entscheidung wurde schnell zurückgenommen, weil die Erste Armee die Überquerung dort nicht hatte durchführen können.

Sowohl die Erste als auch die Dritte Armee brachten ihre Hauptstreitmacht bei Jiaoping hinüber; die Dritte beendete ihren Übergang am 7. Mai, die Erste am 8. Mai. Die Nachhut, die fünfte Armee mit 3000 bis 5000 Mann, hielt eine Woche lang Angriffe einer KMT-Divison von fast 10 000 Mann unter Wu Qiwei im Bezirk Luquan direkt südlich von Jiaoping ab, ehe sie am 8. und 9. Mai den Goldsandfluß überquerte.[17]

Die Neunte Armee, die noch immer als Rückendeckung der Hauptmacht operierte, marschierte bei Shujie etwa 60 km nördlich (stromabwärts) von Jiaopingdu an den Goldsandfluß, und zwar am 6. Mai, und überquerte den Fluß am 9. Mai. Sie vereinigte sich dann schnell mit der Hauptmacht in Lugu, nördlich von Xichang.

Der Weg von Jiaopingdu aufwärts war binnen weniger Stunden nach der Flußüberquerung des Kaderregiments am 1. Mai begonnen worden. Die Truppen hatten zwei oder drei Stunden Schlaf gehabt und wurden dann angewiesen, weiterzumarschieren, sie erkletterten die nicht allzu steilen Höhen hinter der Landestelle und trafen dort auf einen gewundenen Pfad, der hundert Meter im Zickzackkurs steil aufwärts führte und sie zu einer langgestreckten Schwemmlandebene von der Größe mehrerer Fußballfelder brachte; der Boden war mit Basalt- und Granitbrocken bedeckt, manche mehr als mannshoch, manche groß wie ein Basketball, andere klein wie ein Tennisball. Links erhoben sich schroffe schwarze Felssäulen, rechts fiel ein steiler Abhang Richtung Jiaopingdu ab. Nicht wenige der Männer erinnerten sich an den volkstümlichen Spruch, es sei leichter, den Himmel zu erklimmen, als über die Wege von Sichuan zu gehen, Steinpfade, auf denen selten zwei Menschen nebeneinander Platz haben und die sich an den Rändern von Abgründen entlangschlängeln.

Selbst für zähe junge Männer war es schwer, beim Überqueren der steinigen Felder auf den Füßen zu bleiben. Sie marschierten unter glühender Sonne sechs Kilometer geradeaus und erstiegen einen steilen Weg zu einem weiteren Plateau, halb von Steinen, halb von Gras bedeckt. Von hier aus blickten sie direkt hinauf zu den zerklüfteten Zügen des Löwenkopfes, eines großen Massivs, das im Westen 300 Meter hoch aufsteigt. Es beherrscht das kleine Plateau, und zwischen seinen spitzen Felsbrocken war ein Verteidigungsbataillon der KMT in Stellung gegangen und feuerte dem Kaderregiment in die Kehle, auf junge Burschen von achtzehn und neunzehn Jahren, halbtot von der Erschöpfung des gestrigen 100-km-Marsches, der Überquerung des Flusses und dem Marsch über die alluviale Gesteinswüste des Plateaus. Der Löwenkopf war uneinnehmbar. Er konnte gegen 10 000 Männer verteidigt werden.

Von seinem Gipfel aus krachten schwere Felsbrocken auf die Angreifer der Roten Armee hinunter. Hier wurden einem Mann die Beine zerschmettert, dort lag ein anderer bewußtlos, nachdem ein Stein seinen Kopf getroffen hatte. Das Maschinengewehrfeuer der

KMT sprengte Stücke von den Felsbrocken ab, die in alle Richtungen spritzten.

Langsam rückten die Männer der Roten Armee vor, von einem Felsblock zum anderen. Manche fanden eine Spalte, die ein wenig Schutz bot. Sie kamen näher und näher an den Feind heran. Schließlich gab der Hornist das Signal. Mit dem Schrei *»Sha! Sha! Sha!«* (Tötet! Tötet! Tötet!) griffen sie an, und die KMT-Männer, ein lokales Bataillon, flohen in Panik Richtung Tongan.

Die Vorhut verfolgte sie. Der Pfad führte wieder aufwärts, ein gewundener Felsweg, der an nackten Felswänden und 200 m tiefen Abgründen vorbeiführte. Der Weg wand sich vor und zurück, auf und ab, und die Soldaten kletterten und kletterten, bis ihre Muskeln sich wie glühendes Eisen und ihre Knie wie Gelatine anfühlten. Die Sonne brannte vom Himmel. Sie schwitzten jetzt nicht mehr, weil sie keine Flüssigkeit mehr im Körper hatten. Noch zwölf oder dreizehn Kilometer rückten sie vor, dann ging es auf einem korkenzieherförmig gewundenen, steilen Felsweg bergab in den Talgrund, in dem die kleine Stadt Tongan lag. Der Feind war geflohen. Die Vorhut wartete. Niemand folgte. Keine Verstärkung. Müde gingen sie den Weg zurück zum Löwenkopf, stellten einen Verteidigungsring auf und warteten auf Befehle.[18] Für die jungen Soldaten der Roten Armee war das ein Tag wie alle anderen gewesen. Einem, der fünfzig Jahre später ihren Spuren folgte, erschien es wie ein Wunder.

Mao blieb in Jiaopingdu, bis die Erste Armee am 8. Mai den Fluß überschritten hatte. Dann zog er mit der Kommandokolonne über den Bergpfad nach Tongan und weiter dorthin, wo die Rote Armee bereits das Distriktzentrum von Huili angriff.

Liu Bocheng blieb bis zum Schluß auf seinem Felsblock stehen. Er ließ Maschinengewehre aufstellen, um die Nachhut vor einem Angriff in letzter Minute durch die rasch vorrückenden KMT-Kräfte zu schützen. Alle großen Boote wurden auf die Flußseite gebracht, auf der sich die Rote Armee befand; dort ließ man sie los, und sie zerschellten schnell an den Felswänden, als der reißende Goldsandfluß sie davontrieb. Die Bootsleute, die bis zum Schluß blieben, erhielten einen Bonus von dreißig Silberdollar. Die Eigner der Boote wurden nicht entschädigt bis auf einen Bootsmann, dem das Boot selbst gehörte. Er bekam achtzig Dollar.

Nachdem die Rote Armee fort war, wurden viele der Bootsleute von der KMT ausgehoben und bestraft. Zhangs ältester Bruder wurde verhaftet, gefoltert und mit einer Geldstrafe von 280 Dollar belegt. Die drei anderen, einschließlich Zhang Chaoman, liefen fort und entgingen so der Verhaftung.[19]

Als schließlich alle Männer der Roten Armee sicher auf der anderen Seite und alle Boote zerstört waren, kam Liu Bocheng von seinem Felsen herunter, bestieg sein Pferd und erklomm rasch den Bergpfad, bereit zur nächsten Schlacht.[20]

Die Rote Armee hatte den Goldsandfluß überquert. Sie hatte den Verfolgern die Tür vor der Nase zugeschlagen. Mao Zedong war noch nicht ganz von Chiang Kaishek befreit. Doch er befand sich nördlich des Yangtze. Seit dem 16. Oktober 1934 hatte die Rote Armee keinen solchen Erfolg mehr gehabt, keine solche Handlungsfreiheit. Die Soldaten waren sieben Monate im Feld, die Verluste schwer gewesen. Sie waren auf 25 000 Mann zusammengeschrumpft. Aber sie hatten überlebt. Maos Strategie hatte sich ausgezahlt. Die Überquerung des Goldsandflusses sollte ein episches Ereignis in der Geschichte der Roten Armee werden.

Es gab noch einen anderen Faktor, den man nicht übersehen darf. Fast überall in Yunnan hatte die Rote Armee beim Volk Unterstützung gefunden. Die örtlichen Milizen hatten nicht gerade verbissen gekämpft. Die lokalen Beamten waren oft Sympathisanten.

Der Kriegsherr Long Yun hatte einen Drahtseilakt vollbracht. Er half der Roten Armee nicht, aber er setzte seine militärische Stärke auch keiner größeren Erosion aus. Er hatte gesehen, wie es Wang Jialie ergangen war, dem Kriegsherrn von Guizhou. Wang Jialie war von der Roten Armee schwer geschlagen worden. Er hatte verheerende Verluste an militärischer Stärke und einen hohen Prestigeverlust erlitten. Nachdem Wang Jialie den größeren Teil seiner Armee verloren hatte, stellte Chiang Kaishek ihn vor eine Entscheidung. Er konnte entweder seinen Posten als Kommandeur oder den als Gouverneur behalten. Nicht beide. Dann stiftete Chiang Kaishek Wang Jialies Leutnants an, mehr Geld zu verlangen. Die Unruhen waren so ernsthaft, daß Chiang Wang Jialie absetzen, in eine Militärschule schicken und eine Marionette an seine Stelle setzen konnte. Der Kriegsherr Long Yun würde das nicht mit sich machen lassen.

Am 27. April 1935 erhielt Long Yun ein Telegramm von einem Vertreter einiger einflußreicher Leute in Hongkong. Es lautete: »Ich habe mit Leuten in Guizhou und Hunan gesprochen. Mein Eindruck ist, daß sie die Rote Armee aus diesen Gebieten heraushaben wollen und daß die Rote Armee durch Yunnan nach Sichuan will. Am besten läßt man sie das tun, ohne zu kämpfen.« Long Yun versah das Papier mit der Notiz: »Diese Feststellung geht von den Interessen des Südwestens aus.«

Es ist wahrscheinlich, daß dieses Telegramm etwas mit Long Yuns keineswegs bedingungslosem Widerstand gegen die Rote Armee zu tun hatte.[21]

Wie bei der Durchquerung von Guangdong und Guangxi verschafften die Unstimmigkeiten zwischen Chinas Kriegsherren, ihre Angst vor Chiang Kaishek und ihr Wunsch, ihre Lehensgüter zu behalten, den Kommunisten einen geheimen Vorteil in den kritischen Schlachten.

Kapitel 18

Der Hühnerblut-Eid

Huili, die alte Stadt aus der Ming-Dynastie, die seit dem 15. Jahrhundert besteht, liegt etwa sechzig Kilometer nordwestlich von Jiaopingdu. Auf dieses Provinzzentrum marschierten Mao und die Rote Armee zu, nachdem sie den Goldsandfluß überquert hatten. Die Stadt war belagert worden, während die Überquerung noch im Gange war, befand sich aber noch nicht in kommunistischer Hand.

Mao wollte einen Platz, an dem sich die Armee ein paar Tage ausruhen und erholen konnte, ehe es durch die zerklüfteten Berggegenden ging, die von einer älteren, nicht-chinesischen Rasse, den Yi, bewohnt waren.

Auch etliche politische Fragen mußten geklärt werden. Zunyi und die Entscheidungen, die Mao an die Spitze gebracht hatten, lagen vier Monate zurück. Die Stärke der Roten Armee war auf nahezu 20 000 Mann gesunken, und in den nicht-chinesischen Gegenden der Yi und der Tibetaner, die vor ihnen lagen, bestand wenig Aussicht auf Rekrutierungen. Mao hatte seine Kampftruppen sicher über den oberen Yangtze geführt; wieder einmal hatte er Chiang Kaishek überlistet, aber immer war da noch ein Fluß zu überqueren und noch ein Gebirge zu erklimmen.

Chiang hatte geglaubt, er habe die Komunisten in der roten Ecke von Jiangxi eingeschlossen. Sie entkamen. Er hatte gedacht, er könnte sie am Xiang-Fluß vernichten. Sie schlugen sich durch. Er hatte gedacht, er habe sie in Westguizhou in der Falle. Mao entschlüpfte ihm. Schließlich glaubte er, er könne Mao fangen, ehe der zum Goldsandfluß gelangte. Er schaffte es nicht. Der Feldzug sah allmählich aus wie einer von Walt Disneys frühen Zeichentrickfilmen, in denen Mickey Mouse immer wieder den Nachstellungen der großen, dummen Katze entkommt.

Mao hatte anscheinend Oberwasser, um einen heutigen Ausdruck zu gebrauchen. Alles schien für ihn zu laufen. Doch nicht alle seiner Kollegen empfanden das so, vor allem Lin Biao nicht. Lin

Biao hatte brillante Leistungen vollbracht seit Maos Rückkehr an die Führung. Er hatte Zunyi genommen und dabei kaum Verluste gehabt. Er hatte den Durchbruch zum Yangtze in Nordwestguizhou nicht geschafft, doch das wäre keinem Kommandeur gelungen. Sein kühner Vorstoß gegen Kunming und das Rennen zum Goldsandfluß zeugten beinahe von Zauberei.

Aber Lin Biao war zutiefst unzufrieden. Schon Wochen zuvor hatte er sich beschwert, Mao erschöpfe die Truppen durch seinen ziellosen Bewegungskrieg. Heute gibt es Hinweise darauf, daß Lin Biao bei mehreren Gelegenheiten während Maos Zickzack-Feldzug über seine Befehle murrte (wenn er sie auch immer ausführte). Teilweise mögen das natürliche Reaktionen von Überlebenden der Roten Armee sein, die während der Kulturrevolution unter Lin Biao zu leiden hatten. Nicht wenige ihrer Genossen verloren ihr Leben durch Lin Biaos Intrigen, und viele hatten jahrelange Haft und monatelange Folterungen zu ertragen.

Maos Hoffnungen, Huili zu einem neuen Zunyi zu machen – eine Atempause für politische Diskussionen, Reorganisation, Ergänzung von Menschen und Material –, wurden enttäuscht. Huili war eine nahezu mittelalterliche Stadt, geschützt von einem breiten, 300 Jahre alten Graben und zwei hohen, dicken Mauern, einer inneren und einer äußeren. Die Rote Armee versuchte, die Stadt in einem Überraschungsangriff zu nehmen, doch das gelang nicht. Tausend Mann von der 24. Division der KMT wehrten sie ab. Sie verschlossen die Tore, bemannten die Mauern und schlugen Peng Dehuais 10., 11. und 12. Regiment zurück. Im ersten Ansturm gelangte das 11. durch das Osttor und das 12. durch das Westtor, doch die zweite Mauer konnten sie nicht überwinden.

Der Bereich zwischen den Mauern war voller Häuser und Hütten. Die Verteidiger evakuierten die Bewohner und zündeten die Häuser an. So trieben sie die Rote Armee zur ersten Mauer zurück.[1] Die KMT befahl den Einwohnern der Stadt, große Kübel von heißem Reisbrei bereitzustellen. Sie gossen die dünnflüssige Masse über den Köpfen der Dritten Armee aus, als diese auf ihren Bambusleitern an den Mauern hochzuklettern versuchte. Viele wurden schrecklich verbrüht und fielen von den Leitern. Der zweite Ansturm wurde am 10. Mai zurückgeschlagen.

Die Rote Armee nahm nun Zuflucht zu einer Technik, die sie

vorher noch nicht benutzt hatte. Sie grub Tunnel unter dem Osttor und dem Westtor und sprengte sie in die Luft. Die Einwohner von Huili gerieten in Angst und Schrecken, aber die Rote Armee war nicht in der Lage, die Abwehrstellungen zu durchdringen.[2]

In derselben Nacht, am 12. Mai, berief Mao das Treffen von Huili in einer Schmiedewerkstatt außerhalb der Stadtmauern ein. Es war eine erweiterte Politbürositzung. Achtzehn Personen nahmen daran teil: Mao, Zhu De, Zhou Enlai, Chen Yun, Bo Gu, Wang Jiaxiang, Liu Shaoqi, Yang Shangkun, He Kequan (Kai Feng, der in Zunyi gegen Mao opponiert hatte), Liu Bocheng, Lin Biao, Nie Rongzhen, Luo Fu, Peng Dehuai, Li Zhuoran, Dong Zhentang, Deng Xiaoping und Deng Fa.[3]

Otto Braun sagte, er sei in letzter Minute zur Teilnahme eingeladen worden. Er hatte keinen Dolmetscher und war auf Bo Gu angewiesen, der ihn kursorisch ins Bild setzte. Militärs seien nicht zugegen gewesen, berichtete Braun.[4] Niemand sonst vermerkte Brauns Anwesenheit, und verschiedene Militärs gaben detaillierte Berichte darüber ab, was sie und andere gesagt hätten. Vermutlich irrte sich Braun, wie ihm das oft passierte, da er keine Notizen hatte und erst dreißig Jahre nach den Ereignissen schrieb.

Lin Biaos Auffassungen standen im Mittelpunkt der Diskussion. Der 27jährige Kommandant hatte einen Brief verfaßt und an Mao geschickt, in dem er ihn aufforderte, sein aktives Kommando an Peng Dehuai zu übergeben, den alten (er war 37) Führer der Dritten Armee. Er war das Salz chinesischer Erde, ein Kommandeur der Roten Armee, der ein bißchen wie eine Bulldogge aussah und auch so kämpfte. Er war ein grobschlächtiger Mann mit starkem Rücken und Schultern, die er in frühen Arbeitsjahren entwickelt hatte. Den Worten von General Yang Shangkun zufolge, eines engen Freundes und Genossen, besaß Peng »ein statuenähnliches Gesicht mit dunklen, funkelnden Augen, durchdrungen von einem machtvollen und unnachgiebigen Geist«.[5]

Es gab nichts im Leben eines chinesischen Bauern, das Peng nicht mitgemacht hätte. Im Alter von siebzig Jahren war seine Großmutter auf ihren eingebundenen Füßen auf die Dorfstraße in Wushi, Hunan, hinausgetrippelt, Pengs drei kleine Brüder im Gefolge, und hatte am Neujahrstag um Reis gebettelt. Der kleinste der Brüder verhungerte bald. Peng ging nur ein einziges Mal betteln und dann nie wieder. Statt dessen erkletterte er im Winter barfuß die Hügel und schnitt Gestrüpp zum Feuern. Für fünf Kupfermünzen am Tag führte er einen Wasserbüffel und für dreißig Kupfermünzen täglich drehte er in einer Kohlengrube eine Wasserpumpe, bis der Eigentümer Bankrott machte und Peng den Lohn für ein Jahr schuldig blieb.

Den ersten revolutionären Antrieb erhielt Peng von seinem Großonkel, der bei der großen Rebellion von 1850 mit den Taipings kämpfte. Damals, sagte der Onkel, hätten die Taipings Nahrung für jedermann gefunden, die Frauen hätten ihre Füße losgebunden, und das Land sei unter den Bauern aufgeteilt worden.

»Das«, schrieb Peng Dehuai in einer der autobiographischen Skizzen, die er während der Kulturrevolution für die Verhöre verfaßte, bei denen er geschlagen und schließlich zu Tode gefoltert wurde, »gab mir den Gedanken ein, die Reichtümer der Grundbesitzer wegzunehmen und an die Armen zu verteilen.«[6]

Bis 1916 arbeitete Peng als Tagelöhner auf den Deichen des Dongting-Sees in Hunan; dann schloß er sich für fünfeinhalb Silberdollar im Monat der Armee eines Kriegsherrn an und blieb für den Rest seines Lebens Soldat; er studierte an der Militärakademie von Hunan, trat 1928 in die Rote Armee ein und führte schließlich die Streitkräfte Chinas in Korea gegen die Amerikaner.

Sein ganzes Leben lang sprach Peng frank und frei, und er schrieb in einfachem, kraftvollem Chinesisch, oft sehr ausführlich, damit niemand an seiner Meinung zweifeln könne. Er war, wie seine Männer oft sagten, »mit der Revolution verheiratet«.[7] Unter den Händen seiner Folterer schrie er seinen Trotz so laut heraus und schlug so heftig auf den Tisch, daß die Wände seiner Zelle bebten. »Ich fürchte nichts«, dröhnte er. »Ihr könnt mich erschießen. Eure Tage sind gezählt.«[8]

Lin Biao besaß kein breites, kräftiges Gesicht wie Peng Dehuai. Er war zehn Jahre jünger, eher schmächtig, hatte ein ovales Gesicht, olivfarbene Haut und war auf dunkle Art gutaussehend. Peng redete mit seinen Männern. Lin hielt auf Distanz. Vielen erschien er schüchtern und reserviert. Es gibt keine Geschichten, die Wärme und Zuneigung seinen Leuten gegenüber widerspiegeln. Seine Kommandeurskollegen von der Roten Armee respektierten Lin, doch wenn er sprach, geschah es stets sachlich.

Wu Xing, der 1948 Divisionskommandeur wurde, diente auf dem Langen Marsch unter Lin Biao als Zugführer in dessen Stabskompanie. »Er schlug gute Schlachten und war ein hervorragender Militärkommandeur«, sagte er. »Er war sehr gut zu denen, die mit ihm arbeiteten.« Er räumte ein, daß Lin nicht gesprächig war. »Er war gern allein«, erinnerte sich Wu Xing.[9]

Als die Rote Armee nach Yan'an kam, entwickelte sich die Sitte samstäglicher Tanzabende in einem hübschen Innenhof, der Rendezvous-Garten genannt wurde. Mao Zedong und Zhu De tanzten eine Art Bärenwalzer und schwangen mit etlichen aufgeregten jungen Partnerinnen das Tanzbein. Peng Dehuai tat dasselbe. Zhou Enlai tanzte mit Grazie, doch Lin Biao mied das Parkett trotz der Überredungskunst der jungen Frauen aus Shanghai und Peking, die nach Yan'an gekommen waren, um sich der revolutionären Sache anzuschließen. (Am Ende heiratete er eine der hinzugekommenen Schönen.)[10]

Lin Biao war Maos Liebling, wie er der Liebling Chiang Kai-sheks und des späteren Sowjetmarschalls Blyukher an der berühmten Whampoa-Militärakademie in Canton gewesen war, ehe Chiang sich 1927 in Shanghai gegen die Kommunisten wandte. Lin Biao, Sohn eines durch die Steuern ruinierten Fabrikbesitzers in Hubei, verband sein Schicksal mit dem der Kommunisten, schloß sich am 1. August 1927 dem Aufstand von Nanchang und Zhou Enlai an und wurde 1932 mit 24 Jahren Kommandeur der Ersten Armee. Nun war er 27, und niemand hatte einen solchen Ruf für Wagemut und Täuschungsmanöver. Es hieß, er lasse sich nie auf eine Schlacht ein, wenn er nicht sicher sei, sie zu gewinnen.

Der Kontrast zwischen Maos obersten Feldkommandeuren hätte kaum größer sein können, aber auf dem Langen Marsch arbeiteten sie gut zusammen; Lin spezialisierte sich auf Finten, verdeckte Strategien, Überraschungen, Hinterhalte, Flankenangriffe, Überfälle und Kriegslisten. Peng stieß in frontalen Angriffen gegen den Feind vor und kämpfte mit solcher Wut, daß er den Feind wieder und wieder vernichtete. Peng hielt keine Schlacht für gut zu Ende gekämpft, wenn es ihm nicht gelang, irgendwelche Verluste durch das Erbeuten von feindlichen Geschützen und die Umwandlung von Kriegsgefangenen in loyale Rekruten der Roten Armee auszugleichen – und mehr als auszugleichen.

Als die Rote Armee vor dem Überqueren des Goldsandflusses in Huili rastete, waren die Kommandeure und Mannschaften zutiefst erschöpft. Sie hatten ihr Letztes gegeben. Immer wieder tauchten Fragen auf: Wohin gehen wir? Wie ist der Plan? Viele kamen aus Jiangxi und Hunan. Nun befanden sie sich in Sichuan – in den entlegenen Gegenden von Sichuan. Sie fühlten sich fremd und verloren. Sie beherrschten den Dialekt von Sichuan nicht. Wie würden sie je den Weg zurück nach Jiangxi oder Hunan finden?

Otto Braun, kein ganz vertrauenswürdiger Zeuge, beharrt darauf, daß die Probleme kritisch und tiefgreifend gewesen seien. Er behauptet, die Unzufriedenheit mit Maos Führung sei bald nach Zunyi aufgekommen. Sie sei durch den Sieg am Loushan-Paß gemildert worden, aber nicht verschwunden. Er sagt, Luo Fu und Lin Biao hätten Mao der »Flucht vor dem Feind« und des »militärischen Bankrotts« bezichtigt. Er berichtet auch, Peng Dehuai und General Yang Shangkun hätten sich dem »mehr oder minder angeschlossen«. Keine andere Quelle geht so weit. Es scheint gewiß, daß Brauns Streit mit Mao ihn zu Übertreibungen veranlaßte. Er behauptet, Luo Fu habe ihn in einem persönlichen Gespräch darauf hingewiesen, er selbst würde ein neues Führungstrio bevorzugen – Lin Biao, Peng Dehuai und Liu Bocheng. Braun sagte, Bo Gu habe gefürchtet, die Rote Armee könne noch weiter in Richtung auf Tibet oder Burma getrieben werden.

Zu Brauns Überraschung bat Mao ihn eines Tages zu einem Gespräch. Er gab zu, daß die Situation ernst sei, äußerte jedoch Zuversicht, daß sie schließlich den Goldsandfluß überqueren würden. Wenn nötig, sei er bereit, die Rote Armee über die tibetanischen Ausläufer von Sikang und Qinghai nach Xinjiang zu führen, von wo aus er die Sowjetunion um Hilfe bitten würde.[11]

Dennoch blieben Fragen. Mao hatte die Rote Armee gerettet, doch was würde sie jetzt machen? Sie waren nicht in der Lage gewesen, sich mit He Long und Xiao Ke zu vereinigen. Sie hatten es nicht geschafft, eine neue Sowjetbasis zu schaffen. Die Vierte Armeegruppe von Zhang Guotao war irgendwo unterwegs, und seit Zunyi hatte es praktisch keine Verbindung gegeben.

Das waren die Fragen, die Lin Biao beunruhigten. Er hatte die Angelegenheit mit einer Gruppe von Kommandeuren diskutiert, vor allem mit seinen Kollegen Nie Rongzhen, Politkommissar des Ersten Armeekorps, Zuo Quan, Stabschef, Luo Ruiqing, Sicherheitschef, und Zhu Rui, Stabsoffizier.

Lin Biao schlug vor, das aktive Kommando solle an Peng Dehuai übergeben werden, und Mao solle sich auf die Gesamtpolitik und Planung beschränken, zusammen mit den anderen Mitgliedern der Militärkommission Zhou Enlai und Wang Jiaxiang.

Lin klagte, Mao zwinge die Truppen, unnötig lange Strecken zurückzulegen. Er verglich die Route der Roten Armee mit einem gespannten Bogen. Die Truppen marschierten an der Biegung des Bogens entlang statt an der gespannten Sehne. »Das«, sagte Lin, »erschöpft unsere Truppen. Maos Führungsstil wird keinen Erfolg haben.«

Nie Rongzhen widersprach scharf: »Wir sitzen in einer Falle des Feindes. Wenn wir nicht ganz unberechenbar vor und zurück marschieren, wie können wir dann ausbrechen?«

Lin schlug vor, Peng Dehuai solle Oberster Frontkommandeur für Feldoperationen werden. Wie Nie Rongzhen sich erinnert, wies Peng diesen Gedanken glatt zurück.[12] In seinen Gefängniserinnerungen berichtet Peng, wie er während des Treffens in Huili Lins Brief las. Er sagt, er habe »es ihm nicht übelgenommen, da er es für eine Frage der Leitung von Feldoperationen hielt«. Er wies darauf hin, daß die Erste Armee, die Lin führte, und seine Dritte Armee nicht selten unter einem gemeinsamen Kommando operiert hatten.[13]

Die Rote Armee mußte erneut reorganisiert werden, um ihre verringerte Stärke auszugleichen. Die Erste Armee wurde von drei Divisionen auf zwei verkleinert, die Dritte Armee von drei Divisionen auf vier Regimenter. In der Fünften und Neunten Armee wurden Divisionen abgeschafft. Mao beschloß, die Zentralkolonne auszukämmen und alle kampffähigen Männer den Kampfeinheiten zuzuteilen. Einer von denen, die neu zugeteilt wurden, war Deng Xiaoping. Er wurde aus seinen Sekretärspflichten beim Zentralkomitee entlassen und als Politkommissar der Ersten Armee zugeordnet. An seine Stelle trat die winzige Liu Ying. Das wurde zu einem Wendepunkt in ihrem Leben. Sie wurde nun Sekretärin der »Zentralmannschaft«. Sie hatte so etwas nie zuvor gemacht, und Luo Fu, ein Mitglied der »Mannschaft«, half ihr aus, zeigte ihr, wie man Protokolle schrieb, Berichte ablegte und Befehle verfaßte. Sie kannte Luo Fu seit Moskau, wo sie Studentin an der Sun-Yatsen-Universität gewesen war, an der er lehrte. Als sie beide in den Zentralen Sowjetbereich zurückkehrten, traf sie ihn ab und zu. Er stand der Erziehungskommission vor. Sie hatte, so sagte sie, nicht den Wunsch, zu heiraten oder »sich mit Kindern zu belasten«. Nun kamen die beiden einander näher. Im Jahre 1984 schmunzelte sie, als sie sich an jene Tage erinnerte. »Der Vorsitzende Mao machte immer Witze über uns«, sagte sie. Aber eine Zeitlang geschah nichts weiter.[14]

Noch ein Dokument lag der Konferenz von Huili vor, ein Telegramm, unterzeichnet von Liu Shaoqi und General Yang Shangkun, das Vorschläge für weitere Operationen machte. Die Vorschläge hatten sich aus formlosen Gesprächen zwischen Peng Dehuai und Liu Shaoqi in der Zeit ergeben, als Liu nach Zunyi als Politkommisssar zur Dritten Armee gekommen war. Peng meinte, die nationalistischen Truppen seien genauso erschöpft wie die Kommunisten, und die Zeit sei vielleicht geeignet, auf den ursprünglichen Plan des Zusammentreffens mit He Longs Zweiter Frontarmee zurückzukommen.[15]

Mao hatte keine Schwierigkeiten, mit diesen Herausforderungen seiner Autorität fertigzuwerden. Er machte Lin Biao lächerlich: »Was weißt du schon? Du bist noch ein Junge. Es ist notwendig, daß die Truppen sich auf der Linie eines Bogens bewegen.«[16]

Mao sagte, die Vorschläge von Lin Biao und das Telegramm von Liu Shaoqi und General Yang Shangkun bewiesen eine »rechtsabweichlerische« Stimmung, wie sich Peng Dehuai ausdrückte, womit er offenkundig meinte, sie zeigten keine aggressive Einstellung. Peng Dehuai übte leichte Selbstkritik. Später sollte die Angelegenheit für Peng Dehuai, General Yang Shangkun und Liu Shaoqi finstere und schwere Folgen haben (allerdings nicht für Lin Biao). Für den Augenblick schien sie sich von selbst erledigt zu haben, und wie Peng Dehuai in seinen erzwungenen Memoiren schrieb, dachte er, »die Zeit werde die Dinge klären«.[17] Sie tat es nicht.

Die andere Frage, vor der die Konferenz stand, lautete, was jetzt zu tun sei. Mao hatte bereits beschlossen, sie müßten nach Norden gehen, und zwar durch Yi-Gebiet, und den Dadu-Fluß überqueren, der jenseits dieses Gebiets lag. Der Dadu war ein ungeheures Hindernis. Und es bestand die Möglichkeit, daß Chiang ihnen den Weg abschnitt. In diesem Falle wäre die einzige Alternative der ungewöhnliche und wahrscheinlich unmögliche Fluchtweg durch die tibetanischen Berge.

Wenn sie den Dadu-Fluß einmal überquert hatten, konnten sie, falls alles gut ging, hoffen, die Vierte Frontarmee von Zhang Guotao zu treffen. Die Sache hatte einen kleinen Haken. Sie wußten nicht, wohin die Vierte Frontarmee marschiert war. Sie wußten, daß sie in Bewegung war. Sie wußten, daß sie ihre Basis in Sichuan aufgegeben hatte. Sie nahmen an, sie müsse sich in Nordwestsichuan befinden, doch keine der beiden Armeen hatte in letzter Zeit von der anderen gehört. Der Funkverkehr schien Anfang 1935 unterbrochen worden zu sein, als die Erste Frontarmee in Richtung Guizhou zog. Jede wußte, daß die andere unterwegs war; jede kannte die allgemeine Region, in der sich die andere aufhielt; doch keine hatte einen präzisen Fixpunkt.[18]

Maos Entscheidungen wurden nicht angefochten. Otto Braun erinnerte sich, nach seiner Meinung gefragt worden zu sein. Er schloß sich der allgemeinen Zustimmung an. Nun war Einheit nötig, das spürten alle, keine Vorwürfe. Vor ihnen lagen Gefahren genug.[19]

Nach General Qins Meinung dienten die Diskussionen von Huili einem wertvollen Zweck. Sie machten den Ressentiments Luft, die sich seit Zunyi angesammelt hatten. Niemand sprach gegen Mao, obwohl auch andere privat Meinungen geäußert hatten, die der von Lin Biao ähnlich waren. Mao hatte Gelegenheit, seine Ansichten zu erläutern, und sie wurden dann den Offizieren, Kadern und Mannschaften mitgeteilt.

Am wichtigsten war eine feste und klare Entscheidung über die nächsten Schritte. Maos Plan, durch das Yi-Land und über den Dadu-Fluß zu ziehen, wurde gebilligt. Es würde nicht leicht sein. Die Rote Armee konnte sich auf Schwierigkeiten gefaßt machen, und abgehörte Funksprüche enthüllten, daß Chiang begann, Truppen in Richtung auf den Dadu zu bewegen. Ein weiteres Rennen gegen die Zeit zeichnete sich ab.

Die Entfernung von Huili zum Dadu-Fluß betrug etwa 1000 *li*, die Hälfte in kürzeren *li* bergauf, die andere Hälfte in längeren *li* bergab. Die Vogelfluglinie betrug etwa 480 km. Die Strecke, die die Soldaten der Roten Armee zurücklegten, machte eher 800 km aus; sie führte über eine »Straße«, die zum größten Teil ein enger Felspfad war wie der vom Übergang bei Jiaopingdu am Löwenkopf vorbei nach Tongan und Huili.

Der Befehl lautete wie üblich, den Flußübergang vor Chiang Kaishek zu erreichen. Am 14. oder 15. Mai war die Rote Armee unterwegs; der Abmarsch erfolgte nach und nach, weil die Wege für große Zahlen von Soldaten zu schmal waren.

Das Wetter war ein Segen. Mitte Mai erreicht der Frühling von Sichuan seinen ekstatischen Höhepunkt. Die Berge bersten vor Farben. Azaleen und Rhododendren ziehen sich Hunderte von Metern an den Berghängen abwärts. Iris zeigen ihre kobaltblauen Flaggen in riesigen Feldern. Die Luft ist erfüllt von Oleander- und Rosenduft. Es ist himmlisch, wie jeder bestätigen kann, der diesen Weg genommen hat, ob Mitte Mai 1935 oder Mitte Mai 1984. Nicht viele Veteranen der Roten Armee erinnerten sich an die Blüten. Doch sie erinnerten sich, daß sie mit Hochrufen und Flaggen und Menschenknäueln in jedem Dorf und jeder Stadt in den Tälern und auf den Hügeln wie eine siegreiche Armee begrüßt wurden. Nirgends auf dem monatelangen Marsch waren die Menschen so begeistert, war ihr Willkommen so gastfreundlich gewesen – Eimer voller Süßigkeiten, Körbe frischer Aprikosen, Büschel roter Kirschen. Einen großen Teil der Zeit marschierte die Rote Armee bei Nacht. Für den Augenblick schien sie außer Reichweite von Chiangs Flugzeugen zu sein. Die nationalistischen Presseberichte hinkten wiederum eine Woche und mehr hinter dem Zug der »fliehenden roten Banditen« her. Als sie am 23. Mai um neun Uhr morgens[20] in Mianning in Südzentralsichuan eintrafen, waren sie acht Nächte unterwegs gewesen und hatten 500 *li* zurückgelegt, mehr als die Hälfte der Strecke zum Dadu. Feuerwerk wurde abgebrannt. Auf den Straßen errichtete man Stände und bot der Roten Armee kostenlos Tee an – mit Zucker. Die Einwohner wurden ärgerlich, wenn die Soldaten bezahlen wollten. Transparente auf den Straßen verkündeten »Willkommen der Roten Armee« und »Unterstützung der Kommunistischen Partei«. Eine Gruppe von politischen Mitarbeitern der Armee war vorher eingetroffen, um einen angemessenen Empfang vorzubereiten.[21]

Truppen biwakierten in den Hauptstraßen und erholten sich von ihrem Marsch. Andere gingen in die katholische Kirche, wo sie von dem chinesischen Priester willkommen geheißen wurden. Es gab, wie Wen Bin entdeckte, fünf ausländische Missionare, die in der Kirche Zuflucht gesucht hatten. Er lud sie zum Bleiben ein und fragte sie nach den neuesten Nachrichten.[22]

Die Verfügungen der nationalistischen Regierung waren in diesen Tälern entlang dem Anning-Fluß ohne Autorität. In Mianning sagten die Leute den Soldaten, sie hätten die Stadttore die ganze Nacht offengelassen und auf sie gewartet. Sie dünsteten mit Schweinefleisch gefüllte Klöße, um die Armee zu feiern. Sie hätten keine Angst, sagten sie. Die Wohlhabenden waren geflohen. Die Rote Armee öffnete das Gefängnis und befreite die Häftlinge, einschließlich vieler Yi.[23]

Mit ihrer Ankunft in Mianning hatte die Rote Armee den Rand einer Region erreicht, die einige Angst einflößte. Es war die Gegend, die viele Chinesen »Lololand« nannten, nicht wissend, daß *lolo* ein herabsetzendes Wort für die alten Yi-Völker ist, die das Gebiet bewohnen. Die Yi kamen lange vor den Han irgendwo aus dem ethnischen Reservoir von Burma und Tibet, das im Westen Chinas liegt. Diese Menschen, die eine andere Sprache sprachen, groß, dunkel und deutlich nicht-chinesisch waren, ihre eigene schamanistische Religion mit tiefem Glauben an Magie und Geister und eine unvollständig entwickelte Schrift hatten, fürchteten und haßten die Chinesen. Die Furcht ging Hunderte, wenn nicht Tausende von Jahren zurück auf den Konflikt der überlegenen Han-Zivilisation mit den primitiven Yi. Han hatten die Yi in die Berge getrieben, wo sie ein kärgliches Dasein fristeten, Schafe hüteten und ein wenig Getreide oder Hirse anbauten; sie waren so arm, daß die Männer nur einen zerrissenen Umhang, die Frauen einen oder zwei Fetzen und die Kinder gar nichts trugen. Zur Zeit der Roten Armee wurden sie von Kriegsherren und nationalistischen Truppen unterdrückt. Es verstand sich für sie von selbst, daß jeder Soldat ein Bandit war. Alles war erlaubt gegen Soldaten – Zaubersprüche, von Abhängen gerollte Felsblöcke, vergiftete Pfeile oder Maschinenpistolen, die sie von feigen KMT-Plünderungspatrouillen erbeutet hatten.

Nicht weit von Mianning entsprang eine geheime Bergquelle, die nur den Yi bekannt war. Aus dieser Quelle floß ein seltsames Wasser, das auf den Stimmapparat eine verheerende Wirkung hatte. Sein Effekt war dem von Lachgas ähnlich. Die Menschen brachen in Gelächter aus und konnten nicht mehr aufhören. Die Yi lähmten angeblich ihre Feinde mit diesem Wasser.[24]

Die Yi waren eine Sklavengesellschaft, die sich selbst in

»Schwarzknochen« (den Adel) und »Weißknochen« (die Sklaven) unterteilten. Die Weißknochen waren keine gebürtigen Yi. Sie waren Gefangene, die man im Kampf gemacht hatte – Han-Chinesen, Miao, Tibetaner, andere Minderheiten. Die Kastenvorschriften und Tabus waren furchteinflößend. Eine Schwarzknochenfrau, die sexuelle Beziehungen zu einem Weißknochenmann hatte, wurde mit dem Tode bestraft. Der Schwarzknochenmann wurde mit einer schweren Strafe belegt. Kein Mann ging ohne Waffe aus – ein Messer oder Pfeil und Bogen, eine alte Muskete oder eine neue Maschinenpistole. Räuberei wurde als ehrenwerter Beruf angesehen, vor allem, wenn sie sich gegen Han richtete. Zeremonien, Gesänge, Eide und Blutrituale bildeten den Kern der Yi-Gesellschaft.[25]

Die Rote Armee übte gegenüber Minderheiten eine aufgeklärte Politik. Sie behandelte sie mit großer Rücksichtnahme und versuchte, sie für frühere Greueltaten der Han zu entschädigen und sie auf ihre Seite zu ziehen. Mao hatte den Truppen darüber in Mianning Belehrungen erteilt, ehe sie in das Gebiet der Yi zogen. Sie mußten Konflikte mit den Yi vermeiden, weil sie sich auf keine Verzögerung einlassen durften, wenn sie den Dadu vor Chiang Kaishek erreichen wollten.

Mao teilte seine Streitkräfte. Eine Kolonne würde den »Hauptweg« nach Anshunchang nehmen, einem wichtigen Übergang über den Dadu 110 km nördlich. Eine kleinere Truppe würde auf Nebenwegen nach Yuexi und dann zu einem südlicheren Übergang über den Dadu bei Dashubao eilen, und zwar von der Stadt Fulin aus, wo die KMT, wie man wußte, eine kleine Garnison unterhielt.[26]

Die Hauptmacht unter Liu Bocheng und Nie Rongzhen würde über die Xiang-Berge nach Anshunchang ziehen. Vorhut war das Erste Regiment der Ersten Division, in dem Xiao Hua ein besonderes Arbeitsteam kommandierte. Begleitet wurde die Vorhut von einer Pionierabteilung mit Material zum Brückenbau, Planken, Seilen, Balken und Geräten, die sie sich in Mianning beschafft hatten.

Am Morgen des 22. Mai gegen neun Uhr traf die Vorhut in dem Dorf Daqiaozhen ein, an der Grenze zwischen Han- und Yi-Siedlungen, fünfzehn Kilometer von Mianning entfernt.

Regen und Sonnenschein wechselten sich an diesem Tag ab. Als die Männer den Kiespfad zu den größeren Erhebungen erkletterten, zogen sie an Kaskaden von rosa und weißen Azaleen an den Abhängen vorbei.

In dem Dorf Gumazi wurde Xiao Huas Abteilung durch Hunderte von Yi angehalten, die mit Stöcken, Keulen und Gewehren, Felsblöcken, Speeren, Bogen und Pfeilen bewaffnet waren. Die Yi schrien: »Wir wollen Geld! Gebt uns Wegzoll!«

Noch fünfzig Jahre nach diesem Maimorgen erinnerte sich Xiao Hua genau an die Einzelheiten. Er trug, da er die Forderung der Yi erwartet hatte, einige Silberdollar bei sich. Er gab ihnen über 200 Dollar. Die Yi verschwanden, kamen aber bald zurück und wollten mehr. Geld war keine Lösung. Die Pionierkompanie war umstellt worden, man hatte ihr ihre Ausrüstung weggenommen und sie dahin zurückgeschickt, woher sie gekommen war.

Xiao Hua bat einen Dolmetscher (den dort ansässigen Han-Kaufmann), er solle den Yi erklären, daß die Rote Armee nur durchziehen wolle. »Kein Durchgang!« riefen die Yi. Ein großgewachsener Yi mittleren Alters erschien auf einem Maultier. Er war ein Onkel von Xiao Yedan, dem Häuptling des Stammes. Xiao Hua sagte ihm, sein Häuptling, Liu Bocheng, wolle mit dem Häuptling Xiao Yedan sprechen. Er würde gern sein Blutsbruder werden. Xiao Hua schenkte dem Onkel einige Gewehre und eine Pistole als Unterpfand seines guten Willens.

Bald erschienen Xiao Yedan und eine Eskorte von einem Dutzend Männern. Xiao Yedan war ein großer, gutaussehender Mann, ein guter Reiter; er saß auf einem rassigen schwarzen Pferd. Xiao Hua führte Liu Bocheng herbei, den einäugigen Drachen, einen freundlichen, bebrillten, vom Kampf gezeichneten Offizier der Roten Armee. Xiao Yedan kniete zu Liu Bochengs Füßen nieder. Der einäugige Drache hob ihn auf und schwor ihm, er wolle Blutsbruder der Yi werden. Wenn die KMT erst einmal geschlagen sei, würde Liu Bocheng den Yi helfen, ihre Rechte und Privilegien zurückzugewinnen.

Die Versammlung begab sich an den Rand eines kristallklaren Bergsees und schöpfte zwei Schalen Wasser. Ein großer Hahn wurde gebracht, purpurrot und golden; man brach ihm den Hals und träufelte das frische Blut in die Schalen. Liu Bocheng, Xiao Yedan und der Onkel knieten vor den Schalen nieder. Unter dem blauen Himmel und der strahlenden Sonne hielt Liu seine Schale hoch und schwor: »Vor dem Himmel über und der Erde unter mir erkläre ich, Liu Bocheng, meinen Willen, verschworener Bruder von Xiao Yedan zu werden.« Er hob die Schale und leerte sie auf einen Zug. Xiao Yedan und der Onkel hoben die andere Schale und tranken sie leer, wobei sie erklärten: »Wenn wir diesen Eid verletzen, so sollen wir sterben wie Hühner.« Die Zeremonie war beendet. Der Eid war besiegelt.[27]

Die Männer der Roten Armee zogen sich für die Nacht in ein Han-Dorf zurück. Am Morgen ritten Xiao Yedan und eine Yi-Eskorte mit ihnen durch fünfzig Kilometer Yi-Gebiet zum ersten Han-Dorf (wo die Han Xiao töten wollten, nur weil er ein Yi war). Die Kommunisten verbrachten etwa eine Stunde damit, die Beziehungen zwischen den Han und den Yi zu schlichten. Dann zogen sie weiter; sie hatten keine größeren Schwierigkeiten mehr, außer mit dem zerklüfteten Terrain und ihrer Erschöpfung wegen des schnellen Tempos.

In der Dunkelheit vor der Morgendämmerung des 24. Mai erreichten sie die Höhen oberhalb des Dadu-Flusses und sahen durch den Nebel ein paar Lichter des Dorfes Anshunchang, das aus hundert Hütten am Flußufer bestand.

Für einige der nachfolgenden Abteilungen verlief die Geschichte nicht ganz so glimpflich. Die Fünfte Armee, die wie immer die Nachhut bildete, verlor einige Männer an die Yi. Es waren Nachzügler. Als sie zurückblieben, waren die Yi sofort über ihnen. Sie verschwendeten keine Kugeln. Sie nahmen ihnen einfach die Gewehre weg, soweit sie Gewehre hatten, beraubten sie ihres Proviants und ihrer Tornister, zogen ihnen die Kleider aus und ließen sie in den Wäldern zurück. Wenige dieser nackten Soldaten konnten sich retten. Sie erfroren oder verhungerten in den Bergen.

Mit 75 Jahren war Peng Haiqing ein winziger Mann mit schütterem Bart, eingesunkenem Gesicht und halbverkrüppelt durch Arthritis, doch an die Yi erinnerte er sich gut. Er hatte sich der Roten Armee in seinem Heimatbezirk Jian in Jiangxi angeschlossen, als Mao aus dem Jinggangshan-Gebirge gekommen war. Er hatte seine Mutter, seinen Vater und seine drei Brüder, die in Armut lebten, verlassen, um in der Roten Armee sein Glück zu suchen. Er kämpfte sich durch alle Jiangxi-Feldzüge und diente während des Langen Marsches in Lin Biaos Erster Armeegruppe. Er wußte nicht, daß die Dinge im Zentralen Sowjetgebiet schlecht standen, wußte nur, daß Guangchang eine wilde Schlacht gewesen war, und niemand sagte ihm, daß sie auf den Langen Marsch gingen. Seine Einheit machte sich einfach auf den Weg und marschierte und kämpfte die ganze Zeit. Als er nach den Yi gefragt wurde, warf er den Kopf zurück und stieß einen markerschütternden Schrei aus: Huu-uuu--uuu--uu-uu-Huu-uu-uu. Es war so verblüffend wie General Patrick J. Hurleys Cherokee-Kriegsruf, als er im Zweiten Weltkrieg in Yan'an aus dem Flugzeug stieg, um Mao Zedong zu treffen.

So seien die Yi, sagte Peng. Sie seien von den Bergen heruntergelaufen und hätten geschrien: Huu-uu-uu. Er und seine Kameraden waren eindringlich angewiesen worden, unter keinen Umständen gegen die Yi zu kämpfen. Sie sollten keinen Schuß abgeben. Als hundert Yi schreiend den Abhang herunterkamen und Peng und seine vier Kameraden von der Roten Armee einkreisten, kämpften sie also nicht. »Wir hätten leicht davonkommen können«, sagte Peng. Er trug ein schweres Maschinengewehr. Alle seine Kameraden hatten Gewehre. Sie blieben wie angewurzelt stehen. Die Yi nahmen ihnen Waffen und Kleider ab und machten sich davon. Sie nahmen alles außer Pengs großem Maschinengewehr. Das war ihnen zu schwer. Peng und seine Gruppe hatten Glück. Sie wurden schnell gefunden und setzten ihren Marsch fort.[28]

1984 war Ding Ganru pensionierter stellvertretender Stabschef in Chengdu. Er war 67 Jahre alt und hatte sich 1932 im Alter von fünfzehn Jahren der Roten Armee angeschlossen. Während des ganzen Langen Marsches diente er in der Fünften Armee. Er verbrachte 42 Jahre in der Armee und ging erst nach zwei Herzinfarkten in Pension.

»Wir kamen nach allen anderen«, erinnerte er sich. »Manchmal war das hart.« Er glaubte, das Hauptproblem mit den Yi sei deren Armut gewesen. Yi-Frauen waren so arm, daß sie nur eine Art kleiner Schürze trugen, um sich vorn und hinten zu bedecken. Die Yi schossen von den Hügeln aus auf die Fünfte Armee, doch »zum Glück zielten sie nicht sehr gut«, wie Ding Ganru sagte. Die Fünfte Armee bot ihnen Geld für freien Durchzug an, doch das half nicht viel. »Sie nahmen ihre Kochgeschirre und vergruben sie und ihren Reis, ehe sie in die Hügel flohen«, sagte Ding. »Wir boten ihnen hundert Silberdollar für hundert *jin* Reis an, aber sie liefen weg. Manchmal gruben wir den Reis aus und hinterließen Schuld-

Hier am Fluß Yudu in Südjiangxi begann die Rote Armee am 16. Oktober 1934 ihren Langen Marsch.

Kämpferinnen der Roten Armee, Veteraninnen des Langen Marsches.

Die Reisegruppe des Autors auf einem Pfad des Langen Marsches am Fuß des Feuerberges, auf dem Weg zum Jiaopingdu-Übergang des Goldsandflusses.

General Qin Xinghan auf dem großen Felsbrocken, von dem aus Liu Bocheng den Übergang der Roten Armee über den Goldsandfluß dirigierte.

Auf dem Pfad zum Goldsandfluß, der Löwenkopf im Hintergrund. Vorne reitet Charlotte Salisbury.

Die Kettenhängebrücke von Luding über dem Dadu-Fluß, die von der Roten Armee in einer kritischen Schlacht erobert wurde.

Die Ludingbrücke, gezeichnet von Huang Zhen, Veteran des Langen Marsches, der später ein führender chinesischer Diplomat wurde. Kein Photograph begleitete den Langen Marsch; Huangs Zeichnungen sind die einzigen bildlichen Dokumente.

Zhang Chaoman half, die Rote Armee auf Fähren über den Goldsandfluß zu bringen. Er ist fünfzig Jahre später, jetzt 71, immer noch Fährmann.

Der Rote Fluß (Chishui) wurde viermal von der Roten Armee überquert. Hier in Maotai wo der berühmte scharfe chinesische Schnaps gebrannt wird, ist eine Übergangsstelle

Die großen Schneeberge von Nordsichuan forderten einen hohen Zoll von der Roten Armee – Männer erfroren, stürzten zu Tode, starben an Erschöpfung, verhungerten oder kamen unter der Wirkung der Höhe um.

560 Tage lang, bis zum Ostersonntag, dem 12. April 1936, als dieses Bild aufgenommen wurde, begleitete Rudolf Alfred Boßhardt von der Inland Mission China den Langen Marsch als Gefangener General Xiao Kes von der Sechsten Armeegruppe.

Li Bozhao, die Frau von General Yang Shangkun, machte den ganzen Langen Marsch als Propagandaarbeiterin mit. Sie schrieb und inszenierte Stücke und brachte den Soldaten Lieder bei. Sie starb am 17. April 1985 in Peking im Alter von 74.

Liu Zhidan, der Held der Roten Armee, den Mao Zedong vor der Hinrichtung in Nordshaanxi rettete. Das Bild zeigt ihn in einer frühen nationalistischen Uniform nach dem Abschluß der Whampoa Militärakademie.

Tong Guirong, Witwe des Langen Marsch-Helden Liu Zhidan, mit ihrer Tochter Liu Lizhen in Nordshaanxi 1936. Die fünfjährige Lizhen trägt eine Uniform der Roten Armee, die ihre Mutter genäht hat.

Die gesamte Bevölkerung von Hadapu in Südwestgansu kam aus den Häusern, um uns zu begrüßen, die ersten ausländischen Besucher (meinten sie), die dort in den fünfzig Jahren seit dem Durchzug der Roten Armee gewesen waren.

Im Gespräch mit Hu Yaobang, dem Generalsekretär der Kommunistischen Partei Chinas. V. l. n. r.: der Autor, Jack Service, Dolmetscher Zhang Yuanyuan, Hu Yaobang, Charlotte Salisbury, Caroline Service.

General Yang Shangkun, Zweiter Vorsitzender der Zentralen Militärkommission; Jack Service; Huang Hua, früherer Außenminister.

Li Xiannian, Präsident der Volksrepublik China und einer der Kommandeure der Roten Armee während des Langen Marsches.

scheine. Nach 1949 legten die Yi die Schuldscheine vor, und wir bezahlten sie.«

Gelegentlich mußte die Fünfte Armee gegen ihre Regeln verstoßen und Reis von den Feldern nehmen, ohne ihn zu bezahlen – es gab keine andere Möglichkeit, an Nahrung zu kommen.[29]

Die Ablenkungskolonne der Roten Armee – die nichts abgelenkt zu haben scheint – gelangte am 23. Mai an den Dadu, nachdem sie am 21. Mai um zwei Uhr nachts durch die Yi-Stadt Yuexi gezogen war. Sie stieß in Dashubao auf den Dadu. Eine kleine KMT-Einheit zog sich kampflos über den Fluß in eine nationalistische Garnison in Fulin zurück.

Die Rote Armee hatte den Dadu eher erreicht als Chiang Kaishek. Nun mußte sie ihn nur noch überqueren.

Kapitel 19

Die Zurückgelassenen

Die Rote Armee war so weit nach Westen gezogen, daß Chen Yi nicht mehr wußte, wo sie war. Die Wuling-Berge in der südöstlichen Ecke der Provinz Jiangxi waren in ihr übliches Frühlingsgewand aus Regen und Nebel gekleidet. Von den Hügelkuppen aus sah die Welt aus wie von Watte. Hier und da durchstieß ein Granitbrocken die weißen Wogen. Der langsame, stetige Nieselregen durchdrang die geflochtenen Regenumhänge aus Bambus. Der Nebel dämpfte das tropische Frühlingsgrün der Wälder, das Rot der erodierten Wasserrinnen und die von jungem Reis hell glänzenden Terrassen. Rauch hing über den geschwungenen Ziegeln der Dächer und in den Hütten der Bauern, weil er nicht durch die Rauchöffnungen in den Strohdächern abzog.

Es war ein für diese Ecke Chinas typischer Frühlingstag. Solche Tage hatten den Seelen der Menschen seit einer Ewigkeit zugesetzt. An diesem trostlosen Nachmittag nun versammelte sich Chen Yis kleine Truppe, die Reste der Kräfte, die zurückgelassen worden waren, als die Rote Armee ihren Langen Marsch angetreten hatte; sie hatten ihre Ausrüstung bei sich, vom Regen durchtränkt, und die verbleibenden Gewehre und Patronen, die unter Regenumhängen geschützt waren. Sie warteten auf den Befehl zum Abmarsch.

30 000 Mann, darunter mindestens 10 000 Verwundete, waren zurückgelassen worden, als die Rote Armee am 16. Oktober 1934 den Yudu-Fluß überquerte. Nun schrieb man den 4. März 1935. Der größte Teil dieser Truppen war vernichtet worden. Die Rote Hauptstadt Ruijin war am 10. November gefallen, Yudu am 17. und Huichang am 25. November. Die Sowjetrepublik China war nur noch eine Erinnerung.

Von Anfang an waren die Dinge so schlecht verlaufen, wie Chen Yi befürchtet hatte, als Zhou Enlai an jenem Oktobertag zu ihm ins Krankenhauszimmer gekommen war und ihm gesagt hatte, er müsse zurückbleiben. Es hatte eine grundsätzliche Meinungsverschiedenheit mit Politkommissar Xiang Ying gegeben, der ein Anhänger von Bo Gu und Otto Braun und Chen Yis Vorgesetzter war. Xiang Ying wollte nicht einsehen, daß die kleine, schlecht ausgebildete Streitkraft, die 24. Division und eine wahllose Zusammenstellung von zehn anderen Regimentern lokaler Milizen und genesender Verwundeter nicht in der Lage sein sollte, den 100 000 Mann standzuhalten, die Chiang Kaishek gegen sie führte.[1]

Chiang hatte seinen Kommandeuren bei einem Treffen in Nanching befohlen, das »Wiederaufleben der revolutionären Regierung aus ihren erlöschenden Ascheresten« keinesfalls zuzulassen. Chen Yi sagte zu Xiang Ying: »Niederlage ist Niederlage.« Die einzige Überlebenschance sei, in die Berge zu gehen. Xiang Ying hatte das als »düsteren Pessimismus« bezeichnet. Das war der Stand der Dinge.

Chen Pixian war zu dieser Zeit erst neunzehn Jahre alt. 1984 war er ein kleiner, sehr gut gekleideter Mann, Vizevorsitzender des Ständigen Komitees des Volkskongresses. Er trug einen olivfarbenen Anzug von militärischem Schnitt. Er brachte drei von Chen Yis vier überlebenden Kindern, die heute im chinesischen Staat wichtige Rollen spielen, zu einem Gespräch über den Mann mit, mit dem er viele Jahre lang so eng verbunden gewesen war. 1934 war Chen Pixian ein Jugendführer, dem zu seiner Überraschung befohlen worden war, im Zentralgebiet zurückzubleiben; in den nächsten drei oder vier Jahren sollte er an Chen Yis Seite kämpfen.

Er fand Chen Yis Ansicht über das, was getan werden sollte, richtig und Xiang Yings Ansicht falsch, und er machte sich große Sorgen über das Schicksal der prominenten Parteifunktionäre, die zurückgelassen worden waren. Er erinnerte sich, wie er Qu Qiubai gesehen hatte, einst Parteichef, 46 Jahre alt, tuberkulosekrank, der über einem qualmenden Feuer aus nassem Holz sein Neujahrs-Abendessen aus Eiern und Haferschleim kochte. Wie sollte Qu Qiubai einen Guerillakrieg überleben?

Xiang Ying schien zu glauben, die Rote Armee werde bald große Siege erringen, und alle würden sich in einer neuen Sowjetzone wieder zusammenfinden. Er weigerte sich, die Menschen auf eine Krise vorzubereiten.[2]

Chen Pixian erinnerte sich an seine Besuche von Abendvorstellungen der Theatergesellschaft der Arbeiter und Bauern, des Theaters, für das Li Bozhao gearbeitet hatte, ehe sie mit ihrem Mann, General Yang Shangkun, auf den Langen Marsch ging. Sie hatte an dem Stück »Sterben oder kämpfen – für wen« mitgewirkt, das auf Mao Zedongs Anweisung hin geschrieben worden war, und hatte in der Glanzzeit des Zentralen Sowjetgebietes selbst ein Stück geschrieben: »Wir müssen den Sieg erringen«.[3] Die Programme, die Chen Pixian dort sah, waren dieselben wie immer – Volkstänze, Stücke, Solodarbietungen, Gruppengesänge wie »Die Kanonen des Sieges«. Es handelte sich um eine Freilichtbühne, und natürlich regnete es jeden Abend. Das hinderte die Leute aber nicht, mit Schirmen oder Regenumhängen aus Stroh zu kommen.

Stadt um Stadt fiel an die KMT. Die Grundherren kamen zurück und nahmen blutige Rache. Es gab spezielle Antikommunisten-Einheiten, Mordtruppen. Die Landbesitzer warfen ihre Bauern hinaus in den Schlamm und sagten: »Seht zu, ob ihr für den Rest eures Lebens ›rot‹ bleiben könnt!«[4]

Die Rote Hauptstadt Ruijin war nur leicht beschädigt worden von den kleinen Bomben, die die KMT abgeworfen hatte. Nun brannten die KMT-Truppen Gebäude nieder, die von den Kommunisten benutzt worden waren. Jeder, der für einen Kommunisten gehalten wurde, wurde gefoltert und hingerichtet. In Dabodi wurden hundert Menschen lebendig begraben. Die Anzahl der Getöteten kann nicht genau berechnet werden, doch die Bevölkerungszahl Ruijins von 300 000 im Jahre 1934 sank auf 200 000 im Jahre 1949. Nicht alle, die fehlten, hatten sich der Roten Armee angeschlossen.[5]

1984, im Alter von 79 Jahren, war Zhong Qisong klein wie ein Grashüpfer, Kettenraucher und ein lebhafter Geschichtenerzähler. Er war stolz auf seine Familie – seine 72jährige Frau, zwei Töchter, drei Söhne, acht Enkel, vier Urenkel – neunzehn Personen insgesamt. »Das hat der Kommunismus meiner Familie gebracht«, sagte er.

Als der Lange Marsch begann, wurde er in Changgang im roten Modellbezirk Xingguo zurückgelassen, der der Roten Armee so viele Männer gegeben hatte. Menschen, die ihre Verbindungen mit der Partei nicht verbergen konnten, flohen in die Berge. Einige gingen nach Ruijin. Sie hatten ihre Instruktionen: Niemals zugeben, daß du in der Partei warst. Gib zu, daß du kleine Arbeiten für die

Partei getan hast. Wenn du die Mitgliedschaft zugibst, wirst du getötet. Als die KMT zurückkam und eine Amnestie anbot, stellten sie sich. Sie wurden vom System der Familienclans unterstützt. Jeder gibt zu, daß er Kleinigkeiten für die Kommunisten getan hat, und der Clan stützt ihn. Jedes Clanmitglied hilft jedem anderen Clanmitglied. Wenn man sich nicht in seinem eigenen Bezirk befindet, benutzt man einen Clannamen, und der Clan gewährt seine Unterstützung. Jeder zeugt für den anderen – niemand wird bestraft. Nun, fast niemand. Einige wurden von persönlichen Feinden angezeigt. Einige hatten Pech. Vermutlich etwa 2000 der 9000 Angehörigen der Roten Armee oder der Partei, die im Bezirk zurückblieben, wurden getötet, einige öffentlich, andere heimlich von Todesschwadronen der KMT. Zhong floh aus Xingguo, als der Zusammenbruch kam. Er lief in die Berge. Niemand wußte genau, was er getan hatte, und so wurden er und seine Frau nicht bestraft. 1954 schloß er sich wieder der Partei an.[6]

Bis zum Dezember 1934 waren die Verluste so groß, daß Chen Yi und Xiang Ying zum Guerillakrieg gezwungen waren, ob sie wollten oder nicht. Sie bildeten ein Führungstrio mit He Chang, einem alten Parteimitglied. Mit den Resten von Partei und Regierung machten sie sich auf den Weg nach Renfeng südlich des Yudu, um auf Instruktionen zu warten. Kleine Gruppen wurden in die Berge geschickt. Im Februar waren Chen Yi und Xiang Ying umzingelt. Sie hatten etwa 2000 Mann und 2000 Verwundete. Eines Tages hörte Chen Pixian, wie ein Offizier vor den Truppen eine Ansprache hielt und sagte, sie seien im Begriff, »die letzte, große, entscheidende Schlacht zwischen der Sowjetrepublik China und der KMT« zu schlagen. Er hielt das für Unsinn.

Am nächsten Tag, vermutlich am Valentinstag, dem 14. Februar 1935, wurde ein Kadertreffen einberufen, bei dem Liu Bojian, Leiter der Politischen Abteilung der Militärzone, erklärte: »Wir müssen in unserer Arbeit eine große Veränderung vornehmen.« Mit anderen Worten: Guerillakrieg in kleinen Trupps.

Man zeigte Chen Pixian zwei Telegramme der Roten Armeezentrale. Das erste berichtete über das Treffen von Zunyi, die Veränderung in der Führung, die Rückkehr von Mao Zedong. Das zweite gab Anweisung, »in und um das Zentrale Sowjetgebiet« einen Guerillakrieg zu führen.[7]

Während kleine Trupps im Schutz der Dunkelheit aufbrachen, befaßte sich Chen Yi mit der miserablen Lage der Verwundeten. Die Verwundeten wollten nicht zurückgelassen werden. Doch es gab keine Möglichkeit, wie sie mit den Guerillagruppen hätten Schritt halten können. Chen Yi berief eine Versammlung lokaler Kader und Einwohner ein. Er sprach mit großer Bewegung: »Nehmt diese Soldaten in eure Häuser auf. Sie sind eure Söhne. Sie sind sehr jung. Sie können gute Söhne und gute Schwiegersöhne für euch werden. Sie können eure Töchter heiraten. Sie können für euch arbeiten, und ihr habt zwei weitere Hände in eurer Familie. Ihr habt eine Arbeitskraft und vielleicht jemanden, der für euch Rache nimmt.« Noch ehe Chen Yi geendet hatte, hatten die Bauern und die Verwundeten Tränen in den Augen. Chen Yi selbst ebenfalls. Innerhalb eines halben Tages war jeder Verwundete in einer Bauernfamilie untergebracht, unauffindbar auf dem Lande versteckt, ausgestattet mit einigen Silberdollar, Medizin zur Behandlung der Wunden und fünf *jin* Salz*, eine unbezahlbare Gabe in dieser Region unter der Blockade der KMT.

Am Morgen des 4. März 1935 wurden die verbleibenden Truppen versammelt. Es regnete in Strömen. In einer kleinen Hütte betätigte ein Funker sein Gerät und versuchte, eine Botschaft an die Zentralarmee durchzugeben (die sich jetzt in Ostguizhou befand). Kommissar Xiang Ying meinte noch immer, er brauche die Genehmigung des Zentralkomitees für den Abzug.[8] Wieder und wieder setzte der Funker seinen Spruch ab. Keine Antwort.

Schließlich machte sich der größte Teil der Truppe auf den Weg. Es regnete in Strömen. Die Wege waren schlammig. Man konnte keine hundert Meter weit sehen. Chen Pixian ging mit seiner Abteilung – 1800 Mann einschließlich des verbliebenen Partei- und Regierungsapparats und des Sechsten Unabhängigen Regiments. Am Abend hatten sie unversehrt die Lifan-Brücke erreicht und machten halt, um etwas zu essen. Dann zogen sie in völliger Dunkelheit weiter. Kein Mond. Sie zogen einzeln hintereinander durch eine Talsohle und begannen dann einen engen Pfad zu ersteigen, als sie ein paar Schüsse hörten. Sie hielten inne. Die Schüsse erstarben. Es waren nur Wachen von Grundherren, die Salut für eine vermeintliche lokale Milizeinheit schossen. Um drei

* Ein *jin* ist etwas mehr als ein Pfund.

Uhr morgens erreichten sie die Damaling-Hügel, ruhten, aßen Trockenrationen und bereiteten sich auf die Schlacht vor, die ihnen, wie sie wußten, bei Tagesanbruch bevorstand.[9]

In Renfeng wurde es Mittag. Noch immer kein Funkkontakt. Ein Uhr nachmittags. Kein Kontakt. Es regnete. He Chang beschloß, nicht länger zu warten. Er zog mit zwei kleinen Bataillonen los, ein paar hundert Mann. Bald gerieten sie in einen Hinterhalt der KMT, wurden zersprengt, aber es gelang ihnen, sich in dem Dorf Shihan wieder zu sammeln und den Huichang-Fluß zu überqueren. Dort wurden sie sofort umzingelt. Sie kämpften mehrere Stunden. Ausbruchsversuche scheiterten. He Chang wurde schwer verwundet. KMT-Soldaten stürzten sich auf ihn und schrien: »Fangt ihn lebendig!« He Chang setzte sich sein Gewehr an den Kopf. Er rief: »Lang lebe die Revolution!« und verschoß seine letzte Kugel. Er hatte mit Chen Yi, Zhou Enlai und den anderen beim Nanchang-Aufstand vom 1. August 1927 gekämpft, war Mitglied des Ständigen Komitees der Parteizentrale und stellvertretender Direktor der Politischen Abteilung der Roten Armee gewesen. Er wurde 29 Jahre alt.

In Renfeng wartete immer noch die Kommandogruppe. Der Regen hatte nicht aufgehört. Endlich kam der Kontakt zustande. Man bat um die Genehmigung des Ausbruchsplans. Gegen fünf Uhr nachmittags wurde eine Antwort übermittelt, doch Chen Yi und Xiang Ying konnten sie nicht lesen. Der Code war geändert worden. Die Männer starrten auf das Durcheinander der Chiffren und schüttelten den Kopf. Sie verbrannten die Botschaft und befahlen dem Funker, sein Gerät zu vergraben – das Wachstuch zum Einpacken war bereit, und ein Graben war schon ausgehoben worden. Die unverständliche codierte Nachricht war für drei Jahre das letzte Signal, das sie von der Roten Armee erhalten sollten.[10]

Von da an, wie Chen Yi einmal John S. Service erzählte, dem US-Diplomaten bei der Dixie-Mission in Yan'an, »lebten wir wie Tiere«.

Weder Chen Yi noch Xiang Ying waren gesundheitlich einem Guerillakrieg gewachsen. Chen Yis Hüftwunde war alles andere als verheilt. Oft mußte er auf einer Bahre getragen werden. Xiang Ying war kurzsichtig und litt an Nachtblindheit.

Es war beinahe Abend am 4. März 1935, ehe sie von den Bergen herunterkamen. Sie hatten ein Bataillon von vielleicht 300 Mann und wurden fast sofort angegriffen. Sie verteilten ihre Männer, und als sie sich wieder sammelten, waren es nur noch 200. Später am Abend gerieten sie in ein weiteres Feuergefecht. Sie fanden Flugblätter, von KMT-Flugzeugen abgeworfen, in denen Chen Yi und Xian Ying beschrieben und 50 000 *yuan* pro Kopf für ihre Ergreifung ausgesetzt waren. Sie beschlossen, sich davonzumachen und mit einigen wenigen Leibwächtern einen Durchbruch zu versuchen. Das würde den Druck auf die Reste ihres Bataillons verringern.

Als sie im Bergdickicht Deckung suchten, trafen sie einen barfüßigen Mann, wenig mehr als ein Skelett, der einen mit Asche bedeckten Helm trug. Es war ein Parteimitglied namens Zeng Jicai, der Chen Yi 1929 kennengelernt hatte. Er war von seinem Posten als Parteisekretär von Daiying entfernt worden nach einem »Kampf«, bei dem es darum ging, daß er ein »rechter Opportunist« sei. Er war als Bettler über Land gezogen und hatte seinen Helm als Kochtopf für die Handvoll Reis benutzt, die er gelegentlich erbettelte. Chen Yi verpflichtete ihn als Führer. Sie versteckten sich einen Tag lang in den Bergen und zogen dann durch Zengs Heimatdorf. Seine Familie war von der KMT niedergemetzelt worden mit Ausnahme seiner Schwiegermutter, die ihm ängstlich etwas zu essen gab.[11]

1984 sah Liu Jianhua aus wie ein Geschäftsmann Mitte sechzig. Er war Stellvertretender Vorsitzender des Politkongresses der Provinz Jiangxi und sprach ein bißchen wie ein Bürokrat. Fünfzig Jahre zuvor war er ein junger Bursche bei den Guerillas von Südjiangxi gewesen, ein Freund der Frau Wei, und noch immer waren sie Freunde und Genossen. Als die Frau Wei 1941 nach Yan'an beordert wurde, ließ sie ihre Pistole bei Liu Jianhua und sagte: »Wenn es dir gut geht und du am Leben bist, möchte ich meine Pistole zurückhaben, wenn wir uns wiedersehen.« Als Wei 1949 zurückkam, schrieb sie an Liu Jianhua, und er schrieb zurück: »Du bist am Leben und ich bin am Leben, aber ich habe deine Pistole nicht, und ich habe auch meine Pistole nicht mehr. Sie wurden beide von Verrätern weggenommen, aber die Tatsache, daß du am Leben bist und ich am Leben bin, beweist, daß die Partei einen historischen Sieg errungen hat.«

Im November 1934 war Liu Jianhua ein Junge und Mitglied der Jugendliga. Das Zentrale Sowjetgebiet war noch nicht überrannt, und er wurde mit etwa 600 Mann unter dem Kommando von Li

Letian ausgeschickt, um einen Guerillastützpunkt auf dem Youshan-Berg einzurichten, einer entlegenen Waldgegend, die jenseits von Anyuan an der Grenze zwischen Jiangxi und Guangdong lag. Der Stützpunkt wurde von Yang Shangkui kommandiert.

Liu erinnerte sich an die Ankunft von Chen Yi und Xiang Ying. Sie kamen am 9. März mit einer einzigen Wache, nachdem sie verkleidet durch Schwärme von KMT-Soldaten geschlüpft waren.[12] Ein paar Tage später trafen in der Dämmerung die Reste der Streitmacht ein. Sie hatten schreckliche Verluste erlitten. Sie kamen in zwei Gruppen, eine geführt von dem gutaussehenden Cai Huiwen, der die Partei- und Regierungsabteilung leitete, die andere geführt von Chen Pixian; jeder hatte etwa achtzig Mann.

Chen Yi begrüßte die erschöpften Männer begeistert: »Die KMT hat geprahlt, sie würde uns in Renfeng vernichten, und hier sitzen wir im Youshan-Gebirge und schwatzen!«[13]

Einer der Verluste beim Ausbruch war Liu Bojian. Er wurde verwundet und gefangengenommen, als die von Cai Huiwen geführte Abteilung den Durchbruch unternahm. Er ritt auf einem weißen Pferd, das unter ihm weggeschossen wurde. Als er die Gruppe aus einem Tal aufwärts führte, wurde er verwundet. Mehrere Männer versuchten, ihn zu retten, aber sie wurden getötet und er gefangengenommen. Man brachte ihn in das Gefängnis von Dayu im Süden der Provinz Jiangxi. Dort wurde er von Chiangs »Befriedungsbüro« verhört, dann in Ketten durch die Straßen geführt. Ehe er am 21. März 1935 im Alter von vierzig Jahren erschossen wurde, schrieb er ein Gedicht:

»Gefesselt und in Ketten wurde ich durch die Straßen geführt.
Mein Herz schwoll an vor Stolz und Trotz,
Denn ich war ein Gefangener, in Ketten gelegt
Für die Befreiung von Arbeitern und Bauern in aller Welt.«[14]

Liu Bojian war einer aus der berühmten Gruppe junger chinesischer Studenten, die 1919 mit der Arbeitsstudiengruppe, die Mao zu organisieren geholfen hatte, nach Frankreich ging. 1922 trat er in die Kommunistische Partei ein, studierte in der Sowjetunion, wurde wie Deng Xiaoping von der Partei zur Arbeit mit dem »christlichen General« Feng Yuxiang eingeteilt, und als Kommunist im Untergrund arbeitete er in der 26. Armee der KMT; er organisierte den Aufstand von Ningdu, der die 26. in die Reihen der Kommunisten führte, wo sie die allzeit verläßliche Fünfte Armee, die Nachhut, wurde. Mit ziemlicher Sicherheit war er wegen seiner Verbindungen zu Mao im Basisgebiet zurückgelassen worden.[15]

Im Januar 1935 verließen Qu Qiubai, ein bekannter Autor, Mitbegründer der Kommunistischen Partei, zeitweilig Generalsekretär und in den letzten Jahren Maos enger Freund, He Shuheng, Maos alter Kamerad aus der Lehrerbildungsanstalt Nr. 1 in Changsha und Mitbegründer der Kommunistischen Partei, und verschiedene andere ihre Verstecke in der Nähe von Ruijin und machten sich in Richtung auf die westliche Fujian-Provinz auf in der Hoffnung, über Swatow oder Canton nach Shanghai oder Hongkong zu entkommen. Qu Qiubai war 46, ein »älterer Mann« aus der Sicht der jugendlichen Roten Armee. He Shuheng war 61.[16]

Eine Gruppe von Genossinnen brach mit ihnen auf. Dazu gehörten die Frau von Gu Bo, einem alten Parteikader und Anhänger von Mao Zedong; Zhou Yuelin, die Frau von Liang Botai, dem stellvertretenden Direktor des Parteibüros des Sowjetgebiets; Tang Yizheng, die Frau von Lu Dingyi, Propagandabeamter, der den Langen Marsch mitmachte (sie war diejenige, die die Hühner für Deng Xiaoping kochte), die Frau von Xiang Ying, dem Politkommissar, und eine Parteiarbeiterin namens Huang Changjiao.

Das Schicksal dieser Frauen war tragisch. Zhou Yuelin galt lange als Verräterin und verantwortlich für den Tod von He Shuheng. Ihre Unschuld wurde nachgewiesen, und alle Anklagen gegen sie wurden fallengelassen – nach Maos Tod. Sie lebte 1985 noch. Das Schicksal von Zhang Liang (auch sie wurde beschuldigt, eine Verräterin zu sein) ist unbekannt. Ebenso das der Frau von Kommissar Xiang Ying. Tang Yizhen erlitt das grausamste Geschick. Sie wurde von der Roten Armee aufgrund von Beschuldigungen (sie sollte Kommunisten an die KMT ausgeliefert haben), die sich als falsch erwiesen, hingerichtet. Huang Changjiao überlebte trotz vieler Leiden.[17]

Jahrelang waren die Umstände von He Shuhengs Tod nicht bekannt. Es hieß, er sei am 4. März mit unter der Gruppe gewesen, die in Renfeng den Ausbruch unternahm, und habe zu der Truppe gehört, die auf dem Weg nach Youshan vernichtet wurde. Er trug

Parteigelder, Siegel und Dokumente bei sich. Er sprang einen Abgrund hinunter, um nicht gefangengenommen zu werden. Zwei KMT-Soldaten fanden ihn schwer verwundet und erschossen ihn.[18]

He Shuhengs guter Freund und auch einer von den »Alten«, Xu Teli, der He Shuheng seit den Tagen von Changsha kannte, glaubte, er sei gefangengenommen und bei einem Fluchtversuch von seinen Bewachern erschossen worden. In einer anderen Version wurde He Shuhengs Guerillatruppe vom Feind umzingelt, und statt zu fliehen, soll er geschworen haben: »Ich werde meinen letzten Blutstropfen für mein Land geben.« Dann soll er seine Pistole gezogen und sich erschossen haben.

Keine dieser Geschichten ist zutreffend. Tatsächlich verkleideten sich He Shuheng und Qu Qiubai als Kaufleute und reisten mit einer kleinen Eskorte. Am 24. Februar 1935 wurden sie in dem Dorf Xiaopeng im Kreis Shuikou des Bezirks Changting direkt jenseits der Grenze zur Provinz Fujian gesehen, wie sie gerade das Frühstück einnahmen. Das zweite Bataillon des 14. KMT-Regiments, geführt von Li Yu, war in der Nähe und umzingelte das Dorf. Die Gruppe beschloß, sich zu zerstreuen. In dem Scharmützel wurde He Shuheng schwer verwundet und fiel in ein Reisfeld, wo zwei KMT-Männer ihn fanden. Als sie sich über ihn beugten, um seine Taschen zu durchsuchen, sprang He Shuheng auf und rang mit ihnen. Einer der Soldaten feuerte zwei Schüsse ab und tötete ihn.[19]

Qu Qiubai konnte bei diesem Kampfgetümmel fliehen, doch bald wurden er und die meisten anderen eingeholt. Qu Qiubai wurde in das Gefängnis von Changting geschafft. Vier Monate lang wurde er in einer Zelle gefangengehalten, während die KMT offenbar überlegte, was mit ihm geschehen sollte. Seine Gesundheit war sehr schlecht. Er war nicht nur ein berühmter Kommunist (wenn auch als Parteiführer abgelehnt), sondern auch eine außergewöhnliche Gestalt der Literatur. Tatsächlich schien er sich in seiner fragmentarischen Autobiographie, *Überflüssige Worte,* geschrieben im Gefängnis, eher als Schriftsteller denn als politische Figur zu betrachten. Doch das waren Wortspiele. Er hatte Jahre in Moskau verbracht, russische Werke ins Chinesische übersetzt und ein klassisches Skizzenbuch über Rußland geschrieben, *Reise in das Land des Hungers,* aber er war ein führender Kommunist.

Er saß in seiner Zelle, rauchte eine Zigarette nach der anderen, trank und dachte über sein Leben und die Zukunft Chinas nach. Es hat Vorwürfe gegeben, *Überflüssige Worte* sei eine Fälschung oder sei verfälscht worden. Das scheint nicht zuzutreffen. Er hatte dem Kommunismus nicht den Rücken gewandt. Er schrieb ausdrücklich: »Zu sagen, ich hätte den Marxismus aufgegeben, ist nicht richtig.«

Am Morgen des 18. Juni 1935 schrieb er ein Gedicht, dem er ein kurzes Vorwort voranstellte:

»In der Nacht des 17. Juni 1935 träume ich, daß ich über einen Gebirgspfad gehe. Die untergehende Sonne ist prachtvoll, doch manchmal verborgen, und ein kalter Fluß murmelt in der Nähe. Es war wie ein Märchenland. Als ich morgens die T'ang-Dichter las, fand ich die Zeile ›Untergehende Sonne in zerklüfteten Gipfeln, bald gleißend, bald trübe‹. Ich verfaßte auf der Stelle ein Gedicht, einen Vierzeiler:

Untergehende Sonne in zerklüfteten Gipfeln, bald gleißend, bald trübe,
fallende Blätter und kalter Fluß, singen in zwei Klängen ein Requiem.
Zehn Jahre Einsamkeit hatte ich zu erdulden,
Alle Bande gelöst, hängt mein Herz an einer halben Hymne.«

Als er fertig war, kam ein Bewacher herein, um ihn zum Hinrichtungsplatz zu führen. Schwach, wie er war, ging er doch ruhig hinaus, zündete sich eine Zigarette an, trank ein Glas Whisky und sang auf Russisch die Internationale, als die Schüsse ertönten.[20]

Zetan, der Bruder von Mao Zedong, war dreißig Jahre alt, als er zu Beginn des langen Marsches zurückgelassen wurde. Ende Februar oder Anfang März 1935 verließ Mao Zetan an der Spitze einer Gruppe von zwanzig Guerillas die Berggegend östlich von Yudu und machte sich auf den Weg nach Westfujian. Vermutlich wollte er nach Changting.[21]

Während der Nacht machte er in einem Haus mit Lehmwänden in der Nähe von Honglin (Roter Wald) in den Bergen, sechzehn Kilometer von Ruijin entfernt, halt. Kurz vor Tagesanbruch am 23. April 1935 teilte Zetan einen Soldaten zur Wache ein. Der Wachposten fand einen Grasflecken, legte sich hin und schlief ein. Eine vorbeikommende Patrouille der KMT fand ihn dort. Er sagte der Patrouille, ein Dutzend Männer mit Gewehren, darunter Mao Zetan, befände sich in dem Haus. Die KMT umstellte den Platz. Zetan schickte seine Männer zur Hintertür hinaus und schützte selbst den Vordereingang, wobei er den ersten Angreifer tötete. Dann mähte ihn ein KMT-Soldat von der hinteren Tür aus nieder.[22]

Die KMT machte viel Aufhebens von der Tötung Zetans. Die Zeitungen brachten lange Geschichten. Seine Leiche wurde nach Ruijin gebracht und zur Schau gestellt. Fotos von dem Toten wurden veröffentlicht. Der Kommandeur der 24. Division erhielt eine besondere Belobigung von Chiang Kaishek.[23] Heute ist das Dorf, in dem Zetan getötet wurde, nach ihm benannt. Von dem unaufmerksamen (oder verräterischen) Wachtposten wurde nie eine Spur gefunden.

Die Aufzählung der Toten ist ein *Who's Who* der revolutionären Bewegung. Unter den Zurückgelassenen starben mehr prominente Kommunisten als in jeder anderen Phase des Kampfes.

Gu Bo führte eine Gruppe von zwanzig oder dreißig Guerillas von den Guangdong-Bergen nach Südhunan, wo er auf eine KMT-Patrouille traf und getötet wurde. Als Mao 1937 von seinem Tod erfuhr, schrieb er eine Notiz: »Mein Freund Gu Bo war ein guter Mann. Er versuchte immer, Fortschritte zu machen. Nun ist er für das Land gestorben. Ich hoffe, die Bevölkerung des Landes wird Gu Bos Ziel nationaler Befreiung erreichen.« Li Cailian, der militärische Führer an der Grenze von Guangdong und Jiangxi, wurde getötet. Niemand weiß, wann oder wie. Fang Weixia, Professor der Lehrerbildungsanstalt von Changsha, Freund von Professor Yang Changji, Maos Mentor und Schwiegervater, wurde in Westjiangxi von der KMT verhaftet und hingerichtet.[24]

Die drei Männer, die mit Deng Xiaoping in der Affäre um die »Luo-Ming-Linie« litten und im Zentralen Sowjetgebiet zurückgelassen wurden – Mao Zetan und Gu Bo –, starben in den Guerillagebieten. So auch Gu Hulin, der Generalsekretär des Zentralkomitee-Büros gewesen war, als es in das Zentrale Sowjetgebiet kam. Er war Student in Moskau gewesen und wegen Krankheit nicht mit auf den langen Marsch genommen worden.[25]

Und so geht es weiter und weiter. Die Liste der Toten und Vermißten wird nie vollständig sein.

Kapitel 20

Die Legion des Todes

Chen Yi und Kommissar Xiang Ying wurden enge Freunde und Kameraden bei dem endlosen Kampf in den Youshan-Bergen. Sie marschierten und kämpften bei Nacht. Bei Tag versteckten sie sich in den dichtesten Wäldern. Sie wurden gejagt wie Tiere und entwickelten die Instinkte von Tieren. Ein unachtsamer Fußabdruck, ein Rauchwölkchen in der Luft, das Geräusch eines zum Feuermachen oder für ein Obdach gefällten Baumes konnte sie verraten. Nie verbrachten die beiden zwei Nächte am gleichen Ort. Oft veränderten sie ihren Standort zwischen Abend- und Morgendämmerung mehrfach.

Sie kämpften blind. Sie hatten keine Kenntnis von dem, was in der Welt geschah. Existierte die Rote Armee noch? War der große Rückzug beendet? Hatte die Rote Armee Siege errungen? Sie wußten es nicht. Sie hatten kein Funkgerät. Es gab keine Postbüros, in denen man KMT-Zeitungen erbeuten konnte. Monate vergingen, ohne daß sie eine Zeitung sahen. Die bettelarmen Bergbauern waren Analphabeten. Sie kannten nichts jenseits der Wälder, hörten nichts, und nur wenigen lag daran.

Chen Yis Kameraden auf dem fernen Langen Marsch hörten nichts von den Zurückgelassenen. Keine Botschaften, keine Kuriere. Außer den publizierten Fällen von Mao Zetan und Qu Qiubai herrschte Stille. Den Tod von Mao Zetan und Qu Qiubai erfuhren sie auch erst nach Monaten. Und als sie davon erfuhren, hatten sie keine Möglichkeit festzustellen, ob die Nachricht richtig oder falsch war. Schließlich hatten die Nationalisten wieder und wieder gemeldet, Mao Zedong und Zhu De wären tot.

Noch lange nach Beendigung des Marsches, als die Rote Armee (vergleichsweise) bequem in Nordshaanxi in der Höhlenstadt Bao'an lag und Edgar Snow in Rotes Gebiet vordrang und Mao Zedong interviewte, war die Situation unklar. Snow fragte Mao Zedong und Zhou Enlai im Sommer 1936 nach den Zurückgelassenen. Mao antwortete Snow, er wisse es nicht. Er hatte nichts gehört. Die letzte Funkbotschaft war im Winter 1935 eingetroffen. Er hatte keine Ahnung, ob sie noch lebten oder tot waren.[1]

Chen Yi war ein kultivierter Mann. Wie so viele Revolutionäre war er ein Produkt Sichuans, wo sein Vater in der Stadt Lezhi Magistrat war. Er ging in Chengdu zur Schule und lernte im örtlichen YMCA Basketball spielen; Jack Services Vater war der Vorstand des YMCA. Er war klein und stämmig. Heutige Basketball-Mannschaften würden ihn nicht nehmen. 1944 in Yan'an sagte er zu Service: »Alle anderen werden Ihnen sagen, sie seien Söhne armer Bauern oder Proletarier. Ich nicht. Ich komme aus einer bourgeoisen Familie.« Er ging mit dem Arbeitsstudienprogramm nach Frankreich, schloß sich der kommunistischen Jugendliga an, kam nach China zurück, trat der Kuomintang und der Kommunistischen Partei bei (was in jenen Tagen nicht unvereinbar war) und arbeitete als Assistent für Politologie an der Militärakademie in Wuhan. Er hatte alle oder fast alle kommunistischen Militäroperationen mitgemacht – Nanchang, Jinggangshan, die Kämpfe von Südjiangxi. In einer Armee von Generälen, die Dichter waren – einige gut, einige mittelmäßig – war er nach Mao der beste oder sogar Mao ebenbürtig. Er schrieb nie seine Memoiren, doch er faßte das Drama seines Lebens in Dichtung. Wie so viele frühe Parteigenossen war Chen Yi freimütig und offen, und selbst gegen Ende seines Lebens, in den schrecklichen Tagen der Kulturrevolution, lernte er nicht, seine Zunge im Zaum zu halten.

In der Düsternis und dem Nebel der Youshan-Berge war Überleben nun das, worauf es ankam. »Wir hatten 600 Soldaten«, schätzte Liu Jianhua (1935 siebzehn Jahre alt). »Sie hatten 40 000. Das Prinzip war Überleben. Wir hatten keine Zelte. Wir lebten lieber in Bambushütten. Das Schneiden von Bambus machte Geräusche. Also benutzten wir Zedernrinde. Doch wenn wir zu viel Rinde verwendeten, würde der Feind merken, daß Bäume geschält worden waren. Also schnitten wir Gras für Hütten mit Strohdächern, doch Gras wuchs nur am Rand des Waldes. Das war zu gefährlich. Wir mußten tief in den Wäldern leben. Schließlich veranlaßten wir Bauern, in den Dörfern Stoff zu kaufen und bauten Stoffzelte, die wir mit Wachstuch abdeckten.«[2]

»Zedernrinde war das Beste für Hütten«, erinnerte sich Chen

Pixian. »An manchen Stellen fanden wir Hütten, die von Pilzsammlern benutzt wurden. Wir tarnten sie mit Grün. Doch meist blieben wir nicht unter Dach. Wir schliefen im Freien unter Bäumen oder im Gras. Wir spannten Stoffbahnen auf. Wir hatten keine Betten, nicht einmal Planken, um darauf zu schlafen.«[3]

Einmal suchten einige Soldaten vor dem Regen Zuflucht in einer Höhle. Morgens stellten sie fest, daß sie sie mit einem Tiger teilten. Der Tiger floh bei Tagesanbruch. Sie fanden nie heraus, ob sie oder der Tiger die Höhle zuerst gefunden hatten.

Tagsüber gehörte das Bergland den Nationalisten. Bei Nacht war es Guerillaland; Chen Yi und seine Männer tauchten aus ihren Verstecken auf, gingen hinunter in die Dörfer, kauften Proviant, kundschafteten die Gegend aus, lockten gelegentlich ein paar unachtsame Nationalisten in einen Hinterhalt. Sie hielten in den Dörfern sogar Versammlungen ab. Sie bewegten sich in Gruppen von nie mehr als drei bis fünf Mann. In jenen Tagen schrieb Chen Yi das Gedicht: »Zerbrochenes Land und Tod einer Familie.«

Kommissar Xiang Ying erzählte Edgar Snow im August 1938, er habe zwei Jahre lang dieselbe Baumwolluniform getragen. Er zog sie abends nie aus. Er zog auch nie die Schuhe aus. Er war bereit, beim geringsten Anzeichen zu fliehen.[4] Wie Tiere konnten die Partisanen die Anwesenheit eines anderen menschlichen Wesens *riechen*. Sie konnten das Rascheln von Füßen in den Blättern hören, das leise Geräusch eines geknickten Zweiges. Sie wußten mit einem Blick auf das Gras, ob jemand vorbeigegangen war oder nicht.

Das Problem war die Nahrung. In den Bergen gab es wenig oder nichts. Proviant mußte in den Bauerndörfern gekauft werden. Hier wurden die Partisanen von den Landbesitzern gerettet. Die Landbesitzer taten das in ihrem eigenen Interesse. Sie gaben den Guerillakämpfern Geld und manchmal Reis und forderten dafür Schutz. Ohne Geld und Nahrung, so warnten die Partisanen, würden Häuser und Ernten der Landbesitzer zerstört und ihre Familien vernichtet. Die Landbesitzer wollten nicht ihr Leben riskieren, also kooperierten sie. Nachts kamen die Guerillakämpfer herunter in die Dörfer und holten Nahrung, oder die Bauern lieferten sie direkt. Wenn KMT-Patrouillen die Gegend durchstreiften, brachten die Bauern Reissäcke ein Stück die Berge hinauf und ließen sie dort liegen, und die Guerillas holten sie ab. Landbesitzer erzählten der KMT selten von den Guerillas. Sie wußten, daß sie sterben oder fliehen mußten, wenn die Guerillas herausfanden, daß sie geredet hatten.

Die Landbesitzer kauften sogar Munition und Waffen für die Guerilla. Nicht viel. Aber jedes Gewehr half. Die Partisanen hatten selten die Chance, Waffen zu erbeuten. Die Landbesitzer kauften die Gewehre natürlich von der KMT.

Die weiblichen Partisanen machten die Aufklärung. Sie konnten sich leichter in den Dörfern bewegen. Sie kleideten sich wie Bäuerinnen. Alle zehn oder zwölf Kilometer wurden Verbindungsstellen errichtet, wo man Informationen hinterlassen konnte.

Die Arbeit war gefährlich. Li Letians Frau wurde von einer KMT-Patrouille in einem der Dörfer gefaßt. Sie flüchtete sich in eine Bauernhütte, doch die Truppen fanden und erschossen sie.[5] Und der Feind war nicht nur die KMT. Es gab auch Verräter innerhalb der kommunistischen Reihen. Ein Beispiel dafür ist der Fall der Witwe Huang.

Huang Changjiao war im Oktober 1934 Parteiarbeiterin in Ruijin, als, wie sie es ausdrückte, »die zentrale Rote Armee das Zentrale Sowjetgebiet verließ, um nach Norden zu marschieren und die Japaner zu bekämpfen«. Man hatte sie aufgefordert, mit auf den Marsch zu gehen und bei einer Nachhut-Sanitätseinheit zu arbeiten, zusammen mit He Zizhen, Mao Zedongs Frau, die ihre Freundin war.

Die Gruppe machte sich auf den Weg, ging nach Süden und überquerte den Yudu-Fluß in Huichang, um nach Anyuan und an die Grenze zu Guandong zu gelangen. Dann gab es einen Aufenthalt und eine Neuorganisation. Die Witwe Huang war schwanger, man beschloß, daß sie und fünf andere Frauen nicht mit auf den Marsch gehen sollten. Sie protestierten, doch man befahl ihnen, im Sowjetgebiet zu bleiben und das zu tun, was euphemistisch als »Untergrundkampf« bezeichnet wurde. Wer für diese Änderung verantwortlich war und aus welchen Motiven sie vorgenommen wurde, ist nicht klar. Gewiß waren die Überlebenschancen dieser Frauen nicht sehr groß. Unter den Zurückbleibenden waren die Witwe Huang, die Frau von Gu Bo, ebenfalls schwanger, und Zhou Yuelin, die Frau von Liang Botai.

Es wurde beschlossen, die Gruppe nach Westfujian zu schicken. Die Witwe Huang hatte wegen ihrer Schwangerschaft ein Pferd, doch eines Tages lief das Pferd weg, und das erschwerte ihre

Situation. Schließlich zogen sie nach Osten über die Berge. Ständig mußten sie KMT-Patrouillen ausweichen, die die Straßen von Südjiangxi nach fliehenden Kommunisten absuchten. Sie kamen an den Patrouillen und Straßensperren vorbei und gelangten nach Shuikou im Bezirk Changting in Fujian. Dort wurden die Pläne wieder geändert. Jemand – wer, ist nicht klar – beschloß, sie sollten in die Berge um Ruijin zurückkehren. Gu Bos Frau hatte einen Jungen geboren, doch sie wurde gezwungen, ihn bei einer Bauernfamilie zurückzulassen und mit der Gruppe zu gehen.

Die Witwe Huang kehrte in den Bezirk Ruijin zurück und wurde Leiterin einer kleinen Untergrundorganisation in den Bergen. Ein örtlicher Parteisekretär aber befahl ihr, die Arbeit einzustellen und verkleidet als Bäuerin zu leben. Sie erhob Einwände. Er bestand darauf. Sie sagte, sie spreche den örtlichen Dialekt nicht, sei Analphabetin und würde sicher entdeckt. Er beharrte darauf, daß sie gehen müsse. Nach den Regeln der Partei hatte sie bei der Entlassung ein Anrecht auf hundert Kilo Reis und zwanzig Silberdollar. Der Mann gab ihr den Reis, doch die Silberdollar steckte er in seine eigene Tasche. Ein paar Tage später lief er zur KMT über.

So blieb die Witwe Huang allein in einem wilden Bergwald in Jiaoshuoshan. Sie war der Niederkunft nahe, hatte nicht genug zu essen und niemanden, an den sie sich wenden konnte. Ein verräterischer Parteikader hatte sie im Stich gelassen. Sie kam aus den Bergen herunter, sah eine kleine Hütte und suchte dort Zuflucht. In jener Nacht wurde sie von einem Guerillatrupp überrascht, der die Hütte als Verbindungsstelle benutzte. Sie hatten achtzehn oder neunzehn Männer und waren eine von drei Gruppen in den Bergen.

»Ich habe den Kontakt verloren«, sagte die Witwe Huang dem Guerillachef Liu Guoxin. »Ich bin allein. Ich habe keinen Ort, an den ich gehen kann.« Sie durfte sich seiner Gruppe anschließen. Sie lebten von einer Mahlzeit am Tag, die sie um Mitternacht einnahmen, wenn sie sich in ein Dorf schlichen. Sie wagten kein Feuer anzuzünden aus Angst, die KMT würde es bemerken. Die Witwe Huang sollte nun ihr Baby zur Welt bringen. Die Partisanen hielten es nicht für klug, sie mitzunehmen. Sie überredeten sie, bei einer Bauernfamilie zu bleiben und als Verbindungsposten für die Guerilla zu dienen. Tagsüber beobachtete sie die Gegend, und nachts erstattete sie in einem alten buddhistischen Tempel Bericht. In einer ausgehöhlten Bambusstange brachte sie den Partisanen Reis, so oft sie konnte.

Doch die Gruppe wurde von einem der Verbindungsleute verraten und erschossen. Auch die Witwe Huang wäre erschossen worden, aber sie war dem Verbindungsmann gegenüber mißtrauisch gewesen und hatte sich geweigert, ihn zu treffen. Danach lebte sie allein in der Berggegend weiter, arbeitete als Bäuerin, sprach nicht und verhielt sich unauffällig. Sie war am Leben, aber von der Revolution abgeschnitten. 1949 wurde alles anders. Sie zeigte sich, kam in Berührung mit der Partei und wurde Mitglied der Bezirksversammlung. Sie hatte als einzige aus der Gruppe überlebt.[6]

Chen Yis Hüftverletzung machte ihm beständig Schwierigkeiten. Sie heilte nicht. Im Juni 1935 konnte er nicht mehr gehen. Die Partisanen hatten praktisch keine Medikamente, nur vier Arten von chinesischen Heilmitteln – Ba Gun Dan, Wan Jin You-Gelee (Tigerbalsam-Salbe), Ren Dan (Jindan, eine japanische Pille gegen Kopfschmerzen und Fieber) und Ji Guang Shui, eine Flüssigkeit. Chen Yi rieb seine Wunde mit Tigerbalsam ein und legte einen neuen Verband auf. Bald besserte sie sich.[7]

Im Sommer war Chen Yi in der Lage, umherzuhumpeln, aber im September wurden die Schmerzen unerträglich, und sein Bein hatte begonnen anzuschwellen. Er schaffte es, zu einem Treffen in Nanxiong zu gehen, indem er an einem Stock über die Hügel stolperte. Er traf früh ein und beschloß, die Sache mit seinem Bein ein für alle Male zu regeln. Er rief seinen Wächter und befahl diesem, das Bein fest zusammenzudrücken. Chen Yi wurde weiß vor Schmerz. Der Wächter hielt inne. Chen Yi befahl ihm weiterzumachen. Der Wächter sagte, das könne er nicht, weil Chen Yi am ganzen Körper zittere. »In Ordnung«, sagte Chen Yi, »hole ein Seil und binde mich fest, damit ich nicht mehr zittere.« Der Wächter band Chen Yis Bein an einem Baum fest und drückte dann die Wunde aus, bis er den Eiter und einen Knochensplitter daraus entfernt hatte. Danach wusch er die Wunde mit Salzwasser aus und verband sie mit einem sauberen Tuch, das mit Tigerbalsam eingestrichen war (einer anderen Version zufolge goß Chen Yi selbst flüssigen Tigerbalsam, das berühmte Allheilmittel aus Hongkong, in die Wunde). Chen Yi war schweißgebadet und zitterte wie Espenlaub. Doch bald hatte er sich wieder in der Gewalt, lachte und sagte: »Nach dem hier wird es keinen Gegenangriff mehr geben.« Es gab tatsächlich keinen. Die Wunde heilte und machte nie wieder Schwierigkeiten.[8]

Gong Chu war einer der wichtigsten zurückgelassenen Offiziere, Stabschef der Zentralen Militärzone und Kommandeur des 71. Regiments der 24. Division, der Hauptstreitmacht, die die Zone verteidigte. Im Mai 1935 tötete Gong Chu seinen Politkommissar, setzte sich mit dem Kriegsherrn von Guangdong in Verbindung und erhielt den Auftrag, sich weiterhin als Rotarmist auszugeben und Chen Yi und Xiang Ying zu beseitigen. Gong erschien in der Nähe von Youshan mit einer Truppe von »Guerillakämpfern« und lieferte sich eine Scheinschlacht mit einer KMT-Einheit, um an Glaubwürdigkeit zu gewinnen. Er machte sich mit einer kleinen Patrouille auf den Weg und fing fünf von Chen Yis Männern ab in der Hoffnung, diese würden ihn zu dessen Versteck in Youshan führen. Vier Partisanen flohen. Der fünfte, Wu Xiaohua, wurde gefaßt. Nachdem Gong sich entschuldigt hatte, sagte er, er habe wichtige Informationen für »Herrn Zhou und Herrn Liu« (Decknamen für Chen Yi und Xiang Ying). Wu führte Gong zu dem Guerillaversteck, wobei er mit der Stärke von Chen Yis Abteilung prahlte. Als sie nahe genug herangekommen waren, schrie er den Wachen zu: »Diese Männer sind Reaktionäre«, und machte einen Hechtsprung einen Abhang hinunter. Die Wachen eröffneten das Feuer, und Gong und seine Männer flohen.[9]

Chen Yi und Xiang Ying zogen von Berg zu Berg. Sie mußten ständig in Bewegung bleiben, um der KMT zu entkommen. Sie befanden sich auf dem Berg Dayu, als Gong Chu ihnen seine Falle zu stellen versuchte.

Eine ständige Sorge war die Frage des Kontakts mit anderen kommunistischen Gruppen. Sie hatten die Verbindung zur Roten Hauptarmee verloren. Sie hatten keine Verbindung mehr mit anderen Guerillatruppen. Sie hatten versucht, Briefe an Lu Xun und Mao Dun herauszuschmuggeln, prominente Autoren und Sympathisanten, in der Hoffnung, diese könnten mit Mao Verbindung aufnehmen, doch sie hatten kein Glück.

Chen Yis Verzweiflung ließ ihn im Winter 1936 in eine gefährliche Falle geraten. Ein Untergrundkurier brachte die Nachricht, daß Chen Hai, ein Kommunist, der in die KMT-Truppe am Fuß des Dayu-Berges eingeschleust worden war, eine Botschaft des Zentralkomitees erhalten hatte, die er weitergeben sollte.

Chen Yi beschloß, Chen Hai selbst zu treffen, obwohl Xiang Ying dagegen protestierte. Am nächsten Morgen in der Dämmerung ging er den Berg hinunter nach Dayu und direkt zu Chen Hais Haus, wo er die Frau, die dort Wäsche wusch, fragte, ob Chen Hai zu Hause sei. »Er ist zum *tuanbu* (Regimentshauptquartier) gegangen«, sagte die Frau ohne aufzublicken. Chen Yi verstand sie falsch. Er meinte, sie hätte *tangpu* (Süßwarenladen) gesagt. Er wußte, daß der Süßwarenladen direkt außerhalb des Stadttors eine Untergrundadresse war. Als er sich dem Geschäft näherte, sah er, daß es geschlossen und die Tür versiegelt war. Ein alter Mann sagte ihm, er solle rasch verschwinden – Chen Hai sei zum Verräter geworden.

Während Chen Yi in der Stadt war, war Chen Hai den Berg hinauf zum Hauptquartier der Guerilla gegangen, um Chen Yi abzufangen. Er hatte 300 Mann. Chen Pixian und Kommandeur Wang Shanghui entkamen gerade noch in hohes Gebüsch auf dem Gipfel des Berges. Nach zweistündiger Suche legten die Truppen Feuer an den Berg. Die Flammen verzehrten das Guerillalager und kamen näher und näher an die versteckten Partisanen heran. Plötzlich brach ein Gewitter los, und der Wolkenbruch löschte die Flammen aus.

Chen Yi war aus Dayu entkommen und kehrte zum Stützpunkt am Mailing-Berg zurück, als er von einem Suchtrupp der KMT abgefangen wurde. Ein Soldat verlangte, er solle ihnen als Führer dienen. Chen Yi protestierte; er sei ein Lehrer aus der Stadt und aufs Land gekommen, um Tee zu kaufen – für den die Gegend berühmt war. Ein KMT-Offizier hörte das Gespräch mit, kam zu dem Schluß, daß Chen Yi ein gebildeter Mann sei, entschuldigte sich für die groben Worte des Soldaten und verwickelte Chen Yi in ein literarisches Gespräch. Chen Yi hatte Angst, doch noch entdeckt zu werden. Als er eine Toilette am Straßenrand erblickte, lief er hin und sagte, er habe schreckliche Leibschmerzen. Die Soldaten warteten geduldig. Als man schließlich nach ihm sehen wollte, war er entflohen.

Chen Yi kletterte zurück zum Hauptquartier. Es war dunkel geworden, die Hütten waren verbrannt, das Gebiet verwüstet. Niemand war zu sehen. Er konnte nicht glauben, daß die Truppe vernichtet worden war. Er begann umherzugehen und laut zu sprechen: »Ich bin der alte Liu. Ich komme gerade aus der Stadt zurück. Der Feind ist fort. Kommt heraus.«

Nichts geschah. Er versuchte es noch einmal. »Hört doch auf meinen Akzent. Ich bin der alte Liu. Versteht ihr nicht? Kommt rasch heraus und laßt uns von hier verschwinden.«

Diesmal klappte es. Eine Wache erkannte seine Stimme. Bald hatte sich die Truppe wieder gesammelt und war auf dem Weg an einen sichereren Ort. Später sollte Chen Yi sagen, der Geist von Marx im Himmel habe das Gewitter geschickt, das sie rettete.[10]

Manchmal organisierte die KMT »Such- und Zerstörungs«-Missionen. Im Frühjahr 1936 erhielten die Truppen Befehl vom Oberkommando, 10 000 Bauern zu mobilisieren und sie für eine siebentägige Operation mit Streichhölzern, Messern und Nahrung auszustatten. Wer sich widersetzte, wurde exekutiert.

Die Suche begann. Die Leute waren in Kompanien von 200 bis 300 Mann eingeteilt; hinter jeder befand sich eine KMT-Kompanie. Singend und rufend kamen sie den Berg herauf. Die Soldaten befahlen den Bauern, die Bäume zu fällen, damit die Guerilla keinen Schutz mehr hätte, doch die Operation ging so langsam vor sich, daß nur wenige Bäume gefällt wurden. Einer Bauerngruppe wurde gesagt, sie solle das Gras oben auf den Hügeln anzünden. Die Bauern sabotierten den Befehl, indem sie in einen Fluß fielen und die Soldaten mitrissen. So wurden die Streichhölzer naß. Eine Guerillaeinheit gelangte hinter die KMT, tapezierte die Dörfer mit Plakaten und raubte Polizeistationen und die Häuser von Landbesitzern aus.

Am dritten Tag des Masseneinsatzes in den Bergen begannen die Bauern sich darüber zu beklagen, daß ihre Häuser und Familien schutzlos zurückgeblieben seien. Nach und nach machten sie sich davon, und die Suche verlief im Sande.

Doch sie hatte die Nahrungsversorgung der Guerilla für eine Weile unterbrochen. Die Männer konnten in den Dörfern nichts bekommen. Daher lebten sie von Walderdbeeren, Bambussprossen, einer bananenähnlichen Frucht namens *bajiao,* einem rebhuhnartigen Vogel, der »Steinhuhn« hieß, Schlangen (die als Delikatesse galten und nachts mit einem Licht sehr leicht zu fangen waren). Auch Bienen wurden sehr geschätzt; gebraten waren sie knusprig und aromatisch. Es gab zahlreiche Bergziegen, Wildschweine, Leoparden und Tiger, doch sie wagten nicht zu schießen, um nicht auf sich aufmerksam zu machen.

Der Guerillakampf in den Bergen von Youshan, Dayushan und Meiling ging weiter und weiter. Im Dezember 1936 war der Lange Marsch der Roten Armee seit mehr als einem Jahr vorüber. Alle anderen Armeen hatten nach und nach den Weg nach Nordshaanxi gefunden. Doch die Guerilla kämpfte weiter in endlosem Regen und Nebel. Der Xi'an-Zwischenfall vom Dezember 1936, die Entführung Chiang Kaisheks, die zu einem formellen Waffenstillstand zwischen der KMT und den Kommunisten führte, die Einheitsfront gegen Japan – all das kam und ging. Für Chen Yi, Xiang Ying und die 300 Männer und Frauen, die letzten Überreste der Tausende, die zurückgelassen worden waren, veränderte sich nichts.

Irgendwann im Winter 1937 hörte Chen Yi durch Berichte in den KMT-Zeitungen von Xi'an, doch erst im September 1937 begann die KMT, den Druck zu lockern.

Schließlich schlich er sich von den Bergen herunter nach Dayu und nach Ganzhou. Er sprach mit lokalen KMT-Kommandeuren. Sie sagten, die Gespräche müßten auf einer höheren Ebene geführt werden. Kommissar Xiang Ying machte sich auf nach Nanchang. Er traf sich mit Ye Jianying und Bo Gu im Verbindungsbüro der nationalistischen Achten Armee. Es stimmte. Es gab eine Einheitsfront. Doch noch immer gingen die Kämpfe in den Bergen weiter.

Eines Tages Anfang November 1937 erschien eine Sänfte, getragen von vier Trägern und eskortiert von KMT-Soldaten, bei einem Guerilla-Wachposten in den Bergen an der Grenze von Guangdong. Ein gutgekleideter Mann mit einem breitrandigen Filzhut, wie ihn Landbesitzer in zeitgenössischen Stücken in Peking tragen, stieg aus. Er trug eine Rotarmisten-Jacke, schwarze Lederschuhe und eine dunkle Sonnenbrille.

Er bezahlte seine Träger, entließ die KMT-Wachen und ging den Hügel hinauf zum Hauptquartier der Partisanen, wo er einen von Xiang Ying unterschriebenen Brief aushändigte, der ihn als Chen Yi vorstellte. Die Guerilleros waren geneigt, dem Brief Glauben zu schenken, doch was tat Chen Yi, wenn es denn Chen Yi war, mit einer Sänfte und einer KMT-Eskorte? Erst zwei Monate zuvor war ein Mann, der sich selbst als Partei-Verbindungsoffizier bezeichnet hatte, im Hauptquartier erschienen, und bald darauf war ihm eine Angriffstruppe der KMT gefolgt.

War das wieder in Täuschungsversuch? Sie gingen kein Risiko ein. Rasch brachten sie Chen Yi an einen anderen Ort und verdoppelten die Wachen. Chen Yi berichtete ihnen von der neuen Einheitsfront – KMT und Kommunisten kämpften zusammen gegen Japan. Die Guerilleros kamen zu dem Schluß, er sei ein KMT-Agent, und verlangten, er solle gestehen. Sie fesselten ihn, brachten ihn ins Nebenzimmer und begannen zu debattieren. Chen Yi konnte die Diskussion hören, und er hörte, wie sie beschlossen, ihn zu töten. Er rief: »Das könnt ihr nicht machen! Es wäre ein großer Fehler!«

Am nächsten Tag war Chen Yi von Menschen umringt. Ein öffentlicher Prozeß sollte beginnen. Seine Stunden schienen gezählt. Ein Mann kam heraus, der eine langstielige Pfeife rauchte. Chen Yi erkannte ihn als den altgedienten Guerillaführer Tan Yubao.

»Bist du das, Genosse Tan?« fragte Chen Yi.

»Wen nennst du Genosse?« versetzte Tan. »Du bist zur KMT übergelaufen. Du bist ein Verräter.«

Chen Yi versuchte zu erklären, wer er sei und daß er von der Partei geschickt sei.

»Welcher Partei?« fuhr Tan ihn an. »Der KMT? Ich weiß, wer du bist. Ich habe dich im Jinggang-Gebirge reden hören. Damals hast du über die Revolution gesprochen. Doch was machst du jetzt? Wenn du nicht gestehst, schneide ich dir den Kopf ab!«

Die Männer begannen zu streiten. Chen Yi sagte, sie müßten sich zusammentun, um die Japaner zu bekämpfen. Tan war sehr dafür, die Japaner zu bekämpfen, aber er wollte nichts mit der KMT zu tun haben.

Tan wurde wütend: »Ihr Intellektuellen seid doch eine Bande von Opportunisten«, schrie er. »Drei Jahre lang habe ich keinen Ton von dir gehört. Was hast du gemacht?«

Chen schlug vor, er solle jemanden nach Nanchang schicken, um mit Xiang Ying zu reden, oder nach Wuhan, um Ye Jianying zu sprechen.

Schließlich ließ Tan Chen Yi abführen, noch immer gefesselt, und rief aus: »Mein Gott, dieser Verräter ist sehr zäh.« Die beiden Männer führten ein Gespräch unter vier Augen, und Tan stimmte schließlich zu, Chen Yi nicht zu erschießen, bis er die Geschichte nachgeprüft habe.

Vier Tage später kamen die Kuriere mit Dokumenten zurück, die bestätigten, daß Chen Yi tatsächlich Chen Yi war und daß die Parteilinie genauso war, wie er gesagt hatte.

Tan rief erschüttert aus: »Wir waren drei Jahre von unseren Genossen getrennt. Es ist drei Jahre her, daß die Rote Armee fortging. Du weißt nicht, wie schwierig es war, weiterzumachen.« Er löste Chen Yis Fesseln, und die beiden Männer setzten sich hin und redeten bis zur Morgendämmerung über ihr Leben in dem, was einige später als Legion des Todes bezeichnen würden. Keiner von beiden wußte, daß das erst ein Vorgeschmack auf die Opfer und Kämpfe gewesen war, die noch vor ihnen lagen.

Kapitel 21

Die Luding-Brücke

Die Rote Armee befand sich nun in einer Gegend, die in der chinesischen Literatur und Geschichte berühmt war, getaucht in das Blut von Sagen und Kriegen, eine Welt der Legende. Es war das alte Königreich der Herzöge von Shu in der Zeit der Kriegführenden Staaten von vor zweitausend Jahren. Die Erzählungen darüber kannte Mao sehr gut. Hier war die Armee des Staates von Shu – 500 000 Mann stark – über den Fluß Lu (heute Dadu genannt) und den Goldsandfluß in endlosen Kreuzzügen hin und her gezogen. Niemand kannte das Königreich von Shu, seine Helden, die schroffen Gipfel, wo Zauberer hausten, die Windungen der Flüsse, die Kriegslisten, mit denen die Generäle von Shu ihre Feinde irreführten, so gut wie Mao.

Die Rote Armee konnte auf diesem Boden keinen Schritt tun, ohne den Schauplatz eines Heldenepos aus Chinas Geschichte zu betreten. Mao sah die Seiten der geliebten Bücher seiner Kindheit lebendig werden wie ein Engländer, der plötzlich in die Zeit des Königs Artus und seiner Ritter von der Tafelrunde zurückversetzt wird.

Der Bergsattel, der die Mitte von Sichuan gürtete, hatte in neuerer Zeit noch blutigere Vorkommnisse gesehen. Hier hatte sich der letzte Akt des großen Dramas der Taiping-Rebellion Mitte des 19. Jahrhunderts abgespielt. Hier hatten der letzte Taiping-Führer, Prinz Shi Dakai, und seine letzten 40 000 Krieger den Tod gefunden; das Wasser des Dadu war tagelang blutrot gewesen. Die Frauen, die Generäle, die Söhne des Prinzen hatten sich an den Ufern des Dadu selbst getötet, und der Prinz war nach Chengdu und zum Tod der Tausend Schnitte geführt worden.[1]

Jeder in der Armee kannte diese Geschichten. In der Nacht, in der die Vorhut der Ersten Armee die Ufer des Dadu erreichte, saß Zhu De an einem Lagerfeuer und erzählte eine Geschichte, die er als Junge in seinem ärmlichen Heim in Sichuan viele Male gehört hatte. Jeden Winter war ein alter Weber gekommen, um die grobe Baumwolle, die Zhu Des Mutter gesponnen hatte, zu Decken zu weben. Der alte Mann war ein Taiping-Krieger gewesen, und von dieser Zeit sprach er am rauchenden Herd, erzählte die Legende von Shi Dakai, der, wie er sagte, nie gestorben sei. Als alles verloren war, sagte der alte Weber, habe Shi Dakais Vierte Tochter, keine wirkliche Tochter, sondern ein Schützling, dem er das Leben gerettet hatte – sie hatte seine Konkubine werden wollen, was er ablehnte, und dann einen Mann geheiratet, der genau wie Shi Dakai aussah –, den Prinzen zur Flucht überredet und ihren Mann an seiner Stelle geopfert. Jahrelang, sagte der Weber, sei der Prinz durchs Land gezogen. Viele Menschen hätten ihn gesehen. Einer davon sei ein Bootsmann vom Fluß Min gewesen, dem das rechtzeitige Erscheinen des Prinzen während eines schlimmen Sturms das Leben rettete. In dunklen Nächten könne man am Dadu, wie der Weber sagte, das Jammern der Geister der Taiping-Krieger hören. Sie würden jammern, bis sie gerächt wären. Der Weber pflegte dann Zeilen aus einem Gedicht des Prinzen Shi zu zitieren:

»Wenn der Himmel taub ist für jede Vernunft, jedes Gefühl,
Wie kann ich das Volk mit meinen bloßen Händen retten?«

Natürlich, so sagte Zhu De den Soldaten, stimmte die Geschichte nicht. Shi Dakai wurde in Chengdu zu Tode geschnitten, und seine Truppen wurden abgeschlachtet. Zhu De hätte einen Absatz aus den Memoiren des Vizekönigs Luo Bingzhang von Sichuan zitieren können, der den Prinzen hinrichten ließ:

»Am 13. kam er in das Lager, führte sein Kind, vier Jahre alt, an der Hand, und ergab sich mit seinen Führern und Anhängern. Shi Dakai und drei andere wurden am 25. nach Chengdu gebracht und durch den Schneideprozeß zum Tode befördert; das Kind wurde bis zu dem Alter verschont, das die Regeln für die Behandlung solcher Fälle vorsehen.«[2]

Ein Rotarmist kam mit ein paar Schweineinnereien, einer Leber und einem Magen. »Wie kocht man die?« fragte er. »Schneide sie klein«, sagte Zhu De, »dann werde ich sie braten. Das kann ich sehr gut. Das nächste Mal, wenn du einen Magen findest, besorge ein bißchen Essig und Pfeffer, und ich helfe dir, ihn zu braten.« Dann ging das Geschichtenerzählen weiter. Dong Biwu sagte den Männern, der Affe in dem berühmten chinesischen Märchen habe auf seiner Reise nach Indien diesen Weg genommen, den Feuerberg überquert und sich den Schwanz versengt. »Deshalb haben Affen unbehaarte Hinterteile.« »Und warum hast du dir deines nicht versengt?« fragte ein frecher Roter Teufel, einer der zehn- bis zwölfjährigen Jungen, die die Rote Armee adoptiert hatte. Dong wechselte das Thema.[3]

Mao ermutigte dieses Geschichtenerzählen nicht. Die KMT verbreitete in ihrer Propaganda, die Rote Armee werde genauso vernichtet werden wie einst die Taipings. Sie nähere sich ihrer letzten Schlacht. Bald würde sich der Dadu ebenso röten wie vor 73 Jahren. Mao sagte trocken, es werde kein zweites Gemetzel am Dadu geben. Dessen sei er sicher. Er wollte nicht, daß seine Leute sich Sorge machten wegen der Wasserteufel, die darauf lauerten, Menschen in den Tiefen des Dadu zu ertränken. »Das kann uns nicht passieren«, sagte Mao. »Wir sind Revolutionäre. Die Geschichte hat sich verändert, wir haben uns verändert. Die Vergangenheit kehrt nicht zurück.«[4]

Der Dadu ist ein mächtiger Fluß, der in den Ausläufern des Himalaya in den entlegenen Bergen der Provinz Qinghai in Nordwestchina entspringt, in einer Wildnis aus Wüste, Bergen und Wäldern; dort leben nur wenige Han-Chinesen; 1935 gab es keine Straßen, nur Karawanenpfade. Der Fluß strömt mit großer Geschwindigkeit südostwärts, wo er in den Min mündet, einen der großen Nebenflüsse des Yangtze südlich von Chengdu. Die Ufer des Dadu sind eng. Im Mai sind die zerklüfteten schwarzen Felsen bedeckt mit Azaleen, Rhododendren, Rosen und einer Mischung aus blauen und gelben Blüten, deren Namen den Amateurbotanikern unserer Expedition von 1984 unbekannt waren. Die Gegend ist außergewöhnlich schön und für eine Armee außergewöhnlich schwierig – sie ist unwegsam, und die Fußpfade, die sich an gefährlichen Uferstellen entlangschlängeln, sind schwer zu begehen. Der Fluß ist nicht breit, doch seine reißende Geschwindigkeit, seine Strudel, die großen Felsen und die verwirrenden Stromschnellen erschrecken das Auge. Es ist ein gefährlicher Ort.

1935 gab es keine Brücken – mit einer Ausnahme, der Luding-Brücke. Eine beherzte amerikanische Reisende aus dem Jahre 1908 gab ihre Eindrücke so wieder:

»Die Lu Chiao (Luding-Brücke) ist eine berühmte Konstruktion aus Eisenketten. Sie ist eine Hängebrücke, die sich mehr als hundert Meter weit über den reißenden Tung-Fluß (Dadu) spannt. Die Brücke stammt aus dem Jahre 1701. Die dreizehn Ketten geben seitlichen Halt und tragen auch den Boden der Brücke, doch wenn man die Zwischenräume und die unregelmäßig ausgelegten Bodenplanken sieht, die wenigen Streben, die die Seitenketten verbinden, und die allgemeine Luftigkeit der ganzen Konstruktion, die so sorglos über wildem und strudelndem Wasser hängt, dann muß man den Eindruck haben, die Brücke sei unzureichend gesichert. Reisende aus Indien, Tibet, Nepal und anderen Teilen Asiens haben den reißenden Tung (Dadu) auf diesem zarten Spinngewebe menschlicher Erfindungskraft unbeschadet überquert. Es hat den Zauber und Glanz des Geheimnisses, verborgen in diesem entlegenen chinesischen Tal. Wegen des beträchtlichen Schwankens gehen die meisten Leute zu Fuß hinüber. Auch Bob und ich taten dies ...«[5]

Die Luding-Brücke wurde von dem Ingenieur Lu unter der Herrschaft des Kaisers Kang Xi erbaut und nach ihm benannt. Sie verbindet Peking und Chengdu mit Kangding und Lhasa. Als Nepal noch Tribut an Peking zahlte, nahmen die Schatzkarawanen diesen Weg. Die dreizehn Ketten bestehen aus großen Gliedern, so groß wie eine Reisschüssel; das Eisen ist über Holzkohle handgeschmiedet. Neun Ketten bilden den Boden der Brücke, und auf jeder Seite geben zwei Ketten Menschen oder Karren Halt. Die neun Bodenketten wurden mit Holzplanken belegt, damit Männer und Frauen, Karren und Tiere die Brücke ohne Schwierigkeiten überqueren konnten.

Der Fluß ist an dieser Stelle weniger als hundert Meter breit, und die großen Ketten sind auf beiden Seiten in riesigen Steinpfeilern mit künstlerischen, buntbemalten Brückenhäusern, Pagodendächern, Säulen und damals wie heute in kaiserlichem Rot gestrichenen Ziegeln verankert. Das westliche Brückenhaus brannte vor ein paar Jahren ab und wurde großzügig restauriert.

Die Dadu-Brücke ist sehr schön. Sie hängt zur Mitte hin durch, doch da die Aufhängung kurz ist, liegt die Brücke selbst bei Hochwasser weit über dem Wasserspiegel. Das Schwingen beim Überschreiten gleicht dem einer großen Hängematte.

Hübsche, phantasievolle Erzählungen haben sich im Laufe der Jahre um die Ausblicke und Empfindungen beim Überschreiten der

Brücke gerankt. Die Wellen, so sagen einige, sprängen hoch wie Drachen und versuchten, die Menschen in ihre Tiefen zu reißen. Einige haben den Eindruck, die Brücke sei »mehr als eine Meile lang«.

Die Realität ist eindrucksvoller als die Phantasie. Nach nahezu 300 Jahren leistet die Brücke noch immer gute Dienste, obwohl sie heute für Fuhrwerke und Tiere gesperrt ist. Sie wird allmählich mehr zu einer Touristenattraktion als zu einem Verkehrsweg[6].

Vor ein paar Jahren riß eine der Ketten, als gerade eine Gruppe Soldaten die Brücke passierte. Niemand wurde verletzt, doch vorsichtshalber wurden Stahlkabel unter den Planken verspannt. Man sieht sie nicht.

Mao und seine Männer hatten eigentlich nicht vor, zur Luding-Brücke zu marschieren. Geplant war, in Anshunchang, das sie in den Frühstunden des 24. Mai 1935 erreichten, den Fluß zu überqueren. Vor Tagesanbruch griffen sie den von hundert Familien bewohnten Weiler an. Es war regnerisch und der Pfad zum Ufer hinunter schlüpfrig, doch das Dorf wurde ohne Schwierigkeiten erobert, und zwar von Yang Dezhi, dem Kommandeur des Ersten Regiments der Ersten Division der Ersten Armee. Die Erste Kompanie des Ersten Regiments führte die Operation durch, die sich als herbe Enttäuschung erwies. Man erbeutete nur ein einziges Boot. Regimentskommandeur Yang schickte in diesem Boot siebzehn Freiwillige über den Fluß.[7] Jeder hatte eine Maschinenpistole und sieben oder acht Handgranaten. Das Boot war mit acht einheimischen Bootsleuten bemannt. Es erforderte viel Kraft, mit dem reißenden Strom fertigzuwerden. Den Bootsleuten wurde versprochen, falls ihnen etwas passiere, würde für ihre Familien gesorgt.

Sobald das Boot auf dem Fluß war, eröffnete der Feind das Feuer. Doch das Erste Regiment hatte einen Artilleristen, Zhao Chengzhang, der im Ersten Weltkrieg in Frankreich gedient hatte. Er war ein unfehlbarer Kanonier und traf sein Ziel jedesmal. Er hatte nur vier Mörsergranaten, doch damit setzte er vier feindliche Kanonen außer Gefecht.

Stromabwärts fand die Rote Armee zwei weitere Boote. Nachts wurden Feuer entzündet, und das Übersetzen lief rund um die Uhr weiter. Aber es war offensichtlich, daß es so nicht gehen würde.[8]

Die Rote Armee mußte den Dadu *schnell* überqueren und konnte keinesfalls eine oder zwei Wochen warten, bis die Männer nach und nach über den Fluß gebracht worden waren. Alle mußten an das Beispiel des Prinzen Shi Dakai denken. Eine Verzögerung hatte über sein Schicksal entschieden. Seine Frau hatte einen Sohn zur Welt gebracht; der Prinz ließ ein dreitägiges Fest veranstalten und so lange alle Vorbereitungen einstellen. Als man sie wieder aufnahm, führte der Fluß Hochwasser, und die Qing-Armeen hatten die Truppen des Prinzen eingeholt.

Mao schwor, das werde der Roten Armee nicht passieren. Ein Treffen von Mao, Zhou De, Zhou Enlai, Lin Biao und Peng Dehuai wurde einberufen. Man änderte die Pläne. Statt den normalen Anshunchang-Übergang zu benutzen, schickte Mao Stoßtrupps auf dem diesseitigen, rechten Ufer flußaufwärts – es gab einen fast nicht mehr sichtbaren Pfad – mit dem Auftrag, die Luding-Brücke zu erobern und zu sichern. An dieser unerwarteten Stelle sollte dann der Dadu überquert werden. Diese Route nahm normalerweise niemand. Der Verkehr auf der Luding-Brücke verlief üblicherweise aus Chengdu, 200 km östlich, nach Westen, die Ostseite des Dadu hinauf, überquerte dann den Fluß an der Luding-Brücke, um nach Tibet oder Lhasa weiterzufließen. Oder er kam von Lhasa und folgte dieser Route in umgekehrter Richtung.

Wieder einmal – wie so oft in der Vergangenheit – entschloß sich Mao für die unerwartete, fast unmögliche Route. Man beschloß, das Vierte Stoßregiment unter dem Kommissar (jetzt General) Yang Chengwu vorauszusenden, damit es den Weg bereitete und den Überraschungsangriff durchführte.[9]

Alles hing davon ab, daß das Vierte Regiment es schaffte, über den halsbrecherisch schmalen Pfad am Rande der steil abfallenden Felsen des Dadu-Ufers nach Luding zu gelangen, bevor der Feind Maos Absichten durchschaute. Der Dadu fließt an diesem Punkt von Norden nach Süden und kreuzt die Chengdu-Tibet-Route im rechten Winkel.

Wegen der Unpassierbarkeit der Schneeberge gab es keinen leichten Pfad von Süden her auf den Dadu zu oder auf die nach Westen führende Straße von Luding nach Tibet. Die Berge waren einfach zu hoch – um die 6000 Meter.

Die Entscheidung, das Westufer nach Luding hinaufzumarschieren, war eine von mehreren Entscheidungen Maos, über die später gestritten wurde. Mao entschloß sich, den Goldsandfluß bei Jiapingdu zu überqueren statt an einer einfacheren Stelle, die von der Zweiten Frontarmee benutzt wurde. Die Zweite hatte überhaupt keine Schwierigkeiten. Andere diskussionswürdige Entscheidungen standen noch bevor – die der Überquerung der Schneeberge und der Grasländer. Der Mangel an verläßlicher Aufklärung mag ein Faktor gewesen sein. Unter den Kommandeuren hatte einzig Zhu De die Luding-Brücke schon einmal überschritten – und das war 1922, als er und einige Kameraden von Kunming nach Sichuan flohen. In Kunming hatten sie in der Armee eines Kriegsherrn gekämpft. Es gelang ihnen, über den Goldsandfluß und die Luding-Brücke zu entkommen.[10]

Nun begann jene militärische Operation, die zur Legende werden sollte.

Yang Chengwu, Kommissar des Vierten Vorhutregiments der Zweiten Division der Ersten Armee, Held dieser fast ein halbes Jahrhundert alten Legende, war 1984 ein gutaussehender Mann von siebzig Jahren. Er hatte die Geschichte viele Male erzählt, aber sie entzückte ihn noch immer. Beim Sprechen unterstrich er seine Worte mit Gesten und Bewegungen seiner langen, schlanken Finger. Er hielt sein Buch *Erinnerungen vom Langen Marsch* in Händen und schlug darin Daten oder Namen nach. Amüsiert erinnerte er sich daran, daß Flugzeuge der KMT Flugblätter abwarfen, in denen es hieß, die letzten Tage der Roten Armee seien angebrochen. Wie bei Prinz Shi Dakai würde ihr Blut den Dadu-Fluß röten.

Am 27. Mai nach Mitternacht erhielt er seinen Befehl. Er sollte von Anshunchang aus am Ostufer des Dadu entlangziehen und die Luding-Brücke, etwa 150 km nördlich, erobern. Das mußte binnen drei Tagen geschehen sein. Das Vierte Regiment machte sich also auf den Weg. Yang Chengwu erinnert sich, daß sich der Pfad »wie ein Schafdarm« auf und um die nackten Berge wand. Rechts fiel ein steiler Abhang zum Dadu-Fluß ab. Etwa fünfzehn Kilometer stromaufwärts zogen sie feindliches Feuer von der anderen Seite des hier sehr schmalen Flusses auf sich und kletterten hinauf in die Berge. Es gab keine richtigen Pfade. Oft mußten sie sich Trittstellen schlagen. Die Truppen hatten in den beiden letzten Tagen 200 oder 300 *li* zurückgelegt. Sie waren schon erschöpft, ehe sie aufbrachen.[11]

Bei Yedading, etwa 25 km flußaufwärts, schlug das Vierte Regiment eine Abwehrkompanie von etwa hundert Mann in die Flucht. Dann ging es einen großen Berg hinauf und auf der anderen Seite wieder hinunter. Hier hatten die Verteidiger eine Brücke über einen kleinen, reißenden Bergbach zerstört. Die Rotarmisten fällten Bäume, bauten eine Behelfsbrücke und marschierten weiter. Sie kamen nun bergab, und ein Späher berichtete, ein Bataillon der 24. KMT-Division sei auf dem Abhang über einem Dorf namens Pusagang postiert. Der Pfad war eng, der Hang, an dem die KMT stand, steil, und er fiel auf der anderen Seite senkrecht zum Dadu-Fluß ab. Kommissar Yang Chengwu schickte einen kleinen Trupp aus, der den Berg umgehen sollte. Eine Stunde später hatten sie die KMT vertrieben und rückten weiter vor. Bei Einbruch der Dunkelheit rasteten sie in Shiyueting. Sie hatten vierzig Kilometer auf schweren, gewundenen Pfaden zurückgelegt und zwei Schlachten geschlagen. Sie verbrachten die Nacht dort.[12]

Am 28. stand das Regiment um vier Uhr früh auf. Um fünf hatten die Männer gefrühstückt und waren unterwegs. Nicht mehr als zwei oder drei Kilometer jenseits des Dorfes tauchte ein Kurier auf. Neue Befehle. Yang Chengwu las sie:

»Die Militärkommission schickte ein Telegramm, in dem mitgeteilt wurde, daß das Regiment bis zum 25. Zeit hatte, die Luding-Brücke zu erobern. Du mußt mit höchster Geschwindigkeit marschieren und jede mögliche Maßnahme ergreifen, um diese glorreiche Mission zu erfüllen. Wir warten darauf, dir zu deinem Sieg zu gratulieren.«

Das Telegramm war von Lin Biao unterzeichnet.[13]

Der Termin für die Erfüllung der Aufgabe war natürlich der 29. Mai und nicht der 25., wie es fälschlich in dieser Kopie des Telegramms hieß.

Der 29. Mai! Yang Chengwu traute seinen Augen nicht. Das war morgen. Sie hatten am ersten Tag vierzig Kilometer zurückgelegt. Sie hatten noch etwa 110 km vor sich und mußten unterwegs kämpfen. Das wäre auch in zwei Tagen schwer zu schaffen gewesen. Aber in einem!

Doch »Befehl ist Befehl«, wie Yang Chengwu lakonisch bemerkte. Für eine große Propagandaveranstaltung, wie sie sie abzuhalten pflegten, um die Truppen zu neuer Begeisterung anzustacheln, war keine Zeit. Zu gar nichts war Zeit. Die Truppen eilten dahin, und die Politischen Kommissare versuchten, mit ihnen zu sprechen, während sie über die engen Pfade kletterten. Um sechs Uhr früh am 29. Mai mußten sie die Luding-Brücke erreicht haben.

Nebel hüllte die Marschierenden ein, als sie den Berg des Wilden Tigers zu ersteigen begannen. Es ging fünfzehn Kilometer bergauf und fünfzehn bergab. Auf dem Gipfel hatte sich ein weiteres KMT-Bataillon verschanzt. Im Schutz des Nebels kamen die Rotarmisten unbemerkt heran, warfen Granaten, griffen mit ihren Bajonetten an, und das Bataillon floh. Sie verfolgten es zum Dorf Moximian, wo sie um zwei Uhr nachmittags eintrafen. Die Brücke war zerstört. Sie brauchten zwei Stunden, um sie im Nebel zu reparieren. Sie kamen in Kuiwu an. Es war sechs Uhr abends. Noch 55 km zu marschieren. Vom Feind war nichts zu sehen. Sie eilten weiter. Nebel und Nieselregen machten den Weg schlüpfrig. Die Männer schnitten Bambusstöcke, während sie marschierten. Es wurde dunkel. Sie hasteten in der Dunkelheit weiter.

Am anderen Ufer des Dadu, der hier schmaler wurde, befanden sich KMT-Truppen. Gelegentlich hatten sie sie gesehen. Verstärkungen eilten wie sie selbst auf die Brücke von Luding zu. Man konnte nicht haltmachen, um zu Abend zu essen. Die Männer aßen nichts oder kauten unterwegs kalten Reis. Der Abend schritt fort. Gegen elf Uhr nachts sah Yang Chengwu jenseits des Flusses in einem Chumi genannten Ort Lichter. Das war das KMT-Bataillon. Sie hatten Fackeln angezündet, um leichter marschieren zu können. Es war ein kitzliger Augenblick. Was sollte man tun? Kommissar Yang Chengwu riskierte es. Sie kannten die Codeworte der KMT und ihre Signalzeichen. Er ließ den Hornisten den KMT-Truppen auf der anderen Seite das Zeichen geben, sie seien auch KMT und hätten einen Trupp roter Banditen vernichtet. Die KMT antwortete. Yang Chengwu befahl seinen Leuten, Fackeln anzuzünden. Sie schnitten Pinienzweige und Bambusstöcke, zündeten sie an, und die beiden Kolonnen marschierten zwölf oder fünfzehn Kilometer weit nebeneinander her, nur durch den schmalen Dadu getrennt. »Wir haben sie zum Narren gehalten«, erinnerte sich Yang Chengwu fröhlich. Als die KMT für die Nacht biwakierte, marschierte das Vierte Regiment weiter.

Yang Chengwu wußte nicht, daß seine Kameraden der Ersten Division der Ersten Armee nicht weit hinter ihnen am linken Ufer marschierten. Die Straße am linken Ufer war gut, der Hauptweg der

Karawanen. Sie war (und ist) im Mai eine angenehme Straße; Pfirsichgärten, die schon verblüht sind, Apfelgärten, teilweise noch in Blüte, Weinreben, gute, solide Häuser, unten aus Stein, oben aus Lehm, rote Ziegeldächer – eine Gegend, die ein wenig an das Baskenland erinnert.

Die Männer der Ersten Division hatten einige Gefechte zu bestehen und wurden von schweren Regenfällen etwas aufgehalten, kamen aber recht gut voran. Der Dadu bildet hier ein scharfes, senkrechtes V und verengt sich oft auf knapp hundert Meter Breite. Kein Problem, sich von einem Ufer zum anderen etwas zuzurufen. Vom linken Ufer aus ist der Pfad, den das Vierte Regiment nahm, gut sichtbar, nicht ganz so hoch gelegen, wie die Berichte der Soldaten annehmen ließen, an einigen Stellen nicht mehr als sechzig oder neunzig Meter über dem Fluß.[14]

Der Regen hörte allmählich auf. Die Wolken verzogen sich, und die Sterne wurden sichtbar. Die Nacht war ruhig, man hörte nichts als den schweren Atem der Männer und gelegentlich das Aufprallen eines Geröllbrockens, der sich gelöst hatte. Manche schliefen im Gehen ein. Andere stolperten vom Weg. Einige Männer entrollten ihre Wickelgamaschen und banden sich aneinander, damit sie mitgezogen würden, wenn sie hinfielen.

Im Laufe der Nacht warf das Vierte Regiment seine gesamte Ausrüstung bis auf Waffen und Munition ab. Alle Tornister, sämtlicher Proviant, alles überflüssige Gewicht wurde am Wegrand zurückgelassen. Die Männer trabten den Pfad entlang, die Gewehre in der Hand.

Bei Tagesanbruch waren sie in Sangtianba, nur drei Kilometer von der Luding-Brücke entfernt. Sie hatten es geschafft. Doch wie sollten sie die Brücke erobern?

Es wurde hell. Der Anblick war wunderschön. Ende Mai ist in Sichuan die Hauptsaison für eine Art kleiner, rosa blühender halbsüßer Kirschen; das ganze Tal steht in Blüte. Man erntet Mispeln und Walnüsse. Tomaten sind reif für den Markt, der Oleander flammt, die Kartoffelfelder sind weiß von Blüten, Bienenschwärme summen. Rosa Azaleen bedecken die Berghänge. Von seinem Beobachtungsposten aus konnte Yang Chengwu die schmutzige kleine Stadt Luding jenseits der Brücke sehen, die buntbemalten Brückenhäuser und das leichte Schwingen der Brücke. Auf seiner Seite befand sich nur eine Handvoll KMT-Soldaten, doch auf der anderen Flußseite gab es mehrere hundert – vielleicht noch mehr, je nachdem, ob die Verstärkung, die sie bei Fackellicht überholt hatten, inzwischen eingetroffen war oder nicht.

Das Vierte Regiment besetzte die paar Häuser auf seiner Seite der Brücke und eine kleine katholische Kirche, wo Offiziere und Mannschaften sich versammelten, um einen Schlachtplan zu entwerfen. Gelegentlich schoß der Feind mit einem Mörser herüber, und Ziegelsteine barsten.

Als Angriffstruppe wurde die Zweite Kompanie unter Liao Dazhu ausgewählt. Die Dritte Kompanie würde nachrücken und neue Planken auf die Brücke legen. Die meisten Planken waren nämlich, wie Yang Chengwu durch seinen Feldstecher sehen konnte, entfernt worden.

Yang Chengwu glaubte, daß Männer mit gefülltem Magen am besten kämpften. Er befahl den Kompanieköchen, eine gute Mahlzeit zuzubereiten, und traf dann detaillierte Vorbereitungen für die Schlacht. Der Angriff wurde auf vier Uhr nachmittags festgesetzt. Yang Chengwu stellte auf einer Anhöhe direkt hinter der Brücke schwere Maschinengewehre auf, um Feuerschutz zu geben. Gewehrschützen wurden postiert, um die Feuerkraft zu verstärken. Mörser oder Artilleriegeschütze hatten sie nicht.

Zweiundzwanzig Männer, geführt von Hauptmann Liao Dazhu, unternahmen den Angriff. Jeder trug eine Maschinenpistole oder Pistole, ein Breitschwert und ein Dutzend Handgranaten. Sie mußten über die breiten Eisenketten kriechen, die über dem Fluß hin und her schwankten. Der Feind hatte auf ihrem Drittel die Brückenplanken entfernt. Die Hörner des Vierten Regiments signalisierten: »Angriff!« Die Maschinengewehre eröffneten das Feuer. Die 22 Männer begannen ihre gefährliche Kletterpartie über die Brücke. Während sie sich vorwärts bewegten, begann das andere Ende der Brücke zu brennen. Die KMT hatte das Brückenhaus angezündet.

Es war ein schöner Tag. Die Regenwolken hatten sich verzogen. Die Sonne schien. Es war heiß, und die Männer schwitzten, während sie langsam auf den Ketten entlangkrochen, ohne nach unten in den reißenden Fluß zu schauen. Glied um Glied. Hand vor Hand. Kommissar Yang sah in quälender Spannung zu. Die Männer der Dritten Kompanie, Planken in den Händen, krochen hinter dem Angriffstrupp her und legten dabei die Planken aus. Vor ihnen loderten die Flammen. Die KMT hatte Kerosin auf das Holz gegossen. Aber der Stoßtrupp ließ sich nicht aufhalten. Die Männer krochen weiter. Am anderen Ende kletterten sie auf die verbliebenen Planken und griffen durch Rauch und Flammen hindurch an. Sie gaben Salven aus ihren Maschinenpistolen ab. Als die rußgeschwärzten Rotarmisten, einige mit brennenden Kleidern, auf festen Boden durchbrachen, ergriffen die KMT-Truppen die Flucht.

18 der 22 Männer überlebten den selbstmörderischen Angriff und kamen unversehrt durch – ein Akt einzigartiger Tapferkeit, der dafür sorgte, daß Maos schwerer Weg ein Triumph und kein Desaster wurde. Rasch begann das Aufräumen. Binnen zweier Stunden waren Luding und die Brücke fest in der Hand der Roten Armee.

Die KMT hatte eine weitere uneinnehmbare Stellung aufgegeben. Der Kommandeur Li Quanshan hatte zwei Bataillone zur Verfügung gehabt (eines war das, das parallel zum Vierten Regiment am Fluß entlangmarschiert war). Er hatte den Brückenkopf mit nur einem Bataillon verteidigt und das andere am Flußufer postiert, wo es nichts ausrichten konnte.

»Die folgende Nacht war voller Spannung«, erinnerte sich Yang Chengwu. Er ließ die Truppen für den Fall eines Gegenangriffs in voller Alarmbereitschaft. Er schickte eine Patrouille die Straße am linken Ufer in Richtung Anshunchang entlang. Sie kam mit einem Verwundeten zurück – einem Mann von der Ersten Division. Das war das erste Anzeichen dafür, daß die Überquerung bei Anshunchang geglückt war (tatsächlich hatten 2000 Mann und die Kommandoeinheit übergesetzt). Gegen Mitternacht trafen Liu Bocheng und Nie Rongzhen ein, und Yang Chengwu zeigte ihnen die Brücke. Liu Bocheng stand einen Augenblick schweigend da, als er sah, wie die Brücke still über dem Fluß hing und leise schwankte. Dann sagte er: »Oh, Luding-Brücke! Nun sind wir siegreich, aber wieviel haben wir geopfert!«

Sie gingen über die Brücke, um sich die Inschrift anzusehen, die zu Zeiten des Brückenbauers Lu in den Granit gemeißelt worden war:

»Turmhohe Berge flankieren die Luding-Brücke
Ihre Gipfel erheben sich tausend Li in die Wolken.«

1935 lebte in Anshunchang noch Song Dashun, ein alter Gelehrter von fast neunzig Jahren, der zu Zeiten des Prinzen Shi Dakai ein junger Mann gewesen war. Li Fuchun, Führer der Politischen Abteilung der Roten Armee und Mao nahestehend, besuchte ihn. Er hatte die kaiserlichen Gelehrtenprüfungen auf Gemeindeebene abgelegt. Li Fuchun fragte ihn, warum Prinz Shi Dakai untergegangen sei.

Der alte Mann antwortete, daran seien die Verzögerungen schuld gewesen. Das Vorrücken des Prinzen wurde durch den Dadu behindert, den er nicht überqueren konnte; er konnte nicht nach links ziehen, weil die Yi die Brücke über den Songlin-Fluß zerstört hatten; den Weg nach Süden versperrten ihm die Qing-Truppen.

Li Fuchun fragte den alten Mann, was er von der Roten Armee im Vergleich zur Armee der Taipings halte. Beide seien gut, doch die Rote Armee sei besser, sagte der alte Gelehrte.

Die Taiping-Armee hatte aus sogenannten »Geisterkriegern« bestanden, die angeblich nicht getötet werden konnten. Doch hier am Dadu waren sie vernichtet worden. Vielleicht, so erinnerte sich Dr. Dai Zhengqi, der den ganzen Langen Marsch mitmachte – damals war er noch kein Arzt, sondern ein siebzehnjähriger Sanitätshelfer –, sei um diese Zeit der Ausdruck »Übermenschen« für die Rotarmisten aufgekommen, den er nie zuvor gehört hatte.

Vor einigen Jahren wurde ein alter KMT-Offizier, der an der Luding-Brücke gekämpft hatte, gefragt, warum bei der Einnahme der Brücke so wenige Rotarmisten getötet worden seien. Er sagte, das habe daran gelegen, daß die Geschütze der KMT so alt und ihre Geschosse naß und faul waren. Die meisten kamen nicht einmal über den Fluß.

Wieviele Männer überquerten die Luding-Brücke? Es gibt keine exakten Zahlen. Mao hatte mit 68 000 Mann begonnen, als er den Yudu überschritt. Allen Schätzungen zufolge überquerten nur noch 12 000 oder 13 000 den Dadu.

Die Helden der Luding-Brücke wurden belohnt. Jeder erhielt einen neuen Uniformrock, ein Notizbuch, einen Füllfederhalter, eine Emailleschüssel, eine Emaillepfanne und ein Paar Eßstäbchen.

»Ich bekam diese Belohnung auch«, sagte General Yang Chengwu schüchtern.

Es war das größte Geschenk, das die Rote Armee zu vergeben hatte, besser, weit besser, als goldene Medaillen.[15]

Kapitel 22

Die Großen Schneeberge

Mao Zedong eilte nicht zur Luding-Brücke, um Yang Chengwu und den Helden des Vierten Regiments zu gratulieren. Es dauerte noch drei lange Tage, bis er auftauchte, 48 Stunden, nachdem Lin Biao eingetroffen war, um seine Männer zu beglückwünschen.

Mao war langsam das Westufer des Dadu hinaufgezogen, war den Tausenden von Rotarmisten gefolgt, die bereits den vom Angriffstrupp freigeschlagenen groben Pfad genommen hatten. Er legte den größten Teil der Strecke, wenn nicht den ganzen Weg, in mäßigem Tempo zurück, und zwar, wie seine Leibwächter sagten, um sie nicht zu sehr zu erschöpfen. Gelegentlich hielt er an, um Pioniere den Weg verbreitern oder Abteilungen der Roten Armee über die gebrechlichen Brücken vorangehen zu lassen. Er schlug früh das Lager auf, noch vor Sonnenuntergang, und blieb in der zweiten Nacht in Moximian; spät am dritten Tag erreichte er die Luding-Brücke. Sowohl Zhou Enlai als auch Zhu De waren schon vor ihm da.[1]

Yang Chengwu begrüßte Zhou und Zhu De und eskortierte sie über die Brücke. Auf der anderen Seite wurden sie von dem einäugigen Liu Bocheng und Nie Rongzhen erwartet. Zhou, begleitet von seinem Leibwächter, ersetzte in Erwartung von Maos Ankunft persönlich einige zerbrochene Planken der Brücke. Als Mao schließlich eintraf, kurz vor dem Dunkelwerden, ging er über die schwankende Brücke; wie seine Leibwächter bewundernd anmerkten, zeigte er keinerlei Furcht und beachtete die reißenden Wasser des Dadu unter sich nicht. Mao traf auf der anderen Seite sein Oberkommando, und sie begaben sich in die verwahrloste Stadt Luding. Dort setzten sie sich zu einem Festessen aus Reis, Kürbis, Kartoffeln und (vermutlich) Huhn und Schweinefleisch nieder.[2]

Endlich brauchten sie keine Verfolgung mehr zu fürchten; Mao und seine Männer mußten nun entscheiden, was als Nächstes geschehen sollte. Die Rote Armee verlangsamte ihr Tempo zu einem

Spaziergang. Mao und die Führung verbrachten einen langen Tag und eine Nacht in Luding und zogen dann eine kurze Strecke weiter. Dort machten sie, Maos Leibwächtern zufolge, »ein paar Tage Rast«, und zwar in Hualingping.[3] Die Stoßtruppe unter Yang Chengwu brach am 2. Juni 1935 wie immer mit großer Schnelligkeit auf und zog nordöstlich in Richtung auf das etwa achtzig Kilometer entfernte Tianquan.[4]

Die Situation war widersprüchlich. Mao brauchte nun keine Angriffe der KMT mehr zu befürchten. Es gab keinen Feind mehr, der ihn hätte davon abhalten können, in Nordwestsichuan Zhang Guotao und die Vierte Frontarmee zu treffen. Doch die Sache hatte einen Haken – Mao wußte nicht genau, wo sich Zhang befand und Zhang wußte nicht genau, wo Mao war. Tatsächlich waren die beiden Männer und ihre Armeen nicht mehr als 160 km Luftlinie voneinander entfernt, getrennt durch die Großen Schneeberge.

Chinesische Historiker haben keine dokumentarischen Nachweise dafür finden können, daß die beiden Armeen zu dem Zeitpunkt, als Mao den Goldsandfluß überquerte, ihren gegenseitigen Standort kannten. Dasselbe gilt für den Dadu. In den Frühstadien des Langen Marsches hatte noch ab und zu Funkkontakt bestanden. Zhang Guotao erinnerte sich jedoch, daß er nicht im voraus über den Langen Marsch unterrichtet war und erst einige Tage nach seinem Beginn davon erfuhr. Das stimmt natürlich mit der extremen Geheimhaltung überein, mit der die herrschende Troika aus Otto Braun, Zhou Enlai und Bo Gu ihre Pläne umgab. Viele ihrer engsten Mitarbeiter tappten ebenso im Dunklen wie Zhang Guotao. Auch nachdem er gehört hatte, daß die Erste Frontarmee in Bewegung sei, wußte Zhang Guotao nicht, was beabsichtigt war, sondern nahm an, die Armee sei in Schwierigkeiten.[5]

Einer der Gründe für die geringe Kommunikation zwischen den Armeen war, daß die Vierte Frontarmee ein Codebuch verloren hatte und fürchtete, es könne Chiang Kaishek in die Hände gefallen sein.[6] Allerdings behauptete Zhang Guotao, nach dem Einmarsch der Ersten Frontarmee in Guizhou sei sein Funkabhördienst »Augen und Ohren« des Langen Marsches gewesen. Er erinnerte sich, daß er oft bis gegen Morgen am Funkgerät blieb, um sicher zu sein, daß die Zusammenfassungen der Vierten Armee von den abgehörten Funksprüchen auch zur Ersten durchkamen.[7]

Am 22. Januar erhielt Zhang vom Zentralkomitee einen Bericht über die bei der Konferenz von Zunyi getroffenen Entscheidungen.[8] Er wurde angewiesen, der Ersten Frontarmee beim Überschreiten des Yangtze zu helfen. Dabei kam nicht viel heraus. Die Vierte Armee konnte kaum etwas tun, und die Erste Frontarmee kam nie wirklich in die Nähe eines größeren Übergangs über den Yangtze. Die Anweisung war nach Meinung von General Qin Xinghan noch in Kraft, als die Erste Frontarmee den Goldsandfluß überquerte. Es gibt jedoch keinen Nachweis dafür, daß eine der Armeen danach gehandelt hätte.

Die Kommunikation war schwierig. Das lag nicht nur an der Angst, der Code könne nicht sicher sein, sondern auch daran, daß beide Armeen in Bewegung waren. Zhang hatte beschlossen, seine Armeen über den Jialing-Fluß in die äußerste Nordwestecke von Sichuan nahe Tibet zu führen. Bisher ist kein Nachweis dafür aufgetaucht, daß nach dem 22. Januar 1935 noch Botschaften oder Kuriere zwischen den Armeen ausgetauscht wurden. Manchmal hörte die eine oder andere Seite etwas über den »Bambustelegraphen«, Gerüchte, die von Mund zu Mund weitergegeben wurden, oder Informationsfetzen aus einer KMT-Zeitung. Das war nicht viel, vor allem da Mao seine Truppen in Guizhou im Kreis herumführte und Zhang seine Armeen im April nach dem entfernten Nordwesten in Marsch setzte.

Gegen Ende Mai oder Anfang Juni, so erinnert sich Zhang, erhielt er die Nachricht (woher?), die Erste Frontarmee habe den Goldsandfluß überquert. Wenn Zhangs Erinnerung an die Daten richtig ist, dann hatte die Erste Frontarmee zu dieser Zeit bereits die Überquerung des Dadu beendet.

Kein Wunder, daß Mao nach Luding eine Weile haltmachte und versuchte, genauer festzustellen, wo er die Vierte Frontarmee finden würde.[9]

Li Xiannian, 1984 der robuste und langlebige Präsident der Volksrepublik, ein Veteran von 75 Jahren, erinnerte sich, daß er Anfang Juni 1935 von Zhang Guotao angewiesen wurde, der Ersten Frontarmee, deren Ankunft man erwartete, eine Truppe entgegenzuschicken. Weder das Datum der Ankunft wurde ihm mitgeteilt, noch sagte man ihm, woher die Erste Frontarmee kam. Er schickte eine seiner Divisionen nach Süden und eroberte einen Ort namens Maogong an den Nordausläufern der Schneeberge.[10]

Der Mangel an nachweisbarem Material darüber, was die Erste Armee über die Vierte wußte und umgekehrt, wird auch von zeitgenössischen chinesischen Historikern unterstrichen. Sie beharren darauf, die Erste Armee »müsse eigentlich«, als sie den Goldsandfluß überquerte, »gewußt haben«, daß Zhangs Kräfte in Nordwestsichuan waren, und Zhang »müsse gewußt haben«, wo sich die Erste Armee befand. Es ist offenkundig, daß keine von beiden es wußte. Irgendwann Anfang Juni konnten beide nur ungefähre Schätzungen anstellen, wo die andere war.[11]

Es gibt keine Aufzeichnung darüber, wann Mao beschloß, den Jiajin-Berg zu überqueren, einen 4200 m hohen Paß in der sogenannten Großen Schneebergkette. Vermutlich fiel die Entscheidung in Tianquan, wo sich die Straße gabelt und die Rote Armee mehrere Tage rastete.

Mao hatte drei Möglichkeiten. Er konnte zum Westen der Schneeberge marschieren, und zwar auf einer hochgelegenen, aber vielbenutzten Karawanenroute, die ihn nach Aba führen würde, der Hauptstadt des tibetanischen Gebietes von Nordwestsichuan und Qinghai; der Weg wäre etwas länger und würde fast ausschließlich durch ziemlich dichtbesiedeltes und feindliches tibetanisches Gebiet führen. Er konnte einen anderen Weg östlich der Schneeberge nehmen, der schließlich nach Songpan führte, doch auf dieser Strecke war die Gefahr, von der KMT angegriffen zu werden, beträchtlich.

Die dritte Möglichkeit war ein schwieriger Pfad mitten durch die Schneeberge, eine schlechte Strecke, die allerdings von den Ortsansässigen, darunter Frauen und Kinder, benutzt wurde. Maos Vorliebe hatte sich schon oft gezeigt: im Zweifelsfalle die kleinere Straße, den entlegeneren Weg! Dafür entschied er sich auch an dieser Gabelung. Es ist möglich, daß er (zutreffend) schätzte, dieser Pfad würde ihn seinem Ziel am nächsten bringen: der Vereinigung mit der Vierten Armee von Zhang Guotao.

Es war eine schicksalhafte Entscheidung. Weder Mao noch seine Truppen hatten Erfahrung im Ersteigen schneebedeckter Berge. Sie hatten überhaupt wenig Erfahrung mit Schnee. Die meisten kamen aus den heißen, feuchten subtropischen oder halbtropischen Gebieten Südchinas, wo Schnee eine außerordentliche Seltenheit ist. Die Großen Schneeberge sind von ewigem Schnee bedeckt, eindrucksvoll anzuschauen. Wenn man sie betreten hat, umgeben sie einen in allen Richtungen. Die verschneiten Gipfel erheben sich auf allen Seiten, zerklüftet und majestätisch wie die kanadischen Rockies. Sie reichen weit über die Baumgrenze hinaus. Die moderne Straße von heute führt in endlosen Kurven bergauf. Alles Grün bleibt zurück. Der Berg wird karg und braun. Bald kommt man in die Zone, in der auch im Mai und Juni noch Schnee liegt; große Schneefelder erstrecken sich endlos um die Gipfel.

Schneeberge sind in China Gegenstand von Ehrfurcht und Aberglauben. Der Jiajin wurde von den Ortsansässigen Feenberg genannt. Sie sagten den Rotarmisten, nur Engel könnten ihn überfliegen.[12] Wenn man auf dem Gipfel des Jiajin den Mund öffne, werde man vom Berggott erstickt.[13] Ein Veteran des Langen Marsches erinnerte sich, daß man ihm gesagt hatte, auf dem Berg müsse man flüstern, weil es so wenig Sauerstoff gebe.[14] Mit einem Wort: Der Jiajin war ein Zauberberg. Vögel konnten ihn nicht überfliegen, und menschliche Wesen taten am besten daran, einen großen Bogen um ihn zu machen.

Als die Rote Armee den Fuß des Feenberges erreichte, befand sie sich bereits acht Monate auf dem Langen Marsch. Viele kämpften schon seit drei oder vier oder noch mehr Jahren. Ihr Leben hatte eine gewisse Routine bekommen, hart und schwierig zwar, aber die Struktur gab auch Sicherheit. Dr. Dai Zhengqi war 1984 65 Jahre alt und höherer Beamter des Gesundheitswesens. Als er 1934 den Langen Marsch begann, war er fünfzehn Jahre alt und Propagandaarbeiter. Bald wurde er Sanitätshelfer. Es gab kein Detail des Lebens der Roten Armee, das er nicht kannte.

Die tägliche Routine konnte er mit geschlossenen Augen befolgen. Der gewöhnliche Soldat wie er selbst, sagte er, legte viel mehr zurück als die 25 000 *li,* die die ein Jahr lange Reise von Jiangxi nach Nordshaanxi auf der Landkarte ausmacht. Oft marschierten sie 80 oder 160 *li* – dreißig bis sechzig Kilometer –, ohne anzuhalten, und das nicht etwa auf gerader, ebener Strecke. Immer wieder ging es bergauf und bergab, vor und zurück. Viele Sanitäter überquerten die Großen Schneeberge drei- oder viermal, versorgten die Kranken und kümmerten sich um die Sterbenden und Toten. Für zahlreiche Männer war es ein Marsch von 30 000 bis 40 000 *li.*

Der Tag begann, wenn sie das Pfeifsignal hörten. Das konnte um sechs Uhr morgens sein. Nicht selten aber war es auch um fünf oder vier Uhr früh. Sie hatten fünfzehn Minuten, um ihre Ausrüstung in Ordnung zu bringen und die Bretter oder Türen zurückzugeben, die sie sich von Bauern geliehen hatten, um darauf zu schlafen, sowie das Stroh, das sie als Bettzeug benutzt hatten. Weitere fünfzehn Minuten hatten sie Zeit, sich zu waschen und die Zähne zu putzen (leider putzten sich nicht alle Soldaten die Zähne, wie Dr. Dai sich erinnerte), zu frühstücken (ein halbes Pfund Reis; manchmal Süßkartoffeln), eine weitere Ration Reis für das Mittagessen in ihren Proviantbeutel zu geben und mit ihrer Einheit anzutreten. Manchmal gab es keinen Reis, wenn die Vorhuteinheiten, die vor ihnen dagewesen waren, alles aufgegessen hatten.

Als Propagandaarbeiter trug Dai einen Sack, ein kleines Bündel, eine Pistole und einen Eimer mit Leim, um Plakate anzukleben. Als er Sanitätshelfer wurde, trug er einen Medikamentenkoffer, in dem sich Vaseline, Jod, Karbolsäure, Aspirin, Verbandszeug und Watte befanden.

Die Traglast eines Mannes betrug etwa 25 Pfund. Ehe der Marsch begann, wurde jedem Mann jeden Morgen gesagt, welche Entfernung zurückzulegen war. Tagsüber gab es zwei kurze Pausen. Zehn Minuten am Vormittag und zwanzig Minuten mittags zum Essen. Keine Siesta. Jeder konnte sich ein wenig ausruhen, wenn feindliche Flugzeuge kamen; dann verließen die Männer die Straße, kauerten sich zusammen und entspannten sich, bis wieder die Pfeife ertönte.[15]

Ehe man den Jiajin erstieg, wurden alle Soldaten über die Gefahren von Höhe, Schnee und Kälte aufgeklärt. Man sagte den Männern, sie sollten ihre Augen mit Stoffstreifen schützen, um Schneeblindheit vorzubeugen. Sie sollten stetig und ohne Pause gehen, auf den Höhen nicht verweilen, vor dem Abmarsch gut essen und warme Kleidung tragen (die meisten von ihnen hatten nur leichte, schlecht geflickte Baumwolluniformen). In der Höhe, von der aus sie den Aufstieg begannen, herrschten hochsommerliche, drückende Temperaturen. Beim Klettern waren sie bald schweißgebadet.[16]

Die Propagandisten der Roten Armee faßten die medizinischen Ratschläge, wie es in der Armee Brauch war, in Knittelverse, die die Truppen sangen und auswendig lernten:

Der Jiajin-Berg ist sehr hoch.
Wir müssen aufpassen.
Umwickle deine Füße und reibe sie kräftig.
Ruhe dich auf dem Gipfel nicht aus.
Du mußt diesen Berg ersteigen.
Wenn die Kranken nicht gehen können
Müssen wir ihnen helfen.[17]

Ji Pengfei war 1984 ein grauhaariger Mann von 74 Jahren, Staatsratsmitglied und ehemaliger Außenminister. Er war ziemlich groß; als junger Mann war er sehr stark und athletisch gewesen. Er überquerte die Großen Schneeberge als Mitglied der Zentralen Medizinischen Kommission.

Ein Problem beim Jiajin sei gewesen, so sagte er, daß die Hänge so sanft anstiegen. Man konnte die Schneefelder in der Höhe sehen. Sie sahen nicht sehr weit entfernt aus. Man merkte nicht, wie hoch man stieg, weil man sich bereits auf ziemlicher Höhe befand, als der Aufstieg begann. Die Männer waren verbraucht, erschöpft durch monatelange Märsche und unzureichende Ernährung. Der Anstieg schien zügig voranzugehen, und dann befand man sich auf einmal in einer Welt aus Schnee und Eis. Die Augen waren geblendet. Es gab keinen Weg. Man glitt auf dem Eis aus und fiel. Man versuchte aufzustehen und stellte fest, daß man nicht die Kraft dazu hatte. Man dachte nicht ans Sterben. Man merkte nicht, daß es in der Höhe von 4000 oder 4500 m wenig Sauerstoff gab. Man versuchte aufzustehen und fiel tot um.

Die Ärzte erkannten schnell, daß die Männer auf dem Paß nicht rasten durften. Eine Pause konnte tödlich sein. Sie mußten den Gipfelkamm so schnell wie möglich überqueren und wieder absteigen auf Höhen, in denen es mehr Sauerstoff gab. Es war schrecklich, sich nicht auszuruhen. Man schien keine Muskeln mehr zu haben. Doch man mußte weitergehen. Wenn man einmal über den Kamm hinaus war, war es am besten, sich einfach abrutschen und vom Eis nach unten tragen zu lassen. Es gab ohnehin keinen richtigen Weg. Einige brachen sich die Knochen. Andere kamen um, weil sie in Abgründe stürzten. Doch es war die beste Methode.

Die schlimmsten Verluste betrafen das logistische Personal. Die Träger. Es gab noch immer Träger, darunter beispielsweise die Köche.[18]

Die Köche trugen – entgegen den Befehlen – Lasten von sechzig bis achtzig Pfund, ihre schweren Kochgeschirre, beladen mit Reis und Proviant. Die Köche des Dritten Armeekorps hielten auf den Höhen an, um frischen Ingwer und Suppe aus scharfem Pfeffer zuzubereiten, mit denen Höhenopfern geholfen wurde. (Mao hatte den Leibwächtern geraten, sich mit Ingwer und scharfem Pfeffer zu stärken, ehe sie den Aufstieg begannen.)[19] »Wir wollen keinen Mann in den Schneebergen sterben lassen«, beharrten die Köche. Doch während sie heiße Suppe austeilten, brachen zwei Köche zusammen und konnten nicht wiederbelebt werden. Als die Truppen in Nordshaanxi ankamen, hatte die Einheit neun Köche verloren.[20]

Die dünne Luft machte besonders den Schwachen und Verwundeten zu schaffen. Es war, wie sich Ji Pengfei erinnerte, fast unmöglich, die Kranken zu versorgen. Das einzige Mittel war, sie so schnell wie möglich bergab zu transportieren. Niemand hatte die Kraft dazu. Ehe man sie in geringere Höhen bringen konnte, waren sie tot. Oft starben sie, während die Ärzte versuchten, sie aus dem Schnee zu heben. »Wir verloren viele gute Leute«, sagte Ji Pengfei. »Es war kalt. Die Männer erfroren. Einige konnten einfach nicht atmen.«

Sonderkommandos wurden ausgeschickt, um Nachzügler einzusammeln. Oft erwiesen sich die »Nachzügler« als im Schnee liegende Leichen. In der großen Höhe konnte man kein Wasser kochen. Streichhölzer brannten nur schwer. Es gab kein Holz zum Verfeuern, keine Dörfer, keine Menschen. Es dauerte den ganzen Tag, den Berg zu überqueren, und als die Männer auf der anderen Seite abstiegen, befanden sie sich noch immer in großer Höhe.[21]

Wasser war ein Problem. Es gab keine Möglichkeit, den Schnee zu kochen. Die Soldaten kratzten die obere Schneeschicht ab und erfrischten sich damit. Es gab keine Möglichkeit, Toiletten einzurichten, kein Mittel, Löcher in Eis und Fels zu graben. Die Männer trugen ihre gewohnten Strohsandalen. Einige fanden Fetzen, die sie sich um die Füße banden. Die meisten fanden keine. Viele erlitten Erfrierungen. Einige Soldaten überquerten die Berge barfüßig. Viele wurden schneeblind und mußten bergab geführt werden. Nach ein paar Tagen konnten sie wieder sehen.[22]

Für die Frau Wei waren die Schneeberge und die Grasländer, die jenseits der Berge lagen, die schlimmsten Strecken des Langen Marsches. »Nachdem wir die Schneeberge überquert hatten, setzte meine Menstruation aus«, sagte sie. »Allen Frauen erging es so.«[23]

Ding Ganru, ein zwanzigjähriger Mann, ging mit der Fünften Armeegruppe, der Nachhut, über die Schneeberge. Sie waren die letzten. »Es gab eine Menge politischer Arbeit, ehe wir sie überquerten«, sagte er. Damit meinte er, daß die Kommissare die Soldaten aufforderten, ihre Kleidung zu lockern, ehe sie abmarschierten, um die Atmung zu erleichtern; sie sagten ihnen, sie sollten langsam, aber stetig marschieren und nie, nie stehenbleiben. »Wir waren wie eine Gruppe von Schulkindern, die in den Park geführt wird«, sagte er. Als sie den Gipfel erreichten, lautete die Anweisung: »Setzt euch einfach hin und rutscht.« Sie taten es. Einige seiner Kameraden aber stürzten ab und wurden nie wieder gesehen.[24]

Li Yimang, 1984 Beauftragter für Kulturaustausch, war 1935 Politischer Kommissar. Er hatte ganz eigene Ansichten über die Schneeberge wie über fast alles während des Langen Marsches und fand, sie seien keine besonders schwierige Erfahrung gewesen. Der letzte der Fünf Bergrücken sei viel schlimmer gewesen. »Die Schneeberge sind ziemlich niedrig«, behauptete er. »Der Aufstieg ist sehr leicht. Nicht steil. Und auch der Weg abwärts ist nicht steil.« Er räumte allerdings ein, daß der Abstieg eisig und rutschig, daß es kalt war. Menschen gab es nicht. Die tibetanischen Hirten waren alle geflohen.[25]

Es gab noch andere, für die die Schneeberge keine so große Herausforderung waren. Einer davon war Zhong Ling, zwölf Jahre alt, als er 1931 zur Roten Armee kam, und sechzehn, als er die Großen Schneeberge überquerte. 1984, mit 65 Jahren, war er ein Arzt mit jugendlichem Gesicht und Brille. Er trug graue Hosen, graue Socken, ein leichtes, bläuliches Hemd und sah sehr intellektuell aus. Als er sich im heimatlichen Jiangxi der Roten Armee anschloß, war er noch zu jung, um ein Gewehr zu bekommen. Er arbeitete in der Propagandaabteilung und malte Parolen an die Wände. Seine Familie war bettelarm. Vier Monate im Jahr hatten sie nicht genug zu essen. Sie mußten beim Grundherren borgen und kamen so nie aus den Schulden heraus.

Dr. Zhong war während des Langen Marsches Sanitätshelfer.

»Wir waren Rote Teufel«, sagte er. »Wir waren jung und sehr vital. Wir erholten uns schnell. Gedacht habe ich nicht viel. Ich aß, schlief und marschierte. Der Gedanke, daß etwas gefährlich sein könnte, kam mir nicht. Wir überquerten Flüsse auf aufgeblasenen Schweinshäuten. Ich fiel nie hinein.«

Es gab Probleme in den Schneebergen, doch sie bekümmerten ihn nicht. Er hatte nur ein Unterhemd und ein einfaches Baumwollhemd. Man war im Juni, doch auf dem Jiajin schneite es. Er trug seine Strohsandalen. Keine Fußlappen. Seine Füße erfroren nicht. Er hatte nie Atemnot. Man wies ihn an, nicht anzuhalten und auszuruhen, sondern die ganze Strecke in einem Zug zurückzulegen. Er stieg auf der anderen Seite des Berges wieder ab und sah niemanden sterben. Soweit er sich erinnern konnte, starb niemand aus der Sanitätsabteilung des Dritten Armeekorps, den er kannte.

»Bedenken Sie«, sagte er, »daß ich jung war. Ich war nicht betroffen. Ich dachte nicht viel nach.«[26]

Parteigeneralsekretär Hu Yaobang war nur ein oder zwei Jahre älter als Zhong Ling, doch er hatte keine so heiteren Erinnerungen an die Schneeberge. Er wußte noch, daß er KMT-Flugzeuge gesehen hatte. Sie konnten nicht so hoch fliegen, wie die Rote Armee dahinzog. »Wir schrien dem Piloten zu: ›Komm herauf.‹« Der zweite der Schneeberge sei der schlimmste gewesen, sagte er. Sie brauchten zwei Tage, um ihn zu überschreiten, und mußten am Berghang übernachten, in ihre Decken gehüllt und aneinandergeschmiegt, um sich zu wärmen. »Da wir jung waren«, sagte er, »überlebten wir es.«[27]

Für die meisten der Rotarmisten waren die Schneeberge die schlimmste Erfahrung, die sie bislang auf dem Langen Marsch gemacht hatten. Schlimmer als die Schlacht am Xiang-Fluß, schlimmer als die Fünf Bergrücken, schlimmer als die vier Überquerungen des Roten Flusses. Viel schlimmer als der Goldsandfluß oder Luding, wo nur eine kleine Anzahl von Truppen an den Kämpfen beteiligt war. Auch Kommandeure machten schlapp. Lin Biao, der energische, junge Kommandeur der Ersten Armee, verlor auf dem Kamm des Jiajin mehrmals das Bewußtsein. Nur mit Hilfe seiner Leibwächter kam er hinüber. Dasselbe passierte Xu Dinin, dem Aufklärungschef der Roten Armee.[28] Nach Aussagen seiner Leibwächter hatte auch Mao große Schwierigkeiten. Die Leibwächter halfen ihm, gerieten aber selbst in Gefahr. Mao trug keine wattierte Jacke, und seine Baumwollhosen und Schuhe waren bald durchnäßt. Die Gruppe geriet in einen Hagelsturm und suchte unter einem Wachstuch Zuflucht, das sie als Regenschutz aufgespannt hatte. Leibwächter Chen Changfeng wurde fast ohnmächtig, und Mao half ihm. Chen wiederum brachte den Vorsitzenden wieder in Bewegung, als dieser anhielt, um einige Soldaten zu ermutigen.[29]

Zhou Enlais Leibwächter Wei Guolo bezeichnete die Schneeberge als schwersten Teil des ganzen Marsches. Die Männer hielten sich bei den Händen, um nicht zu fallen. Nebel und Dunst wechselten mit plötzlichen Böen ab. Kleine Lawinen donnerten von den Gipfeln herab. Leibwächter Wei wurde schwindlig; er hatte keine Kraft mehr. Alle paar Schritte mußte er stehenbleiben, um Atem zu schöpfen. Langsamer und langsamer kam er voran. Der Wind wurde heftiger. Leibwächter Wei sah einen Mann aus seiner Heimatstadt zusammenbrechen. Ehe er zu ihm gelangen konnte, hatte der Mann aufgehört zu atmen. Sie legten die Leiche in eine Felsspalte und bedeckten sie mit Schnee. Gegen drei Uhr nachmittags hatten sie den Gipfel erreicht und begannen mit dem Abstieg.[30]

Als sie am Fuß des Berges angekommen waren, hustete Zhou Enlai. Er hatte sich erkältet. Das war das erste Symptom einer schweren Erkrankung, die ihn an den Rand des Todes bringen sollte.[31]

Die Vierte Frontarmee entsandte Li Xiannian, um der Ersten Frontarmee entgegenzumarschieren. Li, Kommissar der 30. Armee, war in Lixian (Zagunan) stationiert. Er nahm seine 88. Division und Teile der 25. und 27. Divisionen der Neunten Armee und eroberte Maogong (heute Xiaojin) und rückte nach Dawei vor, dem Endpunkt des Marsches über die Schneeberge. Dort traf er am 9. Juni ein. Der Kommandeur, Han Dongshan, telegraphierte an Li Xiannian, er erwarte, daß die Erste Frontarmee am 10. Juni eintreffe. Li Xiannian war erstaunt. Er hatte keine Ahnung, daß die Erste Frontarmee so nahe war, und zweifelte an der Richtigkeit des Berichts. Er telegraphierte seinem Kommandeur, er möge das nachprüfen. Der Kommandeur drahtete zurück: »Nein, es ist wahr. Sie sind hier.«[32]

Es *war* wahr. Die Vorhut der Ersten Armee überquerte den Berg am 11. Juni und kam am Morgen des 12. die Straße nach Dawei hinunter.[33] Dawei ist nicht ganz vierzig Kilometer vom Fuß des Berges entfernt. Es gab einen Schußwechsel, als die Späher der Ersten Armee den Vorposten der Vierten sichteten. Keine der beiden Seiten wußte, ob die andere Freund oder Feind war. Bei dem Schußwechsel wurde niemand verletzt. Rasch wurden Signalhörner geblasen, und Rufe gingen hin und her. Bald wußten beide, wer die andere Seite war.[34]

Die Truppen der Ersten Armee strömten die Abhänge hinunter und nach Dawei hinein. Li Xiannian eilte den Weg von Maogong hoch, und am 14. Juni kamen Mao, Zhou Enlai (dem es nicht sehr gut ging), Zhu De, Peng Dehuai, Ye Jianying, Lin Biao und alle anderen vom Berg herunter. Es gab ein großes Fest. »Es war eine Atmosphäre des Jubels«, erinnerte sich Li Xiannian. »Alle waren sehr glücklich. Die Männer der Ersten Armee sahen nach ihrem Langen Marsch müde aus. Wir von der Vierten Armee waren stärker und in besserer Verfassung. Ich kann die Atmosphäre gar nicht schildern.«[35]

Dawei bestand nur aus 106 Haushalten und einem großen Lamakloster auf einem Hügel über dem reizlosen Dorf. Hier war Opiumland, tiefstes Opiumland. Mindestens ein Drittel des Bodens war mit Mohn bepflanzt, und jedes Jahr im Frühherbst gab es in Dawei einen großen Opiummarkt (wie in vielen anderen Städten dieser Gegend auch).

Auf einem abschüssigen Feld oberhalb des Dorfes aber unterhalb des Klosters wurde am Abend des 14. Juni eine große Versammlung abgehalten. Die Überlebenden glauben, daß sich 10 000 Personen zusammenfanden. Mao sprach von Einheit und der Notwendigkeit, nach Norden zu gehen, um die Japaner zu bekämpfen. Es gab Theatervorstellungen, Lieder, Tänze und ein Festessen. Die Vierte Frontarmee lieferte Nahrung und Vorräte aus Lagern, die sie von Landbesitzern beschlagnahmt hatte.[36]

Li Bozhao tanzte und sang, und die Zuschauer riefen immer wieder: »Zugabe! Zugabe!« Sie tanzte den überaus beliebten russischen Matrosentanz *Yablochka,* den sie in Moskau gelernt hatte. Die Menge wollte sie nicht aufhören lassen, und sie schien genug Energie zu haben, um die ganze Nacht zu tanzen.[37]

Mao und Li Xiannian führten an diesem Abend ein Gespräch. Mao fragte ihn, wie viele Männer er in seiner Armee habe (es war zu der Zeit die Neunte; später führte er die 30.). Li sagte, er habe mehr als 20 000. Mao fragte, wie alt er sei. Li sagte, er sei 25 oder 26. Fünfzig Jahre später sprach Li noch immer entschuldigend von den Vorbereitungen zum Treffen mit der Ersten Frontarmee. »Sie kamen unmittelbar nach uns an«, sagte er. »Wir hatten sie nicht so bald erwartet. Wir taten unser Bestes. Wir gaben ihnen sogar tausend Mann, um ihre Formationen aufzufüllen. Es war nicht die Zeit für irgendwelche Streitigkeiten zwischen den beiden Armeen.«

Am nächsten Tag zogen Mao und sein Oberkommando auf der Straße weiter. Noch mehr Berge, Schneeberge, waren zu überqueren, und dann würden er und Zhang Guotao schließlich zusammentreffen – zum ersten Mal seit 1923, als sie beim Dritten Kongreß der Kommunistischen Partei Chinas in Canton auf verschiedenen Seiten gestanden hatten.

Kapitel 23

Wiedervereinigung

Es regnete. Es hatte schon mehrere Tage geregnet. Die Pfade waren schlammig. Mao, Zhu De und Zhou Enlai hatten einige Tage in Maogong verbracht, wo sie am Abend des 15. Juni eingetroffen waren. Es gab in Maogong eine katholische Kirche mit Blick über den Fluß, in der Mao am Abend des 16. Juni eine Rede hielt. Sein Quartier befand sich in einem schönen Gebäude gegenüber dem Hof der Kirche. Zhou Enlai, Zhu De, Bo Gu und Luo Fu wohnten in einem Haus in der Nähe. Mao wohnte fast immer getrennt von seinen Genossen.

Auf den hohen Pässen, die nach Maogong hinunterführten, liegt fast das ganze Jahr über Schnee. Auch Ende Mai 1984 lag Schnee, ebenso wie im Juni 1935. Er sprenkelte die grünen Wiesen und hing an den Rhododendren, die sich an den Berghängen bis in größere Höhen ziehen.

Mao und seine Gruppe ritten durch das schmale Tal des Maogong-Flusses, das von lila Rhododendren mit wachsartigen, dunkelgrünen Blättern bewachsen ist; die Hügel waren gefleckt von Veilchen – oder Blumen, die für das Amateurauge wie Veilchen aussehen. Das Tal ist nicht breit genug, als daß viel Land bebaut werden könnte, und es gibt nur wenige Häuser. Trotz des Regens stand die Reise in angenehmem Gegensatz zu den Prüfungen bei der Überquerung des Jiajin.[1]

Mao hatte nur einige seiner Kommandeure bei sich. Das war vermutlich kein Zufall. Er hatte absichtlich Peng Dehuai von der Dritten Armee und Lin Biao von der Ersten mit dem größten Teil seiner Truppen in verschiedene Richtungen fortgeschickt. Vielleicht mißtraute er Zhang Guotao nicht, aber immerhin traf er Vorsichtsmaßnahmen. Die beiden Männer hatten einander zwölf Jahre nicht gesehen und sich nie sehr nahe gestanden.

Am 24. Juni traf Mao in der Stadt Lianghekou ein und nahm (vermutlich) Quartier im unteren Geschoß eines ziemlich eindrucksvollen Lamaklosters. (Der demolierte untere Teil des Gebäudes wird heute als Holzplatz benutzt.)[2]

Am Morgen des 26. Juni regnete es noch immer. Mao wartete, bis er die Nachricht erhielt, Zhang Guotao nähere sich. Dann zogen er und sein Gefolge zu einem Dorf namens Fubian etwa anderthalb Kilometer außerhalb der Stadt.[3] Große Vorbereitungen waren getroffen worden. Man hatte Parolen an die Wände gemalt, Plakate in den Dorfstraßen angebracht und rote Fahnen mit weiß aufgemalten Grüßen aufgehängt. Ein Feldtelephon war von Dorf zu Dorf verlegt worden, damit die Armeen in Verbindung bleiben konnten, und auf einer Wiese war eine Plattform für die Zeremonien errichtet worden. Es war ein historischer Anlaß, als die beiden wichtigsten kommunistischen Kräfte und ihre Führer zum ersten Mal wieder zusammenkamen. Zhang war mit der Vierten Frontarmee fünf Jahre im Feld gewesen und hatte eine Reihe von Stützpunktgebieten errichtet. Mao war seit 1927 mit der gleichen Aufgabe beschäftigt gewesen, außer in der Zeit, in der Bo Gu und Otto Braun in der kommunistischen Bewegung die Macht ergriffen und ihn beiseite geschoben hatten.

Der Regen strömte herab, während Mao neben der Straße unter einem Schutzdach aus Wachstuch wartete. Zhang Guotao auf einem schönen Schimmel, begleitet von einem Dutzend berittener Männer, näherte sich über die schlammige Straße. Mao und seine Männer verließen ihren Unterstand und traten vor. Dann war der Reiter herangekommen. Zhang Guotao, ein großer, kräftiger Mann, dessen Gesicht neben Maos wettergegerbtem Teint weiß wirkte, sprang vom Pferd. Mao trat vor, und die Männer umarmten sich.[4]

Die Truppen brachen in Hochrufe aus. Die Bevölkerung, einige tausend Menschen, klatschte Beifall. Die Männer gingen zur Plattform. Wasser tropfte von ihren Uniformen. Mao hielt eine Willkommensrede, und Zhang antwortete. Dann zogen sie in die Stadt, die Arme um die Schultern des anderen gelegt, und begaben sich in das große Lamakloster, wo ein Bankett abgehalten wurde.[5] Li Qin, 1984 ein kraftvoller Mann von 68 Jahren, dessen Hemdschöße unter seiner sauberen Jacke herausschauten, sah sie zusammen gehen. Damals war er fünfzehn, ein kleiner Roter Teufel der Vierten Frontarmee, und sehr aufgeregt. Er erkannte Zhang Guotao, und jemand rief: »Das ist Mao Zedong!« Er hatte Zhang Guotao oft gesehen und fand, er gehe sehr milde und freundlich mit seinen Soldaten um.[6]

Alles, was zu einer großen Feier gehörte, war vorhanden – Banner, Flaggen, große Schüsseln mit dampfendem Huhn und Schweinefleisch, Reis, Gemüse, Suppenschüsseln, Wein und lokale Variationen der bemerkenswerten Erfindung von Guizhou, Maotai.

Doch darunter – und nicht weit darunter – lief eine andere Strömung – Bitterkeit, Feindseligkeit, Argwohn. Fragen gingen hin und her nach der Stärke der beiden Streitmächte. An einem Punkt trat Zhang zu Zhou Enlai und sagte: »Wieviele Leute habt ihr?« Zhou, immer Diplomat, erwiderte: »Und wieviele habt ihr?« Zhang sagte: »Wir haben 100 000.« Zhou erwiderte: »Wir haben 30 000.« Zhou übertrieb sehr viel stärker als Zhang.[7]

Beide Seiten waren vorsichtig. Keine gab sich frei und offen. Doch es war offenkundig, daß die Erste Frontarmee nur noch ein Schatten dessen war, was sie in Jiangxi dargestellt hatte – vermutlich nicht mehr als 10 000 Mann, obwohl Zhang Guotao das nicht genau überprüfen konnte, da Mao seine Truppen auf verschiedene Orte verteilt hatte. Zhang übertrieb seine Stärke ebenfalls, als er die Zahl 100 000 nannte (ebenso wie die Erste Frontarmee zu Beginn des Langen Marsches). Doch man konnte leicht sehen, daß seine Armee sehr viel größer war als die Erste Frontarmee. Zhang hatte 70 000 bis 80 000 an Kampftruppen und vielleicht weitere 70 000 an Nonkombattanten. Er war Mao zahlenmäßig im Verhältnis von fast zehn zu eins überlegen.

Den Kontrast sah man auch an den beiden Führern – Zhang mit prallem Gesicht, vollblütig, der Körper nicht korpulent, aber fleischig, die Züge ungezeichnet von Hunger und Leid; Mao dagegen war dünn, seine Züge angespannt, sein Gesicht zerfurcht von tiefen Linien, sein Verhalten nervös. Zhang trug eine gutgeschnittene graue Uniform, Mao seinen alten Uniformrock vom Langen Marsch, fadenscheinig und geflickt.

Ein Rotarmist konnte sich gar nicht darüber beruhigen, wie fett die Pferde der Vierten Frontarmee waren. Mao ermahnte ihn: »Beneide die Pferde nicht.«[8] In dieser Nacht erwachte allerhand Neid, und später kam unter den Teilnehmern des Langen Marsches das Gefühl auf, daß Zhang mit seinen Erfolgen prahle und sich Maos Truppen gegenüber fast herablassend zeige, ein ehrgeiziger und möglicherweise prinzipienloser Mann. Vielleicht waren Maos

Leute überempfindlich, aber sie waren gekränkt über die Art und Weise, wie Zhang an Mao und seine Kommandeure heranritt, die stehend im Regen warteten, und sie fast mit Schlamm bespritzte, ehe er vom Pferd stieg. Sie waren irritiert über die Art und Weise, wie die Soldaten der Vierten Frontarmee Zhang als »Vorsitzenden« bezeichneten. »Vorsitzender« war ein Titel, den sie Mao Zedong vorbehielten. Die Kappen der Vierten Armee waren größer als die der Ersten. Die Männer der Vierten wurden »Großköpfe« genannt, die der Ersten »Kleinköpfe«.

Die Dinge beim Bankett verliefen kaum besser. Zhang Guotao fand die Fröhlichkeit aufgesetzt. Mao hielt seinen üblichen Vortrag über scharfe Pfefferschoten. Wer keine scharfen Speisen essen könne, sei auch kein richtiger Revolutionär. Bo Gu, der aus Jiangxi gebürtig war, forderte Mao heraus. Die Leute von Jiangxi, beharrte er, seien großartige Revolutionäre, doch sie machten sich nichts aus Maos scharfen Pfefferschoten. Widerstrebend, aber lachend mußte Mao das einräumen. Zhang Guotao fand das alles sehr »langweilig«. Er nahm es übel, daß niemand interessiert schien, ihn über die Leistungen der Vierten Frontarmee auszufragen. Auch berichtete ihm niemand die Einzelheiten von Zunyi.[9] Maos Männer für ihren Teil behaupteten, Zhang Guotao interessiere sich nicht für das, was die Erste Frontarmee getan hatte.

Nach dem Essen lud Zhang Zhu De in sein Quartier ein. Sie führten ein Gespräch, das bis drei Uhr morgens dauerte. Versuchte Zhang, Zhu auf seine Seite zu ziehen? Vielleicht. Vielleicht wollte er auch einfach nur Informationen von ihm. Zhu De hat keinen Bericht darüber hinterlassen. Zhangs Zusammenfassung wurde erst niedergeschrieben, als er schon mit seinen kommunistischen Genossen gebrochen hatte. Ihm zufolge soll Zhu gesagt haben, die Rote Hauptarmee sei nur noch ein »Skelett« und habe »keine Muskeln mehr«. Zhu habe ihre Zahl auf 10 000 geschätzt, was nicht weit von der Wirklichkeit entfernt war. Die gesamte Artillerie sei verloren, es gebe nur noch wenige Maschinengewehre, und die Männer hätten nur fünf oder sechs Kugeln für ihre Gewehre.

Das kam der Sache ziemlich nahe. Weniger Glauben sollte man vielleicht jenen Teilen von Zhangs Zusammenfassung schenken, in denen er behauptet, Zhu De habe Mao kritisiert und Zhangs Vierte Armee gepriesen.

Die Beschreibungen Zhang Guotaos durch Überlebende des Langen Marsches betonen seine Weichheit, seine Arroganz. Otto Braun beschrieb ihn so: »Zhang Guotao, ein großer, stattlicher Mann um die Vierzig, empfing uns wie ein Hauswirt seine Gäste. Er trat sehr selbstbewußt auf, seines militärischen Übergewichts und seiner administrativen Macht voll bewußt.«[10] Die Männer der Roten Armee verglichen Zhangs Gebaren mit der Bescheidenheit und schlachterprobten Einfachheit ihrer Führer. Es ist schwer zu sagen, wieviel davon politische und persönliche Differenzen widerspiegelt. Photographien jedoch bestätigen die Beschreibungen Zhangs. Er sieht weich aus im Vergleich zur Magerkeit und Knochigkeit der Teilnehmer des Langen Marsches.

Dabei hatte kaum jemand in der Kommunistischen Partei bessere Referenzen als Zhang Guotao. Er war 1935 38 Jahre alt, stammte aus einer reichen Landbesitzerfamilie und hatte an der Universität Peking studiert, wo Mao Assistent in der Bibliothek gewesen war. Zu dieser Zeit lernte er Mao kennen. Die beiden gehörten zu den zwölf Gründern der Kommunistischen Partei Chinas im Jahre 1921. Von den frühesten Zeiten an war Zhang einer der obersten Führer der Partei gewesen, Mitglied des Zentralkomitees, des Politbüros – aller Schlüsselorgane. Er hatte eine Rolle – eine kleine – beim Aufstand von Nanchang unter Zhou Enlai gespielt. Er war nach Moskau gegangen und hatte dort drei Jahre verbracht. 1931 wurde er vom Shanghaier Büro ausgeschickt, um den überaus wichtigen Stützpunktbereich Eyuwan zu leiten. Seit der Zeit war er im Feld gewesen. Seine Leistungen in den Basisgebieten waren denen Maos in Jiangxi gleichwertig, wenn nicht überlegen. Er hatte wichtige Schlachten gegen Chiang Kaishek geschlagen und gewonnen. Er hatte seine Basis zweimal verlegt – zuerst von Eyuwan an der Grenze von Henan–Hubei–Anwei an die Grenze von Shaanxi und Sichuan, dann, im Frühjahr 1934, nach Nordwestsichuan. Sein engster Mitarbeiter bei diesen Operationen war ein ausgezeichneter General, Xu Xiangqian, der nach der Errichtung der Volksrepublik einer von Chinas Zehn Marschällen wurde. Zhang Guotaos Stil war nicht der Stil Maos, aber er war wesentlich erfolgreicher gewesen, als zeitgenössische chinesische Historiker anerkennen wollen.

Zhang hatte einen Hang zu unabhängigen Operationen bewiesen, der nicht selten zu Zusammenstößen mit dem Zentralkomitee führte (wie bei Mao auch). Sein Marsch von Eyuwan in das Gebiet von Shaanxi-Sichuan im Jahre 1932 war vom Zentralkomitee kritisiert worden, weil das Zentralkomitee ihn nicht genehmigt hatte (ähnlich, wie Mao wegen Jinggangshan kritisiert worden war). Doch er war erfolgreich, und die Kritik verstummte. Die Verlegung nach Nordwestsichuan wurde strenger kritisiert, aber weil sich das Zentralkomitee auf dem Langen Marsch befand und kaum Verbindung bestand, konnte Zhang nicht allzu streng verurteilt werden (und wurde es auch nicht).

Zhang hatte mit den Kriegsherren der Provinzen, in denen er operierte, »Leben-und-leben-lassen«-Vereinbarungen getroffen oder es zumindest versucht. Als er 1932 nach Sichuan kam, sandte er Briefe an Yang Sen, den Kriegsherrn von Sichuan, und an Tian Songyao, dessen Bereich von Sichuan er besetzte. Tian weigerte sich, den Brief in Empfang zu nehmen. Yang erhielt seinen Brief, beachtete ihn aber nicht – sein Territorium war nicht betroffen. Ein dritter Brief ging an Sun Weiru, nach dem Kriegsherrn Yang Hucheng zweiter Mann in Shaanxi. Sun Weiru kam zu einer Übereinkunft mit Zhang Guotao. (Nach der Befreiung wurde Sun Vizegouverneur von Shaanxi.)[11]

Als Zhang nach Sichuan kam, führte er keine Landreform durch und etablierte auch keine Sowjetregierung. Das Zentralkomitee kritisierte ihn deswegen. Etwa zwei Monate später korrigierte er seine Fehler – vermutlich, nachdem er beschlossen hatte, in der Gegend zu bleiben.[12] Zhang hatte sich nicht mit den Sichuan-Kriegsherren im Nordwesten verständigt, den er jetzt besetzte. Er war durchaus in der Lage, mit einer eventuell von ihnen ausgehenden militärischen Bedrohung fertigzuwerden.[13]

Unmittelbar vor der Wiedervereinigung hatte Zhang ein weiteres Beispiel seiner Unabhängigkeit geliefert. Er kontrollierte nun ein sehr großes Gebiet – die Bezirke Jinchuan, Xiaojin (früher Maokong), Songpan und Heishui. Es umfaßt heute 89 000 Quadratkilometer und war 1935 vermutlich noch wesentlich größer. 1984 betrug die Bevölkerungszahl eine dreiviertel Million. Mitte der dreißiger Jahre waren es wahrscheinlich 200 000 bis 300 000 Menschen – für China eine dünne Besiedelung, doch es war ein fruchtbares, produktives landwirtschaftliches Gebiet. Die meisten Anbaugebiete befanden sich in Zhangs Hand. Er hatte 80 000 Mann Kampftruppen und die gleiche Anzahl von Nichtkombattanten.

Am 30. Mai 1935, am Vorabend der Ankunft Maos und der Ersten Frontarmee, verkündete Zhang die Errichtung einer von ihm so genannten Nordwest-Konföderation. Diese würde keine formelle Sowjetorganisation haben, sondern ein gemischtes Regime sein, entsprechend dem hohen Anteil der Minderheiten (die hier zusammen die Mehrheit stellten). Zhou Chonquan wurde zum Vorsitzenden bestellt; die Hauptstadt sollte in Beichuan sein. Beichuan war eine bergige tibetanische Region in den Schneebergen. Eine von Zhou Chonquans ersten Maßnahmen bestand darin, seinen Männern das Essen von *tsampa* beizubringen, der tibetanischen Hauptnahrung, einer eher faden Mischung aus Gerstenmehl und etwas, das euphemistisch als »Fünf-Elemente-Tee« bezeichnet wird. Es handelt sich um eine Art Teigklumpen, der mit den Fingern gegessen wird.[14]

Zhang Guotaos Armee unterschied sich von Maos Erster Frontarmee. Zhang hatte viele Frauen in seinen Formationen, darunter auch ein Regiment aus 2000 Frauen. Es gelang ihm, ausgezeichnete Beziehungen zu den Minderheiten aufrechtzuerhalten, weitgehend deshalb, weil er mit ihnen in Kontakt blieb, da er weniger mobil war als die Erste Frontarmee. Er konnte so nachweisen, daß seine Truppen nicht so waren wie die marodierenden Armeen der Kriegsherren. Wie die anderen Roten Armeen enteignete er die Reichen und verteilte ihren Besitz – Korn, Opium, Stoff, Geld – an die Armen, nachdem er seinen eigenen Bedarf gedeckt hatte. Zu diesem Zeitpunkt war seine Armee ausgezeichnet versorgt, und er konnte der abgerissenen Ersten Frontarmee eine Menge Proviant und Kleidung überlassen.[15]

Zhang mischte sich, soweit das heute festzustellen ist, nicht in die Opiumproduktion ein – die Haupteinnahmequelle der Region. Seine Armee beschlagnahmte allerdings Opium zusammen mit anderen Gütern der Landbesitzer und benutzte es als Währung, um Proviant und Vorräte zu bezahlen.[16]

Wie alle Soldaten der Roten Armee durften auch Zhangs Soldaten kein Opium nehmen. Es gab jedoch Ausnahmen. Jin Jinchuan, ein älterer chinesischer Arzt, war an Opium gewöhnt. Er erhielt Opium, weil er es brauchte.[17]

In sämtlichen Roten Armeen nahm man die innere Sicherheit sehr ernst. Wie Peng Dehuai in seinen Gefängnismemoiren schrieb:

»Jeder in der Armee sorgte sich um seine Sicherheit.« (Dabei sprach er von den Bedingungen, die schon 1931 und 1932 herrschten.) »Es gab nicht viel Demokratie«, fügte er hinzu. »Die Abteilung zur Beseitigung von Verrätern, die ursprünglich der Politischen Abteilung unterstanden hatte, wurde nun ein Sicherheitsbüro auf der gleichen Ebene wie die Politische Abteilung.«[18] Diese Entwicklung verschonte auch die Vierte Frontarmee nicht. Li Xiannian, 1984 Präsident der Volksrepublik, 1931 ein junger Zugführer der Vierten Armee, erinnerte sich, daß eine harte Säuberung durchgeführt wurde, als Zhang zur Vierten Frontarmee kam.

Zahlreiche Verhaftungen und Hinrichtungen wurden durchgeführt. Das kostete unter anderen den Armeekommandeur Xu Jishen das Leben, einen Absolventen der Whampoa-Akademie und Kameraden von Xu Xiangqian, der Zhangs langjähriger Mitarbeiter werden sollte. Xu Xiangqian wurde ebenfalls angeklagt, konnte sich aber rechtfertigen.

Trotz dieser »irregeleiteten Ideen«, wie Li Xiannian sie charakterisierte, war Zhang Guotao in der Lage, einige große Siege zu erfechten. Er gab jedoch die Praxis, Offiziere, denen er mißtraute, verhaften und hinrichten zu lassen, nicht auf.

»Ich könnte Ihnen eine Liste von vierzig Leuten geben, die bei Säuberungen in der Vierten Frontarmee getötet wurden«, sagte Li Xiannian. 1931 wurden fast alle Regimentsoffiziere von ihren Posten entfernt, und so, sagte Li Xiannian, sei er Regimentsoffizier geworden. Auch sein Kommandeur, ein früherer KMT-Offizier, fiel der Säuberung zum Opfer. Später wurde er wieder eingesetzt und fiel im Kampf. Li meinte, in der Zweiten Armee seien noch mehr Männer Opfer von Säuberungen geworden als in der Vierten.[19]

Während die Feiern im Lamakloster von Lianghekou weitergingen, befand sich ein Künstler namens Liao Chengzhi im Arrest bei Zhangs Armee. Liao war Sekretär der Seemannsgewerkschaft in Shanghai gewesen, ehe er 1933 ausgeschickt wurde, um sich der Vierten Frontarmee anzuschließen. 1934 wurde plötzlich behauptet, daß sein Vater Delegierter der KMT und seine Mutter Mitglied des Zentralkomitees der KMT gewesen wäre. Man klagte ihn an, ein verdeckter KMT-Agent zu sein; er wurde gefesselt und gezwungen, mit auf dem Rücken gebundenen Armen zu marschieren.

Eine tendenziösere Anklage hätte es kaum geben können. Niemand in China oder in Zhang Guotaos Sicherheitsabteilung konnte

Liaos Identität bezweifeln. Er war der Sohn von revolutionären Eltern, deren Namen geradezu sprichwörtlich waren. Sein Vater, Liao Zhongkai, hatte unter Sun Yatsen die sowjetische Unterstützung für die Kommunisten organisiert und war nach Sun Yatsens Tod von rechtsextremistischen Verschwörern (unter ihnen war möglicherweise Chiang Kaishek) in Canton ermordet worden. Nur bösartige Paranoia konnte solchen Vorwürfen gegen seinen Sohn zugrunde liegen. Nichtsdestoweniger wäre Liao Chengzhi hingerichtet worden, wäre ihm nicht ein Glücksfall zu Hilfe gekommen: er konnte sehr gut Landkarten zeichnen; seine Skizzen waren superb.

Liaos Mutter war und blieb ihr Leben lang eine sehr enge Freundin von Madame Soong Chingling, Sun Yatsens Witwe.[20] Im Laufe der Jahre wurde Liao selbst ein Vertrauter von Madame Sun und erlebte unter Mao Zedong eine große Karriere. Während des Zweiten Weltkriegs wurde er in Chongqing von der KMT entführt und nur durch Madame Soongs energische Intervention gerettet. Später wurde er Zweiter Vorsitzender des Volkskongresses und starb erst 1983. Er wurde von Zhang mitgeschleppt, bis die Vierte Armee im Oktober 1936 schließlich nach Nordshaanxi kam. Zhou Enlai intervenierte sofort und erreichte Liaos Freilassung. Als Liao frei war, nahm er sein Zeichenpapier, das Wachspapier, das er für Matrizen benutzte, seinen Pinsel und Messer, legte sie auf einen Tisch wie auf einen Altar, verbeugte sich davor und sagte: »Wenn ihr nicht wäret, wäre ich getötet worden.« Liao war ein Onkel von Anna Chennault, der Witwe des Begründers der Fliegenden Tiger.[21]

Die moskaufreundliche Clique der Partei wurde gewöhnlich als die »28 Bolschewiki« bezeichnet. Xu Yixin war das 29. Mitglied der Gruppe (in Wirklichkeit gab es viel mehr, wahrscheinlich insgesamt 100). Weil Xu Yixin sehr klein war, wurde er der »halbe Bolschewik« und die ganze Gruppe gelegentlich die »28½ Bolschewiki« genannt. Xu Yixin war der Vierten Frontarmee zugeteilt worden, und er repräsentierte die Armee bei Geheimverhandlungen mit dem KMT-General Yang Hucheng an der Grenze von Sichuan und Shaanxi im Jahre 1932. Nachdem die Verhandlungen erfolgreich abgeschlossen waren, verstieß Zhang Guotao gegen das Abkommen und vernichtete im Februar 1934 eines von Yangs Regimentern. Xu Yixin protestierte, und Zhang Guotao verhaftete ihn. Auch er war zur Zeit der Gespräche von Lianghekou ein Gefangener. Nach der

Errichtung der Volksrepublik wurde Xu Yixin Botschafter in Pakistan.

Ein weiterer Gefangener der Vierten Frontarmee war Luo Shiwen, der Parteisekretär des unabhängigen Sichuan-Gebietes gewesen war. Er schloß sich Zhang in Nordwestsichuan an und brachte 300 Mann mit. Zhang traute ihm nicht und stellte ihn unter Hausarrest. Später wurde er von der KMT in Chongqing verhaftet und getötet.[22] Es gab viele solcher Fälle.

Am Morgen des 26. Juni kamen die kommunistischen Führer um neun Uhr in dem alten Lamakloster zusammen. Nach Zhangs Zählung waren sechs Mitglieder des Politbüros anwesend: Mao Zedong, Zhang Guotao, Zhu De, Zhou Enlai, Bo Gu, Luo Fu, Liu Bocheng, Deng Fa, der Sicherheitschef der Roten Armee, und möglicherweise Xu Xiangqian, Zhangs wichtigster Befehlshaber.[23]

Eine etwas andere Besetzung wird von Weng Xingming genannt, einem Mitglied des Personals des Maerkang-Museums. Er benannte folgende Teilnehmer: Mao, Zhu De, Zhou Enlai, Liu Bocheng, Luo Fu, Liu Shaoqi, Kai Feng, Nie Rongzhen, Zhang Guotao, Lin Biao und Li Fuchun.[24]

Zhou Enlai hatte den Vorsitz. Mao sprach als erster. Er schlug vor, die Rote Armee solle weiter nach Norden und Osten in Richtung auf Gansu und Ningxia marschieren. Zhang Guotao zufolge sagte er, die Komintern habe angeregt, nach der Äußeren Mongolei zu gehen, wo der Kontakt mit den Sowjets möglich sei. Es stellte sich heraus, daß das ein Vorschlag zur »Letzten Rettung« war, der vor Beginn des Langen Marsches gefunkt worden war, wie Bo Gu meinte. Bo Gu bestätigte, daß die Rote Armee »seit jener Zeit«, seiner Schätzung nach zehn Monate lang, also seit dem vergangenen August, keine Verbindung mehr mit der Komintern hatte.[25]

Zhang Guotao behauptete, Maos Rede habe einen recht günstigen Eindruck auf ihn gemacht, und Mao habe weder den Kampf gegen die Japaner erwähnt (er meinte, wohl deshalb, weil zu diesem Zeitpunkt keiner von ihnen viel über die Japaner wußte) noch davon gesprochen, nach Nordshaanxi zu gehen, vermutlich, weil er über die dortige kommunistische Basis nicht informiert war.

Die gegenwärtige chinesische Auffassung der Gespräche sieht etwas anders aus. Danach soll Zhou Enlai die Eröffnungsrede gehalten haben. Er habe drei Hauptpunkte hervorgehoben: die Strategie zur Bekämpfung der Japaner; die Frage des Zuges nach Norden und die Probleme der Führung.[26]

Zhang führt aus, er selbst habe nach Mao gesprochen und zwei Alternativen zu Maos Gansu-Ningxia-Plan vorgeschlagen. Die eine war, sein bestehendes Basisgebiet weiter nach Nordsichuan, Gansu und Sikang auszudehnen. Die andere war ein Durchbruch durch den Gansu-Korridor in westlicher Richtung nach Xinjiang im Nordwesten, wo die Möglichkeit des Kontaktes zur Sowjetunion über die Grenze hinweg bestand.[27]

Wie Professor Hu Hua sagt, der vermutlich bestinformierte zeitgenössische Historiker, beschloß die Versammlung, die Aufbauarbeit im Sowjetgebiet in Nordwestsichuan, das Zhang Guotao begründet hatte, fortzusetzen. Man kam überein, daß der Bezirk Songpan im Nordwesten, der Schlüssel zur besten (und einzigen) Straße durch die schrecklichen Sümpfe der Großen Grasländer eingenommen werden sollte, um den Weg für den Marsch nach Gansu zu öffnen.[28]

In der von der Lianghekou-Versammlung verabschiedeten Resolution standen fünf Punkte, doch der Text ist nie veröffentlicht worden.

Einige Punkte bestanden aus Kritik an Zhang – vor allem im Hinblick auf die Verschiebung seiner Basis nach Nordwestsichuan. Wenn man Zhang glauben kann, war Mao sehr sarkastisch in bezug auf die Verschiebung und sagte, sie vergrößere die Schwierigkeiten des Langen Marsches. Zhang gibt an, es habe in Lianghekou keine formellen Entscheidungen gegeben, und Mao habe weitere Erörterungen versprochen. Das ist vermutlich nicht ganz aufrichtig. Augenscheinlich wurde außerhalb der formellen Versammlung viel diskutiert, und beide Seiten prüften die Position der anderen. Zhang versuchte weiterhin, mehr über Zunyi und die Konferenz von Huili zu erfahren.

Die Versammlung von Lianghekou dauerte drei Stunden. Nach dem Mittagessen kam, wie Zhang sich erinnerte, Zhou Enlai mit dem Vorschlag (den das Politbüro bereits gebilligt hatte) zu ihm, ein »Vereinigtes Kommando« zu bilden, in dem Zhang Zweiter Vorsitzender der Militärkommission sein würde, die die militärischen Operationen leitete. Der Vorschlag sah eine gewisse Integration der Kräfte vor. Zhang erklärte, er sei entzückt über den

Vereinigungsvorschlag und seinen neuen Rang. Später am Nachmittag brachte Zhou ihm eine Anweisung, die Streitkräfte sollten nach Norden ziehen. Zhang behauptete, er habe eine Weile dagegen argumentiert, doch dann akzeptiert.

Nie Rongzhen zufolge lautete die Anweisung: »Die Hauptmacht der Roten Armee hat nach Norden zu gehen und den Feind im Verlauf mobiler Kriegführung zu eliminieren, zuerst Südgansu einzunehmen, eine Basis im Gebiet Sichuan–Shaanxi–Gansu zu errichten ... zunächst einen Sieg über mehrere Provinzen zu erringen und schließlich über ganz China.«[29]

Hinter den Kulissen wurde intrigiert. Peng Dehuai erinnerte sich in seinen Gefängnismemoiren an einen Besuch von Huang Chao, Zhang Guotaos Sekretär. Der Sekretär brachte mehrere Pfund getrocknetes Rindfleisch und etliche *sheng* Reis mit. Er schenkte Peng 200 oder 300 Silberdollar. In der folgenden Unterhaltung stellte er Peng Fragen nach dem Treffen von Huili und äußerte einige Argumente zugunsten einer Bewegung nach Süden, ehe man nach Norden zog. Peng sagte, das ähnele der Strategie von Zhuge Liang, dem Militärberater aus der Zeit der Drei Reiche, der Mao so gut bekannt war, und seinen Plänen für die Konsolidierung des Shu-Reiches.[30]

Nie Rongzhen berichtete eine ähnliche Geschichte. Er sei am Abend des 27. Juni von Zhang zum Essen eingeladen worden. Zhang habe dauernd darüber gesprochen, wie müde Nie Rongzhen und die anderen sein müßten und wie voller Energie sie früher gewesen seien. Er sagte, er habe beschlossen, ihnen zur Ergänzung ihrer Truppen zwei Regimenter zu geben, die sich, wie Nie etwas kummervoll sagte, dann als lediglich tausend Mann oder etwa zwei Bataillone erwiesen.

Nie Rongzhen erinnert sich, daß Peng Dehuai bei dem Essen zugegen war. Als sie Zhangs Quartier verließen, fragte Nie Peng: »Warum hat er uns zum Abendessen eingeladen?« Peng lächelte: »Um dir einige Männer zu geben – wirst du sie nicht nehmen?« »Gewiß werde ich sie nehmen«, antwortete Nie. Während er durch die Nacht davonging, überlegte er wieder und wieder, was Zhang wohl *wirklich* wollte.[31]

Wie Nie Rongzhen sagte, gab es eine Menge Unruhe. Jemand, so berichtete er, habe Zhang falsche Informationen über die Versammlungen von Zunyi gegeben, und das habe Zhangs Argwohn gegen Mao verstärkt.[32]

Wie immer die Beziehungen zwischen Mao und Zhang waren – »kühl« ist das Wort, das die gegenwärtigen chinesischen Historiker benutzen –, die Erste und die Vierte Frontarmee im allgemeinen waren hocherfreut über die Gesellschaft der jeweils anderen.[33]

Li Bozhao, die Frau von General Yang Shangkun, schrieb zusammen mit Lu Dingyi, dem Chef der Propagandaabteilung, eigens ein Lied, das an die Vereinigung der Kräfte erinnern sollte.

1984, im Alter von 73 Jahren, sang Li Bozhao mit ihrer zarten, leisen Stimme:

Eine war sehr groß im Kampf
und fürchtete keine Härten.
Die andere war sehr gut
In Strategie und Taktik.

»Die ersten beiden Zeilen«, sagte sie, »beziehen sich auf die Vierte Armee. Die dritte und vierte Zeile sprechen von der Ersten Frontarmee.«

Li Bozhao hatte ergreifende Erinnerungen an Maogong. Dort kam eine schöne, lebhafte junge Frau von neunzehn Jahren namens Jiu Xiang zu ihr und bat um die Erlaubnis, sich der Roten Armee anschließen zu dürfen. Ihre Mutter war eine Han, ihr Vater Tibetaner, ein kleiner Händler. Er verkaufte Scheren, Nadeln und Garn. Sie hatte ihn nicht mehr gesehen, seit sie ein kleines Mädchen gewesen war, und ihre Mutter war tot. Sie nannte Li Bozhao »ältere Schwester« und bat, man möge sie in die Rote Armee aufnehmen. Die Armee hatte eine sehr strenge Regel: keine Zulassung von Frauen. Doch Jiu Xiang gab sich mit einer abschlägigen Antwort nicht zufrieden. Sie schlief auf dem Fußboden des Propagandabüros und wollte nicht weichen.

Li Bozhao ging zu Li Fuchun, dem Ehemann von Cai Chang. Sie sagte, das Mädchen habe keinen Vater, keine Mutter, sei sehr arm und wolle sich der Roten Armee anschließen, ganz gleich, welche Arbeit die Rote Armee ihr zuweise. Trotz der Regeln erhielt Li Bozhao die Erlaubnis, das Mädchen aufzunehmen. Sie hätte nicht nützlicher sein können. Sie half beim Tragen der Lasten und erwies sich als wundervoll im Auffinden von Nahrung, wo es eigentlich keine Nahrung gab; sie war fröhlich und heiter, sie machte Mehlkuchen und andere Leckereien für Li Bozhao und ihre Helferinnen.

»Sie starb bei der Durchquerung der Grasländer«, sagte Li Bozhao mit Tränen in den Augen. »Sie verirrte sich in der Einöde und wurde nie gefunden. Vermutlich ist sie verhungert. Ich vermisse sie noch immer.«

Am Morgen des 20. Juni brach Mao wieder auf, begleitet von Zhou Enlai und vermutlich Zhu De. Er zog nach Norden über weitere Schneeberge, diesmal den zweiten Berg in der Kette, Mengbi genannt, einen Gipfel von über 3900 m, nur wenig niedriger als der Jiajin. Die Überquerung war nicht so schwer wie die des Jiajin. Sie stiegen über Bergsättel auf, meist unterhalb der Schneegrenze, und zogen über Weideland. Große Gefahren gab es nicht. Es war ein langer Anstieg, und sie mußten für die Nacht am Berghang kampieren. Vielleicht hatten sie Glück. An einem Tag Ende Mai, fünfzig Jahre später, lag eine Menge Schnee auf dem Berg. Und einige der Rotarmisten erinnern sich an schreckliche Schwierigkeiten.

Die Vierte Armee nahm denselben Weg. Zhang Guotao brach am nächsten Tag auf, nicht bei allzu guter Laune. Er schrieb, er habe sich von Mao und der Ersten Frontarmee verleumdet und schlecht behandelt gefühlt. Sie hätten absichtlich versucht, ihn zu täuschen, und er sei froh gewesen, daß sie fort waren.[34] Große Schwierigkeiten deuteten sich an.

Kapitel 24

Am Ende der Welt

Die Rote Armee zog nun ans Ende der Welt, tiefer und tiefer in ein Gebiet hinein, das der englische Forscher Eric Teichman einmal als »die am wenigsten bekannte Gegend Chinas« bezeichnet hat. Das Land war unvermessen, unerforscht, unbewohnt, unbewohnbar. Es war nicht wirklich China. Kein Chinese fühlte sich zu Hause in dieser Mondlandschaft aus Schneebergen und unfruchtbarer Wüste.

Nicht einmal der chinesische Postdienst, der von britischen Experten geleitet wurde, drang bis hierher. Jenseits von Maogong und Songpan gab es keine Postämter mehr, keine Station südlich von Huili.

Als die Rote Armee zum Goldsandfluß vorstieß und über die Großen Schneeberge in Richtung auf die Grasländer marschierte, verließ sie die Landkarte. Es gab keine Bezugspunkte, nur wenige Siedlungen. Die einzigen Menschen waren Tibetaner, die vier Jahrhunderte lang nach und nach den Weg in diese unbekannte Welt gefunden hatten.

Nun waren sogar die Tibetaner in unzugängliche Gebiete geflohen außer kleinen Banden, die unvorsichtige Rotarmisten mit Gewehrsalven eindeckten oder Felsblöcke herunterstießen, um sie zu zerschmettern. Den Soldaten war es verboten, zurückzuschießen, aber diese Regel wurde zunehmend verletzt.

Für die Chinesen war es ein unheimliches Land. Noch nie hatten sie eine Gegend mit so wenigen Menschen gesehen. Sie erschien gefährlich. Kein Dach über dem Kopf, niemand, mit dem man reden konnte. Von Tagesanbruch bis zur Abenddämmerung trafen sie keine lebende Seele. Hin und wieder sahen sie etwas, das wie ein kauerndes Lumpenbündel wirkte – ein Yak. Keine Menschen. Keine Nahrung. Und wenn sie Nahrung fanden, war es kein Reis. Die Köche wußten nicht, wie man diese rauhen Hochlandgetreide zubereitete – Weizen, Gerste, Mais. Sie kamen aus dem Süden –

Chinas Reisschale. Viele Soldaten ruinierten ihre Verdauung, indem sie rohen, ungemahlenen Weizen aßen.

Die Rotarmisten konnten dieses Land nicht begreifen. Das war nicht Unwissenheit oder Aberglaube. Sie hatten eine geographische Barriere durchbrochen. Sie hatten das Hochplateau der Schneeberge betreten, und ob sie über Wiesen gingen oder Gipfel erklommen, sie bewegten sich stets in Höhen von 2500, 2700 oder 3000 m oder noch höher. Die Schneeberge waren keine deutlich ausgeprägte Kette. Die Männer schienen sie endlos zu überqueren, einen Schneeberg, einen hohen Paß nach dem anderen. Würde das jemals aufhören? Würden sie je zurück nach China gelangen?

Einige Tage nach der Versammlung von Lianghekou kamen Mao und seine Kolonne von den Schneebergen herunter und marschierten von einer Häusergruppe aus, jetzt als Rote-Armee-Dorf bekannt, durch rund zwanzig Kilometer zerklüftetes Land nach Zhuokeji zum *yamen*, der Residenz und Festung des tibetanischen Häuptlings.

Hier fanden sie, was vielen als bemerkenswertester Anblick des 10 000-km-Marsches in Erinnerung bleiben würde – einen siebenstöckigen Turm, ein Märchen aus geschnitztem Holz und behauenen Steinen, das sich wie ein asiatischer Turm von Pisa aus dem Ödland erhob. Er war umgeben von soliden Steinbefestigungen, zwei und drei Stockwerke hoch, mit Schießscharten und Schlitzen für Bogenschützen versehen wie die in normannischen Burgen.

Der *yamen* war so riesig, daß er 5000 bis 6000 Personen – zu diesem Zeitpunkt fast die gesamte Erste Frontarmee – in seine Zimmer und Höfe aufnehmen konnte. Er lag am Zusammenfluß zweier kleiner Flüsse, die als Graben dienten. Seine Rückseite stieß an eine Felswand, die zu erklettern nahezu unmöglich war.

Jahrhundertelang war der *yamen* uneinnehmbar gewesen. Sein Herr, ein unerschütterlicher KMT-Anhänger, floh bei der Annäherung der Roten Armee, und seine Männer liefen nach einem Scharmützel davon. Mao und sein Oberkommando rasteten in diesem außergewöhnlichen Bauwerk. In ihren Erinnerungen schreiben Teilnehmer des Langen Marsches mit Ehrfurcht von dem siebenstöckigen inneren Atrium, gesäumt von hölzernen Säulen, rot, schwarz und grün lackiert, den phantasievollen Balkonreihen mit bemalten Schnitzereien, die mit kostbaren Steinen geschmückt waren. Tapisserien hingen an den Wänden, Wohngemächer waren mit seidenen Sofas und geschnitzten Stühlen, Tischen und Kabinetten ausgestattet. Tibetanische Schriftrollen bedeckten die Wände, und es gab eine Bibliothek mit tibetanischen und chinesischen Klassikern. Ein Stockwerk war Buddhaschreinen gewidmet, in Jade und kostbare Metalle gefaßt. Es gab funkelnde Glasfenster.

Das Erdgeschoß gehörte den Küchen, großen Öfen, enormen Töpfen und Pfannen, Kesseln aus Eisen, Kupfer und Messing, genug, um für eine Armee zu kochen. Ein Flügel beherbergte einen Stall für Pferde und Yaks. Der erste Stock diente als Vorratslager für Proviant – Kisten für Getreide, Reis und Mehl, Schränke mit Gewürzen, Zucker und Salz, Gestellen für Fleisch von Schafen und Yaks, irdene Krüge mit Bohnen und Nüssen; es gab Gerätekammern, eine Waffenkammer und Schlafräume für Wachen und Truppen.

Der zweite Stock umfaßte die Wohngemächer des Häuptlings. Hier ließen die Glasfenster Sonne in die Empfangszimmer, die mit Marmor und Malachit ausgelegt waren. Hier lagen die Schlafzimmer (die Mao benutzte) mit einem schönen Teakholzbett, antiken chinesischen Mahagonistühlen, Kästen mit Einlegearbeiten aus Perlmutter und einem roten Lackschreibtisch. Im dritten Stock befanden sich der buddhistische Schrein, Buddhastatuen, Messinggongs mit roten Seidenquasten, tibetanische Skulpturen, Trommeln, Schriftrollen und Schriften.[1]

Maos Aufenthalt in diesem opulenten Quartier dauerte nicht lange, doch Einheiten der Roten Armee blieben in Zhuokeji zurück, um auszuruhen, Vorräte zu sammeln und um unter den Tibetanern Propaganda zu machen.

Der historische Haß der Tibetaner gegen die Han war von der Propaganda der KMT noch geschürt worden. Tian Bao, Mitglied des Zentralen Beratungskomitees der Partei, Tibetaner und Angehöriger von Zhang Guotaos Vierter Frontarmee, erinnerte sich, daß man ihm als Kind sagte, die Han-Völker griffen die Tibetaner ständig an. Als die Rote Armee näherrückte, verbreitete die KMT die Nachricht, die Kommunisten seien gekommen, um die Tibetaner zu töten und ihre Kinder zu essen. Natürlich fürchteten und haßten die Tibetaner sie. Als die Vierte Frontarmee kam, blieb sie monatelang. Sie schlachtete Vieh und enteignete Getreide. Sie bezahlte ihre Nahrung zwar mit Silberdollar oder Schuldscheinen, doch die Tibetaner hatten den Eindruck, die Rote Armee stehle ihnen ihr Eigentum.

»Die Erste Frontarmee«, erinnerte sich Tian Bao, »marschierte nur durch. Sie zog durch leere Dörfer; die Menschen waren weggelaufen. Wenn die Truppen überleben wollten, blieb ihnen nichts anderes übrig, als das Vieh zu schlachten, das sie fanden, und das versteckte Getreide auszugraben. Es ist schwer zu sagen, ob für alles bezahlt wurde. Das hinterließ einen schlechten Eindruck. Andererseits mußte die Rote Armee ja leben. Schwer zu sagen, wer im Recht war und wer nicht.«[2]

Die Nervenbelastung war groß. Ständig bestand die Möglichkeit tibetanischer Hinterhalte. Einzelne Rotarmisten und kleine Gruppen wurden überfallen, ausgeraubt, ausgezogen und getötet. Die Verluste und Opfer hatten dazu geführt, daß die Struktur der Roten Armee jetzt unausgewogen war – die Kader überwogen die angeworbenen Männer (Unteroffiziere und Mannschaften), einige Einheiten bestanden fast nur aus Kadern. Das schuf Spannungen.

Eines Tages hörte Mao, wie sein oberster Leibwächter, Chen Changfeng, einen anderen Leibwächter anschrie, und wie dieser zurückschrie. Chen Changfeng litt an heftigen Durchfällen. Er hatte sich nicht beherrschen können und seinen Kollegen beschmutzt. Mao trat zu ihnen. »Seht euch an«, sagte er wie ein strenger Schulmeister. »Wie viele waren wir, als wir anfingen, und wie wenige sind wir heute. Lohnt es sich da, so zu streiten?« Die Leibwächter schämten sich. Chen erbot sich, die beschmutzte Hose seines Gefährten zu waschen. Doch der andere nahm das nicht an. Gemeinsam säuberten sich die beiden Männer, und der Marsch ging weiter.[3]

Die Rote Armee rückte in Richtung Maoergai vor, durch Matang (wo es kaum Hütten gab, die Obdach boten, und Mao die Nacht in einer Hängematte verbrachte), über weitere Berge, durch Maheba, Heishui, an dem reißenden Heishui-Fluß vorbei, dessen Wasserfälle donnerten wie die Hufe von zehntausend Pferden. Wieder und wieder wurde unterwegs haltgemacht, um Weizen oder Gerste zu ernten, die auf den von den Bauern verlassenen Feldern standen. Zhu De übernahm bei diesen Ernten eine leitende Rolle. Er scherzte mit jüngeren Männern und Frauen, sie könnten nicht vierzig bis fünfzig *jin* Getreide tragen wie er. Zhu Des Frau Kang Keqing, ein starkes und robustes Bauernmädchen, die noch immer mindestens ein Gewehr und einen Tornister auf ihren kräftigen Schultern trug, war ihrem Mann mit der Sense ebenbürtig.[4] Die Notwendigkeit, Nahrung zu sammeln, war allen bewußt.

Die Vorhut der Ersten Armee nahm schließlich am 10. Juli Maoergai ein. Das war eine große tibetanische Siedlung von fast 400 Familien; viele lebten in zweistöckigen Steinhäusern mit flachen tibetischen Dächern und weißen Gebetsflaggen auf allen Seiten (weißen Tüchern, die an schlanke Pfähle gebunden sind, um die Gebete zum Himmel zu tragen). Grimmige Geisterwächter, Hexen wie aus den Märchen, standen (und stehen noch immer) an den in die Dörfer führenden Straßen, um vor Marodeuren und Krankheiten zu schützen. Maoergai war das Zentrum des Weizengebietes. Das Korn stand gelbbraun auf den Feldern, bereit für die Sichel. Es hieß, eine Jahresernte sei ergiebig genug, um den Menschen für drei Jahre Nahrung zu geben.

Die Rote Armee ließ sich zu einem langen Aufenthalt nieder, um zu ruhen und sich zu erholen, abgenutzte Kleidung und Gerätschaften zu reparieren und die Proviantsäcke zu füllen. Nun konnte man über die Zukunft reden. Alle Zeichen wiesen darauf hin, daß bessere Zeiten bevorstanden.[5]

Oder doch nicht? Maoergai liegt im Bezirk Songpan etwa dreißig Kilometer westlich von Songpan und rund 95 km vor der Grenze von Gansu. Die Entfernungen hören sich trivial an. Sie konnten sich dennoch als fatal erweisen. Die Städte befanden sich am Rande dessen, was die Chinesen euphemistisch als Große Grasländer bezeichnen, eine riesige Tundra, die in täuschender Ruhe direkt südlich des Gelben Flusses liegt. Hier befanden sich die Armeen an der kontinentalen Wasserscheide, der Landerhebung, die das Bekken des Yangtze, das Südost- und Zentralchina umfaßt, vom Mündungssystem des Gelben Flusses teilt, von Chinas Geißel, dem außergewöhnlichen Wasserlauf, der im Himalaya entspringt und am nördlichen Quadranten von China entlangfließt, um schließlich auf seinem Weg ins Meer einen Bogen zu schlagen. Er führt solche Mengen Wasser, daß er in der Geschichte wieder und wieder neue Talläufe, Hunderte von Kilometern von den alten entfernt, gegraben hat.

Hier in diesem Hochland, viele hundert Meter über dem Meeresspiegel, treffen sich die Becken der Flußsysteme, und die Rote Armee marschierte aus dem Yangtze-System, durch das sie acht lange Monate gezogen war, in das System des Gelben Flusses, wo sie die letzten vier Monate des Marsches zubringen sollte.

Hinter der freundlichen Bezeichnung »Grasländer« verbarg sich eine tödliche Falle, sie waren so sumpfig, daß eine Armee in ihnen spurlos versinken konnte. Die einzig denkbare Route verlief durch Songpan, wo sich eine Garnison von KMT-Truppen befand. Die Eroberung von Songpan war entscheidend für Maos Ziel, nach Norden zu marschieren. In Lianghekou hatte volle Übereinstimmung darüber bestanden, daß Songpan eingenommen werden müßte und daß die Vierte Armee unter Zhang Guotao das besorgen würde.

Kaum hatte die Rote Armee Maoergai besetzt, da entwarf Zhou Enlai einen Operationsplan für die Vierte Armee gegen Songpan. Er übergab ihn zur Ausführung Zhang Guotao. Zhang, zumindest werfen ihm das moderne Historiker vor, änderte den Plan. Statt einen sofortigen Angriff auf Songpan zu führen, schickte er seine 30. Armee vor, um einen Scheinangriff gegen die Stadt zu führen. Sie belagerte Songpan, aber sie schlug nicht wirklich zu. Die Stadt war nur schwach mit Truppen unter einem KMT-Kommandeur namens Hu Zongnan belegt. 1943 bekannte Hu Zongnan in einem Gespräch zur Zeit der Zusammenarbeit zwischen KMT und Kommunisten, daß er »zu dieser Zeit nur eine sehr kleine Streitmacht hatte. Mein Hauptquartier befand sich in einem Haus mit Innenhof in der Stadt. Ich weiß noch, daß ich dachte, die Rote Armee habe die Stadt umstellt, und mich fragte, was ich tun sollte, wenn ich gefangengenommen würde.« Er erinnerte sich, daß er an der Whampoa-Militärakademie einen Lehrer gehabt hatte – Zhou Enlai. »Er wird sich um mich kümmern«, dachte Hu Zongnan.

Doch Hu brauchte seinen alten Freund nicht – nicht zu dieser Zeit. Verstärkungen wurden nach Songpan geschickt, und die 30. Armee zog sich zurück. Zhangs Eigenmächtigkeit vor Songpan wird heute als bewußte Sabotage bezeichnet, weil er in Wirklichkeit nicht nach Norden marschieren wollte. Er hielt die KMT für zu stark und war der Ansicht, die Rote Armee solle nach Westen und Süden ziehen.[6]

Dies war vermutlich für längere Zeit der letzte von Zhou Enlai entworfene Operationsplan. Seit den Schneebergen war er in keiner guten Verfassung.[7] Er hatte Husten, und seine Leibwächter meinten, er sei schwach, obwohl er sich nicht beklagte. Sie hatten versucht, ihn dazu zu bewegen, sich mehr Ruhe zu gönnen. Ihnen waren das langsamere Tempo nach Maoergai und die Absicht der Kommandeure, dort zu rasten, willkommen gewesen. Zhou arbeitete gewöhnlich bis zwei Uhr morgens. Statt zu Bett zu gehen, legte er oft seinen Kopf auf den Schreibtisch, schlief eine Weile, erwachte dann und arbeitete weiter.

»Der Zweite Vorsitzende wurde dünner, und sein bereits keineswegs kurzer Bart wurde noch länger«, erinnerte sich sein Leibwächter Wei Guolo.

Nun wurde Zhou schwer krank. Er wäre beinahe gestorben.[8] Seine Temperatur stieg.[9] Mao befahl, nach Dr. Nelson Fu zu schicken. Doch der war zu weit entfernt, und ein als »der bärtige Dai« bekannter Arzt wurde von der Ersten Frontarmee abgestellt.[10] Die genaue Natur von Zhous Erkrankung ist heute nicht mehr festzustellen. Sie griff seine Leber an; vielleicht handelte es sich um eine akute Hepatitis. Die extrem hohe Temperatur bestand über mehrere Tage. Zhou verfiel in ein Delirium. Er wurde mit Schneewickeln behandelt; Rotarmistenkommandos brachten Schnee aus den nahe gelegenen Bergen. Zhous Frau Deng Yingchao kam an seine Seite. Im Gegensatz zu den romantischen Geschichten, die darüber kursieren, war sie nicht in der Lage, ihn zu pflegen. Ihre eigene Gesundheit war noch immer schwach. Berichte, sie sei durch Felder und Wälder gestreift und habe nach eßbaren Kräutern und Gewächsen gesucht, scheinen unbegründet. Zhou war nicht in der Lage, an der Konferenz von Politbüro und Militärkommando in Maoergai Ende Juli und Anfang August teilzunehmen.[11]

General Yang Shangkun erinnerte sich, daß Zhou etwa zwei Monate lang krank war – den größten Teil des Juli, August und die erste Septemberhälfte. »Er litt an einer Leberentzündung«, sagte er. »Wir dachten, er würde sterben.«

Als die Armee sich wieder auf den Weg machte, mußte Zhou in einer Sänfte getragen werden. Mao bat das Dritte Armeekorps auszuhelfen. Peng Dehuais Truppe schleppte noch immer zwei der acht Mörser mit, die die Rote Armee nun besaß. Er beschloß, sie aufzugeben. Das setzte vierzig Mann frei. Er unterstellte sie dem Kommando von Chen Geng, einem hohen Politischen Kommissar, Kadett in Whampoa unter Chiang Kaishek und später einer der fähigsten Kommandeure der Roten Armee.

Chen Geng hatte Chiang Kaishek das Leben gerettet, als Chiang in der Frühzeit von Sun Yatsens Schlachten gegen die Kriegsherren von Canton in einem Gefecht verwundet wurde. Chiang hatte seine Pistole gezogen und war im Begriff, sich selbst das Leben zu nehmen, als Chen Geng hinzusprang, die Pistole beiseite stieß, den Verwundeten aufhob und, wie er Edgar Snow berichtete, in Sicherheit brachte.

Später, als Chen Geng von der KMT gefangengenommen wurde, versuchte Chiang, ihn dazu zu bewegen, wieder zu den Nationalisten zurückzukehren. Chen lehnte verächtlich ab, aber Chiang ließ ihn entkommen, offenbar in der Hoffnung, daß eine nachgiebige Behandlung auch andere kommunistische Führer ermutigen würde, sich auf seine Seite zu schlagen.[12]

»Du hast Chiang das Leben gerettet«, scherzte Zhou Enlai. »Nun wirst du meines retten.«[13]

Allmählich besserte sich Zhous Gesundheitszustand, doch bei den dramatischen Ereignissen um Zhang Guotao spielte er keine Rolle.

Die oberflächliche Ruhe dieser Tage war trügerisch. Es war eine Zeit intensiver politischer Manöver zwischen Mao Zedong und Zhang Guotao. Die Differenzen zwischen den beiden Lagern waren deutlich hervorgetreten. Ihre Quelle war dieselbe Kombination von Faktoren – Politik, Persönlichkeit und Macht –, die auch anderen größeren Konflikten des Langen Marsches zugrunde gelegen hatte.

Zhang hatte jahrelang unabhängig und erfolgreich operiert. Er hatte keine persönlichen Bindungen an Mao. Er hatte keine Affinität zu den »Bolschewiki«, obwohl er selbst viel Zeit in Moskau verbracht hatte. Er sprach mit allen mächtigen politischen und militärischen Gestalten in der Ersten Frontarmee, fand aber, soweit man das beurteilen kann, keine Verbündeten. Seine beste Beziehung war die zu Zhu De. Obwohl Zhu Des Rolle etwas zweideutig wirkt, obwohl er versucht zu haben scheint, eine Annäherung zwischen Zhang und Mao herbeizuführen – als die Würfel gefallen waren, stand er auf Maos Seite, nicht auf der Zhangs, wie sich bald herausstellen sollte. In Otto Brauns Memoiren weist nichts darauf hin, daß Braun sich von Zhang oder seiner Politik angezogen fühlte, so sehr er auch Mao mißtraute und verabscheute. Dasselbe scheint für Bo Gu zu gelten. Die Memoiren von Nie Rongzhen und Peng Dehuai geben auch keinen Hinweis darauf, daß Zhang bei ihnen weitergekommen wäre.

Umgekehrt galt dasselbe. Maos Leute versuchten, Zhangs Kommandeure auf ihre Seite zu ziehen. Nichts spricht dafür, daß sie damit Erfolg hatten. Der einzige Mann, dessen diplomatisches Geschick einen Konsens hätte herbeiführen können, war Zhou Enlai. Seine Krankheit machte das unmöglich.

Nach Meinung von Li Xiannian, damals einer von Zhangs brillanten jungen Kommandeuren, bestand der entscheidende Punkt darin, daß Zhang »den Ehrgeiz hatte, Mao und das Zentralkomitee zu ersetzen«.

Li Xiannian nahm an, Zhang habe Folgendes gedacht: »Die Erste Frontarmee ist klein und schwach. Ich habe 80 000 Mann in meiner Armee. Ich sollte also die Entscheidungen treffen und Mao und das Zentralkomitee ersetzen.«[14]

Die Diskussionen gingen weiter, während die Kolonnen langsam nach Maoergai marschierten. Zhang und seine Gefolgsleute hörten nicht auf, für einen Marsch nach Westen einzutreten, in Richtung auf Qinghai, tiefer in tibetanisches und Minderheitengebiet hinein. Mao und seine Anhänger behaupteten, in einer so entlegenen Gegend seien sie verloren, hätten keine Hilfsquellen, nicht genügend Nahrung, keine Möglichkeit, unter den Minoritäten neue Rekruten anzuwerben, seien immer weiter von Chinas Mitte entfernt, vom Horizont gefallen. Wenn sie dagegen nach Norden nach Gansu und Ningxia gingen, befänden sie sich in Han-Gebiet, die Nahrungssituation sei besser, und man könne Rekruten anwerben.

Je weiter sie nach Westen gingen, argumentierte Mao, desto weniger Gewicht hätte die Rote Armee auf Chinas politischer Bühne. Die Debatte ging in Maoergai und danach noch weiter.[15]

Die Vereinbarungen, die in Lianghekou erreicht worden waren, nämlich die Integration der Ersten und Vierten Frontarmee, traten am 8. Juli in Kraft. An diesem Tag wurde ein Befehl ausgegeben, in dem Zhou Enlai den Posten eines Allgemeinen Politischen Kommissars an Zhang Guotao abtrat. Das war vermutlich das Datum, an dem Zhang Guotao Zweiter Vorsitzender der Militärkommission wurde und diesen Posten mit Zhou Enlai und Wang Jiaxiang teilte. Mao blieb Vorsitzender. Ein siebenköpfiges Präsidium wurde gebildet, bestehend aus Mao, Zhu De, Zhang Guotao, Peng Dehuai, He Long, Zhou Enlai und Ren Bishi (von der Zweiten Armee).[16] Chen Changhao, Zhangs Politischer Kommissar, wurde Vorsitzender der Allgemeinen Politischen Abteilung.[17]

All das schien ruhig und friedvoll, aber darunter tickte eine Bombe. Über das Treffen von Maoergai herrschen unter den Memoirenschreibern verschiedene Ansichten, und zwar darüber, wo es stattfand und wie viele Sitzungen abgehalten wurden, weniger über das, was dabei geschah. Hu Hua, der beste der Historiker des Langen Marsches, bestimmt das Datum als den 6. August und den Ort als ein Lamakloster in Shawo.

Zhang Guotao sagt ebenfalls, es sei in Shawo abgehalten worden, einem reizenden tibetanischen Dorf in einem bewaldeten Tal, »einer ganz eigenen Welt«, etwa zehn oder zwölf Kilometer von Maoergai entfernt. Er klagte, die Erste Frontarmee habe den Ort eingekreist, alle Zugänge kontrolliert und seinem Politischen Kommissar Chen Changhao den Zutritt verweigert; Zhang selbst sei gezwungen worden, mehrere Kontrollpunkte zu passieren. Er sagte: »Der Generalstab braucht sich ja keine Sorgen um die Sicherheit der Zentralorgane zu machen, da er sich jetzt so streng bewachen läßt.«[18] Nie Rongzhen sagte, das Treffen sei im Hauptquartier von Zhangs eigener Elfter Division der Vierten Frontarmee abgehalten worden. Er habe gehört, wie Mao Zhang vorwarf: »Das Treffen, das du einberufen hast, ist ein Treffen unter militärischer Aufsicht«, ein Hinweis auf die militärischen Kräfte, die Zhang zusammengezogen hatte. Spiegelbildlich schoben sich also beide Seiten die Drohung mit militärischer Stärke bei den Verhandlungen zu.[19]

Sowohl Zhang als auch Nie Rongzhen berichteten übereinstimmend, Zhang habe vorgeschlagen, mehr Mitglieder an der Diskussion teilnehmen zu lassen. Zhang sagte, er wolle jüngere Leute dabeihaben. Nie dachte, Zhang wolle dem Politbüro und dem Zentralkomitee neue Mitglieder hinzufügen. Beide Berichte könnten stimmen. Zhang war trotz seiner weit überlegenen Streitkräfte der einzige Vertreter seiner »Seite«, sowohl im Politbüro als auch im Zentralkomitee.

Es gibt keine Nachweise dafür, daß die Teilnehmer über Japan gesprochen hätten, und von zeitgenössischen chinesischen Historikern ist eindeutig festgestellt worden, daß von einer »Einheitsfront« mit Chiang Kaishek zur Bekämpfung Japans keine Rede war. Diese Frage verursachte jahrelang Kontroversen, weil am 1. August 1935 der Siebte Komintern-Kongreß eine Einheitsfront-Resolution annahm. Diese war so abgefaßt, daß es aussah, als stamme sie aus China. Tatsache war, daß die Komintern keine Verbindung zur Roten Armee und keine genaue Kenntnis über deren Standort hatte. Mao erfuhr zum ersten Mal von dieser Resolution, als Lin Yuying, ein Emissär der Komintern, Ende November oder Anfang Dezember 1935 in Nordshaanxi eintraf. Er hatte die Deklaration auswendig gelernt, ehe er Moskau verließ. Er wurde an die mongolisch-chinesische Grenze geflogen (vermutlich sprang er mit einem Fallschirm ab) und legte den Weg nach Nordshaanxi zu Fuß zurück; in einem kleinen Dorf in der Nähe von Bao'an traf er zufällig Luo Fu.[20]

Ein zweites Treffen fand dann in Maoergai am 20. August statt. Chen Changhao nahm daran teil. Es gibt keine Berichte von Auseinandersetzungen. Die Entscheidungen der Konferenz von Shawo wurden bestätigt.[21]

Anfang August wurde ein Kompromiß ausgehandelt. Wenn sie ihre politischen Streitereien schon nicht lösen konnten, so konnten sie vielleicht ein militärisches Programm entwerfen. Man kam überein, die Streitkräfte in zwei Kolonnen aufzuteilen, eine linke und eine rechte, und sie zu mischen, so daß jede Kolonne einige Einheiten von der Ersten Frontarmee und einige von der Vierten Frontarmee umfaßte. Das Zentralkommando würde ebenfalls gemischt, mit Zhu De als Oberkommandierendem – eine vernünftige Wahl, da er das Vertrauen sowohl Maos als auch Zhangs zu besitzen schien.

Zhang war oberster Politischer Kommissar, Liu Bocheng Stabschef. Das Oberkommando zog mit der Linken Kolonne, die im wesentlichen aus Einheiten der Vierten Frontarmee bestand. Die Fünfte und Neunte Armee der Ersten Frontarmee (jeweils auf 2000 oder 3000 Mann zusammengeschrumpft) wurde in die Linke Kolonne eingegliedert.

Die Rechte Kolonne war ebenso gemischt. Sie wurde von Lin Biao und der Ersten Armee geführt, und ihr gehörten Peng Dehuai und die Dritte Armee sowie die 30. und die Vierte Armee der Vierten Frontarmee an. Die Rechte Kolonne hatte ein gemeinsames

Kommando. Der Kommandeur der Vierten Frontarmee, Xu Xiangqian, hatte die Leitung mit Ye Jianying als Stabschef und Zhangs Mann, Chen Changhao als Politischem Kommissar. Faktisch unterstanden sowohl die Rechte Kolonne als auch die Linke Kolonne Zhang Guotao. Er hatte vermutlich 30 000 Mann, verglichen mit etwa 9000 von der Ersten Frontarmee.

Mao, die Kranken Zhou Enlai und Wang Jiaxiang, Luo Fu, Bo Gu, Otto Braun und andere in der Zentralkolonne bildeten einen Teil der Rechten Kolonne.

Fast der ganze Juli und ein guter Teil des August waren unter diesen Umgruppierungen vergangen. Man einigte sich auf ein vorläufiges Ziel – einen Vorstoß nach Südgansu in Richtung auf Minxian.[22]

Nun endlich begann sich die KMT zu regen. Es gab nationalistische Truppenbewegungen. Die Temperatur sank in dieser hohen, nördlichen Gegend nachts sehr ab. Es war an der Zeit, sich in Bewegung zu setzen. Um den 23. August brachen die beiden Kolonnen auf. Man hatte vereinbart, daß die Linke Kolonne nach Aba gehen sollte, die Rechte nach Baxi, ein Marsch von etwa zwei Tagen am Rande der Grasländer.

Kapitel 25

Ein magischer Teppich

Im Sommer, sagte der Tibetaner mit dem bronzenen, faltenreichen Gesicht, braunem Wollgewand mit orangener Schärpe, weichen Lederstiefeln und einem kecken Filzhut auf dem Kopf, im Sommer sei die Landschaft ein magischer Blumenteppich, der sich erstrecke, soweit das Auge reiche, jede Farbe, die man sich vorstellen könne, Scharlachrot, Violett, Blau, Gelb, Rosa, Purpur, Weiß, alle Farben dieser Welt.

Er sprach von den Grasländern, einer Saragossa-See auf Land, gelegen auf dem 3000 m hohen Plateau zwischen den Wasserscheiden von Yangtze und Gelbem Fluß. Sie sehen so unschuldig aus wie Frühlingswiesen, doch Baudelaires *Fleurs du mal* waren engelhaft neben ihrer Tücke.

Gegen Mitte August hat der rasche Niedergang der Flora begonnen, doch in der Mittagsglut schmerzen die Farben der Blüten die Augen, und ihr Duft weht betäubend über das flache Land, das gesäumt ist von smaragdenen Büschen und niedrigen Hügeln am Horizont, auf denen der Reif der Dämmerung noch schimmert.

Heute gleichen diese grünen Ebenen, zu einem großen Teil von Gräben durchzogen und drainiert, denen von Montana und Wyoming; sie sind weiß gesprenkelt von Schafen, schwarz von Yaks, und man sieht Gruppen von schwarzen Filzjurten, wo Hirten kampieren und ihre Herden hüten.

Vor fünfzig Jahren sah es fast genauso aus. Doch als die Rote Armee durch die Grasländer zog, gab es keine Jurten, keine Hirten, keine Menschen, keine Yaks und keine Schafe, nur die schweigenden Blumen, die die Männer verlockten, zwischen ihnen einherzugehen. So sah es am 21. August 1935 aus, als die Vorhut, das außergewöhnliche Vierte Regiment der Ersten Armee, geführt wie immer von Yang Chengwu, sich in diesen Ozean der Schönheit aufmachte. Yang Chengwu hatte von seinen Gefahren zuerst von seinem Kommandeur Lin Biao gehört, und zwar am 17. August, als ihm die Vorhutaufgabe übertragen wurde. Es würde nicht leicht sein, sagte Lin Biao und wies ihn an, in Maoergai Mao Zedong Bericht zu erstatten.

Die Gefahren der Grasländer waren keine Überraschung. Mao warnte Yang Chengwu, unter den Blumen und Pflanzen lauerten Sümpfe, die einen Mann binnen einer Minute verschlingen konnten. Irgendwie müsse Yang Chengwu einen Weg durch dieses nasse Ödland finden, auf dem die Rote Armee sicher marschieren könne. Der Feind sei die Natur, nicht der Mensch. Die Durchquerung müsse rasch geschehen. Nationalistische Kräfte sammelten sich wieder, um die Rote Armee zu vernichten. Mao befragte Yang eingehend über den Zustand seiner Männer und ihrer Kleidung. Das Wetter der Grasländer war launischer als die Stimmungen einer schmollenden Suzhou-Schönheit – in einem Augenblick Sonne, im nächsten Hagel, Regen, Nebel, Graupel, heftige Winde – ein Teufelsgebräu.

Fünfzig Jahre später, im Juni 1984, hatte sich das nicht geändert: strenger Frost bei Nacht, in der Dämmerung eine rote Sonne über den Wiesen, um acht Uhr morgens Dunkelheit, schwarze Wolken, Nieselregen, Nebel, dann Regengüsse, peitschender Wind, treibende Graupelschauer, Schnee in schweren Flocken, der Straßen, Wiesen und Hügel unter sich begrub, die Sicht nahm, Karawanen in Deckung trieb und die Yak- und Schafherden in schwerfällige Schneeklumpen verwandelte. Es schneite zwei Stunden lang, dann ließ es nach. Wind brauste über die Steppen. Die Sonne kam hervor, blaß und dünn. Dann wieder Wind und Regen. Am Spätnachmittag blauer Himmel, der Schnee schmolz, ein Hauch von Frühling breitete sich aus, doch er verschwand wieder und wich eisigem Frost, als die Sonne jenseits des Gelben Flusses unterging.

Mao fragte Yang Chengwu, wie es mit Führern stehe. Yang sagte, er habe einen alten Tibetaner in den Sechzigern, der jeden Zentimeter der Grasländer kenne. Er würde von sechs Soldaten in einer Sänfte getragen werden. Nachdem Mao ihn entlassen hatte, führte Yang ein kurzes Gespräch mit Deng Yingchao; ihr Mann, Zhou Enlai, war zu krank, um ihn zu empfangen.[1]

Das Vierte Regimente marschierte über kiesbedeckte Hügel, die noch immer in gelbe Schlüsselblumen, Teppiche violetter und weißer Blüten und blühende Holunderbüsche gehüllt waren, deren weiße Dolden sich jetzt in Beeren verwandelten – eine Symphonie von Blüten. Nicht mit einem Wort wird diese Schönheit in den Erinnerungen der Veteranen des Langen Marsches erwähnt. Sie hatten andere Sorgen. (Nur Zhang Guotao sprach von den Blumen als von »einem herrlichen Schauspiel«.)[2]

Am Spätnachmittag veränderte sich die Szene. Düstere Wolken bedeckten den Horizont. Der Wind schlug Schneisen in das schwere, seit dreitausend Jahren unberührte Gras, zerrte an den dünnen Uniformröcken der marschierenden Männer, fuhr ihnen in die Knochen. Dieses Blumenparadies genießt nur fünf frostfreie Tage im Jahr, die jährliche Durchschnittstemperatur liegt dicht über dem Gefrierpunkt.[3]

Wie Magistrat Wang Qiu sagt, gibt es in den Grasländern keinen Sommer – nur einen verlängerten Winter. Jede Nacht während des Durchzugs der Roten Armee herrschte strenger Frost. Die Route, der Yang Chengwu und seine Männer folgten, war nicht gut. Es gab keine guten Routen. Diese hier wurde von den tibetanischen Hirten benutzt. Weiter im Osten gab es bessere Wege, doch die Rote Armee war von ihnen abgeschnitten, weil Zhang Guotao Songpan nicht erobert hatte. Die Route zur Linken (die Zhang Guotao nehmen würde) war ebenfalls besser, doch sie verlief weiter westlich und führte durch Aba.

Auf den Pfaden durch das Grasland gab es keine Wegweiser außer denen, die Yang Chengwu und seine Männer aufstellten. Es gab keine Landmarken, nur endloses, hohes Gras, mannshoch oder noch höher, und darunter Wasser. Es gab kleine Hügel, die fest genug waren, einen Mann zu tragen, doch sie waren unter dem Gras schwer zu erkennen. Das Wasser stand oft hüfthoch über sumpfigem Grund. Männer, die in den Sumpf fielen, verschwanden schneller, als ihre Kameraden sie herausziehen konnten. Retter versanken zusammen mit denen, die sie hatten retten wollen.

Es regnete. August und September sind in den Grasländern der Höhepunkt der Regenzeit. Es gab keine Möglichkeit, trocken zu bleiben. Keinen Platz zum Lagern. Die Männer verbrachten die Nacht auf den Knien auf Hügelchen kauernd, die zu klein waren, als daß man sich darauf hätte ausstrecken können.

Es gab keine Nahrung. Die Extrarationen, die jeder bekommen hatte, vierzig *jin* pro Mann, schmolzen dahin. Die Männer brauchten mehr. Sie mußten sich körperlich schwer anstrengen. Aber sie hatten keine Gelegenheit zu kochen. Kein Platz für Feuer. Kein Holz für Feuer. Sie kauten rohen, ungemahlenen Weizen. Blutige Durchfälle befielen fast die halbe Armee. Die groben Körner waren Gift für die Verdauung.

Aber, sagen die heutigen Bewohner, im Spätsommer ist die Luft voller Vögel – Gänse, die aus der Arktis nach Süden ziehen, Flugenten, Regenpfeifer, alle Arten. Manchmal ist die Luft schwarz von ihnen, rascheln sie überall in den Sümpfen. Und wie General He Long zeigen sollte, als seine Zweite Frontarmee ein Jahr später die Grasländer durchquerte, sind die tückischen Gewässer überdies voller Fische. Es genügte, täglich ein paar Minuten die Angel auszuwerfen, um sich während des ganzen Marsches durch diese schreckliche Gegend zu ernähren.[4] Vielleicht lag die Tragödie der Grasländer teilweise darin, daß die Männer der Roten Armee weder Jäger noch Fischer waren. Auch waren sie nicht vertraut mit dem »Unkraut«, das heute in den lokalen Museen ausgestellt ist, um zu zeigen, mit welchen verzweifelten Mitteln sie sich ernähren mußten. In den Schaukästen stehen Teller mit Löwenzahnblättern, Schüsseln mit Nesseln (die eine ausgezeichnete Suppe ergeben) und andere nahrhafte Wildpflanzen, deren Verwendung den Soldaten unbekannt war.[5]

Die kleine Frau Wei rettete vermutlich mehreren Frauen das Leben, die giftige Pilze gegessen hatten. Wei hatte bei tibetanischen Frauen Propagandaarbeit geleistet. Als sie zur Hütte zurückkam, fand sie etwas Pilzbrühe, die ihre Genossinnen für sie aufgehoben hatten. Sie nahm einen Schluck davon und setzte die Schale ab. Es schmeckte zu bitter. Ihre Gefährtinnen lagen auf dem Boden. Sie dachte, sie schliefen. Sie sagte: »Rutscht ein Stück, macht mir Platz.« Sie sahen sie mit aufgerissenen Augen an. Sie konnten weder sprechen noch sich bewegen. Sie waren gelähmt. Wei holte kaltes Wasser, begoß sie damit, schüttelte sie, bis sie wieder bei Bewußtsein waren. Sie warf ihnen vor: »Feine Genossinnen seid ihr. Ihr habt alle Pilze aufgegessen und mir die bittere Brühe übriggelassen.« Aber es waren die Pilze gewesen, die sie gelähmt hatten.

Wie die anderen Angehörigen der Roten Armee hatte die Frau Wei Vorräte vorbereitet, ehe sie die Grasländer betrat. Aber es war nicht genug. Sie pflückte eßbare Blätter und aß gerösteten Weizen. Sie und ihre Freundinnen aßen die Körner mit den Händen direkt aus dem Feuer. Der Weizen war schwarz von Ruß, und bald waren ihre Gesichter ebenfalls schwarz. »Wir alle hatten Bärte und Schnurrbärte«, erinnerte sich die Frau Wei.[6]

Essen, Essen, Essen. Jeden Tag war es ein Problem. Zeng Xianhui, der alte Veteran, der wie Nikita Chruschtschow aussah, erinnerte sich an die Gerstenfelder, als sie die Grasländer betraten und wieder verließen. Keine Menschen weit und breit. Die Männer ernteten die Gerste und hinterließen dafür Schuldscheine.

Wie Mao Zedong in Bao'an 1936 zu Edgar Snow sagte: »Dies sind unsere einzigen Auslandsschulden« – die bei den Tibetanern für die Nahrung, die sie ihnen weggenommen hatten.[7]

Die Durchquerung der Grasländer war ein Marsch von fünf bis sieben Tagen. Diejenigen, die sie zuerst durchzogen, hatten es am leichtesten. Sie konnten den zerbrechlichen Wegzeichen folgen, die Yang Chengwus Vorhutleute für sie hinterlassen hatten. Doch mit jedem Tag wurde es schwieriger. Schwere Männer und Tiere zerstörten die schmalen Pfade und drückten sie unter Wasser und Gras, so daß niemand mehr wußte, wohin er den Fuß setzen konnte. Yang Dinghua meinte, der Gang durch die Grasländer sei ein bißchen wie die Überquerung einer schwankenden Brücke gewesen, weil die Füße rasch bis an die bebende Masse der Graswurzeln eindrangen, die sich mit jedem Schritt verschob. Der Sumpf war nicht nur schlüpfrig, er war wie Leim. Wenn man einmal darin war, sank man tiefer und tiefer ein. Je mehr man kämpfte, desto schneller versank man.[8]

Selbst die tibetanischen Führer hatten Schwierigkeiten, sich zu orientieren. Die Landschaft sah überall gleich aus. Nur wenn die Sonne durch die Wolken brach, konnten sie die Richtung korrigieren. Immer wieder verloren sie den Weg.

Agnes Smedley fand 1937 in Yan'an das Tagebuch eines Veteranen des Roten Marsches namens Mo Xu. Er berichtete von einem Kameraden, der in schwarzem Schlamm und Wasser steckte und kämpfte, um herauszukommen. Er half ihm hoch, doch der Mann fiel wieder zurück ins Wasser, krampfhaft sein Gewehr umklammernd. Wieder versuchte er, den Mann herauszuheben, doch es gelang ihm nicht. Mo Xu versuchte, ihm etwas gerösteten Weizen zu geben, doch er konnte ihn nicht kauen. Mo Xu nahm vorsichtig den gerösteten Weizen wieder an sich und steckte ihn in die Tasche. Der Soldat starb, und Mo Xu ging weiter und ließ die Leiche im Sumpf zurück. Als sie haltmachten, griff er in die Tasche und nahm den Weizen heraus. Während er ihn in der Hand hielt, erschien vor seinen Augen wieder das Bild seines sterbenden Kameraden. Er konnte die Körner nicht essen.[9]

Maos Leibwächter Chen Changfeng wurde krank, als die Armee von den Schneebergen kam, erholte sich, erkrankte erneut an Malaria, genas wieder, hatte aber einen Rückfall, als sie die Grasländer erreichten. Mao ließ ihn ruhen, besorgte ihm Medizin, und er setzte den Marsch fort.

Er erlebte die Grasländer so: »Eine riesige Ausdehnung verlassenen Ödlandes ... Kein einziges menschliches Wesen ... Es gab keine Häuser. Wildgräser wucherten üppig in dem stehenden Wasser. Es schien kein Ende zu nehmen ...«[10]

Daß es keine Menschen gab, fiel allen auf. »In acht Tagen«, erinnerte sich Hu Yaobang, Generalsekretär der Kommunistischen Partei Chinas, »sah ich kein einziges menschliches Wesen. Die Dörfer waren leer. Ich erinnere mich an ein paar Wildvögel. Als wir nach Banyou kamen, gab es ein paar Tiere. Doch die Häuser waren leer.«[11]

Oft war es nicht möglich, Wasser für Tee oder zum Garen von Reis oder Getreide zu kochen. Der Boden war zu naß, es gab keine trockenen Zweige (und oft überhaupt keine Zweige). Die Männer kauten ungekochte, harte Weizenkörner, bis ihnen die Zähne wehtaten.

Ältere Marschierer versuchten die jüngeren zu ermutigen. Als sie den Fluß Hou erreichten, der normalerweise etwa einen Meter tief war, aber jetzt zu steigen und reißender zu werden begann, machte die Zentralkolonne am Flußübergang halt. Deng Yingchao, die krank war und selbst in einer Sänfte getragen wurde, machte sich Sorgen um ihren Mann Zhou Enlai. Soldaten und Offiziere gingen umher. Sie fragte einen Kommandeur: »Wie tief ist der Fluß?« »Keine Sorge«, sagte er, »alles wird gut werden.« Sie rief die jungen Soldaten zu sich und sagte ihnen, sie sollten einander bei den Händen halten, dann könnten sie hinüberwaten. Cai Chang, Maos alte Freundin aus Changsha, in einer Uniformjacke der Roten Armee, Hanfsandalen an den Füßen, eine Pistole im Gürtel, marschierte in derselben Kolonne. Yang Dinghua meinte, man habe an ihrer Kleidung nicht erkennen können, daß sie eine Frau war. Doch die Soldaten erkannten sie. Sie riefen: »Ältere Schwester! Sing uns ein Lied. Sing die Marseillaise.« Cai Chang lächelte: »Gut. Schreit nicht. Ich werde für euch singen.« Und sie tat es. Yang Dinghua konnte die Worte nicht verstehen, doch er fühlte sich ermutigt.

Yang Dinghua erinnerte sich auch an andere Frauen auf dem Langen Marsch. Einmal sah er Kang Keqing, die Frau von Zhu De. Sie setzte sich auf ihre Bettrolle, die sie zusammen mit ihrem Tornister, ihrem Gewehr und ihrem Proviantbeutel mit sich trug, legte sich ihren Rucksack als Unterlage auf den Schoß und schrieb den Befehl zur Überquerung des Flusses aus. Yang wußte, daß Kang Keqing, als sie vor sieben Jahren zur Roten Armee gekommen war, weder lesen noch schreiben konnte, und er freute sich im stillen an den Leistungen der Revolution.

Maos alter Lehrer aus Changsha, der verehrungswürdige Xu Teli, stand am Ufer, seinen Esel neben sich. Mao ging zu ihm und fragte ihn, warum er nicht auf dem Tier reite. Xu Teli erklärte, das tue er deshalb nicht, weil der Esel die Habseligkeiten von drei Schülern trüge, die krank seien. Xu setzte einen Flicken auf seine abgetragene Hose und trug einen zerfetzten Pelzumhang auf dem Rücken. Er schleppte einen Sack mit, der acht *jin* gerösteten Weizen enthielt.

An diesem Abend wurde, nachdem alle den Fluß Hou überquert hatten, ein großes Lagerfeuer angezündet. Endlich einmal hatten sie ein trockenes Flußufer und trockenes Holz. Yang Dinghua und Hunderte von Soldaten sammelten sich um das Feuer, wärmten sich, rösteten ihren Weizen, entspannten sich und faßten wieder Mut. Bald erschienen Mao Zedong und Peng Dehuai und nahmen im Kreis Platz. Sie sahen genauso müde und schmutzig aus wie die Soldaten.

»Genossen«, rief Peng Dehuai mit seiner rauhen Kommandeursstimme, »laßt uns alle Mao Zedong bitten, uns etwas Interessantes zu erzählen.« Alle klatschten begeistert. Ein bekannter Autor, Cheng Fangwu, erschien und setzte sich zu der Gruppe. Cheng erzählte von seiner Studentenzeit in Japan und Europa und davon, wie er Schriftsteller geworden war. Leider schrieb Yang Dinghua die Geschichten nicht auf, die Mao und Peng Dehuai erzählten. Dies war die dritte Nacht in den Grasländern. Vier weitere lagen noch vor ihnen.[12]

Der Proviant wurde jeden Tag knapper, vor allem für die Männer, die in den letzten Abteilungen marschierten. In den Grasländern gab es wenig genug, und was da gewesen war, war sauber abgeerntet. Bald kochten die Männer ihre Ledergürtel und Pferdegeschirre (wenn sie Wasser zum Kochen bringen konnten). Wasser war ein Problem. Ein großer Teil des Grasland-Wassers war giftig. Ein Soldat nach dem anderen erlitt heftige Krämpfe und gefährliche Diarrhöe. Viele starben. Die Vorräte an ungeschältem Korn und ungemahlenem Weizen gingen zu Ende. Die Männer aßen Gräser, die keinen Nährwert hatten. Einige waren außerdem giftig.

Ding Ganru diente in der Nachhut. Er gehörte zur Fünften Armee, und als sie die Grasländer betrat, waren alle anderen schon durchgezogen. Ding hatte sich im Februar 1932 mit fünfzehn Jahren der Roten Armee angeschlossen.

Für Ding Ganru (1984 pensionierter Stabschef der Volksbefreiungsarmee in Chengdu) wurden die Dinge von den Schneebergen an immer schlimmer. Es gab ständig Schwierigkeiten mit den Minoritäten – den Miao, den Yi und den Tibetanern. Ding Ganru spürte eine psychologische Barriere zwischen der Roten Armee und den Minderheiten, und sie war durch die Propaganda der KMT noch verstärkt worden.

Die Fünfte Armee sah nur sehr arme Menschen. Die Reichen und die Grundherren waren schon lange geflohen. Wenn ein Rotarmist zurückblieb, fielen die Minderheitenvölker blitzschnell über ihn her, zogen ihm die Kleider aus und ließen ihn erfrieren. Die Fünfte Armee hatte Geld, um Nahrung zu kaufen. Doch es gab keine Menschen, die sie ihnen verkauften, es gab keine Nahrung.

»Wir mußten essen, was übriggeblieben war«, erinnerte sich Ding. »Manchmal fanden wir ein Schwein. Wir bezahlten immer dafür. Doch das Land war leergefegt. Manchmal aßen wir Schweinehaut, die unsere Genossen zurückgelassen hatten.«

Die Rote Armee, so sagte er, sei gezwungen gewesen, gegen ihre Regeln zu verstoßen, um zu überleben. Die Soldaten brachen in buddhistische Tempel ein, zerschlugen die großen Idole, die im Laufe der Jahre von Andächtigen mit Kornopfern gefüllt worden waren, und verschlangen den Weizen. »Er war alt und fade«, sagte er, »aber er war Nahrung.«

Die Kommandos der Roten Armee, die der Nachhut vorangingen, litten an schrecklichen Durchfällen und Dysenterie. Die rohen

Getreide- und Weizenkörner verließen den Körper wieder mit blutigen Ausscheidungen. Nun durchwühlten die Männer der Nachhut, die vor dem Verhungern standen, die Fäkalien der Männer, die vor ihnen gegangen waren. Sie suchten die unverdauten Getreide- und Weizenkörner heraus wie Spatzen die Haferkörner aus Pferdeäpfeln, wuschen sie, kochten sie und schlangen sie hinunter.

»Die Grasländer waren unsere schlimmste Prüfung«, sagte Ding.[13]

Ji Pengfei, früherer Außenminister, war 1984 73 Jahre alt. Beim Langen Marsch hatte er zum Sanitätspersonal gehört. Wie die meisten seiner Kameraden fand er, daß nichts an Härte und Schrekken den Grasländern gleichkam.

»Es sah aus, als marschiere man auf einer Straße«, sagte er, »doch wenn mehrere Kolonnen sie passiert hatten, verwandelte sie sich in einen wassergefüllten Graben.«

Es gab keinen Lagerplatz. Keine trockene Stelle. Keine Bäume. Viele Männer waren schwach und halb krank, als sie die Grasländer erreichten. Einige legten sich in den Schlamm und standen nie wieder auf.

»In den Grasländern verloren wir mehr Männer als auf den Schneebergen«, sagte er. »Jeden Morgen mußten wir nachzählen, um zu sehen, wie viele übrig waren. Wir fanden einige, die nicht tot waren. Ihre Augen waren offen. Aber sie konnten nicht aufstehen. Sie konnten nicht sprechen. Wir stellten sie auf die Füße, und sie fielen zurück in den Sumpf – tot.«

Die Hochlage der Grasländer spielte eine Rolle. Viele von den Ärzten waren schwach und krank. Und sie mußten die Grasländer mehrfach durchqueren, um die zu suchen, die zurückgeblieben waren.[14]

Dr. Du Tanjin, 1984 Direktor der Forschungsabteilung der Roten Armee, ein großer, grauhaariger, vornehm aussehender Mann mit Hornbrille, sprach mit Präzision und Autorität. Er sagte, die dünne Höhenluft der Grasländer habe die Männer geschwächt. Alle fielen in den Schlamm, alle sahen aus wie die Lehmfiguren aus dem archäologischen Schatz von Xi'an. Die Ärzte verabreichten Kampfer und Riechsalze, wenn die Männer ohnmächtig wurden. Einige erholten sich nicht.

Nach Meinung von Dr. Dai Zhengqi, 1935 sechzehn Jahre alt und schon seit einem Jahr bei der Roten Armee, gab es noch einen anderen Faktor. Er begann als Propagandaarbeiter der Roten Armee, malte Parolen an die Wände und klebte Plakate, doch schon lange vor den Grasländern war er Sanitätshelfer geworden. Als nachdenklicher Mann hat Dr. Dai die Erfahrungen aus den Grasländern im Laufe der Jahre viele Male wieder an sich vorüberziehen lassen.

Seiner Meinung nach gab es keine Möglichkeit festzustellen, wie viele Menschen in den Sümpfen starben. Sie starben nicht einfach an Kälte oder Nahrungsmangel oder in Hinterhalten der Tibetaner. Salz war ein Faktor, der Salzmangel in der Ernährung. Sie hatten auf dem Langen Marsch reichlich Salz gehabt, doch sie hatten sich nicht die Mühe gemacht, es über die Schneeberge und durch die Grasländer zu schleppen. Es gab kein Salz in den Grasländern und kein Salz in ihrer Nahrung. Das kostete seinen Preis. »Ich sah Soldaten marschieren«, sagte er, »und plötzlich brach einer zusammen. Wenn wir zu ihm kamen, flüsterte er den Namen seines Heimatdorfes und sagte: ›Sagt meinen Leuten, daß ich gestorben bin.‹ Und das war das Ende.«

Natürlich war das Wetter wechselhaft. Die Männer waren naß, hungrig, und sie froren. Doch das war nicht der Grund, warum so viele starben. Sie alle waren auch vorher schon naß und hungrig gewesen und hatten gefroren. Es war auch nicht nur Schwäche – sie hatten sich in Maoergai ausruhen können.

Was war der Grund?

»Es gab keine Menschen in den Grasländern«, sagte Dr. Dai. »So einfach war das. Es gab keine Menschen. Keinen einzigen. Sie müssen wissen, wir sind Chinesen. Keiner von uns hatte je die Erfahrung gemacht, in einer Welt zu leben, in der man keinen Menschen sieht, keinen Menschen hört, mit keinem Menschen redet. Niemand begegnete uns auf dem Weg. Keine Häuser. Wir waren allein. Als seien wir die letzten Menschen auf der Erde.«

Das sei es gewesen, meinte er. Das sei ausschlaggebend gewesen. Die Männer starben daran.[15]

Am sechsten Tag – für einige Truppen war das der 27. August – traf die Erste Armee in Baxi ein, einer kleinen tibetanischen Stadt am Nordostrand der Grasländer. Mao kam vermutlich am 28. August an. Die Vorhut, die immer schneller marschierte, war ein paar Tage eher dagewesen. Andere kamen beträchtlich später.

Viele Truppen gingen nach Banyou oder Axi oder in andere Siedlungen in der Nachbarschaft. Es war wichtig, daß man sich verteilte, um nicht die mageren Proviantvorräte der Dörfer zu erschöpfen. Als Nie Rongzhen, Politkommissar des Ersten Armeekorps, und sein Kommandeur Lin Biao noch einen Tag von Banyou entfernt waren, schickten sie eine Funkbotschaft an Peng Dehuai, den Kommandeur der Dritten Armee, die sich direkt hinter ihnen befand.

Sie baten ihn, die Verluste zu zählen. Sie wußten, daß sie mehr als hundert Mann verloren hatten, und einige hatten sie begraben. Doch mehr hatten sie unbegraben zurückgelassen, ihre Leichen nicht gefunden. »Bitte nehmt Geräte mit und kümmert euch unterwegs darum«, hieß es in der Nachricht.

Zehn Tage später erhielten sie einen von Zhou Enlai unterzeichneten Bericht. Die Dritte Armee hatte 400 Leichen gefunden und begraben.[16]

Während die Rechte Kolonne in Baxi und Banyou eintraf, bewegte sich die Linke Kolonne unter dem direkten Kommando von Zhang Guotao in Richtung auf Aba, das etwa sechzig Kilometer westlich auf einer Linie liegt, die parallel zur Route der Rechten Kolonne verläuft.

Dann, am 3. September, schickte Zhang Guotao einen Funkspruch an die Rechte Kolonne, er habe in Aba haltgemacht und könne nicht weiter nach Norden vorrücken. Das Hochwasser des Weißen Flusses, des Gequ, mache seinen Truppen den Weitermarsch unmöglich. Er schlug vor, die Armeen sollten nach Süden gehen. Der Gequ ist einer von zwei träge fließenden Flüssen, die fast unmerklich die Grasländer drainieren. Der andere ist der Muqu, der Schwarze Fluß. Beide fließen in den Magu, den Gelben Fluß. All das sind keine chinesischen, sondern tibetanische Namen.

Zhang Guotaos Telegramm sollte die ernsteste politische Krise des Langen Marsches auslösen, eine Krise, die die Rote Armee wieder an den Rand des Desasters brachte. Ihre politischen Auswirkungen sollten ein Echo durch lange Jahre hindurch finden.[17]

Kapitel 26

Dunkle Stunden, heller Ruhm

Es war, wie General Yang Shangkun sich fünfzig Jahre später erinnerte, eine schöne Mondnacht. Der Regen war fortgeweht, der Nebel hatte sich gehoben. Der Mond war voll, der Himmel voller Sterne. Er hatte keine Schwierigkeiten, auf dem Weg zu bleiben, als er um zwei Uhr nachts zu seiner geheimen Reise aufbrach.

Man schrieb den 9. September. Für Mao Zedong, der 1960 darüber mit Edgar Snow sprach, war es »der dunkelste Augenblick meines Lebens«, ein Moment, in dem das Schicksal der Partei »am seidenen Faden« hing und alles, wofür Mao gekämpft hatte, auf dem Spiel stand. In jener Nacht glaubte Mao, der Lange Marsch könne scheitern, und noch vor der Morgendämmerung könne ein Teil der Roten Armee gegen den anderen kämpfen.[1]

Die Probleme hatten sich allmählich aufgebaut. Die Gespräche zwischen Mao und Zhang Guotao waren schlecht verlaufen. Es gab unangenehme Untertöne. Gerüchte. Mao hatte vorsichtshalber die Codes geändert. Er hatte die Kommunikation zwischen seinen Truppen eingeschränkt, um die Sicherheit zu erhöhen.

Die merkwürdige Teilung der Kräfte in Rechte und Linke Kolonne hatte nicht gut funktioniert. Mao marschierte mit der Rechten Kolonne, Zhang mit der Linken. Zhangs General Xu Xiangqian und sein oberster politischer Offizier Chen Changhao kommandierten die Rechte Kolonne. Maos Männer, Zhu De und Liu Bocheng, marschierten in der Linken Kolonne mit Zhang Guotao, und zwar als Oberkommandierender und Stabschef des Vereinigten Kommandos. Weder Zhang noch Mao waren an das Kommando des anderen gewöhnt. Es gibt etliche Nachweise dafür, daß Zhang tatsächlich das »Vereinigte Oberkommando« in der Linken Kolonne kontrollierte und daß Mao (soweit er dazu fähig war) dasselbe bei seinen eigenen Armeen in der Rechten Kolonne tat.

Das ergab bestenfalls einen unsicheren und unbehaglichen Waffenstillstand. Schlimmstenfalls regte es zu konspirativen Überlegungen an. Die Struktur war eine Brutstätte von Reibungen und Argwohn.

Die Rote Armee war an den Rändern des Graslandes entlang auf tibetanischem Territorium weit verteilt und zersplittert. Zhang Guotao und das Oberkommando waren nach Aba gegangen, der größten der tibetanischen Siedlungen. Viele von Zhangs Truppen saßen im Osten an den Ufern des Weißen Flusses fest, der Hochwasser führte. Sie mußten den Weißen Fluß überqueren, wenn sie nordöstlich weitermarschieren wollten, um sich in Gansu mit der Rechten Kolonne zu vereinigen, wie es geplant war.

Das Hauptquartier der Rechten Kolonne war in Banyou errichtet worden, einer nicht sehr anziehenden Ansammlung von tibetanischen Jurten; einige davon waren die konventionellen, konischen Filzjurten über einem Lattenwerk, die rasch auf- und abgebaut werden konnten, wenn die Tibetaner von einem Weidegrund zum nächsten zogen. Andere waren dauerhafte Bauten, errichtet aus mit Lehm bestrichenen, getrockneten Ziegeln aus Yak-Dung. Runde Haufen aus getrocknetem Yak-Dung standen in unordentlichen Reihen zwischen den Hütten, und Dung war über die Flechtzäune gebreitet, um dort während der Sommermonate zu trocknen. Man benutzte ihn sowohl als Brennstoff als auch als Baumaterial. Alle Tibetaner waren geflohen, die Jurten standen leer.

Als die Truppen sich Banyou näherten, wurden Scherze darüber gemacht, daß sie die Nacht »in fremden Häusern« verbringen würden. Einigen Rotarmisten erschien das gar nicht komisch. Wenn sie schon in fremden Häusern schlafen sollten, sagten sie, dann sollten es japanische sein.

Doch zu ihrer Erleichterung zogen die Truppen an Banyou vorbei weiter nach Baxi, wo es ein Dorf mit hundert strohgedeckten Hütten und einem großen Lamakloster gab, das Yang Dinghua an das Charleston-Kino in Shanghai erinnerte. Zahlreiche Dächer also, unter denen die Rote Armee sich schlafenlegen konnte, und die Proviantversorgung war auch nicht schlecht. Der Tempel rühmte sich einer großen Buddhastatue. Rechts und links daneben waren Paare in, wie Yang es nannte, »sexueller Ekstase« dargestellt. Es hieß, der Tempel sei ein Tempel der Liebe. Immer wieder kamen Rotarmisten herein, um sich das anzusehen.

Das Hauptquartier der Rechten Kolonne wurde in Banyou errichtet – nicht in dem tibetanischen Dorf, obwohl einige der größeren Jurten gesäubert und für Versammlungen benutzt wurden, sondern in einem Weidenhain direkt neben der Siedlung. Der Hain bestand noch 1984, sauber und anziehend. Das tibetanische Dorf umfaßte zu dieser Zeit siebzig Familien. Es schien sich nicht sehr verändert zu haben, seit die Rote Armee es 1935 sah, abgesehen von einer Schule mit zwei Jahrgangsstufen. Noch immer standen die Jurten da, die Hügel aus Yak-Dung bildeten unregelmäßige Gassen, durch die grimmige Hunde patrouillierten. Am 30. Mai lag noch Schnee, und zahlreiche tibetanisch gewandete Männer und Frauen und buntgekleidete Kinder versammelten sich im Regen zu einem Pferdemarkt und Pferderennen; die Reiter trugen schwarze Regenschirme.[2]

Hier hatten Xu Xiangqian, Chen Changhao, Ye Jianying und Yang Shangkun ihr Hauptquartier. Mao lebte für sich einen Steinwurf entfernt auf der anderen Seite eines kleinen Flusses. Die Dritte Armee von Peng Dehuai lag in Baxi, etwa sieben Kilometer entfernt. Die Erste Armee war nach Ejie in Gansu direkt jenseits der Grenze vorgestoßen, zwei Tagesmärsche weiter.

Mao teilte seine Zeit zwischen Banyou und Baxi auf, wo Zhou Enlai und Wang Jiaxiang, denen es inzwischen besser ging, die aber noch immer liegen mußten, von der Dritten Armee gepflegt wurden.

Das erste Zeichen einer akuten Krise hatte sich am 3. September bemerkbar gemacht, als Zhang ein Funktelegramm schickte, er könne wegen des Hochwassers den Weißen Fluß nicht überqueren. Er befahl die Einstellung aller Truppenbewegungen und schlug vor, die Expedition nach Norden und Osten aufzugeben und statt dessen auf seine ursprüngliche Idee, den Zug nach Westen und Süden, zurückzukommen.[3]

Zhangs Telegramm verursachte Bestürzung in Maos Lager. Man betrachtete es als Manöver, um die Entscheidungen von Maoergai zu revidieren und die gesamte kommunistische Streitmacht unter Zhangs Kontrolle zu bringen. Mao berief das Zentralkomitee ein (die Mitglieder hatten sich sämtlich auf seinen Standpunkt festgelegt) und telegraphierte an Zhang, wobei er ihn drängte, weiter nach Norden zu gehen und sich an die Entscheidung des Zentralkomitees zu halten. Ein Telegramm folgte dem anderen. Yang Shangkun erinnerte sich an eines, in dem das Zentralkomitee sich erbot, Zhang zur Hilfe zu kommen und ihn bei der Überquerung des Flusses zu unterstützen.[4]

Die Spannung wurde erhöht durch die Befürchtungen, die Nationalisten könnten angreifen. Beim Marsch nach Banyou und Baxi hatte die 30. Division unter Li Xiannian Elemente der 49. Division der KMT unter dem Songpan-Kommandeur Hu Zongnan getroffen und sie in einer Schlacht beim Dajie-Tempel in Baozuo zerstreut. Hu Zongnan wurde schwer verwundet,[5] und die Rote Armee erbeutete einen kleinen Vorrat an Keksen, Büchsennahrung und Zigaretten. Die Zigaretten wurden Mao und seinen Gefährten geschickt, die alle starke Raucher waren. »Sie waren entzückt«, erinnerte sich Li Xiannian. »Das war besser, als Hühnerfleisch zu essen.«[6] Außerdem gab es ein Scharmützel mit einer Abteilung der grimmigen moslemischen Kavallerie von Ma Hongkui. Diese zunehmende Präsenz der KMT ließ befürchten, wenn die Rote Armee nicht aufbreche, werde Chiang Kaishek einen größeren Feldzug gegen sie führen. Zhang seinerseits begann, diese Möglichkeit als Argument gegen den Vormarsch nach Gansu und Shaanxi zu benutzen.[7]

Peng Dehuais Gefängnismemoiren vermitteln eine Vorstellung von der wachsenden Angst vor einem Konflikt zwischen den beiden Teilen der Roten Armee. Nachdem Pengs Dritte Armee Baxi erreicht hatte, so sagte Peng, habe er sein 11. Regiment in eine versteckte Position nahe bei Maos Quartier gebracht – für alle Fälle – und Mao jeden Tag besucht. Er machte sich Sorgen, weil sie den Kontakt zur Ersten Armee verloren hatten, die, wie er sagte, mangels eines Führers irgendwo in der Nähe von Ejie festsaß. Da die Codes verändert worden waren, konnte man keine Verbindung aufnehmen. Er stellte ein neues Codebuch zusammen, vertraute es einem zuverlässigen Parteimann an, dem Koreaner Mu Jong, gab ihm einen Kompaß und schickte ihn los, um mit Lin Biao und Nie Rongzhen Verbindung aufzunehmen.[8] Nie Rongzhen erinnerte sich, daß die Erste Armee nichts von dem wußte, was geschah. Alles, was sie bekommen hatte, war der Auftrag, sie solle da stehenbleiben, wo sie war.[9]

Am Morgen des 9. September schickte Zhang Guotao eine codierte Geheimnachricht an seinen zuverlässigen Politischen Kommissar Chen Changhao im Hauptquartier der Rechten Kolonne. Die Nachricht sollte von Chen Changhao persönlich dechiffriert werden. Doch Chen war beschäftigt. Er besuchte eine politische Versammlung und hielt eine Rede. Also wurde die Botschaft von einem Dechiffrierer entziffert und Ye Jianying ausgehändigt.

Ye Jianying als zuverlässiger Stabsoffizier nahm das Telegramm und brachte es ungelesen in den Versammlungsraum. Chen Changhao stand auf dem Podium. Reden wurden gehalten, und Ye versuchte, die Nachricht zu übergeben. »Später«, sagte Chen, »du siehst doch, daß ich beschäftigt bin.«[10]

Da die Nachricht dringend zu sein schien, warf Ye einen Blick darauf. Er begriff ihre Bedeutung sofort, obwohl er, mit Yang Shangkuns Worten, »nichts von der Verschwörung wußte«.[11]

Der Text der Nachricht ist nie veröffentlicht worden; allerdings haben ihn chinesische Historiker oft angeführt; sie schienen ihn also in den Parteiarchiven einsehen zu können. Dem Sinn nach befahl die Botschaft der Rechten Kolonne umzukehren, die Grasländer erneut zu durchqueren und zu einer Konferenz mit der Vierten Armee zusammenzutreffen, damit die Differenzen beigelegt werden könnten. Die Botschaft enthielt einen kritischen Satz, von dem Li Xiannian meint, er habe Chen Changhao angewiesen, die »inneren Kämpfe in der Partei kompromißlos zu entfalten«. Der chinesische Satz lautet: *chedi kaizhan danghei douzheng*. Im ganzen hat er, wie John Service bemerkt hat, »einen drohenden Unterton«. Der Begriff *douzheng* steht für Kampf, wie in Klassenkampf.[12]

Ye entschuldigte sich und sagte, er müsse zur Toilette. Statt dessen ging er zu Maos Büro, das ein paar hundert Meter entfernt war, und zeigte ihm die Botschaft. Mao kopierte sie und sagte Ye, er solle nicht verraten, daß er ihren Inhalt kenne.[13] Mao sagte: »Du hast etwas Wunderbares vollbracht.«

Ye ging zurück zum Hauptquartier. Chen Changhao befand sich noch immer auf dem Podium, die Versammlung war noch im Gange. Ye händigte die Botschaft Chen Changhaos Sekretär aus.[14]

Peng Dehuai erinnerte sich, daß er Mao schon gedrängt hatte, Vorsichtsmaßnahmen zu ergreifen, ehe er von dem Telegramm wußte. Er wies darauf hin, daß Maos Einheiten zerstreut waren. Die Erste Armee war zwei Tagesmärsche weit weg. Zwei Armeen Zhangs standen in der Nähe. »Was sollen wir tun, wenn die Vierte Armee die Dritte Armee auflöst?« fragte Peng. Er drängte Mao,

»einige Geiseln zu nehmen, um das Unglück zu verhindern, daß Truppen der Roten Armee sich gegenseitig bekämpfen«. Mao verwarf diesen Gedanken.[15] Der Geruch von Pulver lag eindeutig in der Luft.

Am Nachmittag des 9. September traf sich Mao mit Chen Changhao, vermutlich auf Chens Vorschlag hin. Chen Changhao unterrichtete Mao über Zhangs Befehle. Yang Shangkun glaubt, Mao habe sich ernsthaft bemüht, Chen Changhao von seinem Standpunkt zu überzeugen, doch wie Yang sagte, war Chen »Zhang so absolut gehorsam, daß Mao ihn nicht umstimmen konnte.«[16]

Mao sagte Chen dann, wenn die Armee den Kurs ändere, müsse er seine Kollegen im Zentralkomitee konsultieren. Er wies darauf hin, daß Zhou Enlai und Wang Jiaxiang im Hauptquartier der Dritten Armee gepflegt würden. »Luo Fu und Bo Gu und ich sollten zu dieser Konferenz zu ihnen gehen«, schlug Mao vor. Chen Changhao stimmte zu. Peng glaubte, dies sei nur ein Schachzug von Mao gewesen, um aus dem Hauptquartier und aus Chens »Einflußsphäre« herauszukommen.[17]

Mao Zedong eilte nach Yanong, dem Weiler bei Baxi, wo sich die Dritte Armee befand. Eine Dringlichkeitssitzung des Ständigen Komitees kam zu dem Entschluß, nicht umzukehren. Ein neues Telegramm wurde an Zhang Guotao abgeschickt, in dem er aufgefordert wurde, sich ihnen anzuschließen und an dem ursprünglichen, vom Zentralkomitee gebilligten Plan festzuhalten. Es gab einige Diskussionen über die relative Stärke der militärischen Kräfte – die Dritte Armee hatte nur 4000 Mann, die Erste Armee etwa genausoviel. Zhang war weit überlegen, und Mao und seine Männer glaubten, er würde wahrscheinlich versuchen, ihnen seinen Willen aufzuzwingen. Es war keine Zeit zu verlieren. Die Dritte Armee würde um zwei Uhr morgens aufbrechen. Um das zu bemänteln, wurde Ye Jianying zu Chen Changhao geschickt, um ihm zu sagen, wenn die Armee durch die Grasländer zurückmarschieren solle, sei mehr Proviant erforderlich. Die gesamte Truppe wurde mobilisiert, bei Tagesanbruch des 10. auf den Feldern Gerste zu schneiden. Chen hatte keine Einwände.

»Chen Changhao machte sich keine Sorgen«, sagte General Yang Shangkun. »Er sah keinen Grund zu besonderer Wachsamkeit. Mao hatte so wenige Männer. Er würde es nicht wagen, auf eigene Faust fortzugehen.«

Die gefährlichste Aufgabe war die von Yang Shangkun und Ye Jianying. Sie mußten das Hauptquartier verlassen, ohne Argwohn zu erregen, und Ye hatte versprochen, wenn möglich Landkarten und Mitarbeiter des Zweiten Büros, des Nachrichtenbüros, mitzubringen, das aus Männern der Ersten Armee bestand.[18]

Yang Shangkun mußte dafür sorgen, daß möglichst viele Leute seiner Arbeitsgruppe und politischen Abteilung zur »Getreideernte« ausrücken konnten. Liu Ying erinnerte sich, daß die Nachricht von Mund zu Mund weitergegeben wurde. Sie wurde um Mitternacht geweckt und angewiesen, sich zum sofortigen Aufbruch bereitzumachen. Niemand wußte, was los war. Später ließ Luo Fu durchsikkern, daß Zhang Guotao versuche, die Partei zu spalten, und daß sie aufbrechen müßten.[19] Yang Shangkun hatte ein persönliches Problem. Seine Frau war nicht in Banyou. Sie war zu Li Xiannians 30. Armee gegangen, um den Soldaten revolutionäre Lieder beizubringen. Yang konnte ihr keine offene Botschaft senden – damit wäre das Spiel verloren gewesen. Es gelang ihm, sie zu benachrichtigen, doch wie sie sich erinnerte, wurde sie »ziemlich genau überwacht« und konnte nicht fort.[20] Sie und ihr Mann würden für mehr als ein Jahr getrennt sein, Li bei der Vierten Armee, Yang bei der Ersten.

Um zwei Uhr früh schlichen sich Yang Shangkun und Ye Jianying aus den Hütten des Hauptquartiers. Ye war es irgendwie gelungen, eine Landkarte zu bekommen. Die Karten waren im Lageraum aufgehängt, doch eine war heruntergefallen. Die nahm er in seinem Gepäck mit. Ye und Yang marschierten aus dem Lager. Sie schickten ihre Leibwächter mit ihrer auf einige Maulesel gepackten Ausrüstung voraus. Die Mitarbeiter des Zweiten Büros und der Politischen Abteilung hatten sich um ein Uhr dreißig in der Nacht davongemacht.[21]

Als Yang und Ye im hellen Mondlicht einhergingen, hörten sie Pferdegetrappel und kauerten sich in den Schatten. Eine Schwadron Kavalleristen galoppierte vorbei. Sie suchten nach Ye und Yang, nahmen aber an, sie wären mit einer berittenen Eskorte unterwegs, wie es hohen Offizieren zukommt. Die Fußgänger im Schatten sahen sie nicht.[22]

Im Hauptquartier der Dritten Armee hatte Mao an Lin Biao und Nie Rongzhen einen Funkspruch aufgegeben, sie sollten sich für eine mögliche Änderung der Befehle bereithalten. Peng Dehuai war aufs äußerste gespannt; er fürchtete, Ye und Yang könnten sich nicht fortstehlen. Als sie bei Tagesanbruch erschienen, stieß er einen Seufzer der Erleichterung aus.[23]

Yang erinnerte sich, wie Mao, Zhou Enlai, Wang Jiaxiang und Peng Dehuai ihn und Ye erwarteten. »Wir haben uns Sorgen um euch gemacht«, sagte Mao.[24]

Inzwischen hatte Chen Changhao entdeckt, daß Maos Leute ausgeflogen waren. Er führte mehrere Telephongespräche und sah, den Hörer noch in der Hand, den Kommandeur Xu Xiangqian an. »Da ist eine seltsame Sache passiert«, sagte er. »Die Erste Armee ist abmarschiert. Sollen wir Truppen hinter ihnen herschicken?«

Xu Xiangqian antwortete mit Worten, die im letzten halben Jahrhundert wiederholt zitiert worden sind (vor allem während der Kulturrevolution): »Hast du je gesehen, daß die Rote Armee die Rote Armee angegriffen hat?« Damit war der Fall erledigt. Es würde keinen Angriff geben. Chen Changhao hätte vielleicht anders geantwortet.

»Es war ein sehr gefährlicher Augenblick in der Geschichte der Partei«, sollte Hu Hua, der Parteihistoriker, 1984 sagen. »Xu und Ye hatten das Verdienst, einen Konflikt beendet zu haben. Dieses Verdienst wurde beiden zugesprochen.«

Damit meinte er, daß Mao Zedong beide vor den schlimmsten Exzessen der Kulturrevolution bewahrte.

Anstelle von Truppen schickte Chen Changhao eine Delegation von Studenten der Roten-Armee-Hochschule und einige Männer der Vierten Frontarmee nach Baxi. Unter ihnen war Li Te, Stabschef der Vierten Frontarmee. Li Te war ein aus der Sowjetunion zurückgekehrter Student; er hatte in Leningrad studiert. Es war seine Gewohnheit, einen großen Revolver bei sich zu tragen. Er war für sein hitziges Temperament und seine zotigen Reden bekannt. Er sollte schließlich in der Sowjetunion sterben.

Mao beschloß, zu der Delegation der Vierten Armee sowie zu eventuell verbliebenen Männern der Vierten Armee zu sprechen. Die Dritte Armee war bereits nach Ejie unterwegs. Die Männer marschierten seit zwei Uhr nachts.

Das Treffen wurde im »Charleston-Kino« abgehalten, dem tibetanischen Tempel auf halber Höhe eines Hügels. Das Hauptquartier der Dritten Armee befand sich im Dorf daneben mit Blick über den Baxi-Fluß (der nicht mehr ist als ein Bach), einen Nebenfluß des Weißen Drachenflusses, des Bailong.

Die jungen Armeestudenten demonstrierten vor dem Tempel und trugen Transparente, auf denen es hieß: »Widersetzt euch Maos Flucht!« Sie sangen die Parole wie eine buddhistische Sutra.

Mao sagte ihnen, wer nach Westen gehen wolle, könne das tun; wer nach Norden gehen wolle, könne das ebenfalls tun. Es werde keinen Zwang geben.

Dann lud er sechzig oder siebzig Kader der Vierten ein, sich mit ihm zu treffen, darunter auch Li Te. Otto Braun war alarmiert worden. Er war ein großer, starker Mann. Er sollte dicht bei Li Te stehen und ein Auge auf ihn haben für den Fall, daß der seinen Revolver zu ziehen und Mao zu erschießen versuchte.

Mao sagte den Kadern, für die Erste Armee würde es zu nichts führen, nach Süden zu gehen. Für diejenigen, die nicht mit der Ersten Armee nach Norden marschieren wollten, »gehen wir als Vorhut«, wie er sagte.

»Wir gehen voran«, sagte er, »wir erschließen neuen Boden und erfüllen die Aufgabe, und wenn ihr zu uns kommt, heißen wir euch willkommen. Ich bin sicher, daß ihr nach einem Jahr kommen werdet.« (Mao hatte recht, fast auf den Tag genau.)

Als Mao geendet hatte, sprang Li Te auf und rief, Mao sei des »Eskapismus« schuldig, er habe die Sowjetbasis in Jiangxi aufgegeben und andere Verbrechen begangen. Braun war besorgt. Er meinte, Li Te könne die Beherrschung verlieren. Also legte er mit seinen Bärenkräften die Arme um ihn und hielt ihn fest. Li Te wehrte sich etwas, konnte sich aber nicht aus Brauns eiserner Umklammerung lösen.

Um acht Uhr morgens war alles vorbei. Die Männer, die nicht nach Norden marschieren wollten, strömten nach Banyou zurück. Wer gehen wollte, machte sich auf den Weg nach Norden. Alles verlief genauso wie im Herbst 1927, als Mao im Jinggangshan den ungeduldigen Männern gegenübergetreten und die Revolte dadurch beschwichtigt hatte, daß er denen, die nicht mitkommen wollten, sagte, sie sollten heimgehen, und dann den Rest seiner Truppen bergan und weiter führte.

Yang Shangkun erinnert sich an einen Augenblick komischer Verzweiflung. Die Männer der Vierten Armee hatten alle Köche,

Träger und das Hilfspersonal seiner Politischen Abteilung mitgenommen. Er blieb mit einer Reisschüssel zurück, doch es war niemand da, um sie zu füllen. Er schloß sich der Zentralkolonne an und fand einen Platz in der Messe bei Xu Mengqiu, dem Historiker, Lu Dingyi, dem Propagandachef, und einigen anderen.

Binnen einer Stunde war Mao unterwegs. Er legte die Strecke nicht mit den anderen zurück. Begleitet von seinen Leibwächtern und ein paar ihm nahestehenden Männern (Zhou Enlai und Wang Jiaxiang in ihren Sänften) kam er den Hügel vom Lamakloster herunter, überquerte den Baxi auf einer hölzernen Brücke, damals wie heute vor Flut, Zerstörung und bösen Geistern durch einen darunter über dem Wasser hängenden Yak-Kopf geschützt, begann direkt den Anstieg auf den dahinter liegenden Berg Narizhai und nahm seinen eigenen Weg durch das Land wieder auf.

Ob wirklich ein Angriff durch Zhang drohte, wie Mao meinte, kann heute nicht mehr geklärt werden. Vermutlich nicht. Doch Mao glaubte daran und ging kein Risiko ein. Als er den Berghang erstieg, hatte er dafür gesorgt, daß Nachhutabteilungen an jedem Paß und jedem strategischen Punkt zurückblieben für den Fall, daß die Vierte Armee ihm folgte. »Es war ein sehr gefährlicher Augenblick in der Geschichte der Roten Armee«, sagte General Yang Shangkun. »Wenn der Konflikt ausgebrochen wäre, weiß ich nicht, wo wir heute wären.«[25]

Professor Xiang Qing, ein konservativer und sorgfältiger Forscher auf dem Gebiet des Langen Marsches, weist darauf hin, daß keine objektiven Beweise, keine schriftlichen Dokumente gefunden worden sind, die die Theorie stützen, Zhang sei bereit gewesen, Mao und seine Leute mit militärischen Aktionen in die Knie zu zwingen. Er meinte, wenn es sie gegeben hätte, wären sie bei der späteren Verhandlung gegen Zhang Guotao in Yan'an vorgelegt worden. Er fügte hinzu, daß Zhang allerdings sehr ehrgeizig war und daß der Punkt unter chinesischen Historikern noch immer sehr umstritten ist.[26]

General Qin Xinghan vom Militärmuseum bestätigt, daß keine Beweise dafür gefunden wurden, daß Zhang einen militärischen Coup plante. Er hielt die Tatsache, daß Zhang in Yan'an ein solcher Vorwurf nicht gemacht wurde, für bedeutsam, dennoch glaubte er, daß Zhangs Ehrgeiz, die Führung an sich zu reißen, sehr real war.

Li Xiannian meinte, es habe sich »schlimmstenfalls um einen offenen Versuch Zhangs gehandelt, die Macht in der Partei zu usurpieren«.

Wang Nianyi, ein Parteihistoriker, legte eine genaue Analyse des Telegramms (ohne allerdings den Text selbst wiederzugeben) in *Materialien zu Studien der Parteigeschichte 3* (1983) vor. Er kam zu dem Schluß, daß es »ein rauchendes Gewehr« nicht gegeben habe – also kein nachweisbares Indiz, daß Zhang eine »militärische Lösung« offen angedroht habe. Er schloß indessen, daß viele in der Partei glaubten, eine solche Drohung habe existiert oder sei zumindest implizit an Zhangs Handlungen abzulesen gewesen, und daß Maos Worte in einer Fußnote in Band 3 seiner gesammelten Werke deutlich darauf hinwiesen, daß Zhang eine »militärische Lösung« ins Auge gefaßt habe.[27]

Wang Nianyi zitiert zwei Autoritäten, die ohne Umschweife feststellen, Zhang habe die »militärische Lösung« erwogen. Eine ist Li Anbao, der in *Gespräch über den Langen Marsch* nüchtern feststellt, Zhang »befahl insgeheim eine militärische Lösung«. Die andere ist Lu Liping, der in seinen Memoiren, *Der kritische Moment*, berichtet, er habe sich im Nachrichtenraum aufgehalten, als der diensthabende Offizier, Chen Maosheng, das »berühmte Telegramm« transkribierte. Er behauptet, er habe dabei geholfen, und sagt, das Telegramm habe die Worte enthalten: »Wenn sie darauf bestehen, die falschen Ideen zu verfolgen und nach Norden zu gehen, dann ist eine militärische Lösung gerechtfertigt.« Nach der Untersuchung aller offiziellen Dokumente kommt Wang Nianyi indessen zu dem Schluß, daß es keine Beweise dafür gibt, daß das Telegramm tatsächlich diesen Wortlaut hatte. Er weist darauf hin, daß ein solcher Vorwurf in keinem Dokument des Zentralkomitees enthalten war, und daß er auch nicht beim Prozeß in Yan'an oder in dem Kommuniqué nach Zhang Guotaos Flucht aus Yan'an angeführt wurde.

Zhang Guotao war voller Zorn über Maos Verhalten. Er zog seine Truppen zurück nach Aba. Er bot nicht an, die unter seinem Kommando stehenden Männer Maos freizulassen. Er organisierte eine Massenversammlung im großen tibetanischen Tempel in Aba unter der Parole: »Widersetzt euch der Mao-Zhou-Zhang (Luo Fo)-Bo Gu Flucht nach Norden!« Zhang forderte die Armeekader auf,

Mao zu verurteilen, und verlangte, Zhu De solle seinen Standpunkt klarmachen.

»Nach Norden zu gehen«, sagte Zhu De, »war eine Entscheidung, die das Zentralkomitee gebilligt hat. Ich persönlich kann mich nicht gegen diese Entscheidung wenden, und ich werde die Rote Armee nicht dagegen führen. Zu verlangen, daß Zhu Mao beschuldigt, hätte keinerlei Auswirkungen auf die Meinung der Welt. Die Welt kennt Zhu-Mao als eine Person. Was die Entscheidung betrifft, nach Norden zu ziehen, so habe ich bereits dafür gestimmt, und ich werde meine Meinung nicht widerrufen.«

»Wie kann man so ein alter Dickschädel sein!« versetzte Zhang Guotao.

Der einäugige Drache Liu Bocheng fuhr auf: »Wie kannst du Zhu De so behandeln?«[28] Nach den Erinnerungen von Song Kanfu, einem Funker und Telephonisten in Zhang Guotaos Hauptquartier, der an der Versammlung teilnahm, fielen sehr harte Worte gegen Zhu und Liu. Die Leute Maos wurden als »Rechtsopportunisten« und »Flüchtlinge« bezeichnet.[29]

Jemand rief: »Nieder mit Zhu De!«[30]

Bald begann Zhang Guotao, nach Süden zu marschieren. Seine 30. und 9. Armee durchquerten erneut die Grasländer und trafen in Zhuokeji wieder mit ihm zusammen. Hou Guoxiang, ein ziemlich schwerer, schweigsamer Mann von 68 Jahren mit beginnender Glatze (aber 1935 ein eifriger, zwanzigjähriger politischer Arbeiter in der Vierten Frontarmee und Mitglied von Li Xiannians 30. Armee) erinnerte sich, daß nicht lange nach Zhuokeji die Parole, unter der die Rote Armee marschierte, geändert wurde. Sie hatte gelautet: »Widersetzt euch den Rechtsabweichlern Mao, Zhu, Zhou und Bo Gu!« Nun wurde sie zu: »Marschiert nach Chengdu und eßt Reis!«[31]

Zhang Guotao zog nach Süden; Mao zog nach Norden.

Am 12. September sammelte Mao seine Armeen in Ejie. Sie hatten einen kleinen, sicheren Hafen erreicht. Diese tibetanische Region wurde von dem Stammesführer Yang kontrolliert, dem 19. Yang-Stammesführer seit der Zeit der Ming-Dynastie. Sein tibetanischer Name lautete Xie Dai. Der erste Stammesführer begann im 14. Jahrhundert Tribut an den Ming-Kaiser zu zahlen. Seither hatte eine ununterbrochene Erbfolge von Yangs die Region regiert, jährlich Tribut bezahlt und sicher und ungestört ihre eigenen

Aktivitäten verfolgt. Der 19. Stammesführer gab der KMT Salz und Nahrung und tat dasselbe für die Rote Armee. Er war neutral, niemandem feindlich gesonnen. Er öffnete den Rotarmisten seine Getreide-Lagerhäuser. Es gab keine schriftliche Vereinbarung, nicht einmal einen Handschlag. Doch die Erste Armee überließ ihm einige Gewehre, genau wie es die KMT getan hatte. Die Yang-Linie dauert bis heute fort. Der gegenwärtige Yang, der 20., war 1984 56 Jahre alt und Vizevorsitzender des Volkskongresses der Provinz. Mit zwanzig Jahren hatte die KMT ihn zum Generalleutnant gemacht. Doch er verband sein Schicksal mit den Kommunisten.[32]

Mao und die anderen Mitglieder des Zentralkomitees kamen für einen oder zwei Tage in Ejie zusammen. Sie reorganisierten die zusammengeschrumpften Streitkräfte in eine einzige Gruppierung, die sie aus Propagandagründen die Shaanxi-Gansu-Teilstreitkraft der Antijapanischen Vorhutkräfte der Roten Armee nannten. Dies spiegelte Maos realistische Anerkennung der geringen Größe seiner Gruppe im Vergleich zu Zhang Guotaos mächtiger Vierter Armee wider, die noch zusätzlich durch Maos Fünfte und Neunte Armee verstärkt worden war.

Die Vorhutstreitmacht stand unter dem Befehl von Peng Dehuai. Mao war der Politische Kommissar. Es gab drei Kolonnen: die frühere Erste Armee, immer noch von Lin Biao geführt, mit Nie Rongzhen als Politischem Kommissar; die frühere Vierte Armee, die unter Peng Dehuais Kommando blieb, auch wenn er das Oberkommando übernommen hatte, mit Li Fuchun als Politischem Kommissar; und die frühere Militärkommissionskolonne, kommandiert von Ye Jianying, mit Deng Fa als Politischem Kommissar. General Yang Shangkun wurde stellvertretender Direktor der Allgemeinen Politischen Abteilung, die von Wang Jiaxiang geführt wurde.[33]

Die Versammlung von Ejie billigte eine »Resolution bezüglich der Fehler des Genossen Zhang Guotao«.[34]Mao widersetzte sich einem Vorschlag, Zhang aus der Partei auszuschließen,[35] und mit der üblichen Eile begann die Rote Armee das Rennen zum Lazikou-Paß, dessen enge Durchgänge – sie waren am engsten Punkt drei bis dreieinhalb Meter breit – den Zugang nach Südgansu versperrten. Das Treffen des Politbüros wurde am 12. und 13. September abgehalten. Am Morgen des 14. September war die Rote Armee wieder auf dem Marsch, und zwar am rechten Ufer des Weißen Drachenflusses entlang in Richtung auf Lazikou.[36] Der Weiße Drachen ist ein quirliger Bergfluß, der bei Maya durch eine vom Wasser gegrabene enge Schlucht fließt; dort wurde ein schönes tibetanisches Haus gefunden, in dem Mao die Nacht verbrachte. Dort stand auch das von 400 oder 500 Mönchen bewohnte Wang-Jang-Kloster. Es war so sauber, daß die Rotarmisten es kaum glauben konnten. Weiße und rote Chrysanthemen wuchsen vor jedem der Schlafräume. Auf der Sonnenseite blühten blaue und rote Winden, und es gab Weinlauben. Yang Dinghua meinte, in dem Gebäude könnten 5000 oder 6000 Mann untergebracht werden.[37] Viele Truppenteile erhielten in Maya einen zusätzlichen Ruhetag.

Nicht jedoch das Vierte Regiment der Zweiten Division der Ersten Armee, dessen Politischer Kommissar noch immer Yang Chengwu war. In Maya erhielt das Stoßregiment am 15. September den erwarteten Befehl – Lazikou anzugreifen und zu erobern und dann weiter vorzustoßen nach Minxian in Südgansu. Lazikou sollte innerhalb von zwei Tagen genommen werden. Es war bereits dämmrig, als der Befehl durchkam. Alle packten mit an und bereiteten den Abmarsch vor, und um elf Uhr nachts, in der Dunkelheit, versammelten sie sich auf einer Wiese. Eine Pfeife ertönte, und der Kommandeur rief den Truppen zu: »Genossen! Jetzt fangen wir an. In zwei Tagen müssen wir Lazikou erobern!«

In der Dunkelheit der Nacht marschierten sie am Weißen Drachenfluß entlang, durch einen finsteren Wald, über einen Berggipfel, durch einen Schneesturm, bei dem der Schnee wie Zucker vom Himmel fiel (»Wie hübsch! Laßt uns Zucker essen!« sollen die Männer gerufen haben).[38] Sie nahmen um zwei Uhr morgens eine kräftige Mahlzeit zu sich, ruhten ein wenig und marschierten dann weiter.

Sie gerieten in ein Scharmützel mit einem Bataillon der 14. Division der KMT und zerschlugen es. Von Gefangenen erfuhren sie, daß Lu Dashang, Kommandeur der 14., in Lazikou befestigte Blockhäuser gebaut hatte. Gegen vier Uhr nachmittags am 16. September erreichte die Vorhut die Nähe des Passes.

Der Marsch nach Lazikou war angenehm gewesen, zuerst die Sieben-Drachen-Schlucht, dann über einen Paß zum Lazi-Fluß, einem kleinen, rasch fließenden Gebirgsfluß zwischen engen Ufern. Nun kamen die Truppen von den Höhen herunter. Sie sahen subtropisches Grün, üppige Wälder, einige davon Urwälder, viele Farne, Rhododendron- und Azaleenbüsche; Wasserfälle stürzten von den Felswänden.

Der Paß selbst war außerordentlich eng. Die Seitenwände des Tales rückten, wenn man näher kam, immer enger zusammen. Die rechte Seite war glatter Fels, der fast senkrecht 300 m hoch anstieg. Weder ein Mensch noch eine Bergziege konnte sie erklettern. Nur ein Vogel fand Halt in dieser Felswand. Auf der anderen Seite des Passes, der nur dreißig Meter breit war und sich an der schmalsten Stelle auf drei Meter verengte, erhob sich eine weitere Felswand, nicht ganz so hoch. Sie war nicht glatt, sondern zerklüftet. Vielleicht konnte man sie erklettern – aber nicht, wenn Maschinengewehre auf den Kletterer gerichtet waren.

Der Lazi-Fluß, kaum groß genug für Forellen, floß auf dem Grund des Einschnitts dahin. Der Pfad führte über eine drei Fuß breite Brücke aus zwei Baumstämmen an die glatte Felswand und dann auf Hängebrücken, die mit langen Eisenbolzen am Fels befestigt waren, an ihr entlang. Die Blockhäuser der KMT waren so plaziert, daß sie auf jeden herabfeuern konnten, der die Brücke überqueren und auf dem schmalen Steg vorankommen wollte. Wer versuchte, an den Felsen hochzuklettern, sah direkt in die Geschützmündungen. Die Stellung ist, wie jeder sehen kann, der sie heute betrachtet, uneinnehmbar.

Yang Chengwu versammelte seine Leute und sagte: »Wir müssen den Lazikou-Paß erobern. Wenn wir nicht durchbrechen, müssen wir zurück in die Grasländer.«

Um neun Uhr abends begann das Vierte Regiment mit einer Reihe von Nachtangriffen. Einer kam nach dem anderen. Alle schlugen fehl. Die KMT behauptete sich. Sie schoß mit Maschinengewehren und warf Handgranaten. Ein paar Männer kamen über die Brücke, konnten aber die Felswand nicht ersteigen. Sie kauerten sich unter die Brücke, während die Schlacht tobte.

Die KMT hatte in dieser Gegend drei Regimenter, und zwei Bataillone von etwa 400 bis 500 Mann hatten die Aufgabe, den Paß zu verteidigen.[39]

Mao errichtete seinen Kommandoposten etwa 300 m vor dem Paß und leitete den ganzen Abend lang die Operationen. Die Besorgnis wuchs. Gefangene hatten dem Vierten Regiment gesagt, für die KMT sei Verstärkung unterwegs.

Um Mitternacht befahl Mao die Einstellung der direkten Angriffe. Sie hatten außer schweren Verlusten nichts eingebracht. Eine Gruppe erfahrener Bergsteiger wurde zusammengestellt und erhielt Anweisung, von hinten um den steilsten Felsen herumzuklettern und die KMT von oben anzugreifen. Die insgesamt dreißig bis sechzig Männer, von denen zwölf Miao und andere Minderheitenkämpfer waren, versammelten sich in der Dunkelheit. Sie trugen nur Granaten und kalten Stahl – Dolche und Kurzschwerter. Sie hatten keine alpine Kletterausrüstung. Sie knüpften Gürtel, Wickelgamaschen und Seile zusammen, um sich in der schwierigen Wand zu sichern. Schweigend kletterten sie nach oben und waren bald außer Sicht der besorgten Kommandanten. Die Kämpfe gingen weiter. Falsche Leuchtpatronen wurden abgefeuert, rot statt weiß. Weitere Fehlschläge. Vor Tagesanbruch, als die Kommandeure das Gefühl bekamen, alles sei verloren und die KMT-Verstärkungen würden bald eintreffen, ertönte auf einmal eine Serie von Explosionen. Die Bergsteiger hatten den Gipfel hinter der KMT erreicht und warfen Granaten hinunter. Binnen Minuten verließen die KMT-Soldaten ihre Positionen, stolperten die Berghänge hinunter und rannten um ihr Leben. Die zerschlagenen Reste des vierten Regiments eilten herbei und gaben ihnen den Rest. Propagandaarbeiter riefen mit nachtheiserer Stimme die Worte einer Schlachthymne:

Kanonen erschüttern die Himmel
Hörner blasen zum Angriff.
Der entscheidende Tag ist da.
Wir werden in der Schlacht siegen
Und den verhaßten Feind auslöschen.

Bald strömten die Truppen über den Lazikou-Paß. Sie würden nicht in die Grasländer zurückkehren, Fäkalien waschen und die unverdauten Weizen- und Getreidekörner essen. Schon stürmte das Vierte Regiment voran. Der nächste Auftrag war Hadapu. Es sollte eine Han-Stadt sein, reich an Nahrung und der Roten Armee sehr freundlich gesonnen.[40]

Kapitel 27

Daheim

Die Rote Armee marschierte gegen zehn Uhr dreißig vormittags am 21. September 1935 in Hadapu ein. Dies war die Hauptmacht unter Mao Zedong, Zhou Enlai (dem es wesentlich besser ging), Peng Dehuai, Lin Biao und den anderen hohen Kommandeuren. Die Vorhut hatte Hadapu, das direkt hinter der Grenze von Gansu liegt, zwei Tage zuvor erreicht.

Die Rote Armee war daheim. Sie war wieder in China. Sie hatte die Schneeberge, die Grasländer und die fremdartigen Gefilde der Tibetaner hinter sich gelassen. Sie war wieder in Han-China, bei moslemischen Han, wie es der Zufall wollte. Hadapu war für die Rotarmisten wie ihr Zuhause. Die Leute sahen aus wie sie selbst, und sie sprachen chinesisch. Sie *waren* Chinesen.

Es würden noch einige Berge zu erstürmen, einige Flüsse zu überqueren, einige Schlachten auszufechten sein, doch sie würden nicht mehr hungern. Keine Rückzüge mehr.

Hadapu hieß die zähen, müden, abgemagerten Männer und Frauen willkommen, die 24 000 *li* bis zu den Toren ihrer Stadt marschiert waren. Sie begrüßten die Rote Armee mit Hochrufen und Lächeln und Nahrung.

Jeder Soldat erhielt zwei glänzende Silberdollar aus dem Schatz, der über die Schneeberge, durch die Grasländer und die Schluchten des Lazikou-Passes geschleppt worden war. Mao hielt eine Rede: »Alle sollten gut essen.«[1] Und das taten sie. Ein hundert Pfund schweres Schwein kostete fünf Dollar, ein fettes Schaf zwei, fünf Hühner ein Dollar. Es war wie im Himmel. Ein Dutzend Eier für zehn Cents, hundert Pfund Gemüse für fünfzig Cents. Es gab wieder Salz und Mehl – die Rote Armee konfiszierte eine Tonne Salz und sechs Tonnen Mehl sowie eine Menge Reis, Weizen und Hirse. Jede Kompanie schlachtete Schweine und Hammel. Die Soldaten aßen zu jeder Mahlzeit drei Fleischgerichte und zwei Gemüsegerichte. Es war besser als Neujahr. So hatten sie noch nie gegessen. Es gab sogar ein paar Verluste. Einige Soldaten aßen so viel, daß ihre entwöhnten Mägen das nicht verkrafteten.

Es gab einen schönen buddhistischen Tempel, in dem Zhou Enlai und das Hauptquartier sich einrichteten, und ein komfortables Kaufmannshaus mit Innenhof (das noch steht) für Mao Zedong. Am 21. September 1935 lebten in Hadapu zwei- oder dreitausend Menschen – in fünfzig Jahren hat sich die Bevölkerung der Stadt verdoppelt. Die Männer von Hadapu waren beeindruckt von der Höflichkeit, dem guten Benehmen und der Disziplin der Rotarmisten. »Sehr gute Soldaten!« sagten sie. Die Frauen von Hadapu waren überrascht, weibliche Soldaten zu sehen – waren das wirklich Frauen, diese Geschöpfe mit dem kurzen Haar, in Uniform, Pistolen im Gürtel? Sie luden sie in ihre Häuser ein und betrachteten sie aus der Nähe. Sie berührten ihre Brüste und folgten ihnen auf die Toilette, um zu sehen, ob es wirklich stimmte. Einmal überzeugt, wollten sie Geschichten über Frauen im Kampf hören.

Neugier und Gastfreundschaft sind in Hadapu bis auf den heutigen Tag ausgeprägt. Fünfzig Jahre später säumten die Leute die Straßen, um eine Gruppe ausländischer Reisender zu begrüßen. Sie hatte noch nie Leute aus dem Westen gesehen – merkwürdige, hellhaarige Wesen mit runden blauen Augen.[2]

Wohin führte Mao seine Rote Armee? Er war in Hadapu ohne eine klare Vorstellung angekommen. Ja, sie gingen nach Norden. Nach Gansu, nach Shaanxi, vielleicht sogar nach Ningxia. Sie würden gegen die Japaner kämpfen. Aber das waren allgemeine Direktiven, keine definitiven Pläne. Wie so oft während des Langen Marsches wußte Mao in vagen Begriffen, wohin er ging, hatte aber kein genaues Ziel.

In Hadapu schließlich, Tausende von *li* von seinem Ausgangspunkt in Jiangxi, nahm dieses Ziel reale Gestalt an.

Die Vorhut der Roten Armee war direkt in das Postamt von Hadapu gestürmt, das erste, das sie seit langer, langer Zeit erobert hatte. Dort fand sie KMT-Zeitungen, die Mao und seine Kommandeure aufgeregt verschlangen. Es war wahr! Die Gerüchte stimmten, die sie vor so langer Zeit, nämlich beim Treffen mit Zhang Guotao in Lianghekou, gehört hatten – es gab eine bestehende kommunistische Kraft in Nordshaanxi und ein sowjetisches Basisgebiet. Die Zeitungen enthüllten, daß Liu Zhidan, der kühne

Kommandeur der 26. Armee und Freund Maos und ein großer Volksheld, am Leben war und seine Armee führte. Dasselbe galt für Xu Haidong von der 25. Armee.

Endlich war die große Frage gelöst. Zehn Tage später in Bangluezhen sprach Mao offen von den Plänen, sich mit den Genossen in Nordshaanxi zusammenzuschließen. Er versammelte seine Truppen. Es gab Versammlungen des Politbüros, des Zentralkomitees und der obersten Kommandeure. Politische Arbeiter sprachen zu den Armee-Einheiten, und Mao selbst hielt bei einem Treffen um sechs Uhr morgens in einem Grundschulgebäude eine Rede vor Kadern und Offizieren; er sprach von den Problemen bei der Bekämpfung der Japaner, von der Basis in Nordshaanxi, von politischen und wirtschaftlichen Bedingungen und von der Verbesserung der grundlegenden militärischen Disziplin. Die Kommissare brachten den Rest des Tages damit zu, die Botschaft an die Truppen weiterzugeben. In der Erinnerung der Memoirenschreiber begann Mao jetzt mehr und mehr Nachdruck auf die Linie der Bekämpfung der Japaner zu legen.

Daheim. Die Rote Armee befand sich auf der Schwelle zu heimischem Territorium, und sie war unterwegs zu Genossen und einer etablierten Basis. Alles, was zu tun blieb, war, sich den Weg über weitere 1000 *li* zu erkämpfen – 400 km. Gewiß, sie hatten solche Hoffnungen schon vor dem Alptraum mit der Vierten Armee und Zhang Guotao gehabt. Aber irgendwie fühlten sie, daß dies anders sein würde. Schließlich hatten sie die Krise der Vierten Armee überlebt. Die Rote Armee war eine noch immer bestehende Streitmacht. Sie war auf 6000 Mann zusammengeschrumpft – aber was für Menschen waren das! Ein Jahr lang hatten sie gekämpft und gesiegt, waren marschiert und hatten gelitten. Sie hatten alle Hindernisse überwunden. Sie hatten die Sache der Roten Armee und der Kommunisten in mehr als der Hälfte Chinas bekanntgemacht.

Sie waren keine zerlumpte, zerstrittene Bande mehr, die vor Chiangs tüchtigen Legionen um ihr Leben floh. Sie waren dabei, den Langen Marsch zu einem Sieg zu machen. Er war kein Rückzug mehr, kein Ducken und Ausweichen, ohne zu wissen, wohin man als nächstes fliehen sollte. All das hatte sich verändert, als sie den Goldsandfluß überquert hatten. Die KMT bestimmte nicht mehr den Kampf. Maos Streitmacht, kompakt, einig, kampferprobt, war von einem gemeinsamen Geist und einem gemeinsamen Ziel durchdrungen. Gegenwärtig waren die meisten Männer Kader. Es waren nicht mehr viele gewöhnliche Soldaten übriggeblieben. Diese Kader würden den Kern der Revolution stellen, die sie, wie alle fest glaubten, China bringen würden.

Ein Hinweis auf dieses Gefühl begann sich in den Versammlungen und den Reden zu zeigen, die Mao auf diesen letzten 1000 *li* halten würde. Wie er in Hadapu sagte: »Ich glaube, daß ihr, Kommandeure und Kämpfer, nachdem ihr auf dem Langen Marsch viele tausend *li* zurückgelegt habt, unter Feuer in der Schlacht, keine Härte fürchtend, dank eurer Tapferkeit und Kampferfahrung alle Gefahren überwinden und unser Ziel erreichen werdet – unseren Marsch nach Norden zu vollenden und die japanischen Besatzer zu bekämpfen.«

Am nächsten Morgen um sechs Uhr brach die Rote Armee auf nach Norden mit Mao und Peng Dehuai an der Spitze der Kolonne und Lin Biao und Nie Rongzhen an der Spitze dessen, was einmal die machtvolle Erste Armeegruppe gewesen war. Sie marschierten in Richtung Tongwei. Hier gab es weitere politische Agitation. An einem Abend wurde auf dem Hauptplatz eine Versammlung abgehalten. Eine Plattform war errichtet worden, rote Fahnen flatterten, rote Banner schmückten den Platz. Alle in der Stadt anwesenden Truppen kamen zusammen. Es gab Ansprachen von Yang Shangkun, Sicherheitschef Deng Fa, Stabschef Ye Jianying. Sie sangen die Marseillaise, und danach gab es ein Bankett, wie es die Stadt noch nicht gesehen hatte – üppige Gerichte aus Schweinefleisch, Rindfleisch und Huhn. Zur Unterhaltung wurden von Li Kenon und Yuan Xin Lieder und Zaubertricks dargeboten.[3]

Die Rote Armee eilte nach Norden. Sie wurde von KMT-Truppen belästigt, aber nicht sehr ernsthaft, vor allem von der Moslem-Kavallerie des Ma-Clans. Sie kreuzte die Xian-Lanzhou-Landstraße und erstieg den 3300 m hohen Liupan-Berg an einem Nachmittag und frühen Abend, so daß sie auf der Abstiegsseite kampieren konnte.

Am 14. oder 15. Oktober, kurz vor der Grenze von Shaanxi, als die Soldaten auf einem schmalen Pfad aus dem Bezirk Huanxian herauszogen, sah Maos Leibwächter Chen Changfeng seiner Erzählung zufolge fünf Reiter herangaloppieren, kräftige junge Männer, die Mauser und weiße Turbane trugen. Sie saßen ab und fragten:

»Wo ist der Vorsitzende Mao?« Chen fragte sie, wer sie seien. Einer sagte: »Wir sind vom alten Liu geschickt, um dem Vorsitzenden Mao einen Brief zu überbringen. Wo ist er?«

Es war, wie Chen feststellte, eine von Liu Zhidan, Kommandeur der 26. Armee und Maos Freund, geschickte Abordnung. Mao empfing die Delegierten, ging hinüber zu einigen Kompanien der Roten Armee, die Rast machten, und rief, die Deputierten seien gekommen, um sie im Namen der 25. und 26. Armee willkommen zu heißen; sie seien jetzt im Begriff, die sowjetische Zone von Nordshaanxi zu betreten.[4]

Ma-Kavallerie störte immer wieder die Nachhut der Roten Armee. Peng Dehuai befahl den Männern, schneller zu marschieren. Er wollte nicht, daß zurückbleibende Einheiten von den grimmigen Moslemtruppen der KMT getötet würden.[5] Die Rote Armee überwand den Laoye-Berg und das Ziwu-Gebirge in Richtung Shaanxi und geriet erneut in Scharmützel mit der Ma-Kavallerie. Die Gegend war hier weniger zerklüftet, und Reiter konnten leichter operieren. Am Spätnachmittag des 19. Oktober marschierten Maos Leute durch das braune Tal des Toudaochuan in die staubige Stadt Wuqi im Herzen des Lößgebietes von Shaanxi. Nördlich von ihnen befand sich die Große Chinesische Mauer. Südlich lag die Begräbnisstätte des Gelben Kaisers, des Gründers von China. Sie waren daheim in der großen Lößebene unterhalb des Gelben Flusses, dem Geburtsort der chinesischen Nation.

Sie waren daheim in der öden Stadt Wuqi mit ihren Höhlenwohnungen. An Höhlenwohnungen würden sie sich in den kommenden Monaten und Jahren gewöhnen.

Am Abend rief Mao seine Kommandeure zusammen. Er schlug vor, dem Feind »den Schwanz abzuschneiden«, die Ma-Kavallerie, und sich von den Belästigungen freizumachen, die die Rote Armee in den beiden letzten Wochen hatte hinnehmen müssen. Am 20. brachte Mao seine Leute und Guerilleros aus der Gegend von Wuqi in Stellung. Drei Flüsse ziehen sich an dieser Stelle durch das Lößland. Mao stellte seine Truppen halbmondförmig auf, um die Ma-Kavallerie in das Tal des mittleren Flusses, des Luohe, zu ziehen. Früh am Morgen des 21. nahm Mao seine Beobachtungsposition oben auf dem Damaliang-Berg ein (die Stelle ist noch immer durch einen einzelnen Baum bezeichnet).

Die Ma-Kavallerie rückte zum Angriff an – vier Regimenter,

jedes etwa 1000 Mann stark. Mao hatte nicht viel mehr. Um sieben Uhr morgens eröffnete die Rote Armee das Feuer auf das Ma-Regiment an der Spitze. Binnen zwei Stunden floh es vom Schlachtfeld und riß die drei anderen Regimenter mit.

Am Nachmittag nach der Schlacht mit den Ma-Männern, ehe er Wuqi verließ, traf sich Mao mit zwei lokalen Führern. Nachdem er sich ihre Geschichte angehört hatte, beauftragte er zwei vertrauenswürdige Offiziere – Jia Tuofo und Wang Shoudao –, mit einer Kompanie schnell marschierender Männer in größter Eile nach Wayaobu zu gehen. Ihr Auftrag: Sie sollten das Leben des Robin-Hood-Führers der 26. Armee, Liu Zhidan, und einer unbekannten Anzahl seiner Kameraden retten, die in den Händen ihrer Rotarmisten-Genossen von der 25. Armee auf ihre Hinrichtung warteten.[6]

Im Sommer 1929 machte ein junger Mann aus Kansas City namens Edgar Snow eine Reise in das Lößland südlich der großen Biegung des Gelben Flusses. Snow war 24 Jahre alt, und er war gekommen, um Berichten über eine Hungersnot nachzugehen. Snow traf auf dieser Reise einen anderen jungen Westler, einen Neuseeländer namens Rewi Alley. Zusammen betrachteten sie den Tod in China. Leblos und vertrocknet erstreckte sich das Lößland in der Sonne. Kein Grün. Die Bäume waren kahl, trugen keine Blätter, die Rinde war abgeschält. Leichen, mager wie Skelette, lagen an den Straßenrändern, kein Fleisch, die Knochen brüchig wie Eierschalen. Halbnackte, verhungernde Mädchen wurden auf Viehwagen in die Bordelle Shanghais gebracht. Es gab keine fleischigen Leichen. Sie verschwanden sofort. Sechs Millionen Chinesen starben während der Hungersnot von 1929–30. Das Ereignis war der *New York Times* eine halbe Spalte im Innenteil wert.

In jenem schrecklichen Sommer eilte Liu Zhidan heim nach Nordshaanxi, nach Bao'an, wo sein Vater ein kleiner Grundherr war (auf alten Photos sieht man, daß das Haus Lius wesentlich weniger eindrucksvoll war als das Haus Maos in Shaoshan). Es gab keine Ernte. Keine Einkünfte von den Pachtbauern. Liu Zhidan war 26 Jahre alt, und der Erinnerung von Yuan Yaoxiu zufolge ein gutaussehender Mann. Yuan Yaoxiu war 1984 77 Jahre alt, ein Veteran der Roten Armee, der in Wuqi lebte und unter Liu Zhidan gedient hatte. Liu Zhidan sei etwas über mittelgroß gewesen, habe ein freundliches Gesicht und rosige Wangen gehabt und sei schlank gewesen. Außerdem ein großer Redner. Seine Stimme sei so laut gewesen, daß er vor tausend Leuten eine Rede halten konnte und jeder von ihnen jedes Wort verstand.[7]

Wenn Liu Zhidan durch die Straßen ging, beachtete ihn jeder. Wenn er sprach, sprach er manchmal mehrere Stunden lang, und alle hörten zu. Jedermann wußte, daß er aus einer »reichen« Grundherrenfamilie kam (die Grundherren in dieser staubigen Gegend Shaanxis waren nicht sehr reich).

Die Grundherren hängten Mitteilungen auf, aus denen hervorging, die Pächter müßten ihre Pacht bezahlen – ungeachtet der Hungersnot und Trockenheit. Lius Familie bat ihn, eine solche Mitteilung zu entwerfen. Liu bezeichnete das als Unsinn. Die Leute hatten nichts zu essen, kein Getreide, um Pacht zu bezahlen, kein Getreide, um Steuern zu bezahlen. Er ging zu den Pächtern und organisierte einen Protest. »Wie lange soll das noch so weitergehen?« fragte er sie. Viele Pächter der Familie Liu schlossen sich ihm an. Die Regierung war gezwungen, einen Zahlungsaufschub für Steuern und Pachtgelder zu verkünden.[8]

Liu Zhidan war seit 1925 Mitglied der Kommunistischen Partei. Er hatte an der Whampoa-Militärakademie studiert und das Banner der ländlichen Rebellion erhoben. 1929 war er Mitglied eines im Untergrund wirkenden Sonderkomitees der Partei für Nordshaanxi.[9]

Liu Zhidan war ein Volksheld. Jeder kannte seine Taten und redete darüber. Man sagte, er habe seine eigene Familie enteignet. Man nannte ihn den »alten Liu«. »Er widmete sich der Suche nach der Wahrheit und der Befreiung des Volkes«, wie es der Soldat Yuan Yaoxiu ausdrückte.[10]

Die Laufbahn des Robin Hood von Shaanxi war stürmisch gewesen. Liu Zhidan war in seinen Gefühlen für das Volk stärker als in dialektischer Politik. 1931 organisierte er eine revolutionäre Abteilung, aus der die 26. Armee wurde, doch binnen eines Jahres griff ein Mann namens Du Heng, Politkommissar und Parteisekretär der Provinz, Liu Zhidan an, weil er sich geweigert habe, sich auf große Schlachten mit der KMT einzulassen. Liu Zhidan wurde abgesetzt; Du Heng, ein Shanghai-Gefolgsmann desselben »bolschewistischen« Kurses, von dem auch Bo Gu und Otto Braun besessen waren, übernahm die Leitung und führte die 26. Armee in eine verheerende Niederlage. Nur Liu Zhidan und ein paar andere konnten entkommen. Du Heng wurde von der KMT gefangengenommen und zum Verräter.[11]

Liu Zhidan ging zurück noch Nordshaanxi. Als bekannt wurde, daß er wieder im Lößland war, kamen viele Männer zu ihm. Schnell schuf er eine neue 26. Armee. Unter denen, die sich ihm anschlossen, war ein weiterer revolutionärer Guerillaführer namens Gao Gang, der eine Truppe von einigen hundert Mann führte.

Gao Gang wurde Liu Zhidans politischer Kommissar. Als Militär war er recht kompetent, doch er hatte den Ruf eines »Schürzenjägers«. Liu Zhidan wollte das nicht dulden. Einmal drohte er, Gao Gang wegen seines ungehörigen Verhaltens hinrichten zu lassen.[12]

Die zweite Auflage von Liu Zhidans 26. Armee hatte großen Erfolg. 1934 hatte Liu Zhidan ein Basisgebiet geschaffen, das ganz oder teilweise zwanzig Bezirke in Nordshaanxi und im benachbarten Gansu umfaßte. Liu Zhidan hatte 5000 Mann in der 26. Armee und einer kleineren Truppe, die euphemistisch als 27. Armee bezeichnet wurde.[13]

Doch eine Krise zog herauf. Drei Vertreter des Zentralkomitees, alle drei Liu Zhidan feindlich, schlugen sich nach Nordshaanxi durch und versuchten, ihn auszuschließen. Sie behaupteten, Liu unterhalte heimliche Kontakte zur KMT. In Wirklichkeit stand er mit einigen heimlichen Kommunisten in der KMT in Verbindung.[14]

Zu diesem Zeitpunkt, Mitte September 1935, als sich die Rote Hauptarmee auf dem Weg nach Nordshaanxi befand, kam die kommunistische 25. Armee, zu der Zhou Enlai im Frühjahr 1934 Cheng Zihua geschickt hatte, endlich zum Vorschein. Nach achtzehn Monaten in der Wildnis traf sie in Nordshaanxi ein.

Cheng Zihua kam auf einer Bahre nach Nordshaanxi, ebenso sein Mitkommandeur Xu Haidong. Beide waren monatelang getragen worden.

Die Odyssee der 25. Armee und ihrer Kommandeure Cheng Zihua und Xu Haidong war ein weiteres Epos menschlichen Überlebenswillens. Cheng Zihua kam im Oktober 1934 in Henan an, nachdem er die gefährliche Reise von Jiangxi durch Swatow, Shanghai und Hankou zurückgelegt hatte, und übernahm die 25. Armee.

Er führte sie in die entlegenen Berge von Tongbai und Funiu in Westhenan.[15]

Im Frühjahr 1935 beschloß die 25. Armee, in das nahe gelegene Südshaanxi zu ziehen. Eines Tages hielten sie in Yujiahe eine Versammlung ab, als die 60. Division der KMT, Chiang Kaisheks schnellste Division, vom Zhuyangguan-Paß herunterkam und sie im Rücken angriff. Der Kampf war grimmig. Die 25. Armee hatte mehr als 200 Tote und Verwundete. 1930 war Cheng Zihua am linken Arm verwundet worden und hatte sich angewöhnt, den Arm mit der rechten Hand zu halten. Eine Kugel traf erneut den linken Arm, durchschlug seine rechte Hand und verkrüppelte sie. Cheng Zihua konnte beide Hände nicht mehr gebrauchen. (Noch fünfzig Jahre später konnte er sich nur mit der krallenähnlichen rechten Hand behelfen.) Xu Haidong, der Politische Kommissar, wurde von einer Kugel verwundet, die seinen Kopf von der rechten Seite traf und am Hinterkopf austrat. Er war länger als einen Monat bewußtlos. Dr. Qian Xinzheng, 1935 24 Jahre alt, Absolvent der deutschen Tongji-Universität in Shanghai, stand neben den Kommandeuren. Auch er wurde verwundet, aber nicht schwer. Er war der einzige westlich ausgebildete Arzt der 25. Armee. Er behandelte beide Männer mit *Prontosil*, einem deutschen Vorläufer der Sulfonamide. Ohne dieses Medikament, so sagte er, hätte er sie wohl nicht am Leben halten können.[16]

Chengs Wunde entzündete sich heftig. Sein Arm wurde mit einem gewöhnlichen, scharfen Messer operiert. Es gab nicht einmal Maotai, um den Schmerz zu betäuben. Hu Huanxian, ein Politischer Kommissar, übernahm das Kommando. Irgendwie gelang es ihnen, in Südshaanxi ein Basisgebiet zu errichten. Sie wußten, daß Liu Zhidan und die 26. Armee im Norden operierten, aber sie hatten keine Verbindung. Während sie sich auf Nordshaanxi zubewegten – sie wußten aus KMT-Zeitungen, daß die Erste Armee dahin unterwegs war –, wurde Hu Huanxian getötet. Cheng Zihua und Xu Haidong übernahmen von ihren Bahren aus das Kommando. Cheng als Politischer Kommissar, Xu als Militärkommandeur.[17]

Nach Cheng Zihuas Erinnerung vereinigte sich die 25. Armee am 18. September mit der 26. und 27. Armee, und zwar an einem Ort namens Yongpingzhen in Nordshaanxi. Die Truppen wurden zur 15. Armeegruppe zusammengefaßt. Xu Haidong, immer noch auf der Bahre, wurde Oberkommandierender, Liu Zhidan stellvertretender Kommandeur, Cheng Zihua politischer Kommissar und Gao Gang Leiter der Politischen Abteilung.[18] Alles schien in bester Ordnung. Die vereinigten Streitkräfte schlugen eine sehr erfolgreiche Schlacht gegen eine Division der Truppen des Jungen Marschalls in Ganquan.

Dann geschah es. Die 25. Armee hatte einen KMT-Offizier mit Namen Zhang Hanmin gefangengenommen. Zhang sagte aus, er sei ein Untergrundkommunist und nannte Liu Zhidan als Zeugen. Sie hörten nicht auf ihn und richteten Zhang auf der Stelle hin. Dann überzeugten die »bolschewistischen« Kritiker von Liu Zhidan die 25., daß in Wirklichkeit Liu Zhidan ein Untergrundmann der KMT und daß seine 26. Armee von Feinden durchsetzt sei. Die Festnahmen begannen.

Zuerst ließ man Liu Zhidan in Ruhe. Er wurde auf eine Mission entsandt, damit er aus dem Weg war, solange die Säuberung der unteren Ränge im Gange war. Aber als er die Straße hinunterritt, traf er einen jungen Kurier mit einer Nachricht an die Armeebefehlshaber. Der junge Mann übergab sie Liu. Sie enthielt eine Liste von Offizieren, die verhaftet werden sollten. Sein Name war auch dabei. Liu klebte den Umschlag wieder zu und befahl dem Kurier, ihn Xu Haidong zu bringen, dem Befehlshaber der 15. Armee. Dann ritt er zum Sicherheitsbüro, legte seinen Revolver auf den Schreibtisch und sagte: »Ich weiß, ihr sucht mich.« Er nahm an, daß dies ihren Verdacht zerstreuen würde. Aber die Sicherheitsleute warfen ihn in eine Zelle. Ihnen fiel nicht ein, daß ein wirklicher KMT-Mann geflohen wäre. In diesen Tagen herrschte der Wahn.

1984 war die Tochter von Liu Zhidan, Liu Lizhen, eine zarte, angenehm beredte Frau von 56 Jahren. 1935 war sie fünf Jahre alt gewesen, aber sie hatte diese September- und Oktobertage nicht vergessen. Sie und ihre Mutter gingen zum Gefängnis. Sie standen draußen und lauschten in der Hoffnung, sie könnten ein Zeichen von ihm bekommen, aber sie sahen und hörten nichts.

Die Sicherheitsabteilung wollte nicht, daß die Leute wußten, wer verhaftet worden war, hielt sogar Liu Zhidans Pferd im Gefängnis, damit niemand es allein im Stall stehen sah und das Schicksal seines Herrn erriet. Wenn die Gefangenen durch die Straßen geführt wurden, streifte man ihnen Kapuzen über. Eines Tages kamen das fünfjährige Mädchen und seine Mutter an einer Kolonne von Gefangenen mit Kapuzen vorbei. Einer von ihnen hustete, und sie meinten, Liu Zhidan zu erkennen.

Liu Lizhen hat ein kleines, rundes Gesicht, hohe Wangenknochen und einen olivfarbenen Teint. Sie spricht mit großer Würde von dem Wahnsinn, der vor einem halben Jahrhundert geschah. Die Sicherheitsabteilung ließ in der Nähe des Torturms von Wayaobu eine riesige Grube ausheben. Sie und ihre Mutter gingen hin, um sie sich anzusehen. Einige Leute sagten, die Gefangenen würden lebendig begraben, andere, sie würden nach der Erschießung oder Enthauptung in einem Massengrab verscharrt.

Mao rettete Liu Zhidan und den anderen Gefangenen das Leben. Wäre er nicht in letzter Stunde gekommen und hätte seine Rettungsmission nach Wayaobu geschickt, wären Liu Zhidan und seine Kameraden getötet worden. Die Todesurteile waren bereits genehmigt, ein weiteres Produkt des Wahns, der in einer geschlossenen konspirativen Welt entsteht.

Erst als Ende Oktober Zhou Enlai geschickt wurde, ließ man die Männer frei. Um diese Zeit sagten die Soldaten, notfalls würde die ganze Rote Armee anrücken, um die Gefangenen zu befreien. Mao gab den ausführenden Soldaten keine Schuld. Er meinte, sie seien unwissende Opfer von etwas gewesen, das sie nicht verstanden.[19]

Liu Lizhen sah ihren Vater erst nach seiner Entlassung aus dem Gefängnis wieder. »Ich fühlte mich ihm fremd«, erinnerte sie sich. »Ich brauchte einige Zeit, um ihm wieder näherzukommen.«

Seine Beine waren in Ketten gelegt worden, und er hatte Schwierigkeiten beim Gehen. Mao beauftragte ihn mit Aufbau und Führung der neuen 28. Armee, und im Januar 1936 machte er sich mit der Ostexpedition auf, um die KMT zu bekämpfen. Er fiel im Kampf im Alter von 34 Jahren.

Liu Zhidan hatte keine Hobbies, wie seine Tochter sagte. Er rauchte gern. Bis auf den heutigen Tag läßt ihre Mutter, Tong Guirong, immer eine Zigarette vor seinem Bild brennen. Tong Guirong hat mit ihren 79 Jahren nichts von der Lebhaftigkeit ihrer Tage in Shaanxi verloren. Sie ist eine schmächtige Person. Sie gestand, sie habe sich geschämt, uns zu erzählen, daß ihre Heirat mit Liu Zhidan eine traditionelle Ehe war, arrangiert, als sie noch an der Mutterbrust lag, und vollzogen als sie siebzehn und Liu

Zhidan achtzehn Jahre alt war. »Ich hatte Angst, Sie würden sich über mich lustig machen«, sagte sie mit einem Zwinkern. Sie ging am Stock, doch sie war stark wie Eisen. Als Liu Zhidan starb, lag sie mit Typhus im Krankenhaus und war nicht bei seinem Begräbnis. Als sein Leichnam 1943 in einen Gedenkschrein in Bao'an überführt wurde, wo er geboren war (der Name ist ihm zu Ehren in Zhidan geändert worden), ließ sie den Sarg öffnen. Sie war erfreut zu sehen, daß er in den Mantel gehüllt war, den sie für ihn gemacht hatte. Bei seinem Tod hatte er nichts besessen außer seiner Pistole und seinem Pferd. Sie bat, beides jemandem zu geben, der es brauchte.

Mit einer trockenen Geste berührte sie ihren Kopf und sagte: »Damals setzte die KMT einen Preis von 200 Silberdollar auf meinen Kopf aus.« In ihrer Jugend sei sie, wie sie versichert, unpolitisch gewesen. Sie kümmerte sich nicht um Politik, bis 1934 KMT-Truppen kamen und ihr Haus plünderten. »Da schloß ich mich der Revolution an«, sagte sie. »Jemand sagte: ›Nun, das wurde auch Zeit – warum hast du so lange gebraucht?‹«

Tong Guirong und ihre Tochter Liu Lizhen sind stolz auf einen Schnappschuß, den Edgar Snow 1935 in Bao'an von ihnen gemacht hat. Auf dem Bild trägt Liu Lizhen eine kleine Mütze der Roten Armee mit einem roten Stern, den ihre Mutter aufgenäht hatte.

Als die Kulturrevolution kam, wurde der Schrein in Bao'an (Zhidan), der schon einmal von der KMT zertrümmert worden war, von den Roten Garden erneut zerschlagen. Ehrentafeln revolutionärer Führer wurden verunstaltet. Die Familie wurde aufs Land geschickt. Tong Guirong erinnerte sich: »Das ist nichts Neues. Eine Wiederholung von 1935.« Liu Lizhen sagte, es sei die gleiche alte Verfolgung gewesen – diesmal von der Linken. Sie ist Ärztin. Sie wurde zur Arbeit aufs Land geschickt. Ihr Mann, Zhang Quan, heute Herausgeber der Zeitung von Xi'an, wurde zu einer Produktionseinheit geschickt. Liu Zhidans Schwägerin schrieb einen Roman über ihn. Kang Sheng, Maos Geheimpolizeichef, überzeugte Mao davon, der Roman sei ein politisches Dokument, das Gao Gang stütze (den angeblichen Verräter). Sie und ihr Mann wurden verhaftet und mißhandelt. Ebenso erging es engen Freunden der Familie.

Liu Zhidans einziges Erbe, sagte seine Tochter mit einem ernsten, eindringlichen Blick ihrer dunklen Augen, sei sein Geist. Bis heute brechen alte Kameraden, wenn sie ihre Mutter treffen, in

Tränen aus. Sie hegen noch immer die Erinnerung an ihren Vater und seinen Beitrag zur Revolution.[20]

Es gab nicht nur Krisen in Nordshaanxi. Auch für Menschliches war Zeit. Mao scherzte immer häufiger über Luo Fu und die kleine Liu Ying. Seit Liu bei der »Zentralmannschaft« arbeitete, waren sie und Luo Fu nahezu unzertrennlich geworden. Das konnte Maos Blicken kaum entgehen. Luo Fu war Generalsekretär der Partei. Er und Mao waren die meiste Zeit zusammen.

Nachdem sie in Wayaobu angekommen waren, beschlossen Liu Ying und Luo Fu zu heiraten. »Wir waren uns seit der Überquerung des Goldsandflusses immer näher gekommen«, erinnerte sich Liu Ying. »Doch wir lebten erst zusammen, nachdem wir nach Nordshaanxi gekommen waren.«

Sie beschlossen, keine Hochzeitsfeier zu veranstalten. »Wir waren zu arm«, sagte Liu Ying. Mao kam vorbei. Er freute sich sehr über ihre Heirat. Er sagte, sie müßten unbedingt einen Empfang geben. Also taten sie es. Aber kein Festessen. Dazu hatten sie nicht genug Geld.

Luo Fu blieb Mao sehr nahe bis weit in die Yan'an-Periode hinein; dann wurde allmählich eine Trennung erkennbar – aber nichts Ernstes. Luo Fu wurde einige Zeit nach der Gründung der Volksrepublik Außenminister. Liu Ying befreundete sich mit He Zizhen, Maos Frau, und ging mit ihr 1937 nach Moskau. Als Luo Fu Außenminister wurde, arbeitete Liu Ying im Außenministerium.

Die Romanze zwischen Luo Fu und Liu Ying, er 35 Jahre alt, sie 27, war eine von wenigen des Langen Marsches, und sie war dauerhaft.[21]

Auch eine Tragödie gab es in Nordshaanxi. Kaum war die Rote Armee in Wuqi eingetroffen, da erkrankten die Kommandeure des berühmten Stoßregiments, des Vierten Regiments der Zweiten Division der Ersten Armee, Yang Chengwu und Wang Kaixiang, an Typhus, Wang schwerer als Yang.

Ein paar Tage später sagte man Yang Chengwu, sein Kamerad sei gestorben. Wang Kaixiang hatte sehr hohes Fieber gehabt und deliriert. Er hatte seine Pistole unter seinem Kissen hervorgezogen und sich eine Kugel durch den Kopf geschossen. Zwei Dinge besaß er, an denen er besonders hing, die Pistole und eine goldene Uhr.

Während des ganzen Langen Marsches hatte er jeden Abend seine Pistole geputzt, bis sie glänzte.[22]

Ungefähr um dieselbe Zeit verschlimmerte sich der Zustand des verwundeten Wang Jiaxiang, der während des ganzen Marsches in einer Sänfte getragen worden war. General Yang Shangkun war bei ihm. Wang Jiaxiang bekam hohes Fieber, verlor das Bewußtsein, und alle dachten, er würde sterben.

Dr. Wang Bin, der später Chef des Medizinischen Dienstes der Armee werden sollte, versorgte den verwundeten Wang. Wegen seiner schweren Bauchwunde hatte man ihm einen Gummischlauch eingesetzt, durch den Flüssigkeiten ausgeschieden wurden. Erst als Wang Jiaxiang am Rande des Todes war, entdeckte man, daß der Gummischlauch sich zersetzt und die Wunde infiziert hatte. Man zog den Schlauch heraus, reinigte die Wunde, und das Fieber sank. Sein Leben war gerettet.[23]

So bald wie möglich wurde Wang Jiaxiang zur Behandlung seiner Wunde nach Moskau geschickt. Die sowjetischen Ärzte brauchten ein halbes Jahr, bis die Wunde sich schloß und Wang wieder halbwegs gesund war. Sie versuchten, sein Gewicht zu erhöhen, doch das gelang ihnen nie. Er wurde chinesischer Vertreter bei der Komintern, übernahm den Posten von Kang Sheng, der nach China zurückkehren wollte.

Mao war nun daheim, doch die Konflikte nahmen kein Ende; Konflikte mit dem Feind, aber auch willkürliche und irrationale Konflikte innerhalb der Roten Armee. Aber Mao und seine Kommunisten sollten in diesem Land des roten Staubes, der Winde, der Wasserrinnen, niedrigen Berge und ausgetrockneten Flüsse tiefe Wurzeln schlagen. Sie sollten Nordshaanxi zu ihrer Heimat machen. Nicht für eine Woche, einen Monat oder ein Jahr, sondern für viele Jahre.

Mao verbrachte nur drei Tage in Wuqi. Dann machte er sich auf nach Wayaobu. Dort sollte er bis Anfang 1936 bleiben, danach in den sicheren Hafen von Bao'an ziehen, dort bleiben bis zum 10. Januar 1937 und dann weitergehen nach Yan'an, wo er fast zehn Jahre bleiben sollte, während die Revolution heranreifte.

Er hatte die Sammlung seiner Herde noch nicht beendet. Für den Augenblick hatte er nur die Reste seiner eigenen Ersten Armee und die 25., 26. und 27. Armee, die untereinander uneinig waren. Doch bald sollten seine Legionen wachsen. Bald würde die Zweite Armee von He Long und Xiao Ke und die Vierte Armee des widerspenstigen Zhang Guotao mit den Resten von Maos eigenen Leuten und mit den Kommandeuren Zhu De und Liu Bocheng ihren Weg hierher finden. Mao war dessen sicher.

Er zog einen Holzstuhl an den Brettertisch in seiner neuen Höhle in Wayaobu, und sein Leibwächter zündete die Petroleumlampe an, die ihn seit dem Tage begleitet hatte, an dem die Rote Armee über die Pontonbrücken am Yudu-Fluß marschierte; Mao nahm seinen Tuschstein aus der blechernen Schreibschachtel, mischte etwas feine schwarze Tusche, ergriff seinen Schreibpinsel mit den Kamelhaarborsten, tauchte ihn in die Tinte und begann, auf einen Streifen feinen Hadernpapiers zu schreiben. Die Worte flossen mühelos:

> Die Rote Armee fürchtet die Mühsal des Langen Marsches nicht,
> Tausend Gebirge und zehntausend Flüsse.
> Die fünf Bergrücken sind nur sanftes Wellenspiel . . .
> Gelächter in den tausend *li* von Minshans Schnee,
> Und lächelnde Gesichter nach dem letzten Paß.

Der Lange Marsch von 25 000 *li*, der *Chang Zheng*, die Reise über 10 000 km, war beendet. Wie viele Menschenleben der Marsch gekostet hatte, würde man nie erfahren. Zu Beginn waren es 86 000 Menschen gewesen. Am Ende waren es noch ganze 4000. Doch damit ist nicht alles gesagt. Die Reihen waren unterwegs aufgefüllt und immer wieder aufgefüllt worden. Keineswegs alle »verlorenen« Männer waren gestorben. Viele waren gegangen.

Doch die Arithmetik war nicht entscheidend. Es war ein Epos von Blut und Unerschrockenheit, Sieg und Niederlage, Verzweiflung und Hoffnung. Aus diesen Opfern und dieser Tapferkeit sollte die Legende gewoben werden, auf der Chinas Revolution sich erhob.

Kapitel 28

Die Sammlung

Wenn es in der Roten Armee einen Damon und einen Pythias gab, so waren das sicherlich Xiao Ke, der schlanke 26jährige Kommandeur der Sechsten Armee, und He Long, der gutaussehende 36jährige Kommandeur der Zweiten.

Am 22. Oktober 1934 vereinigten die beiden Generäle ihre Armeen in Muhuang im Bezirk Yinjiang in Nordostguizhou, nahe beim Länderviereck von Guizhou, Sichuan, Hunan und Hubei. Vier Tage später zogen sie nach Sichuan und hielten in Nanyaojie ein Siegesfest ab.

Hier wurden die Sechste und die Zweite Armee formell zu dem zusammengeschlossen, was die Zweite Frontarmee werden sollte, und hier nahm die Verbindung zwischen Xiao und He, die sich als eng und dauerhaft erweisen sollte, ihren Anfang.

Es war ein bewegender Augenblick, als der Politische Kommissar Ren Bishi ein Glückwunschtelegramm vom Oberkommando der Roten Armee verlas. Tief in den Bergen wußten weder Xiao Ke noch He Long, daß das Telegramm von einer Führung der Roten Armee kam, die bereits seit zehn Tagen auf dem Langen Marsch war.[1]

Die Verbindung von Xiao Ke und He Long hatte keine Ähnlichkeit mit der Paranoia der Begegnung zwischen Mao Zedong und Zhang Guotao. »Als wir uns He Long anschlossen«, erinnerte sich Xiao Ke fünfzig Jahre später, »herrschte große Freude. Wir brauchten ihn genausosehr, wie er uns brauchte.«

1982 sollte Xiao Ke ein Gedicht schreiben, das diesen Anlaß feierte. Er rezitierte es 1984 für einen Besucher, indem er sich von den Knien erhob, wo er eine auf dem Fußboden ausgebreitete Landkarte des Langen Marsches studiert hatte:

> Achttausend Krieger marschieren,
> Ihre Schwerter zeigen nach Osten.

Die Wellen der Flüsse Yuan und Li erheben sich,
Und weite Steppen stehen in Flammen . . .
Wenn ich Vergangenes bedenke, ehre ich
  die Erinnerung
An die am Fanjing-Berg Gefallenen

Xiao Ke und He Long hatten sich während des Aufstandes von Nanchang im Jahre 1927 kennengelernt. Nun würden ihre Lebenswege sich miteinander verbinden. Sie sollten während des Langen Marsches zwei Schwestern heiraten, und jeder würde auf dem Marsch ein Kind bekommen, He einen Jungen, Xiao ein Mädchen.[2]

He Long hielt die große Rede bei den Vereinigungsfeierlichkeiten in Nanyaojie. Sie hätten, so sagte er, kein wirkliches Basisgebiet. Nun müßten sie sich ganz auf drei Dinge verlassen: ihre Füße, ihren Mund und ihr Gewehr. Yu Qiuli, ein zwanzigjähriger, sehr armer Bauer, der schon seit fünf Jahren in der Roten Armee war, leitete das militärische Schulungsteam. Er interpretierte He Longs Aussage so: Sie müßten weitermarschieren, Propaganda machen, um die Massen für sich zu gewinnen, und ihre Gewehre benutzen, um den Feind abzuwehren; er fand diese Botschaft sehr bedeutend.[3]

Als Xiao Ke und He Long sich im Herbst 1934 an den Vier Ecken trafen, besaß He Long eine kleine, nicht genau abgegrenzte Basis von etwa 100 mal 50 km und 100 000 Einwohnern – zu wenig, um eine große Armee zu unterhalten. Während eines großen Teils des ersten Jahres operierten He Long und Xiao Ke in und um dieses Gebiet, He Longs altes Revier. He Long war 1896 im Bezirk Sangzhi geboren, nahe bei den Vier Ecken, und zwar in dem Dorf Hongjiaguan. Er war das vierte Kind einer armen Bauernfamilie und hatte drei ältere Schwestern, zwei jüngere Schwestern und einen jüngeren Bruder. He Ying, seine älteste Schwester, hatte die Kriegskunst erlernt, kommandierte eine Guerillagruppe und wurde von der KMT getötet.[4] He Longs Vater war Schneider. Die Familie hoffte, daß He Long ihnen allen zu Besserem verhelfen würde.

Als He Long zehn Jahre alt war, machte er seine ersten Geschäfte. Er reiste fast 480 km von zu Hause fort, kaufte hundert Pferde und verkaufte sie auf dem Heimweg. Irgendwie gelang es ihm, Diebe fernzuhalten. Er besuchte die Grundschule, arbeitete ein Jahr als Bauer und errichtete eine Karawanserei, doch all das veranlaßte ihn, über das Leben der Armen nachzudenken. Ein

Lehrer, Chen Punan, war ein Schüler von Dr. Sun Yatsen, und He Long schloß sich Dr. Suns Revolution an. »Ich habe nicht nur unterschrieben, sondern auch meinen Fingerabdruck auf dem Papier hinterlassen«, erinnerte er sich.

Im Jahre 1916, am 16. Tag des zweiten Mondes, vollbrachte He Long seine erste revolutionäre Tat. Er führte eine Gruppe von Bauern an, die mit Küchenmessern bewaffnet waren; sie attackierten ein Salzsteuerbüro, zerstörten es, eroberten einige Gewehre und nahmen den Steuereinnehmer gefangen. Sie schlugen ihm den Kopf ab.[5]

He Long kannte nur ein paar chinesische Schriftzeichen, aber er konnte seinen Namen schreiben. Wenn er einen Befehl gab, so schrieb er die Zeichen seines Namens auf die linke Hand des Soldaten. Der Soldat ging zurück zu seiner Einheit, gab den Befehl aus dem Gedächtnis wieder und hob dann seine linke Hand, um He Longs Unterschrift zu zeigen. Nach dem Scheitern des Nanchang-Aufstandes von 1927 begann He Long im Selbstunterricht schreiben und lesen zu lernen. Er besaß ein nahezu perfektes Erinnerungsvermögen. Er pflegte einen Text zu lernen und so lange zu wiederholen, bis er die Schriftzeichen kannte.[6]

He Long teilte seinen Kollegen einmal seine Lebensphilosophie mit: »Ich glaube an das Schicksal. Man kann das Schicksal nicht aufhalten. Man kann das Schicksal nicht einsperren und auch nicht vor ihm die Tür verschließen. Es findet immer seinen Weg – wenn es da ist.«[7]

Er machte sich nie viel aus Etikette. Seine Füße waren gezeichnet vom Barfußgehen. 1925 gaben ihm die Pekinger Kriegsherren den Titel eines Garnisonskommandanten und lieferten ihm eine schöne Uniform mit goldenen Tressen und Knöpfen, Schulterstücken, goldenen und diamantenen Orden und einer hübschen gelben Schärpe. Er ließ sich photographieren und zeigte das Bild seinen revolutionären Genossen. »Meine böse Uniform«, scherzte er. (Während der Kulturrevolution sollte das als »Kriegsherrenmentalität« gegen ihn vorgebracht werden.)[8]

Chiang Kaishek gab nie den Versuch auf, He Long zurückzugewinnen. Er schickte einen alten Freund zu He Long, der ihn überreden sollte, zur KMT zurückzukommen. He Long beschimpfte den Mann und ließ ihn erschießen. (Auch das wurde in der Kulturrevolution gegen ihn verwendet – »illegaler Kontakt mit der KMT«.) Zur gleichen Zeit versuchte Chiang Kaishek, He Longs Familie auszulöschen. Hundert Verwandte wurden getötet, darunter drei seiner Schwestern.[9]

Es war eine merkwürdige Kombination – He Long, der Revolutionsveteran, und Xiao Ke, zehn Jahre jünger, zwei Männer von gegensätzlichem Stil. He Long war auffallend und trug einen Schnurrbart. Er sagte, er habe ihn sich zu einer Zeit wachsen lassen, als nur Kriegsherren Schnurrbärte trugen. Er habe nicht eingesehen, warum Bauern das nicht auch tun sollten.

He Long spielte gerne Dame mit Guan Xiangying, seinem Politischen Kommissar. Wer verlor, mußte sich seinen Schnurrbart abrasieren. Es geschah nicht oft, aber manchmal verschwand He Longs Schnurrbart.[10]

He Long hatte, bewaffnet mit Küchenmessern, schon revoltiert, als Xiao Ke noch ein achtjähriger Schuljunge war. Auch als Führer der Sechsten Armee war er noch sehr jung, aber er hatte feste Grundsätze, war gründlich und von seiner Sache überzeugt. Er beschrieb sich selbst als Sohn einer »unbedeutenden Intellektuellenfamilie«, die recht arm war. Sein Vater war ein konfuzianischer Gelehrter aus einer heruntergekommenen Adelsfamilie. Xiao Ke wurde im August 1908 in der Gegend der Fünf Bergrücken von Hunan geboren. Er war fleißig, gebildet, ein guter Dichter, schlank, sommersprossig, fast völlig kahl aufgrund einer Kinderkrankheit. 1927 hatte er die Whampoa-Akademie besucht. Ein älterer Bruder sei, so erzählte er Helen Snow, wegen »Beziehungen zu Banditen« hingerichtet worden.

Die beiden Männer ergänzten einander – He Long extravertiert, unfähig, eine Straße entlangzugehen, ohne eine Menschenmenge um sich zu sammeln, ein guter Volksredner; Xiao Ke etwas distanziert, didaktisch, doch unerbittlich entschlossen, jede Facette einer Situation aufzudecken, stark in der Planung, entschieden in der Durchführung. Beide Männer erkannten die politische Weisheit ihres obersten Kommissars Ren Bishi an, dem Xiao Ke fünfzig Jahre später das Verdienst einräumte, die Zweite Frontarmee zu einer so großartigen Truppe gemacht zu haben.[11]

»Er war ein sehr guter General«, sagte Xiao Ke mit stark bewegter Stimme über seinen alten Freund, der schon seit mehr als fünfzehn Jahren tot war, ein tragisches Opfer der Kulturrevolution.

»Er war ein großer revolutionärer Soldat und mein lieber, alter kommandierender Offizier.«

Drei Wochen vor dem Zusammentreffen von He Long und Xiao Ke war zufällig ein bemerkenswerter Beobachter zum Langen Marsch gestoßen, ein Ausländer, der die Rote Armee (unfreiwillig) achtzehn Monate lang begleiten und später seine Eindrücke in Buchform niederschreiben sollte.

»Eines Tages«, erklärte Xiao Ke, »befanden wir uns in der alten Provinz Guokong, östlich der Hauptstadt von Guizhou. Wir hatten eine Einheit der örtlichen Miliz geschlagen und die alte Provinzstadt Huangping genommen.«

In einer katholischen Kirche entdeckten Xiao Kes Männer eine große Karte von China – etwa ein mal einen Meter groß. Sie war in französischer Sprache, die keiner beherrschte. Glücklicherweise, sagte Xiao Ke, konnte ein »Priester« der Kirche etwas Chinesisch. Der Mann – Xiao Ke hatte seinen Namen längst vergessen – war ein Protestant, Rudolf A. Boßhardt, ein Schweizer der Inlands-Mission China.

Boßhardt wurde in Xiao Kes Hauptquartier gebracht. Nach dem Abendessen setzten die beiden sich an einen quadratischen Tisch, breiteten die Karte vor sich aus, und Xiao Ke deutete auf bestimmte Ortschaften. Im Licht einer kleinen Kerze las Boßhardt die Namen vor, und zusammen arbeiteten sie die chinesischen Entsprechungen heraus. Die beiden Männer verbrachten die ganze Nacht über der Karte. Für Xiao Ke war es eine unvergeßliche Geschichte. Sein Gesicht strahlte, als er davon in der Militärakademie berichtete. »Wie glücklich wir waren, daß wir nun eine Karte hatten!« rief er aus.

Boßhardt und ein zweiter Missionar, Arnolis Hayman, verbrachten viele Monate mit Xiao Ke; Hayman 413 Tage bis zum 18. November 1935, und Boßhardt 560 Tage bis zum Ostersonntag, dem 12. April 1936. Sie waren mit ihren Frauen und Haymans Kindern gefangengenommen worden, aber die Frauen und Kinder wurden sofort wieder freigelassen. Boßhardts Eindrücke sind die einzigen eines Außenseiters vom Langen Marsch.

Für Boßhardt war der Tag der Vereinigung der Sechsten und Zweiten Armee ein Feiertag. Während Musikkapellen draußen vor dem Haus spielten, in dem er und Hayman gefangengehalten wurden, während rote Fahnen im Wind flatterten, Banner wehten und Männer marschierten, genoß er den ersten Ruhetag seit seiner Gefangennahme. Er und Hayman wuschen sich. Er stellte fest, daß »Chinas Millionen«, wie er sie nannte, ihn entdeckt hatten – die Läuse.

Er und Hayman kauften zwei Pfund Honig von einem vorbeikommenden Bauern, fügten diesen ihren Rationen hinzu und erlaubten sich ein Festessen.

Boßhardt gewann allmählich gewisse Kenntnisse über den Langen Marsch. Er und Hayman gingen hintereinander. Direkt vor ihm marschierte der Fahnenträger, der eine rote Fahne mit schwarzem Stern trug, in dessen Mitte sich Hammer und Sichel befanden. Um die rote Fahne zu schützen, wenn sie eingerollt war, hatte der Fahnenträger eine wasserdichte Hülle hergestellt, und zwar aus der Leinwand eines Ölgemäldes, das Christus in der Krippe zeigte, umgeben von Hirten und Schafen. Darüber glänzte der Stern von Bethlehem. Boßhardt erinnerte sich, daß es zuerst merkwürdig gewesen sei, hinter dem Roten Banner zu marschieren, doch wenn es zusammengerollt war, habe ihn die Erkenntnis getröstet, daß der Stern, dem er folgte, der »helle Morgenstern« war.

Manchmal wurden die Gefangenen gebunden. Er und Hayman wurden aneinandergebunden, oder der Wächter, der zwischen ihnen marschierte, hielt sie beide an einem Seil wie an einer Hundeleine. Gefangene wurden gebracht, verhört, geschlagen, wenn man sie für Spione hielt, und dann abgeführt und von ein paar Halbwüchsigen mit Breitschwertern exekutiert.[12] Am frühen Morgen sah er am Wegrand oft die Leichen der Hingerichteten. An jeder Leiche war ein Papier befestigt, auf dem die Anklagen gegen das Opfer erklärt wurden.

Xiao Kes Erinnerung an Boßhardt war freundlich. Er meinte, dem Missionar noch immer Dank zu schulden wegen seiner Hilfe bei der unschätzbar wertvollen Landkarte. Fünfzig Jahre nach den Ereignissen ließ Xiao Ke nach Boßhardt suchen, und man stellte fest, daß er friedlich in England lebte, gesund und munter und 88 Jahre alt. Er konnte sich ausgezeichnet an die Erlebnisse erinnern, die er als »zweiter Ausländer« auf dem Marsch gehabt hatte, um einen Artikel auf der ersten Seite der *Volkszeitung* vom Oktober 1984 zu zitieren (der erste war Otto Braun).

Boßhardt sah He Long im November 1934 zum ersten Mal. Er marschierte zusammen mit einigen Gefangenen, unter denen auch ein reicher junger Chinese war, den man als »fetten Liao« kannte. Ein gutaussehender Mann mit schwarzem Schnurrbart ritt in guter Haltung vorbei und rief dem Gefangenen zu: »He, fetter Liao, du solltest dich besser beeilen und ein bißchen mehr Lösegeld zahlen, sonst schlagen wir dir den Kopf ab.« Das war He Long. Nicht lange vor seiner Freilassung wurde Boßhardt beauftragt, Babykleidung für He Longs Tochter zu häkeln, die um Neujahr 1936 in Sangzhi geboren worden war. Boßhardt hatte sich selbst das Häkeln beigebracht und sich damit einen Namen gemacht; er häkelte Pullover, Schals und Fausthandschuhe für Rotarmisten. Nun erschien He Longs Adjutant mit Wolle – schwarz, braun, grün, rot und weiß. Einige der Knäuel trugen deutsche Etiketten. Boßhardt meinte, sie stammten aus einer Mission. Er sollte zwei Kinderkleider nacharbeiten – ein kleines Unterkleid in chinesischem Stil und eine Art Mäntelchen in halb ausländischem Stil. Er fertigte Schnittmuster aus Papier an und machte sich mit einer schönen Häkelnadel »aus rostfreiem Stahl«, die man ihm gegeben hatte, an die Arbeit.

Die Truppen machten sich wieder auf den Weg, ehe Boßhardt seine Aufgabe beenden konnte. Er gab He Long die nicht ganz fertigen Babysachen.[13]

Doch das war nicht das Ende von He Longs Problemen mit Babykleidung. In Yan'an bekam seine Frau ein weiteres Kind, und es gab keine Kleidung für das Baby. Diesmal kam Kang Keqing zu Hilfe. Sie gab einige Teile von Zhu Des alter Unterwäsche, die sehr weich und abgetragen war – ausgezeichnet für Babykleidung.[14]

Die Gefangenen, mit denen Boßhardt marschierte, wurden größtenteils wegen der Lösegelder festgehalten, die, wie Boßhardt meinte, dazu beitrugen, den Langen Marsch zu finanzieren. Für die Missionarsgruppe wurden 700 000 Dollar verlangt. Am Ende wurden für Hayman 10 000 Silberdollar bezahlt, für Boßhardt nichts. Doch aus den Chinesen quetschte man allerhand heraus, das immer als »Strafgeld« bezeichnet wurde. Einige Chinesen wurden ein Jahr lang oder mehr mitgeschleppt; ihre Verwandten leisteten gelegentlich Teilzahlungen; monatelang wurde über Mittelsmänner verhandelt. Das geschah auch in den Fällen Hayman und Boßhardt. Boßhardt hatte den Eindruck, es gebe Hunderte oder sogar Tausende von Fällen, in denen für Gefangene »Lösegeld« verlangt wurde. Grundherren flohen im allgemeinen bei der Annäherung der Roten Armee, ließen aber oft einen alten Verwandten oder einen vertrauenswürdigen Diener zurück, um ein Auge auf ihren Besitz zu haben. Die Rote Armee verhaftete diese Leute und hielt sie fest, bis die Grundherren ein angemessenes »Lösegeld« bezahlten. Wurde das Lösegeld nicht bezahlt, richtete man die Gefangenen manchmal hin. Das konnte auch dann passieren, wenn sie zu alt oder zu krank waren, um auf dem Langen Marsch mitzuhalten.[15]

Boßhardt meinte, der Grund, warum er und Hayman so lange festgehalten wurden, sei ein gescheiterter Fluchtversuch Weihnachten 1934 gewesen. Einigen Missionaren erging es sehr viel schlechter. Zwei Amerikaner, John und Betty Stam, Presbyterianer, und ihre drei Monate alte Tochter wurden in Anhui am 6. September 1934 gefangengenommen. Die Stams wurden hingerichtet, und das Baby blieb unversorgt, bis es 24 Stunden später gefunden wurde. Von der Presse wurde es als »Wunderbaby« bezeichnet. Die Kommunisten leugneten ihre Verantwortung für diesen Fall. Ein älterer Missionar namens Fergeson von der China-Inlands-Mission wurde während der Zeit von Boßhardts Haft gefangengenommen; man hörte nie wieder von ihm.[16]

Im Januar 1936, nach Haymans Entlassung, wurde ein weiterer Missionar in Shiquan in Nordostguizhou gefangengenommen. Es war ein deutscher Priester, Heinrich Kellner von der Herz-Jesu-Gesellschaft.

Kellner war 28 Jahre alt und seit zwei Jahren in China. Er war nicht robust. Die Gewaltmärsche, schlechte Ernährung, unzureichende Bekleidung (vor allem das Fehlen festen Schuhwerks) und das unregelmäßige Leben forderten ihren Tribut. Manchmal hatten Boßhardt und Kellner Pferde oder Maultiere, häufiger gingen sie zu Fuß. Oft wurden sie in eine Scheune gebracht und lagen auf dem Getreide. Doch sie schliefen auch auf schmutzigen Böden, gewöhnlich mit einem Brett als Bett.

Boßhardts Missionskollegen bemühten sich hartnäckig um seine Freilassung und schickten einen Delegierten nach dem anderen zu Verhandlungen. Kellners Mission unternahm nichts, um seine Freilassung zu erreichen.[17]

Die Zweite Armee zog nun von Ost nach West durch Guizhou und kam durch Houchang (Affenstadt) in der Nähe des Flusses Wu, wo ein wohlhabender Hausbesitzer Boßhardt sagte, ein Jahr zuvor sei »General Zhu Des Armee« diesen Weg gekommen, begleitet von zwei sehr gut gekleideten Ausländern, die man für Russen hielt. Einer von ihnen könnte Otto Braun gewesen sein. Wenn es einen zweiten gab, so bleibt seine Identität ein Rätsel.

Xiao Ke war froh, nach Westen zu ziehen. Ostguizhou und Südwesthunan waren so rückständig, so arm. Opium war die Haupternte. Es war nicht möglich, Rekruten anzuwerben, es sei denn, die Rote Armee hätte Opiumsüchtige angenommen. Alle rauchten. Wenn ein Kind sich erkältete, bliesen die Eltern ihm Opiumrauch in die Nase, um es zu heilen. Die Rote Armee hatte eine eiserne Regel: keine Opiumraucher. Doch es gab niemand anderen, den man hätte nehmen können. So stellte man für die Süchtigen ein Programm mit allmählich verringerten Dosen auf. Die Ärzte hielten Vorträge und gaben Spritzen aus in Wasser gelöstem Schwefel. Nach einem Monat waren die meisten von ihrer Sucht losgekommen.[18]

Yu Qiuli ist heute ein robuster, schwerer Mann mit breitem Gesicht, herzhaftem Lachen und ausgreifenden Gesten – einarmig, weil er seinen linken Arm verlor. Er stammte aus dem Bezirk Jian in Jiangxi und war Sohn einer verarmten Familie, die 1,1 *mu* Land besaß, davon 0,8 *mu* Reisfelder und 0,3 *mu* Sesam und Erdnüsse (insgesamt etwa ⅙ Morgen). Nicht genug, um Vater, Mutter, Bruder und ihn selbst zu ernähren. Mit fünfzehn ging er zur Roten Armee.

Als die Sechste Armee von Bijie aus südwärts zog, sah Yu Qiuli, nun Politischer Kommissar des 18. Regiments, He Long und das Oberkommando neben einer Brücke an der Straße nach Hezhang stehen. Long sagte Yu, er solle sein Regiment im Eilmarsch zehn Kilometer den Weg hinunterschicken und eine Blockade errichten, damit die Armee, ohne angegriffen zu werden, passieren könne.

Als er die Stelle erreichte, stellte Yu fest, daß die KMT auf einem Hügel in der Nähe des Dorfes Zezhangba stand. Er schickte einen Zug, der sie von der Flanke her angreifen sollte. Die Männer kamen nie zurück. Er befahl einen frontalen Angriff.

»Ich war schockiert«, sagte er, »so viel leichtes Maschinengewehrfeuer zu hören. Dann merkte ich, daß das, was ich für leichte Maschinengewehre gehalten hatte, Maschinenpistolen waren – Maschinenpistolen mit zwanzig Schuß. Wir hatten noch nie so etwas gesehen. Es war das Allerneueste, Spitzentechnologie. Wir erbeuteten acht davon.«

Yu sagte, er hätte in seiner Laufbahn in der Roten Armee noch nie den Befehl gegeben, bis zum letzten Mann zu kämpfen. »An diesem Tag gab ich ihn«, sagte er. Der Feind überrannte beinahe seinen Kommandoposten. Yu mobilisierte sogar die Köche zum Kampf. Die Schlacht begann um acht Uhr dreißig morgens. Um neun Uhr dreißig war er verwundet, kämpfte jedoch weiter. Eine halbe Stunde später traf ihn ein Geschoß aus einer Maschinenpistole in den linken Arm. Der Arm hing an seiner Seite herunter. Er konnte den Knochen und weiße Sehnen sehen.

Irgendwie stand er es durch bis zum Einbruch der Nacht, den Arm in ein Handtuch gewickelt. Er hielt ihn mit der Hand fest, um den Schmerz zu betäuben, badete ihn in kaltem Wasser und Schweiß. Ein Arzt bandagierte ihm den Arm, und seine Männer trugen ihn.

»Ich bin ein Mann, der durch neun Tode gegangen ist«, sagte Yu. Beim Überqueren des Goldsandflusses, sein verwundeter Arm noch immer festgebunden, kenterte sein Floß, und er fiel ins Wasser. Die Luft in seiner Daunenjacke hielt ihn über Wasser, bis man ihn herausholen konnte. Als sie sich der Vierten Armee anschlossen, nahmen die Ärzte die Bandage ab. Die Wunde war voller weißer Maden. Sie reinigten sie, legten ihm einen neuen Verband an, und er wurde durch die Grasländer getragen. In Huishen in Gansu im August amputierten die Chirurgen seinen Arm, und zwar mit einem japanischen Rasiermesser für das Fleisch und einer Säge aus der Werkstatt für den Knochen. Er erhielt ein erbeutetes Narkosemittel. Keiner kannte die richtige Dosis. Er wäre beinahe gestorben.[19]

Nun überschritt die Armee die Wumeng-Berge, denen Mao eine Zeile (»Und das majestätische Wumeng Massiv zieht vorbei, große Kugeln aus Lehm«) in dem Gedicht gewidmet hat, das er am Ende des Langen Marsches im Oktober 1935 schrieb.[20]

Wie Xiao Ke sich erinnerte, blieben sie etwa zwei Wochen in den Bergen, schlugen in einer heftigen Schlacht am 23. März in Hutoushan nahe Xuanwei den Yunnan-Kommandeur Sun Du. Der Kriegsherr Long Yun war gerade zum Oberkommandierenden für Guizhou und Yunnan ernannt worden und hatte befohlen, daß sein Kommandeur Sun Du ein Beispiel seiner Kampfkraft gebe.

Die Armee zog hinunter in den Bezirk Panxian, wo sie eventuell eine Sowjetbasis errichten wollte, doch um den 1. April 1936 erhielt sie einen Funkspruch von der Vierten Frontarmee, in der sie angewiesen wurde, nach Norden zu kommen. Sie sollte ihre Bewegung zeitlich so abstimmen, daß sie im März, April oder Mai marschierte, ehe der obere Yangtze Frühjahrshochwasser führte.

He Long und Xiao Ke hatten ihre Truppen während der Aufenthalte in Bijie und Panxian verstärkt. Sie hatten nun etwa 18 000 Mann. Verfolgt wurden sie, gewöhnlich im Abstand von ein oder zwei Tagen, von Kommandeur Sun Du, der etwa 24 000 Mann hatte. (Später sagte Kommandeur Sun Du, er habe geglaubt, die Armee vor ihm hätte 40 000 Mann.)[21]

He Long und Xiao Ke hatten kein Durchzugsabkommen mit Kommandeur Sun Du oder seinem Chef, dem Yunnan-Kriegsherrn Long Yun, doch sie hofften auf eine einigermaßen neutrale Einstellung.

He Long traf in Bijie mit einem vornehmen älteren Mann zusammen, einem früheren Gouverneur von Guizhou und geehrten Gelehrten der Qing-Dynastie namens Zhou Suyuan. He Long fragte ihn, warum er nicht geflohen sei. »Warum fortlaufen?« fragte der Gelehrte und wies auf die Bücher in seinen Regalen – Werke von Marx, Lenin und anderen Kommunisten. »Sie sind Marxist, und ich bin es auch.« He Long bat ihn, an den Kriegsherrn Long Yun und den Kommandeur Sun Du zu schreiben. Der Gelehrte tat es. Er sagte ihnen, die Rote Armee sei nicht leicht zu schlagen, aber nicht auf einen Kampf erpicht. Er erinnerte sie an Chiang Kaisheks Hoffnungen, Yunnan zu übernehmen, und daran, wie Chiang Wang Jialie in Guizhou abgesetzt hatte.

Der Brief erwähnte einen Fall aus den klassischen *Annalen von Frühling und Herbst (Jia Tu Mie Guo)*, in dem ein großer König die Straße von einem kleinen König »auslieh«, um einen großen Feind anzugreifen, und dann auf dem Rückweg den kleinen König verschluckte. Er fügte auch einen Hinweis auf die *Shi You Ming Jian* ein – zwanzig Lektionen der Geschichte, vor denen man sich hüten sollte. Der Hunan-Kriegsherr, He Jian, sandte ebenfalls eine stille Warnung, sich vor Spielen zu hüten, die Chiang Kaishek möglicherweise vorhabe.[22]

Die Warnung von He Jian war besonders bedeutsam. He Jian war ein unbeirrbarer Antikommunist und hatte auf dem Langen

Marsch entschlossen gegen die Erste Armee gekämpft. Doch Chiang Kaisheks Erfolg bei der Übernahme Guizhous hatte ihn alarmiert. He Jian schickte durch seinen Schwiegersohn Li Jue eine Botschaft, in der er seinen Kollegen aus Yunnan warnte, sich Blößen zu geben, die Chiang Kaishek ausnutzen könnte. Die Provinzstreitkräfte, so betonte He Jian, sollten sich umeinander kümmern und sich keine Gedanken über Chiangs Hauptarmee machen.

Der Kriegsherr Long Yun war empfänglich für diese Botschaft. Er sagte zu Li Jue: »Vermutlich werden wir die Rote Armee nicht einholen.« Long Yu und die Hunantruppe arbeiteten nicht mit den Hauptkräften der KMT zusammen. Sie hatten Schwierigkeiten, sich zu versorgen, und mußten einen schweren Weg am Goldsandfluß entlang zurücklegen, während die Truppen von Hunan und Yunnan die Hauptstraße nahmen. Den KMT-Truppen wurde nicht erlaubt, sich Kunming zu nähern, weil Kriegsherr Long Yun fürchtete, sie könnten sich gegen ihn wenden.

»Sollen doch die KMT-Truppen die Roten einholen«, sagte Kriegsherr Long Yun. »Wenn ihr Proviant braucht, fragt Chiang Kaishek«, sagte er ihnen. Kriegsherr Long Yun ließ seine Truppen in Kunming Schutzräume gegen Luftangriffe bauen. Die Rote Armee hatte keine Flugzeuge, wohl aber die KMT.[23]

Diese Intrigen verschafften He Long und Xiao Ke keinen freien Durchgang zum Goldsandfluß – aber sie halfen.

Um die Zeit, als Xiao Ke und He Long hinunter nach Panxian gekommen waren und sich anschickten, zum Zusammentreffen mit der Vierten Armee aufzubrechen, hatte Kriegsherr Long Yun den Eindruck, die Kommunisten seien in schlechtem Zustand.

Als sie dann in Yunnan einzogen und den Pudu-Fluß an einem Punkt etwa achtzig Kilometer nördlich von Kunming auf einer Hängebrücke überqueren und dann hinüber zum Goldsandfluß marschieren wollten, schickte Long Yun eine starke Streitmacht aus, um ihnen den Weg abzuschneiden.

Aber er hatte sich verrechnet. Die kommunistische Vorhut eroberte die Hängebrücke am 6. April und schlug früh am Morgen des 7. April die Sonderbrigade von Pionieren in die Flucht, die sie bewachte.

Doch die starke Streitmacht, die Kriegsherr Long Yun mobilisiert hatte, veranlaßte Xiao Ke und He Long zur Einberufung einer

Dringlichkeitssitzung am Abend des 7. April. Sie änderten ihre Pläne. Sie beschlossen, einen Scheinangriff auf Kunming zu führen in der Hoffnung, Long Yun dadurch zu zwingen, seine Leute zurückzuziehen. Die Sechste Division kämpfte einen ganzen Tag lang gegen zwei Yunnan-Brigaden, während die Rote Hauptstreitmacht nach Fumin direkt nördlich von Kunming marschierte. Kriegsherr Long Yun verstand. Er zog seine Leute eilig in seine Hauptstadt zurück, die Rote Armee überquerte den Pudu-Fluß in der Nähe von Fumin, und was Yunnan betraf, war die Sache damit erledigt. Keine weiteren Kämpfe.[24]

Von diesen Ereignissen wußte Missionar Boßhardt wenig. Er wußte, daß sie die Grenze von Yunnan überschritten und die Wumeng-Berge überquert hatten und daß sie einem Netz schwieriger Routen folgten, den schwierigsten bisher. Sie waren schwer für ihn und noch viel schwerer für Pater Kellner, dessen Kräfte schnell schwanden.

Als sie durch die Ebene zogen, erhielt Boßhardt Hinweise auf seine bevorstehende Freilassung. Schließlich sagte ihm Xiao Ke, er würde entlassen, wenn die Armee in die Nähe von Kunming käme, Kellner aber würde weiter mitgenommen.

An einem Samstagnachmittag, dem 11. April, wurde Boßhardt von Xiao Ke zum Essen eingeladen. Man unterhielt sich angeregt. Der General äußerte seine Überraschung darüber, daß ein im Ausland ausgebildeter Mann wie Boßhardt an Gott glauben konnte. »Sie wissen doch sicher«, sagte Xiao Ke, »daß wir von Affen abstammen.«

Boßhardt sagte ihm, die Evolution sei nur eine Theorie. In seinen Augen sei größerer Glaube nötig, um anzunehmen, daß wir von Tieren abstammen, als an einen allmächtigen Gott zu glauben.

Wang Zhen, damals Politkommissar der Sechsten Armee, jetzt Politbüromitglied, sagte zu Boßhardt: »Wenn Sie in Zeitungen berichten, denken Sie daran, daß wir Freunde sind. Sie haben doch gesehen, wie gut wir zu den Armen sind; wir haben unsere Grundsätze und sind nicht gewöhnliche Räuber, wie man uns immer wieder schimpft.«

Xiao Ke sagte, er habe nichts dagegen, daß Boßhardt als Besucher nach China zurückkehre. Er sagte, sie würden ihm sogar »erlauben, eine Schule zu haben, wenn Sie nur nicht die

Schüler und die Bevölkerung mit diesem Gottesglauben betäuben wollen«.

Pater Kellner war bei dem Essen zugegen. Nachdem er und die anderen gegangen waren, sprach Boßhardt mit dem Aufseher, den er »Richter Wu« nannte, und sagte, wenn der Priester nicht besser versorgt werde, würde er sterben. Er drängte darauf, ein Diener solle dafür sorgen, daß Kellner Wasser zum Trinken und zum Baden, Brennstoff für ein Feuer und Stroh für ein Bett habe. Wu versprach, für Besserung zu sorgen. Sie würden veranlassen, daß Kellner Kaffee und Kakao bekäme.

Früh am nächsten Morgen, die Rote Armee war längst unterwegs, ging Boßhardt nach Fumin hinein. Es war Ostersonntag. Seine Prüfung war vorüber.

Jahre später erfuhr Boßhardt vom Schicksal Pater Kellners. Zehn Tage nach ihrer letzten Umarmung war der Priester gestorben. Die Kommunisten beschlagnahmten bei einem sehr reichen Grundherrn einen fein gearbeiteten Sarg, den der reiche Mann für sein eigenes Begräbnis bereitgehalten hatte. Eine Gruppe von Trägern wurde angeheuert, um den schweren Sarg an den Abhang eines Hügels zu tragen und den Priester dort, fern vom Dorf, zu begraben. Die Rote Armee marschierte weiter. Der Sarg war schwer, und die Männer hatten ihre Bezahlung schon bekommen. Sie gingen mit dem Geld davon und ließen den Sarg am Hügel stehen. Banditen auf Raubzug erblickten ihn und nahmen den Deckel in der Erwartung ab, die üppigen Seiden- und Brokatgewänder eines wohlhabenden Kaufmanns zu finden. Statt dessen fanden sie den mageren Körper des Priesters in billigsten schwarzen Baumwollstoff gehüllt. Nicht der Mühe wert. Sie ließen den Deckel wieder fallen und verschwanden. In der Nacht kamen Wölfe.[25]

Es war ein Rennen, es gibt kein anderes Wort dafür. Die Sechste und die Zweite Armee rasten von Fumin aus zum Goldsandfluß und berührten dabei die Hauptstraße nach Dali und die schöne und berühmte Erhai-Seenkette; weiter ging es nach Heqing und Lijiang, Orte, an denen man den Goldsandfluß überqueren konnte. Sie befanden sich 240 km nordwestlich von Jiaopingdu, wo die Erste Armee über den Fluß gesetzt hatte, in der Nähe der tibetischen Grenze. Die Berge waren viel, viel höher, doch es gab gute Wege zu beiden Seiten des Flusses und niedriger gelegene Pässe, nicht höher als 3000 m. Der Goldsandfluß floß in etwa 1200 m Höhe rasch dahin. Der große Schneegipfel des Jadedrachens mit seinem Gletscher überragte in 6000 m Höhe die Landschaft.[26]

Doch sie trafen auf keinen Widerstand, feuerten keinen einzigen Schuß ab. Niemand behinderte die Zweite Armee, während sie über die Landstraßen zog. Ein paar schwerfällige Doppeldecker der KMT machten Erkundungsflüge.

Als sie nach Lijiang kamen, gab es eine Feier. Menschen säumten die Straßen. Sie jubelten, als die Rote Armee durch die Stadt marschierte. Lijiang ist eine Stadt, die von den Han und Naxi bewohnt wird. He Long und Xiao Ke wurden als siegreiche Helden begrüßt. Das war natürlich kein Zufall. In Lijian gab es, wie in Bijie auch, einen berühmten Gelehrten der Qing-Dynastie, kein Hanlin (oberster Rang), sondern ein Jinshi (zweiter Rang), ein Mann namens He Songqiao. Er war ein Anhänger Sun Yatsens gewesen. Er beriet sich mit dem Bezirksmagistrat von Lijiang, Wang Fengrui. Sie beschlossen, die Kommunisten willkommen zu heißen, wenn sie durchzogen. Wang Fengrui zog sich in die Berge zurück. Nachdem He Long und Xiao Ke fort waren, kam er wieder. Es hatte für ihn keine unangenehmen Folgen. Er war ein Schützling des Kriegsherrn Long Yun. Wang Fengruis Karriere ging unter den Kommunisten weiter. Er stieg zu hohen Ämtern auf und war 1984 noch am Leben, 84 Jahre alt.[27]

Die Vorhut-Einheiten bestimmten die Übergänge am 25. April. Es gab auf einer Strecke von 65 km fünf Hauptübergänge. Die meisten Truppen setzten in Shigu über, einer leichten Stelle mit bequemen Sandstränden. He Long begann am 26. mit dem Übersetzen. Xiao Ke traf am 26. in Shigu ein, und zwar nach einem 65-km-Marsch, und begann am nächsten Tag überzusetzen. Es gab reichlich Boote. In der Abenddämmerung des 28. April hatten 18 000 Mann den Fluß überquert. Nicht ein Rotarmist war durch feindliche Aktionen getötet worden. Siebzehn ertranken, als ein Boot durch scheuende Pferde kenterte. Ein Hornist stand Wache und gab jedesmal ein Signal, wenn ein Beobachtungsflugzeug der KMT über sie hinwegflog.

Sie zogen rasch und problemlos nach Norden. Mit den Yi, den Tibetanern und anderen Minderheiten hatten sie keine Schwierigkeiten. »Wir bezahlten für unsere Nahrung in Silberdollar«, sagte

Xiao Ke. »Wir bekamen Korn und Nahrung und andere Vorräte, und wenn wir Kranke oder Verwundete hatten, halfen die Minderheitenvölker uns mit Pferden aus.«

Am 30. Juni kamen He Long und seine Armee in Ganzi an, heute Garze, südwestlich von Aba, dem Hauptquartier der Vierten Armee. Ein paar Tage zuvor hatte Xiao Ke seine Männer herangeführt. »Sie waren sehr freundlich«, erinnerte sich Xiao Ke. »Wir hatten gerade die Schneeberge überquert. Jeder von uns bekam einen warmen Pullover. Die Stimmung war recht gut.«[28]

Kapitel 29

Die Rückkehr des verlorenen Sohnes

Nichts schien mehr zu klappen bei Zhang Guotao, dem selbstgewissen Kommandeur der Vierten Frontarmee, nachdem er sich von Mao Zedong getrennt hatte. (Natürlich behauptete er, Mao habe sich von ihm getrennt.)

Zhangs erste Handlung war der Versuch, Mao die Führung der kommunistischen Bewegung Chinas zu entreißen. Er hielt in Aba eine große Anti-Mao-Versammlung ab und eine weitere in dem Lamakloster in Zhuokeji. Er proklamierte eine neue »Unabhängige Sonderregierung der Nationalitäten«. Er erklärte Politbüro und Zentralkomitee der Partei für illegal. Am 5. Oktober 1935 kündigte er ein »Provisorisches Zentralkomitee« an, zu dessen Sekretär er sich selbst ernannte.*

Später, so lautete sein Dekret, würde es einen Parteikongreß geben, um seine Aktion zu ratifizieren. Inzwischen würden das neue Zentralkomitee und sein Sekretär amtieren.[1]

Die Namen der Mitglieder seines neuen Zentralkomitees gab Zhang nicht bekannt. Diese Verschwiegenheit, so hieß es, war darauf zurückzuführen, daß er die, die er ausgewählt hatte, nicht gefragt hatte, und er wollte sie nicht in Verlegenheit bringen. Auch ersparte ihm das die Peinlichkeit öffentlicher Ablehnungen. Bis auf den heutigen Tag liegt die Liste in den Archiven seiner erfolgreichen Gegner; sie wurde nie veröffentlicht. Jemand, der sie gesehen hat, berichtet, unter denen, die Zhang nicht benannte, seien Mao Zedong, Zhou Enlai, Luo Fu und Bo Gu gewesen. Doch er behielt die meisten der wichtigsten Militärs, darunter Zhu De, Peng Dehuai, Lin Biao und die Oberkommandierenden der Armeegruppen. Er benannte auch Wang Ming, das umstrittene pro-russische Mitglied des Politbüros, das so lange in Moskau gelebt hatte. Natürlich

* Die Proklamation wurde in Zhuomudao herausgegeben, etwa vierzig Kilometer von Maerkang entfernt.

gehörten alle seine wichtigen militärischen und politischen Verbündeten dem Komitee an.[2]

Einer von denen, die für Zhangs Zentralkomitee nominiert worden waren, wußte, daß sein Name auf der Liste stand. Das war Zhu De, gefangener General bei Zhang, formal Oberkommandeur aller Armeen, von Zhang aber zur Galionsfigur degradiert.

Seit fünfzig Jahren gibt es Kontroversen darüber, ob Zhang Guotao tatsächlich versucht hat, Zhu zu beseitigen, im Klartext, ihn töten zu lassen.

Konservative Parteihistoriker in Peking sagen nein. Sie zweifeln daran, daß etwas so Melodramatisches geschah. Wie im Falle der Drohung Zhangs, militärische Macht gegen Mao anzuwenden, behaupten sie, man habe keine Beweise gefunden. Wie einer sagte: »Der einzige Nachweis, den wir dafür haben, ist Agnes Smedleys Aussage.«

Agnes Smedley, die amerikanische Radikale, hatte, wie ihre Freunde sagten, an dem großen, bärenhaften General »einen Narren gefressen«. Sie verbrachte 1937 einen großen Teil ihrer Zeit in Yan'an mit dem Sammeln von Fakten für ihre Biographie über Zhu De. Manchmal verlebte sie in den Höhlen von Yan'an den ganzen Tag mit ihm. Sie brachte ihm das Tanzen bei – sie hatte einen tragbaren Plattenspieler und Platten wie »Crying for the Carolinas«, »Fiesta« und »Siboney«. Zhu De war recht leichtfüßig. Sie ging mit ihm ins Feld und begleitete ihn an die Front.[3] Sie war kaum eine unvoreingenommene Zeugin. In ihrem Buch *The Great Road* sagt sie, Zhu De habe zu ihr »nie über das Jahr gesprochen, das er in Sikang praktisch als Gefangener von Zhang Guotao verbrachte«. Vielleicht ist das ein diplomatisches Dementi. Die Schwierigkeiten mit Zhang wurden heruntergespielt, als sie schrieb. Sie zitiert einen ungenannten »politischen Arbeiter der Roten Armee« ausführlich über Zhu Des Jahr bei Zhang. Könnte das Zhu De selbst sein?

Diese Quelle sagte ihr, Zhang habe Zhu De befohlen, Mao zu verurteilen und alle Beziehungen zu ihm abzubrechen. Zhu De weigerte sich. Dann befahl Zhang Zhu De, die Parteientscheidung, nach Norden zu marschieren, zu widerrufen. Zhu De lehnte ab.

»Zhang Guotao sagte, er würde Zhu De Zeit geben, um noch einmal darüber nachzudenken, und wenn er sich dann noch weigerte, diese beiden Befehle zu befolgen, würde er erschossen«, teilte der Informant Agnes Smedley mit.

Zhu De soll darauf geantwortet haben: »Das steht in deiner Macht. Ich kann dich nicht daran hindern. Deinem Befehl werde ich nicht gehorchen.«[4]

Man braucht nur einen Blick auf die körperlich und geistig robuste Frau in dem einfachen, traditionellen Hemd und der männlich geschnittenen, dunkelbraun gestreiften Jacke und Hose der chinesischen Frauenbewegung zu werfen, um zu begreifen, daß Kang Keqing eine führende Rolle in Chinas revolutionärer Geschichte gespielt hat. Sie machte den Langen Marsch an Zhu Des Seite mit, eine Soldatin und Genossin (»Ich bezeichnete ihn immer als Genossen, nicht als Ehemann«).[5]

Kang Keqings Abneigung gegen Zhang Guotao ist im Laufe der Jahrzehnte nicht geringer geworden. Im Herbst 1984, 73 Jahre alt, war sie noch immer überzeugt, daß Zhang »wiederholten Druck« auf Zhu De ausgeübt hatte in der Hoffnung, ihn auf seine Seite zu ziehen.

»Dann spielte Zhang Zhu De einen bösartigen Streich«, sagte sie. »Er ließ sein Pferd schlachten und nahm ihm seine Sicherheitsabteilung weg. Und er trennte uns, so daß wir einander nicht sehen konnten.«

Zhu De hatte mit ihr darüber gesprochen. Er hatte gesagt: »Diese bösartigen Streiche sind dazu bestimmt, eine Person zu töten, ohne ein Messer zu benutzen.«

Das Töten des Pferdes und die Entfernung der Wache hatten stattgefunden, als die Armee den Abmarsch von Aba vorbereitete. Zhu De hatte kein Reittier. Er war bereit, den Marsch zu Fuß anzutreten, aber einige Soldaten fanden ein anderes Tier für ihn. Daß der Oberkommandierende der Armee wie ein gewöhnlicher Fußsoldat die Straße entlangging, hatte ihr Gewissen berührt. Kang Keqing war mit der Aufgabe betraut, Nachzügler einzusammeln und zur Nachhut der Armee zu bringen. Man hatte ihr ein Maultier gegeben, um diese Arbeit zu erleichtern. Es wurde zurückgelassen – absichtlich, wie Kang Keqing meinte. Bei einer anderen Gelegenheit versuchten einige verwundete Soldaten, es ihr wegzunehmen.

Hat Zhang wirklich versucht, Zhu De zu töten?

»Ich sagte, dies waren bösartige Streiche«, wiederholte sie streng, mit schmalen Lippen und ernstem Gesicht. »Dem Kommandeur das Pferd und seine Wachtruppe wegzunehmen, ist ein schwerwiegender Schritt.«

Es gab noch mehr Gelegenheiten, bei denen kein Pferd da war und der Kommandeur zu Fuß gehen mußte. Er wurde nicht mehr in der besonderen Messe des Hauptquartiers verpflegt. Er mußte seinen Proviant selbst besorgen. Das war nicht immer leicht.

Die Experten mochten sich streiten, Kang Keqing hegte keinen Zweifel an Zhangs Absichten. Vielleicht zog er keine direkten Aktionen in Erwägung, aber er gefährdete Zhu De absichtlich.[6]

Zhang Guotao und seine Leute waren im Begriff, »nach Chengdu zu marschieren und Reis zu essen«. Die Parole wurde nach dem Treffen in Zhuokeji verkündet, um Mao zu brandmarken. Den Soldaten gefiel sie. Hu Zenggui war einfacher Soldat in Zhangs Neunter Armee. 1984 war er 63 Jahre alt. Er war als Roter Teufel im Alter von dreizehn Jahren zur Roten Armee gekommen. Er malte Parolen an die Dorfwände: »Erhebt euch und verteidigt das Heimatland«, »Geht nach Norden und bekämpft die Japaner«. Er erinnerte sich, daß es ein Lied gab: »Wir wollen um Chengdu kämpfen.« Das gefiel ihm sehr. Niemand mochte das tibetanische Land, tibetanisches Essen, die Grasländer und die Schneeberge.[7]

Ye Yingli, ein leiser Mann von 68 Jahren, arbeitete im Hauptquartier der Vierten Frontarmee als Telephonist und konnte Zhang Guotao und seine Kommandeure aus der Nähe beobachten. Zhang hielt mit den Armeegruppen, Mao und dem Zentralkomitee über Funk Kontakt. Es gab eine Menge Funkverkehr. Innerhalb der Vierten Frontarmee wurden Telephonverbindungen benutzt. Zhang tätigte die Anrufe gern selbst. Wenn sie nicht durchkamen, wurde er rasch wütend. Er hatte ein aufbrausendes Temperament. (Aber viele hochrangige Offiziere waren leicht erregbar. Wenn der Staub sich gelegt hatte, waren sie wieder freundlich.) Telephonist Ye hatte den Eindruck, daß Zhang und Zhu De zusammen waren, zusammen marschierten und zusammen aßen, daß aber Zhu De keine wirkliche Autorität hatte.[8]

Viele Soldaten merkten nichts von den Reibungen an der Spitze. Doch über Zhu De gingen Gerüchte um – daß sein Pferd geschlachtet worden sei, seine Wachen abgezogen, daß er und Liu Bocheng unter Aufsicht stünden. Ein Soldat hörte, Zhu De sei drei Tage lang gezwungen worden, Wasser zu tragen.[9]

General Yang Shangkun erinnerte sich, daß Zhu De ihm erzählt hatte, er habe »unter gewissen Einschränkungen« gestanden. Zhu De habe gesagt, er habe Offiziere niedrigeren Ranges und Mannschaften von der Ersten Infanterie bis herunter zu Kompanieebene getroffen und gesprochen. Das sei Zhang sehr unangenehm gewesen.

General Yang glaubte nicht, daß Mao oder das Zentralkomitee je die Absicht hatten, einen Versuch zur Befreiung von Zhu De und Liu Bocheng zu unternehmen. Er hatte von keinem derartigen Plan gehört. Einmal schlug General Yang Mao vor, er solle einen hohen Offizier der Vierten Frontarmee gegen Liu Bocheng austauschen. Mao wies ihn zurecht.

»Wenn man einen Austausch gegen jemanden vorschlägt«, sagte Mao, »dann wird er [Zhang] Liu Bocheng vermutlich töten lassen. Liu ist sicher und kann unter den gegenwärtigen Umständen überleben.«

Zwischen Mao und den festgehaltenen Kommandeuren wurden keine persönlichen Botschaften ausgetauscht.[10]

Zhangs Marsch nach Chengdu begann gut. Zusammen mit den Einheiten der Ersten Armee hatte er 80 000 Mann unter seinem Kommando. Bei schönem Oktoberwetter zogen sie von Zhuokeji aus südwärts. Sicher, der Wind war kalt, viele Soldaten trugen noch Sommeruniformen, und die Nahrung war nicht allzu reichlich. Doch sie trafen nur auf geringen feindlichen Widerstand. Sie nahmen Danba, Migong und Dawei ein, vertrieben etwa 3000 KMT-Soldaten und machten viele Gefangene.[11]

Die KMT durchschaute Zhang Guotaos Absichten schnell und begann, da sie einen Angriff auf Chengdu fürchtete, Truppen zusammenzuziehen. Sie brachte die 24. KMT-Armee heran, die 20. und die 28. Die »Musterdivision« der KMT verteidigte Tianquan, einen Paß auf dem Weg nach Chengdu.

Zhang verließ am 10. Oktober Danba und zog in Richtung auf Tianquan und Luding und die berühmte Brücke. In umgekehrter Richtung legte Zhang einen großen Teil der Strecke zurück, die Mao beim Marsch nach Norden genommen hatte.

Am 24. Oktober überquerte Zhangs Zentralkolonne einschließlich der 30. Armee, der 31. Armee und der 25. Division der Neunten Armee, die sämtlich Wang Shusheng und Li Xiannian unterstanden, den Jiajin, den großen Schneeberg, und stieg ab, um Baoxing anzugreifen. Die rechte Kolonne überquerte den Dadu-Fluß, griff überraschend Tianquan an und schlug die KMT-Musterdivision. Zhang zog nordöstlich nach Lushan, kam immer näher an Chengdu heran. Er vertrieb auf dem Weg etwa 10 000 feindliche Soldaten.[12] Die Vierte Armee befand sich nun ungefähr 95 km südwestlich von Chengdu und rückte auf einer Hauptstraße vor. Zhang war überaus zuversichtlich.

Chiang Kaishek zog etwa 80 Regimenter zusammen – ungefähr 200 000 Mann –, um Chengdu zu verteidigen. Er stellte seine Soldaten fast halbkreisförmig nördlich, östlich und südlich der herannahenden Vierten Armee auf, die am 16. November Baizhang eroberte. Drei Tage später führte die KMT einen Gegenangriff mit ungefähr zehn Brigaden, und zwar viereinhalb Kilometer östlich von Baizhang. Unterstützt wurde sie von Flugzeugen und schwerer Artillerie. Der Angriff erfolgte in Wellen, eine Welle von Regimentern nach der anderen.

Baizhang liegt zwischen niedrigen Hügeln und einer offenen Ebene. Es gab keine natürliche Verteidigung. Der heutige Reisende bemerkt einen großen Hügel am Rande von Baizhang, der vermutlich von der KMT gehalten wurde. Die Rote Armee wurde zum Minzhan-Berg im Süden und dem Neun-Gipfel-Berg im Norden zurückgetrieben und erlitt schwere Verluste. In sieben Tagen büßte Zhang Guotao mindestens 10 000 Mann ein.

Zhang Guotao trieb Xu Shiyou, den Kommandeur der Vierten Armee, in eine weitere verzweifelte Konfrontation mit Xue Yue, Chiangs bestem General. »Mir war noch nie ein ganzes Regiment durch einen einzigen Schlag des Feindes vernichtet worden«, erinnerte sich Xu Shiyou. »Ich war zutiefst erschüttert.« Zwei Drittel seines 34. Regiments wurden vernichtet. Der Kommandeur und der Politische Kommissar fielen.[13]

Fünfzig Jahre später konnte Li Xiannian seine Bitterkeit über die Ereignisse von Baizhang nicht verhehlen: »Ich war bei dieser Operation einer der Kommandeure. Wir haben nicht gewonnen. Wir haben verloren. Wir mußten uns zurückziehen. Zhangs Pläne waren unmöglich. Wir gingen nach Norden. Die Leute dort waren Tibetaner. Sie sprachen unsere Sprache nicht, und wir waren da und mußten essen, und so nahmen wir ihre Schafe und ihr Vieh – wie konnten wir da eine gute Beziehung haben?«[14]

Zhang mußte seine Truppen bis ganz nach Ganzi in Sikang zurückziehen, in wüstes tibetanisches Land, sicher vor Chiang Kai-shek, aber auch fern von irgendeiner militärischen Entscheidung. Im Februar 1936 war seine Kampfstärke auf 40 000 abgesunken. Es war ein Tiefpunkt, und Zhang gab das in seinen Memoiren zu. »Für die Tibetaner«, schrieb er, »war die Rote Armee nur ein verhaßter Stamm, der kam, um ihnen ihre Nahrung zu rauben.« Der Lebende Buddha von Ganzi sagte ihm: »Die Rote Armee ist in einem erbärmlichen Zustand. Ihre Taten bei der Suche nach Nahrung und anderen Vorräten sind schlimmer als die von Liu Wenhui [dem KMT-Kommandeur].«[15]

Es gab keine Kämpfe. Überleben war das Problem.

Nun erschien unerwartet ein Mann aus Moskau auf der Bildfläche. Es war Lin Yuying, ein Vetter von Lin Biao. Lin Yuying war seit 1932–1933 in Moskau gewesen. Er war der chinesische Repräsentant bei der Profintern, einer Unterabteilung der Komintern für Fragen der Arbeiterschaft, und arbeitete dort mit Wang Ming zusammen. Seit Chen Yuns Ankunft in Moskau im August 1935 waren die Anstrengungen verdoppelt worden, mit China wieder in Verbindung zu treten. Das war nicht einfach. Eine Mission wurde von der Äußeren Mongolei aus losgeschickt, verkleidet als Händlerkarawane. Sie führte Funkgeräte mit sich. Südlich der Wüste Gobi wurde sie von Ma-Kavallerie oder plündernden Banditen ausgelöscht.

Lin Yuying wurde nach Ulan Bator, Hauptstadt der Äußeren Mongolei, geflogen. Vielleicht ist er über der Grenze von Nordshaanxi mit einem Fallschirm abgesprungen. Er hatte kein Funkgerät bei sich, keine Dokumente, keine Codebücher, keine Beglaubigungsschreiben. Nichts, das ihn verraten konnte. Er war als Händler verkleidet.

Er hatte seine Instruktionen auswendig gelernt, vor allem den Text der Komintern-Erklärung vom 1. August über die Einheitsfront (die angeblich in der chinesischen Partei entstanden war) – von der Mao nichts wußte.

Lin traf Ende November oder Anfang Dezember in Nordshaanxi ein. Eines Tages ging er auf einem Weg nicht weit von Bao'an, als er in einem kleinen Dorf Luo Fu traf. Mao und Zhou Enlai waren an der Front. Bei ihrer Rückkehr unterbreitete Lin ihnen seinen Bericht.[16]

Es gab viel zu erzählen. Isoliert und vom Langen Marsch und dem Überleben in Anspruch genommen, abgeschnitten von der Außenwelt, wußte Mao kaum etwas über die Wendung der Ereignisse, die Moskau beschäftigten – den Aufstieg Hitlers, die Annäherung zwischen Deutschland, Italien und Japan, die Gefahr des Faschismus und, wie Stalin es sah, einer globalen Offensive gegen die Sowjetunion.

Stalin fürchtete einen Zweifrontenkrieg – Hitler in Europa und Japan im Osten. China hatte plötzlich eine Schlüsselstellung. Stalin wünschte eine Einheitsfront mit Chiang Kaishek, um Japan abzuwehren. Zuerst mußte es eine Einheitsfront der Kommunisten geben. Für einen Streit zwischen Mao und Zhang war kein Raum.

Der erste Schritt bestand darin, mit Zhang Guotao Verbindung aufzunehmen. Mao und Zhang tauschten regelmäßige – wenn auch eisige – codierte Funkbotschaften aus. Ende Dezember oder Anfang Januar 1936 (Zhangs Erinnerung zufolge) meldete Mao ihm die Ankunft von Zhang Hao (das war Lin Yuyings Partei-Deckname) als Leiter einer »Komintern-Kommission«.[17] Zhangs Reaktion war, seinen eigenen Worten zufolge, »ekstatisch«. Mao schickte eine Botschaft von Lin, die Zhang von der Einheitsfront-Resolution der Komintern in Kenntnis setzte. Lin sagte, er hoffe, nach Sikang zu kommen, doch aufgrund von »Transportschwierigkeiten« wisse er nicht, ob er es schaffen könne.[18]

Lin war ein alter Freund und Verbündeter Zhangs und genoß dessen Vertrauen. Sie hatten schon 1922 zusammen in der Arbeiterbewegung gewirkt, als Lin sich der Kommunistischen Partei anschloß. Ein jüngerer Bruder, Lin Yunan, hatte ebenfalls mit Zhang gearbeitet. Lin Yuying hatte vor 1925 in Moskau studiert und dann wichtige Posten in Shanghai, Hankou und Harbin gehalten.

Lin gab sich große Mühe, eine Versöhnung zwischen Zhang und Mao herbeizuführen. Und er hatte andere Aufträge. Er sagte Mao, Moskau sei damit einverstanden, daß die Rote Armee, falls das nötig würde, in die Mongolei gehe, um zu überleben. Dasselbe galt anscheinend für Zhang – er konnte nach Xinjiang an der sowjetischen Grenze ziehen.

Lin Yuying brachte noch eine Empfehlung der Komintern mit –

die chinesischen Kommunisten sollten internationale Verbindungen herstellen. Sie sollten keine kleine, zurückgezogene Gruppe mehr sein, die in den entlegensten Tiefen Chinas kämpfte. Diese Instruktion könnte Edgar Snow den Weg geebnet haben, im Sommer 1936 nach Nordshaanxi zu reisen. Mao war ausdrücklich gesagt worden, er solle »internationale« Verbindungen anknüpfen. Snow hatte schon geraume Zeit versucht, in die »roten Gebiete« zu gelangen. Nach Lin Yuyings Ankunft kam Snows Genehmigung bald durch, vermutlich arrangiert von Liu Shaoqi, der gerade das nördliche Untergrundbüro der Partei in Tianjin wiederhergestellt hatte.[19]

Lins Funkdiplomatie brachte Zhang schließlich zum Einlenken. Stillschweigend stimmte er zu, sein »Provisorisches Zentralkomitee« fallenzulassen gegen das Versprechen – von Lin unterschrieben – eines Parteikongresses zur Lösung aller organisatorischen Fragen. Mao war bereit, Zhang als Leiter des »Nordostbüros« des Zentralkomitees zu akzeptieren. Eigentlich hatte es »Nordwestbüro« heißen sollen, doch es gab einen Fehler bei der Codierung der Botschaft, und so kam »Nordost« statt »Nordwest« heraus.[20]

Als Xiao Ke und He Long in Ganzi eintrafen, war Lins Handel bereits geschlossen. Zhu De war auf seinen Posten als Oberkommandierender zurückgekehrt, und die Ankunft der Zweiten und Sechsten Armee stärkte sein Selbstvertrauen erheblich. Liu Bocheng war wieder Stabschef, und Zhang war bereit, aufzubrechen und sich erneut Mao anzuschließen. Ein großer Teil der schlechten Atmosphäre war, wie Xiao Ke es empfand, verflogen.[21]

Es gab einen Haken. Zhang hatte Moskau die Zustimmung zu seiner schon lange gewünschten Expedition nach Westen abgerungen – in die Provinz Xinjiang, wo Stalin, wenn man Zhang glauben kann, eine Versorgungslinie versprochen hatte. Zhang behauptete, Stalin begünstige eine Expedition nach Westen, um die Kommunisten von Chiang Kaishek fernzuhalten und einen Zusammenstoß zu vermeiden.[22]

Zhu De, der große alte Krieger, nahm seinen Beruf wieder auf. Er gab Zhangs Armeen den Befehl, zum dritten Mal die Schneeberge und die schrecklichen Grasländer zu überqueren, die Xu Shiyou als »Todeszone« bezeichnete, und sich in Nordshaanxi Mao anzuschließen. Die Armeen zogen erst am 14. Juli 1936 aus, um der Zweiten Frontarmee etwas Ruhe zu gönnen.[23]

Im August standen die Truppen südlich von Lanzhou in der Nähe von Ningxia und des Gelben Flusses, als ein Streit ausbrach. Zhang wollte in nördlicher Richtung über den Gelben Fluß nach Ningxia marschieren und dann entweder nördlich zur mongolischen Grenze oder, was wahrscheinlicher ist, westlich nach Xinjiang – in beiden Fällen, um Kontakt mit den Russen aufzunehmen. Sein Politischer Kommissar Chen Changhao wollte in Südgansu eine Basis errichten, die eine Erweiterung von Maos Basis in Nordshaanxi sein sollte.[24]

Es war das erste Mal, daß Zhang und Chen Changhao eine größere Meinungsverschiedenheit hatten. Doch am Ende stimmte Chen Changhao Zhangs Entscheidung zu, die auch die Billigung Mao Zedongs hatte. Es ist kaum zu bezweifeln, daß Moskau dem Abenteuer am Gelben Fluß seinen Segen gegeben hatte, und zwar als Teil des von Lin Yuying ausgearbeiteten Kopplungsgeschäfts.

Li Xiannian wurde eine Funkbotschaft von Mao und Wang Jiaxiang gezeigt, in der Lis 30. Armee ausdrücklich befohlen wurde, den Gelben Fluß zu überqueren. Wie Li Xiannian sich erinnerte, las er das Telegramm viele Male, um sicherzugehen, daß die Bedeutung »tief in seinem Gedächtnis verankert« war.

Li Xiannian hatte keine Zweifel: »Das war ein anderer Fall als die früheren Bemühungen Zhangs, die Kräfte der Roten Armee zu spalten. Die Überquerung entsprach spezifischen Befehlen des Zentralkomitees.«[25]

Zhang versuchte andere Armeen zu überreden, sich ihm anzuschließen – sowohl die Zweite Frontarmee als auch die Erste. George Hatem, der amerikanische Arzt, war zufällig eines Nachmittags in einer kleinen Hütte an einem ausgetrockneten See mit Zhang zusammen. Eine Menge Landkarten lagen ausgebreitet da, und Zhang versuchte, He Long zu überreden, seine Zweite Frontarmee über den Gelben Fluß zu bringen. He Long weigerte sich. *»Qu ni ma di«*, sagte er zu Zhang. »Geh, fick deine Mutter.«[26]

Der Befehl setzte das verheerendste Unheil in Gang, das der Roten Armee je zustoßen sollte – die Zerstörung von Zhangs Vierter Frontarmee. Die Überquerung des Gelben Flusses gelang. Sie wurde in Hubao durchgeführt, von Li Xiannian als »Tiger-Übergang« bezeichnet, nicht weit von Jiangyuan. Es gab nur hundert Verluste. Die Tragödie setzte erst danach ein.[27]

Als 20 000 von Zhangs 35 000 Mann über den Fluß waren, tauchte plötzlich eine Elitedivision der KMT auf, eroberte den Übergang und spaltete Zhangs Kräfte. Die Neunte und die 30. Armee, die Fünfte Armee (Maos altes, kampfgestähltes Nachhutkommando) und die Stabsabteilungen von Kommandeur Xu Xiangqian und Politkommissar Chen Changhao (die die Operation leiteten) hatten zum Nordufer des Flusses übergesetzt. Zhang Guotao, Zhu De, die Vierte und die 31. Armee, Kadettenschule und Stab waren am Südufer abgeschnitten. Sie kamen nie hinüber.[28]

Die Vernichtung der Truppen auf der Nordseite des Flusses wurde von Ma-Kavallerie durchgeführt. Die Ma-Reiter waren wild und geschickt, trugen weiße Turbane, hatten Schnellfeuer-Karabiner, Krummsäbel und Peitschen. Sie ritten wie der Wind. In zwei Stunden konnten sie auf ihren kurzbeinigen Ponys Entfernungen zurücklegen, für die die zu Fuß marschierenden Männer der Roten Armee einen ganzen Tag brauchten. Die Ma waren großgewachsen, hatten dichte Bärte, mandelförmige Augen und kaukasische Züge. Edgar Snow zufolge badeten sie fünfmal am Tag.[29]

Die Ma-Truppen versperrten den Kommunisten den Weg nach Norden, und nach einer Beratung mit Zhang zog die Rote Armee westwärts. Viele Jahre später sagte Li Xiannian, daß sie, wenn sie sofort nach Westen marschiert wären, Westgansu und Xinjiang ohne Schwierigkeiten hätten nehmen können. Nun war es zu spät. Die Ma-Reiter hatten Blut geleckt. Die Moslems vernichteten das Frauenregiment. Die 2000 Frauen wurden gefoltert, vergewaltigt, auf den lokalen Sklavenmärkten verkauft, getötet.[30]

Irgendwie schlug sich die verlorene Truppe, der »Westflügel«, wie Zhang Guotao sie nannte, nach Westen durch, immer wieder von der Moslemkavallerie angegriffen. Telephonist Ye Yingli war in der 39. Division der fünften Armee. Bei Linze südlich des Gelben Flusses und nördlich der Qilian-Berge wurden sie eingekreist, aber sie brachen aus und schlossen sich den Resten der 30. und der Neunten Armee an.[31]

Es gab Konsultationen mit dem Zentralkomitee in Shaanxi. Sie hatten noch immer ein Funkgerät. Shaanxi sagte ihnen, sie sollten versuchen, sich den Rückweg zu erkämpfen. Das war unmöglich. Sie zogen weiter nach Westen. Die Ma-Kavallerie setzte nach. Der Rest der Neunten Armee wurde zerschlagen. Der Politische

Kommissar fiel; der Kommandeur Sun Yuqing vor eine Kanone gebunden und zerrissen. Lis Vertreter Xiong Houfa wurde getötet.[32]

Die Überlebenden waren verzweifelt. Zerschlagene Einheiten. Keine Nahrung. Die Kommandeure zum größten Teil tot. »Nur der Kampfgeist brachte uns durch«, sagte Li Xiannian. »Wenn wir nicht gekämpft hätten, hätte man uns die Köpfe abgeschlagen.«

Sie hielten eine Versammlung ab. Chen Changhao verlas ein Telegramm des Zentralkomitees, das ihn nach Shaanxi zurückrief. General Xu Xiangqian war bereits abgereist. Li Xiannian erhielt das Kommando.[33]

Sie machten sich auf den Weg in die Berge. Wieder machte die Ma-Kavallerie ihnen zu schaffen. Ein weiteres Treffen in einem einsamen Kanglu-Tempel hoch in den Bergen, an einem verlassenen Ort, wurde zusammengerufen. Den Feind hatte man hinter sich gelassen. Sie beschlossen, sich in kleine Gruppen aufzuteilen und zu versuchen, durch die feindlichen Reihen zu schlüpfen. Ein Kommandeur, Cheng Shizai, tötete sich in seiner Verzweiflung selbst. Telephonist Ye blieb in einer Einheit zurück, die Li Xiannian und was von der Vierten Armee übrig war, Deckung geben sollte. Dann teilte sie sich in Gruppen von vier oder fünf Leuten auf und versuchte, nach Shaanxi durchzukommen. Ye kam bis Wuwei in Gansu; dort wurden er und viele andere, als Bettler gekleidet, von der KMT aufgegriffen und mußten Straßenbauarbeiten verrichten. »Vermutlich wußten sie, daß wir von der Roten Armee waren«, sagte Ye, »doch sie zogen es vor, daß wir uns zu Tode arbeiteten.«[34]

Li Xiannian führte seine Gruppe über die hohen Qilian-Berge und hinunter in das Qaidam-Salzbecken in Qinghai. Sie hatten keine Landkarten und berechneten ihre Position mit Hilfe von Kompaß und Sternen. Sie kamen zu dem Schluß, daß sie den Jiuquan-Paß am Ende der Großen Mauer erreicht hatten und auf Anxi zumarschierten, in der Nähe der alten Seidenstraße, die durch das buddhistische Heiligtum von Dunhuang führt und westlich zu den Oasen von Hami, Gulja, Kashi, Kokand, Samarkand und weiter nach Persien.

Dann, wie Li Xiannian 1984 kopfschüttelnd sagte, machte er einen Fehler. Er griff Anxi an. Ein weiteres Desaster. Hunderte von Verlusten. Danach hatte er wahrscheinlich nur noch etwa tausend

Männer und Frauen. Sie wurden in die Wüste Gobi getrieben. Keine Straßen. Keine Namen. Keine Nahrung. Kein Wasser. Keine Hoffnung.

Eines Tages erschien am westlichen Himmel ein Flugzeug, kreiste und landete. Ein Mann in braunem, ledernem Fliegeranzug sprang heraus. Es war Chen Yun, der außerordentliche Parteidelegierte, von dem man zuletzt gehört hatte, als er nach Moskau reiste, um dort über Zunyi zu berichten. Er war im Zuge einer Rettungsaktion nach Urumchi geschickt worden. Das Flugzeug nahm Li Xiannian auf, flog ihn nach Lanzhou, und mit einem Lastwagen fuhr er am 1. Januar 1938 nach Yan'an hinein, der letzte, der in die Heimat kam – von seinen Truppen abgesehen. Wenig mehr als tausend von ihnen trafen im Frühjahr 1938 ein. Sie wurden gerettet durch die neue Ära der Zusammenarbeit zwischen KMT und Kommunisten, die durch den Xi'an-Zwischenfall herbeigeführt worden war – die Entführung Chiang Kaisheks am 14. Dezember 1936.

Als schließlich die Wiedervereinigung der Vierten Frontarmee von Zhang Guotao und der Ersten Armee zustande kam, und zwar in der alten Marktstadt Huining, 130 km südöstlich von Lanzhou, gab es einen amerikanischen Augenzeugen.[35]

Das war George Hatem, geboren in Buffalo, N.Y., ausgebildet an der University of North Carolina und der Amerikanischen Universität in Beirut. Er hatte ein medizinisches Examen der Universität Genf in der Schweiz. Er war 26 Jahre alt und hatte glänzende, braune Augen. Kaum etwas entging ihm.

Truppen der 15. Armee der Ersten Frontarmee waren am 2. Oktober durch das West- und Nordtor in Huining eingebrochen. Die Angriffstruppe umfaßte 800 Mann, die der Verteidiger nur 400. Die KMT versuchte am 5. Oktober, die Stadt zurückzuerobern, wurde aber abgewiesen. Weitere Truppen der Ersten Armee unter dem Veteranen Chen Geng zogen in Huining ein, einer schönen, ummauerten alten Stadt mit etwa 2000 Einwohnern und hübschen Toren im Norden, Süden, Osten und Westen. Heute besteht nur noch das Westtor, das in den Jahren 1983–1984 sehr schön restauriert wurde.

Die Stadt war geschmückt mit Bannern, Parolen und Flaggen. Als die Männer der Vierten Armee, kommandiert von General Xu Xiangqian, einzogen, gab es Hochrufe, Geschrei und Jubel. Es war ein schöner Herbsttag, die Sonne schien warm; morgens herrschte kein Frost mehr, nachts fror es ein wenig.[36]

Die Ernte war eingebracht, das Getreide in den Scheunen gelagert, und man wartete darauf, daß Frost die Erde in den Höfen härtete, um die Dreschflegel benutzen zu können. Ein paar Bauern säuberten die Felder für den Winter. Dies war kein Weizengebiet. 1936 wurden größtenteils Hirse, Mais und Buchweizen angebaut. Kartoffeln und Kürbisse waren bereits von den Feldern geerntet und an den Gipswänden der Häuser gestapelt. Stränge von Paprika trockneten noch.

Man war fröhlich in der Nacht des 8. Oktober und noch mehr in der des 9., als Zhang Guotao und Zhu De mit der Generalstabsabteilung eintrafen. Liu Bocheng war nicht zugegen. Er war bei der Überquerung des Wei-Flusses verwundet worden.[37]

Die große Feier wurde am 10. Oktober abgehalten – auf einer Plattform vor dem konfuzianischen Tempel, der noch immer im Herzen von Huining steht. Damals gab es vor dem Tempel einen großen, freien Platz – der heute nicht mehr existiert. Hier wurden mehrmals im Jahr Märkte abgehalten.

Hatem, ein kleingewachsener, vitaler Mann, gerade als Arzt zur Roten Armee gestoßen, nachdem er in Gesellschaft von Edgar Snow in Nordshaanxi angekommen war, saß mit der Prominenz auf der Plattform – Zhang Guotao, Xu Xiangqian, Zhu De, Peng Dehuai, Nie Rongzhen, Lin Biao und allen anderen. Er erregte viel Aufmerksamkeit. Niemand wußte, wer er war, man sah nur, daß er ein Ausländer war. Alle wußten, daß die Komintern bei dieser Wiedervereinigung die Hand im Spiel hatte. Schnell verbreitete sich die Annahme, Hatem sei der Komintern-Mann.[38]

Zhu De sprach. Niemand scheint sich zu erinnern, was er sagte. Glückwunschtelegramme des Zentralkomitees in Nordshaanxi wurden verlesen. Die Gäste ließen sich frischgeschlachteten Hammel, Huhn und Schweinefleisch schmecken. Es gab *mingning jiu*, einen Wein der Gegend. Alle lachten und waren fröhlich. Niemand hatte Eile, diesen freundlichen Ort zu verlassen. Die meisten Truppen blieben bis um den 20. Oktober. He Long und Xiao Ke trafen erst am 19. und 20. Oktober ein. Ihre Truppen hatten Huining umgangen.[39]

Hatem, der noch nicht seinen chinesischen Namen Ma Haide hatte, schrieb seine Eindrücke von Zhu De nieder: »Dünn wie ein

Geist, aber stark und gesund . . . voller Bartwuchs . . . sieht nicht wie ein militärischer Befehlshaber aus . . . eher wie der Vater der Roten Armee . . .«

Zu Zhang Guotao: »Der Politische Kommissar . . . fett, groß und glatt. Ich frage mich, wieso er noch so dick ist, während alle anderen jedes Gramm Fett verloren haben . . .«

Über den Tag: »Was für eine Wiedervereinigung . . . Männer fallen einander in die Arme, lachend und weinend.«[40]

Am 2. Dezember ritten Zhang Guotao, Zhu De und Zhou Enlai in Bao'an ein. Lin Biao traf sie vor der Stadt und führte sie zur Roten-Armee-Schule. Dort standen Mao und seine Männer vor der Akademie. Die Studenten jubelten. Mao Zedong und Zhang Guotao erstiegen eine hölzerne Tribüne. Sie hielten Reden. Sie gratulierten einander. Der Lange Marsch war zu Ende. Die Brüder waren wieder vereint. Mao und seine Armeen hatten 25 000 *li* zurückgelegt – 10 000 km. Die anderen hatten eher noch mehr hinter sich gebracht. Sie hatten Berge erklommen, Flüsse überquert, Schlachten geschlagen, den Feind abgewehrt und die Botschaft unter das Volk getragen. Vor ihnen lag die Erneuerung einer Nation.

Kapitel 30

»Mit kaltem Auge überblicke ich die Welt«

Ende Juni 1959 erstieg Mao Zedong den lieblichen Berg von Lushan, einen 1350 m hohen Gipfel hoch über dem Tal des Yangtze im Süden von Wuhan, der großen Industriestadt, die als einer von Chinas drei »Öfen« bekannt ist. Während Wuhan in der Hitze schmachtete, zog kühle, reine Luft über die blütenbedeckten Höhen des Lushan, der ein beliebter Sommeraufenthalt von Missionaren war. Chiang Kaishek hatte hier eine Residenz. Mao liebte diesen Ort.

Soeben hatte er das Heim seiner Jugendzeit in Shaoshan in der Nähe von Changsha besucht. Das Erlebnis hatte ihn bewegt. In den Jahren seit seinem letzten Besuch in Shaoshan, ehe er 1927 den Weg der Revolution einschlug, hatte es, wie er schrieb, »bittere Opfer« und »kühne Entschlossenheit« gegeben, »Sonne und Mond in neuen Himmeln scheinen zu lassen«.

Nun saß er in einem Korbsessel auf einer Terrasse über dem Tal des großen Flusses und wartete auf seine Genossen. Wie so oft nahm Mao den Pinsel zur Hand und schrieb mit den kühnen Strichen seiner Kalligraphie ein Gedicht, das er »Die Ersteigung des Lushan« nannte:

> Über vierhundert Biegungen bin ich zum grünen Kamm
> gesprungen.
> Mit kaltem Auge überblicke ich jetzt die Welt jenseits der
> Seen ...[1]

Worte, über die er nachdachte, während seine Genossen sich auf diesem duftenden Gipfel knapp 320 km vom Jinggangshan entfernt versammelten, den Mao 1927 mit seinen zerlumpten »Roten Banditen« erstiegen hatte, ein Gejagter, auf dessen Kopf ein Preis stand, ein Unbekannter, in dessen Brust der Glaube an seine Mission brannte.

Der Glaube an seine Sache hatte ihn hinauf in den Jinggangshan getragen. Er hatte ihn über die tausend Berge und zehntausend Flüsse des *Chang Zheng* geführt. Als seine bemerkenswerte Truppe sich in Nordshaanxi sammelte, als alle Armeen zusammengekommen waren – seine eigene Erste Frontarmee, die Zweite Frontarmee von He Long und Xiao Ke, die 15. Armeegruppe und sogar die Überreste von Zhang Guotaos Vierter Frontarmee –, hatte sich dieser Glaube zu Stahl gehärtet. Die revolutionäre Truppe war vollständig. Der Marsch hatte einen hohen Preis an Menschenleben und Opfern gefordert. Weitere standen bevor. Doch die Gewinne waren noch größer gewesen.

Die führenden Kader und Kommandeure hatten überlebt, und die meisten würden auch die kommenden Schlachten überleben. Am schlimmsten waren die Verluste unter den in Südjiangxi Zurückgelassenen gewesen. Doch selbst dort hatte eine Handvoll überlebt.

Sie hatten blutige Schlachten mit Chiang Kaishek ausgefochten und auch untereinander gestritten. Gedanken an diese Kämpfe dürften Mao gekommen sein, als er vor der Politbüro-Sitzung und der anschließenden Plenarsitzung des Zentralkomitees auf seine Genossen wartete.

Nicht ein führender Revolutionär war während des Langen Marsches zum Feind übergegangen. Mit jedem der 25 000 *li* waren sie stärker geworden, bis Maos Führerschaft außer Frage stand. Der Marsch hatte unter Argwohn, Eifersucht, Intrigen und Ängsten begonnen, und Mao hatte abseits gestanden. Als der Marsch endete, herrschte unerschütterliches Vertrauen. Mao hatte die Führung übernommen und mit pragmatischer Diplomatie seine Feinde für sich gewonnen. Nur Zhang Guotao wurde 1938 abtrünnig, schloß sich kurz Chiang Kaishek an und ging dann nach Hongkong und Kanada ins Exil. Bo Gu übernahm die Zeitung *Befreiung* und war auf dem Weg zu einer bedeutenden Rolle, als er 1946 bei einem Flugzeugabsturz umkam. Luo Fu und Wang Jiaxiang waren treue Anhänger Maos geworden. Zhou Enlai, sein geschicktester Rivale, war nun sein brillanter Stabschef.

Mao hatte viel Stoff zum Nachdenken, während er in seinem Korbstuhl saß und zum blauen Horizont blickte. Nordshaanxi – wer hätte es je als revolutionäre Basis gewählt? Öde, isoliert, endlose Lößhügel, braun, dürr, keine Bäume, kein Gras, kein Wasser, grausame Winde, die einem den Sand wie Schrot ins Gesicht trieben, die bäuerliche Bevölkerung arm, unwissend, verstreut lebend, krank. Xi'an, Chinas uralte Hauptstadt von Changan, war eine Wochenreise über Berge und Wüsten entfernt. Seit Generationen waren die Hügel das Revier bewaffneter Banden gewesen, ein Land der Anarchie, feudaler Clans und Geheimgesellschaften.

Und doch hatte es sich, wie Mao sehr wohl wußte, als glückverheißende Umgebung für die Revolution erwiesen, vor allem nach dem Zwischenfall von Xi'an, der Entführung Chiang Kaisheks im Dezember 1936, die zum Waffenstillstand zwischen KMT und Kommunisten und zur Einheitsfront gegen Japan geführt hatte. In Yan'an hatte Mao nachdenken und schreiben und Chinas Zukunft erwägen können. Hier hatte er seine Bewegung zu dem revolutionären Elitekorps gemacht, das China gewann. Hier war aus dem Geist des Langen Marsches das entstanden, was dann als Geist von Yan'an bezeichnet werden sollte – die Philosophie, die Struktur und die Taktik, auf denen Mao seinen kommunistischen Staat errichtete.

Mao und seine Männer und Frauen waren unter dem Banner des Langen Marsches angetreten, um China zu erobern. Sie hatten Chiang Kaishek besiegt und ihn vom Festland vertrieben trotz amerikanischer Unterstützung für die KMT und trotz Stalins Bemühungen, für Chiang ein Reich südlich des Yangtze zu retten. Sie hatten ihren Weg in der Welt gemacht. Sie hatten den Vereinigten Staaten in Korea Einhalt geboten, und sie kämpften, wie Mao genau wußte, dafür, ein ökonomisches, politisches und soziales System zu schaffen, das China den Anschluß an die moderne Welt bringen würde.

Alles war so schnell gegangen. Schneller, als irgend jemand erwartet hatte. Schneller sogar, als er selbst es erwartet hatte, obwohl er daran vielleicht nicht mehr dachte, als er auf dem Lushan in der Sonne saß.

George Hatem, der amerikanische Arzt, der Chinas Revolution von innen sah, nachdem er 1936 mit Edgar Snow nach Nordshaanxi gekommen war, wurde 1984 gefragt, ob er Deng Xiaoping 1936 in Bao'an gekannt habe. Natürlich, antwortete er, jeder habe Deng Xiaoping gekannt. Ob er damals je daran gedacht habe, Deng könne eines Tages der Führer Chinas sein? »Nie«, sagte George mit einem Zwinkern. »Aber ich habe auch nie gedacht, daß Mao das werden würde. Wir dachten damals nicht, daß die Revolution zu unseren Lebzeiten kommen würde. Wir dachten, sie würde in der nächsten Generation stattfinden – in der nach Mao.«[2]

Während Mao da auf dem Berg saß, sein Gedicht vollendet, und auf seine Genossen wartete, könnte er über die Probleme der Gegenwart nachgedacht haben – die Nachwirkungen seines Großen Sprungs Nach Vorn (Stahlproduktion in den Hinterhöfen) und der Kollektivierung der Bauern in Kommunen (blaue Ameisen); sein tiefes Zerwürfnis mit Rußland und Nikita Chruschtschow (Atombomben) und die Ansichten und Einstellungen einiger seiner eigenen Genossen (kritisch).

»Mit kaltem Auge überblicke ich die Welt . . .« hatte Mao in seinem Gedicht geschrieben. Mit kaltem Auge . . . Diese Versammlung der Revolutionshelden würde nicht viel Poetisches an sich haben.

Der rauhe alte Peng Dehuai, Chinas Kommandeur im Krieg gegen die Japaner und im Krieg gegen die Amerikaner in Korea, war nach Hunan hinuntergegangen. Er hatte sein Heimatdorf Wushi und Maos Dorf Shaoshan besucht. Er wollte Berichte überprüfen, denen zufolge die Zustände auf dem Lande infolge des Großen Sprungs Nach Vorn ganz und gar nicht in Ordnung seien.*

Die Lage, die Peng vorfand, war verheerend. Bauern ohne Nahrung, die Felder unbestellt, die Beamtenschaft durcheinander, die Produktionsziffern frisiert – auf Befehle aus Peking hin immer wieder übertrieben. Niemand war so barsch und ehrlich wie Peng. Er teilte Mao in einem Brief seine Ansichten mit. Mao reagierte, als habe Peng ihm eine Bombe unter den Stuhl gelegt. Peng wurde abgesetzt, vertrieben, sechzehn Jahre lang gemieden und schließlich ermordet. »Das war das Ende«, sagte ein nachdenklicher chinesischer Beobachter. »Nach der Hundert-Blumen-Kampagne für ›Meinungsfreiheit‹ der Intellektuellen, denen dann im übertragenen Sinne die Köpfe abgeschlagen wurden, und nach Lushan wagte niemand mehr, Mao zu widersprechen. Alle hielten den Mund. Es war zu gefährlich. Die Hundert Blumen brachten die Menschen

* Einige ausländische Spezialisten schätzen, daß zehn bis zwanzig Millionen Bauern in der Hungersnot der Nachwirkungen des Großen Sprungs Nach Vorn starben. Offizielle Schätzungen sind nicht zugänglich.

außerhalb der Partei zum Schweigen. Lushan brachte die Partei zum Schweigen. Es führte direkt zur Kulturrevolution.«[3]

Zuerst wurde Peng aus Zhongnanhai fortgeschickt, dem Wohnviertel der Führung neben der Verbotenen Stadt. Er wurde in die Wu-Familiengärten in den westlichen Vororten Pekings verbannt. Dort leistete er körperliche Arbeit. Wie er schrieb: »In meinem Leben als Soldat hatte ich nie auch nur einen Augenblick Ruhe. Nun habe ich im Alter nichts zu tun als Pfirsiche zu ziehen.« 1962 schrieb er Mao einen Brief von 80 000 Schriftzeichen, in dem er sein Leben und seine Philosophie erläuterte. (Teile seines Manuskripts schickte er zur sicheren Aufbewahrung in das Dorf Wushi.) Im November 1965 gewann er einen Aufschub, als Mao ihn als stellvertretenden Leiter des Militärbauwesens nach Sichuan schickte (Mao fürchtete, die Amerikaner seien im Begriff anzugreifen). Der Aufschub währte nicht lange. Die Kulturrevolution lag in der Luft, und bald befand sich Peng in den Händen derer, die ihn verhörten. Wieder und wieder schrieb er seine Lebensgeschichte auf, weil er glaubte, er würde entlassen, wenn er die Wahrheit sagte. Er wurde nicht entlassen. Er wurde geschlagen und geschlagen und wieder geschlagen. Er wurde verhört und verhört. Er wurde von schweren Fäusten zu Boden geschlagen und mit Stiefeln getreten, bis seine Lunge zerstört und seine Rippen gebrochen waren. Er wurde öffentlich in den Straßen zur Schau gestellt. Er war 68, als das begann, und 76, ehe es endete. Er war zäh. Er wurde 130mal verhört. Am Ende konnte er nicht mehr von seinem Bett aufstehen. Man verweigerte ihm das Recht, sich aufzusetzen, Wasser zu trinken, auf die Toilette zu gehen, sich im Bett umzudrehen. Sein Körper hielt nicht mehr stand, und er starb am 29. November 1974. Mit keinem einzigen Wort erklärte er sich für schuldig.[4] General Yang Shangkun, sein Freund und Verbündeter, schrieb: »Peng Dehuai war ein Mann, der es wagte, nach der Wahrheit zu suchen, um China zu retten.«

Und welches war das »Verbrechen«, das Mao aus Peng herauszuprügeln versuchte? Daß der alte Marschall einem »Militärklub« vorgestanden hätte, der sich verschwor, ihn zu stürzen. Es gab natürlich weder »Klub« noch Konspiration.

Mit kaltem Auge blicke ich auf die Welt . . . Mao holte die Männer seines Langen Marsches nicht mehr in seine Nähe. Luo Fu hatte Mao mit Stalin verglichen und ihn als Mann beschrieben, der »Menschen mit sehr starker Hand auf den rechten Weg führt.«[5] Luo Fu bekam Maos starke Hand zu spüren. Einen Monat nach Lushan verlor er seinen Posten als Erster Stellvertretender Außenminister und bekam Arbeit im Bereich der Wirtschaft zugeteilt. Die kleine Liu Ying, seine Frau, verlor ebenfalls ihre Stellung im Außenministerium.

Liu Ying hatte sich den Gefahren des Langen Marsches ohne Zögern gestellt. Mit 75 war sie den Tränen nahe, als sie von den letzten Tagen ihres Mannes berichtete; sie zerdrückte ihr Taschentuch in den Händen und zupfte an der Schulter ihrer gutgeschnittenen grauen Jacke. Man hatte versucht, eine Spionagebeschuldigung gegen ihn zu fabrizieren – er sollte für die Sowjetunion spioniert haben. »China hat solche feudalen Traditionen«, sagte Liu Ying, »daß, wenn der Ehemann leidet, die Ehefrau ebenfalls leidet.« Man verlangte von ihr die Aussage, ihr Mann habe für Moskau spioniert. Er wurde ins Gefängnis gesteckt. Sie ebenfalls. »Du mußt es uns sagen«, hieß es. »Es ist ein Dienst an der Partei.« Sie weigerte sich. Sie sagte dem, der sie verhörte, Mao glaube daran, die »Wahrheit in den Tatsachen zu suchen«. »Also galt ich als unfähig, eine klare Trennungslinie zwischen meinem Mann und meiner Arbeit zu ziehen«, sagte sie.

Luo Fu wurde zu »Kampfsitzungen« vor die Roten Garden geschleppt. Liu Ying mußte zusehen. Nach einer Benachrichtigungsfrist von drei Tagen wurden sie auf Befehl Lin Biaos nach Guangdong in der Gegend von Zhaoqing, westlich von Canton, in den Gewahrsam eines Militärkommandos verbannt. Sechs Jahre lebten sie dort in Schutzhaft. Luo Fu verfaßte ökonomische Schriften – doch wer beachtete sie? Seine Gesundheit verschlechterte sich zusehends – hoher Blutdruck, Herzkrankheit. Er erhielt nicht die Erlaubnis, sich in Peking behandeln zu lassen. Er bat um eine Verlegung in seinen Heimatbezirk in der Nähe von Shanghai. Sie wurde ihm verweigert. Statt dessen schickte man ihn nach Wuxi in Jiangsu. Die medizinische Behandlung war unzulänglich. Er starb am 1. Juli 1976 im Alter von 76 Jahren. Es gab keine Gedenkfeier. 1978 wurde er – zusammen mit Peng Dehuai und anderen – »rehabilitiert«. Schließlich wurde eine Gedenkfeier abgehalten, und

Liu Ying wurde ebenfalls rehabilitiert. Mit Hilfe von Hu Yaobang, Generalsekretär der Partei, wurde sie Mitglied des Disziplinarausschusses der Partei.[6]

Zhu Zhongli war 23, »sehr jung«, wie sie erklärte, als sie im Oktober 1938 bei der Sechsten Vollversammlung des Sechsten Parteikongresses Wang Jiaxiang kennenlernte – Maos Partner bei der »Sänften-Verschwörung«. Sie erinnerte sich noch an den Augenblick. Sie war Ärztin und hatte bei der Versammlung Dienst; sie stand an der Tür der Halle, als Mao, Zhou Enlai und Wang Jiaxiang eintraten. Mao machte ein Wortspiel über eine »Leder-Firma«, das sie nicht verstand, und sie errötete. »Wenn du diese Leder-Firma führen möchtest«, sagte Mao, »mußt du lernen, nicht zu erröten.«

Es muß ein hübsches Erröten gewesen sein. Wang erreichte es, mit ihr bekannt gemacht zu werden, und bald waren sie verheiratet. Wang Jiaxiang hatte soeben eine wichtige Botschaft aus Moskau mitgebracht, in der Stalin und die Komintern Mao als Führer der chinesischen Partei anerkannten und die Parteimitglieder anwiesen, sich geschlossen hinter ihn zu stellen. Stalin sagte außerdem, die Chinesen bräuchten nicht zu fürchten, infolge der Einheitsfrontpolitik im Meer einer nationalistischen Revolution unterzugehen.

Beinahe wäre Wang die Rückkehr nach Yan'an nicht geglückt. Er wurde südlich von Lanzhou von Banditen angegriffen. Sein Leibwächter floh. Wang hatte Propagandamaterial der Partei, einige Waffen und einen großen Vorrat amerikanischer Dollars bei sich. Es gelang ihm, die Banditen davon zu überzeugen, alles, was er habe, sei Papier. Dann stürzte zwischen Xi'an und Yan'an sein Wagen über einen Felsabhang. Kein Schaden außer dem Verlust seiner Brille.

Wang und Zhu Zhongli hatten keine Kinder. Sie erlitt eine Fehlgeburt und mußte sich dann einer Hysterektomie unterziehen. Er hatte einen Sohn von seiner ersten Frau, die im Kindbett starb.

Dieser Mann, dem Mao wieder und wieder das Verdienst zugesprochen hatte, er habe dazu beigetragen, daß er auf dem Langen Marsch im Jahre 1934 die Macht zurückgewann, wurde 1967 verhaftet, auf öffentliche Podien gezerrt, von Roten Garden beschimpft, von Mitgliedern der »Abteilung für internationale Beziehungen« bespuckt, von einem Ausländer ins Gesicht geschlagen, der radikalen Chinesen half, die Zhou Enlai von der Macht vertreiben wollte; er wurde zu Boden geschlagen und erlitt einen Herzinfarkt.

Das war erst der Anfang. Achtzehn Monate lang wurde Wang in einem Raum seines Hauses in totaler Isolation und totaler Dunkelheit gehalten. Zhu Zhongli durfte seine Mahlzeiten zubereiten, mußte sie aber einem Wächter übergeben. Sie durfte ihren Mann weder sehen noch sprechen. Einmal im Monat durfte er ein Bad nehmen. Man hatte das Wasser abgestellt, und seine Frau mußte bei den Nachbarn Wasser holen.

Zhu Zhongli war Ärztin, doch sie durfte ihren Mann nicht behandeln. Manchmal sagte ihr der Wächter, Wang habe eine Erkältung oder Fieber. Sie gab dem Wächter dann Tabletten. Wang Jiaxiangs Gesundheit, die nach seiner schrecklichen Verwundung auf dem Langen Marsch nie wirklich wiederhergestellt worden war, verschlechterte sich rapide. Rote Garden folterten Wangs Sohn zu Tode.

1970 wurde Wang auf Befehl Lin Biaos aus Peking nach Xiangyang in das ferne Han-Fluß-Tal nordwestlich von Wuhan gebracht. Sein körperlicher Zustand war schlecht, sein seelischer Zustand noch schlechter. Er hatte vielen das Leben gerettet, darunter dem Marinekommandeur Xiao Jingguang, dem Ehemann von Zhu Zhonglis Schwester, Xiao San, dem Autor und Kindheitsfreund Maos, möglicherweise auch George Hatem, den der Geheimpolizeichef Kang Sheng für einen Spion hielt. Nun war Wang Jiaxiangs eigenes Leben nicht mehr zu retten. Seine Frau tat ihr Bestes, doch im Januar 1974 starb er im Alter von 73 Jahren.

Mit kaltem Auge blickte Mao auf seine Welt . . . Xue Ming, damals erst 22 Jahre alt, sehr hübsch und Mitglied der Untergrund-Studentenbewegung in Peking, die sich nach Yan'an durchgeschlagen hatte, sah He Long am 7. November 1938 zum ersten Mal. Es war bei einer Versammlung außerhalb des Südtores, einer Feier zum 21. Jahrestag der bolschewistischen Revolution. Sie und einige Freundinnen, darunter auch Ye Qun, hörten, He Long würde da sein, und eilten mit kleinen Papierlaternen an das Tor. He Long sprach beredt und mit lauter Stimme. »Ich war voller Bewunderung«, erinnerte sich Xue Ming. »Ich sah ihn als Helden an.«

Während Xue Ming sprach, eine gutaussehende Frau von 68 Jahren, saß ihre hübsche Tochter Xiaoming neben ihr. Xue Mings

Vater war gestorben, als sie noch ein Kind war; sie wurde von ihrer Mutter, einer Schneiderin, großgezogen. Sie lebten direkt außerhalb von Tianjin (Tientsin). »Ich wollte meiner Mutter helfen«, sagte sie, »doch mein langgehegter Wunsch war es, ein Junge zu werden.«

Sie schloß sich der Studentenbewegung an, und dort lernte sie Ye Qun kennen, die sie im Laufe der Jahre mit grimmiger Leidenschaft zu hassen begann. Ye Qun, so glaubte sie, habe eine schlechte Vergangenheit gehabt und sei vielleicht KMT-Agentin gewesen, ehe sie Xue Ming und andere junge Frauen nach Yan'an begleitete.

1942 kam He Long ziemlich häufig in das Büro, in dem Xue Ming arbeitete. Er war nun von seiner schönen Frau aus dem Langen Marsch getrennt; sie hatte ihn wegen eines anderen Mannes verlassen.[7] Das erste Gespräch zwischen Xue Ming und He Long drehte sich um Ye Qun und Lin Biao. »He Long«, sagte sie, »hatte offenbar einige Erkundungen über mich eingezogen.« Er sagte ihr, Lin Biao machte Ye Qun den Hof, und Ye Qun zeige ihren Freundinnen seine Briefe. He Long meinte, wenn man einen Mann gern habe, zeige man seine Briefe nicht herum, und bat Xue Ming, mit Ye Qun darüber zu reden. Bald darauf heirateten Lin Biao und Ye Qun. Sie luden weder Xue Ming noch He Long ein.

Xue Ming bewunderte und respektierte He Long, doch sie hatte gewisse Vorbehalte. In Yan'an gab es sehr viel mehr Männer als Frauen, das Verhältnis betrug etwa achtzig zu eins. Das war eine ungewöhnliche Situation. Außerdem war sie wesentlich jünger als der General. Er war 46, sie 26. Ein großer Altersunterschied. »Schulmädchen heiraten keine so viel älteren Männer«, sagte sie. »Es gab einen Spruch unter uns Mädchen: Alte Genossen sind großartig, aber sie sind keine guten Liebhaber.«

Dennoch fühlte sie sich zu ihm hingezogen. He Long war sehr mitteilsam, doch wenn er mit ihr zusammen war, brachte er kein Wort heraus. Einige seiner älteren Freunde kamen zu ihr – Ren Bishi, sein politischer Kommissar, und Lin Boqu, der mit Dr. Sun Yatsen gearbeitet hatte. »Sie sagten, He Long sei ein guter Genosse«, erinnerte sie sich. »Ich stand unter einem gewissen Druck.«

He Long und Xue Ming heirateten am 1. August 1942, dem Armeetag, dem 15. Jahrestag des Aufstandes von Nanchang. Sie veranstalteten ein einfaches Abendessen in den Nordwestbaracken außerhalb von Yan'ans Südtor. »Und wir hatten ein wunderbares Eheleben«, sagte sie wehmütig. »Einen Sohn und zwei Töchter.«

Bei der Gründung der Volksrepublik wurde He Long einer der zehn Marschälle Chinas. Aber während der Kulturrevolution stürzte er tief. Xue Ming machte dafür Ye Qun und Lin Biao verantwortlich.

»He Long wäre ein unüberwindliches Hindernis für Lin Biaos Machtergreifung in der Armee gewesen«, sagte sie. »Daher verleumdete Lin Biao He Long.«

Gegen Ende 1966 wurde die Situation kritisch. Zhou Enlai warnte sie, sie sollten ihrem Haus fernbleiben, weil es gewiß von Roten Garden durchsucht würde. Zhou fürchtete, das werde für He Long ein schwerer psychologischer Schlag sein. Also gingen sie zu den westlichen Hügeln. Die Roten Garden durchsuchten am 10. und 11. Januar 1967 das Haus von He Long, brachen den Safe auf und nahmen mehr als tausend vertrauliche Dokumente mit. Eine Weile lebten He Long und Xue Ming einigermaßen friedlich, doch Zhou Enlais Macht, sie zu beschützen, ließ nach. Die westlichen Hügel unterstanden der Kontrolle der Armee, und das hieß Lin Biao, Ye Qun und Geheimpolizeichef Kang Sheng.

Bald wurde He Long gezwungen, zu Kampfsitzungen zu erscheinen, doch diese hörten bald auf. Kang Sheng sagte, der Kampf mit He Long wäre zu schwierig. Der »medizinische Ansatz« sei besser. He Long war schon jahrelang zuckerkrank und auf Insulin angewiesen. Sein Zustand wurde kritisch. Sie verweigerten ihm Insulin und gaben ihm Glukoseinjektionen – ein Fall medizinischen Mordes.

He Long und seine Frau wurden in einem Haus mit Innenhof gefangengehalten. Sie durften nicht nach draußen. Das Wasser wurde abgestellt. Das war im Juli und August. Es war heiß. Sie hatten nur das Wasser, das sie auf dem Dach sammeln konnten, wenn es regnete.

Hin und wieder hörten sie einen Soldaten ein altes Lied über He Long summen. Dann wußten sie, daß er Mitgefühl hatte, wenn er auch wenig tun konnte.

Xue Ming war bis sechs Stunden vor seinem Tod bei He Long. Dann wurde er in einem Krankenwagen weggebracht. Sie durfte ihm nicht folgen.

»Ich habe keine Ahnung, was die Ärzte taten«, sagte sie. »Das war vor und während des Prozesses gegen die Viererbande Gegenstand der Untersuchung.«

Bekannt ist, daß das Krankenhaus weiter große Dosen Glukose injizierte. Kein Insulin. Auf dem Totenschein wird Glukose nicht erwähnt.

Xue Ming wurde sechs Jahre in Gewahrsam gehalten. Unter einer Reihe falscher Namen mußte sie in Guizhou Zwangsarbeit verrichten. Niemand wußte, wer sie war. »Ich war die geheimnisvolle alte Dame der Berge«, sagte sie. Nachdem Lin Biao und Ye Qun 1977 beim Absturz ihres Fluchtflugzeuges in der Äußeren Mongolei umgekommen waren, holte Zhou Enlai Xue Ming nach Peking. Er brauchte einige Zeit, um sie zu finden. Ihre jüngste Tochter, Kiming, war mit ihr im Exil, nachdem sie eine Zeitlang in einer Besserungsanstalt für straffällige Jugendliche in Nordshaanxi festgehalten worden war. Ihr Sohn, He Pengfei, jetzt stellvertretender Stabschef der Armee, saß im Gefängnis. Ebenso die ältere Tochter, He Xiaoming. Sie war 1984 Geschichtsexpertin in der Politischen Abteilung der Volksbefreiungsarmee.[8]

He Long, sagte Xiao Ke traurig, war »ein großer revolutionärer Soldat, einer der Begründer und Schöpfer der Roten Armee. Er kämpfte kraftvoll und ertrug alle Härten.«

Man fragte Xiao Ke, wie es möglich gewesen sei, daß ein solcher Held verhaftet, gefoltert und mit medizinischen Mitteln ermordet wurde. Ein langes Schweigen folgte. Dann sagte Xiao Ke:

»Ich könnte mich selbst als Beispiel anführen. Ich nahm in jungen Jahren an der Revolution teil. Trotzdem wurde ich während der Kulturrevolution ungerecht behandelt. Ich wurde meiner Stellung enthoben, politisch überprüft und nach Jiangxi geschickt, um zweieinhalb Jahre körperliche Arbeit zu verrichten.«

Xiao Ke sprach ruhig. »Als ich aufs Land geschickt wurde, schrieb ich ein Gedicht,« fuhr er fort. »Ich schreibe gerne Gedichte.«

Er nahm ein Stück Papier und einen Stift und schrieb:

»Mühsam auf Strohsandalen wandernd verließ ich Jiangxi,
Im Auto komme ich mit voller Geschwindigkeit zurück.
In meinem schlichten Gepäck sind Werke von Marx und Lenin,
Leichten Sinnes bin ich auf dem Weg zur ›Kaderschule 7. Mai‹.
Die gelben Blüten auf den alten Schlachtfeldern sind längst verwelkt,

Wenn im tiefen Winter die bitteren Westwinde heulen.
In Yunshan schreibe ich diese Verse der Rückkehr,
Ein altes Pferd im Stall will noch immer galoppieren.[9]

Der einarmige Yu Qiuli, Chef der Politischen Abteilung der Armee und Mitglied des Politbüros, sprang aus seinem bequemen Sessel auf, um zu zeigen, wie er während der Kulturrevolution von den Roten Garden gezwungen wurde, »das Flugzeug« zu machen.

Sie stießen ihm ein Knie in den Rücken, zwangen ihn in eine halb gebeugte Position, Arm und Armstumpf nach hinten gezogen, ähnlich wie ein startendes Flugzeug. Das war eines der Lieblingsspiele der Roten Garden.

»Ich hatte es noch relativ leicht«, lächelte er. »Ich gab den Widerstand nicht auf. Ich hatte keine politische Macht gehabt. Ich hatte nie in den ›weißen‹ [KMT] Gebieten gearbeitet. Ich war nie verhaftet worden. Und ich hatte nie Memoiren geschrieben.«

Er wurde beschuldigt, ein Schützling von He Long und Anhänger von Peng Dehuai zu sein. Sie durchsuchten sein Haus drei Tage lang, doch sie fanden nichts. Später sagte Mao, Yu habe Fehler gemacht, sei aber ein guter Genosse gewesen. Er könne auf den rechten Weg gebracht werden. Sein Name kam auf die Liste derer, die sowohl zu kritisieren als auch zu beschützen seien.[10]

Präsident Li Xiannian meinte, er selbst habe in der Kulturrevolution viel Glück gehabt. Er sei nicht »heruntergezogen« worden, obwohl es knapp war. Er wurde »beiseite gestellt«, geschützt sowohl durch Zhou Enlai, der ihn oft zu Besprechungen rief, wenn er gerade zu einer Kampfsitzung gehen sollte, als auch durch Mao selbst. Li Xiannian nahm mit mehreren Generälen, darunter Nie Rongzhen, Ye Jianying und Chen Yi, im Februar 1967 an einem Treffen teil, das der Kulturrevolution gegenüber kritisch war – der »Februar-Umkehrströmung«. Sie wurden »kleine Eidechsen – keine großen Drachen« genannt. Li wurde von 1967 bis 1970 »beiseite gestellt«, und das ersparte ihm ernsthafte Schwierigkeiten. Später, sagte er, sei er erneut beiseite gestellt worden, als Deng Xiaoping kritisiert wurde, und das ersparte es ihm, Deng Xiaoping einen »Mann des kapitalistischen Weges« nennen zu müssen.[11]

Yang Chengwu, der kühne Kommissar des Vierten Stoßregiments, das die Luding-Brücke stürmte, verlor in der verworrenen Politik der Kulturrevolution den Boden unter den Füßen. Zuerst war er ein Liebling der Roten Garden und übernahm die Stellung seines Vorgesetzten Luo Ruiqing, des Stabschefs der Volksbefreiungsarmee, der zum Krüppel geworden war, als er aus einem Fenster im fünften Stock gestoßen wurde oder sprang. Dann mußte er mit General Yang Shangkun »das Flugzeug machen«.

Yang Chengwu stieg steil auf, wurde Mitglied des Politbüros, fiel dann aber bald Lin Biaos Intrigen zum Opfer und verbrachte sieben Jahre im Gefängnis. Er wurde beschuldigt, sich der Kulturrevolution widersetzt und jemandem befohlen zu haben, Jiang Qing, Maos Frau, zusammenzuschlagen.[12]

Xiao Hua, dessen Gedicht über den Langen Marsch von Zhou Enlai und Mao Zedong so bewundert wurde, geriet während der Kulturrevolution rasch unter Beschuß. Er überlebte zwei heftige Angriffe als Direktor der Allgemeinen Politischen Abteilung der Volksbefreiungsarmee. Der dritte brachte ihn für siebeneinhalb Jahre ins Gefängnis und sperrte auch seine Lieder hinter Gitter. Diese Lieder, so sagten seine Angreifer, seien zum Lobe alter Kommandeure der Roten Armee geschrieben worden (fast alle Feinde von Lin Biao).

Xiao Hua durfte seine Lieder im Gefängnis nicht einmal summen. Die Wächter paßten auf. »Ich konnte sie nur in meinem Herzen singen«, sagte er. »Die Bande versuchte auf tausend Arten, mich und meine Lieder umzubringen. Es gelang ihr nicht.«[13]

General Yang Shangkun hat eine erhebliche Auszeichnung vor allen anderen. Er verbrachte mehr Zeit im Gefängnis als irgendein anderer Kommandeur des Langen Marsches. Er wurde im Juli 1966 verhaftet, nachdem Lin Biao verkündet hatte, eine »Untersuchung« habe ergeben, daß Yang sich mit »Untergrund«-Aktivitäten beschäftigt habe. Damit war gemeint, daß Yang Shangkun und andere, einschließlich Luo Ruiqing und Peng Zhen, einen Staatsstreich gegen Mao vorbereitet hätten. Lin Biao schwor feierlich, der Vorsitzende Mao habe »viele Tage lang nicht gut geschlafen«.[14]

General Yang wurde im Juli 1966 verhaftet und bis Dezember 1978 festgehalten. Er wurde als »schwarzer General« verurteilt, bei

Massenkampfsitzungen mit hunderttausend Roten Garden »das Flugzeug zu machen«. Er sei, so wurde behauptet, über wer weiß wie lange Zeiträume Spion für die Russen und während des Krieges durch seine Freundschaft zur amerikanischen Mission in Yan'an auch Spion für die Amerikaner gewesen. Schlimmer noch, man flüsterte auch, er habe möglicherweise Tonbandaufnahmen von Mao Zedong gemacht. General Yang erwähnte die »Flugzeuge« und die Folter nicht. Er sprach von dieser Zeit als von einer »erzwungenen Ruhepause«. Seine Frau, die kleine, funkelnde Li Bozhao, wurde gezwungen, in einem fünfstöckigen Gebäude auf Händen und Knien alle Toiletten zu reinigen. Sie trug Schäden an Rücken und Beinen davon. Neun Jahre lang hatten sie und ihr Mann keinen Kontakt zueinander.

»Doch ich preise mich glücklich«, sagte er mit einem Kopfschütteln. »Keiner aus meiner Familie wurde getötet. Einige meiner Genossen hatten kein solches Glück. Sie wurden getötet, und ihre Kinder wurden getötet und verstümmelt.«

Er hat zwei Söhne und eine Tochter. Beide Söhne haben eine Ausbildung, der älteste ist in der Armee. Seine Tochter wurde aufs Land geschickt. Alle Kinder wurden gezwungen, Zwangsarbeit zu verrichten.

»Ich hatte ziemliches Glück«, sagte er. Er war 1984 76 Jahre alt, robust, aktiv, kernig, hatte viel Arbeit in der Militärkommission und war ein enger Berater von Deng Xiaoping.

Otto Braun verließ China 1939. Er flog in demselben Flugzeug nach Moskau zurück, das Zhou Enlai und seine Frau und Maos Bruder Mao Zemin aus Yan'an herausbrachte. Braun hatte jahrelang versucht abzureisen, doch als Wang Ming 1937 nach China zurückkehrte, warnte er Braun, er solle an Ort und Stelle bleiben (es war die Zeit von Stalins Säuberungen). Braun gab auf, bewarb sich um die Mitgliedschaft in der Kommunistischen Partei Chinas, entledigte sich seiner chinesischen Bauersfrau und heiratete Li Lilian, eine schöne Schauspielerin aus Shanghai. Zhou Enlai versprach, sie könne zu Braun nach Moskau ziehen. Sie kam nie. In Moskau, so schrieb Braun in seinen Memoiren, versuchte Mao Zedong Stalin zu überreden, ihn zu töten; sowohl Zhou Enlai als auch Mao Zetan hätten gegen ihn ausgesagt. Kein zeitgenössischer chinesischer Historiker glaubt daran.[15] Tatsächlich erlaubte Stalin Braun nie mehr, sich mit chinesischen Angelegenheiten zu befassen. Vermutlich wurde er für eine Weile ins Gefängnis gesteckt und dann ins Exil geschickt. Bis zur chinesisch-sowjetischen Spaltung Anfang der sechziger Jahre trat er nicht mehr an die Öffentlichkeit. Dann tauchte er in Ost-Berlin auf und beschäftigte sich bis zu seinem Tode 1974 damit, Polemiken gegen die Chinesen zu schreiben.

Wu Xiuquan, Otto Brauns Dolmetscher, ging im Dezember 1949 nach Moskau, als Mao Zedong und Stalin sich zum ersten und einzigen Mal trafen. Er wurde der Parteispezialist für die Beziehungen zu den Sowjets und östlichen kommunistischen Ländern. 1967 wurde er als russischer Spion verhaftet. »Und auch«, wie er trocken sagte, »als jugoslawischer Spion.« Er verbrachte acht Jahre in Gewahrsam, davon sechs im Gefängnis. Er war noch immer in Einzelhaft, als Präsident Nixon 1972 China besuchte.[16]

Am Ende des Treffens von Lushan sagte Zhu De zu seinen Genossen: »Wenn man bedenkt, daß wir alle einmal aus derselben Reisschüssel gegessen haben!«

1967 erschien in Zhongnanhai, im Wohnviertel der Führung neben der Verbotenen Stadt, ein großes Plakat. Darauf wurde Zhu De als »schwarzer General« bezeichnet. Sein Haus wurde von Roten Garden durchsucht. Kang Keqing, seine Frau, wurde in den Straßen zur Schau gestellt. Zhu De wurde angeklagt, sich »schamlos« als einen der Begründer der Roten Armee bezeichnet zu haben. Er starb im Juli 1976, zwei Monate vor Mao.

Hu Yaobang gehörte nicht zu denen, die während der Kulturrevolution am schlimmsten behandelt wurden, aber auch nicht zu denen, denen es am besten erging. 1964 wurde er von seinen Pflichten als Vorsteher der Jugendliga entbunden und von Mao als Parteisekretär nach Shaanxi geschickt, weil er, wie Mao sagte, »praktische Arbeit brauche«. Nach weniger als zwei Jahren war Hu wieder in Peking und wurde von den Roten Garden in »Kampfsitzungen« kritisiert. Er wurde als einer der »Drei Hus« bezeichnet – er selbst, Hu Keshi und Hu Qilu, die drei obersten Leiter der Jugendliga. Bis 1974 wurde er in Isolation gehalten, dann, vermutlich auf das Eingreifen von Deng Xiaoping hin, wurde er Personal-, dann Propagandadirektor und schließlich Generalsekretär der Partei.

Chen Yi war Chinas Außenminister, als er von fanatischen Roten Garden angegriffen wurde, die das Außenministerium in die Hand bekommen und Zhou Enlai absetzen wollten. Bei einer Kampfsitzung mit brüllenden Peinigern, die ihm eine Narrenkappe auf den Kopf setzten, bat Chen Yi einmal um die Erlaubnis, eine Verabredung mit dem französischen Botschafter einhalten zu dürfen. Er nahm die Narrenkappe ab und sagte den Roten Garden, sie sollten sie sorgfältig aufbewahren. »Ich bin sicher, daß ich sie wieder brauchen werde.« Scherze konnten ihn nicht retten. Er verlor sein Amt, seine Freiheit, seine Gesundheit. Am 8. Januar 1972 starb Chen Yi. Der Totenschein sagt: Krebs. Zwei Jahre später starb seine Frau. Wie immer der Spruch der Mediziner lautet, seine Freunde wußten, daß beide an einer Epidemie gestorben waren, die sich Kulturrevolution nannte.[17]

Mao erschien bei Chen Yis Beerdigung, in einen Pyjama gekleidet. Chen Yi, murmelte er, »war ein guter Patriot, Internationalist und Marxist«. Keiner wußte, was ihm bei dieser Gelegenheit durch den Kopf ging.[18] Als Chen Yi seine Männer von Ruijin aus hinauf in die Berge führte, hatte er ein Gedicht geschrieben: »Zerbrochenes Land und Tod in der Familie.« Am 8. Januar 1972 war niemand da, es zu rezitieren.

Im Wohnviertel Zhongnanhai lag das Haus von Liu Shaoqi, dem Präsidenten Chinas, direkt neben dem von Mao Zedong. Im Juli 1966 begann Liu Shaoqi – verspätet – zu erkennen, daß er selbst die Hauptzielscheibe der Kulturrevolution war. Am 12. Juli war Mao gerade von seinem Bad im Yangtze zurückgekommen. Liu schlenderte nach nebenan, um mit seinem alten Nachbarn zu sprechen. Die Wächter verwehrten ihm den Zutritt. Er telephonierte. Niemand nahm seinen Anruf an. Lius Haus hatte ein Fenster, das auf einen Weg hinausging, auf dem Mao gern spazierenging. Liu saß von morgens bis abends am Fenster und wartete auf Mao. Er kam nicht vorbei.[19]

Liu Shaoqi hatte eine große Familie. Seine Söhne und Töchter wurden von der Kulturrevolution schwer betroffen. Bald begann man sie zu verprügeln. Sein ältester Sohn und seine älteste Tochter wurden an die Grenze von Burma verbannt, wo der Sohn einen tragischen Tod fand und die Tochter in einen Kuhstall gesperrt wurde. Sein zweiter Sohn, Liu Yunrao, kam ins Gefängnis. Seine jüngste Tochter, Xiaoxiao, zehn Jahre alt, wurde von ihren Klassenkameraden geschlagen und durfte nicht mehr die Schule besuchen. Yis zweiter Sohn, Yuanyuan, und sein Freund, der Sohn des verfolgten Bürgermeisters von Peking, Peng Zhen, waren vollkommen mittellos. Sie versuchten, bei einer Blutbank Blut zu spenden. Die Erlaubnis wurde ihnen verweigert. Die dritte Tochter, Pingping, kam ins Gefängnis.[20]

Die Aufzählung der Entwürdigungen und Torturen, denen Liu Shaoqi und seine Familie unterworfen waren, würde Seiten in Anspruch nehmen. Vielleicht ein ganzes Buch. Seine Kinder schrieben einen langen Brief, in dem nur die Hauptpunkte angeführt waren. Er wurde am 5. Dezember 1980 in der *Arbeiterzeitung* von Peking veröffentlicht, sehr lang, aber dennoch kürzer, als er im Original gewesen war. Seine Witwe schreibt ein Buch über Liu Shaoqi, doch sie beschränkt sich darin auf die 44 Tage im Jahre 1960, die er in Ningxiang verbrachte, einem Dorf in Hunan, das nur elf oder zwölf Kilometer von Maos Dorf entfernt ist. Er versuchte dort ebenfalls, die Lage auf dem Land und das, was infolge des Großen Sprunges Nach Vorn, der Vergesellschaftung und Maos übriger Politik geschehen war, zu bewerten.

Eine Zeitlang bemühte sich Zhou Enlai, mit Liu Shaoqi und seiner Familie telephonisch in Verbindung zu bleiben. Dann brachen die Roten Garden ein und rissen den Telephonanschluß heraus. Zhou warnte die Lius, die geschützte Zone von Zhongnanhai nicht zu verlassen. Doch die Roten Garden lockten Wang Guangmei, Liu Shaoqis Frau, mit einem Trick heraus – sie sagten ihr, ihre Tochter Pingping sei schwer verletzt und in ein Krankenhaus gebracht worden. Bei einer »Kampfsitzung« zogen sie Wang Guangmei ein bizarr bis an die Hüften geschlitztes chinesisches Kleid an und hängten ihr Ketten aus Pingpongbällen um den Hals. Sie schlugen Liu Shaoqi mit dem Kleinen Roten Buch (den Worten Maos) ins Gesicht, bis seine Wangen bluteten. Sie nahmen ihm seine Schlaftabletten weg. Er lag die ganze Nacht wach.

Sie brachten Wang Guangmei in das Hochsicherheitsgefängnis von Qincheng in den westlichen Hügeln von Peking (wo heute Jiang Qing, Maos Witwe, und die Viererbande eingesperrt sind). Eine der Anklagen gegen Wang Guangmei lautete, ihr Name bedeute »Amerika« und der Name ihres Bruders, Wang Guangying, bedeute »England« – offensichtlich sei sie eine amerikanische Spionin. In

Wirklichkeit bedeutet der Name Guangmei »schönes Mädchen aus einem ruhmreichen Haushalt«, während Guangying heißt »tapferer Held aus einem ruhmreichen Haushalt« – sehr elegante und traditionelle chinesische Namen. Mitte des 19. Jahrhunderts hatten die Chinesen versucht, schmeichelhafte chinesische Äquivalente für Amerika zu finden und es »mei guo«, »schönes Land«, genannt; England war »ying guo«, »heldenhaftes Land«. In der Familie Wang gab es eine andere, spezifische Bedeutung der Namen. Wang Guangmeis Vater war Chinas Außenhandelsminister. Er war in England, als Wang Guangying geboren wurde, und in Amerika, als Guangmei zur Welt kam; daher erhielten die Namen diesen subtilen Bezug.[21]

Liu Shaoqi, dessen Gesundheit sich verschlechterte, der die ganze Nacht wachgehalten wurde, dessen Zimmer gleißend erleuchtet war (während seine Frau in totaler Dunkelheit gehalten wurde), wurde im Oktober 1969, krank und halb bekleidet, auf Lin Biaos Befehl hin in ein Hochsicherheitsgefängnis in Kaifeng im fernen Henan geflogen. Man warf ihn im Erdgeschoß auf den Fußboden. Er war halb bewußtlos und hatte eine Lungenentzündung. Seine Wächter aus Peking flogen zurück in die Hauptstadt und nahmen seine Medikamente mit.

Auf dem Zementboden liegend, das Haar seit Monaten nicht geschnitten, Nase und Mund deformiert und mit blutigem Kinn, starb Liu am 12. November 1969. Es dauerte Jahre, bis sein Tod und dessen Umstände öffentlich eingestanden wurden.

Kurz vor Beginn der Tortur hatte Liu, der sich von einer Krankheit erholte, zu seinen Kindern gesagt: »Wenn Marx mir nur noch zehn Jahre gibt, dann werden wir in der Lage sein, China zu einem reichen und starken Land aufzubauen.«

Chinesische Kommunisten stellen sich Marx oft halb scherzhaft im Himmel vor, wie er auf die Welt herabblickt. Liu Shaoqi und seine Genossen erkannten nicht, daß es nicht Marx war, der auf sie herabsah, sondern Mao, wie er es geschrieben hatte, mit kaltem Auge Land und Seen überblickend.

Es bleibt die quälende Frage – warum wurden Maos Augen auf dem Gipfel des Lushan kalt? Warum behandelte er seine Genossen des Langen Marsches so brutal und stürzte China in die Anarchie? Sie waren von so weit her, so lange zusammenmarschiert. Niemand im heutigen China hat eine einfache Antwort, aber ein weiser Überlebender meinte, die Antwort könne in Maos mächtigem Glauben an die Zerstörung als der elementaren Methode gesellschaftlicher Veränderung liegen. Das war kein marxistisches Konzept. »Wir warten ungeduldig auf den Untergang der alten Welt,« schrieb Mao an den Rand seiner Ausgabe von Friedrich Paulsens *System der Ethik*, das er auf der Schule in Changsha unter Professor Yang Chanji studierte. »Ihre Zerstörung wird einmal zum Aufbau einer neuen führen. Und wird sie nicht besser sein als die alte Welt?«

Dieser Grundsatz kam Mao während seines intensiven Studiums buddhistischen Denkens im Jahre 1920 zu Bewußtsein. Er prägte sich ihm tief ein. Zerstörung, davon war er überzeugt, war ein Wert in sich.

Kein Chinese, der den Langen Marsch mitgemacht hat, glaubt, daß das Chaos der Kulturrevolution ein Zufall war. Niemand glaubt an etwas anderes, als daß Mao selbst es wollte. Es ist wahr, Lin Biao, Jiang Qing und die Viererbande spielten ihre Rolle, aber alle agierten im wesentlichen in den Bereichen von Maos Planung.

Auch akzeptiert keiner dieser Männer des Langen Marsches die westliche Auffassung, daß Mao die Kulturrevolution ins Leben rief, um seine persönliche Macht wiederherzustellen. Sie sind sicher, daß er diese Macht nie verloren hatte.

Sie glauben, daß Mao die Geduld mit der Revolution verlor. China verwandelte sich nicht schnell genug oder tief genug. Zu viel des Alten überlebte. Die ideale Gesellschaft seiner Träume kam nicht zustande. Er begann, um sich zu schlagen. Er brachte die Hundert-Blumen-Kampagne in Gang, die Kommunen, den Großen Sprung Nach Vorne. Er versuchte – vergeblich – Nikita Chruschtschow dazu zu bewegen, mit ihm einen atombewaffneten Kreuzzug für die Weltrevolution zu beginnen. Nichts funktionierte. Seine Frustration stieg. Mao war, erklären die, die ihn überlebt haben, ein *sehr radikaler* Mann. Mit den Jahren wuchs seine Radikalität, sie minderte sich nicht.

Mao zog aus seinen Fehlschlägen eine Lehre; seine Genossen eine andere. In den Tagen vor Lushan war auch er zurück zu seinen Wurzeln gegangen, hatte seine Kindheitsstätten in Shaoshan am 25. Juni 1959 zum ersten Mal seit 32 Jahren wieder besucht. Mao wußte, daß es auf dem Lande nicht gut ging. Er wußte, daß Peng Dehuai, der unverblümt redende alte Soldat, auch unten in Hunan gewesen war und sich kritisch umgesehen hatte. Vielleicht haben die örtlichen Beamten in Shaoshan für Mao etwas inszeniert. Wie auch immer, auf dem Weg zurück schrieb er von »Helden, die im Abendnebel heimwärts ziehen« und »die längstentflohene Vergangenheit verfluchen«.

Peng Dehuai sah Chaos und Katastrophe. Mao sah tausend Bohnenreihen und fruchtbare Reis-Paddies. Mit zunehmendem Grimm wandte er sich gegen seine alten Waffengefährten.

Die Parallele der Stalin-Säuberungen ist unausweichlich. Stalin vernichtete die alten Bolschewiki in den dreißiger Jahren. War die Säuberung etwas, was beiden Systemen gemeinsam war? Folgte Maos Verhalten in irgendeinem Sinn Lord Actons Diktum, daß alle Macht korrumpiert, und daß absolute Macht absolut korrumpiert? Die Versuchung, diese Erklärung zu akzeptieren, ist groß. Besonders wenn man den Verfolgungswahn untersucht, der für beide Revolutionen charakteristisch war. Stalins Mißtrauen äußerte sich schon in seinen frühen Tagen in Georgien. Mao führte schon in Jiangxi zu einem sehr frühen Zeitpunkt Säuberungen durch.

Aber ein Chinese, der Mao gut kannte, hat an ihm kein paranoides Verhalten gesehen. Er stimmt zu, daß Mao und Stalin, wie Luo Fu es sagte, beide »Menschen korrigierende« Gestalten waren, aber er glaubt nicht, daß Mao an einer klinischen Form der Paranoia litt. »Er handelte vollkommen rational«, sagte dieser Mitarbeiter von Mao, »auf der Basis der Information, die er bekam. Es war die Information, die gestört war, nicht Maos Denken.«

Vielleicht. Obwohl das Mao zu einfach davonkommen läßt. Gewiß gab es jene, die gerne bereit waren, Mao verzerrte und falsche Berichte über seine alten Genossen zu liefern. Jiang Qing, seine machthungrige Frau, spielte schon in Lushan eine Rolle hinter den Kulissen, und ihr Einfluß stieg von da an. Dennoch, es gibt Fragen, die einen nicht loslassen. Mao schloß sein Gedicht, »Die Ersteigung des Lushan«, mit den Worten:

> Wer weiß, wohin der Präfekt Tao Yuanming gegangen ist,
> Nun, da er Felder im Land der Blüten bestellen kann?

Mao schrieb über den Poeten Tao, der nur zehn Kilometer von dem Ort entfernt, an dem er saß, geboren wurde. Der Lushan war damals wie heute für seine Schönheit berühmt. Tao, Großenkel eines berühmten Generals, sagte sich kurz nach dem Jahre 405 von seiner Präfektenkarriere los und ging nach Lushan zurück, um das Leben eines einfachen Bauern zu führen – in Frieden mit der Welt, die Natur anschauend, die Jahreszeiten in seinen Gedichten festhaltend.

In seinem Korbstuhl auf dem Lushan, über den Poyangsee blickend, waren Maos Augen kalt und sein Denken rational. Er hatte vierhundert Windungen übersprungen, um den Gipfel zu erreichen, aber wer konnte sagen, was die Zukunft brachte, was die Konferenz von Lushan brachte? Vielleicht würde er bald wie Tao seine offiziellen Pflichten ablegen und nach Shaoshan zurückkehren, um dort zu leben wie Tao:

> Weder trauernd noch bekümmert über Armut oder Niedrigkeit,
> Noch in hitziger Verfolgung von Reichtum oder Ruhm.

Nicht länger wollte Mao »in einen Käfig eingesperrt« leben. Er würde, wie Tao schrieb, »zurückkehren in ein Leben sorgloser Freiheit«.

Es war keine Stimmung, die lange anhielt. Nach seinem Sieg auf dem Lushan bewegte sich Mao unerbittlich auf den *luan*, den Kampf, zu. 1963 schrieb er ein weiteres Gedicht:

> Nutze den Tag, nutze die Stunde . . .
> Unsere Kraft ist unwiderstehlich.
> Fort mit allen Seuchen!

Und am 6. Juli 1966, kurz vor seinem berühmten Bad im Yangtze, schrieb er an Jiang Qing:

> Große Unordnung im Lande führt zu großer Ordnung. Und so toben sich wieder einmal alle sieben oder acht Jahre Ungeheuer und Dämonen aus.

Der größte *luan* in Chinas Geschichte begann sich zu entwickeln. Mao selbst stand am Steuer. Seine Augen waren kalt und auf die alten Genossen, sein Ziel, fixiert – die »Seuchen«, mit denen er in Zhu Des Worten eine Reisschüssel geteilt hatte, Männer, deren revolutionärer Eifer, so empfand er es, mit dem Sieg ins Straucheln geraten war. Nun konnte er auf eine weitere und größere Revolution zusteuern, er allein, wenn es sein mußte. Diese Revolution, die Kulturrevolution, würde die unvollkommene Ordnung, die bis dahin unter unvollkommener kommunistischer Herrschaft erreicht worden war, zerstören und mit ihr die vom Weg abgewichenen und unvollkommenen Genossen des Langen Marsches – eine harte und mitleidlose Aufgabe, aber eine, die den Pfad zu der vollkommenen gesellschaftlichen Ordnung freimachen würde, zu der Vision, von der Maos Denken nun ganz gefangen war.

Kapitel 31

Der kleine, unzerstörbare Mann

Am Spätnachmittag, wenn die langen Schatten der Schirmkiefern über den kleinen Hof der unbenutzten Kommandeursresidenz im Bezirk Xinjian in Nordjiangxi fielen, pflegte Deng Xiaoping aus dem roten Ziegelbau zu treten und seinen Spaziergang zu machen. Immer wieder durchmaß er mit schnellen Schritten den Hof, den Kopf leicht geneigt, tief in Gedanken versunken. Er machte diesen Gang jeden Tag, bis seine Füße eine Spur in den roten Boden gegraben hatten.

Von einem Fenster aus sah seine Tochter Maomao zu. Deng Xiaoping befand sich im Exil und wurde ständig überwacht. Ihr erging es genauso.

»Wenn ich seine sicheren, aber schnellen Schritte sah«, sagte sie später, »dachte ich bei mir, daß sein Glaube, seine Ideen und seine Entschlossenheit klarer und fester würden und ihn auf die vor ihm liegenden Kämpfe vorbereiteten.«[1]

Fünfzig Jahre sind vergangen, seit jene Männer in den graubraunen Uniformen, unter ihnen Deng Xiaoping, Männer mit Bündeln auf dem Rücken, über die Schulter geschlungenen Reisbeuteln, Mausergewehren, Strohsandalen an den Füßen und Entschlossenheit in den Augen, sich ihren Weg über gefährliche Flüsse und Berge bahnten und eine Schlacht nach der anderen durchkämpften für ein Schicksal, von dem sie nur träumen konnten.

Nirgends scheint dieses Schicksal klarer ausgeprägt als im raschen Geist des Mannes, der gegen alle Wahrscheinlichkeit (oder vielleicht zwangsläufig) Chinas Führer geworden ist – Deng Xiaoping.

Der Name Deng Xiaoping hallte nicht wider auf den Fünf Bergrücken von Guizhou, den Wassern des Goldsandflusses oder den Lößhügeln von Nordshaanxi. Er ging nicht um die Welt in den Jahren seiner Gefangenschaft in den alten Kasernen des Bezirkes Xinjian, in die er 1969 gesperrt wurde.

Doch kein Mann auf dem Langen Marsch besaß mehr Kampfgeist, und Deng war stetig, fast spektakulär aufgestiegen. Ganz gleich, wie oft er umgestoßen wurde, er kam wieder auf die Füße und war kampfbereit. Nach dem Langen Marsch diente er als Politkommissar für Liu Bochengs 129. Division, die die KMT und die Japaner bekämpfte und als Zweite Feldarmee Chiang Kaishek vom Festland vertrieb. Deng stand auf dem Podium auf dem Tienanmen-Platz, als Mao am 1. Oktober 1949 die Volksrepublik ausrief, und dann wurde er Maos Prokonsul für das Riesenreich von Südwestchina. 1952 kam er nach Peking. Er hatte seine Hände in allem, war Parteisekretär, Politbüromitglied – keine Verantwortung schien ihm zu schwer. Er ging 1957 mit Mao nach Moskau zu der Auseinandersetzung mit Nikita Chruschtschow, und er wachte über Landwirtschaft, Industrie und Erziehung.

Deng Xiaoping veränderte sich nicht. Noch immer war er offen und ehrlich. Er erkannte das Desaster des Großen Sprunges Nach Vorn und sprach es aus. Er gehörte nicht zu denen, die mit zwei Redemanuskripten in der Tasche nach Lushan kamen, eines für den Fall von Peng Dehuais Sieg, eines für den, daß Mao sich durchsetzte.

Schwierigkeiten standen bevor. Deng (und Liu Shaoqi), so sollte Mao später sagen, »behandelten mich, als sei ich ihr toter Vater bei einer Beerdigung«. Oder wie Chen Boda, ein Führer der Kulturrevolution, es ausdrückte: »Mit Deng Xiaoping von gleich zu gleich zu diskutieren, ist schwieriger, als eine Leiter an den Himmel zu stellen.«[2]

So war Deng. Er wehrte sich. Er übte Selbstkritik, wie er es vor Jahren getan hatte, als er in Jiangxi in Schwierigkeiten geriet. Das bewirkte nicht viel. Er wurde als »Mann des kapitalistischen Weges Nr. 2« bezeichnet. Nr. 1 war Liu Shaoqi. Nach dem September 1966 verschwand Deng von der Bildfläche. Er hatte Hausarrest und durfte keine Kontakte nach außen pflegen. Seine Kinder wurden in alle Winde zerstreut, bekämpft, aufs Land geschickt, um körperliche Arbeit zu leisten. Sein ältester Sohn wurde von Roten Garden aus einem Fenster gestoßen, blieb querschnittgelähmt und ohne medizinische Behandlung. Deng, seine Frau Zhuo Lin und die Stiefmutter, die ihn nach dem Tod seiner Mutter aufgezogen hatte, wurden 1969 nach Jiangxi geschickt, wo der Lange Marsch begonnen hatte.[3] Dort, in einer unbenutzten Infanterieschule außerhalb von Nanchang, lebte

Deng Xiaoping in einem zweistöckigen Haus, das früher den Direktor beherbergt hatte. Die Schule war inzwischen aufgrund der Kulturrevolution längst geschlossen – wie alle Schulen in China.

Drei Jahre lang führte Deng das gleiche Leben wie viele andere Männer des Langen Marsches. Er war 65, aber er wischte den Boden, hackte Holz, zerschlug Kohle, um die kalten Räume zu heizen. Deng hatte in der Zeit der Arbeitsstudienbewegung nach dem Ersten Weltkrieg in Frankreich bei Renault körperlich gearbeitet. Er hatte sein Metier als Schlosser nicht vergessen. Nun arbeiteten er und seine Frau vormittags in einer Traktorenfabrik, er an den Maschinen, sie als Spulenreinigerin. Bewaffnete Wächter führten sie über schlüpfrige Straßen, auf denen Deng manchmal stürzte, hin und her. Ohne Erlaubnis durften sie nicht sprechen.

Nachmittags arbeiteten sie in ihrem Garten. Sie zogen Hühner und Gemüse. Sie sparten ihr Geld und hofften, daß man ihnen ihre Kinder zurückgeben würde. Ihre jüngste Tochter Maomao (Deng Rong) und ihr jüngerer Sohn Deng Zhifang (sein Spitzname war »kleiner schwarzer Mann«; er hatte einen sehr dunklen Teint), arbeiteten bei Produktionseinheiten auf dem Land in Shaanxi.

Deng Xiaoping wurde nicht gefoltert. Er hatte aus Peking einige Bücher mitbringen dürfen. Abends las er – manchmal Marx oder Lenin, manchmal chinesische Geschichte, manchmal chinesische oder ausländische Literatur. Seine Stiefmutter machte Näharbeiten. Im Radio hörten sie die Abendnachrichten.

Langsam entwickelten sie freundschaftliche Beziehungen zu ihren Arbeitskollegen. Spielte Deng während seiner langen Haft Bridge? Unwahrscheinlich, denn dann hätte es ein dreihändiges Spiel mit seiner Frau und seiner Stiefmutter sein müssen. Wie viele in Yan'an hatte er eine große Neigung zu Bridge entwickelt. Einige internationale Bridge-Spezialisten schätzten ihn als Spieler von Weltklasse ein. Nachdem er an die Macht gekommen war, spielte er fast jeden Tag. Sein Partner war Wan Li, Mitglied des Politbüros, Vizepremier und ehemaliger stellvertretender Bürgermeister von Peking, ein alter Freund und frühes Opfer der Kulturrevolution. Ein weiterer Mitspieler soll General Yang Shangkun gewesen sein. Und Ding Guanglu, stellvertretender Generalsekretär des Volkskongresses. Katherine Wei, eine Meisterschafts-Spielerin in New York, beurteilte Deng Xiaoping als guten, aggressiven Spieler. Er sagte ihr: »Bridge hält meinen Verstand scharf.« Deng spielt, um zu gewinnen, aber nicht um Geld. Der Verlierer muß unter einen Tisch krabbeln. Wenn Deng verliert, sagen seine Partner immer: »Oh, das brauchst du nicht zu tun.« Er antwortet stets: »Doch, ich tue es. So ist die Spielregel.« Und er krabbelt unter einen Tisch, was für ihn aufgrund seiner geringen Körpergröße etwas einfacher ist als für die anderen.[4]

Beides, Bridge und Poker, war in Yan'an sehr beliebt. Edgar Snow spielte Abend um Abend mit Mao, der davon nicht genug kriegen konnte. Er war nach Snows Urteil sehr risikobereit, aber »ein schlechter Bluffer«. Helen Snow berichtet, daß sich Mao oft mit Patiencen amüsierte und stundenlang Rommé spielte.

Während der Kulturrevolution galt Dengs größte Besorgnis dem Zustand seines ältesten Sohnes, der so grausam verkrüppelt worden war. 1971 erhielt er die Genehmigung, den querschnittgelähmten Deng Pufang nach Jiangxi zu bringen. Er hatte unter elenden Umständen in einem Wohlfahrtszentrum nördlich von Peking gelebt. Deng, seine Frau und die Stiefmutter taten ihr Bestes, um den jungen Mann ohne angemessene medizinische Einrichtungen zu pflegen. 1973, nachdem Deng aus der Haft entlassen worden war, bemühte er sich, Deng Pufang zur medizinischen Diagnose in die Vereinigten Staaten zu schicken. Leider konnten ihm die besten amerikanischen Chirurgen – die durch Vermittlung von Huang Hua, Chinas Vertreter bei den Vereinten Nationen, zugezogen worden waren – nicht helfen. Der Zustand war zu lange unbehandelt geblieben.*

Am 5. November 1971 wurden Deng und seine Frau aufgefordert, an einer Konferenz teilzunehmen und einen politischen Bericht zu hören. Das war das erste Mal seit ihrer Verhaftung im Jahre 1966. Maomao und auch Deng Pufang waren nun bei ihren Eltern. Als Deng und seine Frau mit ihren bewaffneten Wachen zurückkehrten, sagten sie nichts. Dann machte Zhuo Lin Maomao ein Zeichen, und sie folgte ihrer Mutter in die Küche. Da zeichnete sie ihrer Tochter mit dem Finger schweigend vier Schriftzeichen auf die Hand. Sie bedeuteten: »Lin Biao ist tot.«

Im Februar 1974 wurde Deng nach Peking gerufen. Maos lange Epoche ging dem Ende entgegen. Die schlimmsten Auswüchse der Kulturrevolution waren vorüber. Die Zerstörung war schlimmer

* Deng Pufang ist heute Vorsitzender von Chinas Behindertenverband.

gewesen als ein Krieg, die Industrie lag darnieder, das Ausbildungswesen war vernichtet, die Partei ein Wrack. Liu Shaoqi und viele, viele andere waren tot. Maos Gesundheit war angegriffen, sein geistiger und seelischer Zustand prekär. Seine Frau Jiang Qing und die anderen Mitglieder der Viererbande waren vorübergehend in ihrer Macht erschüttert, bereiteten aber ihr Comeback vor. Zhou Enlai hatte Krebs.

Mao wandte sich nun wieder dem unzerstörbaren kleinen Mann zu. Mao hätte Deng zermalmen können, wie er es mit Liu Shaoqi tat. Oder ihn durch Ärzte ermorden lassen wie He Long. Doch das tat Mao nicht. Er holte Deng zurück ins Zentrum der Macht und sagte über ihn: »Deng ist ein seltener und begabter Mann. Deng hat Ideen. Er geht Probleme nicht frontal an. Er findet Lösungen. Er behandelt schwierige Probleme verantwortungsvoll.« Deng, so sagte Mao, sei ein guter Kämpfer. Er wisse, wie man die Russen bekämpft. Ein solcher Mann war schwer zu finden.[5]

Als Zhous Kräfte nachließen, nahm Deng mehr und mehr Angelegenheiten in die Hand. Einige Chinesen machten sich Sorgen. Er gehe, so sagten sie, zu schnell vor. Deng war voller Ungeduld. Er wollte China wieder auf die Beine bringen. Er war von der Zeit besessen. Besser als irgend jemand anderer wußte er, was mit dem Land passiert war. Er wußte, wer getötet worden war. Er kannte die, die gefoltert worden waren. Er kannte die fähigen Generäle und Verwaltungsbeamten, die hinter Gittern schmachteten. Er kannte den Preis, der vom Volk wie von seiner eigenen Familie bezahlt worden war. Er kannte den wirtschaftlichen Schaden, den wahnsinnige Parolen wie »Macht Revolution, nicht Produktion« anrichteten. Er kannte die Desorientierung in der Armee und die Gefährlichkeit der Vier, die sich noch immer in Maos Nähe hielten und das Bewußtsein des alten Mannes vergifteten.

Doch trotz all seiner Gewandtheit und Schnelligkeit konnte Deng die Uhren nicht schneller laufen lassen. Als Zhou im Januar 1976 starb und es zu Demonstrationen für ihn auf dem Tienanmen-Platz kam, stellte die Viererbande Deng erneut kalt. Aber nicht für lange. Im Oktober 1976, nach Maos Tod, stürzte die Bande, und Deng kämpfte, stritt, redete, überzeugte, handelte, nutzte jeden Trick und jede Strategie seiner lebenslänglichen Erfahrung in der chinesischen Politik. Er übernahm die Führung.

Er ist der Mann, dem Chinas Zukunft anvertraut wurde. Eine

Zeitlang trägt er den Mantel des Himmels. Für seine Aufgabe bringt er nicht nur seine Energie und Originalität mit, sondern auch die Konzepte, die er auf seinen abendlichen Spaziergängen im Hof der Infanterieschule in Xinjian vervollkommnet hat.

Es waren einfache Ideen. Zuerst mußte man das Land wieder in Gang bringen, die Kontrolle über die Viererbande und ihre Anhänger gewinnen. Schließlich mußten sie die Mehrheit der Partei hinter sich gehabt haben.

Man mußte die Armee in Ordnung, die Fabriken in Gang, die Jugend in die Schulen bringen. Man mußte die Opfer der Kulturrevolution zurückholen, ihnen Gerechtigkeit erweisen und ihnen eine nützliche Rolle in der Gesellschaft geben.

Dann mußte man weitergehen zum Ziel aller Ziele – China bis zum 21. Jahrhundert den Anschluß an das 20. Jahrhundert verschaffen. Kaum jemand außerhalb Chinas erkannte die Größe dieses Ziels, auch nicht alle Chinesen. Es konnte nicht mit billigen Tricks oder Parolen wie dem Großen Sprung Nach Vorne erreicht werden. China brauchte *alles*: Technologie, Wissenschaft, Erziehung, Transport, Konsumgüter, Nahrung. Es mußte dem Bevölkerungswachstum Einhalt gebieten, bevor es in einem Meer von Babys unterging. Es mußte die Landwirtschaft fördern. Egal wie. Um jeden Preis.

An diese Aufgaben ging Deng Xiaoping mit Offenheit für neue Gedanken heran. Die Kulturrevolution hatte alle Spinnweben hinweggefegt. Er und die Männer, die er mitbrachte, sahen China ohne Klischees. Ihre Ziele waren auf Marx und Mao aufgebaut. Doch nun begannen sie öffentlich zu sagen, das Kommunistische Manifest sei beinahe 150 Jahre alt. Marx hatte eine Gesellschaft studiert, die seit eineinhalb Jahrhunderten tot war. Und er hatte sich nie mit China beschäftigt. Wie konnte er die Antworten auf eine technologische Welt besitzen, die er sich im 19. Jahrhundert noch gar nicht vorzustellen vermochte? Lenin kannte das zaristische Rußland zur Zeit des Ersten Weltkrieges. Was hatte das mit dem China von 1985 zu tun? Mao kannte Chinas bäuerliche Feudalwelt vor und nach 1927.

Doch nun schrieb man das Jahr 1985. Die Welt raste mit Überschallgeschwindigkeit voran. China brauchte überschallschnelle Lösungen. China mußte dort Antworten suchen, wo es welche gab. Es konnte nicht mehr von einfachen Parolen und Gesängen leben. Wie die *Rote Fahne*, das Parteiblatt, es ausdrückte: »Marxistische Grundsätze müssen mit der Zeit gehen.«

Das war nicht einfach zu schlucken. Es war leicht mißzuverstehen. Ältere Parteigenossen konnten die Rhetorik des »Neuen Langen Marsches«, wie Generalsekretär Hu Yaobang sie nannte, nicht begreifen. Das Militär wurde bissig, als Deng Xiaoping seine Kampagne zur Pensionierung der wunderbaren alten Männer fortsetzte, die den Langen Marsch mitgemacht hatten.

Doch Jahr um Jahr gewann Deng an Schwungkraft. »Meine Aufgabe«, sagte er, »ist der Versuch, länger zu leben.« Nicht um seiner selbst willen, sondern zum Wohl Chinas. Er fühle sich »frisch wie ein Fisch«, sagte er seinen Freunden, nachdem er in den angenehmen Wassern von Beidaiho, Chinas Badeort am Golf von Bo Hai, ein Bad genommen hatte.[6]

Deng hatte einen Verbündeten auf seinem neuen Langen Marsch. Das war die jüngere Generation – vor allem die jüngere Generation aus Familien wie seiner, die die Kulturrevolution durchlebt hatten. Nie war in China das Band zwischen den Jüngeren und den Alten durch gemeinsame Erfahrungen so gestärkt worden. Die ältere Generation wie Deng hatte Chinas Revolution neu überdacht, und die jüngere Generation brachte neue Gedanken und neue Einsichten ein, viele davon aus einer unerwarteten Quelle – den Vereinigten Staaten. Tausende junger Chinesen studierten im Amerika. Daß Chinas System heute starke Dosen von privatem Unternehmertum, Profitanreizen und individuellem Unternehmensgeist erhält, ist kein Zufall. Tausende von Chinesen kehren in ihre Heimat zurück und lassen ihre Eltern an ihren unmittelbaren Einblicken in den Westen teilhaben.

Zusammen mit dem neuen Langen Marsch hat China das begonnen, was Deng Xiaoping als »Politik der offenen Tür« bezeichnet. Eine offene Tür für Ideen, Technologie, Handel, lernen von anderen Kulturen, anderen Ideologien, Nutzung der Techniken anderer Nationen, durch die China eine neue Ordnung schaffen kann, durch die es die Erkenntnisse des Westens nutzen kann.

Für viele hört sich Chinas »offene Tür« unchinesisch an, unvereinbar mit chinesischer Geschichte und chinesischer Tradition. Das ist nicht unbedingt so. In der Tang-Dynastie (618–907), als Chinas Hauptstadt noch Changan war (heute Xi'an), gab es dort 10 000 Ausländer, Experten, Spezialisten, Künstler, Geschäftsleute, Händler, Gelehrte, die Art von Männern und Frauen, die man in der blühenden Hauptstadt eines großen Reiches zu finden erwartet. Isolationismus, eine Politik der geschlossenen Tür, Xenophobie, die Verbannung von Ausländern wurden stärker und stärker mit dem Niedergang der letzten, der Manchu-Dynastie. Die revolutionäre Bewegung Chinas hat nie nur nach innen geblickt. Sie suchte Ideen und Inspiration jenseits der Grenzen Chinas, jenseits der Meere – in Japan, Amerika, Frankreich, Deutschland und Rußland.

Darin liegt, wie der Historiker Li Rui bemerkt hat, der Unterschied zwischen der Haltung Maos und der Deng Xiaopings. Mao »war nicht so am Westen interessiert«, seine Gesellschaft war geschlossener, stand mehr in der Tradition der Manchus. Deng ist das Gegenteil – begierig nach neuen Ideen, angezogen von dem, was China vom Westen gewinnen kann.

Es ist fünfzig Jahre her, daß der Lange Marsch zu Ende ging. Nach dem chinesischen Kalender eine unbedeutende Spanne. Aber schon hat sie auf Chinas Antlitz unauslöschliche Spuren hinterlassen, große Veränderungen in Chinas Bewußtsein. Sie hat der Nation eine Einheit und einen Geist gegeben, wie sie ihn seit Jahrhunderten nicht besaß. Sie hat sich sogar als kraftvoll genug erwiesen, die schrecklichen Unwägbarkeiten der letzten Jahre von Mao Zedong selbst zu überwinden und auf einem neuen Pfad weiterzugehen – einen, den Mao kaum gewählt hätte. Aber die Abrechnung ist keineswegs vollzogen. Vielleicht, würden die Chinesen sagen, können wir in ein oder zwei Jahrhunderten beginnen, den Langen Marsch in seiner wahren historischen Perspektive zu sehen. Im Augenblick können wir ihn sehen, wie China ihn sieht – als unvergleichlichen Akt kollektiven Mutes, des Opfergeistes und der Hoffnung.

Anmerkungen

Kapitel 1

[1] Dies berichtete Chen Yi Wang Yanjian, einem Experten für den Langen Marsch, Autor von Filmdrehbüchern und Erzählungen über den Langen Marsch beim Filmstudio 1. August der Roten Armee. (Persönliches Interview, Peking 5. 3. 84) Chen Yi könnte kurz zuvor Gerüchte über einen Auszug der Roten Armee gehört haben. (Zhong Shuqi, Archivar für Geschichte, Ruijin-Museum, zum Autor, 11. 4. 84.) Chen Pixian, Vizevorsitzender, Ständiges Komitee, Nationaler Volkskongreß, 1934–35 Adjutant von Chen Yi, bestätigte die allgemeine Richtigkeit dieses Berichts, ebenso drei von Chen Yis überlebenden Kindern. (Persönliches Interview, Peking 11. 6. 84; 9. Oktober, Chen Pixian, *Three Years of Guerilla Warfare in South Jiangxi,* Peking, 1980, Kapitel 1.

[2] Zhong Shuqi, 11. 4. 84

[3] Helen Snow, *Inside Red China,* New York, 1979, S. 178.

[4] Liu Ying, persönliches Interview, Peking, 14. 6. 84. Chen Changfeng, einer von Maos Leibwächtern, erwähnt dies in seinem Buch *On the Long March with Chairman Mao* nicht. Die Erinnerungen, 1959 zuerst veröffentlicht und häufig nachgedruckt, weisen eine außergewöhnlich große Zahl von Auslassungen und historischen Ungenauigkeiten auf.

[5] Auszüge aus *Minguo Ribao,* 10. 10. 34, eingesehen in der Provinzbücherei von Jiangxi in Nanchang. Das Gebäude, in dem sich heute die Bibliothek befindet, diente Chiang Kaishek während seines Aufenthaltes in Nanchang als Hauptquartier, als er persönlich Operationen gegen die Rote Armee leitete. (Prof. Dai Xiangqing, Parteihistoriker, Nanchang, persönliches Interview, 14. 4. 84.)

[6] Kong Xianquan, persönliches Interview, Zunyi, 24. 4. 1984. Das war die einzige Enthauptung eines nationalistischen Kommandeurs. Überlegungen in der Partei führten zu dem Schluß, Enthauptungen seien schlechte Propaganda.

[7] Lin Jiachuan, Direktor des Nanching-Museums, persönliches Interview, 3. 4. 84.

[8] Wu Xiuquan, persönliches Interview, Peking, 3. 4. 1984; Wu Xiuquan, *Memoirs,* Peking, 1982, Kap. 7. Der Marschbefehl ist vom 7. Oktober datiert und gibt an, der Marsch habe am 10. Oktober zu beginnen. Tatsächlich begannen die auf dem Land verstreuten Einheiten zu verschiedenen Zeitpunkten aufzubrechen. Gewöhnlich wird das Datum des 16. Oktober benutzt, weil an diesem Tag das Generalhauptquartier das Zentrale Sowjetgebiet verließ. Otto Braun (Li Des deutscher Name) erhellt in seinen Memoiren diese Frage nicht. Er stellt fest, daß er zuerst in einem kleinen Haus außerhalb von Ruijin in einer »Sperrzone« lebte, in der sich alle zentralen Institutionen befanden, Zentralkomitee, Provisorische Revolutionäre Regierung, Militärkomitee und Generalhauptquartier (Otto Braun, *Chinesische Aufzeichnungen, 1932–1939,* Berlin 1973, S. 50).

[9] Cheng Fangwu, *Memoirs of the Long March,* Peking 1977, S. 18–21.

[10] Wang Yanjian, persönliches Interview, Peking, 5. 3. 84. Wu Xiuquan, *Memoirs,* Kap. 7. Chen Pixian, persönliches Interview, Peking, 13. 6. 84.

[11] Botschafter Wang Bingnan, persönliches Interview, Peking, 20. 3. 84.

[12] Maos Haus am 9. 4. 84 selbst angesehen. He Zizhens Schwangerschaft: persönliches Interview von Maos Leibwächter, Wu Jiqing, Nanchang, 15. 4. 84.

[13] Wu Xiuquan, *Memoirs,* Kap. 7; Wu, persönliches Interview, Peking, 28. 3. 84.

[14] Der Vorschlag, Mao in die Sowjetunion zu schicken, stand in einem von Bo Gu und Li De unterzeichneten Telegramm an die Komintern nach der Schlacht von Guanchang in April 1934. Die Antwort traf irgendwann im Mai ein und verwarf den Gedanken wegen Maos Bedeutung für die Rote Armee und das Sowjetgebiet. Wu Liangping, damals Minister für Staatswirtschaft, war zugegen, als Bo Gu die Antwort laut vorlas. Li De war niedergeschlagen, doch Luo Fu befürwortete die Annahme der Komintern-Entscheidung. Wu Liangping, ein gebildeter junger Mann, arbeitete als Sekretär Maos und gelegentlich auch als Berater des Zentralkomitees. Er dolmetschte einige von Edgar Snows Gesprächen mit Mao im Jahre 1936 (Hu Hua, persönliches Interview, Peking, 23. 3. 1984).

[15] Maos Bemerkung über Bo Gu scheint in Snows umfangreichen Notizen und Aufzeichnungen nicht vorzukommen. Sie wurde von einem alten Freund erwähnt, der sagte, er habe sie von Snow gehört. Maos Anhänger haben oft behauptet, Mao sei nach Yudu verbannt und dort unter Überwachung oder Hausarrest gestellt worden. Li De vertritt die gegenteilige Ansicht. Er behauptet, Mao sei nach Yudu gegangen, um gegen Bo Gu und Li De intrigieren zu können, und zwar mit Lin Biao und anderen hohen Militärkommandeuren.

[16] Zeitgenössische chinesische Quellen waren sich 1984 darüber einig, daß Mao in Yudu oder früher nicht unter Hausarrest gestanden habe.

[17] Peng Dehuai, Kommandeur der Dritten Frontarmee, versicherte, der Entschluß, das Basisgebiet zu verlassen, sei nicht mit höheren militärischen Kommandeuren einschließlich seiner selbst diskutiert worden. Er sagte, Mitglieder des Zentralkomitees (dem er nicht angehörte) hätten ihm berichtet, sie seien ebenfalls nicht konsultiert worden (Peng Dehuai, *Memoirs,* Peking, 1982, S. 189–191).

[18] Prof. Hu Hua, Volksuniversität, Peking, persönliches Interview, 21. 3. 84; Nie Rongzhen, *Memoirs,* Peking, 1983, Kap. 8.

[19] Cheng Fangwu, *op. cit.* S. 18–21. Wu Jiqing, persönliches Interview; Wu Xiuquan, *op. cit.,* Kap. 7.

[20] Wu Xiuquan schätzte, daß dreitausend Träger eingesetzt wurden. Einige Schätzungen beziffern ihre Zahl sogar auf fünftausend.

[21] Zhong Shuqi, Archivar, Ruijin-Museum, persönliches Interview, 11. 4. 1984; Zhang Deming, Direktor, Yu-Bezirksmuseum, persönliches Interview, 9. 4. 1984; Chen Changfeng, *On the Long March with Chairman Mao,* Peking, 1959. Chen sagt, sie seien durch das Nordtor gezogen und 20 *li* (etwa 9 km) bis zum Übergang marschiert. Zhang Deming behauptet, sie seien durch das Osttor gezogen und hätten nur eine kurze Entfernung zurückgelegt.

Kapitel 2

[1] Galens wirklicher Name war Blyukher. Er wurde Stalins Oberkommandierender im Fernen Osten, bis er bei den Säuberungen im Jahre 1938 hingerichtet wurde. Chiang Kaishek bewunderte Blyukher und versuchte, wie Li De Helen Snow sagte, ihn 1935 oder 36 wieder als Militärberater zu bekommen. (Helen Snow, *My Yenan Notebooks.*)

[2] Chiang wußte natürlich nicht, daß die neue Strategie der offenen Feldschlacht nicht die Mao Zedongs und Zhu Des war, sondern der Roten Armee von einem neuen Komintern-Vertreter aus Moskau aufgezwungen wurde.

[3] Die klassische Schilderung findet sich in Harold Isaacs' *The Tragedy of the*

Chinese Revolution, Stanford, 1951, S. 176–177. Siehe auch Snow, *Red Star over China,* dtsch.: *Roter Stern über China*; Frankfurt 1974. Gu Shunzhang, inzwischen Chef der kommunistischen Geheimpolizei, wurde in Hankou verhaftet, wo er im Winter 1930–31 als Straßenjongleur auftrat. Er wurde zum Verräter und lieferte der KMT Informationen, die zur Zerstörung des kommunistischen Apparats in Shanghai, Hankou und anderen großen Städten führten (Jacques Guillermaz, *A History of the Chinese Communist Party* 1921–1949, New York 1972, S. 221–222).

[4] *Red Star over China,* S. 457.

[5] Hu Hua, Parteihistoriker; Yan Jingtang, Militärforscher, persönliches Interview, Peking, 10. 10. 84.

[6] Seit 1949 war das Grand Hotel Museum des Aufstandes des 1. August.

[7] Stalins Befehle wurden in einem von Nikolai Bucharin unterzeichneten Telegramm übermittelt. Bucharin war noch Leiter der Komintern, sollte aber in Kürze versetzt und später, im Jahre 1936, im Zuge der Säuberungen erschossen werden. Lominadze händigte Stalins Botschaft an Zhang Guotao aus, Mitglied des Zentralkomitees. Er übergab es dem fünfköpfigen Komitee, das zur Leitung des Aufstandes von Nanchang geschickt worden war. Zhou Enlai war Sekretär und Leiter des Komitees. Die anderen Mitglieder waren Li Lisan (der bald Generalsekretär der Kommunistischen Partei werden sollte), Yun Daiying, Tan Pingshan und Peng Pai. Im Museum des Aufstands des 1. August in Nanchang ist Zhang Guotao nicht erwähnt, aber er ist auf einem Gemälde einer Komiteeversammlung am Vorabend des Aufstandes abgebildet (Lin Jiachuan, Museumdirektor, persönliches Interview, 3. 4. 1984). Zhang Guotao beschreibt seine Zusammenkünfte mit Lominadze und Zhou in seinen Memoiren und sagt, er habe zwar an dem Coup gezweifelt, ihm aber schließlich seine volle Unterstützung gegeben (Zhang Guotao, *The Rise of the Communist Party,* Lawrence 1971, Bd. II, S. 5–8). Lin Jiachuan, stellvertretender Direktor des Museums von Nanchang, berichtet, Zhang solle zu seinen Kollegen im Komitee gesagt haben: »Ihr solltet diesen Aufstand erst beginnen, wenn ihr sicher seid, daß ihr Erfolg haben werdet.« Lominadze brach Ende der zwanziger Jahre mit Stalin und beging 1935 Selbstmord. Faktisch war Lominadzes Drohung, Kominternberatern würde nicht gestattet, in Nanchang mitzuwirken, inhaltslos. M. F. Kumanin, einer der sowjetischen Militärberater, der He Long zugeteilt war, begleitete He Long nach Nanchang und nahm an der Operation teil. Er blieb bis 1928 in China (*Na Kitaiskii Zemle,* Moskau 1977, S. 149–159). Es gab vermutlich noch andere.

[8] Die Truppen machten sich nach Canton auf, nachdem sie Nanchang verlassen hatten, gelangten aber nie dorthin. Die meisten wurden in einer Reihe von Schlachten zerstreut oder vernichtet. Sie eroberten allerdings den Hafen von Swatow (Shantou) und hielten ihn vom 24. September bis zum 1. Oktober, doch Zhou wurde krank und entschlüpfte nach Hongkong, wo sich ihm He Long (jetzt Parteimitglied), Ye Ting und Nie Rongzhen anschlossen. Zhu De, Chen Yi, Lin Biao und das, was von Zhu Des Truppen übrig war, fanden zeitweilig Zuflucht bei einem befreundeten nationalistischen General (Einzelheiten zum Nanchang-Aufstand von Lin Jiachuan, stellvertretender Direktor, Museum des Aufstands des 1. August, Nanchang, persönliches Interview, 3. 4. 1984; siehe auch Jacques Guillermaz, *China Quarterly,* Juli 1962, S. 161–168). Nie Rongzhen wurde von Zhou Enlai 1921–22 für die Kommunistische Partei gewonnen. Nie war damals in Belgien Student technisch-wissenschaftlicher Fächer. Am Ende stand er an der Spitze des chinesischen Atomwaffenprogramms.

[9] Alle diese Männer fielen Stalins Säuberungen zum Opfer, Radek und Bucharin 1936, dann Mif 1938. Mifs wirklicher Name lautete Michail Alexandrovitsch Fortus. Er nahm den Platz Lominadzes als Stalins »Mann in China« ein.

[10] Han Suyin, *The Morning Deluge: Mao and the Chinese Revolution, 1893–1954,* New York, 1972, S. 173–179.

[11] Maos Gefangennahme wird bei Snow in *Red Star,* 158–159 beschrieben. Han Suyin hörte von der Offiziersverschwörung 1966. Mao bewältigte das Problem, indem er allen, die ihn nicht in die Berge begleiten wollten, sagte, sie müßten nicht mitkommen, und ihnen Reisegeld gab. Etwa ein Fünftel seiner Männer ging fort. (Han Suyin, persönliche Mitteilung, 19. 8. 1984; siehe auch ihr *Morning Deluge,* S. 158–159, 175).

[12] He Changgong lebte 1984 noch in Peking und war Zweiter Vorsitzender der Akademie für Militärwissenschaft. Er hatte soeben seine Memoiren veröffentlicht, *Those Unforgettable Days.* Auf dem Langen Marsch war er Politischer Kommissar der Neunten Armee.

[13] Für den Abmarsch aus Jinggangshan werden verschiedene Daten angegeben. Die meisten nennen entweder den 14. oder den 29. Januar. Verschiedene Einheiten brachen zu verschiedenen Zeiten auf, aber der Hauptabmarsch fand am 14. Januar statt.

[14] Snow, *Red Star,* S. 160. Ein paar Jahre später sollte Zhu De Agnes Semdley mit Wehmut von seinen Gesprächen mit Wang und Yuan erzählen. Er erinnerte sich, daß sie ihm von einem Banditen berichtet hatten, den man »alter, tauber Chu« nannte. Dieser pflegte zu sagen: »Du brauchst nicht zu wissen, wie man kämpft; du brauchst nur zu wissen, wie man den Feind einkreist.« An dieses Prinzip hat sich Zhu De während seiner ganzen Laufbahn gehalten (Agnes Smedley, *The Great Road,* New York 1956, S. 232; deutsch: *Der große Weg,* Berlin 1958).

[15] Han Suyin, *op. cit.,* S. 206. Zwar hatte Peng Dehuai Jinggangshan schon im März 1929 verlassen, lange vor den Schwierigkeiten mit Yuan und Wang, doch seine Fünfte Armee war auf irgendeine ungeklärte Weise in die Ausführung des Hinrichtungsbefehls verwickelt. Als das Plakat mit den großen Schriftzeichen erschien, erklärte Peng, wenn herausgefunden würde, daß die Fünfte Armee in irgendeiner Weise von der Eliminierung Yuans und Wangs profitiert hätte (sie sollte sich angeblich der Waffen der Banditen bemächtigt haben), dann würde er selbst seine Hinrichtung verlangen (Zhang Yuanyuan, Brief, 14. August 1984). Lange Zeit war niemand bereit, die Verantwortung für das zu übernehmen, was als »häßliche und irrige« Entscheidung angesehen wurde. Vielleicht ist das der Grund, warum der Vorfall in der Ausstellung im Jinggangshan-Museum nicht erwähnt wird. Die Porträts der beiden Männer sind noch immer zu sehen. Ein großer Teil dieser Einzelheiten stammt aus persönlichen Gesprächen mit Gui Yulin, Kurator des Jinggangshan-Museums, in Ciping. Die Geschichte von He Changgong und der Gefangennahme von Yin Daoyi wurde mitgeteilt von Zhang Yen, stellvertretender Leiter des Außenamtes der Provinz Jiangxi, Nanchang, 6. 4. 1984.
Auf dem Gipfel der Kulturrevolution trafen mehr als 30 000 Rotgardisten am Tag in Jinggangshan ein. Es gab schreckliche Probleme der Ernährung, der Unterbringung, Hygiene und medizinischen Versorgung. Die Rote Armee mobilisierte schließlich Hubschrauber, um Lebensmittel einzufliegen und die Kranken zu evakuieren. Die Zahlen blieben über mehr als zwei Monate so hoch, bis die Regierung Maßnahmen ergriff, um die jungen Leute fernzuhalten. Allmählich fielen die Zahlen auf 2000 am Tag und schließlich auf 1000. Über die Anzahl der Opfer ist nichts bekannt. (Stadtverwaltung, Ciping, persönliches Interview, 7. 4. 84).

Kapitel 3

[1] Dies sind die Zahlen von General Qin Xinghan vom Militärmuseum Peking und seine Schätzung (Qin, persönliches Interview, Ruijin, 11. 4. 1984). Es gibt viele

andere Schätzungen. Manchmal wird die Gesamtzahl sogar auf 40 000 geschätzt, doch all diese Zahlen sind mit größter Zurückhaltung zu betrachten. General Chen Pixian, der mit Chen Yi zusammenarbeitete, nennt eine Zahl von 30 000 bis 40 000 (Chen Pixian, *Three Years* ..., S. 2).

[2] Zhong Shuqi, Ruijin-Museum, persönliches Interview, Peking, 11. 4. 84.

[3] Chen Pixian, *op. cit.*, Kap. 1; Wang Yanjian, Peking, 8. 3. 84; Chen Pixian, persönliches Interview, Peking, 11. 6. 84.

[4] Chen Haosu, Chen Yis Sohn, persönliches Interview, Peking, 13. 6. 84. Chen Pixian, sein langjähriger Freund und Gefährte, sagte fünfzig Jahre später: »Ich hätte es gern gesehen, wenn man Chen Yi in einer Sänfte mitgenommen hätte.« (Chen Pixian, persönliches Interview, Peking, 11. 6. 84.)

[5] Hu Hua, Professor für Parteigeschichte, Volksuniversität Peking, persönliches Interview, 21. 3. 84.

[6] Nie Rongzhen, *Memoirs*, Kap. 10.

[7] Seit fünfzig Jahren streitet man sich über die Truppenstärke der Roten Armee. Dies sind die tatsächlichen Zahlen der Musterrollen vom 8. Oktober 1934. Sie wurden in zwei Säulen aufgezeichnet; zuerst die tatsächliche Stärke nach dem Stand vom 8. Oktober, und zweitens die Zahl, die erreicht werden würde, wenn die Reserven am 12., 13. oder 14. Oktober in die Armeen eingegliedert sein würden. Die Summe der ersten Säule war ungefähr 70 000. Die Gesamtzahl der zweiten Säule, ist, wie hier angegeben, 86 859. Neue Rekruten, die in den intensiven Kampagnen von 1934 angeworben worden waren, wurden den unabhängigen Regimentern und der örtlichen Miliz zugeordnet. Diese wurden nun den Armeen eingegliedert. Die Dritte, Fünfte und Neunte Armee bekamen jeweils zwei Regimenter. Die Achte Armee, die erst im September 1934 aufgestellt wurde, bekam eins. Die Siebte und die Neunte Armee wurden im September 1933 aufgestellt. Nur wenige in den beiden Zentralkolonnen gehörten zu Kampftruppen. Zhang Demin vom Yu-Distriktmuseum in Jiangxi schätzt die Kampftruppen auf etwa 70 000. Das scheint annehmbar. Das Aufblähen der Größe der Ersten Frontarmee bis auf 100 000 Mann aus Propagandagründen entsprach der Praxis der Roten Armee. Zahlen wurden immer übertrieben. Einheitsbezeichnungen wurden oft gewechselt, um den Feind zu verwirren. Viele »Armeen« waren eigentlich Divisionen oder Brigaden. Dies um so mehr, als bald der aufreibende Kampf die Zahlen verminderte. Yan Jingtang, Forscher im Verteidigungsministerium und Quelle der Archivzahlen, ist überzeugt, daß die Summen von 8. Oktober 1934 korrekt waren. Eine »Frontarmee« bedeutete nach dem Gebrauch der Roten Armee eine Anzahl von Armeen unter einem Oberbefehl. Die Erste Frontarmee umfaßte am Anfang die Erste, Dritte, Fünfte, Siebte und Neunte Armeegruppe. Eine »Armeegruppe« bedeutete einfach eine »Armee« unter einem Militärgeneral und einem Politischen Kommissar (die beiden teilten sich immer das Kommando, und gewöhnlich war der Politische Kommissar der dienstältere). Diese Bezeichnungen, obwohl sie zunehmend unrealistischer wurden, hielt man fast bis zum Ende des Langen Marsches aufrecht.

[8] Yan Jingtang, Forscher im Verteidigungsministerium, persönliches Interview, Peking, 24. 10. 84.

[9] Wei Xiuying, persönliches Interview, Nanchang, 15. 4. 84.

[10] Dokumente, Jiangxi-Erinnerungshalle, Nanchang.

[11] Zeng Xianhui, persönliches Interview, Guiyang, 18. 4. 84.

[12] Zhong Shuqi, Ruijin, 11. 4. 84.

[13] Angaben aus dem Changgang-Museum, 9. 4. 84.

[14] Han Suyin, *The Morning Deluge*, S. 241.

[15] Prof. Dai Xiangqing, Professor für Parteigeschichte, Jiangxi-Parteischule, Nanchang, 14. 4. 84.

[16] Dai Xiangqing, 14.4.84.
[17] Wu Xing, persönliches Interview, Nanchang, 15.4.84.
[18] Yang Chengwu, *Recollections of the Long March,* Peking, 1982, S. 7–11.
[19] Wei Xiuying, persönliches Interview, Nanchang, 15.4.84.

Kapitel 4

[1] Otto Braun, *Chinesische Aufzeichnungen,* S. 118–120. Wu Xiuquan war der Dolmetscher bei der Unterhaltung zwischen Li De und Xiang Xing. Er erinnerte sich nicht an Xiangs Warnung vor Mao. Er hatte im Gedächtnis, daß Li De zu Xiang sagte: »Ich glaube, daß ihr bei Guerillakriegführung lebend davonkommen werdet.« (Wu Xiuquan, 28.3.85).

[2] George Hatem, persönliches Interview, Peking, 1984. Nachdem er 1939 China verlassen hatte, lebte Braun in Moskau, bis 1953 Stalin starb. Das Schicksal der meisten von Stalins Chinaspezialisten, die Hinrichtung, blieb ihm erspart, doch er durfte keinerlei chinesische Angelegenheiten behandeln. Er lebte unbeachtet, möglicherweise unter Polizeiüberwachung, und könnte durchaus für eine Weile im Gefängnis oder verbannt gewesen sein. Seine Memoiren erschienen zuerst in *Horizont,* einer Ost-Berliner Zeitschrift, im Jahre 1969, und in Buchform posthum im Jahre 1974.

[3] Dieser Bericht folgt zu großen Teilen den Eindrücken von George Hatem, der Braun in Yan'an sehr gut kannte. Es scheint um diese Zeit sowjetische Praxis gewesen zu sein, einige Agenten mit Pässen auszusenden, die auf ihre richtigen Namen ausgestellt waren, weil man davon ausging, ein »sauberer Paß« biete eine bessere Deckung und errege weniger Verdacht. So wurde Richard Sorge, der berühmte sowjetische Spion, der dem militärischen Nachrichtendienst angehörte, aber ursprünglich ein Mann der Komintern gewesen war, mit einem deutschen Paß nach Shanghai geschickt, der auf seinen wirklichen Namen lautete (F. W. Deakin und C. R. Storry, *The Case of Richard Sorge,* New York 1966, S. 65).

[4] Diese Route zur Übersendung von Mitteln war mit dem Aufstieg Hitlers versperrt. Der Chef der Roten Hilfe wurde von der KMT verhaftet und ins Gefängnis gesteckt (Hu Hua, persönliches Interview, Peking, 21.3.1984); Botschafter Wang Bingnan äußerte die Ansicht, die Komintern und die »russische« Fraktion hätten Mao gegenüber einen großen Vorteil gehabt, da die Russen der chinesischen Partei »ihre Führung, ihre Doktrin, ihre Taktik, ihre Finanzierung – kurz alles lieferten. Die chinesische Partei war ein Teil der Komintern«. (Wang Bingnan, persönliches Interview, Peking, 20.3.1984).

[5] Helen Snow, persönliches Interview, 1.10.82.

[6] Braun, *op. cit.,* S. 10. Steve Nelson, persönliche Mitteilung, Jan. 1985.

[7] Theodore Draper, persönliches Interview, Okt. 81.

[8] F. M. Deakin und G. H. Storry, *The Case of Richard Sorge,* New York 1966. Peggy, Ehefrau von Eugene Dennis und selbst Komintern-Kurier, zeichnet ein Bild wesentlich lebhafterer Untergrundtätigkeiten im Spätsommer und Frühherbst 1934 in Shanghai, als es die chinesischen Berichte tun. Sie behauptet, Dennis habe »die sowjetischen Provinzen« besucht, womit sie anscheinend Jiangxi meint, doch das ist unwahrscheinlich. Dennis schickte durch sie einen Bericht über die Situation in China an die Komintern. Er wies darauf hin, daß es unter den Komintern-Agenten einen Streit über den Auszug aus Jiangxi gebe und er seine Ansicht nicht durch die gewöhnlichen Kanäle übermitteln könne. Es ist möglich, daß seine Funkverbindung unterbrochen war (Peggy Dennis, *The Autobiography of an American Communist,* Westport, Conn., 1977, S. 82–84).

[9] Nelson, persönliches Interview, Jan. 85.

[10] Verle B. Johnson, *Legions of Babel,* University Park, Pennsylvania, 1967, S. 125–26.

[11] Braun, *op. cit.,* S. 48–49.

[12] Wenn Braun, wie es in der Einleitung seiner Memoiren heißt, 1900 geboren war, dann wäre er 1914 erst 14 Jahre alt gewesen.

[13] Dies stammt von Wu Xiuquan, 28. 3. 84. Braun erwähnt in seinen Memoiren die österreichische Armee nicht, spricht nicht von einer Kriegsgefangenschaft, dem Kampf in der Roten Armee während des Bürgerkrieges oder davon, Kavallerist gewesen zu sein. Wu Xiuquan glaubte aufgrund seiner persönlichen Gespräche mit Braun, die Version mit den Straßenkämpfen und der Flucht aus dem Gefängnis sei nicht korrekt. Er sagte, der Zeitraum zwischen Brauns angeblicher Ankunft in Moskau im Jahre 1928 (in dieser Version) und seinem Erscheinen in China 1932 sei zu kurz, als daß er in dieser Spanne Frunse besuchen und den Lehrgang hätte beenden können. Wu meinte, Brauns ausgezeichnetes Russisch könne ebenfalls nicht in so kurzer Zeit erworben worden sein. Er glaubte, Braun sei Österreicher und seine österreichische Legende mehr oder weniger zutreffend. Im Text seiner Memoiren behauptet Braun, er habe 1936 aufgrund in Frunse erworbener Kenntnisse tatsächlich eine chinesische Kavalleriedivision ausgebildet. Er sei kein Kavallerist, aber eine Zeitlang in Tambow einer Kavalleriedivision zugeteilt gewesen, und er habe an Manövern in Weißrußland und in der Ukraine teilgenommen. In der englischen Übersetzung von Brauns Memoiren wird Tambow nicht erwähnt, wie die Übersetzung ganz allgemein viele Irrtümer enthält (Braun, *Kitaiskiye & Zapiskii,* S. 225; Braun, *Chinesische Aufzeichnungen,* S. 230).

[14] Diese Bewertung von Braun geht auf die Ansicht von Wu Xiuquan und Hu Hua zurück. Wang Yanjian lieferte die »Drachenkönig«-Analogie.

[15] Wang Yanjian, 5. 3. 84; Jerome Chen, *Mao and the Chinese Revolution,* New York, 1965, S. 182–183.

[16] Professor Hu Hua beharrte darauf, daß ausländische Beschreibungen von Bo Gu als »Generalsekretär« unzutreffend seien. Er sagte, Xiang Zhongfa, der im Juni 1931 verhaftet wurde und die Partei verriet, sei der letzte Generalsekretär der Partei gewesen, bis 1977 der Achte Nationalkongreß Deng Xiaoping wählte.

[17] Wu Xiuquan, *My Experiences,* S. 10.

[18] Dies basiert auf dem Bericht von Wu Xiuquan. Viele, viele Jahre später, nach der Spaltung zwischen Moskau und Peking 1960, sollte Moskaus Propaganda den gleichen Kurs einschlagen. Mao, so wurde behauptet, sei kein Marxist, und China sei kein kommunistisches Land. Mao sei ein »asiatischer Hitler«, und China werde »von Gangstern regiert«.

[19] Der schmale Band wurde unter dem Titel *Red China: President Mao Tsetungs Report on Progress of the Chinese Soviet Republic* am 22. Januar 1934 veröffentlicht. Die englische Übersetzung kam Ende 1934 in New York heraus. Hu Hua sagte in Peking (21. 3. 84), daß er so bearbeitet worden sei, daß nur ein Absatz von Maos Text erhalten blieb. Eine genaue Durchsicht des englischen Textes scheint Hu Hua recht zu geben. Es ist kein »Bericht« an den Zweiten Kongreß, sondern ein Propagandatext, der die »sowjetische Demokratie«, »Die Finanzpolitik der Sowjets«, »Ehe unter den Sowjets«, »Die antiimperialistische Bewegung«, »Sowjetische Arbeitspolitik« preist. Er liest sich wie ein Pamphlet für die Verteilung im Ausland, nicht wie eine Rede, die in Ruijin gehalten wurde.

[20] Wu Xiuquan, 28. 3. 84.

[21] Seit seiner Rolle in der Kulturrevolution, der Verschwörung gegen Mao und seinem melodramatischen Tod wird Lin Biao in Peking als Anhänger Brauns dargestellt, doch das könnte eine Verzerrung sein. Ein sino-französischer Gelehrter, Chihsi Hu, zitierte einen von Lin Biao geschriebenen und im Juli 1934 in der

kommunistischen chinesischen Zeitschrift veröffentlichten Artikel, »Revolution and War«, der einen seiner Meinung nach kaum verhüllten Angriff auf Brauns Strategie enthielt und für Mao Partei nahm (Chi-hsi Hu, *China Quarterly* Nr. 82, Juni 1980, S. 250–280). Braun erwähnt in seinen Memoiren den Artikel von Lin Biao ziemlich herablassend (S. 104).

[22] Dies ist Hu Huas Einschätzung der Verluste. Zhou Enlais Schätzung stammt aus Snow, *Red Star*, S. 188. Peng Dehuais Kommentar zu Guangchang ist aus Peng Dehuai, *Memoirs*, S. 189–92.

[23] Peng Dehuai, *op. cit.*, S. 189–92.

[24] Hu Hua, 23. 3. 84.

[25] Peng Dehuai, *op. cit.*, S. 189–92.

[26] Dies ist im wesentlichen die Version von Wu Xiuquan. Einige Details stammen von Wang Yanjian. Professor Hu Hua hörte davon eine finsterere Version. Ihm wurde gesagt, Xiao sei seiner Stellung in der Armee aufgrund seiner von Braun so bezeichneten »Anti-Führungs«-Einstellung enthoben und gezwungen worden, auf dem Langen Marsch als einer von Tausenden von Trägern zu dienen. Er erhielt das Kommando erst zurück, nachdem die Rote Armee Yan'an erreicht hatte. Li Yimang jedoch, ein Veteran des Langen Marsches, erinnerte sich an Xiao als an den Führer des Kaderbataillons und sagte, er sei den ganzen Weg nach Nordshaanxi Seite an Seite mit ihm marschiert (Li Yimang, persönliches Interview, Peking, 22. 3. 1984).

[27] Hu Hua, 23. 3. 84.

[28] Wang Yanjian, 5. 3. 84.

[29] Prof. Xiang Qing, persönliches Interview, New York, 14. 1. 85.

[30] Braun, *op. cit.*, S. 111. Im Frühjahr 1936 kam Liu Changsheng aus Moskau mit einem starken Funkgerät und einem neuen Codebuch in Nordshaanxi an. Die Verbindung nach Moskau wurde wiederhergestellt. Ein drittes Mitglied des Untergrundbüros des Zentralkomitees in Shanghai wurde 1935 verhaftet. Sein Name war Huang Wenjie. Er wurde nicht zum Verräter (Hu Hua, 23. 3. 84). Braun nahm offenbar an, die Verhaftungen seien gleichzeitig erfolgt (Braun, S. 111). Sheng Zhongliang kam schließlich in die Vereinigten Staaten, wo er ein Buch veröffentlichte mit dem Titel *The Chinese Revolution and the Sun Yat-sen University*. An dieser Universität hatte er während seines Aufenthalts in Rußland studiert.

Kapitel 5

[1] Wu Jiqing, persönliches Interview, Nanchang, 15. 4. 84.

[2] Wu Xiuquan, *Memoirs*, Kap. 7.

[3] Das ist die Schlußfolgerung von Prof. Dai Xiangqing von der Jiangxi-Parteischule in Nanchang. Sowjetische Quellen sind in dieser Frage keine Hilfe. In den meisten sowjetischen Werken heißt es einfach, die Entscheidung zum Abzug sei im September 1934 getroffen worden. Es gibt mehrere Variationen. *Ocherki Istorii Kitaya v Noveishee Vremya,* Moskau 1959, herausgegeben von A. S. Perevertailo, sagt, die Entscheidung sei »im Sommer 1934« vom Zentralkomitee getroffen worden (S. 261). V. G. Sapozhnikov sagt in *Kitai v Ogne Voiny 1931–1950,* Moskau 1977, die Entscheidung zum Auszug sei vom Sekretariat des Zentralkomitees am 6. September 1934 gefällt worden, und am 8. September habe eine erweiterte Sitzung des Zentralkomitees und des Militärrates der Roten Armee stattgefunden, um den geplanten Ausbruch zu diskutieren.

[4] Wang Yanjian, 5. 3. 84; Zhong Shuqi, Ruijin-Museum, 11. 4. 84; Wu Xiuquan, 28. 3. 84.

[5] Xiao Ke, persönliches Interview, Peking, 9. 3. 84.

[6] Cheng Zihua, persönliches Interview, Peking, 30. 3. 84.
[7] Ningdu-Dokumente, 13. 4. 84.
[8] Peng Dehuai, *Memoirs,* S. 182–83.
[9] Dieser Bericht folgt Hu Huas Theorie. Brauns Kommentare stammen aus seinen Erinnerungen.
[10] Yang Chengwu, *Recollections of the Long March,* Peking, 1982, S. 14–15.

Kapitel 6

[1] Smedley, *The Great Road,* New York, 1956, S. 310–12.
[2] Zhang Shengji, persönliches Interview, Lanzhou, 4. 6. 84.
[3] Peng Haiqing, persönliches Interview, Bao'an, 8. 6. 84.
[4] Diese Information gaben die Archive der Roten Armee über Yan Jingtang aus dem Verteidigungsministerium (persönliche Mitteilung, Peking, 24. 10. 84). Die Codenamen wurden von der Militärkommission zugeteilt und sollten am 15. Okt. 1934 in Kraft treten.
Am Beginn des Marsches war Li Fuchun Stellvertretender Direktor der Politischen Abteilung und handelte als Direktor in Abwesenheit des kranken Wang Jiaxiang. Li Fuchun war ein alter Freund Maos und mit einer noch älteren Freundin, Cai Chang, verheiratet.
Die Armeebefehlshaber waren: Erste Armeegruppe, Kommandeur Lin Biao, Politischer Kommissar Nie Rongzhen; Dritte Armeegruppe, Kommandeur Peng Dehuai, Politischer Kommissar Yang Shangkun; Fünfte, Kommandeur Dong Zhentang, Politischer Kommissar Li Zhuoran; Achte, Kommandeur Zhong Kun (der später, als er die 115. Division befehligte, zur KMT überlief), Politischer Kommissar Huang Xu; Neunte, Kommandeur Luo Binghui, Politischer Kommissar Cai Shufang, später Direktor der Militärkommission und Politischer Kommissar der Dreißigsten Armee. Als die Rote Armee Zunyi erreichte, wurde die Achte mit der Fünften Armee vereinigt.
[5] Chen Jitang war gegen das Verlassen des Basisbereiches gewesen; es gibt einige Hinweise darauf, daß er getäuscht wurde. Otto Brauns Berichte über den Vorgang sind verwirrend. Er behauptet, daß Bo Gu die Komintern konsultierte, daß dies der letzte Austausch von Botschaften mit Moskau gewesen sei. Professor Hu Hua schenkte ausländischen Gerüchten keinen Glauben, daß die Kommunisten Chen Jitang 50 000 Dollar für freien Durchzug zahlten (Hu Hua, 21. 3. 84).
[6] Diese Information stammt von Hua. Der Transport der Radioausrüstung wurde von Wu Zhiping arrangiert, einem Repräsentanten von Yang, und von Xu Yixin von der Vierten Armee, der später Chinas Botschafter in Pakistan werden sollte. Die Übergabe geschah in der Nähe von Hanzhong (Hu Hua, 23. 3. 84).
[7] Hu Yaobang, persönliches Interview, Peking, 14. 6. 84.
[8] Im Januar 1931 erbeutete die Rote Armee einen 16-Watt-Sender, aber er war nicht stark genug, um Shanghai zu erreichen (Hu Hua, 23. 3. 84). Die Rote Armee unterhielt zwei Radiobüros, eines, No. 2, zum Zwecke des Auffangens feindlicher Nachrichten und ihres Dekodierens, das zweite, No. 3, für die eigenen Funkverbindungen. Unter denen im Büro No. 2 waren Li Kehong, Zeng Xisheng, Fu Di, Cao Yingren. Alle fielen oder waren vor 1984 gestorben (Hu Yaobang, 14. 6. 84). Li Qiang, später Außenhandelsminister, wurde in Shanghai in Radiotechnik ausgebildet und erfand später eine neue Art von Radioantenne. Andere, die in diesem Bereich mitarbeiteten, waren Wang Zaigang, später Postminister, Song Kanfu, später Vizeminister für Gewerkschaftsfragen, und Zeng Xisheng, später Erster Sekretär der Provinz Anhui. Li Bai, ein weiterer Spezialist, verlor sein Leben in den letzten Tagen des Befreiungskampfes in Shanghai (Hu Hua, 23. 3. 84).

[9] Hu Hua, 28. 3. 85.
[10] Li Yimang, persönliches Interview, Peking, 22. 3. 84.
[11] *Minguo Ribao,* Archive, Nanchang Provinzbibliothek.
[12] Chiang Kaisheks Aufklärungsfiasko mag durchaus eine Entsprechung auf kommunistischer Seite haben. In seinem unpublizierten Manuskript, *The Odyssey of a Fellow Traveller,* schreibt Philip J. Jaffe, daß die erste Ausgabe von *China Today,* deren Herausgeber er war, im Oktober 1934 erschien. Darin gab es einen Artikel über die Sowjetbasis in Jiangxi. Die Hauptquelle von *China Today* war die Untergrundzelle in Shanghai. Erst zwei Monate später – d. h. ungefähr Anfang Dezember – hörten Jaffe und seine Mitarbeiter von Kommunisten in Shanghai, daß der Lange Marsch begonnen hatte (Jaffe, *Odyssey,* S. 127).

Kapitel 7

[1] Edgar Snow, *Journey to the Beginning,* New York, 1967, S. 173.
[2] Liu Ying, persönliches Interview, Peking, 14. 6. 84.
[3] Zhong Ling, persönliches Interview, Xi'an, 11. 6. 84.
[4] Liu Ying, 14. 6. 84.
[5] Hu Yaobang, 14. 6. 84.
[6] Zhu Zhongli, persönliches Interview, Peking 30. 10. 84. Liu Ying; Wu Xiuquan.
[7] Hu Hua, 23. 3. 84.
[8] Wu Xiuquan, 28. 3. 84.
[9] Liu Ying, 14. 6. 84.
[10] Braun, *Chinesische Aufzeichnungen,* S. 123.
[11] Han Suyin, *Morning Deluge,* S. 10–11; Ross Terrill, *Mao,* New York, 1980, S. 5–6.
[12] Robert Payne, *Mao Tsetung,* New York, 1962, S. 30.
[13] Diese kluge Analyse von Li Rui, dem stellvertretenden Chef der Organisationsabteilung des Zentralkomitees der Kommunistischen Partei Chinas, erschien in *Report on the Times,* einer Ausgabe, die dem 90. Geburtstag Maos im Dezember 1983 gewidmet war. Sie wurde in englischer Übersetzung im April und Mai 1984 in der *Peking Review* veröffentlicht. Li Rui schätzte, daß Mao etwa eine Million Wörter an Notizen während seiner fünfeinhalb Jahre in Changsha niederschrieb.
[14] Diese Rekonstruktion von Maos Lektüre und seiner Philosophie basiert vor allem auf der Studie von Li Rui. Maos Notizbücher wurden in einem Korb in seinem dörflichen Haus in Shaoshan aufbewahrt. Alle außer einem wurden aus Furcht vor Repressalien im Jahre 1927 vernichtet, als Chiang Kaishek sich gegen die Kommunisten wandte.
[15] (Schlecht) übersetzt von Pearl Buck. Der Titel im Englischen lautete: *All Men are Brothers,* New York, 1933.
[16] Dies hält sich an Li Rui. Mao erzählte Edgar Snow einiges über den Charakter seiner Mutter (Snow, *Red Star,* S. 115–116).
[17] Maos Worte an Xiao zitiert nach Li Rui. Snow schrieb, daß Mao Washingtons Guerillataktik »studierte und ihr folgte«. Das scheint mir eine Übertreibung zu sein. Mao hatte keinen Text, um Washingtons militärische Operationen studieren zu können. Wahrscheinlicher ist, daß er von Washingtons Erfolg inspiriert war, der die Briten Jahre hindurch wirkungsvoll mit einer kleinen Streitmacht bekämpfte, sich vor überlegenen Kräften zurückzog, aber seine Bewegung immer am Leben hielt und schließlich triumphierte (Snow, *Journey,* S. 169).
[18] All dies stützt sich auf Li Rui, 26. 10. 84.

[19] Li Rui, *Early Revolutionary Activities of Mao Tsetung*, White Plains, 1981, S. 52–53.
[20] Li Rui, *op. cit.*, S. 34.
[21] George Washington sollte auch das Vorbild eines anderen asiatischen Revolutionärs werden – Ho Chi Minh.

Kapitel 8

[1] Helen Snow, *The Chinese Communists*, Westport, Conn., 1972, S. 215.
[2] Kang Keqing, persönliches Interview, Peking, 2. 11. 84.
[3] Li Bozhao, Frau von General Yang Shangkun, persönliche Mitteilung, Peking, 15. 6. 84.
[4] Snow, *op. cit.*, S. 173.
[5] Wei Xiuying, persönliches Interview, Nanchang, 15. 4. 84.
[6] Liu Ying, 14. 6. 84.
[7] Wu Xiuquan, 28. 3. 84.
[8] Dick Wilson, *The Long March*, New York, 1979, S. 70.
[9] Wu Xiuquan, 28. 3. 84.
[10] Kang Keqing, persönliches Interview, Peking, 2. 11. 84.
[11] Ding Ling, persönliches Interview, Peking, 23. 3. 84.
[12] Helen Snow, *My Yenan Notebooks*, S. 46.
[13] Helen Snow, *Inside Red China*, S. 214–17.
[14] Braun, *Chinesische Aufzeichnungen*, S. 99.
[15] Li Hong, *Guizhou Youth*, no. 2, 1983.
[16] Han Suyin, *Morning Deluge*, S. 26.
[17] Li Rui, persönliches Interview, 26. 10. 84.
[18] Li Rui, *Early Revolutionary Activities*, S. 334.
[19] Li Rui, Interview, 26. 10. 84.
[20] Hu Hua, 10/84. Details von Yang Kaihuis Tod wurden von Suzanne Weiglan in *Eastern Horizon*, Nr. 3 von 1977 geschildert. Sie wurden von Hu Hua mit kleinen Abweichungen bestätigt. Sie gibt Yang Kaihuis Todesdatum mit dem 26. Okt. an. Das war wahrscheinlich das Datum ihrer Festnahme. In der intensiven sowjetisch-chinesischen Polemik nach 1960 gab Moskau Mao die Schuld am Tode Yang Kaihuis und Mao Zejiangs. Moskau erwähnte nicht, daß Maos Angriffe auf Changsa (es hatte schon einen früheren, gleichfalls erfolglosen, gegeben) nach Weisungen von der Komintern unternommen worden waren.
[21] Das Gedicht ist übersetzt in Willis Barstones *The Poems of Mao Tsetung*, New York 1970. Viele Einzelheiten über Yang Kaihuis Kinder wurden in einer Wandzeitung während der Kulturrevolution mitgeteilt. Sie sind nicht unbedingt zutreffend, doch die Geschichte im allgemeinen wird von anderen Quellen bestätigt. Die Wandzeitung erwähnte ein drittes Kind Maos, das angeblich bei Bauern untergebracht wurde und verschwand; erst Jahre später sei es als Rechnungsführer in einer Dorfkommune wiedergefunden worden. Die Wandzeitungs-Version wird von David und Nancy Milton mitgeteilt in *The Wind Will Not Subside*, New York 1975, S. 153–155. Die Existenz des dritten Sohnes wird von Hu Hua bestätigt. Ross Terrill sagt in *Mao*, die Kinder seien von ihrer Großmutter gerettet worden und hätten die Decknamen Yang Yunfu und Yang Yunshou erhalten (S. 157–158). 1984 wurde mir in China gesagt, Mao Anching habe mehrere Kinder. Es hieß, er sei arbeitsunfähig aufgrund von Hirnschäden, die er entweder durch einen Schlag während der Bettelzeit in Shanghai erlitten hatte oder infolge unangemessener Behandlung durch sowjetische Spezialisten. Seine Frau widme einen großen Teil ihrer Zeit seiner Pflege.
[22] *Journal of Revolutionary Relics*, Nr. 2, 1980.

[23] Die meisten dieser Details stammen aus einem faszinierenden Bericht von He Zizhen, erschienen in der Ausgabe 2/1983 der Guiyanger Zeitschrift *Guizhou Youth.* Der Artikel ist mit dem *nom de plume* Li Hong gezeichnet, der Tochter eines Arztes, der He Zizhen im Shanghaier Krankenhaus behandelte, wo sie in ihrem letzten Lebensjahrzehnt viel Zeit verbrachte. »Li Hong« interviewte He Zizhen zweimal, 1978 und im Herbst 1983. Die meisten dieser Einzelheiten waren in China nie zuvor im Druck erschienen. He Zizhen starb im Mai 1984 in Shanghai. Ein Buch ihrer Erinnerungen wurde 1985 in Peking vorbereitet.

[24] Die Einzelheiten über He Zizhens Schwangerschaft stammen von Wu Jiqing, persönliches Interview, Nanchang, 14. 4. 1984, S. 5–6; viele Überlebende des Langen Marsches, darunter auch einige sehr hochstehende Personen, hatten noch 1984 keine Kenntnis von He Zizhens Erfahrungen während des Marsches.

[25] Snow, *The Chinese Communists,* S. 230–49.

[26] Liu Ying, 14. 6. 84.

[27] Liu Ying, 14. 6. 84.

[28] Helen Snow, persönliche Korrespondenz, 8/84.

[29] Li Rui, 26. 10. 84.

[30] Snow, *Inside Red China,* S. 182–84.

Kapitel 9

[1] Diese Ziffern stammen von Yan Jingtang, Forscher im Verteidigungsministerium, aus bisher unentdeckten Archivberichten über die Bewaffnung der Roten Armee. Die Zahlen sind etwas kleiner als die groben Schätzungen von Otto Braun in *Chinesische Aufzeichnungen,* Berlin 1973, S. 114–115. Braun schrieb dreißig Jahre nach den Ereignissen und hatte keine schriftlichen Notizen zur Verfügung. Die Waffen verteilten sich wie folgt: Gewehre etc.: Erste Armeegruppe 8383; Dritte Armeegruppe 8287; Fünfte Armeegruppe 4925; Achte Armeegruppe 3476; Neunte Armeegruppe 3945; Kolonne der Militärkommission 1987; Zentralkolonne 2240. Die Erste Armeegruppe hatte 8 Mörser; die Dritte 9; die Fünfte 2; die Achte 2; die Neunte 2; das Artilleriebataillon der Militärkommission 16.
Die Erste Armeegruppe hatte 546 649 Patronen und 612 Mörsergranaten; die Dritte 482 736 und 680 Granaten; die Fünfte 213 661 Patronen und 93 Granaten; die Achte 180 351 Patronen und 104 Granaten; die Neunte über 200 000 Patronen und 164 Mörsergranaten; die Kolonne der Militärkommission hatte über 70 000 Patronen und 880 Granaten; die Zentralkolonne 98 000 Patronen und keine Granaten.
Die Rote Armee begann den Marsch mit 676 Pferden. Die Erste Armeegruppe hatte 338; die Dritte 71; die Fünfte 49; die Achte 21; die Neunte 29; die Militärkommission 34; die Zentralkolonne 44 (Yan Jingtan, Forscher am Verteidigungsministerium, Peking, persönliches Interview, 24. 10. 1984, S. 1–2).

[2] Mo Wenhuas Schätzung ist enthalten in *Velikii Pokhod,* Moskau 1959, S. 158. *Velikii Pokhod* (Der Große Marsch) ist die russische Übersetzung der chinesisch geschriebenen *Recollections of the Long March of the First Front Army of the Chinese Workers and Peasants Army* (Erinnerungen an den Langen Marsch der Ersten Frontarmee der Chinesischen Arbeiter- und Bauernarmee), Peking 1958. Es scheint sich um eine wörtliche Übersetzung zu handeln. Ich benutze es anstelle der chinesischen Ausgabe, da ich mit der russischen, nicht aber mit der chinesischen Sprache vertraut bin. Liu Bocheng, der die Schätzung 400 000 abgab, lag 1984 im Alter von 92 Jahren in Peking im Krankenhaus. Er war zu dieser Zeit das älteste überlebende Mitglied des Oberkommandos des Langen Marsches. Hu Yaobang nannte seine Schätzung bei einem persönlichen Interview am 14. 6. 1984.

[3] Yu Qiuli, persönliches Interview, Peking, 31. 10. 84.

[4] Mangels schriftlicher Nachweise ist die Frage des »Korridors« schwer schlüssig zu beantworten. Er wird in den Schriften der nationalistischen Generäle nicht erwähnt, obwohl Xue Yues beiläufige Behandlung der Schlacht am Xiang-Fluß als indirekte Bestätigung zitiert wurde. Zwischen Bai Chongxi und Chiang Kaishek gab es starke Gegensätze; eine Erhebung der Guangxi-Truppen gegen Chiang im Jahre 1936 schlug fehl. Der Guangxi-Kommandeur war auch gegen die Kommunisten. Die von den Kommandeuren der Roten Armee angeführten Nachweise sind verwirrend, da die Schlacht ihren Charakter veränderte; die ersten Überquerungen waren einfach, die Aktionen der Nachhut dagegen verzweifelt. Außerdem war der Verlauf an den verschiedenen Stellen unterschiedlich. Xu Mengqius Aussagen über das »Arrangement« sind unzweideutig, doch er spricht auch von der Wildheit der Schlacht. Die Erklärung von Xu Mengqiu über das »Arrangement« wird von Professor Hu Hua zitiert (Hu Hua, persönliche Mitteilung, 24. 10. 84). Im Gespräch mit Helen Snow im Jahre 1937 drückte sich Xu nicht so klar aus. Er sprach von einem bitteren Fünf-Tage-Kampf bei der Überquerung des Xiang, offenbar die Endphase der Schlacht (*Red Dust,* Westport 1957, S. 65). In der Einführung einer Sammlung von Erinnerungen an den Langen Marsch, die er im Jahre 1938 herausgab, erwähnt Xu Mengqiu indessen einen »friedlichen« Übergang. Eine andere kommunistische Quelle, Miu Chuhuang, wird von Jerome Chen dahingehend zitiert, daß Bai Chongxi seine Kräfte zurückzog, um der Roten Armee den Weg über den Xiang freizumachen (Jerome Chen, *China Quarterly,* 40, Okt.–Dez. 1969, S. 32).

[5] Tan Zheng, *Velikii Pokhod,* S. 166–167.

[6] Wu Xiuquan, *Memoirs,* Kap. 7.

[7] Braun, *op. cit.,* S. 90.

[8] Detail von Yang Chengwu, *Recollections of the Long March,* Kap. 4. Yangs Arbeit wurde mit einer Einleitung von Marschall Ye Jianying veröffentlicht. Der *li* ist die übliche Einheit bei der chinesischen Landvermessung. Er entspricht etwa einem halben Kilometer. Der Bezug des alten Mannes auf kugelfeste Körper ist ein Echo auf die Boxer oder Himmlischen Fäuste des Aufstandes von 1900, die glaubten, gegen Kugeln gefeit zu sein.

[9] Li Bozhao, persönliches Interview, Peking, 31. 10. 84.

[10] Details über die Achte Armee aus Mo Wenhua, *Velikii Pokhod,* S. 158–65.

[11] Nie Rongzhen, *Memoirs,* Kap. 8.

[12] Nie Rongzhen, Kap. 8.

[13] Mo Wenhua, S. 158–65.

[14] Nie Rongzhen, ebda.

[15] Liu Bocheng, S. 7; Qin, persönliches Interview, 8. 3. 84; Xiao Hua, *The Difficult Years,* S. 97–98.

[16] Peng Dehuai, *Memoirs,* S. 360–61.

[17] Braun, *op. cit.,* S. 125.

[18] Wu Xiuquan war als Brauns Dolmetscher bei der Szene anwesend. Er gibt davon einen Bericht in seinen Memoiren und fügte bei einem persönlichen Gespräch Einzelheiten hinzu (Peking, 28. 3. 1984). Wang Yanjian gab einen ähnlichen Bericht (persönliche Mitteilung, Peking, 5. 3. 1984). Braun liefert eine verworrene Schilderung und verwechselt Zhou Zikun mit Xiao Jingguang, dem späteren Marineminister, mit dem Braun in Streit lag (Braun, S. 126).

[19] Braun, S. 124–125.

[1] Kong Xianquan, persönliches Interview, Zunyi, 24. 4. 84.

[2] Dingyi in *Velikii Pokhod,* S. 170–176. Es handelt sich um Lu Dingyi, einen prominenten Parteikader und Propagandabeamten des Langen Marsches. Er stieg stetig auf, kam ins Politbüro und wurde Chef des Propagandabüros des Zentralkomitees. Während der Kulturrevolution stürzte er, wurde verhaftet und vor einen Mob aus Rotgardisten ins Arbeiterstadion von Peking geschleppt, zusammen mit General Yang Shangkun, Peng Chen und General Luo Ruiqing, und zwar am 12. Dezember 1966. General Luo war bereits schwer verletzt nach einem mißlungenen Selbstmordversuch; er war aus einem Fenster im fünften Stock gesprungen (oder gestürzt worden). Photographien zeigen die Männer mit von »bewachenden« Soldaten gewaltsam verdrehten Armen. Bei dieser oder einer späteren Gelegenheit wurde Lu Dingyi mit Seilen an Armen und Beinen hochgezogen, herumgeschwenkt und so schwer verletzt, daß die Roten Garden ihn nicht mehr zu weiteren »Prozessen« vorführen konnten (Snow, *Red Star,* S. 485–486; Edward E. Rice, *Mao's Way,* Berkeley 1972, S. 272–274).

[3] Zeng Xianhui, persönliches Interview, Guiyang, 18. 4. 84.

[4] Sun Rikun, Parteihistoriker, Guizhou-Museum, Guiyang, persönliches Interview, 16. 4. 84.

[5] Smedley, *The Great Road,* S. 315–16.

[6] Zeng Xianhui, 18. 4. 84.

[7] Braun, *Chinesische Aufzeichnungen,* S. 128.

[8] Wei Guolu, *On the Long March as Guard to Chou En-lai,* Peking, 1978, S. 6–8.

[9] Wie immer gibt es große Unterschiede in den Schätzungen von Chiang Kaisheks Kräften. Professor Hu Huas Zahl, 100 000, ist die niedrigste, doch sie gilt speziell für die in Hunan stehenden Nationalisten. General Wu nennt die Zahl 200 000; Wang 300 000; und General Xiao Hua 400 000 (S. 4). Der Hauptgrund für die Unterschiede liegt in der Frage, welche der regionalen Truppen in dem Gebiet in die Gesamtzahl einbezogen werden sollen.

[10] Die meisten chinesischen Quellen berichten, das Treffen sei am 11. Dezember abgehalten worden. Der Parteihistoriker Sun Rikun vom Guizhou-Museum jedoch glaubt, daß es »in den ersten zehn Tagen des Dezember, wahrscheinlich am 10. Dezember«, stattfand. Die Information über Deng Yingchaos (Zhous Witwe) Erinnerung stammt von ihm (Sun Rikun, 18. 4. 1984).

[11] Xu Mengqiu gab den Band *Record of Experiences with the Army on the Western March,* Shanghai 1938, heraus und schrieb ein Vorwort dazu. Einige dieser Materialien wurden in unterschiedlicher Form nach der Proklamation der Volksrepublik China am 1. Oktober 1949 veröffentlicht. Helen Snow berichtet von ihrem Gespräch mit Xu Mengqiu in *The Chinese Communists,* Westport, 1977, S. XIX; Xus späteres Schicksal: Hu Hua, persönliche Interviews, Peking, 21. 3. 1984, 29. 2. 1984).

[12] Es gibt keine gravierenden Unterschiede in den Berichten von Professor Hu Hua, persönliches Interview, Peking, 23. 3. 1984; General Wu Xiuquan, persönliches Interview, Peking, 28. 3. 1984; Wang Yanjian, persönliches Interview, Peking, 5. 3. 1984; Sun Rikun, 18. 4. 1984, Guiyang; und Wu Dingguo, Direktor, Kulturabteilung, Bezirk Liping, persönliches Interview, 21. 4. 1984. Otto Braun spricht von einer »fliegenden Beratung«. Er sagt, er habe vorgeschlagen, man solle die nationalistischen Truppen vorausziehen lassen, dann hinter ihnen durchschlüpfen und sich zur Zweiten Armee in Nordwesthunan aufmachen. Niemand schien an dieser Auffassung interessiert (Braun, S. 128).

[13] Das Kommuniqué von Liping ist auf den 18. Dezember datiert, und dieses Datum wird auch allgemein für das Treffen genannt. Sun Rikun, Parteihistoriker

am Guizhou-Museum in Guiyang, und seine Kollegen nehmen jedoch an, daß das Datum der 15. oder 16. Dezember war. In nicht wenigen Fällen sind die offiziellen Kommuniqués einer Sitzung um einen oder mehr Tage nach der tatsächlichen Sitzung datiert, was eine Verzögerung bei der Erstellung oder Ausgabe des Dokuments widerspiegelt. Was die Form des Treffens angeht, so spricht Professor Hu Hua von einer Politbüro-Sitzung; Wang Yanjian nennt es eine »Zentralkomitee-Sitzung«; Sun Rikun und seine Kollegen weisen darauf hin, daß das Kommuniqué im Namen des Zentralkomitees und der Militärkommission unterzeichnet war; Wu Dingguo, der Historiker in Liping, spricht von einer Politbüro-Sitzung (S. 16), und das tut auch Liu Bocheng, *Recalling the Long March,* Peking 1978, S. 8.

[14] Erst kurz vor meinem Besuch in Guizhou und Liping im April 1984 legten sich die chinesischen Historiker auf das Haus des Kaufmanns Xu als Schauplatz des Treffens von Liping fest. Der Identifikationsprozeß hatte lange gedauert. Man hatte Ortsansässige gefragt, wo das Treffen abgehalten worden sein könnte. Die möglichen Gebäude wurden photographiert. Die Bilder wurden dann He Changgong, dem gefürchteten Politischen Kommissar, der den Banditen Wang für die Sache Mao Zedongs gewann, Huang Hexian und Fan Jinbiao, einem von Zhou Enlais Leibwächtern, vorgelegt. 1978 wurden die Photos nach Peking gebracht. Fan Jinbiao erinnerte sich, daß der Ort, an dem das Treffen abgehalten wurde, sich unmittelbar neben einer deutschen lutherischen Kirche befand. Die Kirche war inzwischen abgerissen worden, doch der einzige Platz, der mit Fans Erinnerung zusammenpaßte, waren Geschäft und Haus des Kaufmanns Xu. 1984 wurde das Gebäude wieder so restauriert, wie es 1934 gewesen war. Die Information über die Lage des Hauses stammt von Wu Dingguo.

[15] Grundlegende Details über Liping von Wu Dingguo, 21. 4. 84, und Sun Rikun, 18. 4. 84. Ein Teil des ursprünglichen Plans zum Verlassen Jiangxis war die Einrichtung einer Basis in Südhunan. Zu diesem Zweck wurde Li Yimang zum Politischen Kommissar eines Bataillons ernannt. Die Basis sollte jenseits des Xiang-Flusses in einer gebirgigen Gegend liegen, wo die Partei gut bekannt und gut organisiert war. Vielleicht war sie ähnlich gedacht wie Maos Stützpunkt im Jinggangshan. Man ging von der Theorie aus, der Zug der Roten Armee nach Westen würde die KMT-Truppen abziehen und das Gebiet so für die Entstehung einer neuen Sowjetregierung frei machen. »Leider«, erinnerte sich Li, »klappte es nicht so, wie wir erwartet hatten. Wir gelangten hin, mußten uns aber zerstreuen, weil die militärische Situation so war, daß wir nicht operieren konnten« (Li Yimang, persönliches Interview, Peking, 22. 3. 1984). Hu Hua bestätigte Li Yimangs Bericht, sagte aber, die Basis habe eine zweitrangige Operation sein und erst eingerichtet werden sollen, nachdem die Hauptmacht sich He Longs Zweiter Frontarmee angeschlossen hatte. Gong Chu, der in Jiangxi zurückgelassen worden war, sich gegen die Kommunisten wandte und Chen Yi gefangenzunehmen versuchte, war in diese Pläne verwickelt, wie Hu Hua sagte. Gong schrieb darüber in einem Buch, das er später in den Vereinigten Staaten veröffentlichte, *The Red Army and I* (Hu Hua, persönliches Interview, Peking, 23. 3. 1984). Niemand in Liping erinnerte sich jetzt daran, daß jemals Ausländer dort gewesen waren, obwohl die lutheranische Kirche das ja bewies. Unser Besuch brachte eine Menge von tausend oder mehr Menschen auf die Straßen. Armeesoldaten halfen der Polizei dabei, sie unter Kontrolle zu halten.

[16] Sun Rikun, Guiyang, 11. 4. 84.

[17] Sun Rikun, Guiyang, 11. 4. 84.

[1] Detail über Neujahr von Chen Changfeng, *On the Long March,* S. 30–44. Tagesbefehl zitiert von Han Suyin, *The Morning Deluge,* S. 277; die vom (damaligen) Luftwaffengeneral Liu Yalou veröffentlichte Fassung umfaßt auch den (vermutlich später hinzugefügten) Satz: »... und errichtet eine neue Basis für den Widerstand gegen die Japaner.« (*Stories of the Long March,* Peking 1958, S. 11). Der Befehl war unterschrieben von Zhu De, Zhou Enlai und Wang Jiaxiang (Yan Jingtang, Mitteilung, 3. 1. 85). General Qin Xinghan gibt als Datum der Politbüro-Sitzung den 1. Januar 1935 an, was vermutlich das Datum des Tagesbefehls ist. Qin fügt hinzu, der Befehl habe die Errichtung einer Basis in Guizhou ausdrücklich erwähnt. Braun erinnert sich, Mao vorgeschlagen zu haben, die Rote Armee solle anhalten und mit den drei feindlichen Divisionen kämpfen, die angeblich von Hunan her anrückten. Braun datiert dies auf den Tag nach der Überquerung des Flusses Wu. Chen Changfeng jedoch erinnert sich, daß Mao das Anrücken der drei Divisionen unter den Generälen Xue Yue und Zhou Hunyuan ausdrücklich als Grund genannt habe, warum sie zum Fluß Wu eilen müßten. Wahrscheinlich tauchte die Frage der drei Divisionen bei der in die Länge gezogenen Politbüro-Sitzung auf. Braun schrieb seine Memoiren ohne Aufzeichnungen und war auf sein Gedächtnis, einen Bericht, den er 1939 in Moskau verfaßt hatte, und solche Dokumente angewiesen, die ihm in der UdSSR zur Verfügung standen.

[2] Operationen des Vierten Regiments: Liu Yalou, *Stories of the Long March* (S. 21–22); Operationen des Sechsten Regiments: Wang Chicheng, *The Long March: Eyewitness Accounts* (Peking 1963, S. 22–28); Brückenbau: Huang Zhaotien, *Recalling the Long March* (Peking 1975, S. 26–32); Einnahme von Zunyi: Tian Xingyong, Direktor, Zunyi-Museum, 24. 4. 84. Bei den Daten gibt es leichte Abweichungen. Die Fertigstellung der Brücke könnte am 4. Januar, der Einmarsch in Zunyi am 5. Januar erfolgt sein. Die offizielle Chronologie berichtet, die Rote Armee habe Zunyi am 7. Januar genommen, und die Kommandoabteilung, darunter Mao, sei am 8. Januar eingetroffen. Die Behörden in Guiyang und Zunyi stimmen in den Daten 7. und 8. Januar überein. (Sun Rikun, 18. 4. 84; Tian Xingyong, 24. 4. 84.) Einmarsch in Zunyi: Wei Guolu, *On the Long March as Guard to Chou Enlai* (S. 11–12).

[3] Smedley, *The Great Road,* S. 315.

[4] Nie Rongzhen, *Memoirs,* S. 10.

[5] Beschreibung des Hauses von Bai Huizhang, der Wohnstätten von Mao und Bo Gu und der katholischen Kirche nach persönlicher Besichtigung, 24. 4. 84; andere Details vorwiegend von Tian Xingyong, Direktor, Zunyi-Museum, persönliches Interview, 24. 4. 84.

[6] Sun Rikun, Guizhou, 18. 4. 1984.

[7] Beschreibung des Raumes in Zunyi: persönliche Besichtigung, 24. 4. 84; Sitzanordnung: Wu Xiuquan. »Die Möblierung ist heute etwas verändert«, sagte Wu. (»Verbessert«, kommentierte einer der beim Interview Anwesenden.) Die heutigen Stühle sind eine teure Sitzgruppe aus dunklem Holz mit geflochtenen Bambusrükkenlehnen, sauber um den Tisch gruppiert. Die ganze Szene hat etwas Zeremonielles, einem Bühnenbild ähnlich. Der grobe Eisenofen, den Braun in einem Wutanfall umgetreten haben soll (»Das hat er nicht getan«, versichert Wu), ist verschwunden. Die Liste der Anwesenden stammt aus dem Bericht der Xinhua-Nachrichtenagentur vom 4. März 1984, in dem das Komitee zur Sammlung parteihistorischen Materials über das Zentralkomitee zitiert ist, das den Bericht von Chen Yun im April 1982 entdeckte. Chen Yun soll ihn um den 24. März 1935, etwa zur Zeit der Vierten Überquerung des Roten Flusses (Chishui), den Kadern der Zentralkolonne übergeben haben. Frühe Versionen hatten berichtet, Dong Zhentang, Komman-

deur der Fünften Armee, sei zugegen gewesen. Detail über Wang Jiaxiang von Zhu Zhongli, seiner Witwe, persönliches Interview, Peking, 30.10.84. Wu Xiuquan lieferte einiges Material in seinen Memoiren, einiges in einem persönlichen Interview.

8 Wu Xiuquan, *op. cit.,* Kap. 7 und Interview.

9 Wu Xiuquan, *op. cit.,* Kap. 7.

10 Wu Xiuquan, *op. cit.,* Kap. 8 und Interview.

11 Hu Hua, 23. 3. 1984.

12 Wang Yanjian, 5. 3. 1984.

13 Wu Xiuquan, 28. 3. 1984.

14 Nie Rongzhen, *op. cit.,* S. 9; Wu Xiuquan, *op. cit.,* Kap. 7; Hu Hua, 23. 3. 1984.

15 Wu Xiuquan, 28. 3. 1984; Braun, *Chinesische Aufzeichnungen,* S. 135–46.

16 Staffel Drei wurde von Ye Jizhuang kommandiert, dem Chef der logistischen Abteilung der Roten Armee. Nach der Befreiung wurde er Außenhandelsminister. Li Linkai, der Politische Direktor, den Liu Ying ersetzte, ist inzwischen verstorben. Die Staffel, so erinnerte sich Liu Ying, bereitete großes Kopfzerbrechen. Es war sehr schwierig, neue Träger zu bekommen, um die Weggelaufenen zu ersetzen. Sie fürchteten sich vor Vergeltungsmaßnahmen und mußten schließlich für jeweils zwei oder drei Tage angeheuert werden, weil sie auf diese Weise rasch wieder nach Hause zurückkehren konnten. Chen Yun beaufsichtigte diese Reorganisation. Die meisten Funktionen der Staffel gingen in der Abteilung für Öffentlichkeitsarbeit auf, der Li Weihan (Lo Man) vorstand (Liu Ying, persönliches Interview, Peking, 14. 6. 84).

17 Wu Xiuquan, *op. cit.,* Kap. 7.

18 Wu Xiuquan, *op. cit.,* Kap. 7 und Interview, 28. 3. 84.

19 Nie Rongzhen, *op. cit.,* S. 10–11.

20 Hu Hua, Interview, 23. 3. 84.

21 Braun, *op. cit.,* S. 151.

22 Wu Xiuquan, *op. cit.,* Kap. 7, S. 5; Nie Rongzhen, *op. cit.,* S. 11.

23 Hu Hua, Interview, 23. 3. 84.

24 Nie Rongzhen, *op. cit.,* S. 10.

25 Nie Rongzhen, *op. cit.,* S. 11.

26 Peng Dehuai, *Memoirs,* S. 195–200.

27 Der Bericht über die Konferenz von Zunyi ist aus vielen Quellen zusammengesetzt, stützt sich aber im wesentlichen auf Wu Xiuquan, seine Memoiren und deren Ergänzung während des langen Interviews in Peking. Professor Hu Hua hat viele wichtige Details beigesteuert. Wang Yanjian fügte einige Leckerbissen hinzu, doch deren Authentizität ist nicht immer nachweisbar. Brauns Kommentare liefern einen Kontrapunkt. Seine Erinnerung ist nicht korrekt, und er war, wie Wu vermutete, wie in einem Kasten gefangen. Seine Memoiren sind ein nachträglicher Versuch, sich selbst zu rechtfertigen und ungünstig über die Männer zu berichten, die sich ihm unter Führung Maos und mit der Unterstützung Zhou Enlais widersetzten. Einige Details sind Äußerungen entnommen, die Wu Xiuquan im Januar 1985 bei der Feier des 50. Jahrestages von Zunyi machte, sowie neuen Dokumenten, die zu diesem Zeitpunkt veröffentlicht wurden.

Kapitel 12

1 Sun Rikun, Guiyang, 18. 4. 84.

2 Braun, *Chinesische Aufzeichnungen,* S. 145.

3 Sun Rikun, Guiyang, 18. 4. 84.

4 Yu Qiuli, 4. 11. 84.

[5] Zhou Enlai war zu Beginn des Treffens von Ningdu nicht zugegen, wurde aber von der Front zurückgerufen, als der Vorschlag laut wurde, ihn zum Politischen Kommissar der Ersten Frontarmee zu ernennen. Der zusammenfassende stenographische Bericht über das Treffen vom 21. Oktober 1932 liest sich wie folgt:
»Hinsichtlich der militärischen Führung der Front schlagen die Genossen des ZK-Büros in der Nachhut vor, daß Genosse (Zhou) Enlai die Gesamtverantwortung für die Kriegführung übernimmt und Genosse (Mao) Zedong zur Nachhut zurückkehrt, um die Verantwortung für die Arbeit der Zentralregierung zu übernehmen. Weil Genosse Enlai darauf bestand, daß Genosse Mao an der Front bleiben und für die Führung des Krieges verantwortlich sein und Genosse Enlai ebenfalls an der Front bleiben und für die Überwachung der Einhaltung der allgemeinen Richtlinien verantwortlich sein solle, genehmigte die Versammlung schließlich, daß Genosse Mao vorübergehend Krankenurlaub nimmt und nötigenfalls an die Front zurückkehren darf.«
Die Versammlung von Ningdu akzeptierte Zhous Vorschlag, Mao an der Front zu lassen, nicht (Yan Jingtang, persönliches Interview, Peking, 3. 11. 84).

[6] Hu Hua, 29. 10. 84.

[7] Hu Hua, 27. 10. 84.

[8] Yang Shangkun, 3. 11. 84.

[9] Yang Shangkun, 3. 11. 84.

[10] General Yang Shangkun legte dieses Material vor. Er sagte, Stalin sei offensichtlich besorgt gewesen, die Vereinigten Staaten könnten in China eingreifen, falls Mao Chiang über den Yangtze verfolge. Yang meinte auch, daß Stalin Chiang Kaishek in gewisser Weise verpflichtet gewesen sein könnte, und zwar wegen der Übereinkünfte von Jalta, über die die sowjetischen Führer die Chinesen nie – bis auf den heutigen Tag nicht – unterrichtet haben (Yang Shangkun, 3. 11. 84). Bei denselben Diskussionen beantragte Mao, die Russen sollten gestatten, daß die Mongolei wieder zur chinesischen Einflußsphäre gehören solle. Nach der Konferenz von Teheran hatte Chiang Kaishek der sowjetischen Dominanz zugestimmt, das jedoch am Ende des Zweiten Weltkrieges widerrufen. Maos Antrag wurde abgelehnt (Botschafter Ling Qing, 8. 12. 84).

[11] Das Aufbruchsdatum des 19. 3. 1919 stammt von Stuart Schraun. Li Ruis Analyse Maos basierte auf gründlichen Studien und persönlicher Beobachtung. Li Rui war in Hunan geboren. Sein Vater war Li Jibang, auch bekannt als Xiao Xi, aus dem Bezirk Pingjiang, Hunan, geboren 1882, gestorben 1922. Er gehörte zur liberalen Intelligenz von Changsha, war ein Freund von Fang Weixia, Ausbildungsleiter an der Lehrerbildungsanstalt Nr. 1 von Changsha, und ein Förderer von Dr. Sun Yatsen. Fang Weixia gehörte der *Xinmin Xuexui* an, der Studienvereinigung des Neuen Volkes, die Mao in Changsha mitbegründet hatte. Er war ein enger Freund von Yang Changji, dem Lehrer, der Mao so stark beeinflußte. Fang Weixia starb im Guerillakrieg von Südjiangxi und Guanxi. Li Rui arbeitete in den vierziger und fünfziger Jahren als Journalist. In Yan'an gehörte er zur Redaktion von *Liberation Daily*, später wurde er Leiter der Parteipropagandaabteilung der Provinz Hunan. 1952 kam er nach Peking und wurde, da er einen Ingenieursgrad hatte, mit der Entwicklung von Wasserkraftwerken betraut. Während des Großen Sprungs Nach Vorn war er Maos Sekretär bis zum Treffen von Lushan im Jahre 1959, bei dem Peng Dehuai entmachtet wurde. Li Rui wurde entlassen und verbrachte die nächsten zwanzig Jahre mit harter körperlicher Arbeit, im Exil und im Gefängnis. Acht Jahre lang saß er im Qincheng-Gefängnis in Peking (wo jetzt Jiang Qing inhaftiert ist). Von 1979 bis 1982 war er Minister für Elektroenergie. Dann wurde er stellvertretender Leiter des Organisationsbüros des Zentralkomitees der Partei. Inzwischen ist er pensioniert und widmet sich dem Studium Maos und der

Parteigeschichte. Seine klassische Studie über Maos Jugend wurde zuerst 1957 in einem 200 000 chinesischen Schriftzeichen umfassenden Buch veröffentlicht, dann zurückgezogen. Eine neue und auf 300 000 Schriftzeichen erweiterte Ausgabe erschien 1980 (Li Rui, 26. 10. 1984; Yan Jingtang, 3. 11. 1984).

[12] Diese Zusammenfassung wurde von Professor Hu Hua vorgelegt. Das Wuchern von Komitees und Kommissionen hatte zu großer Verwirrung geführt. Das militärische Dreigespann wurde, wie Professor Hu Hua sagte, nach wiederholten Problemen bei der Entscheidungsfindung eingeführt. Es war beschwerlich, Fragen vor die vollzählige Militärkommission von zwanzig Mitgliedern zu bringen. Eine Kontroverse entstand über die Frage, ob die Rote Armee die Festung eines lokalen Kriegsherrn in der Nähe von Zunyi angreifen oder umgehen sollte. Die Kommission befahl den Angriff. Spät in der Nacht ging Mao zu Zhou und trug ihm erneut seine Argumente vor. Er überzeugte Zhou, und am nächsten Tag legten sie der Kommission die Frage noch einmal vor und machten einen anderen Vorschlag; das Dreigespann aus Zhou, Wang Jiaxiang und Mao sollte das Recht erhalten, die täglichen Entscheidungen zu treffen. Dem wurde zugestimmt.

[13] Hu Hua, 14. 10. 84; Professor Xiang Qing, 14. 1. 85.

[14] Xiang Qing, Experte für Parteigeschichte, Universität Peking, persönliche Mitteilung, 16. 3. 84. Otto Braun sagt, Chen Yun habe den Auftrag gehabt, Moskau zu überreden, der chinesischen Roten Armee militärische Unterstützung zu gewähren (Braun, S. 145). Die Rote Armee aus »einer Million Männern« war eine Idee, die schon 1932 von den »Bolschewiki« im Zentralen Sowjetgebiet propagiert wurde. Sie hatte mit der Realität nichts zu tun.

[15] Die Existenz des Senders in der Residenz von Madame Soong wird von zwei bedeutenden Parteihistorikern bestätigt, Hu Hua (persönliche Mitteilung, Peking, 29. 3. 84) und Xiang Qing (New York, 14. 1. 85). Pi Pingfei jedoch sagte in Hongqi (*Rote Fahne,* 16. 4. 1984), der Sender habe sich »zur Zeit von Pan Hannians Führung« auf Rewi Alleys Grund und Boden befunden. Rewi Alley hatte einige Jahre zuvor von der Aufstellung des Senders im Dachgeschoß seines Hauses gesprochen. Die Sache ist also noch immer nicht eindeutig geklärt.
Für die Anklage gegen Pan Hannian scheint es keine Grundlage gegeben zu haben. Man nahm an, er sei von den Japanern verhaftet worden, als diese Nanking besetzten, und sie hätten ihn freigelassen, nachdem er eingewilligt hatte, für sie zu spionieren. Ein enger Freund von Madame Soong erinnerte sich, daß er an einem Sonntag im Jahre 1953 in ihr Haus gerufen wurde. Madame Soong war überaus erregt. »Sie haben Pan geschnappt«, sagte sie. Nachdem die Kommunisten an die Macht gekommen waren, wurde Pan zum stellvertretenden Bürgermeister von Shanghai unter Chen Yi ernannt. Unter der Anklage, für die Japaner spioniert zu haben, wurde zu dieser Zeit noch ein Mann verhaftet, nämlich Liu Cunqi, 1985 Chefredakteur des in englischer Sprache erscheinenden *China Daily.* Er wurde ins Exil an die wilde mandschurische Grenze geschickt, wo er fünfundzwanzig Jahre lebte, ehe er freigelassen wurde.

Kapitel 13

[1] Yang Shangkun, persönliches Interview, Peking, 4. 11. 84.

[2] Yang Shangkun, 4. 11. 84.

[3] Snow, *Red Star,* S. 498–99.

[4] Zhang Yunyi war Kommandeur der Siebten, Yu Zuoyu Kommandeur der Achten Armee. Zhang wurde später General und Präsident der Provinzialverwaltung und -regierung von Guangxi. Er starb Anfang der siebziger Jahre (Yan Jingtang, 27. 10. 84).

[5] Hu Hua, 28. 10. 84.
[6] Hu Hua, 29. 10. 84.
[7] Yan Jingtang, 24. 10. 84.
[8] Hu Hua, 29. 10. 84.
[9] Einzelheiten von Yan Jingtang, 24. 10. 84; Hu Hua, 26. 10. 84. Luo Fu sagte Edgar Snow, die Gesamtzahl der »Konterrevolutionäre« – also der politischen Gefangenen, die man von den »Klassenfeinden« unterschied –, die im Zentralen Sowjetgebiet hingerichtet wurden, habe »nicht mehr als 1000« betragen. Zwischen 400 und 500 Grundherren und einige hundert Wucherer (weniger als 1000) seien in Jiangxi hingerichtet worden, schätzte er, und nicht mehr als hundert Grundherren und Beamte im Verlauf des Langen Marsches (Edgar Snow, *Random Notes on Red China*, Harvard 1957, S. 88).
[10] Yang Shangkun, 3. 11. 84.
[11] Mao Zetan behielt einen Posten als Politkommissar einer unabhängigen Armeedivision, ging aber nach Yudu und blieb eine Zeitlang bei Mao Zedong (Hu Hua, persönliches Interview, 29. 10. 84).
[12] Hu Hua, 29. 10. 84.
[13] Die formellen Anklagen gegen Deng in Lo Mans Artikel »Kampf zur Verteidigung der Parteilinie« lauteten: (1) Verfolgung einer absolut defensiven Linie und Widerstand gegen die offensive Linie der Partei in militärischen Angelegenheiten; (2) Widerstand gegen die Politik des Angriffs auf große Städte und der Expansion der Roten Armee auf eine Stärke von einer Million; und (3) Argwohn und mangelndes Vertrauen gegenüber dem bei der Vierten Vollversammlung gewählten Zentralkomitee und der Komintern.
[14] Einzelheiten von Hu Hua, 29. 10. 84. Luo Ming und seine Frau traten den Langen Marsch zwar an, mußten aber in Guizhou zurückgelassen werden. Luo war in der Schlacht am Loushan-Paß im Februar 1935 von einem Bombensplitter schwer verwundet worden, und seine Frau wurde krank (Hu Yaobang, persönliches Interview, Peking, 14. 6. 84). Nachdem beide genesen waren, arbeiteten sie eine Zeitlang für einen Grundherrn, er als Landarbeiter, sie als Köchin. Später entkamen sie in den Bezirk Mei in Guangdong und dann nach Singapur und Malaisia, wo sie als Lehrer arbeiteten. Nach der Befreiung kehrten sie nach China zurück, und Luo Ming wurde Leiter der Universität von Südchina (Zhang Yuanyuan, Brief, 11. 1. 85). Luo Ming war 1985 noch am Leben, neunzig Jahre alt und Vizevorsitzender der Politischen Konsultativkonferenz des Volkes von Guangdong. General Yang Shangkun erinnerte sich, Luo Ming bei der ersten Nationalen Volkskonferenz in Peking im Jahre 1950 getroffen zu haben. Ein Mann kam auf ihn zu, schüttelte ihm die Hand und sagte: »Sie erinnern sich nicht an mich. Ich bin die Luo-Ming-Linie.« (Yang Shangkun, persönliches Interview, Peking, 28. 10. 84.)
[15] Wang Yanjian, 5. 3. 84.
[16] Wang Yanjian, 5. 3. 84.
[17] Yang Shangkun, 3. 10. 84.
[18] Yan Jingtang, 24. 10. 84.
[19] Die Version, daß Deng auf eigenen Wunsch versetzt wurde, stammt von Yan Jingtang. Sie steht im Widerspruch zu anderen, die sagen, Deng sei als einfacher Soldat marschiert, und zu einem Bericht von Li Yimang, der aussagt, er sei mit Deng im Kaderregiment marschiert, und jeder habe ein Pferd zu seiner Verfügung gehabt. Yan Jingtang erhielt seine Information von der Parteiabteilung für Dokumentenforschung, die ihrerseits Kommandeure des Langen Marsches befragt hatte. Details über Dengs frühe Laufbahn wirken etwas nebelhaft, weil er sich nicht gern biographischen Interviews stellt. Professor Hu Hua glaubt, daß Deng als Verfechter der Luo-Ming-Linie eher milde behandelt wurde, weil die Meinungen an der Spitze

geteilt waren: Zhou Enlai und Luo Fu traten für Nachsicht ein, Lo Man wünschte strenge Bestrafung (Hu Hua, 29.10.84).

[20] General Yang Shangkun war führend bei der Betrachtung von Einzelheiten von Dengs Rolle als Sekretär des Zentralkomitees. Der Hauptnachweis dafür, daß Deng vor Zunyi den Posten innehatte, ist seine eigene Erinnerung. Diese wurde gestützt bei der Feier des 50. Jahrestages von Zunyi, die im Januar 1985 in Peking abgehalten wurde. Deng Yingchao, Zhou Enlais Witwe, erinnerte sich, daß sie bis zum Treffen von Liping diesen Posten gehabt hatte. Dann gab sie ihn wegen Krankheit auf, und er ging an Deng Xiaoping. Wenn sie sich richtig erinnert, dann muß der Posten keine großen Aktivitäten gefordert haben, da sie vor dem Beginn und während des Langen Marsches zu krank gewesen war, um offizielle Aufgaben zu übernehmen. Wie sie 1984 in *China Reconstructs* schrieb: »Ich war nur eine Kranke, die dem Zug in der Rekonvaleszentenbrigade folgte.« Die offizielle Liste derer, die die Position innehatten, wie sie heute von Geschichtsexperten in Peking aufgestellt wird, sieht folgendermaßen aus: Cai Hesen und Wang Ruofei während der Generalsekretärszeit von Chen Duxiu; Deng Xiaoping, damals dreiundzwanzig, unter Qu Qiubai; Li Lisan unter Xiang Zhongfa; »nach dem Umzug des Zentralkomitees in das Zentrale Sowjetgebiet« im Jahre 1932, also während Bo Gus Herrschaft, Deng Yingchao; »nach dem Treffen von Liping« Deng Xiaoping; »nach dem Treffen von Zunyi« (in Wirklichkeit vermutlich nach dem Treffen von Huili) Liu Ying; »Ende 1937« (vermutlich schon beim Treffen von Maoergai im August 1935) Wang Shoudao, der später Postminister werden sollte.

Die Rolle von Liu Ying als Sekretärin war den Parteihistorikern nicht bekannt gewesen, bis sie sie dem Autor gegenüber erwähnte. Ihre Erinnerung wurde von Kang Keqing bestätigt (persönliches Interview, Peking, 2.11.84).

[21] Wu Xiuquan, 28.3.84.

Kapitel 14

[1] Tian Xingyong, Direktor, Zunyi-Museum, persönliches Interview, 24.4.1984.

[2] Lian Chen (Chen Yun), *Velikii Pokhod*, S. 66–67.

[3] Tian Xingyong, 24.4.84.

[4] Das Problem der »weißen Banditen« war in dieser Gegend auch nach der Befreiung noch akut. In einem Bezirk töteten sie bis auf zwei alle Mitglieder des Teams zur Unterdrückung der Banditen. Reguläre Einheiten der Volksbefreiungsarmee waren entsandt worden, um sie zu beseitigen. Die »Banditen« wurden von der eng verwobenen Clanstruktur gestützt und unterhielten Kontakte zu anderen KMT-Überresten in Guizhou und Jiangxi, ähnlich wie die KMT-Truppen im »Goldenen Dreieck« von Burma, Laos und Thailand. Bai Huizhang, der KMT-Kommandeur von Zunyi, lief unmittelbar vor dem Sieg der Volksbefreiungsarmee zu den Kommunisten über und wurde zur Unterstützung der Kommission für die Vernichtung der Banditen eingeteilt. Er wurde jedoch ertappt, als er Informationen an die KMT-Soldaten weitergab, verhört und 1951 hingerichtet. Erst 1952 wurden die »Banditen« vernichtet (Tian Xingyong, persönliches Interview, Zunyi, 24.4.84).

[5] »Dr. Lian Chen«, als früherer KMT-Arzt beschrieben, der für die Rote Armee gewonnen worden war, veröffentlichte seine Erinnerungen in den Reminiszenzen vom Langen Marsch, die 1958 in Peking gedruckt, dann ins Russische übersetzt und 1959 als *Velikii Pokhod* (Der Große Marsch) in Moskau veröffentlicht wurden. (Diese Erinnerungen waren ebenso wie andere aus der Sammlung ursprünglich einzeln veröffentlicht worden, und zwar 1936–37.) Die Erinnerungen von »Lian Chen« erscheinen in dem Buch als erste und gehören zu den wertvollsten. Sie enden nach

der Überquerung der Luding-Brücke, als der Autor, wie er erklärt, andere Aufgaben erhielt. Die Identität des Autors Chen Yun wurde erst beim 50. Jahrestag des Treffens von Zunyi im Januar 1985 bekannt. Chen Yun brach seinen Bericht in Wirklichkeit deshalb ab, weil er zu diesem Zeitpunkt in geheimer Mission nach Moskau entsandt wurde, um den Russen von den Entscheidungen von Zunyi Mitteilung zu machen.

[6] Tan Zheng, *Velikii Pokhod,* S. 205–10.

[7] Tian Xingyong, 24. 4. 84.

[8] Wei Guolo, *op. cit.,* S. 24.

[9] Ding Ganru, stellvertretender Stabschef, Chengdu, persönliches Interview, 13. 5. 84.

[10] Berichtet von Cheng Fangwu, *Memories of the Long March,* Peking 1977, S. 53–55. Fünfzig Jahre später stellte Kang Keqing die Gefahr als geringfügig dar: »Es ist möglich, daß wir vielleicht gefangengenommen worden wären, wenn wir uns langsam bewegt hätten.« Sie beurteilte Qinggangpo als »gute Schlacht«. Sie mußte ausgekämpft werden, sonst hätte der Feind die Rote Armee eingeholt, und die Situation wäre schlimmer gewesen (Kang Keqing, persönliches Interview, 2. 11. 84, Peking).

[11] Details über die Schlacht aus Ortsbesichtigung; von Tian Xingyong, Zunyi-Museum, persönliches Interview, 24. 4. 84; Sun Rikun, Guiyang, persönliches Interview, 24. 4. 84. General Qin war besonders hilfreich bei der Aufklärung der strittigen und oft widersprüchlichen Details. Tan Zhengs Bericht ist der beste, der über die Operationen von Lin Biao und der Zweiten Division erschienen ist. Li Des Memoiren bieten ein unzusammenhängendes Durcheinander von Ereignissen. Er berichtet, Mao habe Lin Biaos Hauptquartier zweimal aufgesucht, doch wo und warum, wird nicht deutlich. Keine chinesische oder ausländische Arbeit berichtet über die Schlacht. Selbst Lian Chen (Chen Yun) erwähnt Qinggangpo mit keinem Wort. Weder Mao noch sonst jemand äußerte Edgar Snow gegenüber bei seinen Interviews 1936 in Bao'an etwas darüber. Tatsächlich gab es hinsichtlich der Schlacht zahlreiche Schuldzuweisungen, und nachdem Mao sich 1959 gegen Peng Dehuai gewandt hatte, bemühte man sich, ihn zum Sündenbock zu stempeln.

[12] Wu Jiqing, persönliches Interview, Nanchang, 15. 4. 84.

[13] Xiao Ke, persönliche Mitteilung, 11. 6. 84.

[14] Liu Ying, persönliches Interview, 14. 6. 84.

[15] Ding Ling, persönliches Interview, Peking, 23. 3. 84.

[16] Lian Chen, *op. cit.*, S. 68.

Kapitel 15

[1] Karen Gernant, unveröffentlichte Dissertation, Zitat aus *Ta Kung Pao*, Tientsin, 23. 2. 35.

[2] Sun Rikun, Guiyang, 18. 4. 84.

[3] Peng Dehuai, *Memoirs*, S. 365–66.

[4] Persönliche Beobachtung, Loushan-Paß, 25. 4. 84.

[5] Qin Xinghan, Peking, 6. 3. 84.

[6] *Ta Kung Pao*, Gernant, Dissertation, 6. 3. 35.

[7] Zhang Aiping, *Velikii Pokhod*, S. 230–32.

[8] Kong Xianquan, 24. 4. 84.

[9] Hu Yaobang, Peking, 14. 6. 84.

[10] General Yang Shangkun teilte Hu Yaobangs hohe Meinung über Dr. Wang Bin nicht. Er warf ihm vor, er habe Wang Jiaxiang, der wegen seiner schweren Bauchwunde während des ganzen Langen Marsches getragen werden mußte,

unzulänglich behandelt. Nach dem Langen Marsch wurde Wang Bin Leiter der medizinischen Dienste der Roten Armee (Yang Shangkun, persönliches Interview, Peking, 26. 10. 84).

11 Kong, 24. 4. 84.

12 Qin Yinghan.

13 Kong Xianquan, 24. 4. 84.

14 Lian Chen (Chen Yun), *Velikii Pokhod*, S. 70–77.

15 Lian Chen (Chen Yun), *op. cit.*, S. 70–72.

16 Information von der Familie Liu, 15. 2. 85.

17 Hu Hua, 23. 3. 84.

18 Siehe Peng Dehuai, *op. cit.*, S. 365–66. Es ist nicht ganz sicher, wann Liu Shaoqi den Langen Marsch verließ. Hu Hua glaubt, er sei den ganzen Weg nach Nordshaanxi mitmarschiert, habe im Dezember an der Politbürositzung in Wayaobu teilgenommen und sei dann nach Tianjin und Peking gegangen, um die Parteiarbeit zu reorganisieren und vor allem an der Studentendemonstration vom 9. Dezember 1935 mitzuarbeiten (Hu Hua, 23. 3.). Liu Shaoqis Familie glaubt, er habe den Langen Marsch nach der Schlacht von Lazikou im September 1935 verlassen, sei nach Nordchina gegangen und habe sich aktiv an der Organisation der Demonstration vom 9. Dezember beteiligt, sei dann zurückgegangen, um am Dezembertreffen des Politbüros teilzunehmen, und anschließend nach Peking und Tianjin zurückgekehrt.

19 Sun Rikun, Guiyang, 18. 4. 84.

20 Liu Bocheng, *Recalling the Long March*, S. 11.

21 Mao Tsetung, *Poems*, Peking 1976, S. 16.

22 Persönliche Beobachtung, 27. 4. 84; Interviews Qin Xinghan und Tian Xingyang, 28. 4. 84.

23 Kong Xianquan, 24. 4. 84.

24 Cheng Fangwu, *Recollections*, S. 59.

25 Qin Xinghan und Tian Xingyang, 28. 4. 84.

26 Wang Tianxi, *Historische Sammlung*, Provinz Guizhou, April 1963.

27 Chen Shiqu, *Velikii Pokhod*, S. 55.

28 Wang Tianxi, *op. cit.*

Kapitel 16

1 Wang Shoudao, *Velikii Pokhod*, S. 281–86, über die Bewegungen der Neunten Armee. Detail über die Frau von Luo Binghai von Snow, *Red Star*, S. 173, und Dr. Dai Shang, 30. 3. 84.

2 Chen Shiju, *Velikii Pokhod*, S. 255–60.

3 Nanjing, *Zhongyang Ribao*, April 1936, zitiert in der unveröffentlichten Dissertation von Gernant.

4 Kang Keqing, persönliches Interview, Peking, 3. 11. 84; Smedley, *The Great Road*, S. 316.

5 Smedley, *The Great Road*, S. 314.

6 Zhang Aiping, *Velikii Pokhod*, S. 267–68.

7 Braun, *Chinesische Aufzeichnungen*, S. 156–57.

8 Yang Chengwu, persönliches Interview, Peking, 15. 3. 84.

9 Deng Hua, *Velikii Pokhod*, S. 271–80.

10 Zhang Aiping, *op. cit.*, S. 271–75.

11 Lian Chen (Chen Yun), *Velikii Pokhod*, S. 69; Zhang Aiping, *op. cit.*, S. 274.

12 Yang Shangkun wurde Berichten von KMT-Zeitungen zufolge am 27. April 1935 verwundet. Der *Ta Kung Pao* von Tianjin berichtete fälschlich, der Politkommissar der Ersten Armee, Yang Naikun *(sic)*, sei in Baishui getötet worden. Dieser

Bericht ist insofern ungewöhnlich, als er verhältnismäßig zutreffende Informationen über einen Verlust der Roten Armee liefert (Yang Shangkun, 26. 10. 84; Zhang Aiping, *op. cit.*, S. 287).

[13] *Guizhou Youth*, Nr. 2, 1980, Li Hong; *The Red Flag Wares*, Bd. 24; »Random Thoughts on a Photograph of He Zizhen«, *Journal of Revolutionary Relics*, Nr. 2, 1980.

[14] Helen Snow, persönliche Mitteilung.

[15] Zhong Chibing beendete den Langen Marsch trotz seiner Wunden. Er bat, in einer Sänfte getragen zu werden. Als man ihm sagte, man könne keine Männer für seinen Transport entbehren, verlangte und erhielt er ein Pferd und ritt es trotz seines Zustandes (Yang Shangkun, Peking, 26. 10. 84). Cai Shufan begann den Langen Marsch als Politkommissar der Neunten Armee. Im August 1935, als die Neunte Armee als 32. reorganisiert wurde, wurde Cai Shufan Direktor der Politischen Abteilung der Kolonne der Militärkommission; als die Rote Armee Nordshaanxi erreichte, wurde er Politischer Kommissar der 30. Armee (Yan Jingtang, Peking, 24. 10. 84).

Kapitel 17

[1] E. J. Kahn, Jr., *The China Hands*, New York 1975, S. 57.

[2] John S. und Caroline Service, persönliches Interview, 2. 12. 84; Caroline Service, Korrespondenz, 3/84; Cyrus Carney an Peggy Darrow, 1. 5. 84.

[3] Wang Yanjian, 5. 3. 84.

[4] Die Geschichte von der kopflosen Flucht Chiangs und seiner Frau aus Kunming ist seit der Zeit von Edgar Snows *Red Star Over China* endlos wiederholt worden. Das Paar besuchte Kunming tatsächlich, aber erst, nachdem die Kämpfe vorüber waren. Sie kamen Mitte Juni, wie Caroline Service sich deutlich erinnert, nachdem sie aus Tonkin zurückgekehrt war und vor der Geburt ihres Babys im Juli 1935. Zur Erleichterung der lokalen Behörden erfolgte der Besuch nach der Opiumernte (Chiangs Bewegung »Neues Leben« war gegen Opium). (Caroline Service, persönliches Interview, 2. 12. 84)

[5] Lian Chen (Chen Yun), *Velikii Pokhod*, S. 75; Wei Guolo, *On the Long March as Guard to Chou En-lai*, S. 28–30.

[6] Wang Shuodao, *Velikii Pokhod*, S. 284–86.

[7] Xu Jitao, Provinzmuseum Yunnan, persönliches Interview, 5. 5. 84.

[8] Xu Jitao, 5. 5. 84.

[10] Wang Zonghua, Direktor, Parteigeschichtsforschung, Huili, persönliches Interview, 7. 5. 84.

[11] Xu Jitao, 5. 5. 84.

[12] Xu Jitao, 5. 5. 84.

[13] Wu Xing, persönliches Interview, Nanchang, 15. 4. 84.

[14] Xu Jitao, 5. 5. 84; Beschreibung des Geländes hier und auf den folgenden Seiten nach persönlichem Augenschein.

[15] Die wesentlichen Details stammen von Zhang Chaoman, einem überlebenden Fährmann, der in Jiaoping vor Ort interviewt wurde (8. 5. 84). Es gibt geringfügige Abweichungen zwischen seiner Geschichte und der von Mo Wenhua, *Velikii Pokhod*, S. 281–84, einem Mitglied der Vorhutabteilung der Roten Armee, und der von Xiao Yingtang in *A Single Spark Can Light A Prairie Fire*, Bd. 3, Peking 1982. Einige Versionen sagen, die Überquerung sei in sieben Tagen erfolgt. Sie behaupten, das Kaderregiment habe den Fluß am 3. Mai und nicht am 1. Mai überquert, wie die lokalen Behörden glauben.

[16] Persönliche Beobachtung. Details von Wang Zonghua, Huili, 7. 5. 84; Chen Changfeng, *On the Long March with Chairman Mao*, S. 45–49.

[17] Xu Jitao, 5. 5. 84.
[18] Mo Wenhua, *op. cit.*, S. 290–99.
[19] Zhang Chaoman, persönliches Interview, Goldsandfluß, 8. 5. 84.
[20] Wang Zonghua, 7. 5. 84.
[21] Die Details über Long Yun wurden von Xu Jitao vom Yunnan-Museum beigetragen (5. 5. 84). 1935 glaubten viele Ausländer in Kunming, Long Yun sei begierig, die Rote Armee rasch nordwärts nach Sichuan hinein marschieren zu sehen; sie nahmen an, er fürchte sich vor Chiang Kaisheks Absichten ihm gegenüber. Joseph Rock, der exzentrische amerikanische Botaniker und Forscher, schrieb um diese Zeit in sein Tagebuch: »Wenn ich Long wäre, würde ich sie (die Kommunisten) ziehen lassen, und zur Hölle mit (der Kuomintang) ... Chiang zwingt die Kommunisten nach Süden nach Yunnan, versperrt ihnen den Weg nach Norden, aber Long wird ihm zweifellos den Streich spielen, sie nach Westen durchschlüpfen zu lassen ... Chiang wird in der Patsche sitzen, und das geschieht ihm recht.« Long Yun schloß sich 1949 dem kommunistischen Regime als Vizevorsitzender des Nationalen Verteidigungsrates und des Verwaltungsausschusses des Südwestens an (S. B. Sutton, *In China's Border Provinces: The Turbulent Career of Joseph Rock, Botanist-Explorer*, New York 1974, S. 246–48).

Kapitel 18

[1] Lokale Photographen machten Aufnahmen von der Verbrennung der Häuser. Einige davon wurden im Museum von Huili aufbewahrt, bis es 1982 abbrannte. Photographien vom Langen Marsch gibt es so gut wie nicht. Niemand trug eine Kamera bei sich, und in den Geschäften der Photographen am Ort sind nur einige wenige Gruppenbilder aufgetaucht. Es gibt keine Bilder von den großen Ereignissen mit Ausnahme einiger roher Skizzen, gezeichnet von Huang Zhen.
[2] Wang Zonghua, Huili-Seminar, 7. 5. 84.
[3] Wang Zonghua, 7. 5. 84.
[4] Braun, *Chinesische Aufzeichnungen*, S. 162.
[5] Yang Shangkun, *Memoirs of a Chinese Marshal*, S. 15.
[6] Peng Dehuai, *Memoirs*, S. 19–23.
[7] Agnes Smedley, *The Battle Hymn of China*, New York 1943, S. 167–68.
[8] Peng Dehuai, *op. cit.*, S. 9–10.
[9] Wu Xing, persönliches Interview, Nanchang, 15. 4. 84.
[10] Helen Snow, *Inside Red China*, S. 62.
[11] Braun, *op. cit.*, S. 159.
[12] Nie Rongzhen, *Memoirs*, Kap. 8.
[13] Peng Dehuai, *op. cit.*, S. 368–69.
[14] Liu Ying, 14. 6. 84.
[15] Peng Dehuai, *op. cit.*, S. 367–69.
[16] Wang Zonghua, 7. 5. 84; Nie Rongzhen, *op. cit.*, S. 13.
[17] Peng Dehuai, *op. cit.*, S. 369.
[18] Über diese Frage gibt es beträchtliche Meinungsverschiedenheiten. Die Ansicht, in der Zeit zwischen Mitte Januar und Anfang Juni seien keine Mitteilungen ausgetauscht worden, stammt von Shan Guozheng, Forschungsexperte am Sichuan-Provinzmuseum in Chengdu (persönliches Interview, 19. 5. 84).
[19] Braun, *op. cit.*, S. 160–61.
[20] Yi Nang, *Velikii Pokhod*, S. 134.
[21] Wen Bin, *Velikii Pokhod*, S. 322–25.
[22] Wen Bin, *op. cit.*, S. 325.
[23] Wen Bin, *op. cit.*, S. 324–25.

[24] Lian Chen (Chen Yun), *Velikii Pokhod*, S. 80–81.
[25] David Crockett Graham, *Folk Religion in Southwest China*, Smithsonian Institution, Washington D. C., 1961, S. 75–79.
[26] Lian Chen (Chen Yun), *op. cit.*, S. 89–96.
[27] Xiao Hua, persönliches Interview, Peking, 18. 3. 84.
[28] Peng Haiqing, persönliches Interview, Bao'an, 8. 6. 84.
[29] Ding Ganru, persönliches Interview, Chengdu, 18. 5. 84.

Kapitel 19

[1] Professor Dai Xiangqing, Jiangxi-Parteischule, 14. 4. 84.
[2] Chen Pixian, *Three Years of Guerilla Warfare in South Jiangxi.*
[3] Li Bozhao, 15. 6. 84.
[4] Chen Pixian, *op. cit.*, Kap. 2.
[5] Zhong Shuqi, Ruijin, 12. 4. 84.
[6] Zhong Qisong, persönliches Interview, Changgang, 10. 4. 84.
[7] Alle diese Details stammen aus Chen Pixians Memoiren. Er nennt für das Telegramm kein Datum, sondern spricht von »Anfang Februar«. Sun Rikun von der Abteilung für Parteigeschichte, Guizhou-Museum, sagte (13. 4. 84), von Zunyi aus sei ein Telegramm an Chen Yi geschickt worden, durch das er und Kommissar Xiang Ying über die Entscheidungen von Zunyi unterrichtet wurden. Das war die einzige Botschaft, die sich in den Archiven fand; kein weiteres Telegramm an oder von Chen Yi oder Xiang Ying; Professor Dai Xiangqing sagte (14. 4. 84), am 12. oder 13. Februar hätten Chen Yi und Xiang Ying dem Zentralkomitee einen Antrag auf die Erlaubnis geschickt, Guerillakrieg führen zu dürfen. Sie warteten den ganzen 13. Februar über und erhielten zwischen fünf und sechs Uhr nachmittags Antwort, in der ihnen gestattet wurde, in kleinen, autarken Gruppen zu operieren, sich lokal zu versorgen und sich nicht mehr auf das frühere Sowjetgebiet zu beschränken. Dies, so sagte er, gehe aus den Archiven hervor.
[8] Dai Xiangqing, 14. 4. 84.
[9] Chen Pixian, *op. cit.*, Kap. 2.
[10] Das ist die Version, die Chen Pixian in seinen Memoiren gibt. Mündlich sagte er, die Botschaft an das Zentralkomitee sei nach der Konferenz von Zunyi abgeschickt worden, und eine Antwort sei gleichzeitig mit der Nachricht über das Treffen von Zunyi eingetroffen (Chen Pixian, persönliches Interview, Peking, 14. 6. 84). Zhong Shuqi, Archivar am Ruijin-Museum, sagte (11. 4. 84), die Botschaft des Kommandos der Roten Armee über Zunyi sei »Anfang März« eingetroffen. Li Jianhua, Offizier der Guerillatruppe von Südjiangxi, bestätigte, die »letzte Botschaft« sei im »Februar–März« nach Renfeng durchgekommen (persönliches Interview, Nanchang, 15. 4. 84). Die Unstimmigkeiten hinsichtlich der Botschaften und Daten sind eindeutig, doch das Material stützt überwiegend die oben angeführte Version. Yan Jingtang fand in den Archiven Nachweise dafür, daß die Erste Frontarmee am 5., 13., 25. und 28. Februar an Chen Yi funkte. Wie viele von diesen Nachrichten empfangen wurden, ist nicht sicher, doch Yan nimmt an, daß die Botschaft vom 28. Februar nicht durchkam. Nach Zunyi soll ein Trupp Soldaten ausgeschickt worden sein, um Chen Yi Informationen über die Zusammenkunft zu bringen.
[11] Chen Pixian, *op. cit.*, S. 15–19.
[12] Liu Jianhua, persönliches Interview, Nanchang, 14. 4. 84; einige Details von Dai Xiangqing, 14. 4. 84, und Zhang Demin, Direktor, Bezirksmuseum Yu, 10. 4. 84.
[13] Chen Pixian, *op. cit.*, Kap. 3.

[14] Chen Pixian, *op. cit.*, S. 20.
[15] Chen Pixian, *op. cit.*, S. 20; Museumspersonal Ningdu, 14. 4. 84.
[16] Yan Jingtang, Peking, 3. 11. 84.
[17] Die Informationen über die Frauen stammen aus verschiedenen Quellen. Die Namen wurden von Zhong Shuqi, Archivar, Ruijin-Museum, 11. 4. 84, und Yan Jingtang, 3. 11. 84, geliefert. Informationen über ihr Schicksal gaben Zhong und Yan, zusätzliche Details steuerte Hu Hua in seinen Mitteilungen vom 11. 1. 85 bei. Die Geschichte von Huang Changjiao stammt aus *Selection of Historical Materials of Jiangxi*, Nanchang 1981. Die Liste ist offensichtlich unvollständig.
[18] *Selection of Historical Materials, op. cit.*
[19] Yan Jingtang, 3. 11. 84.
[20] T. A. Hsia, *China Quarterly*, Nr. 25 (Januar–März) 1966, S. 176–212. Qu Qiubais Überreste wurden am 18. Juni 1955 auf den Parteifriedhof von Peking übergeführt, und Mao gab eine Erklärung ab, in der er sagte, er sei »einen Heldentod gestorben«. Während der Kulturrevolution wurden seine Gebeine ausgegraben und das Grab zerstört. Inzwischen ist es wiederhergestellt.
[21] Zhong Shuqi, Ruijin-Museum, 11. 4. 84.
[22] Yan Jingtang, 3. 11. 84.
[23] Zhong Shuqi, 12. 4. 84.
[24] Li Rui, *Early Revolutionary Activities*, S. 5.
[25] Information von Hu Hua, 24. 10. 84. Gu Bo war Sekretär des Frontkomitees der Vierten Armee (die frühe Bezeichnung der Ersten Frontarmee), dann Mitglied des Sowjetkomitees von Jiangxi. Er wurde im März 1935 in dem Dorf Yuanyangkeng in der Provinz Guangdong getötet (Yan Jingtang, 1. 3. 85). Xie Weijun, Divisionskommandeur, in der Luo-Ming-Affäre ebenfalls angegriffen, fiel in Nordshaanxi.

Kapitel 20

[1] Edgar Snow, *The Battle for Asia*, New York 1941, S. 127–29.
[2] Liu Jianhua, persönliches Interview, Nanchang, 15. 4. 84.
[3] Chen Pixian, persönliches Interview, Peking, 13. 6. 84.
[4] Snow, *op. cit.*, S. 130–32.
[5] Liu Jianhua, 15. 4. 84.
[6] *Selection of Historical Materials of Jiangxi*, Nanchang 1981.
[7] Chen Pixian, *Memoirs*, S. 30.
[8] Hu Hua, 23. 3. 84.
[9] Bericht über den Vorfall bei Chen Pixian, *op. cit.*, Kap. 5, S. 23–27. Gong Chus Geschichte aus seinem Buch *The Red Army and I.* (Hu Hua, 23. 3. 84). Einige Details sind einem Artikel Liu Jianhuas entnommen.
[10] Chen Pixian, *op. cit.*, S. 44–50.

Kapitel 21

[1] Luo Ergang, *History of the Taiping Heavenly Kingdom.*
[2] Smedley, *The Great Road*, S. 21–29.
[3] Wen Bin, *Velikii Pokhod*, S. 338–39; Smedley, *op. cit.*, S. 312.
[4] Han Suyin, *The Morning Deluge*, S. 288.
[5] Eindrücke von Grace, der Mutter von John Service.
[6] Es gibt eine neue Luding-Brücke, eine Standardbrücke aus armiertem Stahl und Beton, nicht ganz einen Kilometer flußabwärts von der Hängebrücke entfernt. Ein Soldat der Volksbefreiungsarmee bewacht sie. Er läßt nicht zu, daß sie

photographiert wird. Eine weitere Brücke gibt es in Anshunchang, und zwischen Anshunchang und Luding befinden sich fünfzehn einzelne Hängebrücken für Fußgänger und eine weitere Betonbrücke für Motorverkehr.

[7] Yang Dezhi, *Recalling the Long March*, Peking 1978, S. 79–81.

[8] Xiao Hua, persönliches Interview, Peking, 16. 3. 84.

[9] Snow, *Red Star*, S. 197.

[10] Smedley, *op. cit.*, S. 134–39.

[11] Yang Chengwu, persönliches Interview, Peking, 16. 3. 84.

[12] Zhang Fuchen, Anshunchang-Briefing, 22. 5. 84.

[13] In den Berichten über die Dadu-Operation gibt es kleinere Unstimmigkeiten. Die vorliegende Schilderung stützt sich im wesentlichen auf Yang Chengwus Bericht, den er im persönlichen Interview gab, und auf Daten, die am Schauplatz selbst bei lokalen Archivaren eingeholt wurden. Das Telegramm von Lin Biao, das als Datum für die Beendigung der Operation irrtümlich den 25. statt des 29. Mai nennt, wurde veröffentlicht in *The Long March: Eyewitness Accounts*, Peking 1964, S. 98–99, und zwar vor Lin Biaos Sturz und seinem Tod im Jahre 1971. In späteren Versionen ist es nicht mehr enthalten.

[14] Eindrücke vom Fluß aus persönlicher Anschauung, 22. 5. 84.

[15] Dieser Bericht stützt sich auf die Erinnerungen von General Yang Chengwu, wie er sie im persönlichen Interview und in dem Bericht *Recalling the Long March* mitteilte, geringfügig ergänzt nach Briefings in Anshunchang und Luding; sowie auf die Erinnerungen von General Xiao Hua und auf persönliche Anschauung. General Qin hat einige Hinweise beigesteuert.

Kapitel 22

[1] Chen Changfeng, *On the Long March with Chairman Mao*, S. 56–61; Wei Guolo, *On the Long March as Guard to Chou En-lai*, S. 34–39.

[2] Yang Chengwu, *The Long March: Eyewitness Accounts*, Peking 1962, S. 99–111.

[3] Chen Changfeng, *op. cit.*, S. 62.

[4] Yang Chengwu, 15. 3. 84.

[5] Zhang Guotao, *The Rise of the Communist Party*, S. 361.

[6] Li Xiannian, Politkommissar von Zhangs 30. Armee und 1984 Präsident der Volksrepublik, bestätigte Zhangs Aussage über das Codebuch. Er sagte, er habe gewußt, daß es verlorengegangen sei und daß sie fürchteten, Chiang Kaishek könne es haben. Daher wurden vor Beginn des Langen Marsches nur wenige Funksprüche durchgegeben und dann lange Zeit überhaupt keine mehr (Li Xiannian, persönliches Interview, Peking, 15. 6. 84).

[7] Zhang Guotao, *op. cit.*, S. 362.

[8] Zhang Guotao, *op. cit.*, S. 364.

[9] Zhang Guotao, Erinnerung aus seinen Memoiren, *op. cit.*, S. 372. Geschichtsforscher im Sichuan-Revolutionsmuseum in Chengdu konnten in ihren Archiven keine Nachweise dafür finden, daß die beiden Armeen wußten, wo sich die jeweils andere befand, und zwar bis nach der Überquerung des Goldsandflusses um den 10. Mai 1935 (Shen Guozheng, Jia Ke, Sichuan-Revolutionsmuseum, Chengdu, persönliches Interview, 19. 5. 84). Sie fanden keine Beweise für den Austausch irgendwelcher Funkbotschaften nach dem 22. Januar 1935, bis Zhang Guotao am 12. Juni eine protokollarische Nachricht sandte, in der er dem Zentralkomitee zur Überquerung der Großen Schneeberge durch die Rote Armee und zu ihrem Zusammentreffen mit der Vorhut der Vierten Frontarmee gratulierte. Unter demselben Datum gab es eine Empfangsbestätigung des Zentralkomitees an Zhang (Chengdu-Briefing). Wang Yanjian, der Autor über den Langen Marsch, glaubt, Mao habe nur

eine sehr allgemeine Vorstellung von Zhangs Standort gehabt, bis seine Truppen die andere Seite des Jiajin-Berges erreichten (Wang Yanjian, persönliches Interview, Peking, 5. 3. 84). Li Yimang meint, Mao habe eine ungefähre Ahnung von Zhangs Standort gehabt, und zwar aufgrund von Gerüchten, die unter den Bauern kursierten (Li Yimang, persönliches Interview, Peking, 22. 3. 84).

10 Li Xiannian, 15. 6. 84.

11 General Qin glaubt, daß zur Zeit der Überquerung des Goldsandflusses die Vierte Frontarmee noch unterwegs war; Mao habe gewußt, daß sie nach Nordwestsichuan zog, ihren genauen Standort aber nicht kennen können. Mao habe (zutreffend) vermutet, Zhang befinde sich westlich der Schneeberge. Viele dieser Details sind aufgrund der politischen Gegensätze zwischen Zhang Guotao und Mao und anderen Parteiführern schwer festzustellen. Zhang brach schließlich mit der Partei und schloß sich für kurze Zeit Chiang Kaishek an.

12 Chang Yao-hui, *The Long March: Eyewitness Accounts*, S. 110.

13 Chen Changfeng, *op. cit.*, S. 69.

14 Zhang Shengji, persönliches Interview, Lanzhou, 4. 6. 84.

15 Dr. Dai Zhengqi, 30. 3. 84.

16 Dr. Du Tanjin, Direktor, Nationalforschung, Volksbefreiungsarmee, persönliches Interview, Peking, 31. 3. 84.

17 Yan Jingtang, 24. 10. 84.

18 Ji Pengfei, persönliches Interview, Peking, 14. 3. 84.

19 Chen Changfeng, *op. cit.*, S. 68.

20 Hsieh Fangtzu, *Recalling the Long March*, Peking 1978, S. 106–8.

21 Ji Pengfei, 14. 3. 84.

22 Du Tanjin, Direktor, persönliches Interview, Peking, 31. 3. 84.

23 Wei Xiuying, 15. 4. 84.

24 Ding Ganru, persönliches Interview, Chengdu, 13. 5. 84.

25 Li Yimang, 22. 3. 84.

26 Zhong Ling, persönliches Interview, Xi'an, 11. 6. 84.

27 Hu Yaobang, 14. 6. 84.

28 Yang Dinghua, *Velikii Pokhod*, S. 358–59.

29 Chen Changfeng, *op. cit.*, S. 67–70.

30 Wei Guolo, *op. cit.*, S. 43–49.

31 Dr. Du Tanjin, 31. 3. 84.

32 Li Xiannian, 15. 6. 84.

33 Einige Quellen bezeichnen den 16. Juni 1935 als Datum des Zusammentreffens der Ersten und der Vierten Frontarmee. An diesem Tag tauschten die beiden Kommandeure offizielle Botschaften aus (Qin Xinghan, 6. 3. 84).

34 Zhou Guoqing, Direktor, Xiaojin-Bezirksbüro, 25. 5. 84.

35 Li Xiannian, 15. 6. 84.

36 Zhou Guoqing, 25. 5. 84.

37 Yang Dinghua, *Velikii Pokhod*, S. 359.

Kapitel 23

1 Zhou Guoqing, 27. 5. 84.

2 Shan Guozheng, Sichuan-Provinzmuseum, Chengdu, 19. 5. 84.

3 Shan Guozheng, 19. 5. 84.

4 Über das Zusammentreffen von Zhang Guotao und Mao Zedong herrschte lange Zeit Verwirrung. Es gibt zwei wesentliche Augenzeugenberichte, den von Zhang und den von Agnes Smedley in *The Great Road*, S. 328–32, der von Zhu De oder einem seiner Gefährten stammt. Die Einzelheiten über den Regen, Zhang zu

Pferde etc. scheinen korrekt zu sein und werden von anderen Quellen bestätigt, darunter auch Zhang. Smedley nennt jedoch als Datum des Treffens den 20. Juli und als Ort »Erhokuo«, vermutlich fälschlich anstelle von Lianghekou (»er« und »liang« haben beide die Bedeutung »zwei«), wo das Treffen am nächsten Tag abgehalten wurde. Zhangs Bericht enthält zahlreiche politische Ex-post-facto-Argumente, gibt aber vermutlich seine zugrunde liegenden Emotionen richtig wieder. Ein großer Teil des Berichts hier und auf den folgenden Seiten stützt sich auf zeitgenössische chinesische Geschichts- und Archivforschungen und persönliche Besichtigung des Gebiets.

[5] Xu Lixin, *Zhang Guotao's Swerving and Awakening*, Taipei 1981, Kap. 6, S. 9.

[6] Li Qin, Xi'an, 6. 6. 84.

[7] Shan Guozheng, 19. 5. 84.

[8] Wen Xingming, Kultursekretär, Maerkang, 25. 5. 84; Han Suyin, *The Morning Deluge*, S. 293.

[9] Zhang Guotao, *Rise of the Communist Party*, S. 378–79.

[10] Braun, *Chinesische Aufzeichnungen*, S. 170.

[11] Shan Guozheng, 19. 5. 84.

[12] Shan Guozheng, 19. 5. 84.

[13] Wen Xingming, 25. 5. 84.

[14] Zhang Guotao, *op. cit.*, S. 370–72.

[15] Wen Xingming, 25. 5. 84.

[16] Wen Xingming, 25. 5. 84.

[17] Wen Xingming, 25. 5. 84.

[18] Peng Dehuai, *Memoirs*, S. 335–36.

[19] Li Xiannian, 15. 6. 84.

[20] John S. Service, 6. 3. 85.

[21] Hu Hua, 21. 3. 84; George Hatem, 19. 3. 84.

[22] Hu Hua, 23. 3. 84, 29. 3. 84. Zhu Guang arbeitete im Shanghaier Zentralbüro, das zur Vierten Frontarmee kam. Zhang traute der Shanghaier Zentrale nicht. Er stellte Zhu Guang unter Arrest. Kuang Jixun, den Begründer des Basisgebietes Hubei–Hunan und Vorsitzenden des lokalen Sowjets, ließ Zhang als Trotzkisten hinrichten. Zeng Zhongsheng, Stabschef der Sichuan-Shaanxi-Militärkommission, wurde als Gefangener mit gefesselten Armen und Beinen mitgeführt. Im Juni 1935 schmuggelte er einen Brief an Mao Zedong heraus, in dem er ihn um sein Eingreifen bat. Zhang erfuhr davon. Im Juli 1935 wurde Zeng Zhongsheng während eines Nachtmarsches von einer Brücke geworfen und ertrank. Man verbreitete das Gerücht, er sei entflohen und verschwunden. Daten über alle diese Fälle von Hu Hua.

[23] Zhang Guotao, *op. cit.*, S. 378–79.

[24] Otto Braun behauptet, er habe am 28. Juni einer Sitzung des Politbüros in Lianghekuo beigewohnt. Er beschreibt das Treffen als »auffallend friedlich« und nimmt an, die wesentlichen Entscheidungen seien schon vorher getroffen und bei diesem Treffen nur pro forma ratifiziert worden. Er sagt, er habe mit Maos Vorschlag übereingestimmt, nach Norden und Westen zu ziehen, und fügt hinzu, die Frage anti-japanischer Aktionen sei kaum erwähnt worden. Niemand sonst berichtet von mehr als einer Politbüro-Sitzung und auch nicht davon, daß Braun anwesend war. Wahrscheinlich hat sich Braun, wie so oft, im Datum geirrt. Der Rest seines Berichts scheint mit den zeitgenössischen chinesischen Berichten übereinzustimmen (Braun, *op. cit.*, S. 172).

[25] Zhang Guotao, *op. cit.*, S. 383.

[26] Zhang Guoqing, 27, 5. 84.

[27] Zhang Guotao, *op. cit.*, S. 380.

[28] Hu Hua, 29. 3. 84.

[29] Vermutlich wurde bei diesem oder einem folgenden Treffen eine Übereinkunft über das Verlangen Zhang Guotaos erzielt, eine Reihe seiner Parteigänger in das Zentralkomitee aufzunehmen. Xu Lixin versichert, auf Zhangs Initiative hin seien Xu Xiangqian, Wang Shusheng, Zhou Chunquan, Zeng Zhuanliu, Li Xiannian, He Wei und Li Te in das Komitee berufen worden. Details über das Treffen aus Zhangs Memoiren, von Professor Hu Hua, Shan Guozheng (19. 5. 84) und aus Nie Rongzhens *Memoirs*, Kap. 3.

[30] Peng Dehuai, *op. cit.*, S. 372–73.

[31] Nie Rongzhen, *op. cit.*, Kap. 8, S. 14–15.

[32] Zhang Guotao berichtet, er habe mit Bo Gu zu Abend gegessen und lange über die Arbeit des Politbüros, die Parteilinie, die Konferenz von Zunyi und andere politische Angelegenheiten gesprochen und diskutiert. Vielleicht war Bo Gu die Quelle der verwirrenden Berichte, die Nie Rongzhen erwähnt (Zhang Guotao, *op. cit.*, S. 394–99).

[33] Die Freude war gewiß groß. Doch es gab Zwischenfälle. Li Qun, ein Veteran des 276. Regiments der 91. Division der 31. Armee der Vierten Frontarmee, erinnerte sich an eine wütende Auseinandersetzung zwischen Männern der Ersten und der Vierten Frontarmee. Die Vierte warf der Ersten vor, einige Pferde der Vierten geschlachtet zu haben. Truppen wurden in Stellung gebracht und feuerten einige Schüsse ab. Doch niemand wurde verletzt, und der Streit wurde beigelegt (Li Qun, persönliches Interview, Bao'an, 8. 6. 84). General Qin bezweifelte, daß es zu Schüssen gekommen sei.

[34] Zhang Guotao, *op. cit.*, S. 398–493.

Kapitel 24

[1] Viele dieser Details stammen aus persönlichen Besichtigungen und Interviews. Leider ist der *yamen* nun beinahe eine Ruine, Hühner und Schweine laufen umher, Ausstattung und Dekor sind schon lange zerstört (25. 5. 1984). Einige dieser Details verdanke ich Yang Dinghua, *Velikii Pokhod*, S. 362–63, und Cai Xiaoqian, *The Kiangxi Soviet Areas* ..., Taipei, 1970, S. 348–49, zitiert bei Gernant. Bei ausgedehnten Reisen durch Tibet im Jahre 1980 sah der Autor nichts, das dieser bemerkenswerten architektonischen Struktur gleichgekommen wäre. Zur Zeit des Langen Marsches bestand Zhuokeji aus dem *yamen* und damit verbundenen Gebäuden, einem Kloster und einer Gruppe tibetanischer Häuser. Jeden Herbst war es Schauplatz eines bedeutenden Opiummarktes. Heute liegt es im Außenbezirk von Maerkang, einem aufstrebenden Industrie- und Verwaltungszentrum von 18 000 Einwohnern. Als die Rote Armee in diese Gegend kam, gab es dort nichts als ein kleines Lamakloster und ein paar Häuser.

[2] Tian Bao, persönliches Interview, Chengdu, 18. 5. 84.

[3] Wen Xingming, 25. 5. 84.

[4] Yang Dinghua, *op cit.*, S. 364–68.

[5] Yang Dinghua, *op. cit.*, S. 369–71.

[6] Hu Hua, 29. 3. 84.

[7] Dr. Sun Yizhi, Peking, 31. 3. 84.

[8] Li Xiannian, 16. 6. 84.

[9] Wu Jiqing, 5. 4. 84.

[10] Wei Guolo, *On the Long March as Guard to Chou En-lai*, S. 50–54.

[11] Nie Rongzhen sagt, Zhou sei nicht in der Lage gewesen, an den Konferenzen von Shawo und Maoergai teilzunehmen (*Memoirs*, Kap. 8). General Yang Shangkun erinnert sich, daß Zhou der Shawo-Konferenz vorsaß, aber zu krank war, um beim

Treffen von Maoergai anwesend zu sein (Yang Shangkun, 26. 10. 84). Der Bericht von Wei Guolu, Zhous Leibwächter, erweckt den Eindruck, Zhous Krankheit sei nach vier oder fünf Tagen überstanden gewesen, und er habe während der Durchquerung der Grasländer seinen Pflichten nachkommen können (Wei Guolu, *op. cit.*, S. 50–55). Das stimmt einfach nicht. Zhou war zu Beginn der Durchquerung der Grasländer zu krank, um Yang Chengwu zu treffen, und erst einige Zeit nach dem Erreichen Baxis begann er, an seine Arbeit zurückzukehren.

[12] Edgar Snow, *Random Notes on Red China*, S. 97.

[13] Yang Shangkun, 29. 10. 84; Hu Hua, 29. 10. 84.

[14] Li Xiannian, 16. 6. 84.

[15] Yang Shangkun, 3. 4. 84.

[16] Yan Jingtang, 24. 10. 84.

17. Yang Shangkun, 3. 4. 84.

[18] Zhang Guotao, *Rise of the Communist Party*, S. 411–12. Otto Braun verwirrt die Angelegenheit etwas. Er schreibt (*op. cit.*, S. 176), es habe Anfang Juli in Suomo ein Politbürotreffen stattgefunden, und zwar vor Maoergai. Vermutlich meinte er Shawo. Er sagte, er sei bei diesem Treffen zugegen gewesen. Peng Dehuai verlegt das Politbürotreffen nach Heishui (Peng Dehuai, *Memoirs*, S. 379).

[19] Nie Rongzhen, *op. cit.*, Kap. 8, S. 15.

[20] Tatsächlich wurde die Resolution von Wang Ming entworfen, dem chinesischen Vertreter bei der Komintern im Juni 1936. Sie wurde zuerst im Oktober 1935 in einer chinesischen Zeitung in Paris veröffentlicht (Xiang Qing, New York City, 14. 1. 1985). Chinesische Berichte, vor Maos Tod veröffentlicht, schrieben die Resolution und das Eintreten für eine Einheitsfront Maos Weisheit und Weitblick zu. Diese Berichte betonten die Linie des »nach Norden gehen, um Japan zu bekämpfen« bei der Konferenz von Maoergai. Tatsächliche Materialien über die Zusammenkünfte und Erinnerungen der Teilnehmer bestätigen das nicht. Otto Braun, der für dieses Thema sehr hellhörig war (der jedoch Maos Position zu dieser Zeit stark unterstützte), sagte, diese Berichte stimmten nicht (*Chinesische Aufzeichnungen*, S. 178).

[21] Hu Hua, Mitteilung, 4. 2. 85.

[22] Details über die Truppendispositionen von Professor Hu Hua. Dieser Bericht ist beeinträchtigt durch Konflikte zwischen Zeugen und ungenaue Informationen durch zeitgenössische Historiker und Archivare. Zhang Guotaos Schilderung in seinen Memoiren ist verworren, polemisch und ungenau, viele Details fehlen. Er macht keinen Versuch, das auseinanderzuhalten, was bei den verschiedenen Zusammenkünften geschah, läßt Zeitpunkte, Daten und andere wesentliche Informationen aus. Der Bericht von Nie Rongzhen ist oberflächlich, der von Peng Dehuai ebenfalls. Dasselbe trifft auf zeitgenössische chinesische Historiker zu. Vielleicht besteht das Problem darin, daß die zugrunde liegenden Archive (die einen detaillierten Bericht über diese Überlegungen enthalten) noch nicht zur Veröffentlichung freigegeben worden sind. Otto Braun erhielt diese Dokumente aus sowjetischen Quellen und nutzte sie voll, um seine persönlichen Erinnerungen zu ergänzen. Er datiert das Treffen auf die »ersten Augusttage« und bringt direkte Zitate aus dem Kommuniqué vom 5. August. Es war umfangreich. Es enthielt nur eine beiläufige Bezugnahme auf den Krieg mit Japan, verlangte den Marsch nach Norden, um die KMT zu bekämpfen, die Errichtung eines Sowjetgebietes in Sichuan–Gansu–Shaanxi und schließlich die Bildung einer chinesischen Sowjetrepublik. Allgemein spiegelte es Maos Ansichten wider, mit denen Braun übereinstimmte. Mao, so sagte Braun, habe die volle Unterstützung des Politbüros gehabt, ausgenommen die von Zhang Guotao (Braun, *op. cit.*, S. 181–183). Zhang Guotao nennt als Teilnehmer des »Shawo-Treffens«: Mao, Zhu De, Bo Gu, Luo Fu und sich selbst mit Deng Fa

(Sicherheitschef) und Kai Feng (Jugendführer) als Beobachter. Wang Shoudao machte Notizen; er beschreibt ihn als »Generalsekretär des Zentralkomitees« (Zhang Guotao, *op. cit.*, S. 412).

Kapitel 25

1 Yang Chengwu, *A Single Spark Can Start A Prairie Fire*, Bd. 3, Peking 1980, S. 153–59.

2 Zhang Guotao, *Rise of the Communist Party*, S. 420.

3 Wang Qiu, Magistrat, Nuoergai, 27. 5. 84.

4 Wang Qiu, 27. 5. 84; Xue Ming, He Longs Witwe, persönliches Interview, Peking, 14. 6. 84.

5 Präfekturmuseum, Hongyuan, 27. 5. 84.

6 Wei Xiuying, 15. 4. 84.

7 Zeng Xianhui, Guiyang, 18. 4. 84; Snow, *Red Star*, S. 203–4.

8 Yang Dinghua, *Velikii Pokhod*, S. 373.

9 Smedley, *The Great Road*, S. 338.

10 Chen Changfeng, *On the Long March with Chairman Mao*, S. 80.

11 Hu Yaobang, 15. 6. 84.

12 Yang Dinghua, *op. cit.*, S. 378–85.

13 Ding Ganru, 13. 5. 84.

14 Ji Pengfei, 14. 3. 84.

15 Dai Zhengqi, 20. 3. 84.

16 Nie Rongzhen, *Memoirs*, Kap. 8.

17 Hu Hua, 29. 3. 84.

Kapitel 26

1 Das war Maos Antwort auf Fragen von Edgar Snow im Jahre 1960 (Edgar Snow, *Red Star Over China*, revidierte Ausgabe, New York 1969, S. 432). Yang Shangkuns Beschreibung der Mondnacht: persönliches Interview. Yang Dinghua beschrieb das Wetter jener Nacht im nahe gelegenen Baxi mit ganz anderen Worten: »... sehr dunkle Nacht ... schwarze Wolken ... kein Mond ..« (Yang Dinghua, *Velikii Pokhod*, S. 381).

2 Beschreibung nach persönlicher Besichtigung 1984 und dem lebhaften Bild, das Yang Dinghua zeichnete (*op. cit.*, S. 378–89).

3 Zhang Gutao behauptete, ein Nebenfluß des Weißen Flusses habe ihm den Weg versperrt. Normalerweise sei er knietief, und die Männer hätten damit gerechnet, ihn durchwaten zu können. Er sei plötzlich auf eine Tiefe von drei Metern und eine Breite von nahezu 300 Metern angewachsen (Zhang Guotao, *Memoirs*, S. 421). Die meisten chinesischen Fachleute halten das für eine Übertreibung. Li Xiannian, damals Kommandeur von Zhangs 30. Armee, räumte ein, daß der Fluß Hochwasser geführt habe, sagte aber, er wäre binnen weniger Tage wieder abgesunken (Li Xiannian, S. 9). In Zhangs Memoiren wird der lebhafte Austausch von Botschaften nicht erwähnt, den Autoren von Erinnerungen an den Langen Marsch und zeitgenössische Parteihistoriker anführen. Die Texte dieser Telegramme sind nicht veröffentlicht worden.

4 Yang Shangkun, 3. 4. 84.

5 Yang Dinghua, *op. cit.*, S. 390.

6 Li Xiannian, 14. 6. 84. Yang Shangkun bezeichnete die in Banyou vernichtete Streitmacht als eine Brigade.

7 Yang Shangkun, 3. 4. 84.

8 Peng Dehuai, *Memoirs*, S. 375.

[9] Nie Rongzhen, *Memoirs*, Kap. 8.
[10] Hu Hua, 29. 3. 84.
[11] Yang Shangkun, 3. 4. 84.
[12] Li Xiannians Bericht stammt aus einem persönlichen Interview (14. 6. 84). Die Wendung »kompromißlos entfalten« ist eine wörtliche Übersetzung aus dem Chinesischen. Mao Zedong benutzte diese Worte, als er bei einer Rede in Yan'an im März 1937 über Zhangs Telegramm sprach. Li Xiannian hörte die Rede nicht, las aber den Text. Chinesische Experten erklären, Zhangs Worte hätten impliziert, daß der Kampf innerhalb der Partei zwischen ihm und Mao Zedong nicht entscheidend genug gewesen sei und daß Zhang die Frage zwischen ihm selbst und Mao nun gern ein für alle Male regeln würde.
[13] Yang Shangkun, 3. 4. 84.
[14] Hu Hua, 29. 3. 84.
[15] Peng Dehuai, *op. cit.*, S. 376.
[16] Yang Shangkun, 3. 4. 84.
[17] Peng Dehuai, *op. cit.*, S. 377.
[18] Peng Dehuai, *op. cit.*, S. 377.
[19] Liu Ying, 14. 6. 84.
[20] Yang Shangkun, 3. 4. 84; Li Bozhao, 15. 6. 84.
[21] Yang Shangkun, 3. 4. 84; Hu Hua, 29. 3. 84.
[22] Yang Shangkun, 3. 4. 84.
[23] Peng Dehuai, *op. cit.*, S. 377.
[24] Yang Shangkun, 3. 4. 84.
[25] Die meisten Details stammen von General Yang Shangkun, 3. 4. 84.
[26] Xiang Qing, 16. 3. 84.
[27] Der vorliegende Bericht basiert auf einem ausführlichen Interview mit General Yang Shangkun in Peking und späteren Antworten auf spezifische Fragen sowie einem ebenso ausführlichen Interview mit Li Xiannian in Peking. Beide waren wichtige Beteiligte an den beschriebenen Ereignissen. Professor Hu Hua, Pekings führender Parteihistoriker, hat einen detaillierten Bericht geliefert, basierend auf Parteiarchiven und seinen eigenen Forschungsarbeiten. Andere Einzelheiten wurden von General Qin Xinghan vom Militärmuseum und seinem Forschungsteam beigesteuert; von Li Bozhao, der Frau von General Yang; von Liu Ying, Witwe von Luo Fu, sowie von anderen in persönlichen Interviews. Die Memoiren von Zhang Guotao sind sorgfältig durchgesehen worden, ebenso die von Nie Rongzhen und Peng Dehuai. Es gibt geringfügige Unterschiede in Zeitangaben, Daten, Ortsbestimmungen und Ablauf. Sie sind sämtlich ohne Konsequenzen, bis auf die größeren Konflikte zwischen Zhang Guotao und allen anderen. Die meisten sind zurückzuführen auf Zhangs Verteidigung seines Verhaltens und seiner Politik und auf seine Kritik an Mao. Dieser Teil seiner Memoiren ist polemisch, und der faktische Rahmen von Daten, Orten, Botschaften und Handlungen ist weitgehend verloren. Zhang behauptet, er habe nichts über die heraufziehende Krise gewußt, bis er von Maos Abmarsch informiert wurde. Er erwähnt keinen Austausch von Funksprüchen und kein Wort von dem, was Li Xiannian als »das berühmte Telegramm« bezeichnete. Der hier vorgelegte Bericht würde sehr gewinnen, wenn die Verwalter der chinesischen Parteiarchive die Texte der relevanten Nachrichten und Dokumente freigeben würden. Zahlreiche beschreibende Details über die Gegend basieren auf Reisen des Autors in der Region im Jahre 1984.
[28] Hu Hua, 29. 3. 84.
[29] Song Kanfu, Xi'an, 6. 6. 84.
[30] Yang Shangkun, 3. 4. 84.
[31] Hou Guoxiang, persönliches Interview, Guiyang, 18. 4. 84.

[32] Stellvertretender Bezirksmagistrat Wei Donghai, Diebu, 30. 5. 84.
[33] Dies ist die Schlußfolgerung von Yan Jingtang und zeitgenössischen Militärexperten. Möglicherweise sind die Veränderungen erst vorgenommen worden, als die Kolonnen Hadapu erreichten. Peng Dehuai sagt in seinen Memoiren (S. 380), er und Ye Jianying hätten die Truppe unter der direkten Führung Maos kommandiert. Otto Braun (S. 192) sagt, Peng Dehuai sei zum Kommandeur der Ersten Kolonne, Mao zum Politkommissar ernannt worden. Yang Dinghua (S. 391) sagte, der Marsch habe nun unter dem Kommando der »höchsten Führer der Roten Armee – Mao und Peng« gestanden.
[34] Nie Rongzhen, *op. cit.*, Kap. 8.
[35] Peng Dehuai, *op. cit.*, S. 379.
[36] Yang Dinghua, *op. cit.*, S. 394.
[37] Yang Dinghua, *op. cit.*, S. 397.
[38] Yang Chengwu, *A Single Spark*, S. 440–41.
[39] Li Daoji, Lazikou, 30. 5. 84.
[40] Details aus persönlicher Besichtigung von Lazikou und der Straße dorthin und Briefings durch Magistrat Li Daji und seinen Stellvertreter Wei Donghai in Diebu am 30. Mai und 1. Juni 1984. Details über die Schlacht entstammen ihren Informationen und den Berichten von Yang Chengwu, dem Kommandeur des Vierten Regiments, und Yang Dinghua, enthalten in *Velikii Pokhod*. Hinsichtlich der Stärke der Streitmacht, die Lazikou verteidigte, gibt es Unstimmigkeiten. Der vorliegende Bericht folgt den lokalen Angaben. Yang Chengwu erwähnt drei Regimenter, doch das ist offenkundig zuviel. Peng Dehuai spricht von einem Regiment unter Deng Baoshan (Peng Dehuai, *op. cit.*). Dem Bericht der lokalen Experten über das Selbstmordkommando der Bergsteiger sind wir gefolgt. Andere Berichte erwähnen die Männer der Minderheit und Maos Befehle nicht. Einige Schilderungen, die während der Periode von Lin Biaos Aufstieg veröffentlicht wurden, betonen seine Teilnahme. Keiner der drei Hauptberichte, auf die wir uns hier stützten, erwähnt seinen Namen.

Kapitel 27

[1] Yang Dinghua, *Velikii Pokhod*, S. 455.
[2] Mianxian-Seminar, 31. 5. 84; persönliche Beobachtung, 31. 5. 84.
[3] Yang Dinghua, *op. cit.*, S. 453–72.
[4] Diese Geschichte erzählt Chen Changfeng in *On the Long March with Chairman Mao* (S. 88–90). Wie im Laufe der Geschichte deutlich werden wird, gibt es jedoch Gründe, an seiner Version zu zweifeln.
[5] Yang Dinghua, *op. cit.*, S. 498.
[6] Yuan Yaoxiu, Wuqi-Briefing, 8. 6. 84.
[7] Yuan Yaoxiu, 8. 6. 84.
[9] Bao'an, Liu-Zhidan-Gedenktafel, 8. 6. 84.
[10] Yuan Yaoxiu, 8. 6. 84.
[11] Professor Fang Chengxian, persönliches Interview, Xi'an, 12. 6. 84.
[12] Zhang Quan, Ehemann von Liu Lizhen, der Tochter von Liu Zhidan, persönliches Interview, Xi'an, 12. 6. 84. Gao Gang erwies sich als einer der umstrittensten Teilnehmer an der Chinesischen Revolution. Anfang 1949 wurde er Führer der besonderen Nordostregion (Mandschurei). Nach dem Tode Stalins 1953 wurde er verhaftet und der Verschwörung zur Bildung eines »unabhängigen Königreiches« beschuldigt. Er beging im Gefängnis Selbstmord. Lange bestand der Verdacht, er habe sich auf eine besondere Beziehung mit den Russen eingelassen. Sein Eintrag in Moskaus *Bolshaya Sovetskaya Entsyklopedia*, zweite Auflage, war einer von zweien, die

zu löschen die Subskribenten aufgefordert wurden. Der andere betraf Lavrenti P. Beria, Stalins Geheimpolizeichef.

[13] Fang Chengxian, Xi'an, 12. 6. 84.

[14] Zhang Quan, 12. 6. 84. Guo Hongtao und Zhu Lizhi kamen 1934 und im Juli 1935 aus dem nördlichen Untergrund-Parteibüro von Tientsin. Ein dritter Mann namens Nie Hongjun kam etwas später. Sie behaupteten, Liu Zhidan folge einer »reiche-Bauern-Linie« und sei in seinen militärischen Operationen nicht aggressiv genug.

[15] Cheng Zihua, persönliches Interview, Peking, 30. 3. 84.

[16] Zian Yinzhang, persönliches Interview, Peking, 30. 3. 84.

[17] Cheng Zihua, 30. 3. 84.

[18] Fang Chengxian, 12. 6. 84.

[19] Wuqi-Briefing, 8. 6. 84.

[20] Der komplizierte Bericht über Liu Zhidan und die 26. und 25. Armee basiert auf den Aussagen der überlebenden Familie Liu Zhidans – seiner Witwe Tong Guirong, seiner Tochter Liu Lizhen und ihres Mannes Zhang Quan; einige Details haben die Parteihistoriker von Shaanxi beigesteuert, Professor Sang Chengxian und Xu Angshao von der Shaanxi-Universität in Xi'an. Einige Einzelheiten stammen auch von Zhang Yuanyan, Außenministerium, Peking. Die Geschichte der 25. Armee wurde von ihrem Kommandeur Cheng Zihua und von Dr. Dai Zhenqi mitgeteilt, Arzt bei der 25. Armee. Eine verworrene Version ist in Edgar Snows *Red Star Over China*, S. 209–214, enthalten. Snow traf Tong Guirong und Liu Lizhen in Bao'an, doch seine Informationen über die Angelegenheit scheinen von einem ihrer Anstifter zu stammen. Chen Zihua war kaum beteiligt. Die 25. Armee stand, als sie Nordshaanxi erreichte, unter der tatsächlichen Kontrolle von Xu Haidong. Mao gestattete keine Vergeltungsmaßnahmen gegen einen von ihnen.

[21] Liu Ying, 14. 6. 84.

[22] Yang Chengwu, *A Single Spark*, S. 257–61.

[23] Yang Shangkun, 26. 10. 84.

Kapitel 28

[1] Xiao Ke, persönliches Interview, Peking, 9. 3. 84. Yu Qiuli, 1984 Generaldirektor der Politischen Abteilung der Roten Armee, 1934 politischer Arbeiter bei der Sechsten Armee, erfuhr, wie er sich erinnerte, zum ersten Mal aus einer KMT-Zeitung vom Langen Marsch, vermutlich im Dezember 1934 (Yu Qiuli, persönliches Interview, Peking, 31. 10. 84).

[2] Xiao Ke, 9. 3. 84.

[3] Yu Qiuli, 31. 10. 84.

[4] Helen Snow, *My Yenan Notebooks*, S. 47.

[5] Xue Ming, He Longs Witwe, persönliches Interview, Peking, 16. 6. 84; Wang Qinghe, Lijiang-Militär-Subdistrikt, 1. 5. 84.

[6] Shi Lueming, *Remembering He Long*, Shanghai 1979.

[7] Liu Gongjun, *What I Know About General He Long*, Peking 1983.

[8] Xue Ming, 16. 6. 84.

[9] Shi Lueming, Wang Qinghe, 1. 5. 84; *China Daily* berichtete am 1. 7. 84, 1984 sei ein Mann namens Yan Zhangyan, Sprachlehrer in Wuhan, zu einer siebenjährigen Gefängnisstrafe verurteilt worden, weil er die Belastungen gegen He Long fabriziert habe. Yan Zhangyans Vater war der KMT-Beamte, der im Dezember 1933 Xiong Gongqing zu He Long schickte, um ihn zu überreden, sich der KMT anzuschließen. Während der Kulturrevolution schrieb Yang Zhangyan einen Brief, in dem er behauptete, He Long habe das Angebot zurückgewiesen, weil ihm kein

ausreichend hohes Amt geboten worden sei, und habe dann Xiong Gongqing hinrichten lassen, um die Sache zu bemänteln. Jiang Qing, Maos Frau, und Chen Boda, einer der Anführer der Kulturrevolution, benutzten diesen Brief und Yans Zeugenaussage, um die Anklage gegen He Long zusammenzustellen.

[10] Wu Song, Veteran des Langen Marsches, persönliches Interview, Lanzhou, 4. 6. 84.

[11] Xiao Ke, 9. 3. 84.

[12] R. A. Boßhardt, *Im Schatten des Allmächtigen – Erlebnisse des Missionars Boßhardt in der Gefangenschaft der Roten*, Bad Liebenzell 1937, S. 16–20.

[13] Die Mutter dieses Kindes war Jian Xianren, die erst 19 Jahre alt war, als sie und He Long heirateten. Das Paar trennte sich später in Yan'an. Xiao Kes Frau war Jian Xianfo (Zhang Renshi, Veteran des Langen Marsches, Lanzhou, 4. 6. 84; Ross Terrill, *The White-Boned Demon*, S. 151).

[14] Shi Lueming, *op. cit.*; Snow, *My Yan'an Notebooks*, S. 47.

[15] Boßhardt, Korrespondenz, 24. 1. 85. Einer der wichtigsten Gefangenen, die Xiao Ke machte, war General Zhang Zhenhan, Kommandeur der 45. KMT-Division; er wurde im Frühsommer 1935 gefangengenommen. Man behandelte ihn außerordentlich rücksichtsvoll, und Boßhardt lernte ihn gut kennen. Zhang wurde Instrukteur für Kampfstrategie an der Roten Militärakademie (Xiao Ke, *Memoirs*, Kap. 2, S. 6–7). Am 10. 5. 37 wurde er freigelassen, um zur KMT zurückzukehren (Wales [Snow], *Red Dust*, S. 139).

[16] Boßhardt, Korrespondenz, 24. 1. 85; Bo Gu sagte Helen Snow, in dem Gebiet, in dem die Stams getötet wurden, hätten sich 1937 keine regulären Truppen der Roten Armee befunden, sondern nur »Freiwillige« (Snow, *My Yenan Notebooks*, S. 116).

[17] Boßhardt, *op. cit.*, S. 146–53.

[18] Xiao Ke, *op. cit.*, Kap. 2.

[19] Yu Qiuli, 31. 10. 84.

[20] Mao Tsetung, *Poems*, S. 19.

[21] Die Beschreibung der Bewegungen und der Funkbotschaft an He Long und Xiao Ke wurde von Wang Qinghe gegeben, stellvertretender politischer Kommissar, militärischer Subdistrikt Lijiang (persönliches Interview, 1. 5. 1984, S. 4). Fan Shengyu, Professor, Nordwest-Lehrerhochschule, Lanzhou, sagte (persönliches Interview, Lanzhou, 3. 6. 1984, S. 17), die Zweite Frontarmee habe eine unchiffrierte Funkbotschaft an das Zentralkomitee geschickt, die lautete: »Wo seid ihr?« Diese wurde von der Vierten Frontarmee empfangen, nicht jedoch von der Ersten Frontarmee und dem Zentralkomitee. Daraufhin wurde ein Funkspruch an die Zweite Frontarmee, zu kommen und sich ihnen anzuschließen, von Zhang Guotao und Zhu De abgesetzt. Einige Berichte behaupten, dieser Befehl sei nur von Zhu unterzeichnet gewesen. Merkwürdigerweise erwähnt Zhang Guotao den Funkbefehl in seinen Memoiren nicht und bietet keine Erklärung dafür an, wie die Zweite Frontarmee sich der Vierten anschloß.

[22] Wang Qinghe, 1. 5. 84.

[23] Wang Qinghe sagte, die relevanten Dokumente seien in den Archiven aufbewahrt. Eine Reihe von Provinzgenerälen ging auf die Seite der Kommunisten über und blieb 1949 auf dem Festland. Lu Han, der Provinz-Militärkommandeur des Kriegsherrn Long Yun, schloß sich der Volksbefreiungsarmee an und wurde später Gouverneur von Yunnan. Kommandeur Sun Du blieb auf dem Festland. Li Jue, Schwiegersohn des Hunan-Kriegsherrn He Jian, blieb ebenfalls. Dasselbe tat Zhang Zhung, einer der wichtigsten Kommandeure des Kriegsherrn Long Yun. Er wurde erster Vize-Vorsitzender von Yunnan. Die KMT-Kommandeure Fan Songpu und Guo Rudong waren diejenigen, die Long Yun und seinen Männern Sorgen machten.

Trotz seiner Vorsichtsmaßnahmen wurde Long Yun schließlich von Chiang Kaishek gezwungen, 1945 zwei Divisionen nach Indochina zu schicken, um die Kapitulation der Japaner entgegenzunehmen. Chiang manövrierte noch eine dritte Division aus Yunnan heraus, und Long Yun floh nach Hongkong. Er kam erst zurück, um unter den Kommunisten Mitglied des Nationalen Verteidigungsausschusses zu werden. Der Kriegsherr von Hunan, He Jian, starb vor der Befreiung (Wang Qinghe, 1. 5. 84).

[24] Wang Qinghe, 1. 5. 84.

[25] Boßhardt, persönliche Mitteilung, 24. 1. 85.

[26] Wang Qinghe, 1. 5. 84.

[27] Wang Qinghe, 1. 5. 84.

[28] Xiao Ke, 9. 3. 84.

Kapitel 29

[1] Zhang Guotao, *Rise of Communist Party*, S. 425–27.

[2] Professor Hu Hua, der sich die Liste ansah, sagte, die ganze Prozedur sei nicht nur ein Verstoß gegen die Statuten der Kommunistischen Partei, sondern auch gegen die normale Parteipolitik gewesen. Wenn Zhang mit denjenigen, die er in das Komitee berief, Kontakt aufgenommen hätte, hätten viele seine Einladung abgelehnt (Hu Hua, Mitteilung, 11. 1. 85).

[3] Helen Snow, *My Yenan Notebooks*, S. 61.

[4] Smedley, *The Great Road*, S. 330–31.

[5] Snow, *op. cit.*, S. 48.

[6] Kang Keqing äußerte ihre Ansichten freimütig bei einem persönlichen Interview in Peking. Eine für Geschichtsexperten typische Ansicht wurde von Shan Guozhen vom Sichuan-Provinzmuseum in Chengdu vorgetragen (19. 5. 84). Shan behauptete, Zhu Des Wachen hätten keinen Befehl gehabt, seine Bewegungsfreiheit einzuschränken, Zhu De habe nie unter Hausarrest gestanden, sich frei unter den verschiedenen Truppeneinheiten bewegt, mit Teilen sowohl der Ersten als auch der Vierten Frontarmee gesprochen und deren Basketball-Spiele besucht. (Zhu De war ein fanatischer Basketball-Spieler). Die Frage nach Zhu Des Pferd und Kang Keqings Maultier behandelte Shen als belanglos.

[7] Hu Zhenggui, persönliches Interview, Huining, 2. 6. 84.

[8] Ye Yingli, persönliches Interview, Xi'an, 11. 6. 84.

[9] Li Qun, Bao'an, 8. 6. 84.

[10] Yang Shangkun, 3. 4. 84.

[11] Xu Shiyou, *My Ten Years in the Red Army*, Peking 1983, Kap. 10.

[12] Xu Shiyou, *op. cit.*, Kap. 10.

[13] Xu Shiyou schätzte die KMT-Streitmacht auf zehn Brigaden; Shan Guozheng vom Sichuan-Museum nannte die Gesamtzahl vier. General Qin bestätigte die Verlustziffer von 10 000.

[14] Li Xiannian, 15. 6. 84.

[15] Zhang Guotao, *op. cit.*, S. 440.

[16] Xiang Qing, 14. 1. 85.

[17] Xiang Qing, 14. 1. 85.

[18] Zhang Guotao, *op. cit.*, S. 444.

[19] Xiang Qing, 14. 1. 85; Helen Snow, persönliche Gespräche.

[20] Hu Hua, 29. 3. 84.

[21] Xiao Ke, 9. 3. 84.

[22] Zhang Guotao, *op. cit.*, S. 448–49.

[23] Xu Shiyou, *op. cit.*, Kap. 10.

[24] Zhang Guotao, *op. cit.*, S. 457–59.
[25] Li Xiannian, 15. 6. 84.
[26] George Hatem, persönliches Interview, Peking, 19. 3. 84.
[27] Li Xiannian, 15. 6. 84.
[28] Zhang Guotao, *op. cit.*, S. 461.
[29] In der Spätzeit der KMT hatten drei Ma wichtige Posten in den moslemischen Nordwestgebieten inne. Ma Hongkui war Gouverneur von Ningxia; Ma Buqing war früherer Gouverneur von Ningxia; Ma Bufang, Sohn des berühmten Moslemführers Ma Keqin und Bruder von Ma Buqing, war der wichtigste Militärführer. Ein Ma wurde beim Kampf gegen die Volksbefreiungsarmee in Xinjiang getötet, Ma Hongkui floh nach Taiwan und wurde später Pferdezüchter in den Vereinigten Staaten. Ein weiterer Ma wurde, so unwahrscheinlich das klingt, Botschafter Taiwans in Saudi Arabien (Li Xiannian, 15. 6. 84; Snow, *Red Star*, S. 322).
[30] Eine Überlebende war Zhang Qinqiu, später Textilministerin der Volksrepublik China. Sie wurde während der Kulturrevolution ermordet (Li Xiannian, 15. 6. 84).
[31] Die 37. Division, geführt von Dong Zhentang, hatte Gaotai erreicht, etwa 19 km westlich von Linze. Dort wurde sie vernichtet. General Dong fiel (Ye Yingli, 2. 6. 84). Die 39. Division der Fünften Armee wurde von Sang Chao geführt, einem Anhänger von Zhang Guotao. Li Zhuoran, Politischer Kommissar der Fünften Armee, der an Zunyi teilnahm, war bei ihnen.
[32] Li Xiannian, 15. 6. 84.
[33] Li Xiannian, 15. 6. 84.
[34] Ye Yingli, 11. 6. 84.
[35] Smedley, *op. cit.*, S. 343–47.
[36] Li Yingchun, Bezirksmagistrat, Huining, 2. 6. 84.
[37] Bei dieser oder einer anderen Gelegenheit sah George Hatem chinesischen Ärzten zu, wie sie Liu Bocheng behandelten, der von einer Bombe getroffen worden war, die ein KMT-Pilot seitlich aus einem Flugzeug gestoßen hatte. Er war erstaunt zu sehen, daß sie die Bombensplitter herausdrückten, statt sie mit einer Sonde zu entfernen.
[38] Hu Hua, 29. 3. 84.
[39] Li Yingchun, 2. 6. 84.
[40] Smedley, *op. cit.*, S. 344–47.

Kapitel 30

[1] Mao Tsetung, *Poems*, S. 38.
[2] George Hatem, 9. 3. 84.
[3] Wang Bingnan, 20. 3. 84.
[4] Peng Dehuai, *Memoirs*, S. 1–11.
[5] Terrill, *Mao*, S. 274.
[6] Liu Ying, 14. 5. 84.
[7] *Paris-Pekin*, Nr. 2, November 1979, S. 94.
[8] Xue Ming, 16. 6. 84.
[9] Xiao Ke, 9. 3. 84.
[10] Yu Qiuli, 31. 10. 84.
[11] Li Xiannian, 15. 6. 84.
[12] Yang Chengwu, 18. 3. 84.
[13] Xiao Hua, 16. 3. 84.
[14] Edward E. Rice, *Mao's Way*, S. 243.
[15] George Hatem, 9. 3. 84.

[16] Wu Xiuquan, 28. 3. 84.
[17] Chen Pixian, 13. 6. 84.
[18] Li Xiannian, 15. 6. 84.
[19] Brief von Liu Shaoquis Kindern, *Beijing Workers Daily*, 5. 12. 80.
[20] Brief von Liu Shaoqis Kindern, 5. 12. 80.
[21] Liu Pingping, 29. 1. 85.

Kapitel 31

[1] Deng Rong (Maomao), *Peking Review*, 3. 8. 84, S. 17–18. *China Reconstructs*, Nr. 4, 1985.
[2] Edward Rice, *Mao's Way*, S. 184, 262.
[3] Yang Shangkun, 3. 11. 84.
[4] *China Daily*, die englischsprachige Zeitung Pekings, bringt täglich eine Bridgekolumne. Einige Leute in Peking scherzen, Mao habe das Schwimmen populär gemacht (durch sein berühmtes Bad im Yangtze am 12. Juli 1966), und Deng mache das Bridgespiel populär.
[5] Hu Hua, 27. 10. 84; Li Xiannian, 15. 6. 84.
[6] Wu Xiuquan, 28. 3. 84.

Bemerkungen zu den Quellen

Das Material, auf das sich *Der Lange Marsch* stützt, stammt in hohem Maße aus persönlichen Gesprächen mit überlebenden Teilnehmern, aus der Konsultation chinesischer Spezialisten, neu freigegebenem Archivmaterial und aus persönlicher Inspektion der Marschroute, der Schlachtfelder, der Flußfurten und -brücken, der Bergaufstiege und des Terrains entlang der 10 000-km-Route der Hauptarmee und Teilen der Routen der Teilstreitkräfte.

Der Autor verdankt der eifrigen Mithilfe chinesischer Behörden auf allen Ebenen sehr viel, dabei vor allem General Yang Shangkun, dem Zweiten Vorsitzenden der Zentralen Militärkommission, und Huang Hua, dem früheren Außenminister, die jede Anstrengung machten, um den Zugang zu Quellen zu erleichtern, die benötigt wurden, um schwierige, verborgene und nie zuvor enthüllte Fakten und Details des Langen Marsches zu rekonstruieren. Ohne die Entscheidung der chinesischen Regierung, ihre Archive zu öffnen und den Veteranen des Langen Marsches und Spezialisten auf allen Ebenen zu erlauben, frei zu sprechen und zu versuchen, jede schriftliche Frage, wie schwierig und umstritten auch immer, zu beantworten, hätte dieses Buch nicht geschrieben werden können. Buchstäblich Tausende von Fragen sind beantwortet worden. Wo es keine zufriedenstellenden Antworten gab, haben Historiker und Generäle selbst auf die Quellen zurückgegriffen und nach den relevanten Materialien gesucht.

Der Autor schuldet besonders General Qin Xinghan vom Nationalen Revolutionären Militärmuseum in Peking und seinem Forschungsstab, besonders Yan Jingtang, großen Dank. Sie haben in den Monaten, in denen das Manuskript geschrieben wurde, immer wieder in den Archiven nachgesehen, um nach Informationen zu suchen, die Unklarheiten aufklären halfen. General Qin und Yan Jingtang und ihr Stab werden in diesem Text oft als Quellen neuer und überraschender Information genannt.

An zweiter Stelle nach General Qin Xinghan und seinem Stab müssen die Historiker genannt werden, die bei der Forschungsarbeit behilflich waren, besonders Professor Hu Hua von der Volksuniversität Peking, der sein Leben dem Studium des Langen Marsches und der Revolution gewidmet hat. Auf der Suche nach Antworten auf meine Fragen hat er manchmal Tatsachen entdeckt, von denen die offiziellen Historiker nichts wußten. Seine Analyse und Auswertung oft widerstreitender Berichte von Augenzeugen und Teilnehmern waren unschätzbar. Professor Xiang Qing von der Universität Peking war ebenfalls eine große Hilfe.

Der Rat, die Führung und die tiefe Kenntnis Chinas, die John Service dem Autor zur Verfügung stellte, waren wesentlich daran beteiligt, ihn durch das Dickicht rätselhafter Aussagen und Deutungen zu geleiten. Der frühere US-Diplomat, der in China geboren wurde und ein unvergleichliches Hintergrundwissen über das Land und die wirre Politik der 30er und 40er Jahre besitzt, hat sich um dieses Buch wie kein anderer verdient gemacht.

Keiner dieser Spezialisten, füge ich sofort hinzu, ist in irgendeiner Weise verantwortlich für meinen Bericht und meine Schlüsse, aber ich bin ihnen für ihre Hilfe bei der Beantwortung der komplexen und manchmal unüberwindlich scheinenden Fragen, die sich an fast jedem Schritt des Langen Marsches ergaben, tief dankbar.

Niemand hat mir beim Zusammenfügen dieses Berichts mehr geholfen als Zhang Yuanyuan von der Übersetzungsabteilung des Außenministeriums, der mir als Dolmetscher für fast jedes Interview in Peking und im Laufe des Langen Marsches diente, und der es dann auf sich nahm, das Manuskript mit der Hilfe anderer Spezialisten auf Irrtümer, Rechtschreibung, Namen, Orte usw. zu durchkämmen. Er trägt keine Verantwortung für dieses Werk, aber ohne ihn hätte ich es nicht vollenden können.

Die Liste der chinesischen Quellen ist umfangreich. Ich möchte die wichtigeren nennen, aber das Verzeichnis, das folgt, ist keineswegs erschöpfend. An erster Stelle müssen General Yang Shangkun und der frühere Außenminister Huang Hua genannt werden, die mir halfen, Quellen ausfindig und zugänglich zu machen, und die sich auch selbst ausgedehnten Interviews stellten.

Ich möchte nennen: Botschafter Zheng Wenjin in Washington; Botschafter Ling Qing von der Mission bei den Vereinten Nationen; jene alten Freunde Chinas und Teilnehmer an seiner Revolution Rewi Alley, der Neuseeländer, und Dr. George Hatem, der in Amerika zur Welt kam; General Xiao Ke, Befehlshaber auf dem Langen Marsch, jetzt Präsident der Militärwissenschaftsakademie; Staatsrat und Teilnehmer des Langen Marsches Ji Pengfei; Wang Yanjian, Schriftsteller und Spezialist für den Langen Marsch; General Yang Chengwu, Befehlshaber auf dem Langen Marsch; General Xiao Hua, Befehlshaber auf dem Langen Marsch; Botschafter Wang Bingnan; Li Yimang, Vorsitzender des Kulturaustausches und Veteran des Langen Marsches; Ding Ling, berühmte Autorin; General Wu Xiuquan, Veteran des Langen Marsches; General Cheng Zihua, Befehlshaber auf dem Langen Marsch; Dr. Qian Xinzhang und Dr. Dai Zhangi, Mediziner auf dem Langen Marsch; Dr. Du Tangjin und Dr. Sun Yizhi, medizinisches Personal auf dem Langen Marsch; jetzt Volksbefreiungsarmeedirektor für Medizinische Forschung und Direktor der Logistik im medizinischen Bereich der Armee; Hu Yaobang, Veteran des Langen Marsches und Generalsekretär der Kommunistischen Partei Chinas; Li Xiannian, Präsident von China und Befehlshaber auf dem Langen Marsch; Xue Ming, Witwe von General He Long, dem Helden des Langen Marsches, und ihre Tochter He Xuoming; General Chen Pixian, Befehlshaber des Langen Marsches; Zweiter Bürgermeister von Peking Chen Huaoso, Chen Danuai und Chen Shanshan, Kinder des Helden des Langen Marsches, General Chen Yi; Liu Ying, Witwe von Luo Fu (Zhang Wentien), Politbüromitglied und einem der Leiter des Langen Marsches; Li Bozhao, Frau des Generals Yang Shangkun und Heldin des Langen Marsches; Yu Qiuli, Politbüromitglied, General in der politischen Abteilung der Volksbefreiungsarmee und Veteran des Langen Marsches; Li Rui, früherer Sekretär und Biograph Mao Zedongs; Zhu Zhong Li, Witwe von Wang Jiaxiang, Politbüromitglied und ein Leiter des Langen Marsches; Kang Keqing, Witwe von Zhu De, Heldin des Langen Marsches und Frauenführerin; Tong Guirong, Witwe des Helden des Langen Marsches, Generals Liu Zhidan, ihre Tochter, Liu Lizhen und Zhang Quan, Ehemann von Liu Lizhen; Wu Jiqing, Leibwächter von Mao Zedong.

Assistenzdirektor des Museums von Nanchang Lin Jiachuan; Professor Dai Xianqing und Yu Boliu, Spezialisten für die Geschichte der Partei; Direktor Wang, Provinzbibliothek von Nanchang; Veteranen der Roten Armee in Nanchang: Wei Xiuying, Liu Jianhua, Wu Xing; Gui Yulin, Kurator des Museums in Ciping,

Jiangxi; Zhong Qisong, Veteran der Roten Armee; Zhang Demin, Direktor des Yu-Bezirksmuseums, Jiangxi, Cheng Peng, Direktor und Archivar des Huichen-Bezirksbüros, Jiangxi; Magistrat Huang Xian, Museumsdirektor Yang Shizhu und Archivar Zhong Shuqi, alle aus Rujin.

Sun Rikun, Geschichtsabteilung der Partei, Guizhou-Museum; Liang Zhengqui, Forscher der Parteigeschichte in Guiyang; Veteranen der Roten Armee Zeng Xianhui, Hou Guoxiang, Guiyang; Bezirksparteisekretär Yang Chao, Bezirksmagistrat Cheng Yuan, Direktor der Kulturabteilung Wu Dingguo im Bezirk Liping; Tian Xingyong, Direktor des Zunyi-Haus-Museums; Armeeveteranen aus Guizhou: Kong Xianquan, Wu Yisheng, Cai Shengyin.

Mu Rongxian, stellvertretender Präfekt, Wang Qinghe, stellvertretender Politkommissar im Lijiang-Militärunterdistrikt, Liu Runan, Präfektursekretär, He Zegao, Abteilungschef, Yang Shugong, politische Abteilung des Bezirks, alle aus Lijiang in der Provinz Yuanan; Chen Zhangying, He Shuqian, Wang Lianhai, Zivilisten in Shigu, die der Roten Armee halfen.

Wang Zonghua, Direktor der Forschungsabteilung in Huili, Sichuan; Zhang Chaoman, Zhou Gilong, Chen Yueqing, Fährmänner am Goldsandfluß; Ding Ganru, stellvertretender Chef des Stabes, pensioniert, Chengdu; Zhang Youjui, Künstler auf dem Langen Marsch; Tian Bao, tibetanischer Veteran des Langen Marsches und Mitglied des Beratungskomitees der Partei in Chengdu; Jia Ke, Direktor, Shen Guozheng, Gao Wenqing, Yu Jianzhang, Forschungsbeauftragte im Provinzmuseum von Sichuan, Chengdu; Zhang Fuchen, Direktor der Kulturabteilung des Bezirks Shimian in Sichuan; Gong Wancai, Fährmann auf dem Dadufluß; Zhang Jiafu, Präfektssekretär, Weng Xingming, Kulturverwaltung in Maerkang, Sichuan; Wang Qiu, Magistrat von vier autonomen tibetanischen Bezirken in Nuoergai.

Bezirksmagistrat Li Daoji, Stellvertretender Magistrat Wei Donghai in Diebu, Gansu; Veteranen des Langen Marsches Zhao Yongbiao, Tu Gubing, Diebu; Li Ling, Direktor der Mittelschule, Jing Shengkui, Direktor des Kulturzentrums, Hong Tianshu, Archivar des Minxian-Distrikts in Gansu; Bezirksmagistrat Li Yingchun, Ding Jungwu, Kulturkomitee, Song Zicheng, Bezirksgeschichtsabteilung des Huiningbezirks in Gansu; Veteranen der Roten Armee Yang Quan, Hu Zhenggui, Chen Lanxiang, Zhen Mingzang, Fu Juyou, Duan Xicheng; Fan Shengyu, Professor am Nordwest-Lehrer-College, Qin Sheng, Parteigeschichtsabteilung von Lanzhou in Gansu; Veteranen des Langen Marsches: Wu Song, Zahng Renshi, Zhang Shengji.

Wei Mingzhong, Direktor des Provinzaußenbüros von Xi'an in Shaanxi; Veteranen des Langen Marsches: Peng Haiqing, Li Qun, Xi'an; Veteran des Langen Marsches Yuan Yaoxiu, Bao'an; Veteranen Zhong Ling, Ye Yingli, Xi'an; Professor Chen Hua, Direktor der 4. Medizinischen Akademie der Armee, Chen Jinzao, stellv. Direktor, Xi'an; Assistenzprofessor Sang Chenxian und Dozent Xu Angshan, Shaanxi, Normaluniversität, Xi'an.

Zusätzliche Hilfen bekam ich von Sol Adler, früherer Ökonom des US-Schatzamtes und seit langem Resident von Peking; Li Huming, Außenamtssekretär, der viel für mich arrangierte; Yao Wei, jetzt bei der China International Trust and Investment Corporation; Li Zhengjun, Informationsabteilung des Außenamtes. Helen Snow erwies sich als eine unerschöpfliche Quelle von Information über den Langen Marsch und seine Teilnehmer. Huang Bing, Mei Shan und Ben Yang lieferten Übersetzungen sowie Hintergrundinformation. Caroline Service, R. A. Bosshardt, Peggy Dennis und Steve Nelson reagierten hilfreich auf zahlreiche Fragen. Ruth Strauss tippte zuverlässig wie immer mein Manuskript. Simon Michael Bessy führte mit gewohnter Zauberei die Oberaufsicht. Das Buch hätte nie ohne Charlotte Y. Salisbury vollendet werden können, die die ganze Zeit hindurch an meiner Seite war und mich durch dunkle und schwierige Abschnitte steuerte. Und ich schulde Peter Schrag, Du Qiuhua, Chen Xiuliang und Chen Zhangyu höchsten Dank.

Die folgende Bibliographie besteht nur aus Material, das direkt benutzt wurde. Die wenigen Titel in chinesischer Sprache wurden nur in der Übersetzung verwandt. Der Autor hat leider keine Kenntnisse in dieser Sprache. Von den verschiedenen Sammlungen persönlicher Erfahrungsberichte ist jene am wertvollsten, die 1958 unter dem Titel *Velikii Pokhod* (Der große Marsch) ins Russische übersetzt und in dieser Version häufig benutzt wurde. Englische Übersetzungen von Geschichten des Langen Marsches sind vor allem wegen der Variationen in den Editionen interessant – jene, die vor und nach dem Tod Lin Biaos veröffentlicht wurden, vor und nach dem Tod Mao Zedongs. Über Mao Zedong ist das Werk von Li Rui, seines früheren Sekretärs, das herausragende, vor allem die nach Li Ruis Entlassung aus dem Gefängnis und nach Maos Tod geschriebene Fassung.

Im Englischen kommt nichts den vielen Werken von Edgar Snow und seiner Frau zu dieser Zeit, Helen Snow, nahe. Die Amerikanerin Agnes Smedley hinterließ einen unvergeßlichen Bericht des Langen Marsches, der ihr von Zhu De erzählt worden war. Edgar Snow machte die Öffentlichkeit zum ersten Mal in seinem klassischen *Red Star Over China* auf den Langen Marsch aufmerksam. Er war behindert durch die fragmentarischen und manchmal bewußt unklaren Berichte, die er von Mao und Maos Mitarbeitern erhielt, die jede Erwähnung politischer Meinungsverschiedenheiten und einiger der Katastrophen unterdrückten. Es ist tragisch, daß Snow selbst seine Absicht nicht verwirklichte, über den Langen Marsch zu schreiben. Der einzige frühere Versuch einer Geschichte des Langen Marsches stammt von Dick Wilson, dem englischen China-Spezialisten. Sie wurde zuerst 1971 veröffentlicht, zu einer Zeit, da die Kulturrevolution China ins Chaos stürzte und kein Archivmaterial zugänglich war. In China wurde kein zusammenfassender Bericht veröffentlicht. Viele Jahre hindurch gab es nur ein paar populäre Sammlungen von episodischen (und in der Regel heroischen) Taten. In den letzten zwei oder drei Jahren wurden indessen die Erinnerungen von bedeutenden Führern und Generalen veröffentlicht, von denen viele, wie die Gefängniserinnerungen von Peng Dehuai, Licht auf den Langen Marsch und vor allem seine politischen Aspekte werfen. Alles weist darauf hin, daß die Veröffentlichung solcher Materialien zunehmen wird, teilweise auch deshalb, weil Studien über den Langen Marsch durch die unbekümmerten Fragen des Autors angeregt wurden.

Bibliographie

Werke in chinesischer Sprache

(Titel in englischer Übersetzung)

Cai Xiaoqian, *The Kiangxi Soviet Areas and the Westward Flight of the Red Army (Jiangxi)*, Taipei, 1970.

Cheng Fang Wu, *Memoirs of the Long March*, Peking, 1977.

Chen Pixian, *Three Years of Guerrilla War in Southern Jiangxi*, Peking, 1982.

(Chen Yun) Shi Ping, »The Heroic Western March,« *Comintern Journal*, Moskau, Februar 1936.

»Chen Yun's Report Has Clarified Some Facts Concerning Zunyi Conference«, Xinhua, Peking, 4. März 1984.

Guo Hualun (Warren Hua), *The History of the Chinese Communist Party (Zhong gong shilun)*, 3 Bde., Taipei, 1969.

Huang Changjiao, »Declaration«: *Selections of Historical Materials of Jiangxi*, Nanchang, 1981.

Li Bozhao, *The Long March*. Peking, 1951.

Li Bozhao, *Women CPC Members*, Peking, 1979.

Li Hong, He Zizhen, *Guizhou Youth*, Nr. 2, 1983.

Li Rui, *The Early Revolutionary Activities of Comrade Mao Zedong*, durchgesehene und ergänzte Auflage, Peking 1980.

Lue Liping, *Star of the Western Frontier*, Chengdu, 1984.

Luo Ergang, *History of the Heavenly Kingdom*, Peking.

Luo Ronghuan, *Growth in Battle*, Peking, 1981.

Nie Rongzhen, *Memoirs*, Peking, 1983.

»Pioneers and Models of Revolutionary Women,« *Outlook* (Liao Wang), Nrn. 11, 12, 1984.

»Random Thoughts on a Photograph of Comrade He Zizhen,« *Journal of Revolutionary Relics*, Nr. 2, 1980.

Shi Lueming mit Zhang Xia und He Xiaoming, *Remembering He Long*, Shanghai, 1979.

A Single Spark Can Start a Prairie Fire, Auswahl, Bd. 3, Peking, 1980.

Wang Tianxi, »The Awkward Performance of Chiang Kai-shek in Guiyang as the Central Red Army Went Through Guizhou«, *Historical Materials Collection of Guizhou Province*, April 1963.

Wang Yinian, »Questions About the Telegram of Zhang Guotao for ›a military solution‹ of the Central Committee,« *Material on Party History Studies*. Bd. 3, 1983.

Wang Yuonan, *The Difficult Path*, Peking, 1983.

Wu Xiuquan, *My Experiences, 1908–1949*, Peking, 1984.

Xiao Feng, *Long March Diary*, Shanghai, 1979.

Xiao Hua, *The Difficult Years*, Shanghai, 1983.
Xiao Hua, *Songs of the Red Army*, Peking, 1972.
Xiao Ke, *Memoirs*, Peking, 1983.
Xu Lixin, *Zhang Guotao's Swerving and Awakening*, Taipei, 1981.
Xu Shiyu, *My Ten Years Experience in the Red Army*, Peking, 1983.
Yang Chengwu, *Reminiscenses of the Long March*, Peking, 1982.
Yang Liangshen, *The Red Army Crosses Sichuan During the Long March*, Chengdu, 1980.
Yuan Guang, *The Stormy Years*, Peking, 1983.
Zhou Chuenlin, *The Violent Battle Along the Hexi Corridor*, Peking, 1984.

Archiv der *Minguo Erbao, Nanchang Nationalist Daily*, 1934–35.
Gesammelte Dokumente der Zunyi-Konferenz, Peking, 1985.

Werke in englischer Sprache

Barnstone, Willis, *The Poems of Mao Tse-tung*, New York, 1972.
Bonavia, David, *Verdict in Peking*. New York, 1982.
Borisov, Oleg, *From the History of Soviet-Chinese Relations in the 1950's*, Moskau, 1982.
Buttinger, Joseph, *Vietnam: A Dragon Embattled*, New York, 1967.
Chang, H. C., *Chinese Literature 2. Nature Poetry*, New York, 1977.
Chang Kuo-t'ao, *The Rise of the Chinese Communist Party 1928–1938*, 2 Bde., Lawrence, Kansas, 1972.
Chapple, Geoff, *Rewi Alley of China*, London, 1980.
Chen, Jerome, *Mao and the Chinese Revolution*, New York, 1965.
Chen Chang-Feng, *On the Long March with Chairman Mao*, Peking, 1972.
Clubb, O. Edmund, *Twentieth Century China*, New York, 1964.
Deakin, F. W., und Storry, G. R., *The Case of Richard Sorge*, New York, 1966.
Dennis, Peggy, *The Autobiography of an American Communist*, Westport, Connecticut, 1977.
DeWoskin, Kenneth J. (Übers.), *Doctors, Diviners, and Magicians of Ancient China: Biographies of Fang-shih*, New York, 1983.
Dimond, E. Grey, *Inside China Today*, New York, 1983.
Dittmer, Lowell, *Liu Shao-ch'i and the Chinese Cultural Revolution*, Berkeley, California, 1974.
Elegant, Robert S., *Mao's Great Revolution*, New York, 1971.
Gernant, Karen, »The Long March,« unveröff. Dissert., University of California, Berkeley, 1983.
Giles, Herbert A., *A History of Chinese Literature*, New York, 1923.
Graham, David Crockett, *Folk Religion in Southwest China*, Smithsonian-Sammlung, Bd. 142, Nr. 2, Washington, D.C., 1961.
Granich, Manny, Unveröffentlichte Notizen für Erinnerungen.
Guillermaz, Jacques, *A History of the Chinese Communist Party, 1921–1949*, New York, 1972.
Hanson, Haldore, *Diary of a Trip Behind the Red Lines in the North*.
Han Suyin, *The Morning Deluge: Mao Tsetung and the Chinese Revolution, 1893–1954*, New York, 1972.
Han Suyin, *Wind in the Tower: Mao Tsetung and the Chinese Revolution, 1949–1975*, Boston, Massachusetts, 1976.
Hsin, Chi, *Teng Hsiao-Ping*, Hongkong, 1978.
Hsueh, Chun-tu, *Revolutionary Leaders of Modern China*, New York, 1973.
Huang Zhen, *Sketches on the Long March*, Peking, 1982.

Isaacs, Harold R., *The Tragedy of the Chinese Revolution*, Stanford, California, 1951.
Jacobs, Dan B., *Borodin*, Cambridge, Massachusetts, 1981.
Jaffe, Philip j., *Jaffe: The Odyssey of a Fellow Traveller*, unveröffentlichte Mss.
Johnston, Verle B., *Legion of Babel*, University Park, Pennsylvania, 1967.
Kahn, E. J., Jr., *The China Hands*, New York, 1975.
Kau, Michael Y. M., *The Lin Piao Affair*, White Plains, New York, 1975.
Kim, Ilpong J., *The Politics of Chinese Communism: Kiangsi Under the Soviets*, Berkeley, California, 1973.
Li Jui (Li Rui), *The Early Revolutionary Activities of Comrade Mao Tsetung*, White Plains, New York, 1977.
Liu Po-chemg (Liu Bocheng), und andere, *Recalling the Long March*, Peking, 1978.
The Long March: Eyewitness Accounts, Peking, 1964.
Mao Tsetung, *Poems*, Peking, 1976.
Mao Tse Tung, *President, Red China*, New York, 1934.
Milton, David und Nancy, *The Wind Will Not Subside*, New York, 1975.
Nelson, Steve, Barrett, James R., und Ruck, Robert, *American Radical*, Pittsburgh, 1981.
North, Robert C., *Moscow and Chinese Communists*, Stanford, California, 1963.
Official Guide to Eastern Asia: Bd. 4, China, Tokyo, 1915.
Payne, Robert, *Mao Tse-Tung*, New York, 1969.
Peng Dehuai, *Memoirs of a Chinese Marshal*, Peking, 1984.
Rice, Edward E., *Mao's Way*, Berkeley, California, 1972.
Rinden, Robert, und Witke, Roxane, *The Red Flag Waves: A Guide to the Hung-chi'i p'iao-piao Collection*, Berkeley, California, 1968.
Roots, John McCook, *Chou: An Informal Biography of China's Legendary Chou En Lai*, New York, 1978.
Schwartz, Benjamin, *Chinese Communism and the Rise of Mao*, Cambridge, Massachusetts, 1958.
Service, John S., *Lost Chance in China*, New York, 1974.
Shouyi, Bai, Hg., *An Outline History of China*, Peking, 1983.
Siao-Yu, *Mao Tse-tung and I Were Beggars*, New York, 1959.
Smedley, Agnes, *Battle Hymn of China*, New York, 1943.
Smedley, Agnes, *China Fights Back*, London, 1938.
Smedley, Agnes, *Chinese Destinies*, New York, 1933.
Smedley, Agnes, *The Great Road*, New York, 1956.
Snow, Edgar, *The Battle for Asia*, New York, 1941.
Snow, Edgar, *Journey to the Beginning*, New York, 1967.
Snow, Edgar, *The Other Side of the River: Red China Today*, New York, 1962.
Snow, Edgar, *Random Notes on Red China*, Cambridge, Massachusetts, 1957.
Snow, Edgar, *Red Star Over China*, 1. durchges. u. erweit. Aufl., New York, 1968.
Snow, Helen, *The Chinese Communists*, Westport, Connecticut, 1972.
Snow, Helen Foster, *Inside Red China*, New York, 1979.
Snow, Helen (Nym Wales), *My Yan'an Notebooks*, Madison, Connecticut, 1961.
Snow, Helen (Nym Wales), *Red Dust*, Westport, Connecticut, 1972.
Snow, Helen, *Women in Modern China*, Den Haag, 1957.
Snow, Lois Wheeler, *Edgar Snow's China*, New York, 1981.
Stories of the Long March, Peking, 1958.
Strong, Tracy B., und Keyssar, Helene, *Right in Her Soul: The Life of Anna Louise Strong*, New York, 1983.
Sutton, S. B., *In China's Border Provinces: The Turbulent Career of Joseph Rock, Botanist-Explorer*, New York, 1974.
Terrill, Ross, *Mao*. New York, 1980.

Terrill, Ross, *The White-Boned Demon: A Biography of Madame Mao Zedong*, New York, 1984.
Thornton, Richard C., *The Comintern and the Chinese Communists, 1928–1931*, Seattle, 1969.
Vishnyakova-Akimova, Vera Vladimirovna, *Two Years in Revolutionary China, 1925–1927*, Cambridge, Massachusetts, 1971.
Wang Ming, *China: Cultural Revolution or Counter-Revolutionary Coup?*, Moskau, ohne Datum.
Wang Ming, *Mao's Betrayal*, Moskau, 1975.
Wei Kuo-lu (Wei Guolu), *On the Long March as Guard to Chou En-lai*, Peking, 1978.
Willoughby, Charles A., *Shanghai Conspiracy*, New York, 1952.
Wilson, Dick, *The Long March*, New York, 1982.
Wilson, Dick, *Zhou Enlai*, New York, 1984.
Witke, Roxane, *Comrade Chiang Ch'ing*, Boston, 1977.
Wolf, Margery, und Witke, Roxane, *Women in Chinese Society*, Stanford, California, 1975.
Zhelokhovtsy, A., *The »Cultural Revolution«: a Close-up*, Moskau, 1975.

Zeitschriften

Charles, David A., »The Dismissal of Marshal P'eng Teh-huai«, *The China Quarterly*, Nr. 8, Oktober–Dezember 1961.
Ch'en, Jerome, »Resolution of the Tsunyi Conference«, *The China Quarterly*, Nr. 40, Oktober–Dezember 1969.
Chen Rinong, »Ruijin–Where It Started«, *China Reconstructs*, Nr. 6, Mai 1984.
Deng Rong (Mao Mao), »My Father Deng Xiaoping's Years in Jiangxi«, *China Reconstructs*, Nr. 4, April 1985.
Deng Rong (Mao Mao), »My Father's Days in Jiangxi«, *Beijing Review*, 3. September 1984.
Garavente, Anthony, »The Long March«, *The China Quarterly*, kNr. 22, April–Juni 1965.
Goldstein, »Zhou Enlai and China's Revolution: A Selective View«, *The China Quarterly*, Nr. 96, Dezember 1983.
Heinzig, Dieter, »Otto Braun and the Tsunyi Conference«, *The China Quarterly*, Nr. 42, April–Juni 1970.
Heinzig, Dieter, »Otto Braun's Memoirs and Mao's Rise to Power«, *The China Quarterly*, Nr. 46, April–Juni 1971.
Hsia, T. A., »Ch'u Ch'iu-pai's Autobiographical Writings«, *The China Quarterly*, Nr. 25, Januar–März 1966.
Hu, Chi-hsi, »Hua Fu, the Fifth Encirclement Campaign and the Tsunyi Conference«, *The China Quarterly*, Nr. 43, Juli–September 1970.
Hu, Chi-hsi, »Mao, Lin Biao and the Fifth Encirclement Campaign«, *The China Quarterly*, Nr. 82, Juni 1980.
Hua Chang-Ming, »Revolutionnaires au Fover: Les Femmes à Yan'an, 1935–1946«, *Paris–Peking*, Nr. 2, November 1979.
Hu Yaobang, »The Best Way to Remember Mao Zedong«, *Beijing Review*, 2. Januar 1984.
Li Chuang, »Snow Mountain and the Marshy Grasslands«, *China Reconstructs*, Nr. 11, November 1984.
Li Rui, »Mao Zedong in His School Days«, Teil 1, *Beijing Review*, 30. April 1984.

Li Rui, »Mao Zedong in His School Days«, Teil 2, *Beijing Review*, 7. Mai 1984.
MacFarquhar, Roderick, »The Tsunyi Conference«, *The China Quarterly*, Nr. 41, Januar–März 1970.
Selden, Mark, »The Guerrilla Movement in Northwest China«, Teil 1, *The China Quarterly*, Nr. 28, Oktober–Dezember 1966.
Selden, Mark, »The Guerrilla Movement in Northwest China«, Teil 2, *The China Quarterly*, Nr. 29, Januar–März 1967.
Simmonds, J. D., »P'eng Te-huai: A Chronological Re-examination«, *The China Quarterly*, Nr. 37, Januar–März 1969.
Truscott, Alan, »Calling a Bluff«, *The New York Times*, März 1981.
Truscott, Alan, »A China Hand«, *The New York Times*, April 1984.
Weiglan, Suzanne, »The Martyrdom of Yang Kaihui«, *Eastern Horizon*, Nr. 3, März 1977.
New York Times, Archiv für 1934–35.
China Daily, Archiv für 1983–85.

Werke in russischer Sprache

Burlatskii, Fedor, *Mao Zedong*, Moskau, 1976.
Chudodeev, Yu. V., *Na Kitaiskoi Zemle: Vosmominaniya Sovetskikh Dobrovoltsev, 1925–1945*, Moskau, 1977.
Delyusin, L. P., Hg., und andere, *Komintern i Vostok*, Moskau, 1969.
Grigoriev, A. M., *Revolyutsionnoye Dvizheniye v Kitai, 1927–1931*, Moskau, 1980.
He Gan-Chzhi, *Istoriya Sovremennoi Kitaiskoi Revolyutsii*, Moskau, 1959.
Martynov, A., Hg., *Velikii Pokhod*, Moskau, 1959.
Perevertailo, A. S., Hg., *Ocherki Istorii Kitaya v Noveishee Vremya*, Moskau, 1959.
Sapozhnikov, B. G., *Kitai v Ogne Voiny, 1931–1950*, Moskau, 1977.
Tikhvinskii, S. L., Hg., *Novaya Istoriya Kitaya*, Moskau, 1972.
Titov, A. S., *Iz Istorii Borby i Raskola v Rukovodstve KPK*, Moskau, 1979.
Ulyanovskii, R. A., Hg., *Komintern i Vostok: Kritika Kritiki*, Moskau, 1978.
Vasilev, L. S., *Problemy Genezisa Kitaiskogo Gosudarstva*, Moskau, 1983.
Vladimirov, O., und Ryazantsev, B., *Stranitzy Politicheskoi Biografii Mao Zedong*, Moskau, 1980.

Werke in deutscher Sprache

Boßhardt, R. A., *Im Schatten des Allmächtigen – Erlebnisse des Missionars Boßhardt in der Gefangenschaft der Roten*, Bad Liebenzell, 1937.
Braun, Otto, *Chinesische Aufzeichnungen*, Berlin (DDR), 1973 (zuerst erschienen in der Ost-Berliner Zeitschrift *Horizont*, 1969).

Namen- und Sachregister

Inhalt

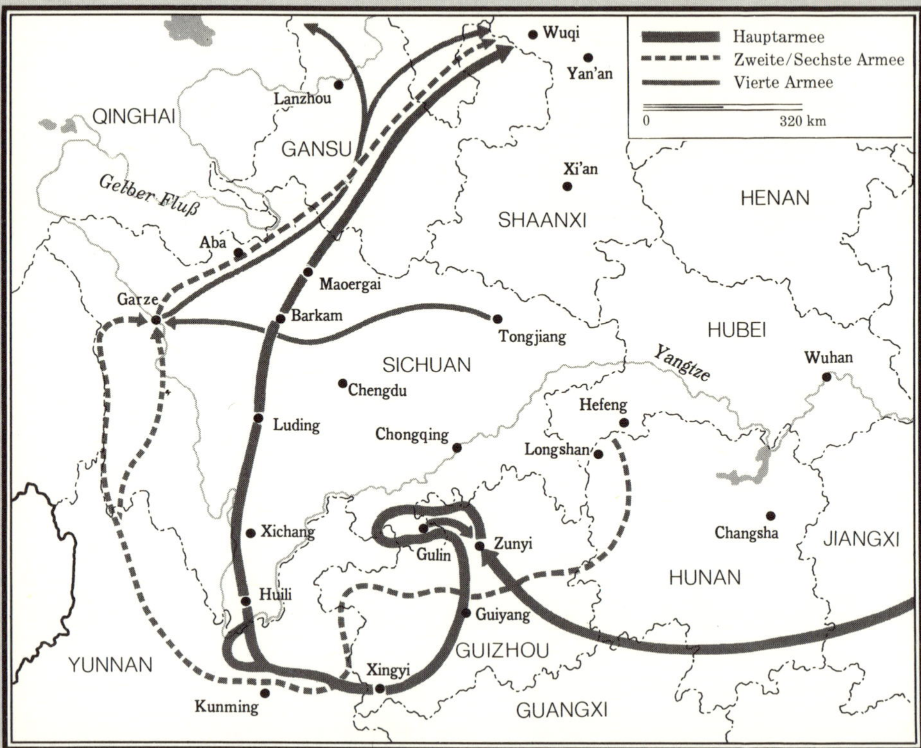

Route der Zweiten und Sechsten Armeegruppe von den »Vier Ecken« von Guizhou, Sichuan, Hunan und Hubei zu ihrer Vereinigung mit der Vierten Frontarmee in Nordwestsichuan und weiter zu dem schließlichen Treffen mit Mao Zedong in Nordshaanxi, 1934–1936.